齐家文化百年研究文丛

（上册）

主编 魏文斌 唐士乾

蘭州大學出版社
LANZHOU UNIVERSITY PRESS

图书在版编目（C I P）数据

齐家文化百年研究文丛 / 魏文斌，唐士乾主编. -- 兰州 : 兰州大学出版社，2020.8
ISBN 978-7-311-05792-3

Ⅰ. ①齐… Ⅱ. ①魏… ②唐… Ⅲ. ①齐家文化—文化研究 Ⅳ. ①K871.24

中国版本图书馆 CIP 数据核字(2020)第 144066 号

策划编辑 冯宜梅
责任编辑 张爱民 马媛聪
封面设计 雷们起

书　　名 齐家文化百年研究文丛(上册)
作　　者 魏文斌 唐士乾 主编
出版发行 兰州大学出版社 (地址:兰州市天水南路222号 730000)
电　　话 0931-8912613(总编办公室) 0931-8617156(营销中心)
　　　　 0931-8914298(读者服务部)
网　　址 http://press.lzu.edu.cn
电子信箱 press@lzu.edu.cn
印　　刷 成都市金雅迪彩色印刷有限公司
开　　本 787 mm×1092 mm 1/16
总 印 张 67(插页8)
总 字 数 1124千
版　　次 2020年8月第1版
印　　次 2020年8月第1次印刷
书　　号 ISBN 978-7-311-05792-3
定　　价 260.00元(上、下册)

汇编说明

为了方便读者，我们将《齐家文化百年研究文丛》汇编过程中的一些情况简要说明如下。

1. 文丛中所收集的资料发表时间截至2017年。

2. 全文丛分为上、下两册，上册是齐家文化遗址、墓地发掘的简报和报告汇编，下册是与齐家文化相关的各类研究性文章汇编。

3. 为了忠于原文，在文丛的汇编过程中，我们尽量保持原文的原貌，大陆内地20世纪70年代以前的文章、港澳台地区期刊的文章在发表时多用繁体字，我们没有对文字进行繁转简的处理。此外，早年文章中出现的“异体字”和“别字”，我们也选择均保持原貌。

4. 一些早年发表的文章，特别是发掘简报和报告，受当时的技术条件所限，图的清晰度欠佳，虽已不符合当前的出版要求，但为了保持文章的完整性，此次汇编均未做删减。对所有文章的插图，根据文丛的具体汇编情况，编辑对每篇文章所涉及插图的位置统一进行了处理和重新编排。

5. 文丛上册除我们收集的发掘简报和报告外，还有很多已发表的考古调查也涉及齐家文化遗址或相关遗存，但这些调查报告或是同一处遗址涉及的考古学文化较多，或是同一处区域涉及的其他考古学文化的遗址较多，因此，我们没有将这些考古调查简报或报告纳入其中。此外，一些遗址的考古发掘出土遗存不仅只有齐家文化，但限于本文丛的主题，文丛仅选取对齐家文化遗存的介绍，其余遗存暂不收入。

6. 文丛下册收录的齐家文化研究性文章，我们分为基础研究、墓葬研究、铜器研究、玉石器研究、生业模式和环境聚落及其他共五大部分。到目前为止，学界对这些不同的主题已有不同角度的诸多研究，但限于篇幅限制，一些重要的文章无法纳入本文丛，我们只能忍痛割爱。此外，在2015年和2016年两次广河齐家文化国际会议提交的文章本文丛也未收入，但在附录中有列出。即便如此，此次收入文丛的文章也可以代表学界对齐家文化各个方面研究的整体水平和最新进展。

7. 下册附录共分三个部分。一是将已经发表的与齐家文化相关的著作类发掘报告目录予以列出，二是将有关齐家文化的学位论文目录予以列出，三是将2015年和2016年的两次广河齐家文化会议文集论文目录列出。我们希望这些附录内容可以进一步增补文丛的完整性，对读者进一步认识齐家文化的发掘和研究会有更好的作用。

编　者

2020年3月20日

序　言

陈星灿

自1924年春天瑞典考古学家安特生（J. G. Andersson, 1874—1960）首先在甘肃宁定县（今广和县）齐家坪发现齐家文化遗存，随后裴文中先生提出将此类遗存命名为齐家文化后，齐家文化的研究已经走过了将近百年的历程。齐家文化属于中国最早发现、最早命名的一批考古学文化，因此它的发现和研究，也可以说是百年中国考古学史的见证。

纵览齐家文化的研究史，大致可以分为约略相等的三个时期。第一个时期，是安特生基于单色陶早于彩陶的假设而把齐家期放在了所谓仰韶期之前，经过孟欣（O. Menghin）、巴霍芬（L. Bachhofer）、吴金鼎、尹达、夏鼐、比林阿尔提（M. Bylin-Althin）、裴文中等不少中外学者的质疑，最终于20世纪50年代在甘肃临洮马家窑—瓦加坪、天水西山坪、渭源寺坪等一系列遗址发现齐家文化晚于马家窑文化的地层关系，建立起正确的黄河上游地区史前文化年代序列，把齐家文化放在了马家窑文化之后。到20世纪60年代初，该地区的史前文化，大体可以归纳为：马家窑文化、齐家文化、辛店文化、寺洼文化和卡约文化。有人明确提出齐家文化属于铜石并用时代，而随后的三支考古学文化则无疑属于青铜时代。年代关系的判定是该时期最重要的一项工作。

在澄清了马家窑文化与齐家文化的先后关系之后，第二个时期的齐家文化研究，大体侧重在它的起源、年代、分期、分区、类型、与客省庄文化的关系及其经济形态、社会性质等方面的讨论上。关于齐家文化的渊源，学者的意见并不一致，但显然突破了马家窑文化独立演变为齐家文化的直线发展论，承认各地区齐家文化的来源或许是不同的。确认齐家文化的主要经济部门是农业，但是与中原地区不同的是，畜牧业也相当发达；冶铜业是齐家文化的一项突出成就，并为中国青铜时代的到来做出了重大贡献。经过对墓葬的研究，认为齐家文化已经进入父系制，男子在社会上居于统治地位，女子则降居于从属和被奴役的地位。一男二女的合葬墓，还被认为是少数富裕家长过着一夫多妻生活的写照。

第三个时期的齐家文化研究范围更加广泛，但最重要的研究似乎集中在齐家文化与西北部地区甚至跟南西伯利亚及中亚地区远古文化关系的讨论上，与此相关的生业形态研究、聚落形态研究、玉石器研究、冶金术起源的研究等也取得许多新成果。在肯定齐家文化与东部地区龙山文化、二里头文化等存在互动关系的同时，进一步肯定了它与西北方向远古文化的关系。有人明确提出齐家文化与擅长冶金术的欧亚草原游牧人群有密切联系，齐家文化充当了中原地区和草原地区文化交流的媒介。“基于齐家与二里头初期阶段里特定金属器物所提供的证据，中国青铜时代的萌芽阶段，正如同两河流域，在某种程度上是被来自北方欧亚移动游牧者的侵入影响所支配的。”［胡博（Louisa G. Fitzgerald-Huber）著、李永迪译：《齐家与二里头：远距离文化互动的讨论》，夏含夷主编《远方的时习——〈古代中国〉精选集》，上海古籍出版社，2008年，第53页］

现在看来，齐家文化是一个范围广大的青铜时代文化。齐家文化广泛分布在包括陕西西部、甘肃、宁夏、青海东部和内蒙古东南部地区在内的黄土地带，以渭水上游、洮河中下游和湟水中下游地区为中心。齐家文化繁盛的时代，正当中原地区的龙山文化晚期和二里头文化时期，绝对年代约当公元前2200—前1600年。最新研究表明，齐家文化处于气候干冷期，这种气候无疑会对齐家文化人们的生活方式产生重大影响。齐家文化人们的主要粮食是小米、小麦和大麦，也食用豆类和其他作物。齐家文化西北部更干旱分布区的证据表明，畜牧业和狩猎业在经济生活中所占比例日益增加，显示齐家文化人们的生活方式有从农业向农牧业并重发展的态势。齐家文化畜养黄牛、羊、猪等多种家养动物，甚至也开始了家马的饲养，畜牧业在齐家文化人们的生活中显然占有举足轻重的地位。

在齐家文化发现百年来临之际，编辑这部齐家文化发掘和研究的论文集，把发表在不同时代不同地方的论文结为一集，展示齐家文化研究不同阶段的成绩，是一件好事，我相信文集的出版一定有助于齐家文化的深入研究。是为序。

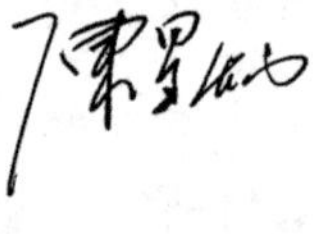

（作者为中国社会科学院考古研究所所长、研究员）

目　录

第一章　甘肃

第二章　青海

第三章　宁夏

【第一章　甘肃】

第一章 甘肅

齊家期墓葬的新發現及其年代的改訂

夏　鼐

自從安特生氏於民國十三年發現齊家文化居住遺址以來，到現在已經二十多年了，但這文化期的墓葬，始終沒有找到。

那次安氏發掘的收穫，到最近纔有詳細的報告印出來，距離他發掘的時間已將近二十年了。這報告使我們知道更多的有關於這文化的事實，增加我們對於這文化的認識；但是因為沒有墓葬方面的材料，大家總覺得有點欠缺。關於年代問題，安氏仍維持他的舊說法，認為齊家文化較早於甘肅仰韶文化；但是瑞典的比林阿爾提氏及友人劉燿先生對這說法都加以懷疑。他們根據器物形製研究的結果，都擬加以修正。民國三十四年我們居然找到了齊家文化期的墓葬。新發現的結果，不僅對於齊家文化時代的埋葬風俗及人種特徵方面，供給新材料，並且意外地又供給地層上的證據，使我們能確定這文化與甘肅仰韶文化二者年代先後的關係。這新發現的重要，使我們覺得有這一部分材料先行整理發表的必要。

民國三十三年春，作者參加中央研究院及中央博物院所發起的西北科學考察團，從事於甘肅省的考古調查及發掘，歷時二年。本文所敘述的墓葬發現於民國三十四年五月。那時候，作者正住在安氏曾發現過豐富的彩陶墓地的寧定縣半山區域內的瓦罐咀。便在那個地方的附近，我們尋找到齊家文化期到墓地。這墓地叫作陽窪灣，在魏家咀村子的附近。“陽窪”是當地俗語“向陽的山坡”的意思。墓地在瓦罐咀東北約0.8公里，在半山西南約半公里。如果我們翻開安氏的半山區域墓地地圖，便可以看出這是在他的圖中寫上“–9”記號的地方。就地形說起來，這是一個靠近山頂的，傾斜度不大的斜坡上。西邊是一個陡坡，下臨一個叫作西溝的深溝。這平坦的斜坡被農民耕種成梯田，五月十二日，我們在這附近調查，在較低層的麥田中發現了幾塊齊家期式的陶器碎片，其中有些是薄壁的耳瓶及帶籃紋的紅陶罐的碎片。我們想這些陶片很可能便是由上層梯田的側壁上掉落下來的，所以便在這側壁上搜尋，結果找到了露出來的人頭骨。第二天加以試掘，在麥田的邊緣荒地上掘到了兩座用齊家期陶器作殉葬品的墓葬。就它們的排列情形看，在我們所掘的區域以東，一定還有更多墓葬。但是如果擴大我們的發掘範圍，便要用到已種上農作物的麥田，必須先與田主接洽，徵求同意，並酌給代價。因為經費及時間種種關係，只得在掘了兩墓後中止工作；但是我希望將來環境一許可，便可以再來繼續下去。

梯田側壁上所暴露的人頭骨，掘出來的雖是一個完整的頭顱，但是包含這頭骨的墓葬（第零號墓葬）的其餘部分，不知道是由於農民黨取土，或由於側壁的崩圮，已經是完全被破壞無存了。第一號墓葬由一個長二公尺、闊七公寸的墓穴構成，表面為一斜坡，所以這架人骨離地面的深度是十二至十四公寸不等。人架是仰臥着，頭部向北偏東十二度（圖一），頭骨的右側，有一枚骨器，用途不明，或許是屬於骨笄一類，或許是骨栓（圖二）。頸側有一紅色陶耳碎片，大概是齊家式的薄壁耳瓶的耳部。這碎片似乎是墓穴填土時混入的。人骨足部兩側放着五件陶器。右側的是單耳陶杯一個，兩耳陶瓶一個（圖五：1）下側的是單耳陶杯兩個，繩紋粗陶罐一個（圖五：3、4、5）。

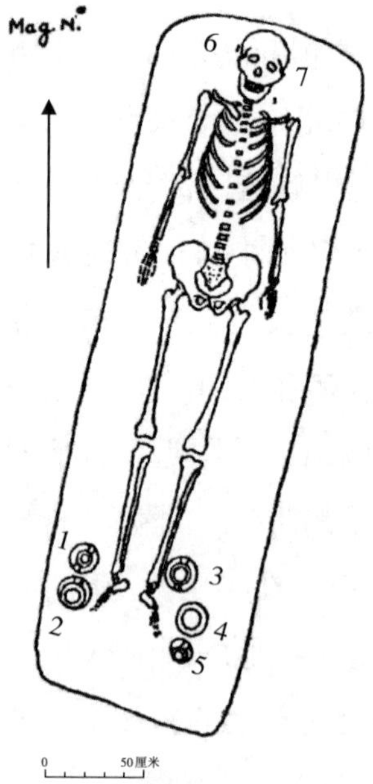

圖一　第一號墓平面圖

第二號墓葬的位置和第一號平行，相距僅八公寸；其墓穴大小，屍體放置的姿態及頭頂的方向，都和第一號相似（圖三：2)。人架足部的兩側，各安放一組陶器。每組是由一個兩耳瓶和一個繩紋粗陶罐組成的。(圖六：2、3、4）在左臂和肋骨之間放着一個骨錐，是由鹿或羊類的蹠骨做成的。(此承楊克強先生代為審定，書此誌謝）(圖二：5)。

圖二　骨栓及骨錐

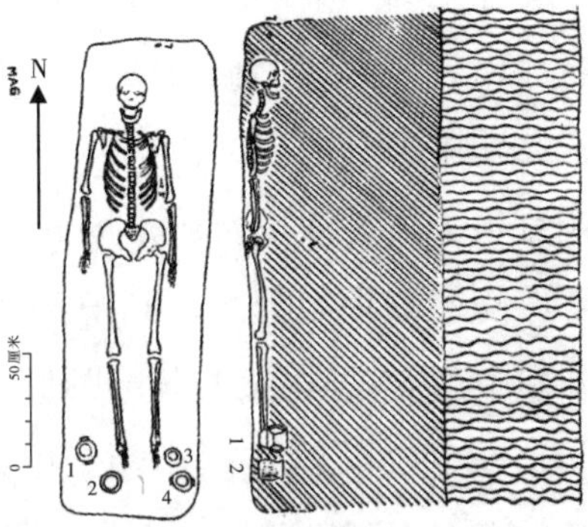

圖三　第二號墓1

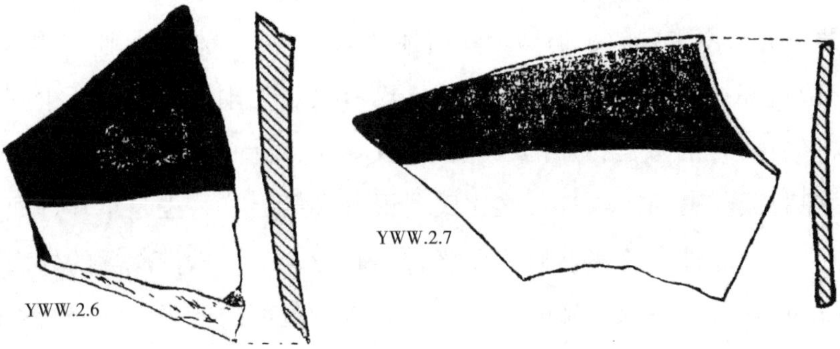

圖四　第一號墓填土中彩陶片

除了這些殉葬品外，在這墓中，又找到亮片黑色花紋的彩陶碎片（圖四：6、7)。其中一片（圖四：6）在地面下十二公寸，距骨盤的上面僅一公寸；另外一片(圖四：7)，在地面下十四公寸，近頭顱骨，深度也相等。填入這墓穴的土下半部是稍帶棕色的黃土，約八公寸，甚堅實，但並未經過夯打。至於上半部的填土及墓葬周圍的表面土，都是顏色稍深的棕色土，厚約五至六公寸，土質鬆輭，似經後期翻動過。下層的填土，欲絲毫看不出有什麼擾亂過的痕跡。就這兩片彩陶的位置而言，如果是埋葬後墓上的土全部經過擾亂翻動以致這些彩陶片混入，那麼墓中的人骨和彩陶片既這樣挨近，也必定會被動亂的；但是我們卻絕對地沒有找出這些屍骨被動亂過的任何痕跡（圖三）。因此我們斷定這兩片彩陶的泥質，頗細且勻，似曾經過“冲淘”手續。外表磨光，繪黑色花紋。因為碎片過小，花紋圖案不清楚。現存的部分僅剩黑色寬帶的一部分，邊緣平滑。就陶質及花紋而論，皆與標準型的仰韶文化彩陶無異。

至於墓中的殉葬陶罐，皆屬於標準型的齊家文化陶器。比林阿爾提氏曾將齊家陶器加以分類。我們掘得的九件陶器，都可以很恰當地歸到他的分類中的第一類及第二類中去（圖五，圖六）。其中六件屬於第一類乙種，陶質是勻細的泥土，夾挾雜質很少。外表皮曾經過磨光，陶色是棕黃色或紅色。厚度平均約三至四公釐。至於陶器的形制分類，其中三件是典型的齊家式兩耳瓶（比林阿爾提的齊家陶器分類中第六式），瓶的腹部圓形，由兩個圓錐形體合成；頸部是漏斗式的向外侈張。這三件又可歸成兩小類。甲類二件（1：1及2：1），腹壁曲線中間折斷，換言之，腹部兩圓錐體接合處隆脊很顯著。頸部很高（五十五至六十五公釐），佔全器高度百分之四十一至四十五。乙類一件（2：4），腹壁為圓弧形；頸部較低（三十六公釐），僅佔全器高度百分之二十八。其餘三件陶器（1：2，1：3及1：5）比氏器形分類中未曾收，但與上文所述的第六式乙類相似，唯一的差別，是全器僅有一個耳部，並沒有兩個。不過，比氏所發表的兩耳瓶中，至少有兩個是由頸部殘缺僅留一耳的殘器復原的（比氏論文附圖二十三：2及3），也許原物只有一耳，復原時誤作對稱的兩耳。又比氏器形分類第五式，也是單耳，與我們這三件很相似，不過那件有遮蓋器口的頂篷，形狀特殊。這六件瓶罐的外表面，都曾刮磨得光滑；並留有一條一條的刮磨過的痕跡。腹部的下半，常有籃蓆印紋，但是這些籃紋大半曾以濕手磨平，不留痕跡。

這一類陶系的製作方法，像比氏在他的論文中所說的，大概如下：先將陶泥搓成泥條，然後將這些泥條盤成圓環，累疊成陶器腹部的下半；如果陶器矮小，一條較闊的泥條便可夠使用。大概有一個圓錐形或半球形的模子，這模也許便是一個無底部的編織好的籃子，也許是用旁的質料做成，內壁鋪上一層編蓆。泥條鋪疊於模的內面，用手指或小拍將泥條壓於模上，並且將各泥條結連的地方捏合，將結合的痕跡摩去。然後再往上製造腹部的上半，也是用泥條堆疊成的；各泥條的結連的地方也經過捏合的手續。頸部及底部是分別另行製造好後再接合到腹部上去。器壁的外表皮，尤其是頸部與腹部上半曾經刮磨過。刮磨的痕跡顯明，僅腹部中央突出處的刮磨痕是水平的，其餘的刮磨痕跡都是垂直的。耳部是用一片長方形的陶泥，先在編蓆上壓制成形，然後黏合到器身上去。編蓆的印痕便遺留在耳部的外表面。器物的外面及頸部的內面，其表面都有極薄的一層較細勻度表衣，顏色與內肉相同，似乎是由於以濕手或濕器刮磨或摸摩的結果，並不是製成後另外加上質料不同的一層薄衣。依照比氏的估計，這一類系的陶器燒製的火候在攝氏九百度左右。陶器的結構很幼稚，窰內空氣的供給不調勻，所以陶器各部分的養化程度不同，常有一塊地方顏色較紅或較灰，成為顏色深淺不同的斑痕。

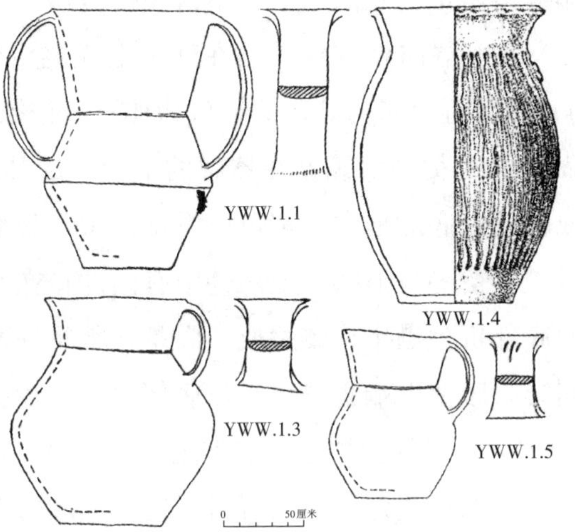

圖五　第一號墓出土陶器

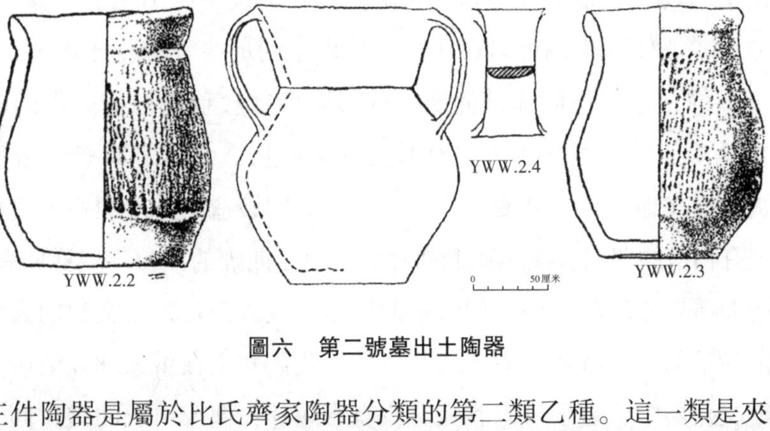

圖六　第二號墓出土陶器

其餘三件陶器是屬於比氏齊家陶器分類的第二類乙種。這一類是夾沙頗多的粗陶。器壁厚度平均為七至八公釐，外表滿布垂直繩紋，蒙着一層黑色的煙灰；內表也有幾處沾上了黑煙，大概由於這些器物是做煮炊用的。至於形式方面，這三件都是罐子，腹壁剖面成圓弧形，頸部稍向外侈張（比氏齊家陶器形式分類中第八式）。製造的方法，與上段所敘述的關於細紅陶瓶的製法，大致相同。但是陶質較粗，陶泥中夾沙較多，沙粒也較粗大，製成後的陶器具有較多的小氣孔。製造的時候，在模子的內面鋪上一層繩衣，繩衣的印痕便遺留在陶器物的外表上。這繩衣似乎是用粗繩垂直着平行放置，或許用線穿過各繩縫成一袋。頸部另外做好，在器腹尚在模子中時附加到器腹上去。後加的頸部與原來的腹部結合的地方，痕跡頗顯明。模子的內面的粗繩印紋，也印壓到頸部上去。頸部的下端雖仍保留這些繩紋，但是上端近口處卻已趁濕抹平，不留繩紋痕跡。這些粗陶罐中有一個（YWW2.3），頸部的內表上端向外翻轉黏貼在外表上成為一條闊帶以鞏固口部。另外一個（YWW1.4）頸部近口緣向外彎曲，口緣加厚，按捺成起伏的波形紋飾。各器的底部是另外做成的，從外面黏貼在器腹的下面。底部和腹部接合的痕跡，不論由底部的內表或腹壁近底的地方，都可以看得出來。腹部外表皮近底部處的繩紋都曾經抹刮平滑，不留繩紋痕跡。這三件中有兩件，在其腹部下端刮平時所多餘出來的泥土，向底部折疊過來，繼續成一圈環，驟看好像是底部做好後，由器物中間塞進去，同時將腹壁下端折過來黏住底部似的。這些陶器的表面似乎有層比較細勻的色衣（S1ip），以補救器壁小空隙過多的弊病。這些粗陶的燒製火候死後較細陶為低，比氏認為那些棕灰色的質料舒鬆的繩紋粗陶（如此次所掘得繩紋罐YWW2.3）其火候恐不會超過攝氏六百度的。

關於陶器方面，我們拿比氏齊家坪發掘報告中所詳細描寫的陶器來做比較，知道這次出土的殉葬瓶罐兩類陶系在齊家坪居住遺址中所出土的陶器，都有代表。至於骨器方面，那件骨錐也可以與居住遺址出土的那些骨錐相比較。

由於上面的敍述，我們知道仰韶式的彩陶確曾發現未被擾亂過的典型的齊家期墓葬的填土中。當齊家期的人民埋葬死人的時候，這些彩陶是已被使用過打破了，碎片被拋棄在地上，因之便混入填土中。彩陶製造的時期與齊家墓葬的時期二者之間必定有相當的間隔，雖然我們尚無法知道這間隔的久暫。這樣便有兩種可能：這些彩陶的製造者或許是另外一個較早的民族，或許便是齊家文化的人民，不過在這墓葬以前較早的某一時期中製造這些彩陶。我們知道在齊家坪及辛店丙址二個遺址的齊家期文化層中，幾乎可以說完全沒有彩陶片；偶或出土的幾片仰韶式的彩陶片，差不多可以斷定說他們不會是齊家文化的人民所製造的。他們混入齊家期的遺物中，若不是較古的仰韶文化的遺物，便是鄰近殘存的仰韶文化區的輸入品。總之從陶器方面來研究，齊家陶與仰韶陶是屬於兩個系統，我們不能說齊家陶是由仰韶陶演化而來的，也不能說仰韶陶是由齊家陶演化而來。當時多情形似乎是這樣的：齊家文化抵達隴南的時候，甘肅仰韶文化的極盛時代已過去了。在有些地方，齊家文化便取而代之；在另外一些地方，齊家文化並沒有侵入，當地的仰韶文化仍保守舊業，但各地逐漸各自演變，並且有時候與齊家文化相混和，相羼雜。這個假設對於目前所知道的事實，可以解釋的較爲滿意。因爲我們知道在齊家坪及朱家寨二處，齊家陶片與晚期的仰韶陶片混和在一起，但是齊家坪以齊家陶為主，而朱家寨以仰韶陶爲主。又這兩種陶器，在旁的遺址也有混在一起的。

本篇開端時已經提到比林阿提爾氏及劉燿先生由於研究陶器形製的結果，都以為仰韶文化要比齊家文化為早。巴爾姆格倫氏也承認仰韶文化中的無彩陶器，其製作的技術是比齊家陶器為幼稚拙劣，文彩也沒有後者中佳品的精緻。但是他依照安特生氏所訂定的年代，認爲齊家文化較早，所以只好承認這種技術的幼稚拙劣爲“退化”的現象。白哈霍夫氏也將齊家文化放在仰韶馬廠文化的後面，以爲是與辛店期相關聯的，甚至於安特生氏自己也說：“關於齊家文化的時代問題，我也很願意將它加以可能的修改，因爲這文化期的家畜事業頗爲進步。”比林阿提爾氏也以爲齊家期中家畜的進步是很清楚的證據，證明齊家文化是比以羅漢堂和馬家窰二處仰韶期遺址爲晚。安特生氏似乎為他自己的假設所誤，因爲他假定在未被擾亂過的齊家文化層中從來沒有發現過仰韶式彩陶片。他自己便記載過齊家文化層中曾發現過好幾片仰韶式彩陶：其中一片是離地面深達一公尺半的文化層中找到的。民國三十五年作者在齊家坪試掘時，也曾在齊家文化層中深達一公尺處掘到一片仰韶彩陶，這文化層除表面擾土外，是未被擾亂過的。對於這些發現，安特生氏的解決辦法，便是假定這些彩陶片是由曾經擾亂過的文化層中出來的，不管這些文化層是確被擾亂沒有。這次我們發掘所得的地層上的證據，可以證明甘肅仰韶文化是應該較齊家文化爲早，這事實已有好幾位學者猜度過的，提出來過的。

從前安特生氏初發現河南不召寨等處的無彩陶器的新石器文化遺址時，他以爲這些是比仰韶文化爲早，因爲他們是代表陶器繪彩技術未達到河南以前的文化。但是經過將近二十年的研究，他現認爲不召寨是比仰韶村稍晚。根據我們的新證據，安特生氏也許可以同樣地承受齊家文化相對年代的修改。

至於齊家文化的絕對年代，我們現仍無法加以確定。安特生氏最初估計它很早，認爲是在公元前三千五百至前三千二百年。後來孟欣氏將齊家陶與歐亞北區晚期新石器陶器做比較，推論齊家坪及不召寨等文化，不會比公元前二千二百年早過許多。安特生氏也重新估定它爲公元前二千五百年至前二千二百年，換言之，比他從前所估計的移晚一千年。同樣的，他也將仰韶文化移晚，認爲是在公元前二千二百年前至一千七百年。但是中央研究院在河南幾個史前遺址發掘的結果，由地層上證明在仰韶文化層和商殷文化層之間有一層龍山文化的堆積。這龍山文化是一種新石器文化，其特徵是細薄光亮的黑色陶器。安特生氏的最新所估計的仰韶文化年代，似乎沒有替代這龍山文化保留餘地，因爲據傳說殷商開國是在公元前一千七百六十六年。但是我們又不能將齊家文化移早。孟欣氏已討論過的，齊家文化不會比公元前二千年早過許多。如果我們根據新證據，將齊家和仰韶文化的相對年代加以修改，互相倒轉，這些困難問題便迎刃而解了。河南區域的仰韶文化一定比殷商期早過許多，至少是隔離一個黑陶文化期（即龍山文化）。甘肅區域的仰韶文化的年代和在河南區域的大致相差不遠。至於齊家文化，不會比公元前二千年早過許多，但是也許是比之晚過許多。

後記：本文寫就後，曾承李濟之師審閱誨正，書此誌謝。又本篇已全部譯成英文，將在英國皇家人類學會會誌上發表。

附錄　出土各物說明

第一號出土者：（YWW即陽窪灣國音羅馬字的縮寫）

（1）YWW.1.1雙耳瓶，陶色棕灰。瓶腹似兩圓錐體拼合。頸部高65 mm，全器高145 mm。腹部最寬處直徑（即腹寬）90 mm，口部外徑88 mm，底部直徑51 mm，器壁厚度3 mm，柄部寬29 mm。頸部有頗顯明之刮磨痕。柄部外表面有席印紋。圖六。

（2）YWW.1.2單耳杯。陶色棕黃。器高118 mm，腹寬93 mm，口部外徑81 mm，底徑52 mm，器厚3 mm，柄部寬25 mm。腹部下半有席印紋，但曾經抹過。柄部有三刻劃痕。

（3）YWW.1.3單耳杯。陶色棕黃，有紅斑及灰斑。器高120 mm，腹寬169 mm，口徑78 mm，底徑55 mm，器厚4 mm，柄寬25 mm。腹部下半及柄部外表面皆有席印紋。腹部上半及頸部皆有刮磨痕。柄部有一刻劃。圖六。

（4）YWW.1.4粗陶罐。紅棕色。器之外表燻黑，內部亦有黑煙數斑。器高150 mm，腹寬112 mm，口徑97 mm，底徑61 mm，厚度6 mm。口緣部近邊緣處加厚，外線捺成波浪形。腹部滿布垂直繩紋，僅近口緣處及近底部處刮磨平滑。底部有外面加上。圖六。

(5) YWW.1.5小單耳杯。棕黃色。器高88 mm，腹寬68 mm，口徑62 mm，底徑38 mm，柄寬19 mm，器厚3 mm。頸部及腹部有刮磨痕。柄部有三道刻劃紋。圖六。

(6) YWW.1.6骨栓。一端尖銳；其剖面係圓形，近尖端處則變為菱形。長32mm，直徑7mm。圖三。

(7) YWW.1.7陶瓶柄部殘片。棕紅色，表面有磚紅色外衣。柄寬32 mm。兩邊近緣處各有刻線三道。柄部中央刻有一小圓點。

第二號墓出土者:

(1) YWW.2.1雙耳瓶。磚紅色。腹部似兩個圓錐體拼合。頸部高55 mm，全器高135 mm，腹寬92 mm，口徑91 mm，厚3 mm，柄寬27 mm。頸部有顯著的刮磨痕。柄部外表面有席印紋。

(2) YWW.2.2粗陶罐。紅棕色。外表面全部及內面底部沾染黑煙。器高119 mm，腹寬103 mm，口徑89 mm，底徑87 mm，厚8 mm。外表面全部滿布垂直繩紋，僅近口處抹磨平滑。底部由外面加上。圖七。

(3) YWW.2.3粗陶罐。棕灰色。外表面沾染黑煙。器高118 mm，腹寬96 mm，口徑80 mm，底徑60 mm，厚8 mm。器身外表滿布垂直繩紋，僅近口部及近底部處抹磨平滑。口緣部外加一泥條。底部係由外面加上。圖七。

(4) YWW.2.4雙耳瓶。淡棕黃色。腹部作圓形。頸部不高，僅36 mm。全器高128 mm。腹寬105 mm，口徑88 mm，底徑56 mm，厚5 mm，柄寬24 mm。頸部有顯明的刮磨痕。柄部外表面有席印紋。圖七。

(5) YWW.2.5骨錐。係由鹿或羊類的蹠骨製成。較大的一端保存原來的狀態。由它骨化的程度看來，這動物是幼稚未成熟的。長83 mm，較大的一端寬26 mm，厚16 mm。圖三。

(6) YWW.2.6彩陶碎片。棕黃色。外表面磨光，並繪畫紫黑色花紋。厚7 mm，碎片大小為48 mm × 41 mm。圖五。

(7) YWW.2.7彩陶碎片。灰棕色。外表面磨光，並繪畫黑色花紋。厚5 mm，碎片大小為63 mm × 40 mm。圖五。

（本文原载于《考古学报》1948年第3期）

甘肃积石山县新庄坪齐家文化遗址调查

甘肃省博物馆

新庄坪遗址于1976年公布为县级文物保护单位，为进一步弄清该遗址的文化内涵，我们于1989年10月对其进行了全面的调查。

一、遗址概况

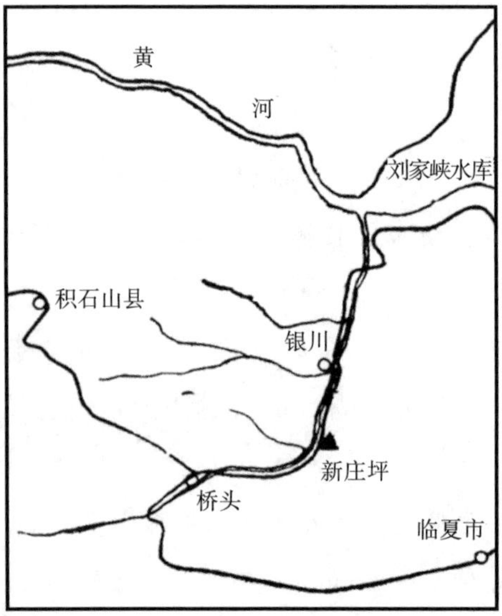

图一　遗址地理位置示意图

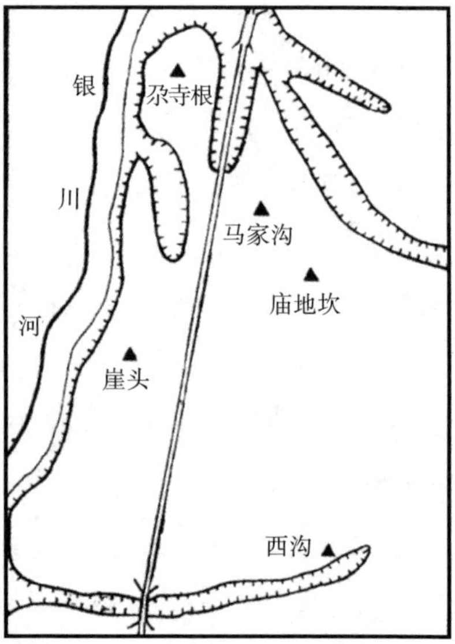

图二　遗址区地形示意图

遗址位于甘肃省临夏回族自治州积石山县银川乡，县境为圆形，地势西南高、东北低，北靠黄河，西连青海省。这里分布着许多不同性质的古文化遗址，大何庄和秦魏家两个齐家文化遗址距新庄坪遗址约10公里。黄河支流银川河流经新庄坪，这里有着发育良好的黄土地，遗址东西宽约500米，南北长约600米，东靠多多山，西至银川河，南到新庄上队西沟，北至尕寺根，面积较大，包括一个完整的齐家文化遗址和墓葬区（图一，图二）。在马家沟断崖上，距地表深1米左右发现有大量灰层，厚约3～4米，内含许多人骨、石块和大量的泥质素陶片，从陶质看为齐家文化遗物。在崖头和尕寺根一带也发现了大量灰层。而在庙地坎坡下发现有墓葬，但已被破坏，据群众反映，此地曾出土过人骨和陶器。在李家庄禾、后沟及多多山一带也发现有人骨，还出土过玉璧、石环、陶器等。现将历次调查的情况简报如下。

二、采集遗物

(一)石器

刀 3件，分二式。

Ⅰ式：2件。磨制。直背，直刃，中间穿孔，器形比较规整。一件长7.9厘米、宽4.9厘米（图三：1）。另一件残长9.3厘米、宽4.7厘米（图三：4）。

Ⅱ式：1件。磨制。长方形，上有两穿孔。残长6.9厘米、宽4.1厘米（图三：2）。

斧1件。制作规整，通体磨光。器身中部稍厚，刃部宽，顶部较窄。长7.2厘米（图三：3）。

凿 2件，分二式。

Ⅰ式：1件。磨制。长条形，器形不规整。长7.4厘米（图三：8）。

Ⅱ式：1件。器形规整，磨制精细。器身中间较粗，横切面为椭圆形。长13.4厘米（图三：11）。

锄 1件。呈梯形，弧形宽刃，靠背部有一圆孔。制作较粗糙。长9.6厘米、刃部宽10.7厘米（图三：10）。

铲 3件，分二式。

Ⅰ式：1件。磨制。长梯形，器身扁薄，近背部有一穿孔。长8厘米（图三：5）。

Ⅱ式：2件。磨制，刃部较直。一件一面为弧形，另一面稍加磨光，有打制的痕迹，刃部稍宽，长7.4厘米（图三：7）。另一件残，两面磨光，器体较厚，长7.1厘米（图三：6）。

璧 9件。均为圆形，中间有穿孔。最大者直径19厘米、厚0.6厘米（图三：9）。最小者直径4.3厘米、厚0.4厘米。其中一件为半成品，周边呈不规则方形，未经磨制，直径22厘米（图三：12）。

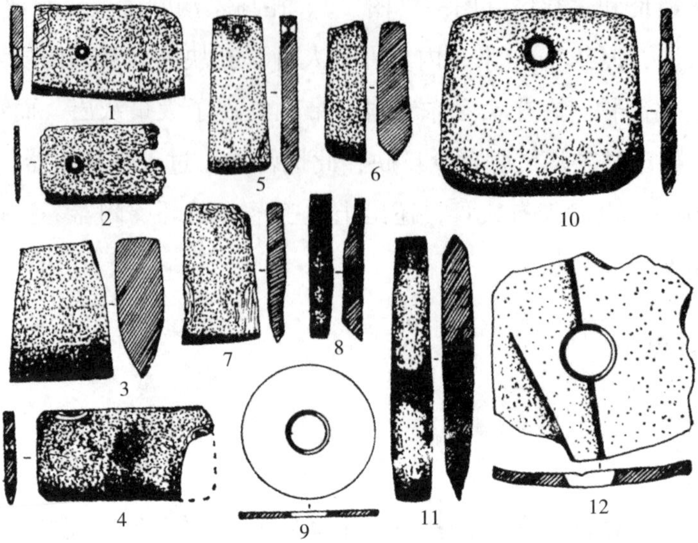

1、4.I式刀　2.II式刀　3.斧　5.I式铲　6、7.II式铲　8.I式凿　9、12.石壁　10.锄　11.Ⅱ式凿(9、12.约1/6,余约1/3)

图三　新庄坪遗址石器

(二)陶器

共55件。主要为泥质红陶和夹砂红褐陶两类，有极少量灰陶。均为手制，以泥条盘筑为主，有些器物的颈、腹、底是分制后再粘接上的，而有的器物仍是以手捏制而成。泥质红陶器以素面磨光为主，个别有镂孔和绳纹；夹砂陶则见有篮纹、绳纹、压印纹、附加堆纹等；彩陶仅有一件，饰三角折线纹。器形有罐、瓶、壶、盉、盆、鬲等。

双大耳罐　14件。均为泥质陶。分五式。

Ⅰ式：4件。侈口，高领，鼓腹，颈部两侧相对处各有一大耳，底较小。一件口径7.2厘米、高12.2厘米（图四：1）。另一件口径7.3厘米、高11.7厘米（图四：2）。

Ⅱ式：2件。圆唇，高领，侈口，折腹，口径略等于腹最大径。一件口径7.6厘米、高12.6厘米（图四：3）。另一件口径9.4厘米、高13.3厘米（图四：5）。

Ⅲ式：1件。高领，侈口，鼓腹，颈、腹长短基本相等。口径6.8厘米、高10.8厘米（图四：4）。

Ⅳ式：4件。高领，侈口，直腹，平底。器壁较薄，口大腹小，两耳上端有长方、圆及三角形镂孔，颈长于腹部。一件口径8.6厘米、高11.7厘米（图四：9）。另一件为泥质灰陶，腹部饰绳纹，口径8.4厘米、高9.4厘米（图四：8 ）。

Ⅴ式：3件。侈口，粗颈。一件为泥质灰陶，颈部饰弦纹，腹部饰绳纹，平底，颈长于腹部，口径10.2厘米、高11厘米（图四：6）。另一件口径8厘米、高10厘米（图四：7）。

三大耳罐 2件。均为泥质红陶。分二式 。

Ⅰ式：1件。圆唇，侈口，高领，鼓腹，平底。三大耳距离均等，其中两耳残。口径10.2厘米、高11.4厘米（图四：11）。

Ⅱ式：1件。直唇，侈口，高领，斜腹，大平底。三大耳上端各有一长方形镂孔。口径11.2厘米、高10.3厘米（图四：12）。

单耳罐 12件，分二型。

A型：4件。均泥质红陶，器形较小。分三式。

Ⅰ式：2件。斜唇，侈口，鼓腹，器底中部稍凸起。一件口径7.2厘米、高10.5厘米（图四：20）。另一件口径7.6厘米、高9厘米（图四：21）。

Ⅱ式：1件。直唇，侈口，鼓腹，平底。口径6.8厘米、高8.3厘米（图四：22）。

Ⅲ式：1件。侈口较大，鼓腹，平底。器表面未经磨光，较粗糙。口径7.4厘米、高7厘米（图四：23）。

B型：8件。均为夹砂红褐陶。分五式。

Ⅰ式：1件。斜唇，侈口，深腹，平底。腹部饰篮纹，耳上端有一乳钉。口径9.8厘米、高13厘米（图四：10）。

Ⅱ式：1件。圆唇，侈口，垂腹，平底。腹部饰篮纹。口径9.4厘米、高12.6厘米（图四：14）。

Ⅲ式：1件。侈口，鼓腹，平底。腹部饰绳纹。口径10.2厘米、高11.6厘米（图四：13）。

Ⅳ式：1件。重唇，侈口，鼓腹，平底。腹部饰有篮纹。口径7厘米、高10.8厘米（图四：16）。

Ⅴ式：4件。侈口，鼓腹，平底，耳上部有一乳钉。一件腹部饰细绳纹，口径8.8厘米、高10.4厘米（图四：15）。另一件腹部饰篦点纹 ，口径9.4厘米、高10.8厘米（图四：17）。

折腹罐 1件。泥质红陶，平唇，侈口，小平底，器表未经磨光。口径11厘米、高14.5厘米（图五：1）。

双耳折肩罐 2件。均泥质红陶。分二式。

Ⅰ式：1件。高领，侈口，折肩，斜腹。口径12厘米、高20.4厘米（图五：2）。

Ⅱ式：1件。器形与Ⅰ式相近，腹较深，口大，腹两侧有一对鋬突。口径13.6厘米、高25.6厘米（图五：3）。

高领双耳罐 1件。泥质红陶。喇叭形口，高领，曲腹，平底。颈部饰弦纹和篦点纹，腹部较粗并饰有绳纹。口径21.7厘米、高38.7厘米（图五：4）。

双耳罐 6件，分二型。

A型：4件。泥质红陶。分三式。

Ⅰ式：1件。侈口，双颈耳较宽，圆腹，平底。口径9厘米、高16.5厘米（图五：5）。

Ⅱ式：2件。口外侈较甚，双颈耳低于口沿，鼓腹。一件口径11.6厘米、高19.5厘米（图五：6）。另一件口径11.4厘米、高19.8厘米（图五：7）。

Ⅲ式：1件。侈口，颈较长，弧肩，折腹。口径5.8厘米、高11厘米（图五：14）。

B型：2件。均夹砂红陶。分二式。

Ⅰ式：1件。斜唇，侈口，弧腹，平底，腹部饰绳纹。口径8.8厘米、高11.2厘米（图四：18）。

Ⅱ式：1件。斜唇，直口，垂腹，平底。腹部饰绳纹。口径8.8厘米、高10.8厘米（图四：19）。

壶 3件。一件为泥质红陶，圆唇，侈口，鼓腹，平底，口径7.6厘米、高15.5厘米（图五：13）。另二件均夹砂红褐陶，圆唇，侈口，弧腹，平底，腹饰篮纹，其一口径6.8厘米、高17厘米（图五：12）。

瓶 1件。泥质红陶。圆唇，侈口，细颈，鼓腹，平底。口径8.1厘米、高16.1厘米（图五：15）。

侈口罐 7件，分二型。

A型：3件。均泥质红陶。分二式。

Ⅰ式：1件。重唇，侈口，短颈，圆腹，平底较大。口径8.4厘米、高14.1厘米（图五：16）。

Ⅱ式：2件。平唇，侈口，鼓腹，平底。一件口径7.6厘米、高10.2厘米（图五：19）。

B型：4件。均夹砂红褐陶。分三式。

Ⅰ式：1件。方唇，侈口，弧腹，平底。肩部饰弦纹，腹部饰绳纹。口径9厘米、高14.4厘米（图五：9）。

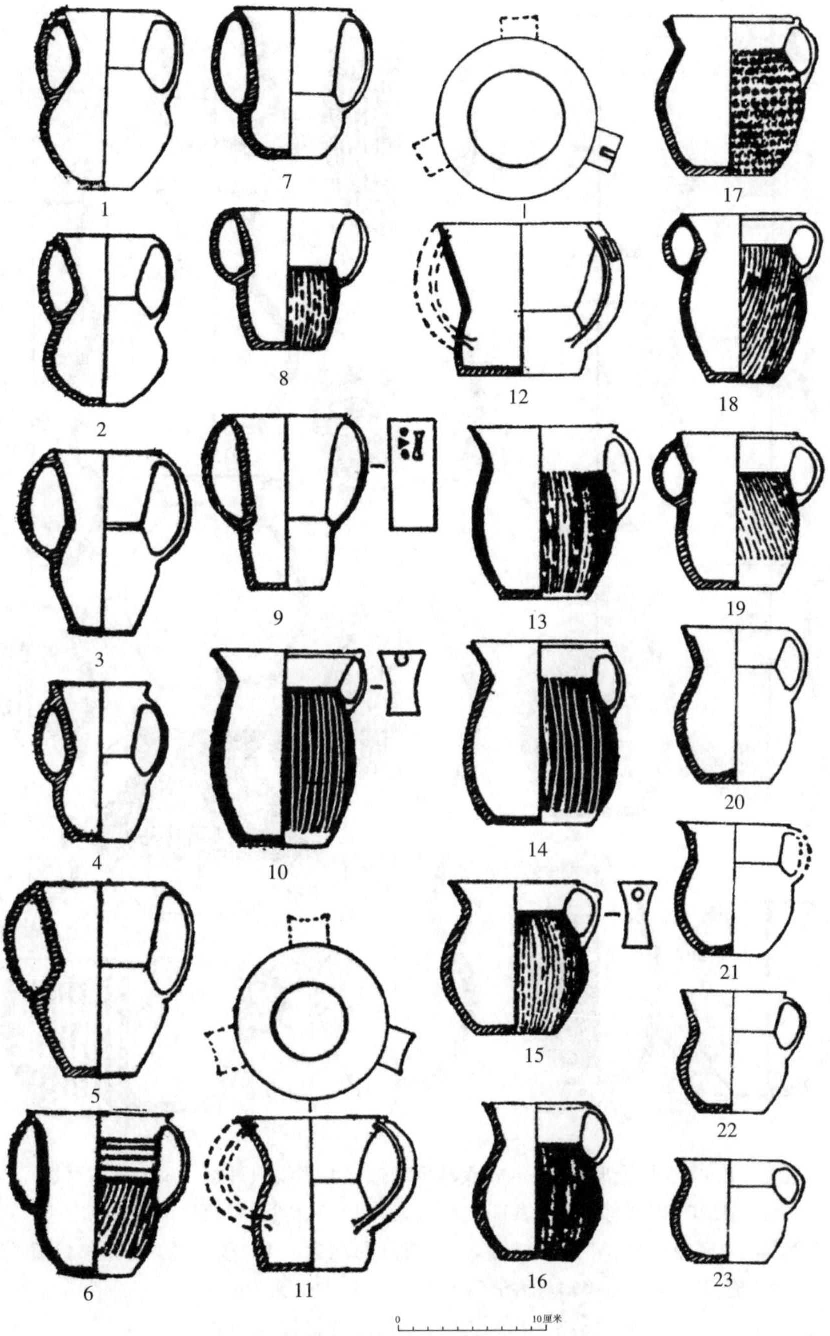

1、2.I 式双大耳罐　3、5.II 式双大耳罐　4.III 式双大耳罐　6、7.V 式双大耳罐　8、9.IV 式双大耳罐　10.BI 式单耳罐　11.I 式三大耳罐　12.II 式三大耳罐　13.BIII 式单耳罐　14.BII 式单耳罐　15、17.BV 式单耳罐　16.BIV 式单耳罐　18.BI 式双耳罐　19.BII 式双耳罐　20、21.AI 式单耳罐　22.AII 式单耳罐　23.AIII 式单耳罐

图四　新庄坪遗址陶器

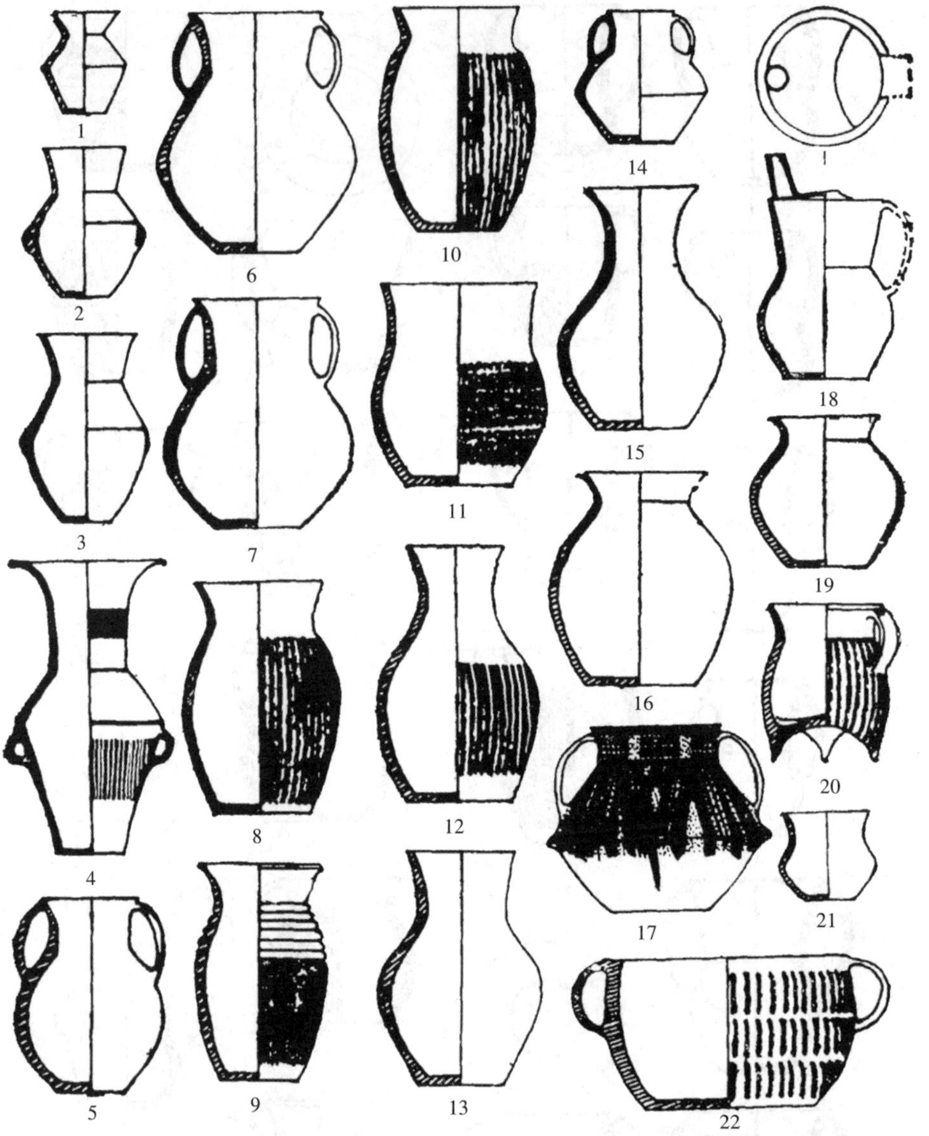

1.折腹罐 2.I式双耳折肩罐 3.II式双耳折肩罐 4.高领双耳罐 5.AI式双耳罐 6、7.AII式双耳罐 8、10.BII式侈口罐 9.BI式侈口罐 11.BIII式侈口罐 12.壶 13.壶 14.AIII式双耳罐 15.瓶 16.AI式侈口罐 17.双耳彩陶罐 18.盉 19.AII式侈口罐 20.鬲 21.大口小罐 22.盆(1～4,1/10,5、6、7、14、21,约1/6,余1/5)

图五 新庄坪遗址陶器

Ⅱ式：2件。平唇，侈口，弧腹，平底，腹部饰篮纹。一件口径9.2厘米、高15.8厘米（图五，8）。另一件口径8.4厘米、高15.2厘米（图五：10）。

Ⅲ式：1件。重唇，大口，鼓腹，平底。腹部饰篦点纹。口径11厘米、高12

厘米（图五：11）。

大口小罐 1件。泥质红陶。侈口，鼓腹，平底。口径7.5厘米、高7.5厘米（图五：21）。

盆 1件。泥质红陶。平沿，口微敛，弧腹，双耳，平底。腹部饰三周粗绳纹。口径16.4厘米、高9.8厘米（图五：22）。

盉 1件。泥质红陶。高领，鼓腹，平底，顶部有一管状流，单耳。通体磨光，制作规整。通高14.6厘米、底径5.6厘米（图五：18）。

双耳彩陶罐 1件。泥质红陶。侈口，折腹，平底，折腹处有对称的四个乳突状鋬。器身上部施红色陶衣，上绘黑彩花纹，口沿内饰线条纹，颈部饰六组横线纹，两耳饰阴地方格 纹、横线纹，腹部饰粗细相间的三角折线纹。口径9.2厘米、高12.5厘米（图五：17）。

鬲 1件。夹砂红褐陶。斜唇，侈口，颈旁附一耳，耳上端有一泥钉，深腹，矮裆，袋状三足。腹部饰篮纹。口径8厘米、高10.6厘米（图五：20）。

（三）其他

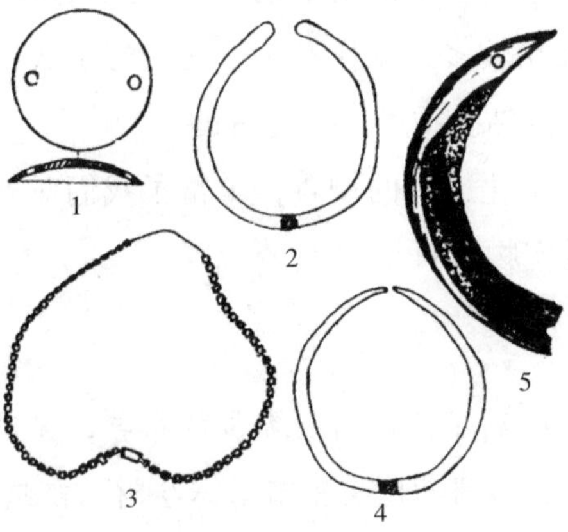

1.铜泡 2.Ⅰ式铜镯 3.绿松石珠 4.Ⅱ式铜镯 5.牙饰（1.4/5，余2/5）

图六 新庄坪遗址器物

绿松石珠 169粒。多呈不规则的圆柱形，个别的为扁圆形，中间有穿孔（图六：3）。

牙饰 8件。系用动物牙齿磨制而成，靠尖端处有一穿孔。长10.2厘米（图六：5）。

铜镯 5件，分二式。

Ⅰ式：3件。环状，截面呈圆形，两端为圆头。直径6.4厘米（图六：2）。

Ⅱ式：2件。环状，截面呈方形，两端为尖状。直径6.3厘米（图六：4）。

铜泡 6件，其中4件残。一件为圆形，上有两孔，截面呈弧形，直径2厘米（图六：1）。此器经X射线荧光分析为铜锡合金。

铜刀 1件，残。长约2厘米、宽1厘米、厚0.07厘米。

三、结语

新庄坪是一处规模较大的齐家文化遗址，文化内涵丰富，所采集到的文化遗物为我们研究齐家文化提供了新的资料。特别是这里也出现了青铜器，从而进一步证明齐家文化已迈入了青铜时代的门槛。

新庄坪遗址出土的石器比大何庄遗址①的进步，和秦魏家遗址②所出基本相同。这里的陶器都是手制，多为泥条盘筑，器形规整，制作比较精细。纹饰以篮纹和绳纹为主。陶器是当时人们的主要生活用具，其特点是颈部多样化，普遍带有两耳，双大耳罐和折肩罐富有文化特征。通过器物的排比分析，我们可以推测新庄坪遗址齐家文化的人们在生产力等方面要比大何庄遗址进步。

齐家文化的遗址、墓地普遍出现了铜器，而且数量较多，新庄坪遗址也出现了青铜器。出土的装饰品较多，制作精细，还发现了成串的绿松石珠，从这些绿松石珠上也可看出当时的钻孔技术是很先进的。

通过对新庄坪齐家文化遗址的调查，丰富了我们对齐家文化的认识，并提供了齐家文化铜器的新的实物资料。

附记：

本文在撰写过程中得到了张明川研究员的指导，在调查期间临夏州博物馆马珑等同志给予了大力支持，器物图由王琦同志绘制。在此表示感谢。

执笔者　贾建威

（本文原载于《考古》1996年11期，第46-52页）

①中国科学院考古研究所甘肃工作队：《甘肃永靖大何庄遗址发掘报告》，载《考古学报》1974年2期。
②中国科学院考古研究所甘肃工作队：《甘肃永靖秦魏家文化墓地》，载《考古学报》1975年2期。

甘肃兰州青岗岔遗址试掘简报

甘肃省博物馆

青岗岔遗址位于兰州市黄河南岸，距市区约30华里，属于七里河区西果园公社青岗岔大队。遗址在西果园南二里，青岗岔村西面的岗家山。

岗家山是一道由南向北伸出的黄土山岗，东有大山相对峙，甘川公路由山下经过，南有七道梁横列，与洮河流域分界；西与湾沟深谷相隔。村的东面，沟底有溪水，岸边有清泉。青岗岔河和庙儿沟河自南而来，汇于村东，北流至西果园，与孙罗沟河相合。再往北经柴家河、韩家河、七里河，遂注入黄河。

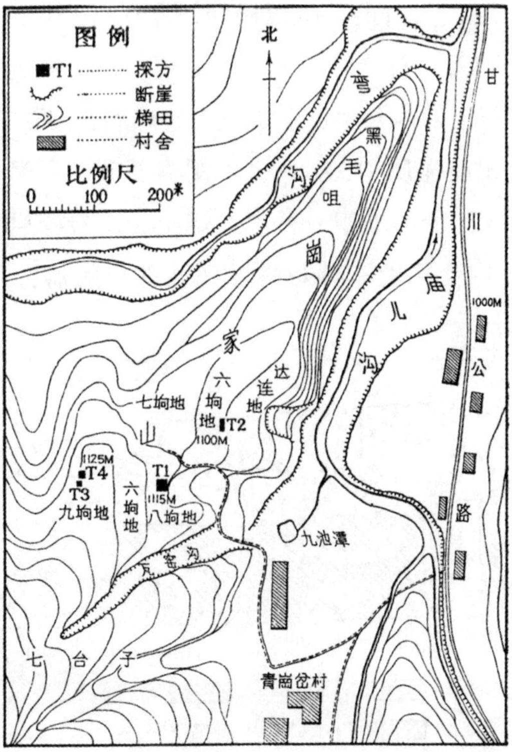

图一　青冈岔遗址附近地形图

岗家山山巅地势平缓，梯田、阶地层层相望，片片相连，如六垧地、七垧地、八垧地、达连地便是。遗址分布范围，东至达连地东端，西到九垧地西限，南至九垧地南端，北到达连地尽头，面积80000平方米。在梯田崖壁上，暴露文化遗址较为丰富。发现的半山类型遗存，主要分布在八垧地、达连地，遗迹较多，面积较大。马厂类型遗存，仅见于达连地东面北端和九垧地西面。齐家文化只见于六垧地（图一）。

这个遗址是1963年秋季，由北京大学历史系考古专业59级的三位同学，在教师严文明同志的指导下，并由我馆蒲朝绂同志协助进行试掘的。工作自10月24日开始至11月15日结束。共开掘探沟4条，揭露面积80余平方米。现将试掘结果，简要报道如下。

一、地层情况

1号探沟位于八垧地东边崖顶，面积约为60平方米。其堆积可分为五层：第一层，耕土扰乱层，厚0.25～0.75米。第二层，灰土扰乱层，厚0.25～0.55米，系唐宋的扰乱层。第三层，灰白土，质较松软，厚0.25～0.73米。内含遗物有泥质和夹砂陶片，骨锥、陶刀、石器等。另外还发现半山类型的窖穴和齐家文化墓葬各两座。第四层，黄灰土，内含生黄土块及木炭碎屑，厚0.47～1.05米，属于1号房子内的上层堆积。出有泥质和夹砂陶片，另有石斧、石凿、石纺轮各一件。第五层，属于1号房子地面上的堆积，系由红烧土、木炭碎屑和陶片等所堆成，厚0.2～0.25米。原来屋内使用的三件彩陶罐和九件粗陶器，都被埋在这一层（图二）。

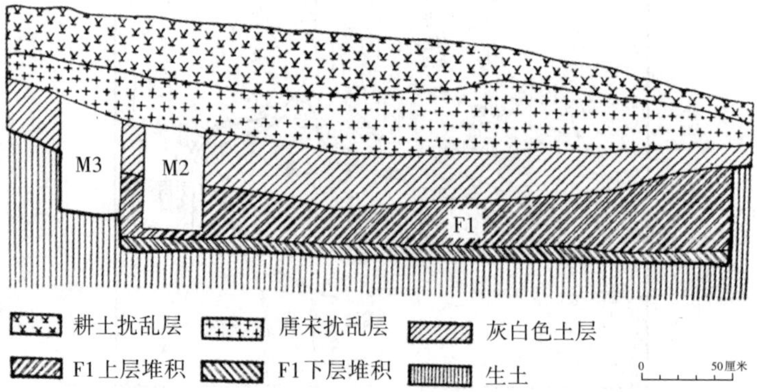

图二　1号探沟东壁剖面图

2号探沟位于六垧地南端，面积为14平方米，其堆积可分为六层。在第六层发现齐家文化房子1座。灰层及房子内除齐家陶片外，还含有较多的马家窑类型和半山类型的彩陶片。

3号探沟位于九垧地北端，面积仅4平方米。清理出马厂类型的窑址一座，出土陶片不多，只有彩陶和夹砂粗陶十余片。

4号探沟位于九垧地北端，面积为8.75平方米。堆积分两层，第一层，表土扰乱层，厚0.25米。第二层，灰土，厚0.56米。发现窑址、墓葬各1座，都是半山类型的。窑内出有较多精美的彩陶片。墓内无随葬品，骨架凌乱，是二次葬。

二、文化遗迹

(一)半山类型

发现有房子一座（F_1），窖穴两座，窑址一座，墓葬一座。

房子的基础，挖在靠西向阳的山坡上。是一个东西长7.4米、南北宽6.5米的长方形半地穴土坑，面积约为48平方米。土坑四壁平直，随山坡而西高东低。西壁现存高0.6～1米，东壁现存高为0.6米；南北两壁，也随山坡而西端高东端低，南壁现存高0.5～1米，北壁现存高约0.5米。四壁上部的壁面均已塌落无存，下部高约0.5～1米处，尚保存着一层厚约2厘米的红烧土壁面。四壁的保存情况，除东壁的大部因崖壁倒塌而毁外，其余三面下部尚存，但都不见门道痕迹，可见门是在向阳的东壁。屋内东部地面的中间，距东壁0.9米处，树立石板一块。石板长0.5米，厚0.1米，埋入地下0.23米，露出地面0.2米。石板外面的地面，比里面高出10厘米。由石板平行向西0.4米的地方，平地筑一圆形平底的灶坑。坑的底部高出地面5厘米，灶口内径78～85厘米，灶壁高出地面10厘米，宽20厘米。灶壁及其底部均敷细泥一层，已被烧成青灰色硬壳。灶的周围遗有红烧土块、灰烬、草木灰、烧渣等杂物。在灶与北壁东侧之间，用细泥敷铺地面，表面光滑发亮，质地坚硬，呈青灰色，厚仅0.6厘米，它可能是原来敷设的居住面（图三）。

屋内柱洞现存8个，北、西、南三壁各为2个，中间2个。其中北壁柱洞位置显著偏向西边，洞口大致相等，直径8.5厘米，深48厘米。柱洞有一半是掏在墙壁中，洞内遗有柱子被烧后的木炭。从木炭上的痕迹观察，原来木柱的外露部分曾用草拌泥包裹着。另外在北壁的东侧还树立两块木板，已腐朽成灰。木板靠近北壁东边的柱洞，西面的一块是平板，宽18厘米，厚3厘米。东面的一块贴墙一面是平的，安置于墙壁之中，外露的一面仍保存着原来的表皮。木板下面均与地面齐平，并用草拌泥包裹起来。西壁两柱洞位置平均适中，直径16～22厘米，深60厘米。其中南面柱洞的南侧，还增加1个直径10厘米的小扶柱。洞的挖法也是一半掏在墙壁内，木柱的原来外露部分亦用草拌泥包裹着。柱洞内也发现有木炭。南壁两柱洞稍偏东，东边一个柱洞内遗有木炭。两柱洞大小大致相等，口径9.5厘米，深30厘米。另外在南壁西侧还发现有42个连续排列的小柱洞，直径3～5厘米，深10～17厘米。中间两柱洞南北相距平均适中，但明显靠近西壁。其中南面的一柱洞内为双柱，遗有原来柱子被烧后的木炭，粗细大致相等，直径0.16米，洞深0.88米，为柱洞中最深的一个。北面的一洞，直径0.12米，深0.3米。

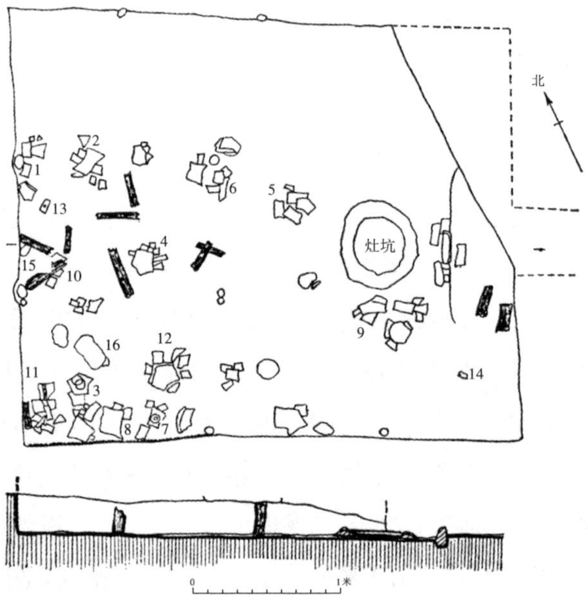

1～3.彩陶罐　4～10.夹砂陶罐　11、12.带流陶盆　13.陶刀　14.穿孔石饰　15.石斧　16.砾石

图三　1号房子平、剖面图

上述八个柱洞，中间的两个柱洞和西壁的两个柱洞都排列在相对的一条直线上，而与南北两壁的柱洞不相对称。根据柱洞的位置估计，在灶坑的两旁应该还有两个中柱，东壁也可能还有两个边柱。这样东西两壁的边柱，同屋内中柱可能排列在两条平行的直线上。至于南壁的42根小木棍和北壁的两块木板，当为保护壁面而设的。

从以上现象观察，房子的建筑是先由地面向下挖成长方形竖穴的屋基，然后紧贴四壁，每边各树立边柱两根。室内中间当有四根主柱，和东西两壁的边柱处于两条大致平行的直线上。我们根据柱子的排列情况估计，东西两壁的边柱和两排中柱较高，东西向架大梁两道；南北两壁的边柱可能低矮一些，东西向各架边梁一道。因为西壁和中间的柱子都比较粗壮，而且中间南面的一个和西壁南面的一个都是双柱，可能是由于支撑大梁负重过大的关系，才选择较大的柱子，并且还增加了两根扶柱。而南北两壁的边柱都比较小，同时不与中柱排列在一条线上，因而只能东西向架边梁。屋顶可能是用木椽和茅草铺盖的，在覆盖茅草之后或者再抹上一层草拌泥。顶的形式中间部分大概是长方形南北为两面坡。东西两面可能是齐的，没有屋檐。门道向东，灶坑正对门道。由石板以外高出10厘米的情况来看，它的门道要高于屋内地面。

这座房子因失火而倒塌，屋内陶器都被打碎，表面熏烧较重处，由红变黑。经修补复原的共12件，其中有彩陶罐3件，夹砂粗陶带流盆2件，夹砂粗陶罐7件。在西壁下面2号彩陶罐底部灰土中，还发现有谷物（糜子）及其草秸，可能就是当时种植的粮食作物。此外，屋内还有一些石器和陶刀等物出土。

窖穴发现于房子西边附近，1号灰坑由第三层堆积开口，一直挖到生黄土。平面正方形，南北长2.05米，东西长2.2米，深0.8米。穴壁上下平直，底部平坦。出土遗物不多，只有陶片，彩陶花纹较粗糙，形制与灰层所出的基本一致；夹砂粗陶片有白色的，都是双耳小罐。2号灰坑挖在1号灰坑的底部南侧，作长方形平底，四壁平直。东西长1.45米，南北宽0.85米，深0.26米。其南壁与1号灰坑南壁相重合，而且堆积层与1号灰坑无区别，所以两个窖穴可能是一次挖成的。

窑址一处，发现于4号探沟（2号窑），窑门向西，火口部分因崖壁倒塌而毁坏。窑室，火眼等已倒塌不清。根据现存部分的平面及窑壁的观察，窑室大体呈椭圆形平底，长1.6米，宽1.45米。窑壁现存高0.6米，下部凹曲，表面已烧成红色硬土，直壁处厚5厘米，曲壁处厚15厘米。窑室前端保存一段长30厘米、高45厘米、厚2厘米的青灰色烧结壁面。窑内出土陶片绝大部分是泥质彩陶，夹砂粗陶只有几片。彩陶泥细质坚，纹饰较为精美，表面施白色陶衣者较多。有内彩的碗和钵（图四：7～11）。

墓葬是二次葬，无随葬品。发现于4号探沟的第二层。

(二)马厂类型

仅发现窑址1座，位于3号探沟内（1号窑）。破坏相当厉害，只保存一个完整的通火孔，火孔中部底壁较高，南北两边作斜坡形，深18厘米，宽22厘米。窑底是平的，壁面为青灰色烧结硬壳，厚0.2～0.3厘米。内接一层厚0.2～0.4厘米的红烧土。窑室的大小和形状，根据残迹观察，大致是椭圆形，长1.2米，深0.95米。窑门开在北面。出土陶片不多，大部分属于马厂类型的（只有几片属于半山的），因此推定这个窑址是属于马厂类型的（图四：1～6）。

(三)齐家文化

发现房子1座（F2），墓葬2座。房子为前室长方形，后室圆形的半地穴式的双室房子。形制同陕西长安客省庄第二期文化的98号房子近似[①]。屋内出土陶片有泥质篮纹罐和夹砂绳纹罐（图五：1～4）。墓葬都是竖穴土坑，仰身直肢葬。2号墓人架头向东，坑口长1.81米，东端宽0.61米，西端宽0.42米，坑深1.75米。填土内含有半山类型的彩陶片。3号墓人架头向西，坑口长1.99米，宽0.61米，深1.75米。随葬绿松石小饰物4件。根据墓坑的形状及葬式推断，两墓皆属于齐家文化。

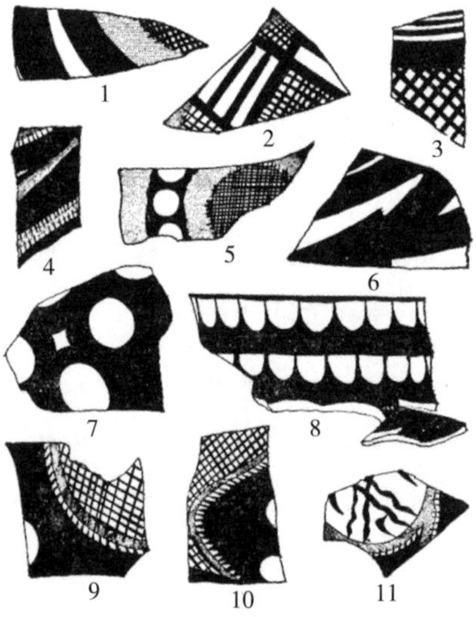

1～6.1号窑　7～11.2号窑

图四　窑内出土彩陶片(1/2)

图五　2号房子出土陶片

三、遗物

(一)生产工具

有石制的敲砸器、刮削器、斧、凿、纺轮和砺石以及陶刀、骨锥等，皆属半

① 中国科学院考古研究所：《沣西发掘报告》，文物出版社，1962年，43-44页，图25，图版壹玖。

山类型遗物。

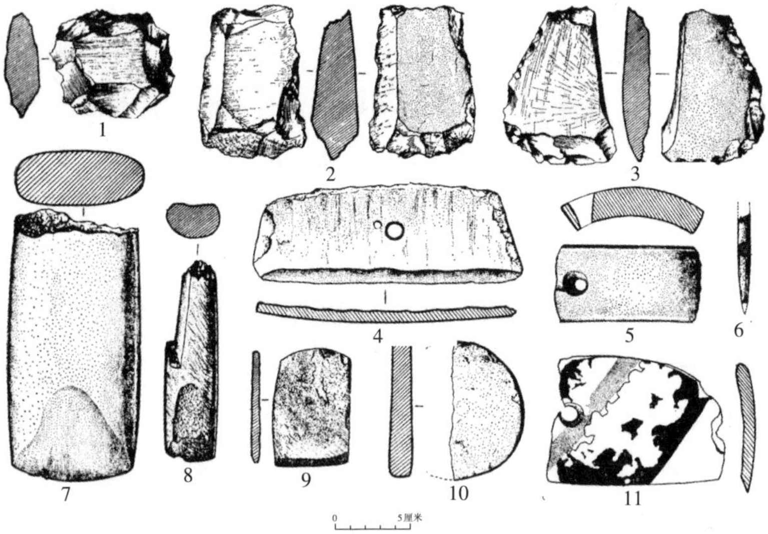

1.敲砸器(F1:15) 2、3.刮削器(T1:7,F1:17) 4、11.陶刀(F1:13,F1;1) 5.穿孔石饰(F1:14) 6.骨锥(T1:2) 7、9.石斧(F1:16,F1:3) 8.石凿(T1:4) 10.石纺轮(T1:5)

图六 石、骨、陶器

敲砸器 1件（F1：15），硅酸岩制。灰黑色，质细而坚。圆形，由边缘交互打击而成，两平面保存光面。似为残石斧改制，直径4.5厘米（图六：1）。

刮削器 2件，皆硅酸岩制。F1：17一件为梯形弧刃，系由砾石上打下的扁平薄片制成，一面保留砾石面。仅由边缘交互打击成刃口，刃部较为厚纯，为使用磨损所致。长5.5厘米，宽约4厘米，厚1厘米（图六：3）。T1：7一件略呈长方形，亦为砾石上打下的石片制成。宽面的一侧有轻微的磨光痕迹，窄面的一端由两面交互打成刃口。长5厘米，宽4厘米，厚2.7厘米（图六：2）。

斧 2件，皆出自1号房子内。其中F1：16一件碳酸岩制，青灰色，质细而坚。平面呈长方形，通体磨光，上部已残，刃部作圆弧形。残长9厘米，宽5厘米，厚2.3厘米（图六：7）。F1：3一件硅酸岩制，青灰色。薄片长方形，正面和两侧面磨光，背面仍留岩面，刃部锋利。长4.5厘米，宽2.8厘米，厚0.2厘米（图六：9）。

凿 1件（T1：4），硅酸岩制。灰黑色，通体磨光，器身作长条形，上部已残，刃由两面磨成。残长10厘米，宽1.6厘米，厚1.5厘米（图六：8）。

纺轮 1件（T1：5），碳酸岩制。扁平圆形，红色，两面及周边磨光。已残一半，直径4.7厘米，厚0.7厘米（图六：10）。

砺石 1件（F1：18），系碳酸岩大石板，平面略呈长方形，边缘三面有打制修理的痕迹。一面较平滑，因磨损而下凹。长50厘米，宽30厘米，厚3厘米。

陶刀 2件，皆出自1号房子内。F1：1一件由彩陶片制成。已残一半。弧背圆角，单孔由两面对穿，侧旁带缺口，单面刃。残长6厘米，宽4.5厘米，厚0.5厘米（图六：11）。F1：13一件由泥质红陶片制成，略呈长方形，单孔由两面对穿。长9.5厘米，宽3.5厘米，厚0.4厘米（图六：4）。

骨锥 1件（T1：2），大部分已残，磨光，横剖面呈圆形。残长3.5厘米，直径0.5厘米（图六：6）。

（二）生活用具

仅陶器一种，有彩陶罐和夹砂陶罐、盆等，器形较简单。陶地多为浅红色，前者由红、黑两色彩绘，后者大部分是素面。共12件，都出自1号房子内，皆由破碎陶片复原成，属半山类型。

彩陶罐 共3件。小口高颈，圆肩鼓腹，腹部两侧附有对称的扁平环形耳，下为小平底，底部与口径大致相等。F1：1表面打磨较粗糙，颈部绘两道锯齿纹，肩部为四大圆圈，内填黑彩方格纹，圆圈外面绘四道赭红色和黑彩宽带相间的大弧线纹，同时在腹部宽带的下面缀以连弧纹一圈。器形较大，通高45厘米（图七：1）。F1：2表面打磨细致并有光泽。纹饰不同之处，主要在于肩部大圆圈内填以由五条细线组成的交叉带纹，并在带纹的四角各加一个黑色圆点。通高41厘米（图七：2）。F1：3表面打磨光亮，四大圆圈内填以竖行波浪形条纹七条，其余部分纹饰与以上大体相同。通高40厘米（图七：3）。

1.F1:1 2.F1:2 3.F1:3

图七 彩陶罐

夹砂陶罐 共7件。大口，短颈口稍外敞，圆肩鼓腹，腹部两旁各附扁平环形耳，下为平底。器形基本一致，仅颈、肩以及纹饰方面略有变化。其中3件，颈部上下各饰宽泥条一道，上面有手指压印痕。F1：4，底部残缺，器形较大，通高约46厘米（图八：5）。F1：6，腹部较浅，通高42厘米（图八：4）。F1：5，大部残缺，已复原。2件，肩部较圆。F1：7，口部外缘附加泥条一圈，腹下部附加泥条四道，上面都有手指压印痕。通高39厘米（图八：1）。F1：8，腹部两旁器耳较厚，颈部下边附加泥条一圈，腹下部近底壁处附加泥条三道，做法同上。通高36厘米。还有2件，口稍小，圆唇，口唇外缘附有泥片状小耳一对，肩上部饰连续平行的半圆弧形泥条堆纹五组，每组各为四条。弧线泥条下面横加一道泥条，将各组连贯起来。泥条较细，表面压成锯齿形。F1：9，肩部圆鼓，器形较小，通高28厘米（图八：3）。F1：10，陶地白色，腹部较鼓，通高35厘米（图八：2）。

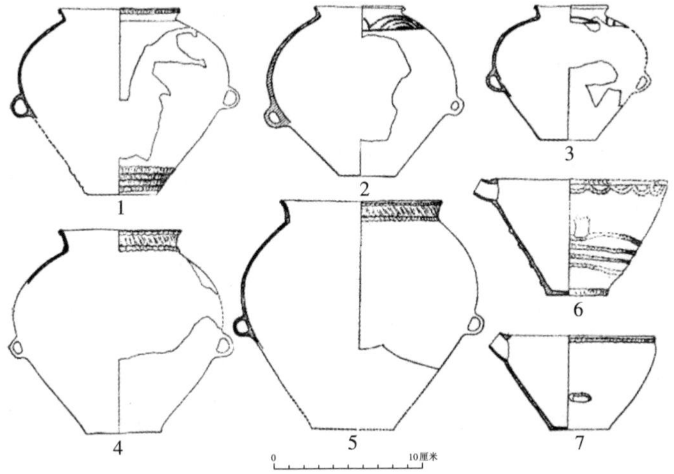

1.F1∶7 2.F1∶10 3.F1∶9 4.F1∶6 5.F1∶4 6.F1∶11 7.F1∶12

图八 夹砂陶罐、盆

带流盆 共2件。皆为夹砂粗陶，F1：11，大口、深腹，往下收缩成平底。口部带管状流，腹部两旁附有环形耳。口沿附加泥条一圈，下缀一条波浪形泥条，两者至流的上下围贴，使流得以稳固。腹部自器耳以下附加盘旋上升的泥条四圈，表面都有手指压印痕。盆口长径35厘米，短径30厘米，通高24厘米（图八：6）。F1：12，器形与前一件相同，唯腹部稍鼓，器身较浅。口沿附有泥条一道，因按压不牢多已脱落，腹部两旁各附扁平泥鋬一个，鋬首卷起。口径30厘米，通高19厘米（图八：7）。

(三)装饰品

穿孔石饰 1件（F1：14），白色大理石磨成。扁平圆弧形，一端穿孔，孔由两面穿透，另一端已残，可能是石镯的残片。残长5.5厘米，宽3厘米，厚1厘米（图六：5）。

绿松石饰 4件，均出自齐家文化墓葬（3号墓）。

四、结语

青岗岔遗址半山类型住地的发现，是这次试掘的主要收获。这里不仅有灰层，而且发现了房子和窖穴等遗迹，这就彻底批驳了过去安特生所谓“半山葬地说”和“马家窑住地说”的谬论。事实证明，解放后通过我国考古工作者的调查发掘，不仅半山和马厂类型都发现了住地，就是马家窑类型的葬地，目前也已有发现①。

齐家文化双室房子的发现，不仅使我们对了解这一文化的面貌增添了新的资料，而且给今后探索齐家文化和客省庄第二期文化的关系等问题，也提供了一个重要的线索。

再从这里的齐家文化房子内，包含有马家窑类型和半山类型的彩陶片，以及两座齐家墓葬打破半山类型的地层堆积和房子墙壁的情况来看，齐家文化不仅晚于马家窑类型，而且在青岗岔遗址又是晚于半山类型的。

最后值得指出的是青岗岔1号房子的木炭，经中国科学院考古研究所实验室用放射性碳素测定年代的结果为距今4030±100年，即公元前2065±100年，这是我国首次用科学方法确定了半山类型的绝对年代，而它比马厂类型的年代则要晚或相接近②。因此，青岗岔遗址的试掘以及放射性碳素测定的结果，不仅提供了新的资料和断代证据，并且对安特生唯心的分期理论也给予了更彻底的批判。

执笔者　郭德勇

（本文原载于《考古》1972年第3期，第26–31页）

①兰州小坪子（1.A.30）、王保保城遗址均属于马家窑类型葬地。

②中国科学院考古研究所实验室：《放射性碳素测定年代报告（一）》，载《考古》1972年1期，55页；安志敏：《关于我国若干原始文化年代的讨论》，载《考古》1972年1期，58–59页。

甘肃临夏姬家川遗址发掘简报

黄河水库考古队甘肃分队

姬家川遗址原属甘肃永靖县白塔乡，现划归临夏市白塔公社三合生产队区域内。

遗址位于黄河西岸的一个椭圆形台地上，东临羊圈沟，西面是一片广阔的耕地。这个遗址早在1956年黄河水库考古队调查刘家峡水库时即已发现。1960年春，我队在此又进行了一次复查，并于同年6—7月进行了发掘。

这次发掘共开了7条探沟，17个探方，揭露面积计675平方米。在遗址的中部发现了两种不同的文化堆积，上面是辛店文化层，下面压着的是齐家文化层。现将主要收获简要报道如下：

一、齐家文化

(一)遗迹

1.房子

发现1座，位于遗址的中部。房基西半部已残破，东半部保存尚完好，是一个长方形半地穴式的建筑。长3.6米，宽3.2米，壁残高约0.15米。屋内中间有一高出地面约5厘米的圆形灶址，直径1.1米，上面遗有红烧土和木炭屑。居住面及壁上敷有一层厚约0.2厘米的白灰面。在居住面下面还垫有一层灰土和草拌泥相混杂的硬土。灶址的旁边挖有一个锅形的小圆坑，直径约0.2米，坑壁坚硬规整，内填满陶片，推测它可能是用来放置陶罐的。

2.窖穴

发现1个，位于房子的东北边，相距约8米。穴作圆筒形，口径与底径均为2.7米，深0.5米。

(二)文化遗物

1.生产工具

有长方形的磨制双孔石刀与陶拍两种。

2.生活用具

只有陶器一种。陶质分泥质红陶、夹砂红褐陶和泥质灰陶等三种，以泥质红陶为主。泥质红陶的纹饰主要是篮纹，其次是划纹。器形有筒形杯、双大耳罐、侈口高颈深腹双耳罐和折沿深腹盆等。夹砂红褐陶的纹饰以绳纹为主，也有划纹、锯齿纹和附加堆纹等。器形常见的有侈口斜壁平底碗、敛口深腹罐、鬲和器盖等。泥质灰陶发现不多，能看出器形的仅双大耳罐一种。

二、辛店文化

(一)遗迹

1.房子

发现1座（图一），位于遗址的西部。房基保存完整，平面呈圆角长方形，是一个半地穴式的建筑。长4.6～5米，宽3.3～3.5米，壁残高0.2米。房子西南边有一斜坡式的门道，宽0.9米。屋内中间偏后有一个锅形的灶坑，直径1米，深0.2米，内有木炭渣和碎陶片等遗物。居住面下有一层0.25米厚的灰褐土，上面是一层由灰土、白灰、料姜石等混合的硬土面。在北壁上有木灰和木质纹理的痕迹。屋内除了辛店文化的彩陶片外，还发现了三个完整的陶纺轮。

2.窖穴

共发现41个，有圆袋形、锅形、瓢形和长方形等四种。其中，以口小底大的袋形穴最多，占总数的一半以上，口径0.5～2米，深0.3～3米。锅形窖穴一般较小，大口弧壁，底部如锅底形。长方形窖穴呈圆角直壁，深0.5米。瓢形窖穴发现不多，形状较特殊，剖面呈瓢形或勺形，体积较大，而且穴壁很工整。

3.墓葬

只发现1座（图二），系长方形竖穴墓。长1.7米，宽0.7～0.8米，深0.4米。葬式为单人屈肢葬，头向北。在头部附近随葬有兽骨和陶器。陶器有敞口浅腹盆和大口深腹罐各一件。

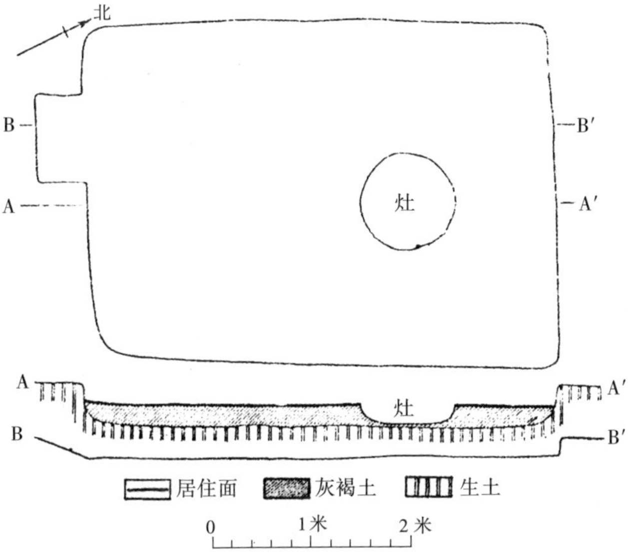

图一　姬家川辛店文化房子平、剖面图

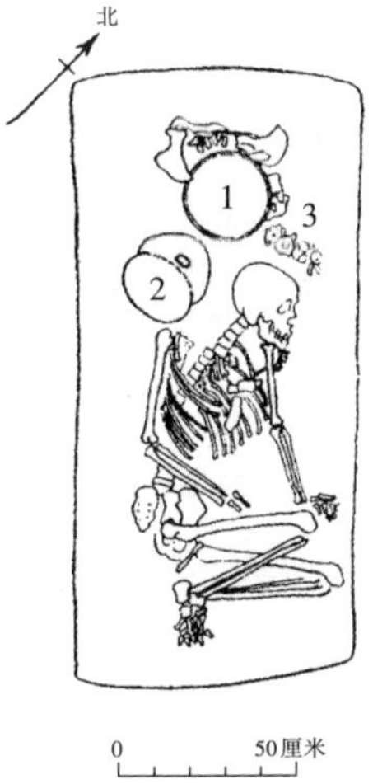

1.敞口浅腹盆　2.大口深腹盆　3.兽骨

图二　辛店文化墓葬

（二）文化遗物

1.生产工具

有石、骨、陶器等三种，以石器为主。

2.石器

有刀、斧、锛、凿、铲、杵、纺轮和网坠等。其中以石刀的数量最多，约占总数的2/8。形状主要有两种：一种是磨制的，长方形；另一种是打制的，两侧带缺口，多作椭圆形。斧窄顶、宽刃，呈梯形。锛、凿横断面作长方形或方形，一般较扁平。铲宽大、扁平，呈梯形，磨制精致。杵圆棒状，两端琢磨成球面。纺轮圆形，中有穿孔。网坠椭圆形，凹腰。骨器以铲的出土数量为最多，约占总数的60%。多系动物的肩胛骨和下颌骨制成。另外，还有骨针、骨锥和三棱形镞等。陶制工具只发现纺轮一种。

3.生活用具

有陶器与骨器两种。陶器有粗砂红褐陶和泥质灰陶两种，以粗砂红褐陶为主。粗砂陶皆手制，纹饰有绳纹、附加堆纹和彩绘等。附加堆纹多缀在未着彩的陶器上，作锯齿状、绳索状、乳钉状和圆饼状等。彩绘有黑或红色，以黑彩最为常见，也有两色并用的。花纹有以下几种组合：（1）在二平行线间填以不同花纹组成的纹带，如以正、倒互错的三角纹组成宽带纹；（2）以同一花纹横列一排组成的纹带，如“ㄣ”形纹和“ᔕ”形纹等；（3）以双勾纹构成一独立单元；（4）以连续回纹或雷纹组成的纹带；（5）以两排对称三角纹组成菱形纹带等。另外，还有较少见的花纹，如狗形纹、“兀”形纹、复线“十”字纹、大“ᔕ”纹、“人”字纹、圆圈纹和涡纹等。在器耳上往往饰“⧗”形纹、“×”形纹、“巾”形纹和“冂”形纹。器形主要的有：直口深腹单耳杯（图三：1），饰彩绘，二平行线间填以波折纹；短颈扁腹双耳罐（图三：2），凹底，肩部饰两排对错三角纹；敛口扁腹罐（图三：3），肩部饰彩绘，腹部缀细绳纹；高领圆腹双耳罐（图三：4），满缀细绳纹，肩部饰有圆圈纹；折肩腹耳罐（图三：5），肩饰双勾纹，腹缀绳纹；高领深腹双耳瓮（图三：6），器形高大，饰连续回纹和双勾纹；高裆双耳鬲（图三：7），饰绳纹、乳钉纹和齿状附加堆纹等，鬲足除作乳头状外，还有作圆柱状和扁圆形的；器盖（图三：8），球面带把，饰齿形凸饰四道，周缘作锯齿纹。泥质灰陶发现不多，完整的仅大口深腹平底盆一件。

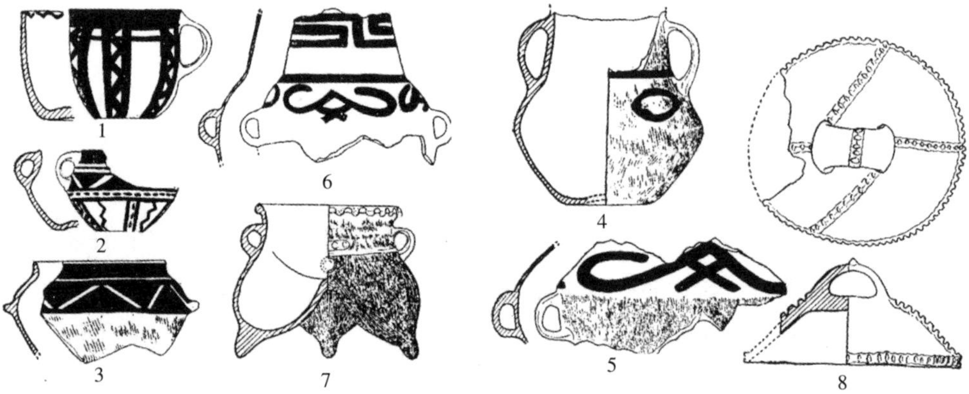

1. 杯(H8：18)　2～5. 罐(H8：11，H20：21，TC②：1，H13：1)　6. 瓮(H8：16)　7. 鬲(H13：3)　8. 器盖(TF②：1)(5、7为1/4，6. 为1/8，余为1/3)

图三　姬家川辛店文化陶器

另外，还有一种陶制品（图四），一端呈三角形，另端为圆柱状。器身的正、背面都缀满排列整齐匀称的划纹与圆点纹。

装饰品保存较好的只有骨笄一种，身细长，横断面呈圆形，通体磨光。

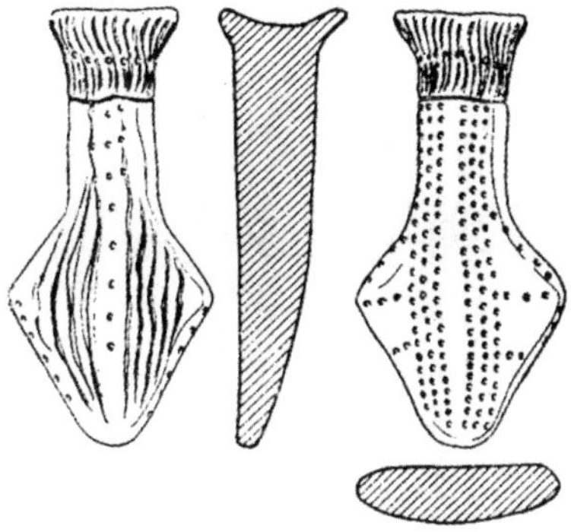

图四 姬家川辛店文化陶制品

三、结语

姬家川遗址包含齐家文化和辛店文化的两种堆积，以辛店文化层为主。值得注意的是辛店文化的房子和墓葬的发现，为研究当时居民的住屋建筑与埋葬习俗提供了新的资料。同时，齐家文化和辛店文化交叠层的发现，说明了齐家文化的相对年代是早于辛店文化的。

姬家川遗址与同文化系统的张家咀遗址比较，最明显的区别是陶器。首先是表现在器形特点上：姬家川凹底器多，平底器少，且不见鼎与豆形器；张家咀则相反，凹底器少，平底器多，且有鼎与豆形器。其次是纹饰特点：姬家川绳纹占多数，素面较少，且附加堆纹多作锯齿状；而张家咀却素面多，绳纹较少。最后是彩绘花纹特点：这里的花纹单元虽然基本上与张家咀近似，但亦有其特具风格。而且，同样的花纹描绘的方法与线条的粗细亦有不同。如常见的连续回纹和双勾纹，线条一般较平直均匀，纹面亦较宽。其中双勾纹的构图方法亦有不同，在单线双勾的衔接处往往加饰“X”形纹或涡纹。而张家咀双勾纹是复线的（或三线），并以红色或紫红色为地，在双勾衔接处加饰“V”形纹。以上差异，可能反映了辛店文化的两种不同差异。

执笔者 谢端琚

（本文原载于《考古》1962年第2期，第69-71页）

甘肃永靖秦魏家齐家文化墓地

中国科学院考古研究所甘肃工作队

秦魏家属甘肃省永靖县莲花公社。墓地位于该村东部的一个台地上，俗名叫“楼子地”，北与大河庄遗址隔沟相距约0.5公里，西为簸箕沟，南面傍山，山麓有村落即为陈许家，西北面有一条水渠从墓地的边缘绕过，再往前眺望便是浩荡的黄河[①]。

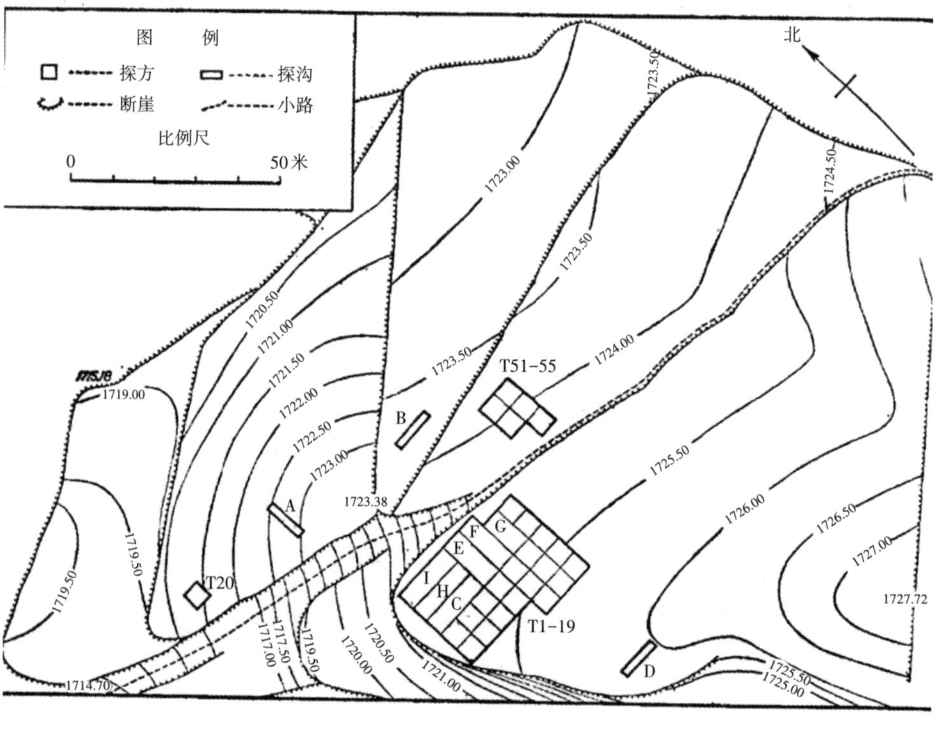

图一　秦魏家墓地地形和发掘坑位图

①秦魏家齐家文化墓地的位置，详见《甘肃永靖大何庄遗址发掘报告》，《考古学报》1974年2期29页，图一。

墓地在废弃的齐家文化遗址上，是1956年黄河水库考古队调查黄河上游时发现的。遗址的范围东西长约200米，南北宽150米，地势不甚平坦，由北往南逐渐升高，中部有一条东西向的小路穿过，把墓地分成南北两部分。1959年和1960年先后进行了两次发掘。在南部（即小路以南）发掘七条探沟（编号TC～I）19个探方（T1～T19）；北部（即小路以北）发掘二条探沟（TA～TB）、六个探方（T20，T51～T55）（图一）。揭露面积1011平方米。两次发掘的主要收获，曾在《考古》上做过简要的报道①。本文报道的是这两次发掘的全部资料。参加工作的有本所甘肃工作队的八位同志，以及甘肃省博物馆的四位同志。

在工作中曾得到甘肃省博物馆与永靖县文化馆等有关单位的大力支持和热情帮助，借此致此谢意。

一、地层堆积

秦魏家墓地的地层比较单纯，除农耕土外都属于齐家文化堆积。小路南部的地层堆积较厚，灰层最厚达2米以上，地层堆积和遗迹、墓葬的发现层位，大致是：第一层，农耕土；第二层，齐家文化墓地，共发现墓葬九十九座和“石圆圈”遗迹一处；第三层，齐家文化墓地与住地，共发现墓葬八座和窖穴六十个。北部的地层堆积较薄，农耕土下就见齐家文化墓地，共发现墓葬（图二：1）二十九座。另在北部西边发现墓葬两座（TA内）和窖穴十三个。现以探沟C为例加以说明（图二）：

第一层，农耕土，厚20～45厘米，内含齐家陶片与近代瓦、瓷片。

第二层，黄褐土，质较硬，厚15～45厘米，齐家墓葬四座（M10、M78、M97、M103）都打破此层。

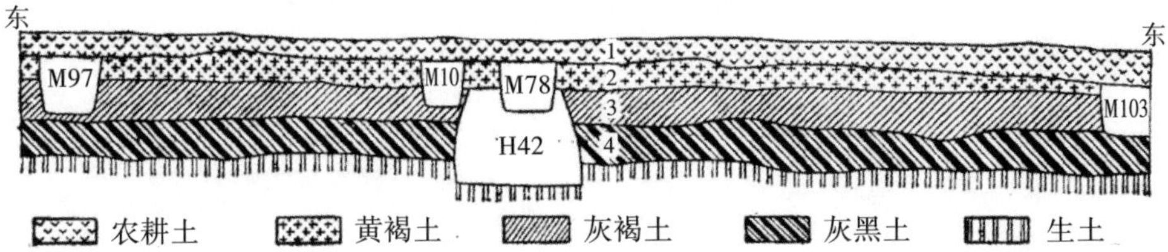

图二 TC南壁剖面图（1/125）

①分别见《考古》1960年3期和1964年6期。当时秦魏家归临夏市管辖。

第三层，灰褐土，质较松，厚25～55厘米，出有白灰面残块，厚约0.2厘米，并有零星的红烧土和木炭屑；窖穴42打破此层并被墓78所打破。出土物除陶器外，还有石、骨器等。

第四层，灰黑土，质软，厚45～75厘米，出土遗物较少。

二、建筑遗存

(一)窖穴

共发现七十三个，其中十三个分布在墓地北部的西边，比较分散；六十个在墓地南部，比较集中，有一部分被压在墓葬的下面（图三）。按其形制的不同，可分为三种：

1.大口窖穴八个。形状不甚规整，口部都大于底部。有平底和圈底两种，以平底为主。一般体积较小，口径多在1米左右，深约0.4～0.9米。如窖穴37，是一个圆形圆底的窖穴，口径1.4米，深0.5米。内填灰土，出有石刀和陶片等遗物。

2.小口窖穴五十三个，都是圆形口小底大的袋状坑。形状规整，底部平坦，底径往往两倍或三倍于口径。大小不一，小的口径不到1米，大的达2米以上。部分窖穴的上部作直口，下部扩大，形如倒放的漏斗，最典型的如窖穴68，口径0.7米、底径2.1米。其底径恰好等于口径的三倍。穴内出陶片、石镑、骨铲和兽骨等遗物。

3.长方形窖穴十二个。平面作长方形，体积一般较大。如窖穴25，长5.4米、宽3.6米、深1.3米，穴壁拍打齐整。填土内出有少量的红烧土和陶器、石器与骨器等遗物。

(二)“石圆圈”遗迹

一处（F1）。位于南部墓地的东北边。用天然的砾石排列而成，直径约4米。

其中有几块砾石的上面还遗有褚石粉末的痕迹。从它与墓葬的位置上看，当属于原始宗教性的一种建筑遗存。

三、墓葬

(一)墓制

这个墓地共发掘墓葬一百三十八座。形制基本相同，都是长方形的竖穴土坑，没有发现葬具的痕迹。除儿童墓外，单人墓葬的墓坑，一般长1.6～2米、宽0.6～0.7米、深0.7～1米。合葬墓（图三）的墓坑较大，如墓124，系成人合葬，长

2.42米、宽0.9米、深1.1米。墓坑一般都较规整，但有的宽窄不等，如墓23、50、91、95、97等为头端宽足端窄；墓29、45、46、48、64等则相反。坑壁多数垂直，少数作斗形。

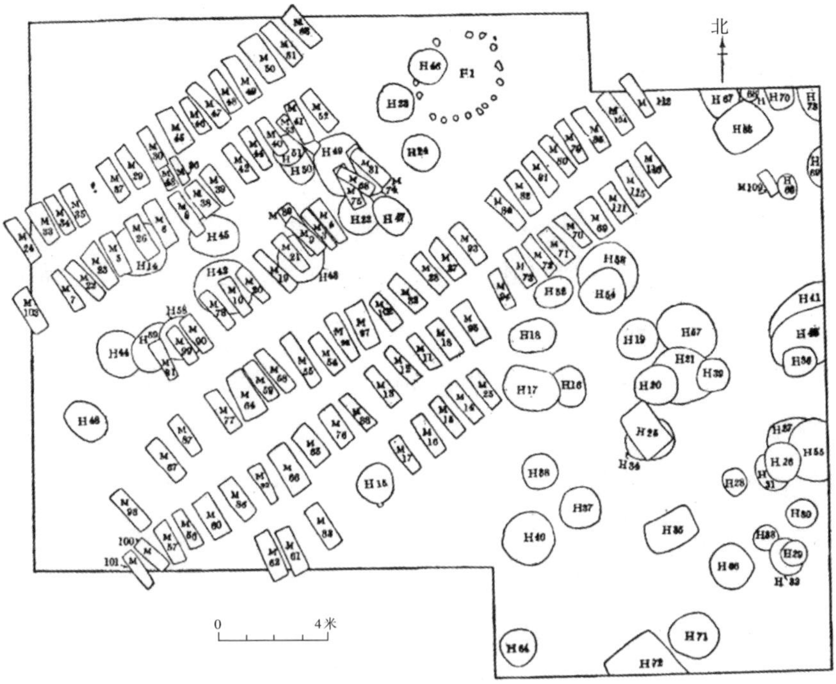

图三　南部墓地发掘区（T1～T19、C、E～I）出土情况

南部墓地规模较大，分上、下两层。上层墓葬九十九座，排成六排；下层八座，排列较零散；不论上层、下层，骨架头部都向西北方。北部墓地规模较小，二十九座墓排成三排，骨架头部一律向西。北部西边TA内的二座墓，骨架头向西北。现将南部上层墓葬和北部墓葬的排列情况分别加以说明：南部上层墓葬分六排，从北至南。

第一排　十五座。其中单人墓葬十座（M24、M29、M33～M35、M46～M49、M63），成人合葬墓四座（M30、M37、M45、M50），成人与儿童合葬墓一座（M51）。都有随葬品。

第二排　十五座。其中单人葬十一座（M5、M7、M8、M22、M23、M26、M35～M41、M44），成人合葬二座（M52、M103），成人与婴儿合葬一座（M42），成人与儿童合葬一座（M6）。除墓26外，都有随葬品。

第三排　十三座。其中单人葬十二座（M4、M9、M10、M19～M21、M31、

M65、M75、M90、M91、M99），成人与婴儿合葬一座（M3）。除墓68外，都有随葬品。

第四排 二十三座。除一座不明（MI12）外，计单人葬十九座（M27、M25、M32、M54、M55、M58、M59、M64、M67、M77、M79、M80、M82、M84、M87、M93、M96、M102、M104）成人合葬二座（M81、M85），成人与儿童合葬一座（M97）。除墓64、97外，都有随葬品。

第五排 二十五座。除M66、M73、M212不明外，其中单人葬十七座（M11～M13、M56、M57、M69～M72、M76、M86、M88、M92、M94、M100、M101、M116），成人合葬四座（M18、M60、M95、M115），成人与儿童合葬一座（M65）。除墓73、76、94、101、116外，都有随葬品。

第六排 八座（M14～M17、M25、M61、M62、M53），都是单人葬，除墓16外，都有随葬品。

北部墓葬分三排。从北至南（图四）：

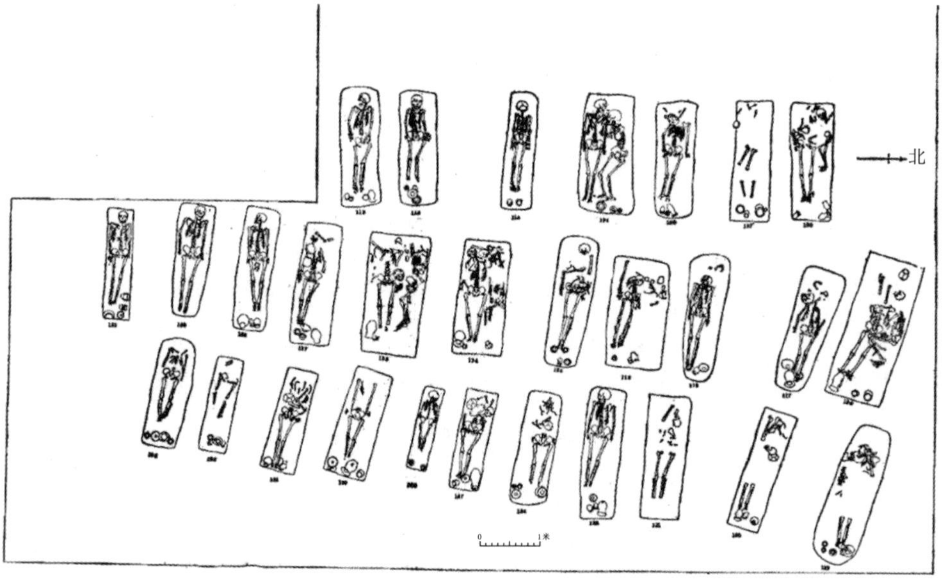

图四　北部墓地发掘区(T51～T55)出土情况

第一排 七座。其中单人葬五座（M106、M107、M110、M113、M114），成人合葬二座（M1105、M108）。都有随葬品。

第二排 十一座。其中单人葬八座（M117～M119、M125、M133、M135～M137），成人合葬墓三座（M124、M134、M135）。都有随葬品。

第三排 十一座（M120～M123、M126～M132），都是单人葬（墓129是儿童墓）。都有随葬品。

(二)葬式

这批墓葬有单人葬和合葬两种。

甲：单人墓

共一百十四座，除葬式不明者九座（M61、M62、M66、M71、M73、M111、M112、M116）外，有侧身直肢葬三座（M48、M49、M98），屈肢葬二座（M32、M56），俯身葬一座（M91），余皆仰身直肢葬。

1.仰身直肢葬

大多是两手垂直，少数左手垂直，右手斜放于腹下部；有的则相反；也有两手交叉放在腹部的。下肢比较固定，都是伸直并拢的。随葬器物一般放于骨架脚下方，猪下颌骨大多埋在墓口。举六例说明：

墓87，坑长1.72米、宽0.5米、深0.46米。脚下方随葬陶罐三件、陶碗一件。

墓40，墓口埋四块猪下颌骨。骨架脚下方放陶罐三件、陶豆一件、肱骨旁还放有三十六块白色的小石块。

墓19，墓口放四块猪下颌骨，腰部放一骨匕，左股骨旁放一铜饰，脚下方放陶罐二件，陶碗、骨锥各一件。盆骨旁还放有三十五块白色的小石块。骨架属男性。

墓129，儿童墓。坑长1.4米、宽0.34米、深0.4米。脚旁随葬陶鬲、瓶各一件（图四）。

墓9、墓89的器物放置比较特殊。墓9的墓口除埋猪下颌骨二十六块外，还有双大耳罐和侈口罐各一件（图五）。墓89的四块猪下颌骨是放在骨架脚下方的二件陶罐上的。骨架上还涂抹（或撒上）颜色鲜艳的赭石粉末（图五）。

2.侧身直肢葬

墓49，墓坑较大，长2.3米、宽0.7～0.91米、深0.4米。骨架侧卧，左手垂直身旁，右手压在骨架下面，两脚伸直并拢。脚旁放陶罐二件，陶豆、骨针各一件。腹下放骨匕一件（图五）。

墓48，墓口埋猪下颌骨四块，骨架摆放姿势同上，但头骨分离，上面压大砾石一块。随葬陶罐二件，陶豆、骨锥、骨针、骨匕各一件。

墓98，上身微侧，两手向上屈，两脚伸直。随葬各种陶罐六件，器形都较小（图五）。

3.屈肢葬二座

墓56，坑长1.87、宽0.6、深0.5米。骨架上身侧卧，下肢弯曲。脚旁放陶罐二件、陶碗、骨针各一件；右手旁还放有十三块白色的小石块（图五）。

墓32，下肢屈度较大，鉴定属男性。仅在头部附近有五块小石块。无其他随葬品（图五）。

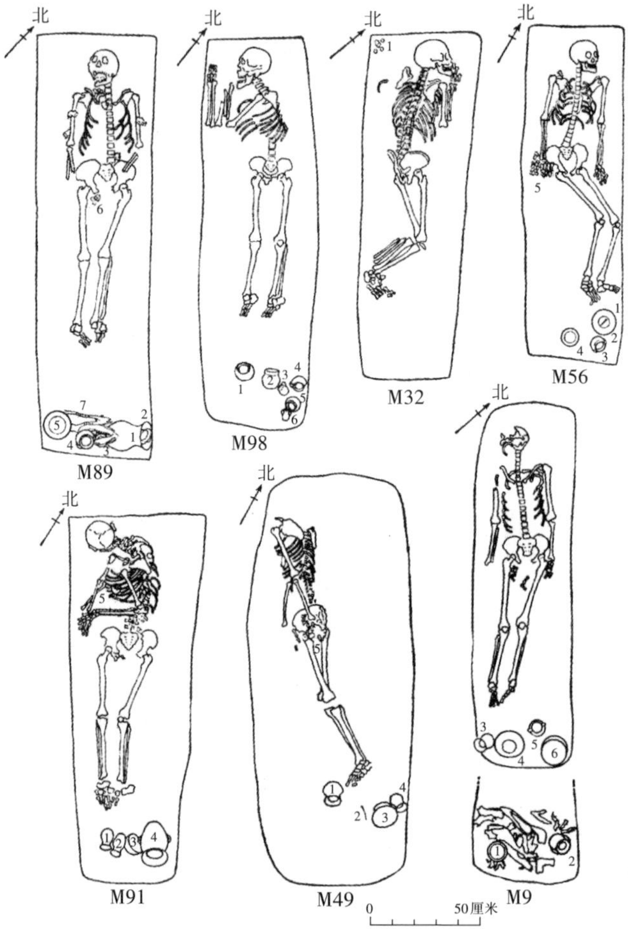

M89 1.高领双耳罐 2.双大耳罐 3.单小耳罐 4.双耳罐 5.盆 6.小石块 7.猪下颌骨
M98 1.双小耳罐 2.侈口罐 3.单耳罐 4～5.单小耳罐 6.双大耳罐
M32 1.小石块
M56 1.碗 2.骨针 3.双大耳罐 4侈口罐 5.小石块
M91 1.瓶 2.敞口罐 3.碗 4.高领双耳罐 5.侈口罐
M49 1.敞口罐 2.骨针 3.豆 4.侈口罐 5.骨匕
M9 1.侈口罐 2.双大耳罐 7.猪下颌骨(以上出墓口) 3.敞口罐 4.豆 5.双耳罐 6.高领双耳罐(以上出墓底)

图五 墓葬平面图

4. 俯身葬

仅墓91一座。坑长2.04米、宽0.54～0.77米、深0.75米。骨架上身稍向左侧转，右手弯曲。脚下方随葬陶罐两件，陶碗、瓶各一件；背上放侈口罐一件（图五）。

乙、合葬墓

共二十四座，有成人合葬、成人与儿童合葬、成人与婴儿合葬三种。

1. 成人合葬

按葬式的不同，又可分为三种：

（1）仰身直肢与屈肢合葬共十三座（M2、M18、M45、M60、M51、M55、M95、M103、M105、M108、M115、M124、M138）。每墓骨架均为两具，其中一具为仰身直肢葬；另一具为侧身屈肢葬，而且都位于前者的左边。大部分的墓葬都有随葬品。举两例说明：

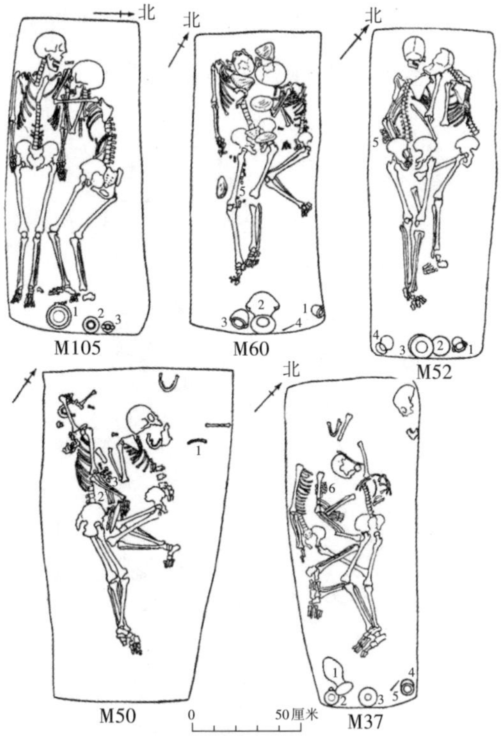

M105 1. 高领双耳罐 2. 侈口罐 3. 双大耳罐
M60 1. 双大耳罐 2. 高领双耳罐 3. 双耳罐 4. 骨针 5. 小石块
M52 1. 双大耳罐 2. 豆 3. 高领双耳罐 4. 侈口罐 5. 小石块
M50 1. 牙饰 2. 骨匕 3. 小石块
M37 1. 高领双耳罐 2. 单耳罐 3. 豆 4. 侈口罐 5. 骨针 6. 小石块

图六 墓葬平面图

墓105，墓坑长1.9米、宽0.8～0.9米、深0.7米。两具骨架上均有红色布纹的痕迹，经鉴定，仰身直肢者系男性，屈肢者系女性。脚下方放陶罐三件（图六）。

墓60，两具骨架均身首分离，头部和腹部上共压有五块大石块。脚下方随葬有陶罐三件。在陶罐旁有骨针一件。墓口埋有猪下颌骨六块（图六）。

（2）侧身直肢与屈肢合葬二座。墓50，坑长2.18米、宽0.8～1.24米、深0.5米。墓口埋猪下颌骨三十四块。侧身直肢者居右，鉴定为男性，腰间放骨匕一件，胸前撒十三块白色的小石块。屈肢者居左，身首分离，鉴定为女性。左边放牙饰一件（图六）。墓37，坑长2.06米、宽0.64～0.83米、深0.65米。墓口埋猪下颌骨十八块。两具骨架均身首分离。侧身支肢葬者居左，下肢微屈；屈肢者居右。胸前有小石块十二块。脚下随葬陶罐三件，陶豆、骨针各一件（图六）。

（3）俯身与侧身合葬仅墓52一座。坑长2.1米，宽0.75～0.85米，深0.6米。墓口埋猪下颌骨五十五块，陶罐一件。俯身葬者居右，臂骨旁放小石块四十块；鉴定系男性。侧身葬者居左，鉴定为女性；脚下随葬陶罐三件、陶豆一件（图六）。

2.成人与儿童合葬

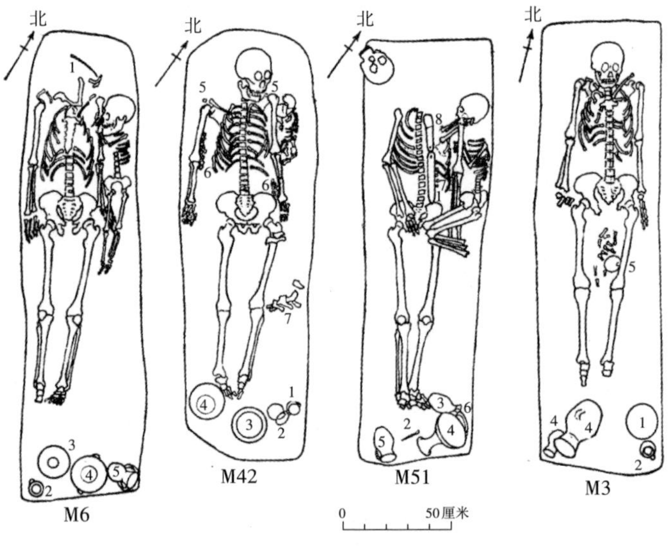

M6　1.骨匕　2.单小耳罐　3.豆　4.高领双耳罐　5.双大耳罐
M42　1.双大耳罐　2.侈口罐　3.高领双耳罐　4.碗　5.绿松石珠　6.小石块　7.猪下颌骨
M51　1.骨匕　2.骨锥　3.侈口罐　4.豆　5.单小耳罐　6.双耳罐　7.小石块　8.穿孔骨器
M3　1.碗　2.单小耳罐　3.高领双耳罐　4.侈口罐　5.婴儿骸骨

图七　墓葬平面图

（1）仰身直肢与屈肢合葬三座（M30、M51、M65）。成人仰身直肢，居右；

儿童屈肢，居左。都有随葬品。举墓51为例，墓坑长2米、宽0.55米、深0.63米。经鉴定，成人系男性，儿童约6～7岁，在成人腹部还有白色小石块三块（图七）。

（2）仰身直肢与侧身合葬三座（M6、M97、M134）。成人仰身直肢，居右；儿童侧身直肢，居左。举墓6为例，墓坑长2.16米、宽0.52米、深0.5米。墓口埋猪下颌骨六十八块。脚下方随葬陶罐三件。陶豆、骨匕各一件。经鉴定，成人系男性（图七）。

3. 成人与婴儿合葬

二座（M3、M42）。成人皆仰身直肢葬，婴儿骨架已残朽不全。墓3，墓坑长2.1米、宽0.6米，深0.6米。婴儿骨架位于成人的两腿间。脚下方随葬陶罐三件，陶碗一件（图七）。墓42，婴儿放在成人的左手臂旁，脚下方随葬陶罐三件，陶碗一件；颈部放绿松石珠两颗。另外在肱骨和尺骨旁有白色小石块十八块，在腿骨旁有猪下颌骨五块（图七）。

(三)关于随葬品及其他

墓葬有随葬品的一百二十五座，无随葬品的十三座。随葬品包括生活用具、生产工具、装饰品、卜骨和猪下颌骨等。其中，以生活用具为主。生活用具主要是陶容器，常见的有双大耳罐、高领双耳罐、侈口罐、碗和豆等，但碗和豆不同出于一个墓中。陶器大部分放在死者的脚下方，少数在脚部上面的墓口填土中又放一两件陶罐。放墓口陶罐主要是双大耳罐与侈口罐，其次是双大耳罐与单耳罐，个别的是双耳罐与瓶；如系放置一件，则为双大耳罐，或侈口罐。此外，还有在骨架头部或背上加放一件陶罐的各一例（M91，图五）。随葬陶器有一定的组合关系，最常见的有以下六种：

（1）双大耳罐、高领双耳罐、侈口罐、豆（M39、M40、M65、M82、M103、M132）。

（2）双大耳罐、高领双耳罐、侈口罐、碗（M20、M24、M42、M44、M88、M126、M127、M128）。

（3）双大耳罐、侈口罐、豆（M10、M27、M47、M54、M78、M131）。

（4）双大耳罐、高领双耳罐、侈口罐（M11、M81、M95、M136）。

（5）高领双耳罐、侈口罐、单耳罐、豆（M22、M29、M30、M35、M37）。

（6）高领双耳罐、侈口罐、单耳罐、碗（M3、M34、M87、M96）。

此外，有特殊组合三例：

（1）墓89，双大耳罐、高领双耳罐、双耳罐、单小耳罐、盆，共五件。

（2）墓98，双大耳罐、双小耳罐、侈口罐、单耳罐各一件，单小耳罐两件。

（3）墓123，双大耳罐三件，侈口罐两件，高领双耳罐、碗各一件。

骨匕大部分放在人骨的腹部或腰部。个别的放在手边（M50）、头部附近（M6）或放在陶盆内（M13）。

生产工具不多。骨锥与骨针大部分放在人骨的脚下方。石斧、石锛、石凿或敲砸器等，有的放在手掌边或手臂附近（M138），有的放在头部的左侧（M112），也有的放脚旁（M15）。陶拍放在头部的右侧（M35）。

装饰品皆随身佩戴。绿松石珠放在耳旁或颈部附近，应为耳饰或是一种项链。牙饰放在头部附近（M50）。石璧、蚌璧放在胸前（M71、M75）或头部附近（M123）。铜环放在手指旁（M70、M99）。卜骨作为随葬品的仅一件，发现在墓23的高领双耳罐内。有四十六座墓用猪下颌骨随葬。猪下颌骨的数量不等，少者一块，多者达六十八块，大部分放在人骨脚部上面的墓口填土内，少数放在骨架脚下方的陶器上面，个别的放在骨架腿边（M42）。这些猪骨有的是零散地放着，有的是成堆放着，也有的是整齐地并排着，如墓134。此外，有少数墓还用小石块随葬，少者两块，多者达一百零五块（M27）。小石块大多是白色的，少数是灰褐色或浅绿色。这些小石块撒在人骨周围或堆放在一起。

通过对这批墓葬的分析比较，我们发现南部下层墓葬与上层有些不同。第一，下层的墓葬数量少，排列不如上层整齐。其次，下层葬式都是仰身直肢葬，未见合葬墓。第三，下层有单人儿童墓（M36、M43、M109），上层未见。第四，在随葬陶器方面，下层陶器除个别的在上层仍有发现外，大部分陶器只见于下层：如Ⅶ式盆、Ⅵ式单耳罐、Ⅰ式双小耳罐、Ⅰ式双大耳罐、Ⅶ式高领双耳罐、侈口曲领罐、Ⅴ式侈口罐、Ⅴ～Ⅵ式单小耳罐、Ⅲ式鬲等。在随葬猪下颌骨方面，下层只有个别墓发现，数量又少；上层墓葬却较普遍。这两层墓葬地层叠压关系清楚，在随葬品上，尤其是在陶器上，各具有不同的特点，说明它们之间有早晚关系，即下层墓葬要比上层早些。由于下层墓葬发现不多，除了指出上述的一些现象以外，目前还难以做更多的说明或与上层墓葬进行较系统的比较。

至于南部上层墓葬与北部墓葬的关系，虽然两者的方向与规模有所不同，但它们属于同一地层堆积（即第二层）；随葬陶器的数量、组合情况与器形特征等方面都看不出有什么太大的差别，因此，它们可能代表着两个邻近的父权制家族公社。

四、文化遗物

（一）生产工具

1.石制工具

（1）敲砸器：分两式

Ⅰ式：四件。利用扁平的砾石在其两面交互打击成锋刃，器形较大，有的直达15厘米。T19：7，刃部锋利，直径8.8厘米（图八：1）。

Ⅱ式：二件。利用扁平的砾石从一面打击成锋刃。TZ：9，直径8.2厘米（图八：2）。T12：8，边缘较薄，直径14.5厘米。

（2）刀：分六式

Ⅰ式：五件。长方形，磨制，刃部略成弧形。H18：2，长8.8厘米（图八：3）

Ⅱ式：二件。长方形，磨制，两侧带缺口。H37：1，缺口很小，长10厘米（八：4）。

Ⅲ式：一件（T：A8），已残。磨制，中间穿双孔，刃部的一侧有一缺口，系因使用损坏所造成（图八：5）。

Ⅳ式：十件。器身较窄长，中间穿单孔，磨制，孔靠近刃部。T3：7，长8.6厘米（图八：6）。T2：2，刃部稍内凹，长9厘米（图八：7）。

Ⅴ式：三件。正长方形，四角接近垂直，形状较规正。T3：4，长10.2厘米（图八：8）。

Ⅵ式：一件（H18：1）。磨制，中间穿孔，弧刃，长10厘米（图八：9）。

（3）斧：分四式

Ⅰ式：八件。宽刃，两侧带斜肩。M15：1，长17.2厘米，刃宽1.8厘米（图九：1）。

Ⅱ式：四件。窄顶宽刃，略呈梯形。M27：6，弧刃，横剖面呈梭形，长1.4厘米，刃宽6.6厘米（图九：2）。

Ⅲ式：二件。扁平长方形，弧刃，磨制。H17：4，长13.7厘米（图九：3）。

Ⅳ式：四件。长方形。磨制。T6：3，横剖面呈长方形，刃部稍残，长15.3厘米（图九：4）。

（4）铲

一件（M65：4）。长方形，扁平，呈乳白色，通体磨光，刃宽5.6厘米（图八：10)。

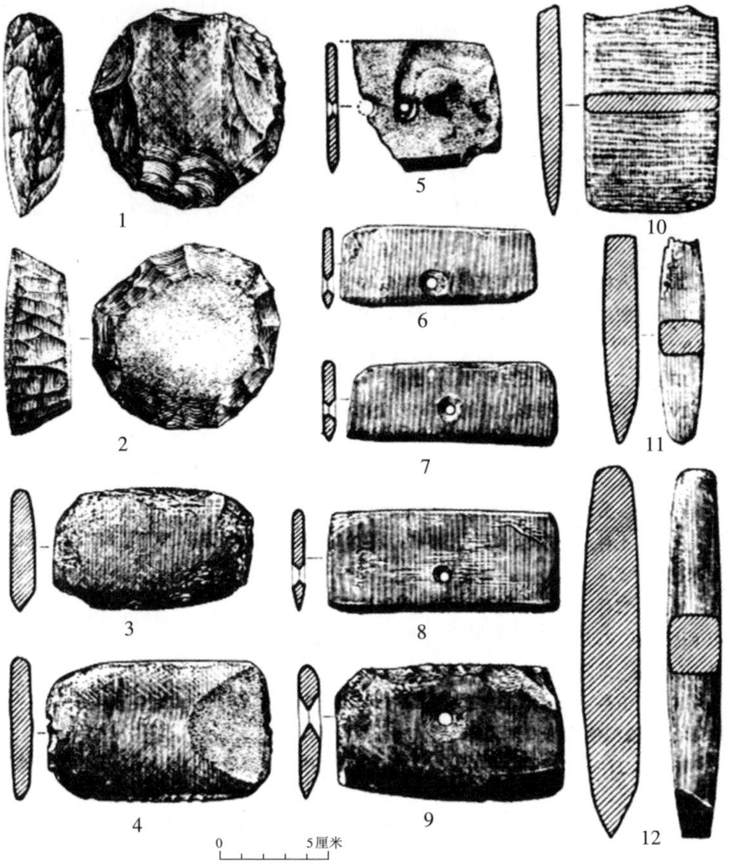

1、2. Ⅰ、Ⅱ式敲砸器(T19:7、T2:9)　3～5. Ⅰ～Ⅲ式刀(H18:2、H37:1、TA:8)　6、7. Ⅳ式刀(T3:7、T2:2)　8、9. Ⅴ、Ⅵ式刀(T3:4、H18:1)　10. 铲(M65:4)　11、12. Ⅰ式凿(M81:2、H40:9)

图八　石器

(5) 锛：分两式

Ⅰ式：七件。长方形，单面刃，磨制。H40：14，横剖面呈长方形，磨制精致，长18厘米、宽4.5厘米（图九：5)。

Ⅱ式：二件。略呈梯形，单面刃。H68：1，器身扁平，通体磨光，长8厘米，刃宽5厘米（图九：6)。

(6) 凿：分两式

Ⅰ式：五件。长条形，横剖面呈方形，磨制。H40：9，单面刃，长16.2厘米（图八：12)。M81：2，呈浅绿色，残长9厘米（图八：1)。

Ⅱ式：二件。中间厚两端尖如梭形，横剖面呈方形，磨制精致。H19：6，长10.7厘米。

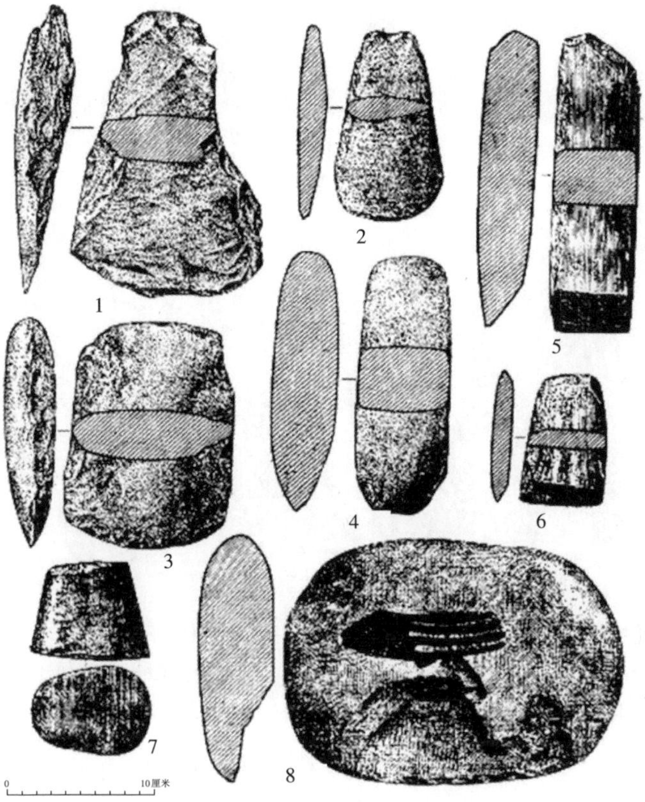

1～4. Ⅰ～Ⅳ式斧（M15：1、H27：6、H17：4、T6：3） 5、6. 锛（H40：14、H68：1） 7. 磨棒（H3：3） 8. 磨盘（T3：4）

图九 石器

（7）磨棒

一件（H3：3）。横剖面呈椭圆形，磨面的一端遗有红色的赭石粉末，残长6厘米（图九：7）。

（8）磨盘

一件（T3：4）。椭圆形，盘面磨平，上面留有赭石粉末，似为磨后用手扒过，长20.4厘米（图九：8）。

2. 骨制工具

（1）锨

四件。三棱形，前锋磨成尖刃，后端齐平。H42：1长3厘米（图一〇：4）。

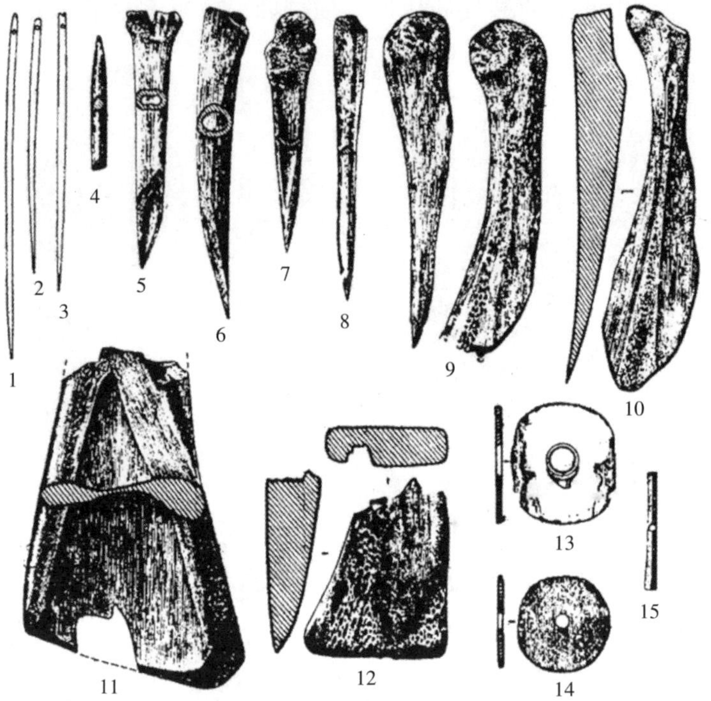

1、2. Ⅰ式针(M8:1、M20:5)　3. Ⅱ式针(M80:2)　4. 镞(H42:1)　5～8. Ⅱ～Ⅴ锥(T3:5、H7:1、H43:3、M48:4)　9、10. Ⅰ式铲(H2:1、H2:5)　11、12. Ⅱ式铲(T3:4、T4:7)　13. 蚌璧(M71:1)　14. 骨璧(H5:3)　15. 骨管(T8:7)(1～4.4/5. 余2/5)

图一〇　骨器、蚌器

(2)针:分两式

Ⅰ式:二十七件。横剖面作圆形,单孔。M8:1,器身细长,长7.3厘米(图一〇:1)。M20:5,最短,长5.6厘米(图一〇:2)。

Ⅱ式:三件。横剖面作椭圆形,穿双孔。M80:2顶端已残,长6.1厘米(图一〇:3)。

(3)锥:分五式

Ⅰ式:三件。用动物膊骨磨制。M19:2,长13.5厘米。

Ⅱ式:五件。用羊肢骨磨制,顶端保留关节原状,下端加工成尖刃。T3:5,长1.2厘米(图一〇:5)。

Ⅲ式:一件(H7:1)。用残肢骨将其一端磨成尖刃,长13.7厘米(图一〇:6)。

Ⅳ式:七件。把肢骨劈成两半,将其一端磨成尖刃,另一端保留关节部分。H 43:3,长10.5厘米(图一〇:7)。

Ⅴ式：两件。骨片加工而成，横剖面呈三角形。M48：4，长12.5厘米（图一〇：8）。

（4）铲：分两式

Ⅰ式：三件。用动物的肩胛骨制成，一端保留原来的关节部分。H2：5，器身较长，长16.5厘米（图一〇：10）。H42：2，刃部呈弧形，长15厘米。H2：1，器身较窄，刃部磨光，长14.5厘米（图一〇：9）。

Ⅱ式：十一件。用动物的肩胛骨或下颌骨制成。刃部较宽，皆单面刃。T3：4，刃宽10厘米（图一〇：11），T4：7，下颌骨制成，器身较厚，刃宽6.4厘米（图一〇：12）。

3.陶制工具

（1）纺轮

一件（T13：1），已残。圆形，中间穿孔，直径5.6厘米（图一一：1）。

（2）陶拍

一件（M35：1）。拍面圆形，磨光，柄作圆柱形。高1.8厘米、拍面直径3.7厘米（图一一：3）。

（3）陶垫：分两式

Ⅰ式：一件（T2：7），已残。一面略呈弧形，另一面复原为半圆形，中空，手指可以套进，长6.2厘米（图一一：2）。

Ⅱ式：一件（M5：1）。一面鼓起作球面，柄作圆柱形，高3.3厘米、球面直径4.3厘米（图一一：4）。

4.红铜工具

（1）锥

一件（T6：2）。器身细长，横剖面方形，一端平刃，一端尖刃，两头均可使用，长8.2厘米（图一二）。

（2）斧

一件（H7211）。顶端已残，宽刃，近顶端有凸棱一周，残长4厘米、宽4.2厘米（图一二：2）。

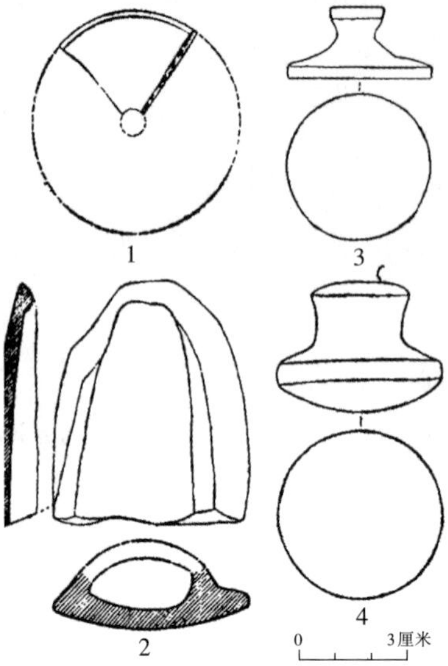

1. 纺轮(T13:1)　2、4. 垫(T2:7、M5:1)
3. 拍(M35:1)

图一一　陶工具

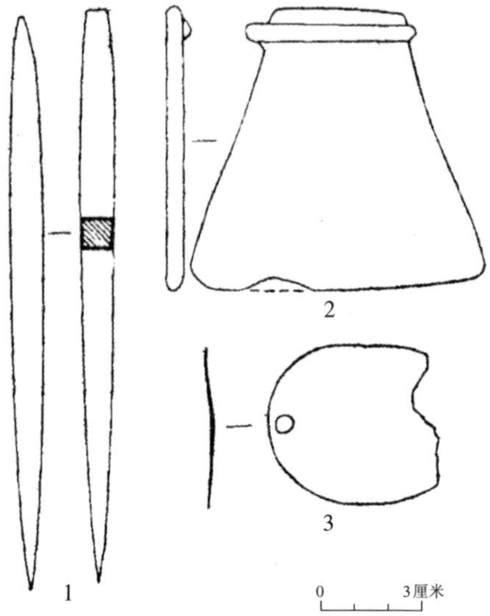

1. 锥(T6:2)　2. 斧(H72:1)　3. 陶饰(H4:1)

图一二　红铜器

(二)生活用具

1. 陶容器、炊器

完整及复原的共四百多件。按质料与颜色的不同，可分为泥质红陶、夹砂粗红褐陶与泥质灰陶三系。以泥质红陶为主。现选出土陶片较多的五个窖穴（H3、H4、H8、H10、H15）作为代表，将其陶系与纹饰的比例统计如下：

表一　H3、H4、H8、H10、H15陶系及纹饰统计表

陶系	泥质红陶							夹砂粗红褐陶						泥质灰陶			总计
数量（件）	501							442						23			975
百分比（%）	52.31							45.33						2.36			100
纹饰	素面	篮纹	绳纹	划纹	弦纹	锥刺纹	附加堆纹	素面	绳纹	弦纹	篮纹	锥刺纹	附加堆纹	素面	划纹	弦纹	
数量（件）	260	222	13	2	6	2	5	189	208	23	8	4	10	15	4	4	975
百分比（%）	26.67	22.76	1.33	0.21	0.62	0.21	0.51	19.37	21.33	2.36	0.82	0.41	1.03	1.54	0.41	0.41	100

陶器系手制，以泥条盘筑法为主，小件的器物则用手捏塑成，在部分器物的内壁还留有泥条接缝与手指抹平的痕迹。器耳、底与三足器的足部都是分别制好

后再安上去的。泥质红陶的表面多用湿手抹平，精细磨光的较少，有的在外表还蘸上一层白色的陶衣。

器表除素面或磨光者外，有篮纹、绳纹、弦纹、划纹、锥刺纹和附加堆纹等纹饰。其中以篮纹和绳纹为最常见，弦纹、附加堆纹次之，其他纹饰则较少。篮纹主要施于泥质红陶的高领双耳罐的腹部；绳纹则多施于夹砂陶各种罐类及三足器的器物上；弦纹多施于饰有绳纹粗陶罐的颈部，很少独使用；划纹作斜方格状，锥刺纹多作三角形，大部分饰在各种罐类的颈、肩部（图一三）；附加堆纹多作锯齿形或波浪状，多施于粗陶罐的颈部和口沿处，少数饰在腹部或器耳上；有的在陶罐的肩部和器耳上加饰两个泥丁（近似铆钉）。

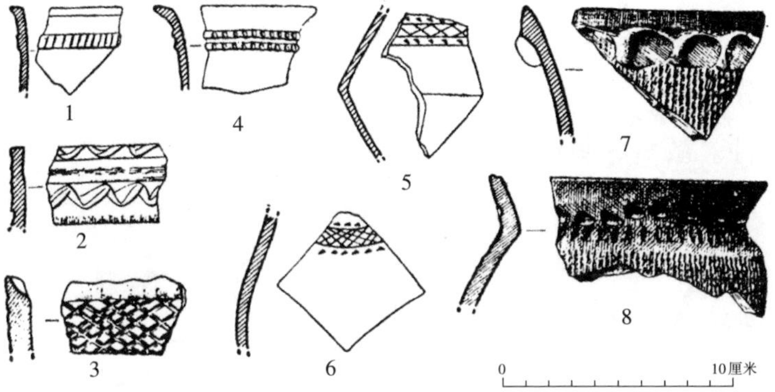

1.TF：5　2.T9：3　3.T11：4　4.T14：2　5.H16：1　6.T8：7　7.H68：5　8.T12：5

图一三　陶片纹饰

器形有杯、碗、盘、盆、罐、豆、甗、扁等二十二种，其中以碗、豆、双大耳罐、侈口罐、高领双耳罐为最常见。下列（1）～（14）项系泥质红陶，（15）～（21）项系夹砂粗红褐陶。泥质灰陶器数量（图一三）少，故并入于泥质红陶，必要时加以注明。

（1）杯：分两式

Ⅰ式：一件（M5：91）。筒形，深腹，平底，表面施白衣。口径9.7厘米、高9厘米（图一四：12）。

Ⅱ式：一件（M58：5）。口微敛，腹部往下收缩，有一耳把，口径7.5厘米、高9.9厘米（图一四：13）。

（2）碗：分四式

Ⅰ式：十件。大口，浅腹，平底。M23：4，表面粗糙，留有手指捏压痕迹，口径13.5厘米、高6厘米（图一四：1)。

Ⅱ式：一件（M87：4)。口部带流，底部较厚，口径19.5厘米、高7.2厘米（图一四：4)。

Ⅲ式：六件，曲壁，小平底，M118：5，腹部饰篮纹，器内遗有红色赭石粉末，口径15.7厘米、高63厘米（图一四：3)。M10：3，大口，浅腹，腹壁与底部相接处呈圆角，表面磨光，口径14.4厘米、高6厘米（图一四：2)。

Ⅵ式：十五件。侈口，腹壁往下收缩成平底。M111：3，表面施白衣，口径14.5厘米、高8.5厘米（图一四：5)。M125：3，腹部有不清晰的篮纹。

（3）盘

两件。敞口，唇外折，浅腹，大平底。H38：7，表面施红衣，口径17.5厘米、高4厘米（图一四：14)。

（4）盆：分七式

Ⅰ式：两件。敞口，斜壁，小平底。H4：5，唇较宽厚，近口沿处饰两周弦纹，腹部饰有篮纹。口径27.5厘米、高11.5厘米（图一四)。

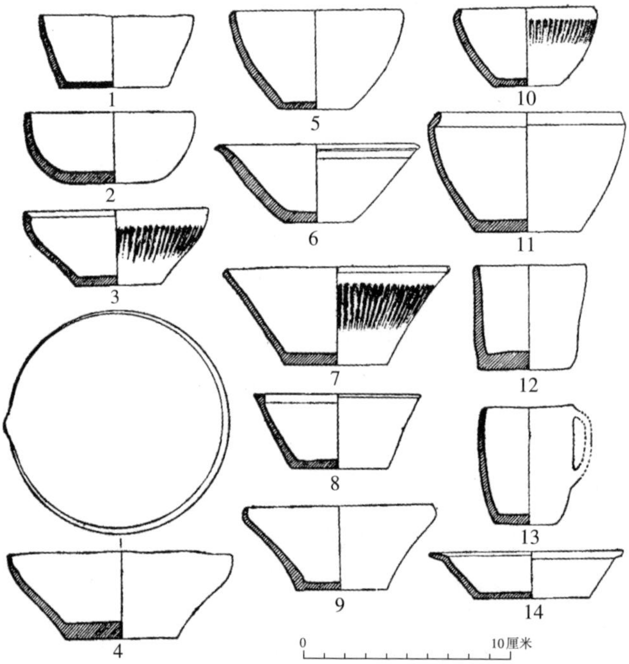

1.Ⅰ式碗(M23：4)　2、3.Ⅲ式碗(M100：3、M118：5)　4.Ⅱ式碗(M87：4)　5.Ⅳ式碗(M111：3)　6～11.Ⅱ～Ⅶ式盆(T4：8、M69：3、M13：3、M79：3、M107：3、M89：4)　12、13.Ⅰ、Ⅱ式杯(M59：1、M58：5)　14.盘(H38：7)

图一四　陶器

Ⅱ式：二件。大口斜壁，小平底。T4：8，口径27厘米、高6.6厘米（图一四：6）。

Ⅲ式：一件（M69：3）。腹壁向内弧曲，表面有篮纹，口径18.5厘米、高8.5厘米（图一四：7）。

Ⅵ式：两件。敞口圆唇，斜壁平底，M13：3，器内有赭石粉末痕迹，口径14厘米、高6.2厘米（图一四：8）。

Ⅴ式：一件（M79：3）。口稍敛，腹壁向内弧曲，底部有明显的接缝痕迹，口径16厘米、高7厘米（图一四：9）。

Ⅵ式：一件（M107：3）。敛口，深腹弧壁，表面施红衣，口径11.7厘米、高6.6厘米（图一四：10）。

Ⅶ式：一件（M89：4），口沿内折，深腹弧壁，口径16厘米、高10厘米（图一四：11）。

（5）敞口罐：分三式

Ⅰ式：一件（M23：3）。腹下部鼓出，小平底，口径6厘米、高10.5厘米（图一五：1）。

Ⅱ式：一件（M29：4）。鼓腹，最大径在腹中部，口径6.3厘米、高9.3厘米（图一五：2）。

Ⅲ式：六件。圆腹，小平底。M9：3，腹部有绳纹，口径8.3厘米、高11.5厘米。

（6）折腹罐：分三式

Ⅰ式：两件。侈口，小平底M117：2，颈肩间有明显的接缝痕迹，口径8.7厘米、高12厘米（图一五：5）。M107：2，灰陶，在腹部折角处饰一周划纹，口径9.5厘米（图一五：6）。

Ⅱ式：三件。腹部折角处有一对小耳。M53：2，口径1.3厘米、高14.3厘米（图一五：7）。

Ⅲ式：四件。颈、肩间无明显分界。M12：5，腹部有篮纹，口径7.5厘米、高13.5厘米。

（7）瓶：分两式

Ⅰ式：两件。侈口，细颈，鼓腹，小平底。表面磨光或缀有纹饰。M107：4，腹部有“W”形划纹，近底部有一周带有锥刺纹的装饰，口径7.3厘米、高13.5厘米（图一五：3)。M118：1，腹部鼓出，口径7.6厘米、高1.35厘米。

Ⅱ式：十二件。侈口，细颈，深腹鼓出，小平底。M112：1，颈部有一周划纹，口径8厘米，高16.3厘米（图一五：4)。M84：1，腹中部鼓出，颈部亦有一周划纹，高15.7厘米。

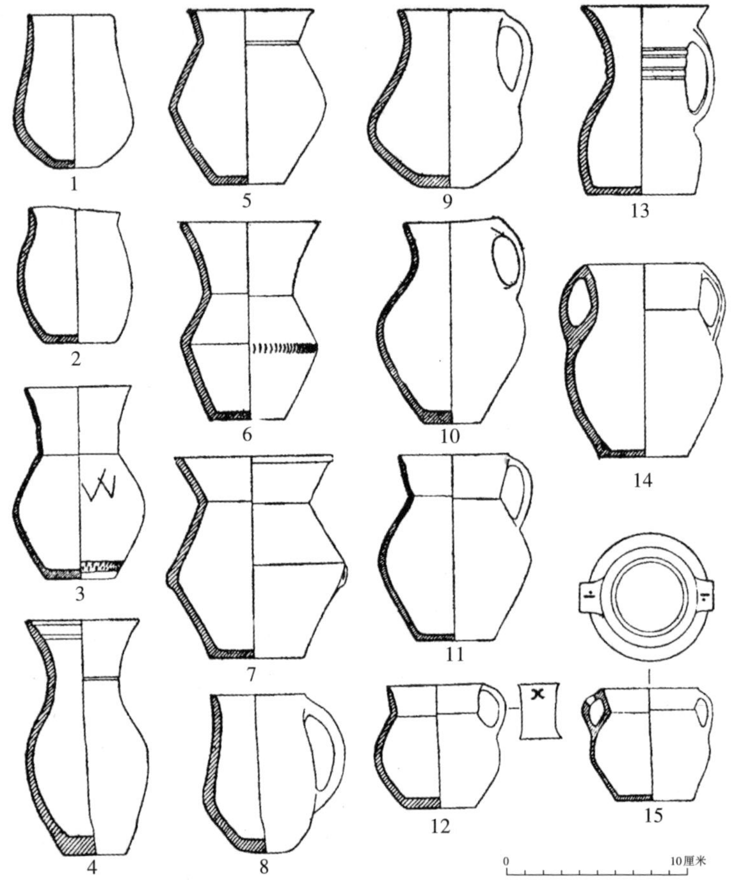

1、2. Ⅰ、Ⅱ式敞口罐(M23:3、M29:4)　3、4. Ⅰ、Ⅱ式瓶(M107:4、M112:1)　5、6. Ⅰ式折腹罐(M117:2、M107:2)　7. Ⅱ式拆腹罐(M53:2)　8、9. Ⅱ、Ⅲ式单耳罐(M55:4、M115:2)　10～13. Ⅴ～Ⅷ式单耳罐(M11:4、M75:2、M8:2、M37:2)　14、15. Ⅰ式双小耳罐(M89:3、M98:1)

图一五　陶器

（8）单耳罐：分八式

Ⅰ式：一件（M79：2)。筒形，腹壁往下扩大，小平底，近口沿附一耳，口径7厘米、高12厘米。

Ⅱ式：四件。器形与Ⅰ式近似，唯腹下部更为鼓出，耳较大。M5：4，口径

6.5厘米、高11.1厘米（图一五：8）。

Ⅲ式：七件。侈口，扁腹，小平底，颈部较长并附一大耳。M115：2，耳部有篮纹，口径7.5厘米、高12.5厘米（图一五：9）。

Ⅳ式：一件（M34：3）。侈口，深腹鼓出，颈旁附一大耳，耳上端饰两个泥丁。口径6.7厘米、高14.5厘米。

Ⅴ式：十一件。侈口高领，深腹鼓出。M111：4，表面施白衣，口径6.6厘米、高13.8厘米（图一五：10）。

Ⅵ式：六件。侈口，短颈，颈肩间有明显分界，鼓腹，小平底，颈旁附一环形耳。M75：2，表面施红衣，口径7.8厘米、高13厘米（图一五：11）。

Ⅶ式：一件（M8：2）。鼓腹，耳上有“X”形纹，表面施红衣。口径6.5厘米、高8.4厘米（图一五：12）。

Ⅷ式：一件（M37：2）。侈口，高领，附一大耳，腹部向下扩大成平底，领部饰有四周弦纹。口径9厘米、高13.2厘米（图一五：13）。

（9）双小耳罐：分两式

Ⅰ式：五件。敞口，短颈，鼓腹，平底，颈部附对称环形耳二个。M98：1，耳上端穿圆孔、长方孔各一，表面磨光。口径7.2厘米、高8厘米（图一五：15）。M89：3，灰陶质，耳上饰“X”形划纹，口径8.5厘米、高13.5厘米（图一五：14）。

Ⅱ式：一件（M118：2）。腹部浑圆，器高底小，口径8.7厘米、高1.5厘米。

（10）双大耳罐：分七式

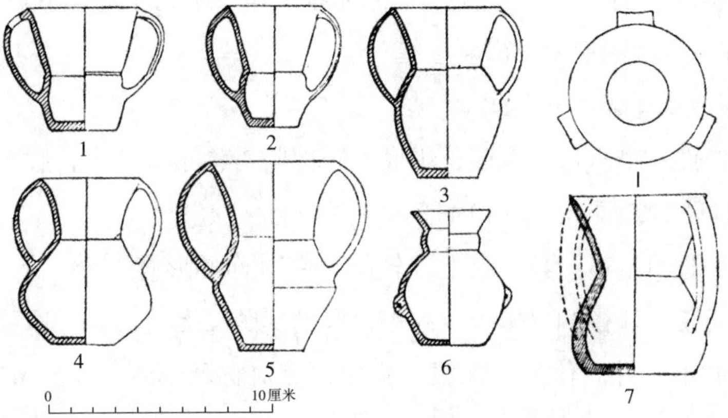

1、2. Ⅰ式双大耳罐（H68：3、M89：1） 3. Ⅲ式双大耳罐（M106：4） 4、5. Ⅴ、Ⅵ式双大耳罐（M9：5、M134：4） 6. 侈口曲领罐（M36：2） 7. 三耳罐（T13：6）

图一六 陶罐

Ⅰ式：五件。喇叭口，高领，小腹，平底。H68：3，两耳上端都穿有长方形孔，口径7.7厘米、高8.1厘米（图一六：1）。M89：1，系灰陶质，口径6.3厘米（图一六：2）。

Ⅱ式：七件。腹下部外鼓，底部很小，似圆底。M40：1，表面磨光，口径6.4厘米、高1厘米。

Ⅲ式：十九件，似Ⅱ式，但腹深而鼓。M106：4，口径7.5厘米、高11.4厘米（图一六：3）。

Ⅳ式：四十件。喇叭口，圆腹，平底。M117：4，腹下部有细绳纹，口径7.5厘米、高1厘米 。

Ⅴ式：十五件，似Ⅳ式，但腹部作扁圆形。M9：5，口径6.7厘米、高11厘米（图一六：4）。M54：3，颈部较短，口径7厘米、高12厘米。

Ⅵ式：三件。腹部中部，有明显的棱角。M134：4，口径8.5厘米、高12.6厘米（图一六：5）。

Ⅶ式：一件（M3：2）。似Ⅵ式，唯两耳近垂直，腹下部收缩较甚，口径9厘米、高13.5厘米 。

（11）三耳罐

一件（T13：6）。侈口，高领，腹下部鼓出，平底。三大耳距离均等。口径6厘米、高12厘米（图一六：7）。

（12）侈口曲领罐

五件。领部弧曲，圆腹，腹中部有对称小耳二个，平底。M36：2，口径5.4厘米、高9.1厘米（图一六：6）。

（13）高领双耳罐：分七式

Ⅰ式：二件，喇叭口，深腹，平底，腹部附对称小耳二个，腹下部饰有绳纹。M106：5，口径12.3厘米、高20.4厘米（图一七：1）。

Ⅱ式：一件（M45：4）。腹上部较鼓，有对称环形耳二个，下部有篮纹，领部有一周凹线纹，口径11.7厘米、高27.7厘米（图一七：2）。

Ⅲ式：四十一件。侈口，深腹，腹中部有对称环形耳二个。M127：1，腹下部有篮纹，器形较大，口径16.5厘米、32厘米。M124：3，器形较高，达34厘米。M96：2，颈部有一周凹线纹，腹下部有绳纹，高27.8厘米（图一七：3）。

Ⅵ式：二十四件。与Ⅲ式近似，唯颈部较高，腹部也较深。M81：4，口沿有一周弦纹，腹下部有篮纹，口径16.5厘米、高36.5厘米。

Ⅴ式：一件（M40：2）。颈部细长，腹部鼓出，口沿有一周弦纹，腹下部有篮纹，口径1.5厘米、高31.5厘米。

Ⅵ式：二件。颈较短，鼓肩较宽，深腹。M91：4，颈部有三周弦纹，腹部篮纹，口径12.5厘米、高26.5厘米（图一七：4）。

Ⅶ式：四件。斜肩，有折棱，深腹，上有对称二小耳。M89：1，唇外卷，颈部留有刮磨的痕迹，高20厘米。

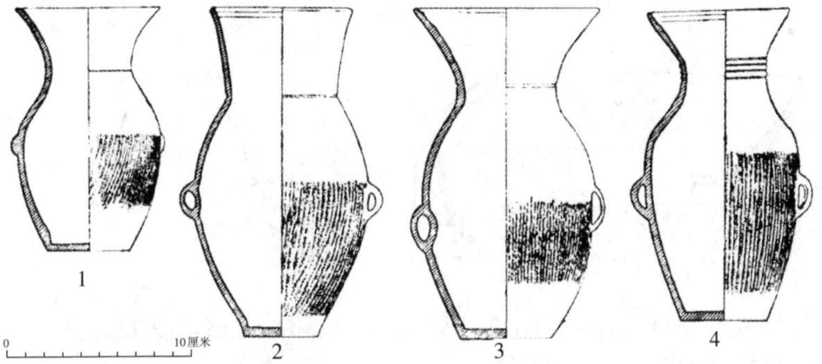

1～3. Ⅰ～Ⅲ式（M106：5、M45：4、M96：2） 4. Ⅵ式（M91：4）

图一七 陶高领 双耳罐

（14）豆：分八式

Ⅰ式：二件。M63：3，豆盘如侈口浅腹盆，下附直把高圈足座，座外侈，口径17.7厘米、高13.5厘米（图一八：1）。M110：4，灰陶质，圈足上有两个对称的三角形镂孔，盘内留有赭石粉末的痕迹，口径18.5厘米（图一八：2）

Ⅱ式：七件。豆盘如敞口深腹盆，下附喇叭形座，个别的有纹饰。M9：4，腹部有篮纹，口径16厘米、高12厘米（图一八：3）。

Ⅲ式：三件。豆盘如敛口盆，下附较斜直的高圈足座。M65：1，口径11厘米、高12.5厘米（图一八：4）。

Ⅳ式：一件（M48：2）。豆盘如碗，圈足粗矮，口径12.5厘米、高10.8厘米（图一八：5）。

Ⅴ式：二十件。与Ⅲ式近似，唯豆把较细长。M2：1，豆把的下部用泥封住，内装小泥球（?），摇之叮当作响，口径12.5厘米、高13.5厘米（图一八：6）。M40：3，豆把上穿一方孔。M47：2，豆把上有四个对称的三角形镂孔。

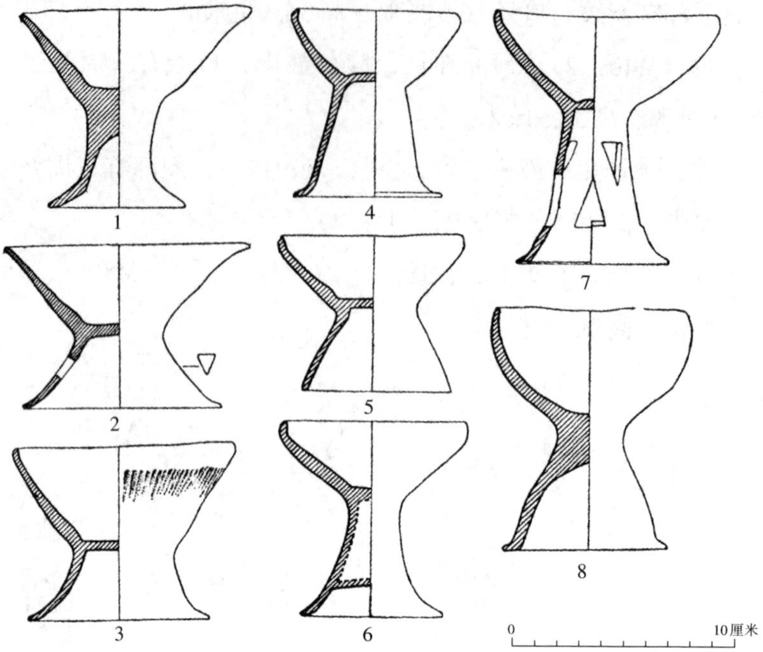

1、2. Ⅰ式(M63:3、M110:4)　3～6. Ⅱ～Ⅴ式(M9:4、M65:1、M48:2、M22:1)　7、8. Ⅶ、Ⅷ(M46:3、M45:5)

图一八　陶豆

Ⅵ式：一件（M54：4)。豆盘如浅腹盆，下附细把高圈足，把上有两个对称的椭圆形镂孔，口径1.7厘米、高15.5厘米。

Ⅶ式：四件。与Ⅵ式近似，唯豆盘壁较为鼓出，豆把上有的有对称镂孔。M46：3，把上有两排上下错对的三角形镂孔，每排四个。口径1.55厘米、高17.5厘米（图一八：7)。

Ⅷ式：一件（M45：5)。豆盘如圆底盆，下附高圈足，足座外拆，口径13.5厘米、高16.5厘米（图一八：8)。

（15）侈口罐：分九式

Ⅰ式：一件（M12：1)。腹下部略向外鼓出，底部稍向内凹，口沿有锯齿状花边，腹部饰满绳纹，口径6.7厘米、高8.5厘米（图一九：1)。

Ⅱ式：一件（M106：3)。深腹，器壁往下收缩成平底，口沿有锯齿状花边，腹部有绳纹，并遗有烟熏痕迹，口径8.5厘米、高12.5厘米（图一九：2)。

Ⅲ式：九件。短颈，鼓腹，平底，颈上部有一周锯齿状凸饰。M86：1，腹部饰斜、竖交错的绳纹，口径7.3厘米、高13.3厘米（图一九：3)。

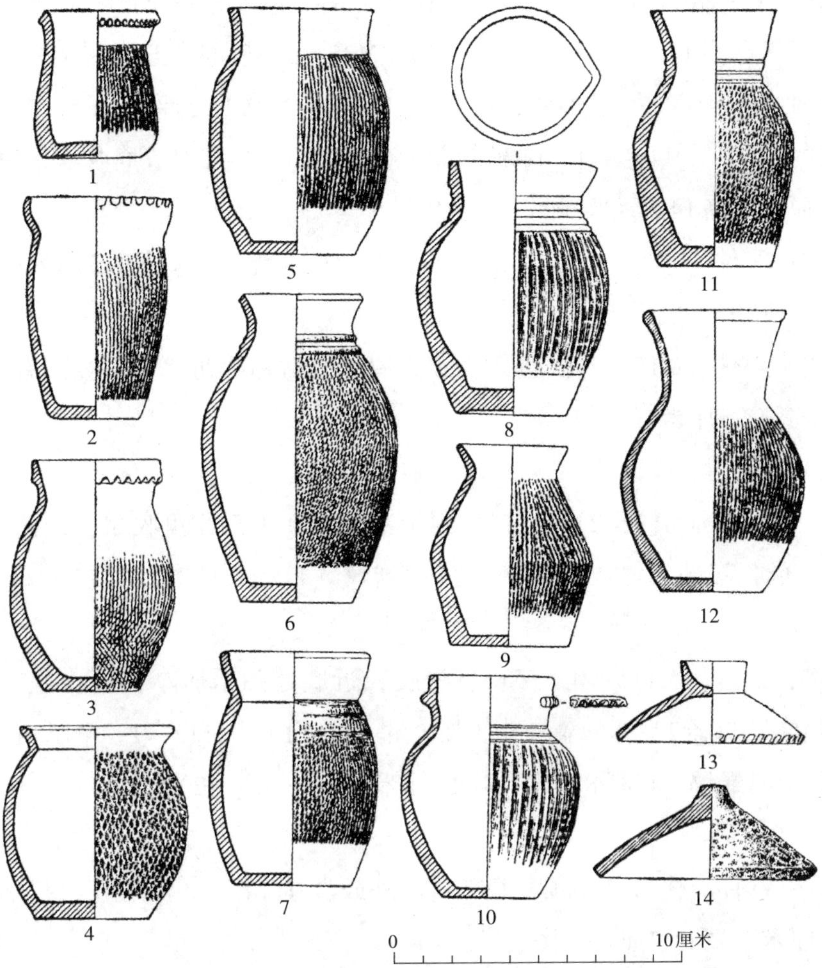

1～3. Ⅰ～Ⅲ式侈口罐(M122:1、M106:3、M86:1)　4. Ⅴ式侈口罐(M98:2)　5～7. Ⅵ式侈口罐(M65:3、M87:2、M118:4)　8、9. Ⅶ、Ⅷ式侈口罐(M46:4、M40:4)　10. Ⅰ式长颈罐(M63:2)　11、12. Ⅱ式长颈罐(M115:4、M117:1)　13、14. Ⅰ、Ⅱ式器盖(TC:9、H40:3)

图一九　陶器

Ⅳ式：十一件。最大径在口部，腹鼓，有绳纹，往下收缩成小平底。M135：1，口径9.5厘米、高13.4厘米。

Ⅴ式：二件。短颈圆腹。M98：2，腹部有方格纹，口径8.8厘米、高10.8厘米（图一九：4）。

Ⅵ式：八十二件。短颈，深腹，下部收缩成平底。M6：3，近底处稍内凹，腹部有绳纹，口径8厘米、高13.8厘米（图一九：5）。M49：1，颈部弦纹，腹部篮纹，口径7.6厘米、高15.5厘米。M118：4，肩部有三周弦纹，腹部绳纹，高13

厘米（图一九：7）。M87：2，最大径在腹上部，颈部有两周弦纹，器身较瘦长，口径6.4厘米、高17.4厘米（图一九：6）。M35：2，肩部有五周弦纹，腹部绳纹，口径6.5厘米、高17厘米。M48：1，口径8.4厘米、高15.5厘米。

Ⅶ式：一件（M46：4）。口部带流，底部内凹，颈部有五周弦纹，腹部篮纹，口径7.8厘米、高14.5厘米（图一九：8）

Ⅷ式：一件（40：4）。腹中部外鼓，折角，有绳纹，口径6.3厘米、高1.4厘米（图一九：9）。

Ⅺ式：一件（M17：2）。口部稍残，肩部有对称凸钮二个，腹部有不甚明显的绳纹，高12.5厘米。

（16）长颈罐：分两式

Ⅰ式：一件（M63：2）。直口，腹上部鼓出，下部往里收缩，颈部有对称附加凸饰二个，腹部有篮纹，肩部有三周划纹，口径7厘米、高12.6厘米（图一九：10）。

Ⅱ式：二件。M115：4，侈口，深腹，近底处陶胎加厚，颈部有三周弦纹，腹部有绳纹，口径7厘米、高4.5厘米（图一九：1）。M117：1，喇叭口，圆腹小平底，腹部有绳纹，口径8厘米、高16厘米 （图一九：12）。

（17）单小耳罐：分六式

Ⅰ式：八件。侈口，短颈，腹部略向外鼓。M114：4，耳较宽，腹部有绳纹，口径7.5厘米、高11.7厘米（图二〇：1）。

Ⅱ式：一件（M74：1）。与Ⅰ式近似，唯腹部较鼓，腹部有绳纹，耳部上端还有两个泥丁，口径8厘米、高12.5厘米。

Ⅲ式：一件（M23：1）。耳的上端低于口沿，腹部有篮纹，颈部有三周弦纹，口径7.4厘米、高14厘米。

Ⅳ式：一件（M52：4）。长颈，深腹，环形耳，与耳对称处有一凸饰，颈部有两周弦纹，腹部绳纹，口径6.5厘米、高15.6厘米（图二〇：2）。

Ⅴ式：六件。腹中部鼓出，宽肩，环形耳。M89：2，腹上部有方格纹，下部遗有烟熏的痕迹，口径8.2厘米、高12.3厘米（图二〇：3）。M75：3，肩部有不甚明显的绳纹，口径6.5厘米、高9.3厘米。

Ⅵ式：二件。圆鼓腹，有绳，小平底，器形较小。M98：6，口径5厘米、高7厘米。

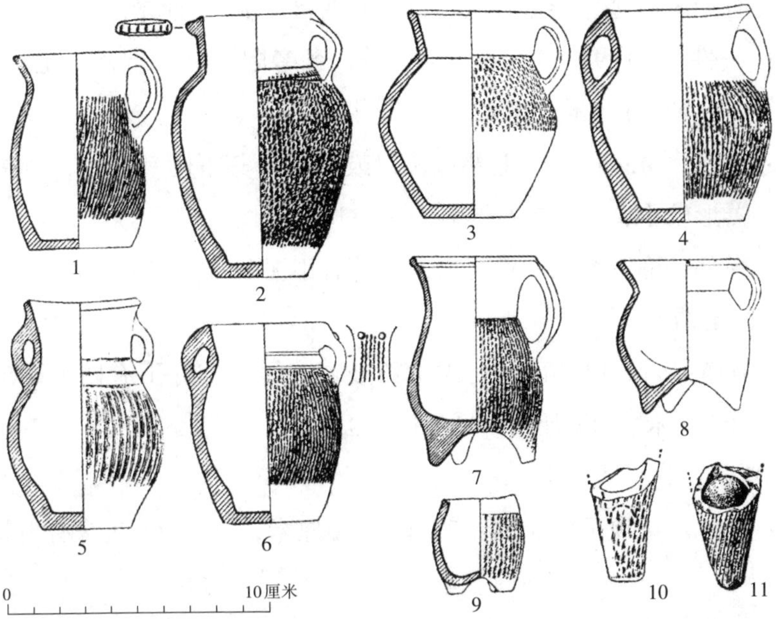

1～3. Ⅰ、Ⅳ、Ⅴ式单小耳罐(M114:4、M52:4、M89:2)　4～6. Ⅱ、Ⅳ、Ⅲ式双耳罐(M92:1、M51:6、M100:1)　7、8. Ⅱ、Ⅲ式鬲(M129:2、M36:1)　9. 四足器(H15:4)　10、11. 鬲足(T7:4、H1:3)

图二〇　陶器

（18）双耳罐：分四式

Ⅰ式：一件（TC：14），侈口，短颈，圆腹，平底，口径9.7厘米、高16厘米。

Ⅱ式：二件。似Ⅰ式，唯腹下部稍内收。M92：1，腹部有绳纹，口径8.5厘米、高12.5厘米（图二〇：4）。

Ⅲ式：四件。颈部似套一陶环，腹部较深。M100：1，腹部有绳纹，耳上有两个泥丁，口径7.5厘米、高12厘米（图二〇：6）。M60：3，耳上、肩部都有泥丁，口径8.5厘米、高13厘米。

Ⅳ式：一件（M51：6）。长颈，鼓腹，耳上端低于口沿，腹部有篮纹，肩部有三周弦纹，口径7厘米、高13.5厘米（图二〇：5）。

（19）甑

仅发现底、腹部残片，不能复原。H64：1除底部穿有气孔外，腹壁近底处也穿有一周斜的气孔，腹部有绳纹。

（20）鬲：分三式

Ⅰ式：一件（H1：1）。上部似大口深腹罐，其下附三个袋状足，裆较高，通体绳纹，并有烟熏痕迹。器形较大，口径16厘米、高35厘米。

Ⅱ式：一件（M129：2）。腹下部外鼓，颈旁附一耳，宽裆，足小呈尖锥状，腹部有绳纹。口径7.5厘米、高12.6厘米（图二〇：7）。

Ⅲ式：一件（M36：1）。上部似侈口鼓腹罐，其下附三袋足，颈旁有一环形耳，矮裆。器形较小，口径7.2厘米、高9.3厘米（图二〇：8）。

另外，在部分饰有绳纹的扁足内发现填有小泥球（图二〇：10、11）。

（21）四足器

一件（H15：4）。口部已残，腹部微鼓，有绳纹，底下有四个矮足，横剖面近方形。腹径5厘米、高6厘米（图二〇：9）

（22）器盖：分二式

Ⅰ式：二件。钮顶下凹。T4：2，口径10厘米，TC：9，边缘有齿状花边（图一九：13）。

Ⅱ式：二件。球面，钮圆柱形。H40：3，钮已残，盖面有麻点纹，口径12厘米、高5.4厘米（图一九：14）。H19：2，盖面锥刺纹，上有烟熏痕迹。另外，还发现几件盉或鬶的把手与袋足。

2.骨匕

骨片磨制。柄部一般都穿有一孔，个别的穿两孔，可分七式。

Ⅰ式：一件（M10：4）。器身扁平，顶端齐，下端磨成斜刃，器形较小，长5.5厘米（图二一：1）。

Ⅱ式：五件。器身较长，窄顶平。M49：5，长12厘米（图二一：2）。

Ⅲ式：三件。平顶长柄，两侧内凹，下端磨成弧形。M72：1，柄部穿双孔，中间还有一个小圆窝，长11.5厘米（图二一：3）。

Ⅳ式：一件（M6：1）。柄中穿孔，两侧带肩，长17.2厘米（图二一：4）。

Ⅴ式：一件（M77：1）。顶部两侧内凹成大缺口，中间穿孔，下端磨成弧形，长19.2厘米（图二一：5）。

Ⅵ式：五件。长柄，下端磨尖。M19：1，三角形孔，由一面挖成。长21.8厘米（图二一：6）。

Ⅶ式：六件。器身宽窄不一，柄部两侧都刻有锯齿状花边，下端磨成弧形。M54：1，器身稍弯曲，长21.5厘米（图二一：7）。M51：1，器身较宽厚，系最大者，长26厘米（图二一：8）。

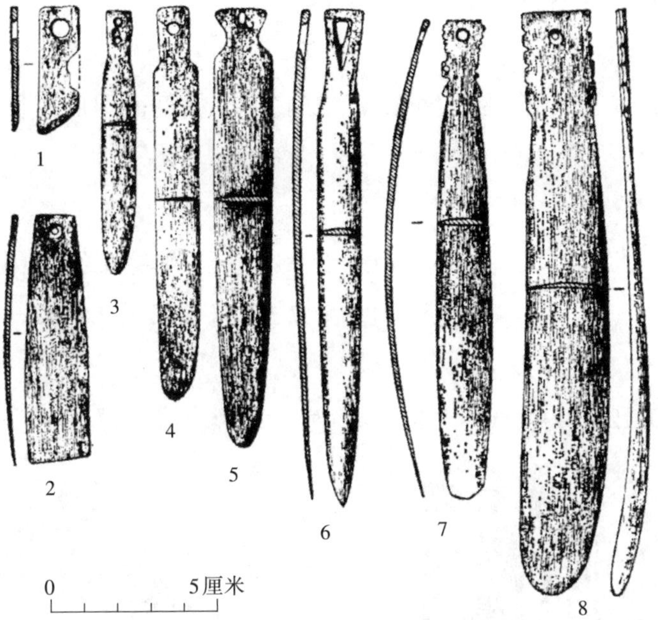

1～3.Ⅰ～Ⅲ式(M100:4、M49:5、M72:1)　4～6.Ⅳ～Ⅵ式(M6:1、M77:1、M19:1)　7、8. Ⅶ式(M54:1、M51:1)

图二一　骨匕

(三)装饰品

(1) 绿松石珠：分两式

Ⅰ式：圆形或扁圆形，个别的呈三角形。M36：3，长约1厘米。

Ⅱ式：长条形。H3：8，横剖面作扁圆形，深绿色，长3.2厘米。

(2) 石璧

五件。有圆形、椭圆形与圆角方形三种，中间圆孔。M75：1，椭圆形，直径7.5～8厘米（图二二：1）。T6：1，圆角方形，表面磨光，直径14厘米（图二二：2）。

(3) 骨璧

一件（H5：3）。圆形，外缘有一半刻有锯齿状花边，通体磨光，直径4.2厘米（图一〇：14）。

(4) 蚌璧

一件（M71：1）。椭圆形，蚌壳背面未加工，直径4.6～5厘米（图一〇：13）。

(5) 骨管

四件。用禽类的肢骨磨制。T5：7，横剖面三角形，长5厘米（图一〇：15）。

H3：5，横剖面圆形，3.5厘米。

（6）骨笄

一件（H62：1）。长条形，两端皆磨成锐尖，横剖面圆形，长12厘米（图二二：4）。

（7）牙饰

两件。猪的犬齿制成，一端穿孔。H38：1，一端穿单孔，另端穿双孔，长1.5厘米。M50：1，已残，一端穿单孔，长7.5厘米（图二二：3）。

（8）铜环

两件（M70：2、M99：6）。圆形，均残，系锤击成。都出在人骨架的手指旁。

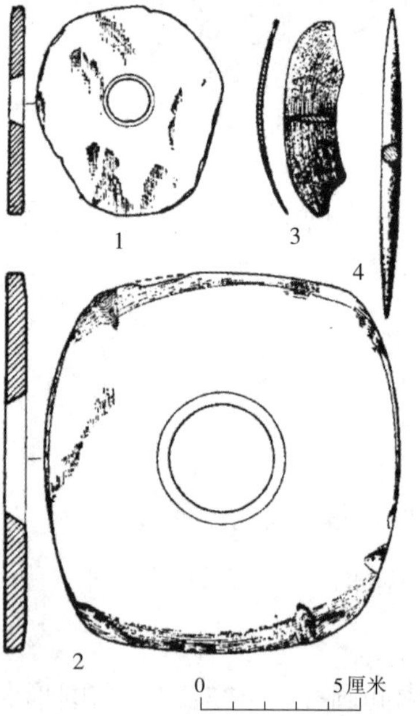

1、2. 石璧（M75：1、T6：1）　3. 牙饰（M50：1）　4. 骨笄（H62：1）

图二二

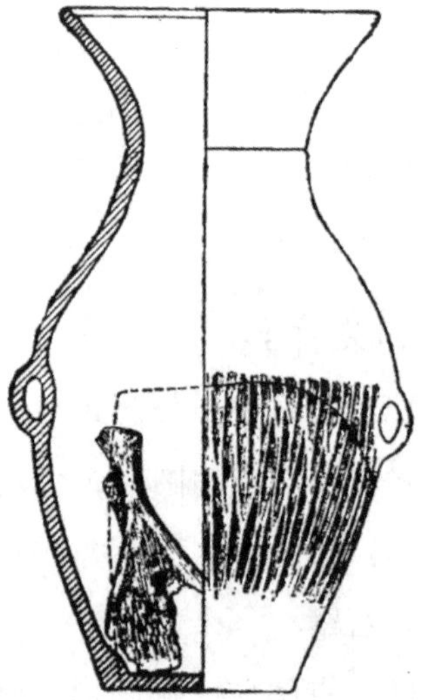

放在高领双耳罐（M23：2）内的卜骨

图二三

（9）铜饰

两件。红铜片制成。H4：1，椭圆形，一端已残，另一端穿一小孔，长2.5厘米（图一二：3）。M19：6，残存一半，长约2.6厘米。此外，有卜骨三块，都是羊的肩胛骨，只灼，无钻凿痕迹。灼痕二至四处不等。M23：6，灼痕四处（其中二处已残破），长12.2厘米。出自于高领双耳罐（M23：2）内。此罐腹部已残，卜骨从此残口放进，再把残破下来的陶片盖上（图二三）。

五、自然遗物

在发掘中，发现不少动物骨骼。它不仅出在灰层与窖穴中，同时还作为随葬品放在墓内。经本所周本雄同志鉴定，骨骼的种属有猪、牛、羊、驴、狗和鼬等七种，其中以猪占绝大多数，牛和羊次之。据不完全统计，猪下颌骨共四百三十块，羊下颌骨五十块，牛下颌骨三十八块；其他种类的骨骼数量较少，因破碎太甚，未做统计。

六、结语

秦魏家墓地是迄今已知的黄河上游齐家文化中规模最大、保存最好的一处公共墓地。墓地反映出来的墓制、葬式和葬俗，以及丰富的文化遗物，为研究齐家文化氏族公社的经济生活、社会性质以及意识形态诸方面提供了很有科学价值的资料，对于探讨家庭、私有制与阶级的产生等理论问题，具有重要的意义。

（一）

齐家文化的人们，经过长期的劳动实践，积累了生产经验，改进了生产工具和生产方法，生产力有了较大的发展。生产力的进步是原始公社的解体和阶级产生的物质基础。跟马家窑文化相比，这时的生产力已出现一个新的发展水平，不仅表现在农业与畜牧业方面，更重要的是，以红铜制的工具为主要标志的冶金技术已经出现了。

农业仍然是齐家文化的主要的经济部门。秦魏家出土的生产工具以骨铲、石斧和石刀为主。骨铲多用动物的肩胛骨制成，铲身扁薄，宽刃，刃部锋利，是当时主要的挖土工具；石斧梯形或两侧带斜肩，宽刃磨光，当为挖土或砍伐林木的工具；石刀是人们普遍使用的收割庄稼的工具，长方形，穿孔磨光，比两侧带缺口的石刀要进步，劳动效率显然要提高。农业生产的发展，获得的粮食当较前丰盛，还可能有了储备。这里除发现房子的残迹外，还有大量的储藏粮食或饲料的窖穴，其形制可分大口圆形、小口袋形和长方形三种，以小口袋形占多数。窖穴形状规整，穴壁平齐，容积一般也比较大，这说明当时人们已过着长期的定居生活。

畜牧业有了显著的进步。饲养的动物，种类增多了。除了饲养较多的猪群外，还有羊、狗、牛、马和驴等。同时，还有狩猎作为谋取生活资料的补充手段，这里发现的鼬和大何庄发现的鹿、麅等应为当时猎获的野生动物。这些猪、羊等畜群“只需加以看管和最简单的照顾，就可以愈来愈多地繁殖起来，供给非常充裕的乳肉食物”，这就使当时的生产力得到了进一步的提高。

冶铜业的出现是齐家文化的一项突出成就。秦魏家发现的铜器有锥、斧、指环和铜饰等；大何庄有铜匕；皇娘娘台还有刀、凿、铜渣等。这些铜器经鉴定均系红铜制造，有冷锻，也有冶铸。这表明当时的人们已认识金属的性能，这不仅提高了生产力，而且为以后的青铜时代开辟了道路。

制陶业仍是当时比较发达的一种工艺。其制法一般都采用泥条盘筑法；制陶工具有陶拍和陶垫。陶拍圆形带柄，便于捉拿；陶垫可套在手指上使用，便于进行器表的修饰。这里的陶器器形比较复杂多样，有碗、豆、双大耳罐、侈口罐与高领双耳罐等二十多种，纹饰以篮纹和绳纹为最常见。

纺织业也有较高的水平，除发现陶纺轮和大量的骨针外，在墓葬里还发现布纹的痕迹。大何庄墓葬里也有布纹痕迹的发现，布似麻织，有粗细两种。推测当时人们穿的衣着大概就是用麻布织成的。

随着畜牧业、农业的扩大和手工业的增多，占有财产也出现差别，从而形成私有制。这里墓葬中出土的随葬品，种类、数量均有所差别，正是当时氏族内部已产生私有制的反映。对于这些私有财产，他们是可以自由处理的，甚至可以把它埋入墓内。例如家畜、妻子、武器、衣服、装饰等。其中最可说明问题的是家畜。这里有四十六座墓随葬猪下颌骨，总数达四百三十块。随葬的数量各墓不等，少的一块，多的达六十八块。这种以猪为主的家畜应是当时作为衡量财富的标尺；数量上的差别，说明当时出现财产分化、贫富不均的现象，即个别的人占有大量的牲畜，少数人也占有数量不等的牲畜，大部分人则没有。这种对牲畜的占有情况，反映出死者社会地位的不同。我们还可以从许多民族志的材料中得到说明。如海南岛黎族人民曾流行用猪或牛的下颌骨祭奠死人，并随着埋入墓葬中。云南永宁纳西族人民“把平常吃剩的猪下颌骨挂在室内的墙上，一般作为财富的标志”，他们往往以此炫耀家庭的富裕及其在社会上的地位。

恩格斯指出：“一切部门——畜牧业、农业、家庭手工业——中生产的增加，使人的劳动力能够生产出超过维持劳动力所必需的产品。”这种多余的产品就可能在家族之间以至于生产者之间进行交换，后来逐渐发展为商品交换，当时作为交换手段之一的就是牲畜。“牲畜变成了一切商品都用它来估价并且到处乐于同它交换的商品——一句话，牲畜获得了货币的职能。”齐家文化的人们用猪下颌骨随葬，说明在当时猪已突出地成为私有财产，而且积累到不小的数量了。由此我们认为，猪在当时可能有相当一部分用于交换，并获得了货币的职能。这种向私有制的转化，在人类社会发展史上曾经起过进步作用。今天，在社会主义社会条件下，还不可避免地存在商品制度和货币交换，这只能在无产阶级专政下加以限制。

（二）

生产技术和经济的发展，私有制和阶级的出现，先是在生产劳动中，继而在家庭中，男女地位才发生了变化。秦魏家墓地的材料很好地说明了这个问题。通过这批墓葬的发掘，使我们对私有制、阶级的产生、婚姻制度以及男女地位的变化等理论问题得到了若干新的认识。

墓葬有单人葬和合葬两种，前者一百十四座，后者二十四座。单人葬分为仰身直肢葬、侧身葬、俯身葬与屈肢葬四种，其中仰身直肢葬为最常见。合葬墓有成人合葬、成人与儿童合葬、成人与婴儿合葬三种。成人合葬墓中最普遍的一种葬式是：一具为仰身直肢葬；另一具为侧身屈肢葬，而且位于前者的左边。人骨经鉴定仰身直肢者为男性，屈肢者系女性。成人与儿童合葬者，其中成人有的是男性，有的是女性。从他们的葬式、性别和年龄的情况来看，成人合葬者显然是夫妻（妾）合葬，成人与小孩合葬者应为父子或母子合葬。

值得注意的是合葬墓的发现，尤其是成年男女合葬的出现，显示了当时的男子在社会上居于统治地位，女子则降居于从属和被奴役的地位。男子仰身直肢居中，女子侧身屈肢于其旁，这是她屈从、依附男子的真实写照。这些墓葬的尸体都是一次埋葬的，在通常情况下男女不可能都是同时死去，这应是以男子为主体，而把女子作为殉葬者处理的。其身份应为墓主人的妻或妾（奴）。当时男子可以支配、奴役女子，甚至拥有生杀予夺之权。这里合葬墓活现地显示了男子的这种特权。妻或妾（奴）被迫殉死，即用强制的手段把她整死后和男尸一起埋葬。

其次，成年男女合葬的出现，反映了当时的婚姻形态已经由对偶婚过渡到一夫一妻制。武威皇娘娘台发现的一男二女合葬的现象，也许是比较富裕的家庭过着一夫多妻的生活，但只能算是一种例外。正像恩格斯指出的那样：“不论多妻制或多夫制的婚姻形式都不能成为普遍通行的形式。”

再次，父系氏族公社主要特点之一，是按男系确定血统及父系的继承权。这里父子合葬的出现，有力地说明了当时确已产生了按父亲的血统来计算世系的习惯，父亲的财产由自己的子女继承；废除按女系计算世系的办法和母系的继承权。

母子合葬的存在，一方面反映了当时虽然已经发展到父权制，但先前的母权制时期子女从母的遗俗并没有完全消失。另一方面，这种母子合葬与母权制时期的同类现象具有不同的含义，因为他们都已成为父系氏族的成员了。同时女性墓与男性墓以及合葬墓交错埋在同一排，这正说明“即妇女出嫁后，就不再参与本氏族的宗教仪式，而改行她丈夫的氏族的宗教仪式，加入她丈夫的胞族”，死后和她的丈夫或孩子埋在一排。

合葬墓反映出来的男子压迫子女、夫妻间地位对立的情况，是与原始社会的瓦解、阶级的产生相一致的。恩格斯指出：“在历史上出现的最初的阶级对立，是同个体婚制下的夫妻间的对抗的发展同时发生的，而最初的阶级压迫是同男性对女性的奴役同时发生的。”齐家文化父权制男性对女性的奴役，说明当时已进入最初的阶级对立的时代。因此，这个墓地的发掘，对于我国古代社会这一重大历史变迁的研究是有重要意义的。

还应当提到的是，秦魏家与皇娘娘台发现的男女合葬墓，为我们研究“男尊女卑”的历史根源提供了极为重要的材料，对批判孔子的这种思想具有现实的意义。

“男尊女卑”是与父系氏族社会的确立发展而同时发生的。在原始社会母系氏族公社时期，妇女是生产的主人，在社会上受到尊重。但到了父系氏族公社时，随着农业、畜牧业和手工业的进一步发展，男子成为生产中的主人，而妇女从事的工作只限于家务劳动，成为男子劳动的附属品，男子成为牲畜和劳动工具的所有者，他们依恃自己的财富在家庭中把女子挤到第二位，妇女被降低到“家庭奴仆”的地位，齐家文化男女合葬中出现的妻（妾）殉夫的残酷情景，就是生产资料私有制和阶级压迫的结果。恩格斯指出：“我们从过去的社会关系中继承下来的两性的法律上的不平等，并不是妇女在经济上受压迫的原因，而是它的结果。”正因为男尊女卑密切关系到巩固私有制和维护阶级压迫，所以，它总是得到历代剥削阶级的维护，被列为儒家的重要理论。妇女是决定革命胜败的一个力量，只有在社会主义制度下才能从根本上改变“男尊女卑”的遗习，才能充分发挥广大妇女“半边天”的作用，促进妇女的彻底解放。

执笔者　谢端琚

（本文原载于《考古学报》1975年第2期，第57–96页）

甘肃临夏秦魏家遗址第二次发掘的主要收获

黄河水津考古队甘肃分队

一

1959—1960年，黄河水库考古队甘肃分队在甘肃秦魏家遗址共做了两次发掘。第一次的发掘简报已经在《考古》1960年第3期上发表过，因此，对于该遗址的地理环境本文就不再叙述了。这里只介绍第二次发掘的主要收获。

第二次发掘工作自1960年4月4日开始，至5月13日结束。这次发掘除了在遗址的西南部（第一次发掘的地区）继续进行外，主要是在遗址的东北部又发现一片墓地，它也是齐家文化的氏族公共墓地，保存相当完整 。

二

秦魏家遗址的东北部墓地距西南部墓地约10米。墓地地面平坦，揭开一层厚约0.2米的农耕土后即见墓口。墓葬的形制基本相同，都是长方形的竖穴土坑，没有发现葬具的痕迹。墓葬分布密集，排列整齐，在100多平方米的范围内发现有29座墓葬，分为三行排列。头皆朝西（部分稍偏西北）。但各排的情况不一：

第一排（由西往东数）共7座，其中单葬墓5座（M106、M107、M110、M113、M114），合葬墓2座（M105、M108）。合葬墓中，一座位在排的首坑（北头的第一坑），另一座位在排的中间，所有墓都有随葬品。

第二排共11座，其中单葬墓8座（M117～M119、M125、M133、M135～137），合葬墓3座（M124、M134、M138）。合葬墓中，一座同样位在排的首坑，另两座并列在排的中间。各墓都有陶器等随葬品。

第三排共11座，都是单葬墓（M120～M123、M126～M132）。但其中有一座小孩墓（M129）位在排的中间。也都有陶器等随葬品。

葬法可分为单葬墓和合葬墓两种。

单葬墓共24座，皆为仰身直肢葬，大部分两手伸直放在身旁，两脚伸直并拢。都有随葬品。现以第122号与129号两座墓为例加以说明。墓122位在第2排的第8坑。墓坑长2.1米、宽0.55～0.6米、深0.5米。骨架保存完好，头西脚东，面部朝南。在其脚下随葬有陶器4件，即双大耳罐、碗、折腹罐与高领双耳罐。另外，在脚端墓口的填土内也放有敛口罐与双大耳罐各1件。经鉴定墓主人为成年女性（图一）。墓129为小孩墓，位在第三排的中间。墓坑长1.35米、宽0.32米、深0.4米。骨架也保存完好。在脚端随葬有陶器2件，即鬲与高领深腹罐（图二）。

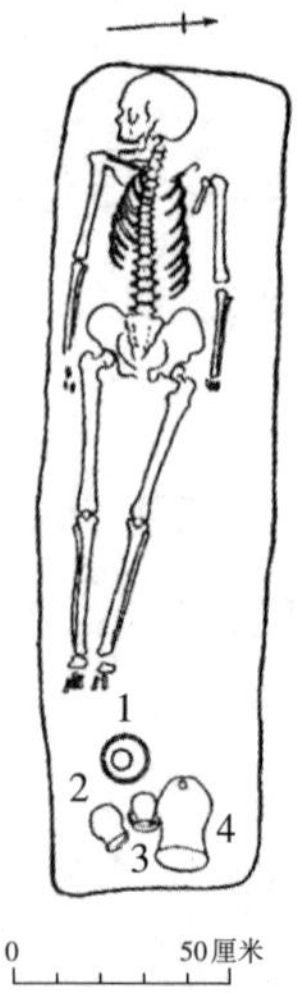

1. 碗　2. 折腹罐　3. 双大耳罐　4. 高领双耳罐

图一　墓122平面图

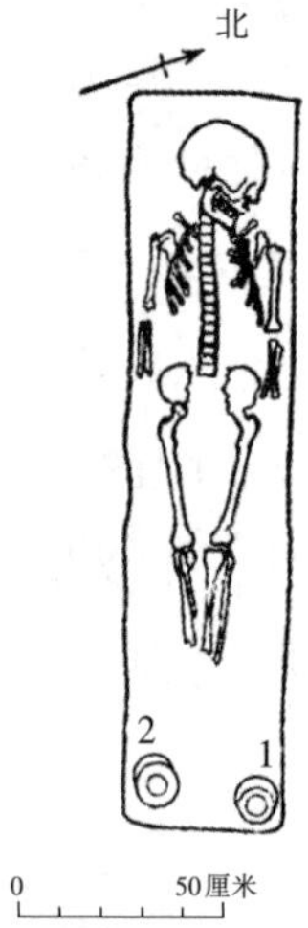

1. 高领深腹罐　2. 鬲

图二　墓129平面图

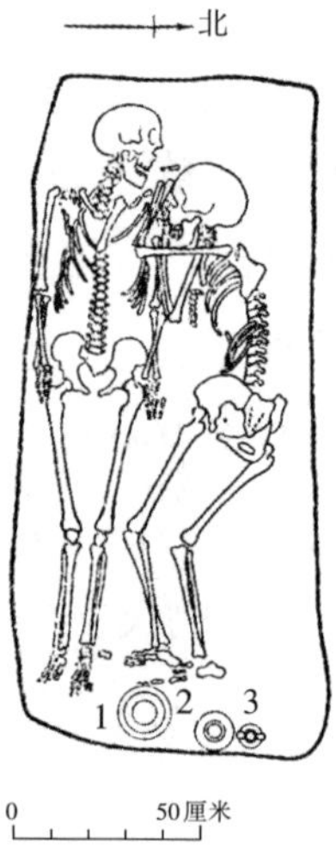

1. 高领双耳罐　2. 高领深腹罐　3. 双大耳罐

图三　墓105平面图

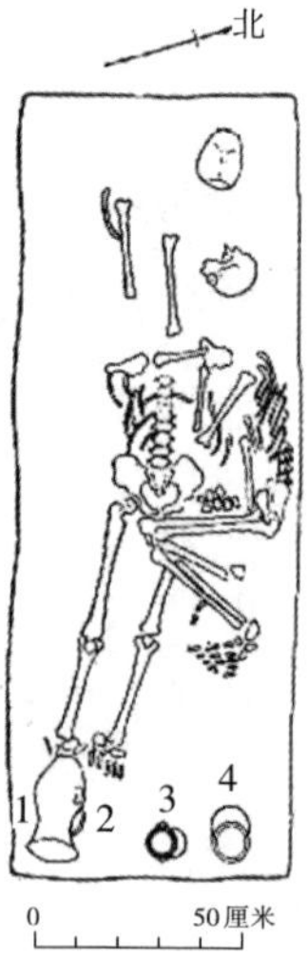

1. 高领双耳罐　2. 碗　3.双大耳罐　4.敛口罐

图四　墓124平面图

合葬墓共5座，都是大人合葬。每墓骨架均为两具，一具为仰身直肢葬，另一具为侧身屈肢葬，后者均位于前者的左边。都有随葬品。现以第105与124号两座墓为例加以说明。墓105位在第一排的中间。墓坑长1.9米、宽0.8～0.9米、深0.7米。骨架保存完好。其中屈肢者，上肢弯曲在胸前，下肢屈度较小。在脚下随葬有陶器3件，即双大耳罐、高领深腹罐和高领双耳罐。人骨架经鉴定仰身直肢葬者系男性，屈肢葬者系女性（图三）。墓124位在第二排的首坑。墓坑长2.4米、宽0.94米、深约0.8米。两具骨架身首均已分离。其中一头骨横置，另一头骨面部朝下。屈肢者的下肢屈度较大。在脚下随葬有陶器4件，即碗、双大耳罐、敛口罐和高领双耳罐等。在墓口也放有双大耳罐与敛口罐各1件。另外，在盆骨附近还撒有一堆白色的小石块（图四）。

三

这批墓葬都有随葬品，包括陶器、石器、骨器和猪下颌骨等，其中以陶器为主。

陶器都是手制的，按其质料可分为泥质红陶与夹砂红褐陶两种陶系，以前者为主。陶器除素面外，还饰有篮纹和绳纹等。器形有碗、盆、罐、豆和鬲等几种，其中罐类变化比较多样，又可分为敛口罐、折腹罐、长颈罐、高领深腹罐、高领突腹罐、单耳罐、双耳罐、双大耳罐和高领双耳罐九种。而以双大耳罐、敛口罐与高领双耳罐等为较常见。这些陶器摆放的位置大部分是在人架的足旁。另外，也有的墓葬除了在足旁放有陶器外，在墓口填土内或墓口填土的上面又放有1、2件陶器。器形主要是双大耳罐与敛口罐，其次是双大耳罐与单耳罐，少数是敛口罐与高领深腹罐或双大耳罐与高领深腹罐，至于1件的若不是双大耳罐，便是敛口罐。

随葬陶器有一定的组合关系，主要的有下列几种：

1.双大耳罐、敛口罐和高领双耳罐等3件。

2.碗、双大耳罐、敛口罐和高领双耳罐等4件。

3.豆、双大耳罐、敛口罐和高领双耳罐等4件。

4.盆、双大耳罐、敛口罐和高领双耳罐等4件。

5.碗、高领深腹罐、敛口罐、双耳罐和双大耳罐等5件（图五）。

图五　随葬陶器

6.碗、单耳罐2、双大耳罐2和高领双耳罐等6件。

7.碗、折腹罐、长颈罐、双大耳罐、敛口罐与高领双耳罐等6件。

8.碗、双大耳罐3、敛口罐2和高领双耳罐等7件。

骨器有骨匕和骨针两种，前者放在人架的腰部，后者放在足旁。石器除凿外，还有璧和珠等装饰品，多放在头部附近。

另外，还有一部分墓葬随葬有猪下颌骨与小石块，数量不等。猪骨少者1块，多者15块；小石块少者4块，多者35块。小石块有的放在盆骨或股骨附近，也有的零撒在骨架的周围。猪骨则多放在人架脚端的填土内。这些猪骨有的是零散的放置，也有的作整齐的排列。

四

秦魏家遗址东北部氏族墓地的发现是我们第二次发掘工作的主要收获。通过29座墓葬的发掘，使我们对于齐家文化的埋葬制度及其所反映的意识形态等方面得到了更多的认识。

这里的墓葬具有一定的埋葬制度，墓坑都是长方形的竖穴，排列都很整齐，幕内没有发现葬具的痕迹。

墓葬有单葬和合葬两种，以单葬为主，共24座，合葬较少，仅5座。前者皆为仰身直肢葬，后者是大人合葬，每墓骨架两具，一具为仰身直肢葬，另一具为侧身屈肢葬，后者均位于前者的左边。据部分人骨架鉴定的结果，大人合葬者系一男一女，从他们的葬式性别和年龄的情况看来，大人合葬显然是夫妻合葬。同时这种成年男女合葬的出现，反映了当时的婚姻形态已经由对偶婚过渡到一夫一妻制。而女子屈肢依附于男子的身旁，也显示了当时的妇女在社会上已经降居于从属和被奴役的地位，并且这些墓葬的死者还都是一次埋葬的，男女不可能同时死去，这很可能是以男子为主体，而把女子作为殉葬者来处理的。

墓葬的随葬品主要是陶器，其次是猪下颌骨，猪骨少者1块，多者达15块。这一事实清楚地说明了猪成了当时主要的一种私有财产，也成为衡量财富的标尺。同时数量上的差别也反映了当时在氏族内部已经出现了贫富的分化。

根据以上事实的分析，确证这里的齐家文化已进入了父系氏族社会。

执笔者　谢端琚

（本文原载于《考古》1964年6期，第267–269）

甘肃岷县杏林齐家文化遗址调查

甘肃省岷县文化馆

齐家文化是洮河流域一种重要的文化遗存。1974年4月，长江流域规划办公室考古队甘肃分队在我县洮河流域调查时发现了杏林遗址，1982年在配合我县普查文物工作的同时，我们着重对杏林遗址做了一次较细致的调查。

一、概况

杏林遗址在岷县境内，地处洮河以东1公里的二级台地上，北依山，东距杨家台村2公里，南逾杏林大队即洮河，西临公路（图一）。调查时发现该遗址文化内涵较丰富，分布范围较大，东西长150米，南北宽100米。

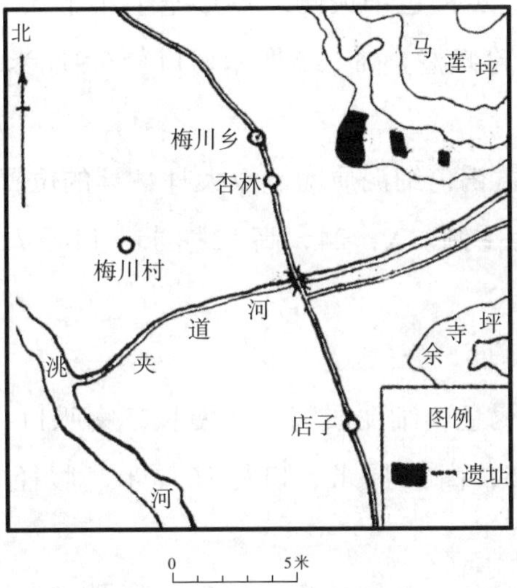

图一　杏林遗址位置示意图

调查中，我们沿断崖发现灰层、白灰居住面、红烧土和墓葬遗迹。文化层堆积较厚，最厚处达3米以上。在地面上和灰层中，收集了不少陶、骨、石、铜器标本，其中陶器数量较多。同时还发现有少量的马家窑类型陶片和寺洼文化陶器。虽然这些器物的出土位置不甚清楚，但是绝大多数器物都是完整的，很有特色。根据我们对遗址的遗迹遗物进行初步考察分析，认为这处遗址包括仰韶文化马家窑类型—齐家文化—寺洼文化三个文化发展阶段，但最主要的遗迹遗物都具有齐家文化的特征。这些遗物在洮河流域其他地区是不多见的。因此，我们认为杏林遗址对研究齐家文化将有一定的参考价值。现将调查的主要收获介绍如下。

二、遗物

调查采集的陶器有双大耳罐、高领折肩双耳罐、双耳罐、侈口罐、单耳罐、折腹罐、瓶、陶碗共八种，多为细泥质陶，夹细砂陶次之。陶色分红褐、黄褐、灰、黑四种。纹饰一般施于瓶和罐的肩下部，有细绳纹和刻划纹。器形一般不规整，多为手制。

1.陶器

双大耳罐　9件。分三式。

Ⅰ式1件（X：19）。红褐色细泥陶。口大于底，折肩，两大耳至器腹。有手制痕迹，器形制作规整，造型美观。高12厘米、口径7.5厘米、底径4厘米（图二：1）。

Ⅱ式1件（X：3）。黄褐色细泥陶。器形呈上小下大，耳较Ⅰ式小，且位置高，直领，鼓腹。经慢轮修整。高13.5厘米、口径6.8厘米、腹径11厘米、底径4厘米（图二：2）。

Ⅲ式7件。红褐、黄褐色细泥质陶。双大耳，耳的位置较Ⅱ式高，折肩明显，鼓腹。器形规整，多为手制。X：24，高12厘米、口径7.5厘米、腹径8.5厘米、底径4厘米（图二：3）。

高领折肩双耳罐　4件。分二式。

Ⅰ式2件。红、黄褐色，细泥质陶。体瘦长，喇叭口，置双小耳，折肩。肩上部有轮制痕迹。X：5，高31厘米、口径16厘米、腹径14.5厘米、底径7厘米（图二：4）。

Ⅱ式2件。黄褐、黑色，夹细砂陶、侈口，腹置双小耳，鼓腹，器形较Ⅰ式矮。手制。X：2，表面打磨光亮，高16厘米、口径8.5厘米、腹径12厘米、底径6.5厘米（图二：5）。

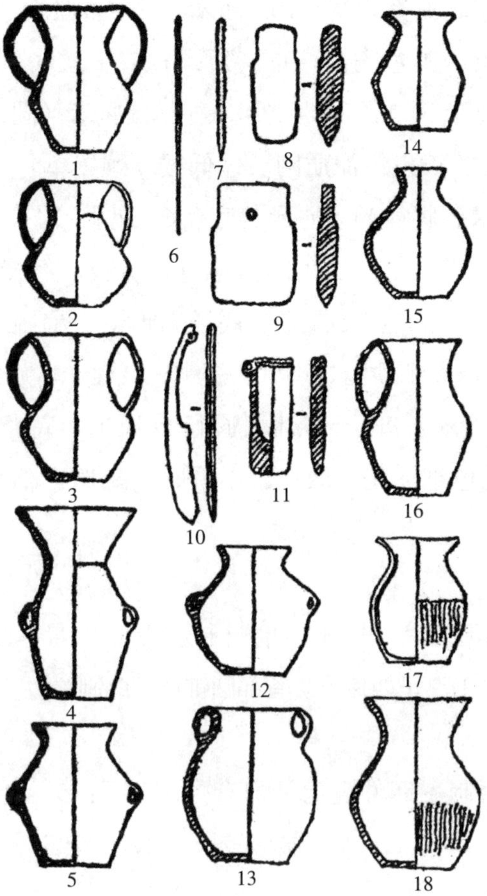

1.Ⅰ式双大耳罐(X:19) 2.Ⅱ式双大耳罐(X:3) 3.Ⅲ式双大耳罐(X:24) 4.Ⅰ式高领折肩双耳罐(X:5) 5.Ⅱ式高领折肩双耳罐(X:2) 6.骨针(X骨:1) 7.骨锥(X骨:3) 8、9.石斧(X石:1、5) 10.红铜刀 11.红铜斧 12.Ⅰ式双耳罐(X:15) 13.Ⅱ式双耳罐(X:14) 14.折腹罐(X:23) 15.陶瓶(X:11) 16.单耳罐(X:9) 17.Ⅱ式侈口罐(X:25) 18.Ⅰ式侈口罐(X:20)(1、3、9、13、18.1/6,4、10.1/10,6.1/2,7.1/4,余1/8)

图二 岷县杏林齐家文化遗物

双耳罐 3件。分二式。

Ⅰ式1件(X:15)。夹细砂灰陶。肩置两小耳,体圆。手制。高14厘米、口径8.5厘米、腹径12厘米、底径6.5厘米(图二:12)。

Ⅱ式2件。黄、红褐色细泥陶。颈置两小耳,体粗圆。手制。X:14,高12.5厘米、口径8厘米、腹径11厘米、底径6厘米(图二:13)。

侈口罐 5件。分二式。

Ⅰ式,2件。红、黄色夹细砂陶。侈口,鼓腹。手制。肩下部施细绳纹。X:

20，高14厘米、口径8.5厘米、腹径10.5厘米、底径5厘米（图二：8）。

Ⅱ式3件。红、黄、黑色陶。侈口，短颈，较Ⅰ式底大、体长。肩下部施细绳纹。X：25，高13厘米、口径8.5厘米、底径6.5厘米（图二：9）。

单耳罐 2件。红、黄色细泥质陶。体低矮，颈置单耳。手制。素面。X：9，高17厘米、口径9厘米、腹径11.5厘米、底径6.5厘米（图二：16）。

折腹罐 1件（X：23）。黑灰色陶。侈口，折腹。经慢轮修整。腹施横刻划纹及细绳纹。高13厘米、口径9.5厘米、底径7厘米（图二：14）。

陶瓶 2件。黄褐色夹细砂陶。小口，短颈，鼓腹。肩旋细绳纹。X：11，颈部有刻划纹一道。高14厘米、口径5厘米、腹径11厘米、底径6厘米（图二：15）。

陶碗 1件。黄褐色细泥陶。敞口，小平底。高5厘米、口径12.5厘米、底径4.5厘米。

2.骨器

骨针 2件。一根粗短，一根细长。磨制十分精细。X骨：1，长6厘米（图二：6）。

骨锥 1件（X骨：3）。呈四棱形。首部圆锥形。磨制精致。长7.2厘米（图二：7）。

3.石器

石斧 6件。均磨制。四件有肩，肩有穿。X石：5，器形扁平，磨制，刃部有使用痕迹（图二：9）。X石：1，器形较长，磨制精细。长17厘米、宽5厘米、厚2.5厘米（图二：8）。

4.铜器

红铜刀 1件。铸成，刀呈弧形，刃部有使用残迹，把端有1小耳系穿绳用。长22厘米、刃宽3厘米、把长9.5厘米、厚0.7厘米（图二：10）。

红铜斧 1件。铸成，刃部锋利，有缺口，口部1小耳。长13厘米、宽5厘米、厚11厘米（图二：11）。

三、结语

通过对杏林遗址发现的石、骨、陶、铜器特点的研究分析，知该遗址是洮河流域典型的齐家文化遗址，它虽同永靖秦魏家遗址的文化内涵相似，但又有其自身的特点，现有三点认识。

1.杏林齐家文化遗址出土的陶器占比重很大，陶器种类虽不多，但陶质陶色较复杂；折肩折腹器多，且折棱明显；双大耳罐一般器形均低矮，虽多手制，但造型精细，个别器物表面打磨光滑；手制多见单耳罐、侈口罐、大口双耳罐等；纹饰仅施于高领罐和侈口罐的下部，均为粗细均匀的竖形细绳纹或刻划纹，遗址中除少量马家窑类型陶片有彩绘外，齐家文化遗物未见其他纹饰。

高领双耳罐是齐家文化最常见的器型，它从早到晚的变化是由通体硕大渐趋细长，肩腹间的折棱由折角明显渐趋分界不易分清①，该遗址的高领双耳罐和双大耳罐除几件折棱明显外大部分折棱不明显。在陶器的制法上，夹砂陶制作较粗糙，多手制，如单耳罐X：26，通身有指纹。细泥陶一般制作精细，造型美观，口和肩部有明显经慢轮修整的痕迹。这证明杏林齐家文化遗址陶器本身体现了由手制到轮制，由粗到细，由早到晚的发展过程。

2.除陶器外，遗址发现的石器比例较小。石斧均磨制，形体规整，有穿有肩，穿一般在肩部。刃部锋利，这反映了当时人们制作石器的技术较高。采集到的骨器仅三件，但十分精美。如X骨：1磨制精细，长短粗细和现在使用的缝被针一模一样，针眼也只能穿过一根线；可见当时人们在制造骨器，尤其是钻孔技术方面已达到了较高的水平。一件骨锥也是通体磨光，因长期使用至今光泽不减。

3.冶铜业的出现是齐家文化的一项突出成就②，采集的两件红铜工具虽均有人工使用残迹，但刀、斧的刃部仍十分锋利。齐家文化的人们不仅发现、使用了红铜，而且在冶炼上也达到了一定水平，由于刀、斧上有铸范留下的实枝，表明齐家文化的人们已经认识金属的性质，运用铸造和锻造制造各种不同用途的铜制工具了③。

综上所述，杏林遗址的资料对研究齐家文化在甘肃中部的分布、发展和变化有一定的作用，对了解洮河流域齐家文化的内涵也有一定的帮助。

执笔者　杨益民

（本文原载于《考古》1985年第11期，第977–979页）

①谢端琚：《论大何庄与秦魏家齐家文化的分期》，载《考古》1980年第3期。

②谢端琚：《试论齐家文化》，载《考古与文物》1981年第3期。

③谢端琚：《试论齐家文化》，载《考古与文物》1981年第3期。

甘肃武山傅家门史前文化遗址发掘简报

中国社会科学院考古研究所甘青工作队

傅家门史前文化遗址，位于甘肃省武山县西南约25公里的榜沙河岸第一级台地上，隶属马力乡傅家门村。遗址高出河床约10～30米。其范围东起榜沙河滩，西到刘家山脚，北至榆林沟，南达七里沟。东西约500米，南北约900米，总面积40余万平方米，暴露文化层厚约0.5～3米（图一）。

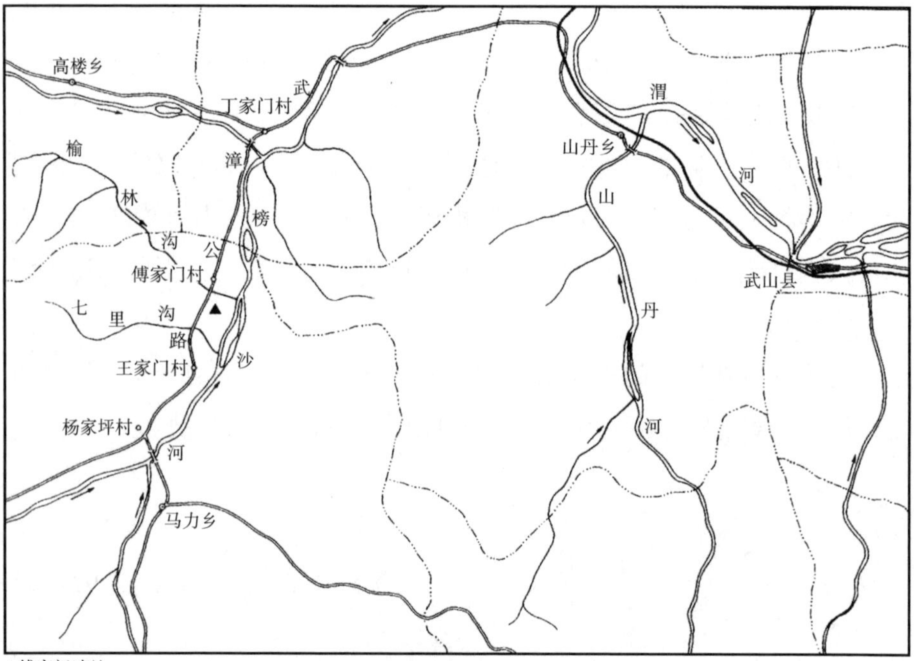

▲傅家门遗址

图一　遗址位置示意图

1958年甘肃省博物馆普查文物时发现了该遗址①，1963年公布为省级文物保

① 甘肃省博物馆：《甘肃渭河支流南河、榜沙河、漳河考古调查》，载《考古》1959年第7期。

护单位。1981年我队又进行了复查，进一步了解到此处是一座以马家窑文化为主要内涵之古遗存①。于是，1991年始正式发掘，至1993年止，前后经历了三个年度五次发掘工作。共开5米×5米探方48个，揭露发掘面积1200平方米，共清理出房址11座，窖穴14个，墓葬2座，祭祀坑1座以及不同文化类型的石、骨、陶等器物近1000件。

前后参加工作的人员有我所刘建国、田春华、袁靖、赵信，武山县文化馆陈建平，马力乡政府巩虎城，青海省文物考古所刘小河、贾鸿键等。发掘工作得到天水市武山县政府、文化局、文化馆、马力乡政府、傅家门村委会的大力支持，在此一并致谢！

一、地层关系

因地貌和文化性质之差异，把该遗址分为北、中、南三区。北区是马家窑文化——石岭下、马家窑类型之堆积；中区是齐家文化之堆积；南区为马家窑类型之堆积。今以T82东壁剖面为例，叙述如下：

第1层：农耕土。厚约0.65米。

第2层：扰乱土。厚约0.6～0.85米。出土近代瓷片，汉代砖瓦等。

第3层：灰黄土。厚0.2～1.2米。出土碗、钵、盆、瓶等。为马家窑类型文化层。

H1打破第3层。为齐家文化窖穴。

H2叠压在第3层之下。为石岭下类型窖穴（图二）。

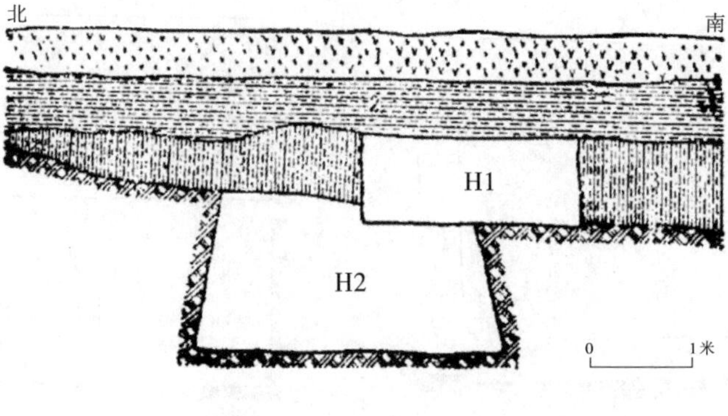

图二　T28东壁剖面图

①中国社会科学院考古研究所甘青工作队：《甘肃天水师赵村史前文化遗址发掘》，载《考古》1990年第7期。

二、文化遗存

(一)马家窑文化

1.石岭下类型

(1)遗迹

遗迹有房址、窖穴、墓葬、祭祀坑等。房址共3座。其中F11为一出土带有刻划符号卜骨之房址。长方形半地穴式。坑口距地表深约2米。长4.13米、宽3.24米、深0.6米。四面以生土为壁，地面垫一层红黄土，经夯实平整而坚硬。墙壁和居住面都经火烤，以起防潮作用。门朝东南方向160°。门内有台阶一层，高0.1米。房址中央为圆形灶址，径约0.8米。灶面用草筋泥抹平，焦黑而坚硬，厚约0.04米，其下为一层红烧土，厚约0.06米，地面上除摆放着石斧、锛、刀、陶环各一件外，在其东南角有卜骨5块（图三）。窖穴11个。有筒形、袋状、锅状种种。其中T82H2是保存最大的一个，为圆形袋状，口径2.2米、底径2.8米、深2米。周壁和底部修饰得平整而光滑。出土了大量的彩陶片以及10余件完整的陶器（图二：H2）。墓葬1座。T74M1为长方形竖穴土坑墓，长2.14米、宽11米、深0.94米。为二次葬，人骨仅存肢骨和牙齿。随葬品有石球、残陶盆和兽骨等。其周围置放着大小不等的鹅卵石5块。方向正西（图四）。祭祀坑1个，T12H1为长方形。长1.9米、宽1米、深0.35米。填土为五花土，埋葬有猪的头盖骨、下颌骨、肢骨、肋骨等。另外还摆放着石球、石环、彩陶盆等。周围亦放鹅卵石数块。方向东西向（图五）。

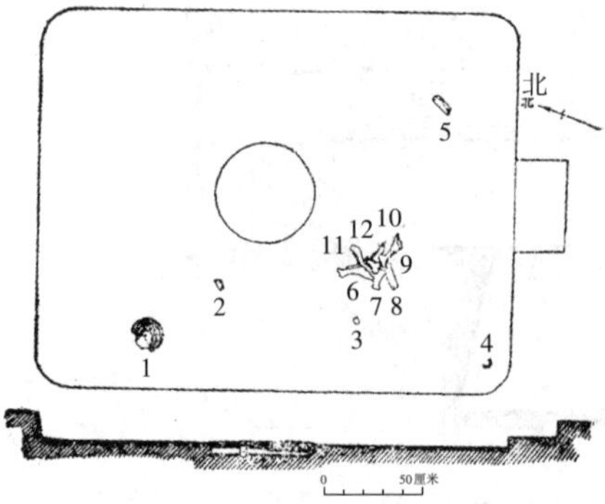

1.彩陶盆　2.石刀　3.石刀　4.陶杯
5.石斧　6~9、12.卜骨　10、11.兽牙

图三　F11平、剖面图

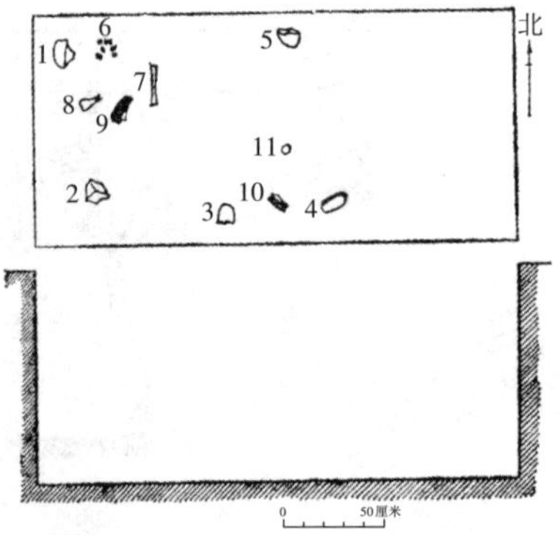

1~5.鹅卵石　6.人牙　7.人骨　8.兽骨
9、10.彩陶盆　11.石球

图四　T47 M1平、剖面图

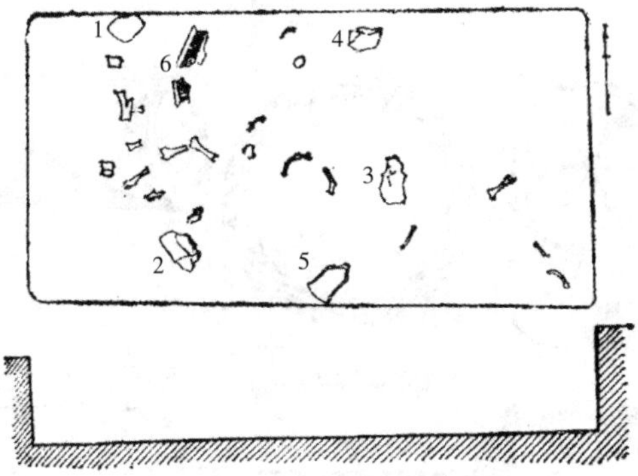

1～4.鹅卵石　5.陶盆　6.彩陶盆　7.石球　余为兽骨

图五　T12 M1平、剖面图

（2）遗物

生产工具和装饰品共出土200余件。前者有石斧、锛、凿、刀、骨锥、镞、陶纺轮等，后者有陶环、笄等。生活用品主要是陶器，出土完整陶器较少，大量是残陶片，约占90%。这些陶器，根据遗址统计：泥质红陶约占44%（其内砖红色占多数，约76%；橙黄色占少数，约24%），泥质灰陶约占19%，夹砂红陶约占20%，夹砂灰陶约占17%。可见泥质红陶在整个陶系中占最多数，其中又以砖红色为主体。制法系泥条盘筑法。纹饰以绳纹居多数，彩陶占相当比例，约占16%。彩绘以变体鸟纹为主要特征。个别的还发现了彩绘和捏塑结合一起的人面图案。现仅将陶器钵、盆、盂、瓶、罐、瓮、缸等器形分述如下：

钵　T37③：31，敛口，浅腹，平底。内彩杏圆形纹。口径16.4厘米、底径7厘米、高6厘米（图六：1）。

盆　分三型：

A型：敛口盆。T1④：27，深腹，阴刻“×”形符号。口径29厘米（图六：14）。

B型：折沿盆。T47M1：8，口沿及器腹内外彩绘多线波浪纹。口径38厘米（图六：2）。T32F11：1。器口和腹壁彩绘曲线纹。口径23.3厘米（图六，5）。T12M1：5，彩绘弧边三角、杏圆形纹。口径20厘米（图六：8）。

C型：双鋬盆。T31H1：7，腹较深，器身附一对横鋬耳。近口部有一周凹弧线纹，周身饰绳纹。口径27.5厘米（图六：15）。T28H2：28，深腹。腹部有一对波浪式横鋬耳。彩绘变体鸟纹。口径35.2厘米、底径14厘米、高17.5厘米（图六：13）。

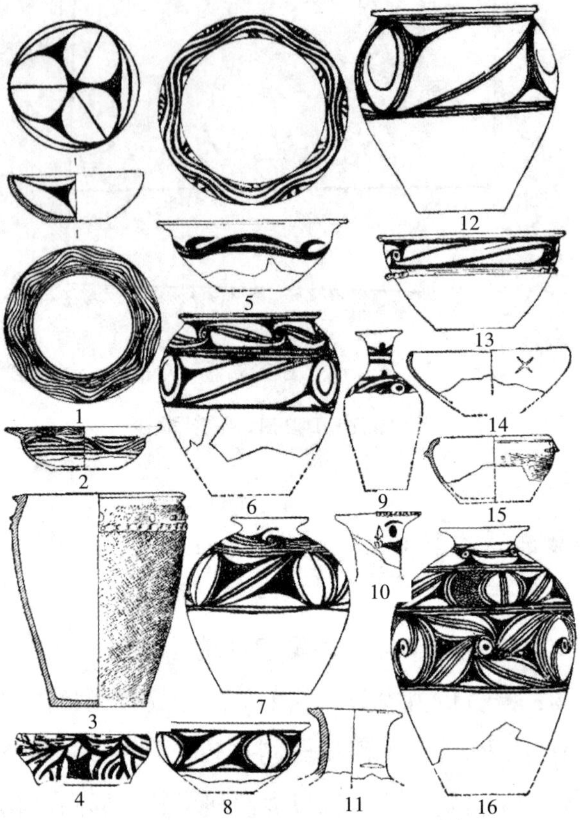

1.钵(T37③:31) 2.B型折沿盆(T47M1:8) 3.粗陶罐(T28H2:31) 4.彩陶盂(T1④:23) 5.B型折沿盆(T32M1:1) 6.A型彩陶瓮(T9H2:24) 7.彩陶罐(T28H2:24) 8.B型折沿盆(T12M1:5) 9.A型瓶(T25H1:27) 10.B型人面瓶(T6④:64) 11.A型瓶(T5④:56) 12.A彩陶瓮(T10③:23) 13.C型双鋬盆(T28H2:28) 14.A型盆(T1④:27) 15.C型双鋬盆(T31H1:7) 16 B型彩陶瓮(T29H2:22)(1、5、8、10、11为1/5,2、3、16为1/10,4为2/5,6、7、9、12～14为2/15)

图六　石岭下类型器物

盂　T1④：23，敛口，浅腹。彩绘曲线繁彩。口径8厘米、高3厘米、底径5厘米（图六：4）。

瓶　分三型：

A型：平底瓶。T25H1：27，侈口，长颈，圆肩。颈部彩绘平行条纹，器身彩绘变体鸟纹。口径8.6厘米（图六：9）。T6④：66，短颈，颈与肩相接处阴刻"—"形符号。口径11.2厘米（图六：11）。

B型：人面瓶。T6④：64，喇叭口，颈较粗长。瓶口半侧唇部压成锯齿状，象征发际。颈部塑绘半个人面，鼻子隆起，鼻孔雕成圆孔状。彩绘柳叶形眉，圆形眸。口径10.2厘米（图六：10）。

彩罐 T28H2：24，小口，短颈，鼓腹。彩绘变体鸟纹、涡形三角纹。口径14厘米、高32厘米、底径15.1厘米（图六：7）。

彩瓮 分二型：

A型：大口。T10③：23，圆腹，平底。彩绘涡形三角纹。口径31.6厘米、高37厘米、底径61厘米（图六：12）。T9H2：24，彩绘变体鸟纹、涡形三角纹。口径26厘米（图六：6）。

B型：小口。T28H2：22，小口，束颈，长腹。彩绘变体鸟纹。口径22厘米（图六：16）。

缸 T28H2：31，大口，尖唇，斜直腹。通身饰绳纹，近口部饰附加堆纹。夹砂粗红陶。口径42.8厘米、高52厘米、底径24厘米（图六：3）。

此外，在房子和窖穴内共发现带有阴刻符号卜骨共6件。这些卜骨经动物考古学家和古文字学家鉴定，为羊、猪和牛的肩胛骨，器身不加修饰，无钻无凿，符号简单，可能用石制尖状器刻划而成。如F11：12为羊的肩胛骨，一面留有灼痕（图七：1）；F11：6为猪的肩胛骨，阴刻“=”形符号（图七：4）；F11：8为牛的肩胛骨，阴刻“S”形符号（图七：3），T25H1：25为羊的肩胛骨，一面留有灼痕，阴刻“¦”形符号（图七：2）。

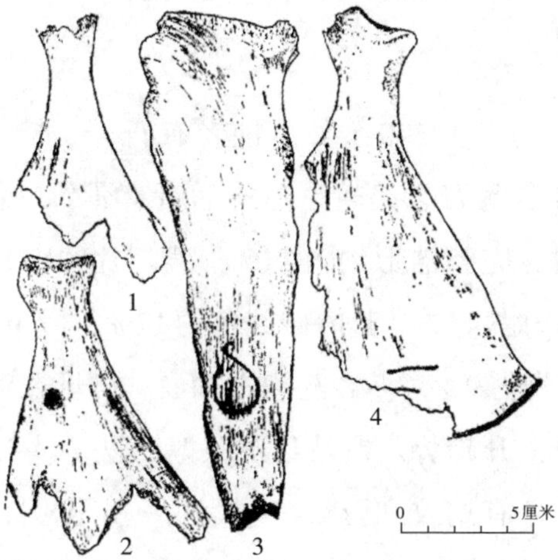

1. 灼痕卜骨92KWF11：12　2. 灼痕符号卜骨92KWF25H1：25　3. 符号卜骨92KWF11：8　4. 符号卜骨92KWF11：6

图七　石岭下卜骨

2.马家窑类型

（1）遗迹

房址1座（T15F4），圆形半地穴式。有住室、门道和灶址。面积为16平方米，门向西。窖穴1个（T43H1）。比较特殊。全坑修饰规整。开口于扰土层下，坑口距地表深0.55米、坑径0.8米、深0.2米。坑底埋葬人的头盖骨和下颌骨。还有红陶碗、彩陶刀、兽骨等遗物（图八）。

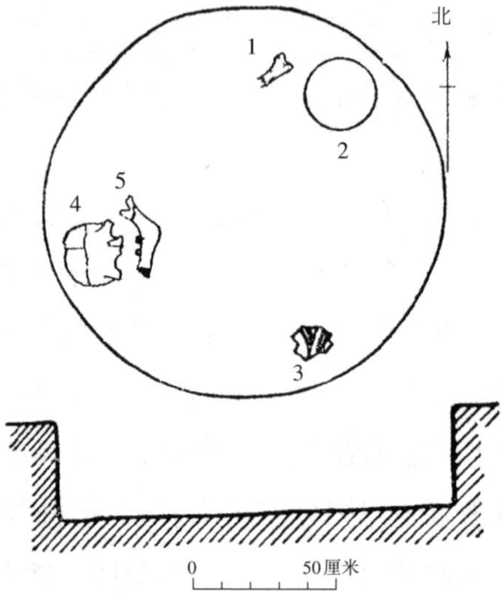

1.兽骨　2.陶碗　3.陶刀　4.人头骨　5.人下颌骨

图八　T43H1 平、剖面图

（2）遗物

生产工具和装饰品共出土290余件。前者有石斧、锛、凿、刀、球、网坠、纺轮、砺石、骨凿、锥、陶刀、纺轮、球，后者有骨笄、陶环、指环、蚌饰等。生活用品大多数为陶器，完整器形约占11%，残陶片约占89%。这些陶器中，根据遗址统计：泥质红陶约占47%（其内砖红色约17%，橙黄色约占83多%），泥质灰陶约占23%，夹砂红陶占9%，夹砂灰陶占21%。可见在泥质红陶中，橙黄色居多数，同时泥质灰陶呈上升趋势。制法以泥条盘筑法为主，某些器物口部经慢轮修整。纹饰除绳纹外，还有划纹和弦纹。彩陶占一定比例，约占13%。彩绘以点线组合成的流畅繁缛的几何纹饰为主要特征。现仅将陶器钵、盆、盘、瓶、甑、锅、瓮等器形分述如下：

钵敛口 分三型：

A型：浅腹。T35③：15，彩绘三角、圆点纹。口径16厘米、底径7.8厘米、高4.5厘米（图九：1）。

B型：深腹。T15F4：1。彩绘垂弧纹。口径16.2厘米、底径6.4厘米、高7.5厘米（图九：11）。T9③：36，器内彩绘“#”字间圆点纹。口径15.5厘米、底径5厘米、高5.4厘米（图九：2）。

C型：凹底。T36③：28，壁较厚。内彩圆点多弧线纹。口径16.5厘米、底径6厘米、高5.6厘米（图九：3）。

盆 分二型：

A型：卷沿T38③：6，深腹。口沿繁彩，器壁彩绘平行条纹。口径34.7厘米（图九：5）。

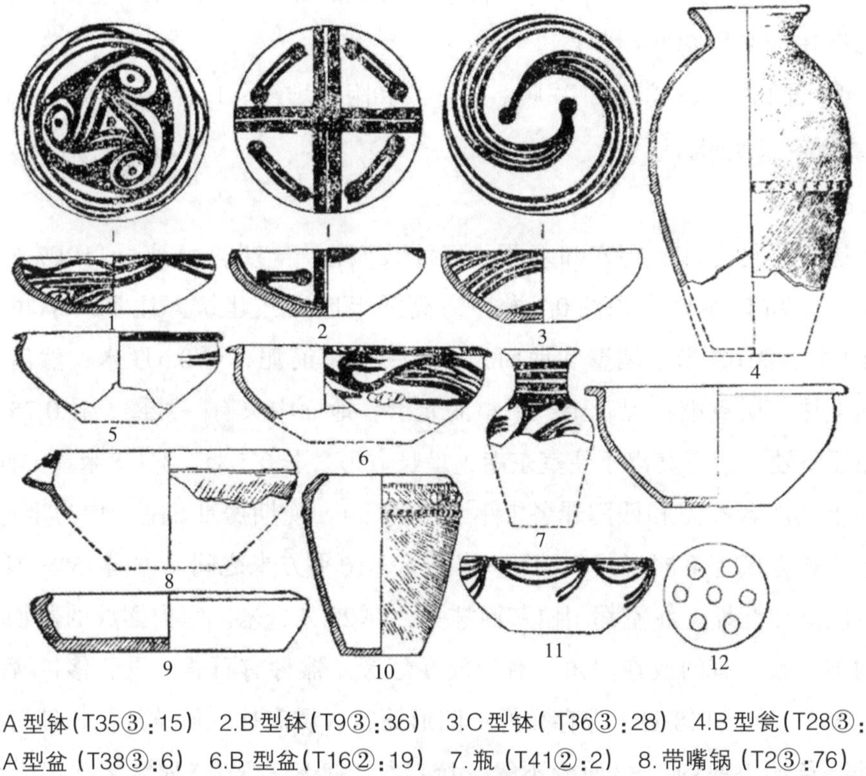

1.A型钵(T35③:15) 2.B型钵(T9③:36) 3.C型钵(T36③:28) 4.B型瓮(T28③:1) 5.A型盆(T38③:6) 6.B型盆(T16②:19) 7.瓶(T41②:2) 8.带嘴锅(T2③:76) 9.盘(T2③:31) 10.A型瓮(T4③:64) 11.B型钵(T15F4:1) 12.甑(T1③:20)(1、2、3、7、11为1/5，6、8、9、10、12为2/15，4、5为1/10)

图九 马家窑类型器物

B型：双鋬T16②：19，深腹，器腹附横鋬耳一对。口沿繁彩，器壁彩绘曲线纹。口径33厘米（图九：6）。

盘 T2③：31，弇口，浅腹，大平底。口径30.5厘米、高6.8厘米、底径28厘米（图九：9）。

瓶 T41②：2，侈口，长颈，溜肩。颈部彩绘平行线纹，器身曲线纹。口径6.3厘米（图九：7）。

甑 T1③：20，盆形。底部镂孔7个。口径32.8厘米、高14.1厘米、底径13厘米、孔径3厘米（图九：12）。

带嘴锅 T2③：76，敛口盆状，管状流。绳纹和凹弦纹。口径29.5厘米（图九：8）。

瓮 皆夹砂陶质。分二型：

A型：敛口。T4③：64，周身饰绳纹和附加堆纹。口径12.5厘米、高21.8厘米、底径10厘米（图九：10）。

B型：小口。T28③：1，深腹。饰绳纹和附加堆纹。口径20厘米（图九：4）。

(二)齐家文化

1.遗迹

遗迹主要是房址、窖穴和墓葬。房址共7座。早期的11座。T19F7，开口于耕土层下，坑口距地表深约0.3米。为椭圆半地穴式建筑。住室口小底大。径3.2～4.1米、深0.7米。墙壁和地面先涂敷一层草筋泥，厚0.6厘米，然后再在草筋泥面上抹一层黄细沙混合土，平整而光滑。地面中央有一灶圈，径0.75米。灶面焦黑而坚硬。门道突出于住室东南，呈长方形。长0.5米、宽0.8米。方向225°。居住面上摆放着石刀和残陶斝各1件（图一〇）。晚期房址6座。均为半地穴式。有方形、长方形等不同形式。面积一般在8～16平方米之间。方向75°～215°。有住室、门道和灶址。住室都用白灰面抹平，厚2～4毫米。室内摆放的器物种类和位置均不一致。有的放在房角，有的放在灶旁。器种有石斧、壁、侈口罐、双耳罐等。窖穴1个。T28H1，保存完好。圆形筒状，坑底抹一层草筋泥，续坑壁与底相接处，草泥土厚约2～3厘米不等。坑口径1厘米、深0.5厘米。除出土大量绳纹、篮纹陶片之外，还有双大耳罐等完整陶器。墓葬1座，T19M1，为长方形竖穴土坑墓。墓长2.2米、深0.25米。骨架1具，仰身直肢葬。随葬品有石刀、锄和陶器盖等。方向50°（图一一）。

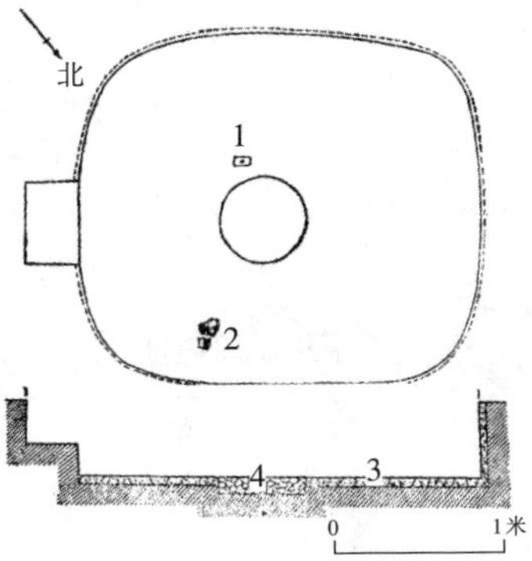

1.石刀　2.陶泽片　3.白灰面　4.红烧土

图一〇　T19F7平、剖面图

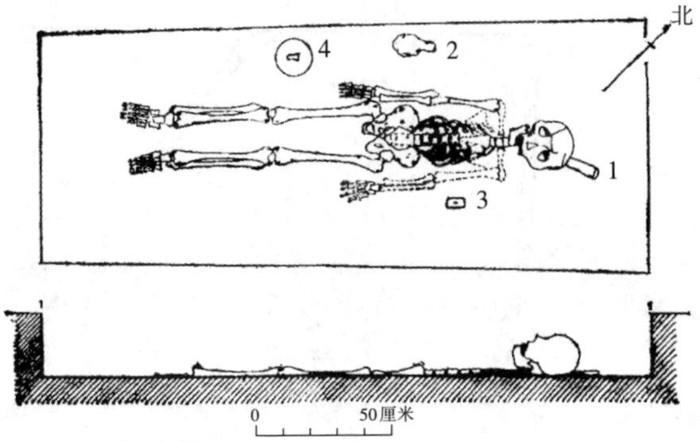

1.石窟凿　2.石锄　3.石刀　4.陶器盖

图一一　T19M1剖面图

2.遗物

生产工具和装饰品有石斧、矛、锄、璧等。生活用品主要是陶器。制法主要采用泥条盘筑法。纹饰有篮纹、绳纹。器形有碗、盆、罐、器盖等。现仅将陶器盆、罐等器形分述如下：

折沿盆　T17F5：1，大口，折沿，斜直壁，平底。口径40.5厘米、高13.6厘米、底径15.5厘米（图一二：2）。

双耳罐　T18F6：3，侈口，圆腹，平底。颈部置一对环形耳。口径6.2厘米、高8厘米、底径3.5厘米（图一二：6）。

双大耳罐　T28H1：14，侈口，高颈，扁圆腹，平底。颈部置一对大耳，饰篮纹和绳纹。口径9.9厘米、高9.4厘米、底径4.8厘米（图一二：5）。

侈口罐　T28H1：9，侈口、圆腹，平底。饰绳纹。口径13.2厘米、高19.4厘米、底径7.8厘米（图一二：4）。

筒形罐　T20F8：3，直口，深腹，平底。蜂窝状绳纹。口径27厘米、高41厘米、底径18厘米（图一二：1）。

器盖　T19M1：4，圆形，周边隆起，盖中部有一对环状桥形耳。径11.6厘米（图一二：3）。

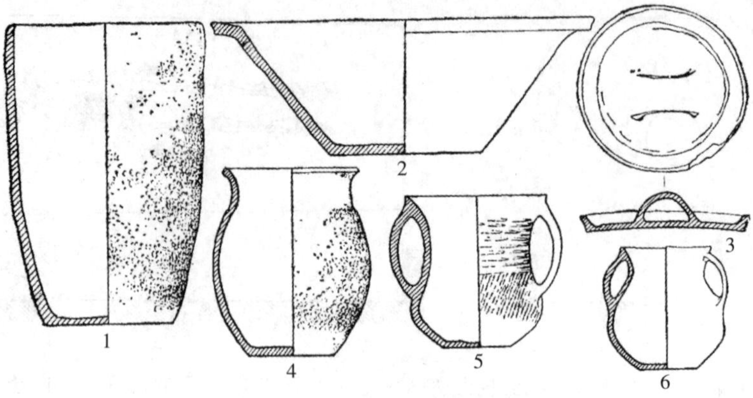

1. 筒腹罐(T20F8:3)　2. 折沿 盆(T17F5 :1)　3. 器盖(T19M1:4)　4. 侈口罐(T28H1:9)　5、6. 双耳罐 (T28H1:14、T18F6:3)(1 为 1/8,3、5、6 为 1/ 4 , 2 、4 为 1 / 6)

图一二　齐家类型陶器

三、结语

我队于二十世纪八十年代在完成了天水西山坪和师赵村史前文化遗址发掘之后，又于九十年代初转到了武山傅家门遗址进行发掘，发掘结果，在地层上不仅解决了马家窑文化——石岭下、马家窑类型以及与齐家文化之间的先后关系，而且也为探讨诸文化之内涵及其相互关系找到了重要依据，尤其富于明显特征的器物群出土，对不同文化类型有了较清晰的认识。

傅家门石岭下类型遗存中出土了一批以鸟纹为主的彩陶器，这些彩陶器与武山石岭下出土的彩陶器是一致的。其器形如T47M1：8、T32F11：1之彩陶盆，无论纹饰与器形都与甘谷灰地儿出土的同类型风格雷同，因此可以确定这里属于石岭下类型遗存。

长方形祭祀坑，带有刻划符号的卜骨以及带有阴刻符号的陶器的出土，引起了考古界极大的注意。长方形祭祀坑，据目前所知，距今约7000年之河北磁山新石器早期遗址出土1座。这里发现的长方形祭祀坑，不仅是石岭下类型第一次发现，同时又为史前考古增添了新的资料。关于史前文化卜骨，经统计：公元前2100—前1900年的齐家文化出土73件；公元前2890—前2000年的龙山文化出土113件；公元前3510年的富河文化出土1件；公元前3800年的石岭下类型出土卜骨6件。合计193件。从时间上看傅家门遗址出土的卜骨，其年代都比上述诸文化早。表明距今约5600年的马家窑文化就出现了占卜习俗[1]。尤其出土的卜骨，带有刻划符号，这是绝无仅有的新发现，其资料弥足珍贵。带有阴刻符号的陶器，曾在陕西西安半坡仰韶文化，湖北宜昌中堡岛大溪文化、屈家岭文化中都有发现。这里出土的阴刻符号陶器不仅填补了马家窑文化的空白，而且又为探讨文字起源问题提供了新资料。

这里马家窑类型出土的一批陶器，无论质地、纹饰、器形均与东乡林家和师赵村五期文化相当，故应属于同一类型文化遗存。至于齐家文化遗存则与师赵村七期文化近似。

总之，傅家门是一处以马家窑文化石岭下类型为主要内涵的遗址，一批新颖资料的出土，对进一步探讨石岭下类型有关问题具有重要的学术价值。

执笔者　赵　信

（本文原载于《考古》1995年第4期，第289-296、304页）

① 谢瑞琚：《中国原始卜骨》，载《文物天地》1993年第6期。

武山傅家门遗址的发掘与研究

中国社会科学院考古研究所甘青工作队

一、前言

武山县位于甘肃省的东部，它东连甘谷县，西接漳县，北与陇西县、通渭县接壤，南与礼县、岷县为邻。地理位置在东经104°48′，北纬34°42′。武山县之名，系源于该县有著名的武城山而得名。

武山县的地形大部分属于陇中黄土高原沟壑区。中部有渭河及其较大支流漳河、榜沙河、山丹河和南河流经境内，水系密布，水力资源丰富。这里正处在东亚季风范围内，受温湿的夏季风影响，气候较温和湿润，雨量充足，有灌溉之利，且土地肥沃，利于多种农作物和多种天然林的生长。这种优越的自然条件，成为我国先民在这块土地上生产劳动、繁衍生息的好场所，并且他们创造了物质财富与光辉灿烂的精神文化。

武山县在《尚书·夏书·禹贡》中属于雍州地，殷周时为西戎所居。东汉置新兴县，北周废。隋唐为陇西地，宋设宁远寨，元明仍之，清属巩昌府。1914年改为武山县，一直沿用至今。

武山县的考古工作起步较早，据《甘肃史前考古报告》①记载，早在1947年，考古界老前辈裴文中先生曾沿着渭河上游做史前人类遗址调查时，在武山县境内首次发现了石岭下、涧滩、孟家庄、赵家坪等5处史前文化遗址，采集有彩陶和石刀、石斧等器物。其中的石岭下遗址即现在石岭下类型的命名地。裴文中先生是武山县考古工作的奠基者，拉开了武山县考古调查与研究工作的序幕。

1957年，甘肃省文物管理委员会在渭河上游的渭源、武山、陇西三县进行考

① 裴文中：《甘肃史前考古报告》，载《裴文中史前考古论文集》，文物出版社，1987年。

古调查，在武山境内发现了东顺乡雷家沟口、桦林乡樊家坪、山丹镇庙背后、王家坪、四门镇对坡村、百家镇大坪头和蓼川乡胜利坪等共19处古遗址，文化内涵包括马家窑文化（当时亦称甘肃仰韶文化）与齐家文化等不同时期的文化遗存①。

1958年，甘肃省博物馆在渭河支流南河、榜沙河、漳河进行考古调查，在武山县境内发现马力乡（旧属木梯乡）傅家门和郭槐乡观儿下等23处古遗址，包括马家窑文化8处、齐家文化13处、寺洼文化1处、周代遗址1处②。

1984年，在武山县鸳鸯镇西南大林山发现有保存较完整的早期人类化石，其年代约距今3万多年。这是极为重要的发现，说明早在旧石器时代，这里就有古人类活动③。

经多次考古调查，得知武山县境内见于报道的古文化遗址共有48处，既有旧石器时代的人类化石，也有新石器时代的马家窑文化、铜石并用时代的齐家文化、青铜时代的寺洼文化以及周代的文化遗存，文化内涵极为丰厚。

武山县除有丰富的地下文化遗存外，在历史上还建有许多著名的佛教寺庙和石窟寺。据记载，在武山县榆盘乡钟楼湾村鲁班峡丛山中，古代曾有千佛洞、拉梢寺、显圣池、峰团寺、砖瓦寺、金瓦寺、观台寺等七寺与莲花台、清净台、说法台、钟楼台、鸣鼓台等五台。这些古建筑早已毁坏无存，仅有水帘洞石窟群保存较完整。此石窟群包括水帘洞、拉梢寺、千佛洞和显圣池四处。洞窟分布于响河沟两岸，利用天然岩洞或崖壁开龛造像或绘制壁画。洞窟甚具规模，如水帘洞石窟洞高30米，宽50米，深20余米。该洞窟群始建于十六国后秦白雀年间（公元384—385年），现存最早的造像和壁画为北周时期而作，后经唐、五代、宋、金、元和清代陆续重修重绘，但大部分保留了北周的风貌，是北周佛教艺术的集中体现④。水帘洞石窟群于1963年由甘肃省人民政府公布为省级文物保护单位，2002年被国务院公布为全国重点文物保护单位。

傅家门遗址位于武山县西南约25公里的榜沙河旁台地上，现隶属马力乡傅家门村。它是1958年甘肃省博物馆在渭河支流榜沙河进行考古普查时发现的（当时

① 甘肃省文物管理委员会：《甘肃黄河上游渭源、陇西、武山三县考古调查》，载《考古通讯》1958年第7期。

② 甘肃省博物馆：《甘肃渭河支流南河、榜沙河、漳河考古调查》，载《考古》1959年第7期。

③ 程：《六盘山以西发现早期人类化石》，载《光明日报》1986年10月31日。

④ 董玉祥、臧志军：《甘肃武山水帘洞石窟群》，载《文物》1985年第5期。

编号为58U.W.28)，1963年甘肃省人民政府公布为省级文物保护单位。1981年中国社会科学院考古研究所甘青工作队对该遗址进行复查，对遗址的地貌、范围、文化层堆积及其文化内涵等情况进行了解。该遗址地势西高东低，呈阶梯形坡地，高出现河床约10～30米，其范围东起榜沙河畔，西至刘家山麓，北至榆林沟，南达七里沟。东西宽约500米，南北长约900米，总面积约4.5万平方米（图一）。

图一　傅家门遗址位置图

1991年，甘青工作队对该遗址进行正式发掘，至1993年结束，前后经过三个年度五次的发掘工作：

第一次发掘，从1991年6月初开始，至同年7月底结束。为了解文化层堆积情况，首先在遗址北部即第Ⅰ区进行发掘，开探方6个（编号为K.W.F.T101～T106)。经发掘发现马家窑文化石岭下类型在下、马家窑类型在上的地层叠压关系。同时，两层均分别出土了一批陶、石、骨器等文化遗物。

第二次发掘，从1991年10月初开始，至同年11月底结束。继续在第Ⅰ区开探方2个（K.W.F.T115～T116)，发现马家窑文化石岭下类型遗存房址1座，齐家文化房址1座，在Ⅱ区开探方6个（K.W.F.T207～T210、T213～T214)，发现马家窑文化石岭下类型窖穴3个；在Ⅲ区开探方6个（K.W.F.T317～T322），发现齐家文化房址6座、墓葬1座。出土了一批陶、石、骨器等遗物。

第三次发掘，从1992年5月初开始，至同年6月底结束。继续在Ⅰ区进行发掘，扩大发掘规模，开探方16个（K.W.F.T123～T138），发现马家窑文化石岭下类型房址1座、窖穴8个，齐家文化窖穴1个。出土大量的陶、石、骨、蚌器等遗物。

第四次发掘，从1992年10月初开始，至同年11月中旬结束。继续在Ⅰ区开探方2个（K.W.F.T139～T140），又发现一批马家窑类型的陶、石、骨、蚌器等遗物。同时，对此前出土的陶器等遗物开始进行初步整理工作。

第五次发掘，从1993年5月初开始，至同年6月底结束。在Ⅱ区开探方10个（K.W.F.T211～T212、T241～T248）。发现马家窑文化石岭下类型房址1座、窖穴1个、祭祀坑1座、墓葬1座，马家窑类型房址1座、窖穴1个。同时，出土了较多的陶、石、骨器等遗物。

本文报道的是傅家门遗址发掘的全部资料与研究成果，包括遗址的文化层堆积情况，出土的遗迹与遗物。遗迹有房址、窖穴、墓葬、祭祀坑等。遗物有陶、石、骨器等，可分为生产工具、生活用具、装饰品及其他遗物三大类，计完整和已复原的器物共约800件。文化内涵包括马家窑文化石岭下类型、马家窑类型、齐家文化、辛店文化和寺洼文化等不同时期的遗存。

傅家门遗址的发掘工作是由中国社会科学院考古研究所甘青工作队承担的，队长谢端琚，工地主持赵信。发掘人员有中国社会科学院考古研究所甘青工作队赵信、袁靖、田春华、刘建国，青海省文物考古研究所马兰、任晓燕、刘小河、贾鸿键，武山县文化馆陈建平、马力乡巩虎城等。参加发掘资料整理的有赵信、卢引科、曹桂梅、师孝明、葛宝宏等。器物照片由刘小河、贾鸿键拍摄，部分彩照由薛玉尧拍摄。绘图由卢引科、曹桂梅、师孝明制作。拓片由王兆莹完成。陶器修复由田春华、周小芹、王美兰、曹桂梅担任。遗址测绘由刘建国负责。动物种属由袁靖鉴定。

在发掘期间和发掘暂告一段落后，我们对发掘情况和初步研究成果及时予以报道，发表了多篇简报论文：《武山傅家门发掘获新成果》[①]《甘肃武山傅家门史

① 赵信：《武山傅家门发掘获新成果》，载《中国文物报》1993年3月28日。

前文化遗址发掘简报》[①]《武山傅家门新石器时代遗址》[②]《中国原始卜骨》[③]《关于动物考古学研究的几个问题》[④]《石岭下类型文化与傅家门遗址发掘成果》[⑤]《论中国史前卜骨》[⑥]。

本队或个人曾用傅家门遗址发掘资料撰写消息报道、发掘简报或论文的，凡资料与本报告不符或相悖的，一律以本文公布的资料为准。

我们在傅家门遗址发掘期间，曾得到甘肃省文化局、博物馆、文物考古研究所，天水市文化局、博物馆，武山县人民政府、文化局、文化馆，马力乡人民政府，傅家门村委员会等单位的大力支持与帮助，使发掘工作得以顺利进行，在此，我们表示衷心的感谢!

二、发掘区域文化堆积

我们根据遗址地貌和文化性质之差异。把遗址划分为三个发掘区。北区地势较高，编为Ⅰ区；南区地势低下，编为Ⅱ区；中区偏东，濒临榜沙河滩，编为Ⅲ区。三个区域共开探方48个。探方均为5×5平方米，方向正南北，揭露总面积1200平方米（图二）。

各区文化内涵有所偏重。Ⅰ区含有石岭下类型和马家窑类型以及齐家文化遗存，以石岭下类型为主；Ⅱ区含有石岭下类型和马家窑类型遗存，以马家窑类型为主；Ⅲ区只含齐家文化遗存。现按Ⅰ区、Ⅱ区、Ⅲ区分述如下：

Ⅰ区（图三），共开探方26个。编号T101～T106、T115～T116、T123～T140。发掘面积650平方米。发现房址3座，其中石岭下类型1座（T132F11）、马家窑类型1座（T115F4）、齐家文化1座（T116F3）。窖穴9个，其中石岭下类型8个（T128H2、T131H3、T135H5、T125H6、T136H7、T137H8、T138H9、T137H10）、齐家文化1个（T128H1），另外T131H4为空坑，不计入总数。

① 中国社会科学院考古研究所甘青工作队：《甘肃武山傅家门史前文化遗址发掘简报》，载《考古》1995年第4期。

② 赵信：《武山傅家门新石器时代遗址》，载《中国考古学年鉴・1993》，文物出版社，1995年。

③ 谢端琚：《中国原始卜骨》，载《文物天地》1993年第6期。

④ 袁靖：《关于动物考古学研究的几个问题》，载《考古》1994年第10期。

⑤ 赵信、陈建平：《石岭下类型文化与傅家门遗址发掘成果》，载《陇右文博》1996年第1期。

⑥ 谢端琚：《论中国史前卜骨》，载《史前研究——西安半坡博物馆成立四十周年纪念文集（1958—1998）》，三秦出版社，1998年。

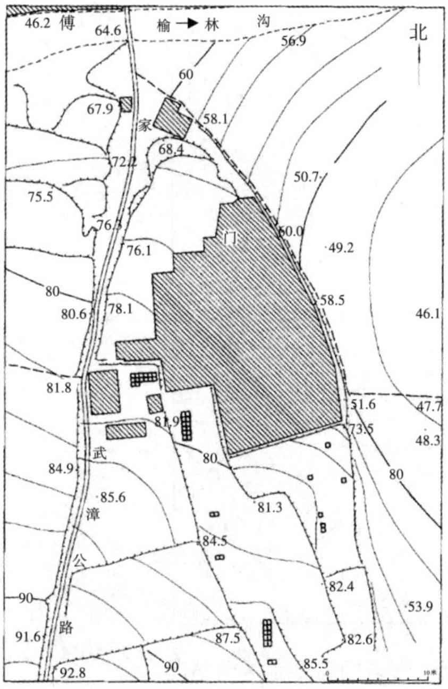

图二　傅家门遗址地形图

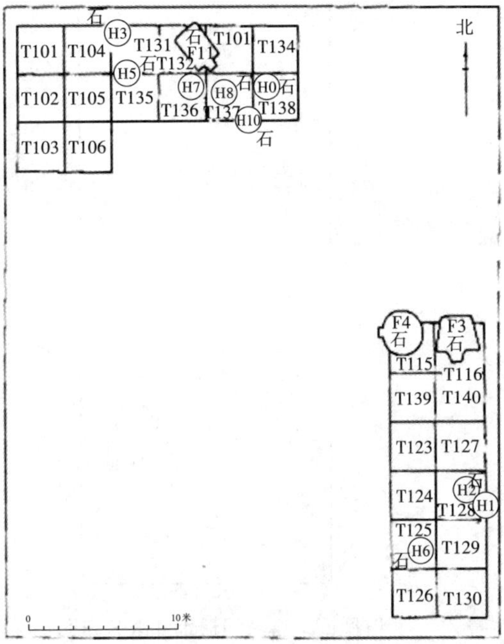

图三　傅家门遗址Ⅰ区分布图

地层堆积情况：T101～T106包含石岭下类型和马家窑类遗存；T115～T116、T123～T140，其中除T116含马家窑类型和齐家文化遗存以及T128含有石岭下类型和马家窑类型以及齐家文化遗存外，其余探方只含马家窑类型遗存。

Ⅱ区（图四），共开探方16个。编号T207～T214、T241～T248。发掘面积400平方米。发现石岭下类型房址1座（T212F2），窖穴4个（T209H1、T209H2、T209H3、T243H4），墓葬1座（T247M1），祭祀坑1座（T212H5）。马家窑类型房址1座（T211F1），窖穴1个（T243H1）。

地层堆积情况：除T209～T210、T212、T243、T247探方包含石岭下类型和马家窑类型遗存之外，其余探方只含马家窑类型遗存。

Ⅲ区（图五），共开探方6个。编号T317～T322。发掘面积150平方米。发现齐家文化房址6座（T317F5、T318F6、T319F7、T320F8、T321F9、T322F10）和墓葬1座（T319M2）。该区均为齐家文化层堆积。

遗址文化层堆积比较厚，一般为2～3米，最厚者可达5米以上。各层出土物多种多样。其种类与数量亦不同。今以T128东壁剖面为例做一介绍（图六）。

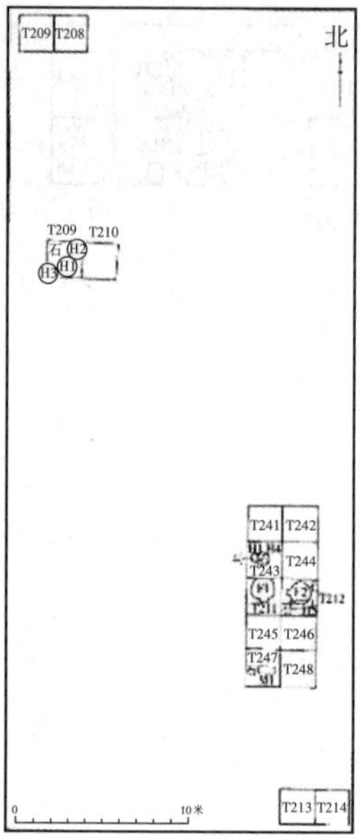

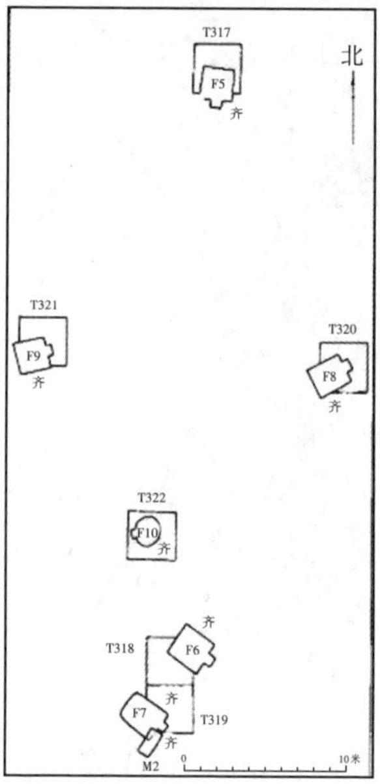

图四　傅家门遗址Ⅱ区分布图　　图五　傅家门遗址Ⅲ区分布图

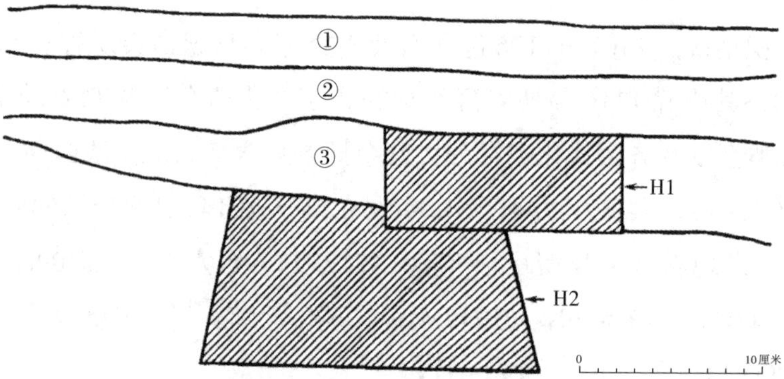

图六　傅家门遗址探方(T128)东壁剖面图

第1层：耕土层。厚约0.65米。

第2层；扰乱土。厚约0.6～0.85米。出土近代瓷片，汉代砖瓦等。

第3层：灰黄土。质略硬。厚0.2～1.2米。出土有大量陶片。可辨出器形有钵、盆、碗、瓶等。为马家窑类型文化层。

ⅠH1打破第3层。为齐家文化窖穴。

ⅠH2被压在第3层H1之下，打破生土层。为石岭下类型窖穴。

三、齐家文化

(一)遗迹

1.房址

共7座。为T322F10、T116F3、T317F5、T318F6、T319F7、T320F8、T321F9。分述如下:

房址有椭圆形、圆形、长方形、梯形几种。均发现在Ⅲ区表土层下。坑口距地表深0.2～0.3米。均为凹入地下半地穴式建筑。有住室、门道和灶址。住室面积一般在8～16平方米之间。除F5、F9墙壁垂直外，其余墙壁都向内呈斜面，与地面一般呈85度夹角之间，并且墙壁和地面都先用草筋泥涂敷。其厚度在0.05～0.08米之间。然后再在草筋泥面上抹一层白灰面，厚度不一，一般在0.002米与0.008米之间。白灰面外表坚硬平整，光滑发亮。凸出于住室的门道，方位不一致，约在75度～225度之间。门道平面除F5、F8、F9为长方形外，其余皆虽梯形。并设一级台阶。这些门道不加装饰，只保留原来生土面，但似经拍打过，因此，也很平整。灶址均设在住室中央，它的构造是：先在住室内中央挖入地下一圆筒形浅竖穴，深度在0.8～0.16米之间。然后再在竖穴内填满草泥土，当与居住面齐平时，再加工抹平，周围并勾勒出正圆圈痕。这些灶圈由于长久烤火使用，表面不但焦黑而坚硬，而且坑内的草泥土全部烧红。灶圈除F3为同心双圆外，其余皆为单圈，径在0.82～1米之间。室内摆放的器物种类和位置均不一致。有的放在房角，有的放在灶旁，器类多为石、陶器等器物。现分别叙述如下：

椭圆形房址1座。T319F7（图七），开口于表土层下，坑口距地表深0.3米。为椭圆半地穴式建筑。住室口小底大。径3.2～3.7米。壁高0.7米。墙壁和地面先涂敷一层草筋泥。厚0.06米。然后再在草筋泥面上抹一层黄细沙混合土，平整而光滑。地面中央有一灶圈，径0.75米。灶面焦黑而坚硬。门道突出于住室东南，呈长方形。长0.5米，宽0.8米。方向230度。居住面上摆放石刀和陶斝、残陶片各1件。

圆形房址1座。T322F10（图八），开口于表土层下，距地表深约0.2米。可分住室和门道两部分。前者为半地穴式圆形建筑。口小底大。口径3.1米，底径3.15米。方向260度。底与墙壁夹角85度。住室周壁和地面均抹一层草筋泥，厚约0.05米。其上涂敷一层白灰面，厚0.003米，四壁及居住面皆平整光滑、居住面中心有一圆形灶围，直径0.82米，灶面被破坏，灶面下有一层被烧透厚约0.12米的红烧土，门道突出于住室西南。残长0.74米，宽0.7米，壁高0.8米。居住面上摆放着石斧和残石壁1件。

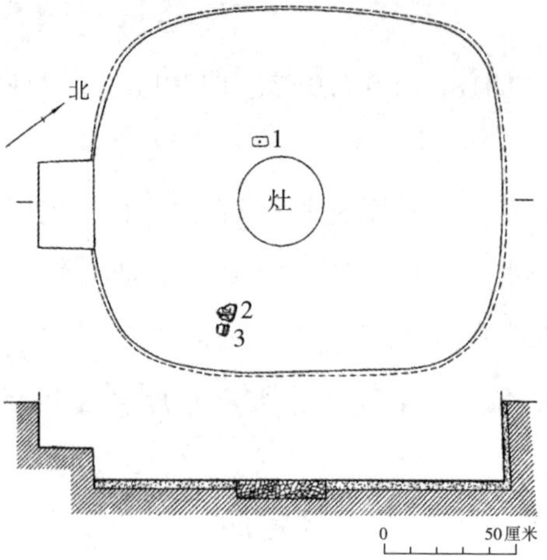

1.F Ⅰ 式石刀(T319F7：1)　2、3.陶晕残片(T319F7：2)

图七　齐家文化房址(T319F7)平、剖面图

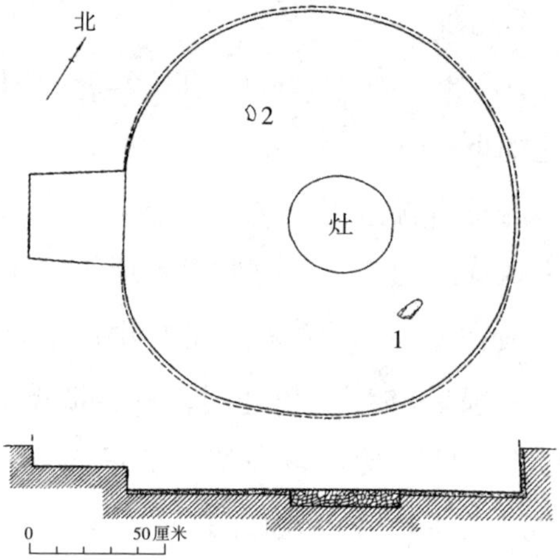

1.A 式石斧(T322F10：1)　2、3.A 型石璧(T322F10：2)

图八　齐家文化房址(T322F10)平、剖面图

长方形房址2座。T317F5（图九）。开口于耕土层下，距地表深约0.2米，可分住室和门道两部分。前者为一半地穴式建筑，平面为长方形。口底相若，坑壁垂直。东西长3.4米，南北宽2.95米，壁高0.15米。方向185度。房址墙壁用草泥涂敷。厚约1厘米。居住面亦用单泥土涂敷，无论墙壁和居住面，其上都涂抹一层白灰面。厚约0.003米。墙壁白灰面大部分脱落，居住面白灰面保存尚好。居住面中间有一圆形灶圈，径0.9米，灶底呈红黑色。质地坚硬。在灶底下有一层约0.14米的红烧土。门道凸出于住室南部。长0.84米，宽0.45米，深0.15米。未涂敷白灰面。居住面上发现残陶盆、研磨器、残石斧各1件。

T321F9（图一〇），开口于表土层下，距地表深约0.2米。该房址分住室和门道两部分。前者为半地穴式建筑，呈长方形，口底相若。长3.2米，宽3.1米，壁高0.3米。方向80度。房址墙壁和居住面均用草筋涂敷，然后在其上再抹一层厚约0.001米的白灰面。由于年长日久墙壁白灰面全部脱落。居住面大部分破坏。其中间有一圆形灶圈，直径1米。灶底残缺严重，仅有部分为焦黑色，质地坚硬。在灶底下有一层厚约0.08米的红烧土。门道突出于居室东北，长0.5米，宽0.6米。呈长方形，未见白灰面涂抹，地面上仅发现残陶碗1件。

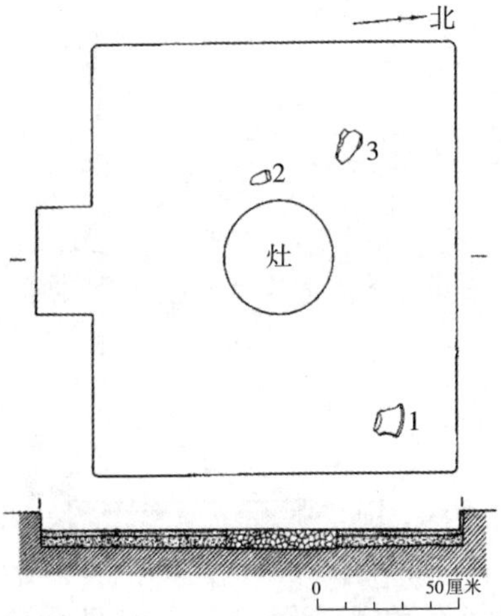

1. 陶盆(T317F5:1)　2. A型石斧(T317F5:2)
3. 研磨器(317F5:3)

图九　齐家文化房址(T317F5)平、剖面图

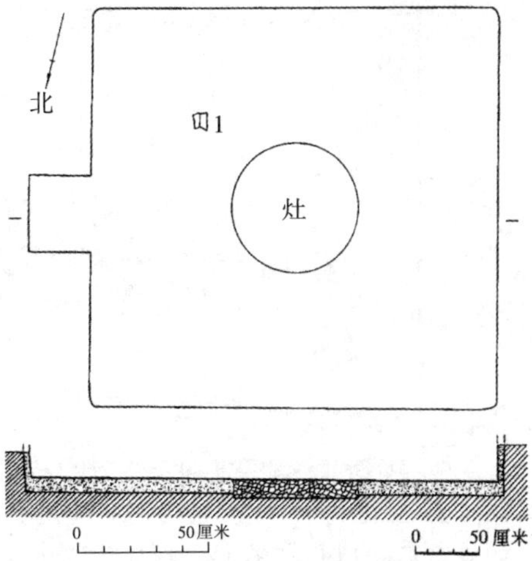

1. 陶碗(T321F9:1)

图一〇　齐家文化房址(T321F9)平、剖面图

梯形房址3座。T116F3（图一一），开口于耕土层下。坑口距地表深0.2米。该房址分住室和门道两部分，住室为凹入地下的半地穴式结构，北宽南窄。长4.1米，宽3.42米。坑壁向内斜。底部与壁之夹角为82度。底部略大于口部。底部南北长4.3米，宽4.10米。壁高0.32米。方向180度。坑壁与坑底均涂抹一层厚约0.003米厚的白灰面，无论坑壁和坑底均光滑平整，白灰面大部分脱落。坑底中有一圆形灶圈。灶圈边缘呈双线环形。灶面由于长久火焚，呈焦黑色，灶面下有一层厚约0.01米的红烧土。灶圈直径内圈0.95米，外径1.05米。门道突出于居室南部，长0.5米，宽0.76米，深0.18米，门道壁与底均用草泥土涂敷，未见白灰面痕迹。在居住面西北角发现石斧、石犁、陶纺轮，侈口罐各1件。

T318F6（图一二），开口于耕土层下，坑口距地表深0.2米。该房子分住室和门道两部分。为半地穴式建筑，北宽南窄，口小底大，房址口部长4.3米，宽3.2～3.52米。底部长4.4米，宽3.28～3.64米，壁高0.6米。方向140度。墙壁用草泥土涂敷。厚0.08米。其上涂抹一层白灰面，厚约0.004米，墙壁白灰面部分脱落，但大部分保存完好，居住而亦如此，居住面墙壁之夹角为85度。其中央有一灶圈，直径0.9米。灶底呈焦黑色，质地坚硬。在灶底有一层厚约0.012米厚的红烧土。门道突出于住室东南面。长0.6米，宽0.7米，深0.6米。呈台阶状，未见白灰面涂抹。居住面上发现扁圆形石器、砍砸石器、陶双耳罐、陶钵各1件。

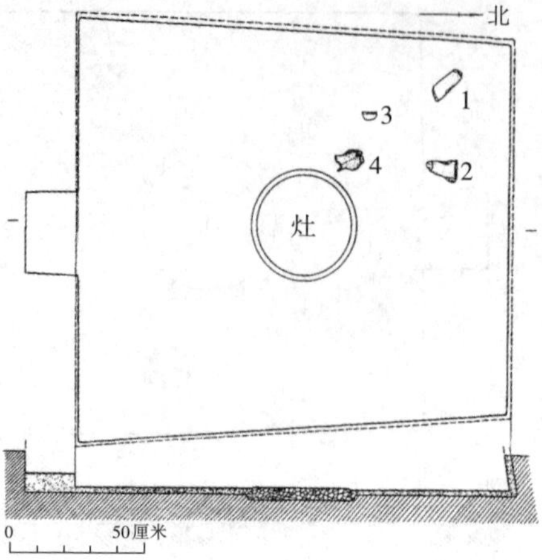

1.A型石斧(T116F3:1) 2.石犁(T116F3:2) 3.A型陶纺轮(T116F3:3) 4.B型侈口罐(T116F3:4)

图一一 齐家文化房址(T116F3)平、剖面图

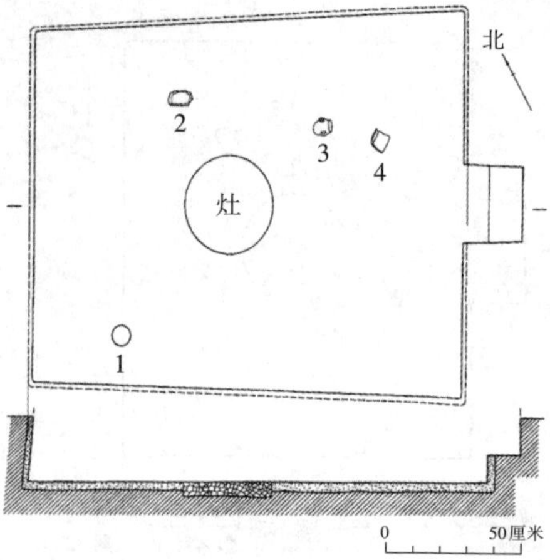

1.扁圆形石器(T318F6:1) 2.砍砸石器(T318F6:2) 3.A型陶双耳罐(T318F6:3) 4.陶钵(T318F6:4)

图一二 齐家文化房址(T318F6)平、剖面图

T320F8(图一三),开口于耕土层下,距地表深0.2米。该房址分住室和门道两部分,为半地穴式建筑,一边宽,一边窄,住室口长3.83米,宽2.82~3.22米,壁高0.2米。底部长4米,宽2.9~3.3米。方向60度。房址墙壁和居住面用草泥土涂敷,厚0.08米。其上涂抹一层厚约0.005米的白灰面。由于年长日久,白灰面大部分脱落,居住面与墙壁之间夹角为85度。居住面中间有一圆形灶圈,直径0.96米。灶底呈焦黑色,质地坚硬,在灶底下有一层厚约0.16米的红烧土,门道突出于住室东北,呈长方形,长0.46米,宽0.2~0.6米,未见白灰面涂敷。居住面上摆放陶钵、磨石、陶筒形罐各1件。

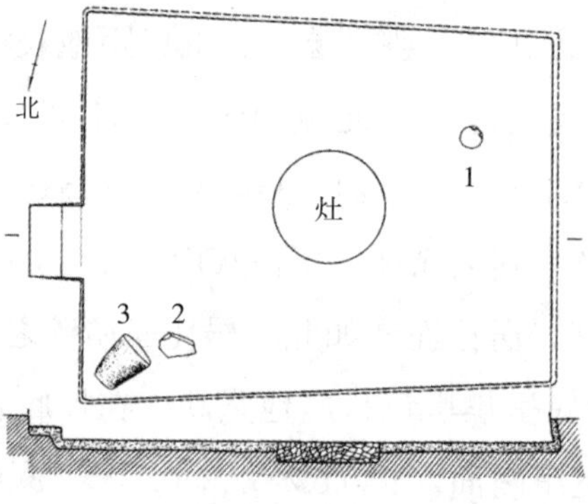

1.陶钵(T320F8:1) 2.磨石(T320F8:2) 3.陶筒形罐(T320F8:3)

图一三 齐家文化房址(T320F8)平、剖面图

2.窖穴

1座。T128H1（图一四），坑口距地表深1.3米。口径1米，深0.5米。坑底抹一层草筋泥。草泥土厚0.02～0.03米不等。出土物有石、骨、陶器等器物。

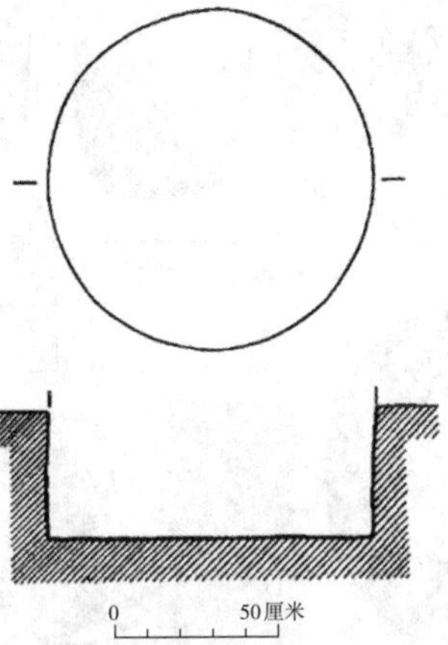

图一四　齐家文化窖穴(T128H1)平、剖面图

3.墓葬

1座。T319M2（图一五），坑口距地表深0.25米。为长方形竖穴土坑墓，墓长2.2米，宽0.94米，深0.25米。方向50度。骨架1具，仰身直肢葬，为一成年男性，随葬品有石凿、石刀、石锄和陶器盖各1件。

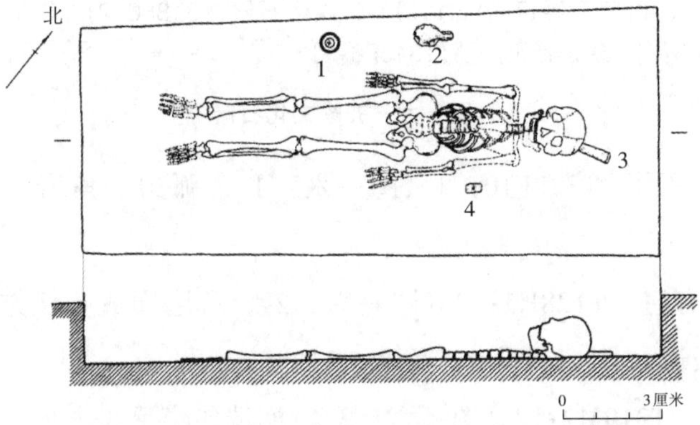

1.陶器盖(T319M2:1)　2.石锄(T319M2:2)　3.石凿(T319M2:3)　4.石刀(T319M2:4)

图一五　齐家文化墓葬(T319M2)平、剖面图

(三)遗物

1.生产工具

石斧　共2件。依形制不同，可分二型（图一六）。

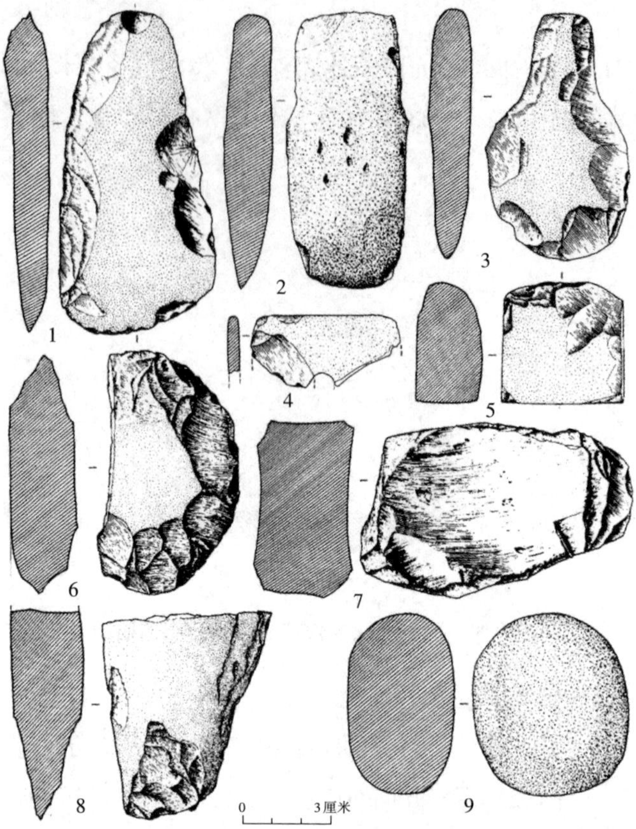

1. A 型石斧(T322F10：1)　2. B 型石斧(T128H1：3)　3. 石锄(T319M2：2)　4. 石铲(T128H1：5)　5. 研磨石器(T128H1：7)　6. 砍砸石器(T318F6：2)　7. 磨石(T320F8：2)　8. 石犁(T116F3：2)　9. 扁圆形石器(T318F6：1)

图一六　齐家文化石器

A型1件。梯形。T322F10：1（图一六：1），弧刃。角岩。长17.4厘米，刃宽8.5厘米。

B型1件。有肩。T128H1：3（图一六：2），琢磨而成。长方形。横剖面呈椭圆形，弧刃。板岩。长15.2厘米，刃宽4.8厘米。

石锄　1件。T319M2：2（图一六：3），柄端狭窄呈长方形，器身拥圆形。弧刃。打制。粉砂岩。长13.5厘米，刃宽5.5厘米。

石刀　1件。T319F7：1（图一六：11），长方形，穿孔。孔两面钻透，弧刃。磨制。板岩。残长9厘米，宽4.1厘米。

石铲　1件。T128H1：5（图一六：4），残，器身较宽，孔一面钻透。板岩。顶宽7.7厘米，残长3.7厘米。

研磨石器 1件。T128H1：7（图一六：5），平面近正方形，拱形顶，有打击痕，底面磨光。底长6.7厘米，宽4厘米。

磨石 1件。T320F8：2（图一六：7），系利用自然石板，周边进行打制而成，两面磨光成凹形磨面。长14.5厘米，宽9厘米。

砍砸石器 1件。T318F6：2（图一六：6），残半，圆形，保留琢痕。石灰岩。径13厘米，厚3.7厘米。

扁圆形石器 1件。T318F6：1（图一六：9），器体近圆形。砂岩。径9.8厘米。

石犁 1件。T116F3：2（图一六：8），残，上宽下窄呈楔形，角岩。残长10.7厘米，刃宽5.1厘米。

石纺轮 2件。扁圆形，磨制，穿孔，一面钻孔。器形大小不同，可分二型（图一七）。

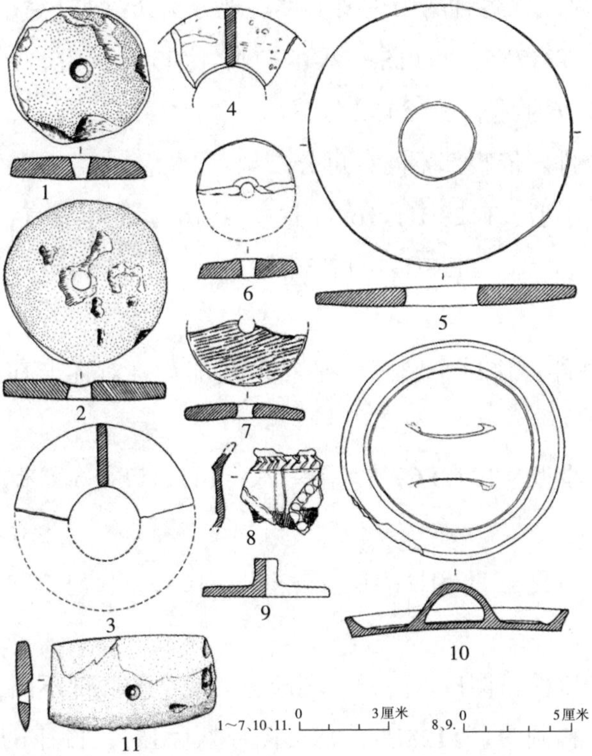

1.A型石纺轮(T128H1:8) 2.B型石纺轮(T128H1:2) 3.A型石璧(T128H1:12) 4.A型石璧(T322F10:2) 5.B型石璧(T128H1:13) 6.A型陶纺轮(T116F3:3) 7.B型陶纺轮(T128H1:4) 8.陶斝(T319F7:2) 9.A型陶器盖(T128H1:20) 10.B型陶器盖(T319M2:1) 11.石刀(T319F7:1)

图一七 齐家文化石、陶器

A型1件。小型。T128H1：8（图一七：1），周边斜直，粉砂岩。径7厘米。

B型1件。大型。T128H1：2（图一七：2），周边垂直，粉砂岩。径8.4厘米。

陶纺轮 2件。扁圆形，中间穿孔。均陶泥制成。依钻孔不同，可分二型。

A型1件。残。孔一面钻透。T116F3：3（图一七：6），素面。径5.1厘米。

B型1件。残。孔两面钻透。T128H1：4（图一七：7），绳纹。径6.3厘米。

2.生活用具

生活用具都是陶制的各种器具。遗址出土的陶器多是残碎片，完整与复原的陶器较少，共16件。陶器按质地可分为泥质红陶、夹砂红褐陶和泥质灰陶三种陶系，以泥质红陶为主。制法以手制泥条盘筑法为主，兼用慢轮技术。陶器表面除平素无纹者外，有绳纹、篮纹、附加堆纹、弦纹、划纹等。以绳纹最为常见。器型有盆、单耳罐、双耳罐、双大耳罐、侈口罐、带嘴罐、筒形罐、鬲、斝、器盖与器座等10余种。以各种罐为主要器类。现分别介绍如下：

盆 1件。T317F5：1（图一八：17），大口，折沿，斜直壁，平底。口径40.5厘米，高13.6厘米，底径15.5厘米。

单耳罐 2件。依腹部不同，可分二型。

A型1件。小型。T128HI：16（图一八：10），周边斜直，粉砂岩。径7厘米。

B型1件。大型。T128H1：17（图一八：11），周边垂直，粉砂岩。径8.4厘米。

双耳罐 2件。侈口，圆腹，平底。颈部置一对环形耳。依器物大小不同，可分二型。

A型1件。小型。T318F6：3（图一八：14），口径6厘米，高8厘米，底径4.3厘米。

B型1件。大型。TI28H1：1（图一八：16），口径9.3厘米，高9.2厘米，底径6厘米。

双大耳罐 3件。侈口，高领，圆腹，平底。依腹部不同，可分二型。

A型2件。椭圆腹。T128H1：18（图一八：15），口径6厘米，高8厘米，底径3.2厘米。T128H1：11（图一八：8），底部残。器形较T128H1：18为大，口径8.2厘米。

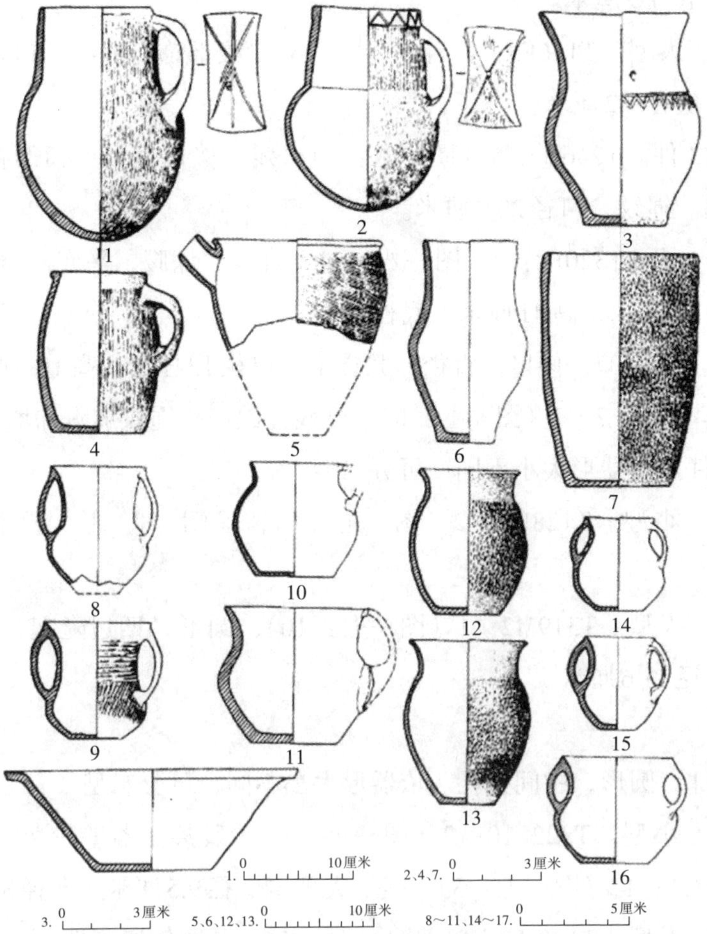

1.B型单耳罐（采集04辛店） 2.A型单耳罐（采集03辛店） 3.B型侈口高领罐（采集06寺洼） 4.单高领杯（采集01辛店） 5.带嘴罐（T246①：1） 6.A型侈口高领罐（采集05寺洼） 7.筒形罐（T320F8：3） 8.A型双大耳罐（T128H1：11） 9.B型双大耳罐（T128H1：14） 10.A型单耳罐（T128H1：16） 11.B型单耳罐（T128H1：17） 12.A型侈口罐（T128H1：9） 13.B型侈口罐（T116F3：4） 14.A型双耳罐（T318F6：3） 15.A型双大耳罐（T128H1：18） 16.B型双耳罐（T128H1：1） 17.陶盆（T317F5：1）

图一八 齐家、辛店、寺洼文化陶器

B型1件。扁圆腹。T128H1：14（图一八：9），口径9.9厘米，高9.4厘米，底径4.8厘米。

侈口罐 2件。侈口，圆腹，平底。颈部置一对环形耳。依器形大小不同，可分二型。

A型1件。小型。T128H1：9（图一八：12），腹部饰有绳纹，口径13.2厘米，高13.9厘米，底径9厘米。

B型1件。大型。T116F3：4（图一八：13），腹部饰有绳纹。口径15.4厘米，高21.2厘米，底径7.2厘米。

带嘴罐 1件。T246①：1（图一八：5），残。侈口短颈，领部有一管状流，流嘴往上翘起。绳纹。口径20.2厘米。

筒形罐 1件。T320F8：3（图一八：7），直口，深腹，平底。器表遍饰蜂窝状绳纹。口径27厘米，高41厘米，底径18厘米。

鬲 1件。采集07，侈口，直径，肥袋足，口径13厘米，高18.5厘米。

斝 1件。T319F7：2（图一七：8），已残，敛口，绳纹加附加堆纹。

器盖 2件。依器形大小不同，可分二型。

A型1件。小型。T128H1：2（图一七：9），呈倒“T”形。提手呈圆柱形，径13.1厘米。

B型1件。大型。T319M2：1（图一七：10），圆形，四边隆起，器盖中部有一桥形提手。径11.6厘米。

3.装饰品

石璧 3件。圆形，中间穿孔。依器形大小不同，可分二型。

A型2件。小型。T322F10：2（图一七：4），残甚。器壁较薄，壁面平直。大理岩。T128H1：12（图一七：3），残。大理岩。径9.5厘米，孔径3.7厘米。

B型1件。大型。T128H1：13（图一七：5），器壁较厚，壁面呈弧形，绢云母石英岩，径13.8厘米，孔径4厘米，采集02，残，径11厘米，孔径3厘米。

四、辛店文化

辛店文化遗存在傅家门遗址仅发现陶容器一种，共3件。都是在该遗址地表采集的，这几种陶器的表面饰有绳纹、附加堆纹、划纹等纹饰。器形有单耳杯与单耳罐两类。

单耳杯 1件。大型。采集01（图一八：4），口微敛，宽沿外折，弧壁深腹。平底。近口部附一环形耳。口径4.3厘米，高7厘米，底径4厘米。

单耳罐 2件。直口高领，圆腹，腹壁下收缩成圆底，颈部附一环形耳。依腹部不同，可分二型。

A型1件。扁圆腹。采集03（图一八：2），口部加厚。近口部饰波折纹。器身饰绳纹，耳面饰绳纹加“X”形划纹。口径4.7厘米，高8.8厘米。

B型1件。椭圆腹。采集04（图一八：1），器身饰绳纹，耳面饰“✱”形划纹。口径5厘米，高10.2厘米。

这两种陶器从其造型和纹饰观察，应属于辛店文化姬家川类型的文化遗存。

五、寺洼文化

寺洼文化遗存在傅家门遗址仅发现陶容器一种，器型为侈口高领罐，共2件，是采集的。其中1件饰有波折纹外，另1件是素面。依底部不同，可分二型。

A型1件。平底。采集05（图一八：6），口微侈，腹壁从口部至中腰骤然外鼓然后向下斜收成平底。素面。口径4.2厘米，高8.8厘米，底径2.5厘米。

B型1件。凹底。采集06（图一八：3），侈口，腹壁从口部往内收缩成反弧形，至中腰骤然外鼓，然后向下缩成凹底。饰波折纹。口径6.5厘米，高9.2厘米，底径3.7厘米。

这2件陶器从其造型观察，应属于寺洼文化安国类型的文化遗存。

六、发掘与研究收获

武山傅家门遗址是我队继天水师赵村与西山坪两遗址发掘结束后，又进行发掘的一个重要地点。它是渭河支流榜沙河流域保存较好、发掘规模较大的一处史前时期遗址。

傅家门遗址文化层较深厚，遗迹与遗物亦较丰富，文化内涵包括马家窑文化石岭下类型、马家窑类型、齐家文化与辛店文化、寺洼文化等多种不同文化遗存，并以石岭下类型为主要文化遗存，出土一批独具特征的遗迹和陶器物群，它是石岭下类型诸多遗址中具有代表性的典型遗址。

傅家门遗址的发掘工作从1991年开始，至1993年结束，共发现史前时期房址11座、窖穴15个、墓葬2个、祭祀坑1个。出土不同时期、不同种类的石、骨、陶器等完整或可复原的文化遗物约800件。这众多具有确切文化地层、文化性质的遗迹和遗物，无疑对渭河上游地区史前物质文化史的研究具有重要的学术价值。

第一，在该遗址发现了石岭下类型与马家窑类型的地层叠压关系，即前者在下、后者在上的层位关系，前者年代要早于后者。而从出土器物分析，两者又是一脉相承的，可以认为马家窑类型是石岭下类型的继续与发展。它的发现为探讨马家窑类型的文化渊源问题提供了重要的实物证据。

第二，新发现一批石岭下类型的遗迹和遗物，如年代较早的祭祀坑和刻符卜骨等，均是首次发现，材料极为重要。同时出土了一些新颖的彩陶、素面陶的器类和纹饰，丰富了石岭下类型的陶器群，为探讨该类型的陶器特征与分期问题提供了更多的实物标本和依据，从而加深了对该类型文化面貌的认识。

第三，出土一组典型的马家窑类型的陶器，而有一些彩陶纹饰比较习见的马家窑类型纹饰更为繁缛和富丽，为马家窑彩陶艺术宝库增添了新的内容。

第四，发现文化内涵较为复杂的齐家文化遗存，它与师赵村类型A组存有差异，而与B组较为接近。这为研究齐家文化的类型划分与分期诸问题提供了新的思路。

(一)石岭下类型

石岭下类型的文化遗存分布在渭河上游地区，武山及天水一带是它的分布中心。傅家门遗址位于武山县的西南部，正处于分布中心区的范围内，故该遗址出土较为丰富的石岭下类型文化遗存是意料中的事。

武山地处甘肃东部，与东边陕西省接壤，是中西交通必经之地，也是古代中原文化与甘肃古文化交汇地带。这种交汇早在新时期时代就已开始，近在咫尺的天水市大地湾、师赵村和西山坪等遗址中已有中原仰韶文化的因素。而紧跟其后的石岭下类型亦包含有中原仰韶文化庙底沟类型的特点。应该说是原有的本土文化与中原仰韶文化庙底沟类型互相交流汇合，孕育发展了马家窑文化石岭下的类型。

石岭下类型的居民经济生活，是以农业为主，兼营畜牧业与狩猎业。从傅家门遗址出土的文化遗物中，可知所用的生产工具有石质的斧、锛、凿、刀、镰、磨棒、磨盘和石球等共190余件，其中斧47件，刀29件，凿16件，三项相加共92件，约占生产工具总数的一半，这几种工具应是最适于生产活动的。陶、石球的出土量亦较大，表明狩猎业也占一定的地位。还有陶、石纺轮、网坠和骨针、锥等纺织工具，反映在当时普遍兼营纺织业。出土的动物骨骼经鉴定的猪、羊、牛、狗、兔和梅花鹿、竹鼠等[①]。猪、羊、牛、狗等为饲养的家畜，有学者认为梅

① 袁靖:《关于动物考古学研究的几个问题》，载《考古》1994年第10期。

花鹿可能也是家畜[1]，竹鼠为野生动物，即为狩猎的对象。在家畜中猪是主要的畜种，据统计，出土的猪骨骼约占骨骼总数的50%以上。

当时制陶业很发达，生产了大量的作为生活用具的陶器皿。出土完整或可复原的陶器共70多件。陶器底色多呈砖红色或橙黄色，部分陶器施白色或浅红色陶衣。彩陶器表面多经打磨，有光泽，工艺精湛，造型新颖。彩陶画面繁广，纹饰华美。彩绘以圆点、弧边三角、弧线组成几何形花纹、变形鸟纹等动物形纹和人面或人首图像等多种，其中，尤以变形鸟纹最常见。画面布局上可见有两层或三层的二方连续式，每一层有相连的四只至六只鸟纹作等距排列，鸟的姿态生动。如标本彩陶瓮（T128H2：36），在肩腹部彩绘上中下三层彩带，上层彩绘四只变形鸟纹，中层绘弧边三角、圆圈、网纹，下层绘六只变形鸟纹，画面壮观。陶器的器形有钵、碗、盆、盂、杯、瓶、瓮、勺等10多种，其中大型的彩陶瓮和陶勺较有特色。

陶制品中的人面像彩陶瓶和雕塑陶人像最引人注目。人面像彩陶瓶（T106④：64）是在彩陶瓶的口颈部彩塑一人面像，于瓶口的一侧刻划成齿状堆纹带，似是象征“刘海”型的发式，鼻部稍隆起，鼻的双翼略向内凹，黑彩绘圆形眸、月牙形眉毛，瓶口径10.2厘米。雕塑陶人像（T101④：32），系用陶泥塑成人首和颈部，颈部以下残缺。圆脸庞，嘴、眼、鼻等器官清晰，小眼巨口，高鼻梁，颈部粗壮，残高6.5厘米，可能是器盖上的装饰。人像面部眉目清秀，表情稚雅，形神兼备，颇似一淘气的少年，实是一件难得的陶制艺术品。

当时居民住房为半地穴式建筑。平面呈长方形，设有长方形门道。保存较好的有第11号房址（F11），住室长4.13米，宽3.24米，面积为12.39平方米，门朝东南。居住面经夯实，平整而坚硬，并经火烘烤，可起防潮的作用，房中央正对门口处设圆形灶址，灶址上部经火烧抹有一层草筋泥，其下为红烧土。居住面上置有一些生产工具和生活用具，如石斧、锛、刀、彩陶盆、陶杯等。颇为难得的是在居住面南边发现一组卜骨，共5件，整齐地平放在一起。这种在房内发现多件成组卜骨，于甘青地区考古发掘中尚属首次。

在房址附近发现窖穴11个，形制分筒形、袋形、锅形三种，其中之一（T128H2）保存最好，为口小底大的袋状窖穴，体积较大，口径2.2米，底径2.8

① 半坡博物馆等：《姜寨—新石器时代遗址发掘报告》（上）附录三：《姜寨新石器时代遗址动物群的分析》，文物出版社，1988年。

米，深2米。穴壁及底部均经修饰，平整磨光，筑造较讲究。穴内出土物丰富，有大量的彩陶片和10余件完整的陶容器。

埋葬习俗流行竖穴土坑墓。第1号墓（T247M1）保存较好，平面呈长方形，长2.12米，宽1.02米，深0.94米。未见葬具，方向朝西，人骨架已残，存有肢骨和牙齿，葬式为二次葬。在墓底周围摆放有大小不等的砾石5块，形似棺椁状。墓内随葬有彩陶盆、石球和兽骨等遗存。这种在墓底置放排列有序的砾石葬制，曾在甘肃临洮寺洼山和师赵村遗址中发现过。据报道，1947年在临洪寺洼山遗址“发掘一寺洼期之墓葬似曾经混乱者，人骨之旁、之下均有排列之大砾石甚多，或与墓葬有关”[①]。1981年在天水师赵村遗址第四期文化（石岭下类型）遗存中也发现具有这种葬制的墓5座[②]。1987年在酒泉干骨崖遗址（四坝文化）也发现类似的葬制，“在这类墓中堆放着从河床中取来的砾石，数量不等，少者一两块，多的达五六十块……有的还把砾石摆成棺椁状……它反映出当时人们对死去的人很大的恐惧心理，为求生者的平安，使用砾石将死者压住，使其无法干扰生者的正常生活”。[③]这说明该葬俗早在石岭下类型时期即已存在，后来影响到了河西走廊等地区较晚时期的居民葬俗。这是近年来发现的一种古文化葬俗，这为探讨史前时期的葬俗增加了一个新的研究课题。

发现祭祀坑1座（T212H5）。祭祀坑保存完整，平面呈长方形，长1.9米，宽1米，深0.35米，东西向，坑内填五花土。在坑底放置有猪头盖骨、下颌骨、肢骨、肋骨等骨骸，同时还摆放有彩陶盆、石球和石环等器物。祭祀坑虽在青海民和阳山墓地曾有发现，但在甘肃石岭下类型时期的遗址中却是首次发现，因此材料较为重要。阳山墓地祭祀坑的年代与傅家门遗址的有所不同。阳山墓地共发现祭祀坑12座，结构多呈正圆形，大部分坑内埋有牛、羊等家畜和野兽骨骼等，其文化属性为半山类型，年代要比石岭下类型晚千余年。傅家门遗址祭祀坑的发现，对研究当时人们的思想意识与宗教信仰诸问题增添了新资料。

从该遗址出土有卜骨可知，当时已存在占卜习俗。在傅家门遗址的房址和窖穴内共出有6件，与之同出的有彩陶盆和石斧、锛、刀等器物。卜骨取材于羊、猪和牛的肩胛骨。卜骨未加整治、未施钻或凿，但有明显的灼痕和阴刻符号。卜

① 裴文中：《甘肃史前考古报告》，载《裴文中史前考古论文集》第237页，文物出版社，1987年。

② 中国社会科学院考古研究所：《师赵村与西山坪》，中国大百科全书出版社，1999年。

③ 李水城：《三下河西——河西史前考古调查发掘记》，载《文物天地》1990年第6期。

骨标本一（T132F11：6），较完整，为猪肩胛骨，骨面阴刻“二”字形符号。长16.8厘米，宽7厘米。标本二（T125H6：32），为羊肩胛骨，下端稍残，骨面留有圆灼痕，并刻划一个“一”字形符号。长11.5厘米，宽8厘米。标本三（T132F11：12），亦为羊肩胛骨，下端残，骨面留有圆形灼痕，火灼痕呈焦黄色。长10.5厘米，宽6.5厘米。标本四（T132F11：8）为牛肩胛骨，骨面留有灼痕，并刻划一个像英文字母“S”的字形符号。符号都比较简单，也不规范，但它与古文字及商代卜辞并非无关，应能对探讨中国古文字的起源提供重要的线索。

据研究，我国史前时期卜骨所用的材料，主要是羊、猪、牛和鹿的肩胛骨，并以羊的肩胛骨为主，鹿肩胛骨较少。甘青地区出土的卜骨，包括齐家文化、四坝文化的卜骨也以羊的肩胛骨为主，而且占的比例很大，据统计约占中国史前时期卜骨总数的65%，这可能与该地区牧羊业的发达有关①。关于卜骨出现的年代，在未发掘傅家门遗址前，年代最早的卜骨是于内蒙古自治区巴林左旗富河沟门遗址发现的，卜骨属于富河文化，该文化的年代经碳十四测定为公元前3510—前3107年②。石岭下类型的年代，据甘谷灰地儿石岭下类型遗址出土的木炭标本，经碳十四测定年代为公元前3815年③。表明石岭下类型的年代较富河文化年代为早。这一批卜骨应是迄今所知年代最早的。因此这批卜骨的发现具有重要的学术价值，为探讨卜骨的起源问题提供了极为可贵的实物例证。

傅家门遗址除在卜骨上有阴刻符号外，在陶器上也发现有阴刻符号。如陶盆（T101④：27），在其腹上部阴刻有一个“X”字形符号。陶瓶（T106④：66），在其颈部阴刻有“一”字形符号。这些符号都是刻在器物的正面醒目的位置上，引人注意和识别。该遗址出土的卜骨和陶器上的符号，计有“1”“一”“二”“S”“X”等五种。

关于这些符号的含义问题，不少专家做过探讨，给我们很大的启迪。他们将这些符号与已知的我国最早文字——商代甲骨文及周代金文进行对照，有很精辟的诠释。就傅家门遗址发现的符号而言，可以借鉴的有：最简单的笔画“丨”形，

---

① 谢端琚：《论中国史前卜骨》，载《史前研究——西安半坡博物馆成立四十周年纪念文集（1958—1998）》，三秦出版社，1998年。

② 中国社会科学院考古研究所内蒙古工作队：《内蒙古巴林左旗富河沟门遗址发掘简报》，载《考古》1964年第1期。

③ 中国社会科学院考古研究所：《中国考古学中碳十四年代数据集（1965—1991）》，文物出版社，1992年。

解为汉字“十”，“X”形解作“五”[①]；“一”形解作“一”字，“丨”形也可解作“一”字，“二”形解作“二”字[②]。张政烺先生在《试释周初青铜器铭文中的易卦》一文中，将“一”形隶定为汉字“一”，“二”形释为“二”字，“x”或“X”形可通用，均解作“五”字等[③]。

关于这些符号与古文字的渊源关系，在学术界看法不一。我们认为这些符号中有的符号早在公元前6200年的大地湾文化时期就已存在，如“丨”形、“二”形或“丨丨”形等符号分别采用彩绘或阴刻手法作于陶钵或陶罐上。可以说，这些符号是源远流长的。在这些符号中有的与甲骨文相似，它们之间应有一脉相承的关系，推测这些符号应是甲骨文的源头。

在遗址发掘中还出土一批装饰品，共约40件，有采用不同质料制造的笄和环等。环较为常见，有石质和陶质的。笄除石、陶质外，还有骨质的，其形式有圆锥形和丁字形两种，丁字形是指在笄的顶端作圆形帽状，制造精致，通体磨光。在师赵村同类型遗存中也常见这种丁字形笄。可见上述各类笄和环都是深受当时居民喜爱的装饰品。

(二)马家窑类型

马家窑类型是甘青地区最常见、最具代表性的新石器时代文化遗存，分布广泛，遗迹和遗物丰富，文化面貌独具风格。傅家门遗址的马家窑类型地层中也出土一批有重要价值的遗迹和遗物，特别是发现了较多的彩陶器。彩陶器制造精致，彩纹繁缛，内彩发达，图案花纹的线条粗细均匀、优美流畅，彩纹以涡纹为主，给人以旋动柔美的感觉。

马家窑类型居民的经济生活，仍以农业为主，兼营畜牧业和狩猎业。生产工具是以不同质料制成的斧、刀、锛、凿等为主，特别作为收割作物的石刀数量多，种类型式也多样。据统计，仅刀一项傅家门遗址共出土62件（石刀50件、陶刀11件、骨刀1件），师赵村遗址出土石、陶刀共153件[④]，林家遗址出土石、陶、骨、铜刀共247件，分别占生产工具总数的29%、33%、30%。刀的形式可分为凹背刀、长方形刀、两侧带缺口刀、半月形刀、带柄刀等多种。这时期各遗址均出

① 于醒吾：《关于古文字研究的若干问题》，载《文物》1973年第2期。

② 徐锡台：《汉字探源》，三秦出版社，1994年。

③ 张政烺：《试释周初青铜器铭文中的易卦》，载《考古学报》1980年第4期。

④ 中国社会科学院考古研究所：《师赵村与西山坪》，中国大百科全书出版社，1999年。

土大量的形式多样的刀，既说明这是当时最适用的生产工具，也反映了由于收割物的需要，促使人们制造大量的刀作为工具。出土的动物骨骼经鉴定有猪、羊、牛、狗、兔、竹鼠等，猪、羊、牛、狗等系饲养的家畜，竹鼠为野生动物，成为狩猎的对象。家畜中猪的比例最大，与石岭下类型相同，也占兽骨总数的50%以上[①]。如与其他遗址同期文化遗存中的出土情况比较，师赵村遗址出土猪骨占兽骨总数的73.87%，西山坪遗址出土猪骨占兽骨总数的49.38%[②]，其比例均在50%左右或更高。这应该是马家窑类型时期猪是主要的饲养家畜。

制陶业非常发达，当时居民的生活用具多系陶器。陶器素面或饰有纹饰，纹饰有绳纹、划纹、弦纹、附加堆纹和彩绘等，以彩绘陶器最有特色。彩陶在陶器中占有相当的比例，约占全部陶器的21.4%。彩绘花纹不仅施于器外表，也绘于器内壁，在大口器碗、钵、盆的口沿上和内壁、内底往往有绚丽的彩绘图案。陶器器形除常见的钵、盆、碟、盂、瓶、罐、瓮等外，带嘴锅、盆形甑是较为少见的器形。带嘴锅为夹砂陶，敛口，浅腹，平底，在口沿一侧置一管状流，器表饰绳纹和弦纹，器体较大，口径29.5厘米。盆形甑亦为夹砂陶，卷沿，曲腹，平底上镂7个等距的箅孔，器体硕大，口径32.8厘米。彩陶器的纹饰多为马家窑类型所习见，其中也不乏佼佼者。如彩陶钵（T135③：15）内彩为漩涡纹，与林家遗址出土的同时期彩陶图案相同[③]，又如彩陶钵（T101③：26），内彩蛙纹，与师赵村遗址出土的全蛙纹彩陶钵（T244③：16，原报告彩版Ⅰ）相同[④]。说明它们都属于同一文化同一类型。

房址为圆形半地穴式建筑。第4号房址（T115F4），保存完整，有住室和门道。在居住面中央设一圆形灶址，居住面积为16平方米，门朝西。在房址附近有窖穴，其中一座窖穴（T243H1）较特殊，它呈圆形，筑造较讲究，穴壁修饰规整，口径0.8米，在穴底部发现有人头盖骨和下颌骨，同时还放置有红陶碗、彩陶片和兽骨等物。此似属埋人的圆葬坑遗存，这在马家窑类型考古发掘中尚属首次

① 甘肃省文物工作队临夏回族自治州文化局、东乡族自治县文化馆：《甘肃东乡林家遗址发掘报告》，载《考古学辑刊》第4辑，1984年。

② 中国社会科学院考古研究所：《师赵村与西山坪》附录二《师赵村与西山坪遗址的动物遗存》，中国大百科全书出版社，1999年。

③ 甘肃省文物工作队临夏回族自治州文化局、东乡族自治县文化馆：《甘肃东乡林家遗址发掘报告》，载《考古学辑刊》第4辑，1984年。

④ 中国社会科学院考古研究所：《师赵村与西山坪》，中国大百科全书出版社，1999年。

发现。

装饰品出土不少，共计百余件，有石、骨、陶环和石、骨笄以及蚌壳等，以环类为主，有石环9件，骨环1件，陶环69件，陶指环1件，共80件，占装饰品总数的78%。环在其他遗址中出土数量也较多，如林家遗址共出396件，包括陶、石、骨镯339件，石环51件，石、骨指环6件，占装饰品总数的73%[①]。环的横剖面有圆形、三角形、五角形、长方形、半圆形等多种形式。环多为素面，少数有彩绘花纹和浮雕花纹，彩绘花纹为三角纹和斜线纹等图案。环类饰品的大量出现，表明先民对此是情有独钟的，可以想见其时大多数人的手腕上都戴着环类装饰品，并以此为美。

通过傅家门遗址石岭下类型与马家窑类型文化遗存的分析，有更多的实物资料说明石岭下类型与马家窑类型之间存在着密不可分一脉相承的关系。

探讨古文化类型之间的关系问题，按考古学研究，通常采用考古地层学和器物标型学方法来考察。在地层关系上，我们在天水师赵村、西山坪和武山傅家门等遗址发掘中，都无一例外地发现石岭下类型文化层在下，马家窑类型在上的地层叠压关系，表明其相对年代是前者早于后者，在出土的文化遗物中，可把陶器作为两类型的代表性器物进行分析比较，从常见的具有典型性的陶器中，不难发现石岭下类型与马家窑类型之间存在着很多相同的文化因素，如陶容器中数量最多的卷沿彩陶盆和敞口曲腹钵等器类，无论在陶质、制法上，或是在造型方面基本上都是相同的。彩陶均流行内彩，并以黑彩为主。彩绘花纹皆以圆点、弧边三角、曲线组成的漩涡纹，富有流动感的图案为主旋律，构成宽面流畅的美丽画面。生动而形象的动物纹和人像图案也为两类型所同有。动物纹有鸟纹或变体鸟纹、全蛙纹或变体蛙纹，人像有人面、人首或雕塑的头像等。虽然两类型之间也有些差异，这应该看作是一种演变和发展，如石岭下类型最常见和突出的是变体鸟纹和人面鲵鱼纹，而马家窑类型则多见全蛙纹或变体蛙纹。同时彩陶在陶器总量中的比例也有不同，如傅家门遗址石岭下类型彩陶占陶器总量比例为25.2%，马家窑类型彩陶则占21.4%；师赵村遗址石岭下类型彩陶占26.4%，马家窑类型彩陶占16.37%[②]，明显前者的彩陶比例比后者为大。若与大地湾仰韶文化晚期遗存比较，

① 甘肃省文物工作队临夏回族自治州文化局、东乡族自治县文化馆：《甘肃东乡林家遗址发掘报告》，载《考古学辑刊》第4辑，1984年。

② 中国社会科学院考古研究所：《师赵村与西山坪》，中国大百科全书出版社，1999年。

差别就更大了。据报道，“大地湾9个单位2188件陶片的统计结果是彩陶比例占1%～2%，考虑到统计时可能将彩陶器的未饰彩残片算作素面陶，实际彩陶比例估计不超过5%①”。石岭下类型的彩陶比例接近马家窑类型，而与大地湾遗址仰韶文化晚期遗存有较大的距离。

（三）石岭下类型与仰韶文化晚期的关系

关于石岭下类型与仰韶文化晚期遗存的关系问题，是考古界颇为注目的研究课题。众所周知，首次提出“石岭下类型”这一新的文化类型名称的是1976年甘肃省博物馆、北京大学历史系考古专业运城考古发掘队，他们是在《从马家窑类型驳瓦西里耶夫的“中国文化西来说”》一文中明确提出的，并提出“马家窑晚于庙底沟，而且庙底沟通过石岭下类型发展为马家窑类型的前后因袭关系”②的观点。

1978年以来，学术界对石岭下类型的文化性质、年代等问题，在有关的论著中提出了各自的见解。一般学者认为石岭下遗存应独立成为一种类型，它属于马家窑文化的早期阶段。如有的文章认为：通常被纳入马家窑类型的彩陶可分为石岭下、雁儿湾、西坡㠓和王保保城四组，石岭下组年代晚于庙底沟类型而早于雁儿湾和西坡㠓两组，明确地把石岭下类型纳入到马家窑文化范围内③。有的学者提出，马家窑类型是仰韶文化在甘、青、宁地区的继续和发展，它是直接起源于庙底沟类型经过石岭下类型发展而来的。近年有专文探讨马家窑文化与仰韶文化的关系，作者通过对大地湾与师赵村、西山坪、甘谷毛家坪、武山傅家门等遗址发掘资料的比较，“提出石岭下类型与大地湾仰韶晚期是两类遗存不能相互替代……后者不能替代前者，作为马家窑类型前身的石岭下类型与大地湾仰韶晚期遗存是两回事”。④不过，也有学者持不同的观点，认为石岭下遗存应归入仰韶文化晚期的范畴，不宜称作石岭下类型。但近来这种观点也有所改变，提出“如果考虑到约定俗成的因素，仍然将这类遗存称为石岭下，也未尝不可，不过它不是马家窑文化系列的源头，而是仰韶文化系列中晚期偏早阶段的遗存”。⑤

① 郎树德：《大地湾考古与甘肃新石器时代研究》，载《陇右文博》2002年第2期。

② 甘肃省博物馆北京大学历史系考古专业运城考古发掘队：《从马家窑类型驳瓦西里耶夫的“中国文化西来说”》，载《文物》1976年第3期。

③ 严文明：《甘肃彩陶的源流》，载《文物》1978年第10期。

④ 张强禄：《马家窑文化与仰韶文化的关系》，载《考古》2002年第1期。

⑤ 郎树德：《大地湾考古与甘肃新石器时代研究》，载《陇右文博》2002年第2期。

傅家门遗址的石岭下类型遗存非常丰富，就目前来说，是诸多同类型的遗址中最为典型且具有代表性的遗址。因此，分析该遗址的文化内涵对解决石岭下遗存的文化性质及其与仰韶文化、马家窑文化关系具有重要的意义。石岭下类型与马家窑文化的渊源关系在上面已有论述，现在再具体分析它与仰韶文化晚期的关系。

仰韶文化晚期遗存主要是指以山西芮城西王村遗址为代表的“西王村类型”。我们可以将西王村遗址作为它的典型代表，与傅家门遗址做对比研究。这两处遗址出土的陶器有些共性，如都有彩陶，器类均以碗、盆、钵为主。但两者之间的差异是很明显的，如西王村遗址出土的带嘴罐或称带流器、镂孔圈足豆、圜底釜、敛口瓮、鸡冠耳盆、鸡冠耳杯和带齿花边尖底瓶等器物，这些器物在傅家门遗址的文化遗存中是不见的。傅家门遗址出土的大型彩陶瓮、细颈彩陶瓶、小口彩陶壶、刻符陶钵以及雕塑或彩绘的人面、人像陶器等在西王村遗址中也是没有的。西王村遗址的彩陶数量极少，纹饰较简单，有红色斜线纹和白色曲线纹[①]。傅家门遗址出土大量的彩陶，彩纹以黑彩为主，图案较繁缛和格律化，并绘有内彩。两遗址的彩陶存有较大的区别。显然，这两处遗址分别代表的仰韶文化晚期遗存和石岭下遗存是不相同的，后者应另予以命名，并且现已约定俗成，它属于马家窑文化的早期文化遗存，宜称之为“石岭下类型”。

(四)齐家文化

齐家文化时期的生产力比马家窑文化有较大的发展，农业经济更加发达，反映在生产工具的种类形式上日趋多样进步。傅家门遗址齐家文化层出土的不仅有石斧、刀等通用的工具，而且还出现带肩宽刃的石铲、锄、犁等较先进的工具，它适于耕作，可提高生产率。出土的石球和陶、石纺轮等器具，表明当时居民除农业外，还兼营狩猎业和纺织业。

制陶业是齐家文化居民的主要手工业。生产的陶器多呈橙黄色和灰褐色，制法除泥条筑成法外，还出现了模制法，斝等三足器一般都是用模制法制成，其三空足是分别模制脱模后和器身粘接成完整器的。陶器表面除素面者外，多饰有篮纹、绳纹、附加堆纹、弦纹、划纹等。器形有盆、罐、杯、斝、器盖、器座等，

① 中国科学院考古研究所山西工作队：《山西芮城东庄村和西王村遗址的发掘》，载《考古学报》1973年第1期。

其中，罐又可分为侈口罐、单耳罐、双耳罐、双大耳罐、筒形罐和带嘴罐等多种。高达41厘米的大型筒形罐和桥形捉手器兼是新发现的器型，为齐家文化的陶器研究增添新的资料。

傅家门遗址是一处保存较好的聚落遗址，除出土石岭下、马家窑类型的房址和窖穴外，还发现齐家文化房址和窖穴等遗迹。齐家文化的房址共出土7座，均为半地穴式建筑，平面呈椭圆形、方形和长方形诸种形式。每座房址均有斜坡式或台阶式的门道，门朝南或朝东。居住面中央均设有圆形灶炕。居住面结构一般是先垫一层黄褐色土，再敷一层草筋泥，最后再抹一层白灰面，平整光洁，可起防潮作用。这种抹有白灰面的房址是齐家文化建筑上的突出特点。房址面积不大，一般在8～16平方米左右，适于小家庭居住。有的房址在地面上放有石斧、刀、璧和陶罐、斝等器物。

保存较完整的有第7号房址（T319F7），平面呈椭圆形，底径3.2～4.1米，居住面中央设圆形灶址，径0.75米，灶面经长期烧烤较坚硬，呈焦黑色。门道朝西南向，呈长方形，距灶址不远放置陶斝和石刀各1件。这座房址从残存的房壁弧度观察，它是从房底往上逐渐内收的，作上小底大形状，据此推测该房址应是窑洞式的建筑。

窖穴仅1座（T128H1），呈圆筒状，它的筑造较为讲究，周壁经精细加工，在穴壁的下部及底部均抹一层厚约0.02～0.03厘米的草筋泥，平整坚硬。穴内出有较多的绳纹、篮纹陶片和双大耳罐等完整陶器。

墓葬1座（T319M2），为竖穴土坑墓，保存完好。平面呈长方形，长2.2米。单人葬，人骨完整，为仰身直肢葬式，头朝向东北。随葬品有石凿、锄、刀和陶器盖等。器物排列有序，石凿放于头上方，石刀、石锄分置在左右臂外侧，器盖在大腿附近。保存如此完好的骨架在齐家文化遗存中是不多见的。

据统计，迄今齐家文化遗址已发现1000余处，经发掘的约有20余处。齐家文化的分布范围广泛，横跨甘、宁、青三省区。由于分布的地域广泛，现在应进行较细致的区系研究了。它们之间虽有许多共同点，但差别是明显存在的。根据武威皇娘娘台、永靖大何庄、秦魏家、乐都柳湾、天水师赵村、西山坪、武山傅家门等遗址较大规模的发掘资料，通过分析研究，我们认为齐家文化可依地域的不同和文化内涵的差异，分其为东、中、西三区，东区又可分为师赵村类型和七里墩类型，中区可以秦魏家类型为代表，西区以皇娘娘台类型和柳湾类型为代表①。

傅家门遗址的齐家文化遗存属于东区范围，东区即指甘肃东部地区，包括泾水、渭河、西汉水上游等流域，该区的师赵村类型经较大规模发掘的有天水师赵村、西山坪和傅家门遗址。

师赵村和西山坪遗址的发掘报告已于1999年问世。经研究，这两遗址的第七期文化（即齐家文化）遗存的共性表现在陶器方面皆有双大耳罐、侈口罐、高领双耳罐、鬲、斝等，纹饰均有绳纹、篮纹、附加堆纹等。但也存在着明显的差异，故又把它们分为A、B两组，师赵村为A组，西山坪为B组。这两组在陶器的器型和纹饰上有同有异，并表现为早晚的关系，即A组早于B组。在陶器上的递变发展是：双大耳罐或双耳罐体形由矮变高，耳把由环形小耳演变为弧形大耳；高领折肩罐或高领双耳罐的腹部从圆胖形变为瘦长形，颈部从短变长；单耳鬲从矮领往高领变化等。陶器纹饰绳纹和篮纹的排列由斜行渐变为竖行等②。

傅家门遗址齐家文化的陶器从总体观察，它与A组师赵村遗存有别，而与B组西山坪遗存较为接近。如傅家门遗址出土的侈口绳纹罐（T128H1：9）与西山坪遗址发现的同类型罐E型Ⅰ式（T1③：29）相同；前者的双耳罐（T318F6：3）与后者的同类罐A型（T23③：5）如出一辙；前者的双大耳罐（T128H1：14）与后者的同类罐B型（T3③：3）相似③。但我们注意到，傅家门遗址出土的大型筒形罐和桥形捉手器盖等具有独自特征的器物，为以往齐家文化陶器中所罕见，为该文化陶器群增加了新的内涵。总之，傅家门遗址齐家文化遗存的发现，对齐家文化的分期与类型诸课题的研究都具有重要的学术价值。

执笔者　谢端琚　赵　信

（本文原载于《考古学集刊16》，科学出版社，2006年，第380–458页，有删减）

① 谢端琚：《甘青地区史前考古》，载《20世纪中国考古发现与研究丛书》，文物出版社，2002年。
② 中国社会科学院考古研究所：《师赵村与西山坪》，中国大百科全书出版社，1999年。
③ 中国社会科学院考古研究所：《师赵村与西山坪》，中国大百科全书出版社，1999年。

甘肃张掖市西城驿遗址

甘肃省文物考古研究所　北京科技大学冶金与材料史研究所
中国社会科学院考古研究所　西北大学文化遗产学院

一、遗址概况

西城驿遗址地处河西走廊中部、黑水河流域中游，位于张掖市甘州区明永乡东北部（图一）。介于黑水国南城和北城之间，紧邻312国道，东距黑水河10公里。2007—2008年，甘肃省文物考古研究所和北京科技大学在开展河西走廊早期冶金遗址调查时对西城驿遗址进行了多次踏查，认为该遗址与早期冶金密切相关。为了进一步揭示河西走廊地区早期冶金业的面貌、探讨中国早期冶金技术，同时开展河西走廊地区早期聚落研究，2010—2013年，在河西走廊早期冶金遗址调查项目的基础上，甘肃省文物考古研究所、中国社会科学院考古研究所、北京科技大学冶金与材料史研究所、西北大学文化遗产学院联合对西城驿遗址进行考古发掘，目前已连续开展了4个年度的发掘工作。

图一　遗址位置示意图

通过对西城驿遗址的初步调查，确定其范围为35万平方米。由于遗址南部为农场葡萄园及啤酒花基地，不便于开展勘探工作，但2012年布方发掘已临近葡萄园边缘，发现文化层堆积较厚，遗存保存较好，故推测遗址继续向南延伸，目前的葡萄园和啤酒花基地可能仍是遗址区，遗址面积应远大于35万平方米。依据遗址区自然地貌，将西城驿遗目前确定的范围划分为A、B、C三个区，除2011年在B、C区进行过试掘外，近四年的工作主要集中在A区。通过对出土遗物的类型学研究，并结合碳十四测年，西城驿遗址的年代初步确定为距今4100～3600年。

2010—2013年发掘总面积1350平方米，发现遗迹531处，其中房址90座，独立墙体19段，灰坑357处、灶坑12个、灰沟19条、墓葬19座。出土陶器、石器、骨器、铜器、玉器、炭化作物、冶金遗物等余2000余件（份）。西城驿遗址文化层堆积连续完整，从层位关系及遗迹、遗物特征来看，可以划分为三个时期的遗存，即马厂晚期遗存、西城驿二期遗存和四坝文化遗存。

二、一期遗存

一期遗迹较为单一，主要有灰坑和房屋两类，遗物有陶器、石器、骨器及粟、黍等炭化作物，还发现少量炼铜炉渣。

(一)灰坑

多为袋状坑，形制较为规整。

H309坑口平面为椭圆形，底部平整（图二）。口部长径186厘米、短径170厘米，坑底径约240厘米、深260厘米。坑东南壁有一倒梯形龛，弧壁，下边长25厘米、上边长40厘米、高40厘米。坑底中部有个柱洞，直径10厘米、深5厘米。坑内堆积分4层。第1层为灰褐色土，含炭粒、黄沙，土质疏松，厚50厘米，出土有陶片、动物骨骼及石器；第2层为红土，含炭粒、黄沙、红黏土块，土质较坚硬，厚60厘米，出土有陶片、动物骨骼及石器；第3层为黄土，含黄沙、炭粒，土质疏松，底部有一层1厘米厚的淤土层，整体厚90厘米，出土陶片、动物骨骼及石器等；第4层为浅灰色土，含黄沙、炭粒，土质较疏松，厚60厘米，出土有大量陶片、动物骨骼及石器。壁龛和柱洞的土质土色与第4层一致。修复的陶器有6件，其中彩陶盆1件（图三）、彩陶壶1件（图四）、罐4件（图五～图八）。

图二 H309(北→南)

图三 彩陶盆(H309④:3)

图四 彩陶壶(H309③:2)

图五 陶双耳罐(H309④:4)

图六 陶罐(H309④:12)

图七 陶双耳罐(H309④:11)

图八 陶罐(H309④:2)

(二)房址

一期均为半地穴式房屋，有圆形和方形两种，其中方形较多。

F65未能全面揭露，东北部、西南部被灰坑打破，平面近方形。整体为方形浅坑，由泥片筑成的矮墙将内部分隔成多间结构。矮墙表面较光滑，为花土，分层，系泥片分段筑成，每段长34～45厘米、宽32～44厘米。矮墙附近有立柱支撑屋顶。从倒塌堆积推测应是先搭木架，然后铺草席或秸秆，再抹泥以形成屋顶。房屋居住面为一层红黏土，土质非常致密，厚5～10厘米。地面存留有碎陶罐(图九)。

图九　F65(西南→东北)

(三)遗物

陶器多为泥质红陶或夹砂褐陶，泥条盘筑，主要有彩陶盆、彩陶壶、各类罐等。其中彩陶盆均为泥质红陶，紫红陶衣，内外饰黑彩。双耳罐多为夹粗砂褐陶，侈口，圆唇，双颈耳，耳与器口基本齐平，素面，器表磨光。石器主要有刀、石球、研磨棒、砍砸器等，玉器有斧和玉料，骨器主要有骨针、锥、铲等，同时还筛选出粟、黍等炭化作物。目前尚未发现这一时期的铜器，但发现少量炼铜炉渣。

三、二期遗存

二期遗存主要由半地穴式房屋、地面立柱式房屋、土坯房屋、陶窑、灰坑、灰沟、灶坑、墓葬等，出土遗物主要有陶器、石器、骨器、玉器及各类冶金遗物、炭化作物等。

(一)灰坑

灰坑在这一时期的遗迹单位中占有最大比重，有袋状、桶状、锅底状及不规则形坑，出土遗物较为丰富，除出有大量的陶片、石器外，还有各类炭化作物、冶金遗物等。

H267　为袋状坑，平面为椭圆形，弧壁，平底。口长径190厘米、短径146厘米、深82厘米。出土有陶片（图一〇：1～11)、石器（图一〇：12～14)、石块、兽骨等，坑南部集中出有大量铜渣。

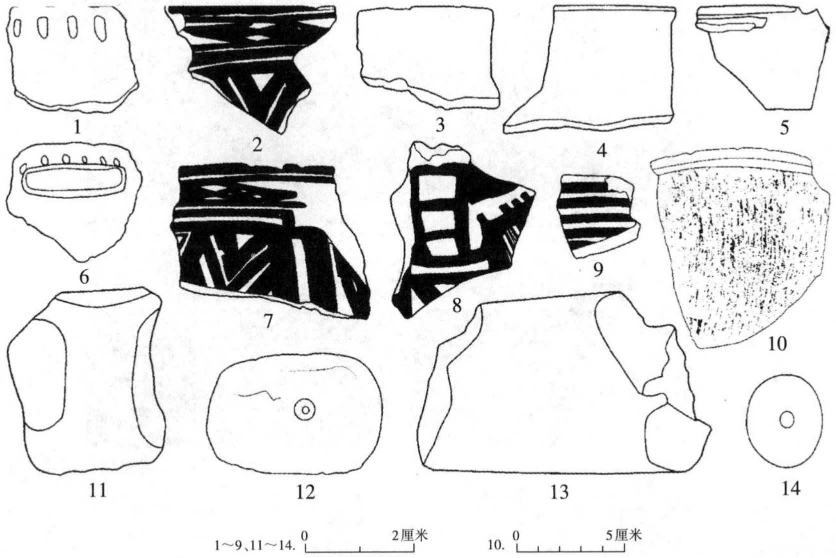

1、3～6、10、11陶罐(H267:12、H267:P3、H267:P4、H267:P5、H267:P6、H267:P10、H267:P11) 2、7、8.彩陶罐(H267:P2、H267:P7、H267:P8) 9.彩陶盆(H267:P9) 12.石刀(H267:4) 13.石斧(H267:6) 14.石纺轮(H267:2)(3、4、9为第一组，5、10为第二组，1、2、6～8、11为第三组)

图一〇 H267出土遗物

(二)房址

各期中二期房屋数量最多，主要由半地穴式、地面立柱式、土坯建筑三类。

1.半地穴式房屋

主要集中在二期早段。

F70 整体为圆形，由上下两个袋状坑组成。上坑口呈椭圆形，长径260厘米、短径240厘米，下坑位于上坑底西南部，坑口较圆，直径204厘米、底径230厘米。坑底中央有一圆形柱洞，直径为24厘米、深8厘米，推测为房屋的中央立柱。在坑口周边未发现相关的柱洞。活动面残留有一层薄薄的黑灰土，直接叠压在生土之上，应是当时活动残留的堆积（图一一）。房屋内部堆积可分5层。第1层为灰褐色烧土堆积，土质疏松，出土大量陶片、兽骨、石块等遗物；第2层为黄灰色堆积，土质较上层致密，亦出土较多遗物；第3层为灰色土堆积，土质松软，出土陶片等；第4层为灰褐色堆积，土质较致密，出土陶片等；第5层为黄褐色堆积，含有较多细沙，土质较致密，出土少量陶片等（图一二：1～9）。房址底部柱洞内为黑灰土堆积，质地松软。

图一一　F70(西南→东北)

1～3、5、8、9.罐(F70④:P1、F70②:P1、F70①:P1、F70④:P2、F70⑤:P1、F70①:P2)　4、6彩陶罐(F70③:P1、F70④:P3)　7.彩陶盆(F70④:P4)(7～9为第一组,1～3为第二组,4～6为第三组)

图一二　F70出土陶片

2.地面立柱式房屋

平面多为方形，有单间和多间结构两种。多呈西北—东南向，门道朝向东南。

其建筑方式是先垫地面，再挖柱洞，然后立柱，上部结构尚不明确。残留有柱洞、活动面、火烧面、活动堆积等，有些房间内还残留有储藏坑和陶罐等。活动面多为红色黏土，土质致密。

F20　平面呈方形，为三层结构，现仅存柱洞及地面，因后期破坏严重，门道尚不能确定。残存柱洞13个，可分为四排，呈东北—西南向排列。柱洞最大者直径26厘米、最小者直径15厘米、深度4～20厘米。F20被中间两排柱洞分隔成三小间，靠北的一小间残长214厘米、宽180厘米，残存面积约为3.96平方米；中间的一小间残长220厘米、宽220厘米，残存面积约为5.1平方米；靠南的一小间残长110厘米、宽480厘米，残存面积约为5.3平方米。F20活动面为红黏土，土质坚硬，较纯净，厚约4厘米，局部残留有灰土，火烧痕迹明显（图一三）。

图一三　F20（东→西）

3. 土坯房屋

有方形和圆形两种。圆形房屋为单间，方形房屋有单和多室结构两种。其建筑方式是先垫地面，再挖基槽，次垫墙基，最后起坯，上部建筑形制尚不明确。

F45　整体呈东北—西南向，平面呈长方形，其东端进入T1302、T1402的东隔梁。在T1302、T1402中共见三道墙体，分别为北墙、南墙和西墙。北墙长320厘米、宽30厘米，南墙长250厘米、宽约24厘米，西墙长270厘米、宽34厘米。南北两墙平行，间距120厘米，西墙垂直于南、北两墙。F45很可能为套间结构，其南墙可能为套间的隔墙（图一四）。房址东部有一柱础。F45内有5层堆积，第1、2层为倒塌堆积，第3～5层为使用堆积。活动面保存极好，由棕褐色土垫成，地面上残留有破碎陶罐、鼓风管、玉石器等。

图一四　F45(西→东)

(三)墓葬

分墓葬多集中在二期晚段，均位于居住区内，部分在房址内，顺墙体挖穴埋藏。皆为方形竖穴土坑墓，个别墓葬有头龛、脚龛或侧龛。以单人葬为主，以小孩墓为多，小孩墓随葬品较成人墓更为丰富，部分墓中发现有玉石块。

M11　为长方形竖穴土坑墓，长240厘米、宽24～58厘米、深15～31厘米。四壁较为垂直且平整，无明显加工痕迹，填土为褐色花土，土质疏松，出有少陶片及兽骨。墓内发现人骨一具，年龄14～16岁，性别不明。葬式为仰身直肢，头向东南，面向西，双臂下垂，双手置于盆骨两侧，双脚自然并拢。头骨碎为多块，肋骨残缺，保存较差（图一五）。无葬具。随葬有3件陶器，其中2件陶双耳罐（图一六，图一七）位于头骨上方，另有1件器盖（图一八）位于头骨后部，左臂附近有骨饰若干（图一九：1～10），颈部有1件绿松石珠，左胸处有9块玉料（图二〇：1～9）。

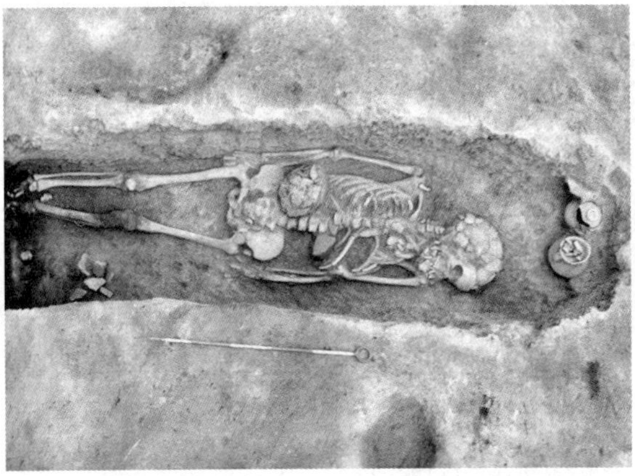

图一五　M11(东北→西南)

图一六　陶彩双耳罐(M11:1)

图一七　陶彩双耳罐(M11::2)

图一八　陶器盖(M11::3)

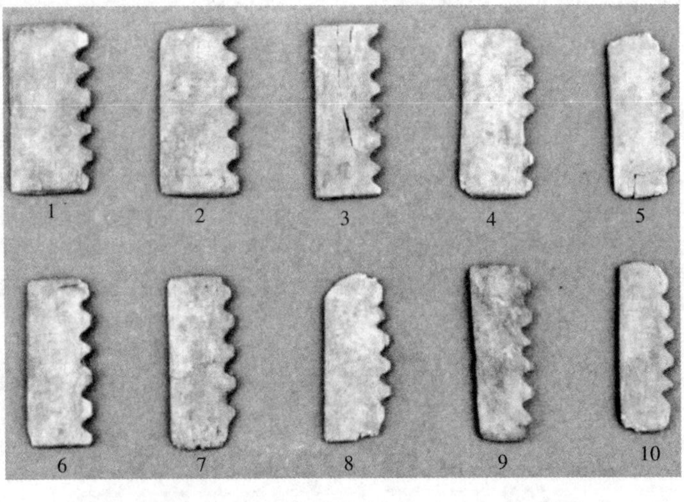

图一九　1～10骨饰(M11:4～13)

图二〇　1～9玉料(M11:14～22)

（四）遗物

二期陶器器类较为丰富，文化因素也较为复杂，从H70、H267出土陶片来看可分为三组。第一组为夹砂灰褐陶和泥质红陶，泥质红陶多施紫红陶衣黑彩，纹样多为平行条纹，可辨器形有彩陶盆、夹砂罐等（图一〇：3、4、9，图一二：7、8、9）；第二组多为泥质橙黄陶，素面或饰篮纹，可辨器形有罐（图一〇：5、10，图二：1～3）；第三组多为泥质红陶和夹细砂红陶、红褐陶，施黑彩，部分施黄陶衣，彩陶多饰条带纹、菱格纹等，粗砂陶多为素面，部分饰戳印纹等，可辨器形主要为各类罐（图一〇：1、2，6～8，11；图一二：4～6）。石器主要有刀、斧、锛、石球、镞、刮削器等。玉器主要有斧、绿松石珠等，并出有玉料和绿松石料。骨期主要有针、锥、珠和骨饰等。冶金遗物较为丰富，除锥、环、泡、管等铜器外，还出有石镜范、矿石、炉渣（图二一）、炉壁残块（图二二）鼓风管（图二三）等。炭化作物主要有小麦、大麦、粟、黍等（图二四～图二七）。

图二一　炉渣(10ZHT0301⑤c)

图二二　炉壁残块(H15③)

图二三　鼓风馆(10ZHⅣT0101⑦b乙)

图二四　炭化小麦粒

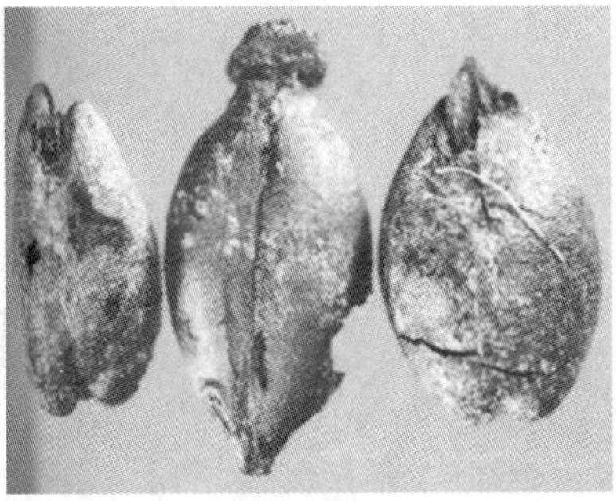

图二五　炭化大麦粒

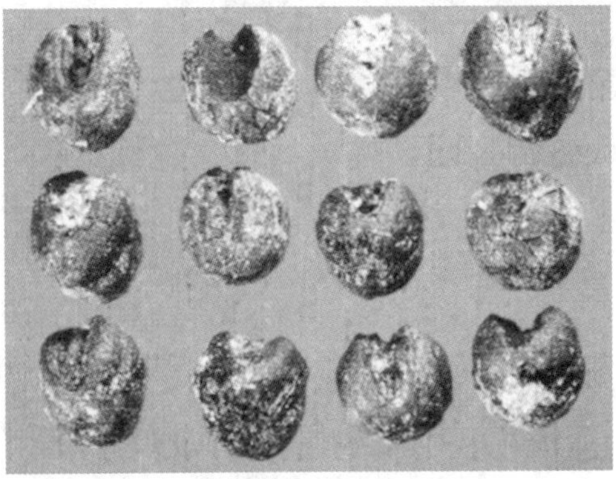

图二六　炭化粟粒

图二七　炭化黍粒

四、三期遗存

三期遗存种类与二期遗存基本相同。遗迹以服、墓葬为主，房屋仅见地面立柱式和土坯建筑，基本延续了二期的建筑方式及房屋形制。墓葬保存较差，破坏严重。

（一）房址

1.地面立柱房屋

有1座。

F75　平面为长方形，朝向东南。发现柱洞18个；直径10～34厘米，深7～40厘米，整体分布较有规律。活动面为红色沙质黏土，土质较致密，地面火烧痕迹明显，局部有较薄的灰土堆积（图二八）。

图二八　F75(东南→西北)

2. 土坯房屋

建造方式与二期土坯建筑方式相同。

F78　平面近正方形，四面墙体互相垂直，西墙长360厘米、北墙长400厘米、东墙长300厘米、南墙长180厘米，墙体宽度均为20厘米，总面积约15平方米（图二九）。内部堆积可以分为4层。第1层为倒塌堆积，第2、3层为活动堆积，第4层为活动面。其中第1、4层覆盖范围都大于墙体内房屋范围。屋内地面为红色黏土，较致密。F78尚未发现附属遗迹。活动面上发现残铜刀1件、小陶罐1件、石器4件。屋外地面亦为红色黏土。

图二九　F78(西南→东北)

F79　整体为一长方形建筑，呈西北—东南向，门道位于东南。整体为一大间，东南部隔出一小间，肯为主室和储藏间（图三〇）。北墙长490厘米、基槽宽25～30厘米，南墙与北墙近乎平行，被门道分为两段，总长约410厘米、基槽宽25～30厘米、门道宽约80厘米。西墙垂直于南墙和北墙，长686厘米、宽25～30厘米。东墙长约690厘米、基槽宽25～30厘米。F79小隔间北墙长225厘米、基槽宽20～30厘米，东墙长168厘米、基槽宽28～28厘米。F79总面积33.71平方米，其中小隔间约3.78平方米。从解剖情况来看，整座房屋建筑过程应该为先在较大范围铺一层黄褐色和红褐色垫土，然后在垫土上挖基槽，基槽深浅和宽窄不一，基槽内一般先铺一到两层垫土，夯打后铺土坯，土坯铺设并无刻意错缝，在垫土和土坯之间放置石块、陶片和骨头。在墙基槽上再起建墙体，墙体部分由于破坏严重尚不清楚。屋内垫土上铺设一层厚约2～3厘米的红胶泥作为活动面。活动面上残留有活动堆积，散布有陶片、骨块、石块等。屋外西北部有大片火烧地面，应是当时屋外活动形成。

图三〇　F79(东南→西北)

F79　土坯整体较为完整。基槽内的土坯规格不一，长宽分别为40厘米×20厘米、50厘米×30厘米、50厘米×20厘米、30厘米×20厘米、40厘米×30厘米，厚基本为8～10厘米。土坯以红黏土为主，有部分褐色黏土与黄色黏土，土质致密，多数成层状分布。

(二)墓葬

M13　为长方形竖穴土坑墓，长200厘米、宽54厘米、深21~37厘米，斜直臂，平底。内有人骨一具，为儿童，性别不明，头向西南，面向上，仰身直肢，保存状况较好。无葬具（图三一）。随葬陶器11件（图三二~图四一），位于死者头部和足部，另外头部还有2件骨匕、1件石刀和1枚白色石块，胸部附近有9块玉料。

图三一　F13(西北→东南)

图三二　彩陶双耳罐(M13:1)

图三三　陶双耳罐(M13:2)

图三四　陶器盖(M13:5)

图三五　陶双耳罐(M13:10)

图三六　陶罐(M13:6)

图三七　陶器盖(M13:3)

图三八　彩陶双耳罐(M13:9)

图三九　陶壶(M13:8)

图四〇　陶双耳罐(M13:4)

图四一　彩陶双耳罐(M13:14)

M18　为圆角长方形竖穴土坑墓，后期破坏较严重，现存墓坑长62厘米、宽30～35厘米、深8～10厘米。墓坑四壁较为垂直且平整，无明显加工痕迹。墓葬东南部即墓主头端有向外延伸的部分，平面略呈梯形，与墓室相连且两侧宽于墓室，推测为头龛，其内放置有3件陶罐。头龛深10厘米、宽46厘米、残高8厘米，其底部与墓底相连。墓内发现人骨一具，头骨较完整但已碎裂，牙齿保存较好。此外，还发现椎骨一块、少量右侧肋骨及右上肢骨，保存较差。葬式为仰身直肢，头向东南，面向东北。根据骨骼初步推断墓主为儿童，但确切年龄及性别无法判断。墓葬填土为灰色夹杂黄褐色花土，土质为沙质黏土，较疏松。头部有2件绿松石串饰（图四二）。

图四二　M18(西北→东南)

(三)遗物

出土遗物与二期基本相同，种类丰富，主要有陶器、石器、骨器、玉器、炭化作物、冶金等。陶器均含砂粒，以红陶为主，灰陶少。制法为泥条盘筑，分段套接，个别较小的器物为手捏而成。彩陶一般是施紫红陶衣，再饰黑彩，易于脱落，主要纹样有平行条带纹、折线纹、菱格纹、三角纹、网格纹、回形纹等。器形主要有罐、盆、壶等，器盖较多。冶金遗物主要有铜器、矿石、炉渣、炉壁残块、鼓风管、石范、铜颗粒等，其中铜器主要有刀、环、泡、锥等。另外采集有1件权杖头石范，已残，石质较坚硬，残高约6.4厘米。型腔近圆形，背面圆鼓，有两道凹槽，一道靠近顶端，围绕范一周，另一道与其垂直。靠近顶端的一圈可能为合范时进行捆绑用的箍槽，与其垂直的可能是加楔用的楔槽，这两道槽也能起到闭合范线的作用。该范似半个权杖头，内腔较为干净光洁，没有明显的使用痕迹、推测是在加工过程中因破裂而废弃的半成品（图四三，图四四）。该范与火烧沟墓地所见青铜权杖头的主体形状极为接近。

图四三　权杖石头范(内面)

图四四　权杖石头范(背面)

五、学术意义

西城驿遗址遗存可以划分为三个时期，一期为马厂晚期遗存，年代为距今约4100～4000年；二期文化内涵丰富，暂可称之为“西城驿二期遗存”，其中包含有一组由马厂晚期向四坝文化过渡的遗存，年代为距今约4000～3700年；三期为四坝文化遗存，年代为距今3700～3600年，下限可至3500年前后。

通过对西城驿遗址的发掘，明确了马厂晚期—西城驿二期遗存—四坝文化这一完整的地层序列，基本明确了四坝文化的来源。在对西城释遗址进行发掘的同时，还以西城驿遗址为中心，对周边区域进行了调查，并对濒临破坏的张掖农场遗址、山丹过会台遗址进行了抢救性发掘。通过发掘初步认为张掖农场遗址是一处沙井文化遗存，山丹过会台遗址是一处骟马文化遗存。沙井文化、骟马文化在张掖地区的发现，也改变了以往认为沙井文化仅分布在武威地区、骟马文化仅分布酒泉地区的传统认识。在充分认识西城驿二期文化遗存内涵的同时，结合现有的调查、发掘资料，可以初步建立黑水河流域的史前文化序列，即马家窑—半山—马厂—西城驿二期遗存—四坝文化—骟马及沙井文化。在马厂末段，齐家文化已经出现在黑水河流域，部分遗址中两者共存。西城驿二期遗存内涵丰富，陶器（如F70、H267出土陶器）可划分三组，第一组为马厂晚期遗存残留，第二组为马厂晚期向四坝文化过渡的遗存，第三组为齐家文化遗存。四坝文化早段依然有齐家文化遗存的残留，而齐家文化可能与马厂晚段遗存、西城驿二期遗存以及四坝早段遗存都曾共存。

通过发掘初步认为西城驿遗址是一处以从事旱作农业为主、兼有饲养，并进行冶金等手工业生产的史前聚落址。该聚落的房屋建筑经历了半地穴式—半地穴式、地面立柱式、地面土坯建筑—地面立柱式、地面土坯建筑的演变过程。半地穴式建筑主要集中在马厂晚期，在二期有少量存在。地面立柱建筑与地面土坯建筑大量存在于西城驿二期及四坝时期，四坝时期不见半地穴式房屋。这为全面认识河西地区早期房屋建筑的发展演变过程提供了资料。

通过发掘初步确定该遗址的冶铜活动从马厂晚期出现，一直进行至四坝早段，在西城驿二期时最为兴盛，年代约为距今4100～3600年，历时500年，除出土小件铜器外，还发现炉渣、矿石、炉壁、鼓风管、石范等大量冶金遗物。从遗址延续时间长、冶金遗物丰富多样等特征来看，这可能是河西地区的一处冶金中心。自20世纪70年代末以来，学界就有中国早期冶金技术起源本土说和外来说之争，西北地区尤其是甘肃河西走廊地区由于大量早期铜器的出土及其所处的特殊的地理位置，成为大家关注的焦点区域之一。但在以往的研究中，因受材料限制，大家将重心集中在可见的铜器上，从而导致对某些问题难以深入探讨。西城驿遗址一系列冶金遗物的发现，不仅表明至迟在距今4100年前后在河西走廊地区已经有了比较发达的冶金生产，而且这一发现为进一步开展中国早期冶金技术的起源和相关问题的探讨提供了重要资料，对开展河西走廊地区早期冶金技术的发展过程研究和区域冶金格局的比较研究等意义深远。

另外，大麦、小麦、权杖头、土坯建筑等的发现表明，在距今4000年前后，东西文化在河西走廊地区便已进行着频繁的交流。一般认为大麦和小麦是在地中海东岸的黎凡特地区最早被驯化，时间早到距今约10000年①。东灰山遗址大麦、小麦的发现②，引起国内众多学者的注意，就其年代问题曾有过激烈的争论，最终将其确定为四坝文化时期遗存，绝对年代在距今3500年前后。西城驿遗址在二期便已出现大麦和小麦，年代在距今年4000前后，是河西地区目前所见大麦和小麦出土数量最多、年代最早者，这为大麦和小麦进入中国的路径及传入河西走廊地区的时间等研究提供了珍贵的实物资料。权杖头最早出现在西亚和埃及，在河西走廊地区最早发现于玉门火烧沟墓地③，在这里不仅发现了石质权杖头，而且发现了青铜铸造的四羊首权杖头④。火烧沟的年代与西城驿三期相当，西城驿三期发现了1件残石范，型腔与火烧沟发现的四羊首权杖头极为相似。西城驿二期就发现了石质权杖头，形制与火烧沟相似，但年代较火烧沟略早。土坯最早出现在西亚、中亚地区，在我国黄淮地区、长江下游及长城地带东段的史前文化中也有发现，河西走廊地区最早发现于东灰山遗址⑤，为四坝文化时期。而西城驿二期便已出现了土坯建筑，在年代上早于东灰山遗址。考虑到河西走廊的地理位置，以及与西城驿遗址同时期或更早的甘肃东部地区史前遗址中都未见到土坯或土坯建筑，目前我们更倾向于认为西城驿遗址土坯的出现是受到了来自西边的影响，而很难将其与东部地区直接联系起来。就目前来看，河西走廊地区大麦、小麦、权杖头和土坯建筑的出现，很可能均是受到西方影响的结果。

附记：

炭化作物显微照片由赵志军先生提供，在此表示感谢。

执笔者　陈国科　王　辉　李延祥　张良仁　杨月光

（本文原载于《考古》2014年第4期）

---

① 甘肃省文物考古研究所、北京大学考古文博学院：《河西走廊史前考古调查报告》，文物出版社，2011年。

②甘肃省博物馆、吉林大学考古系：《民乐东灰山考古——四坝文化目的的揭示与研究》，科学出版社，1998年。

③ 1976年玉门火烧墓地发掘出土有石质权杖首现藏于甘前文物考古研究所标本号为76YHM64：14。

④ 孙淑云、韩汝玢：《甘肃早期铜器的发现与冶在河西走廊地区炼、制造技术的研究》，载《文物》1997年第7期。

⑤ 甘肃省博物馆、吉林大学考古系：《民乐东灰山考古——四坝文化目的的揭示与研究》，科学出版社，1998年。

甘肃卓尼苞儿遗址试掘简报

甘南藏族自治州博物馆

苞儿遗址位于卓尼县城西南1公里的洮河南岸台地上。东临苞儿村，西临达布沟，北与洮河相望（图一）。遗址面积12500平方米。1982年8月文物普查时发现。为了解文化层堆积情况，在遗址北部边缘开相互毗连的1.5米×8米和1.5米×6米的探沟两条（打通隔梁为一条）。1988年7月又进行过复查。

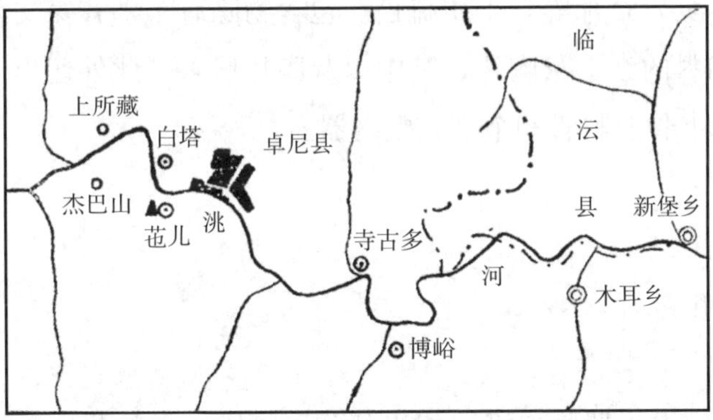

图一 卓尼苞儿遗址位置图

试掘中发现灰坑两座，出土一批陶、石、骨角器。现将试掘资料分述如下。

一、地层堆积

地层分三层。

第1层：农耕土。厚0.25～1米。浅棕色土，土质疏松，无包含物。

第2层：上文化层。厚0.3～2.4米。灰褐色土，土质较软。出土泥质橙黄陶片、夹羼和料的红、灰陶片及陶、石、骨器和兽骨等。

第3层：下文化层。厚0.1～1.8米。黑黄色花土，土质松软。出土泥质橙黄陶片和夹羼和料的红、灰粗陶片及石、骨器和兽骨等（图二）。

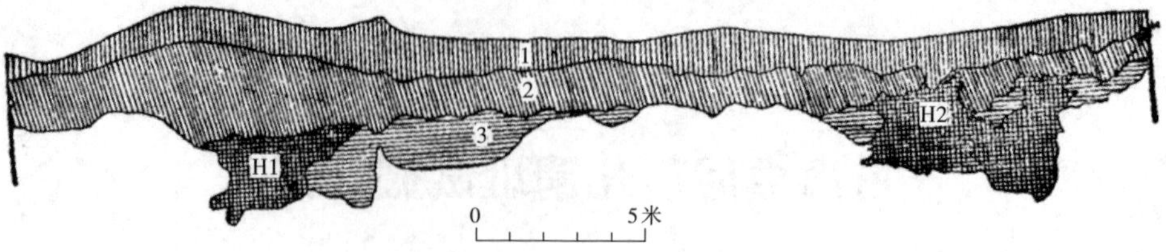

1.农耕土　2.灰褐色土　3.黑黄色花土

图二　探沟总刨面图

第3层以下为生土。

二、遗迹

灰坑　2座（编号82ZYH1、H2）。均开口于第2层（上文化层），打破第3层（下文化层）。灰坑呈不规则形，坑壁有纵向小沟槽，坑底凹凸不平。内填灰土和黄土块河卵石、页岩石片等。土质疏松。包含物除有个别齐家文化泥质橙黄陶片外，全为夹羼和料的红、灰陶片，其中以灰陶片居多。此外还出土一批石、骨角器，以及兽骨、卜骨、料骨和个别完整陶器。

三、遗物

(一)生活用具

1.陶器

完整器3件。多为器物口沿，相当部分可复原。大部分出于两座灰坑中。陶质以夹羼和料的粗陶为主（内夹碎陶末的居多，次为夹细河砂），泥质陶数量很少。灰色居多，次为橙黄、灰褐、红褐等。手制，做工粗糙。陶质疏松，火候不高。器形有钵、方口形器、盅、罐、瓮等。

钵　2件。残。H2：20，方唇，弧壁。素面抹光。灰褐色。壁厚0.7厘米（图三：1）。H2：21，圆唇，口微敛，深腹。素面抹光。夹碎陶末。橙黄色，表面有烟熏痕迹。壁厚0.8厘米（图三：2）。

方口形器　1件（H1：8）。仅存口沿。方唇，口略敛，四角为一突出的弧形纽，弧腹。素面磨光。夹细砂和碎陶末，橙红色。壁厚0.8厘米（图三：3）。

盅　1件（H2：64）。残。尖唇，敛口，浅腹，平底。泥质红灰色。口径5.8厘米、高2.6厘米（图三：4）。

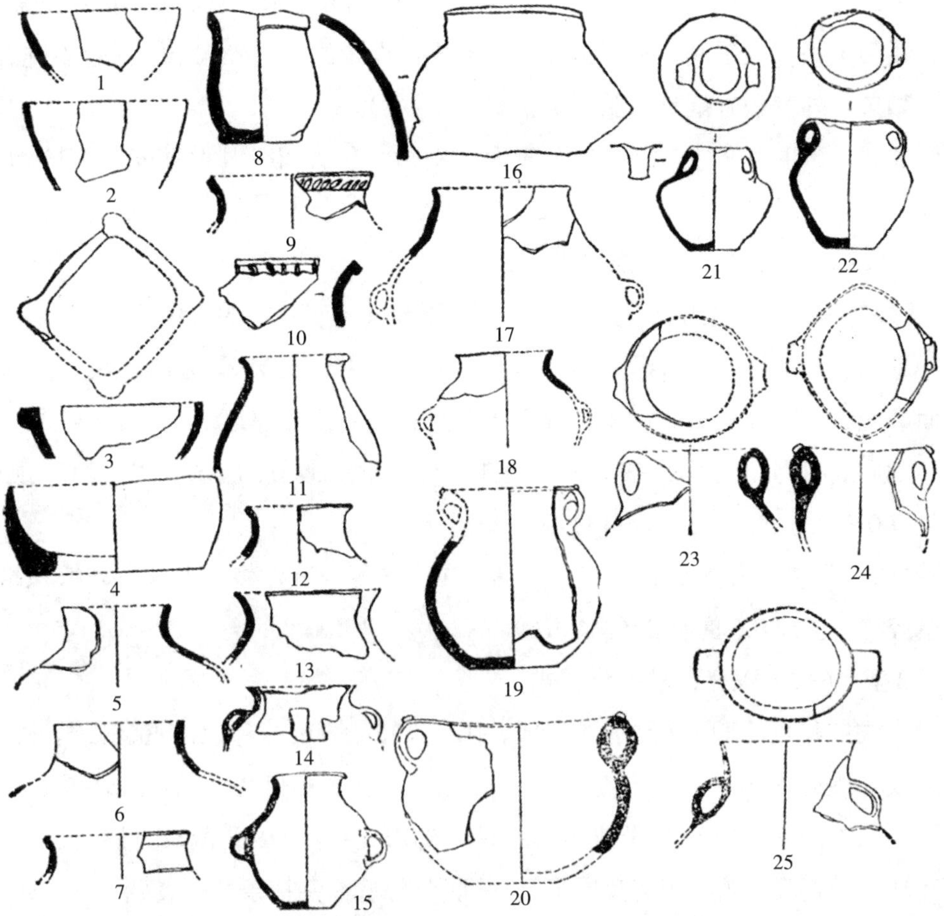

1、2.钵(H2:20、21) 3.方口形器(H1:8) 4.盅(H2:64) 5、6瓮(H1:11、H2:22) 7、9、10.AⅡ式罐(H1:2、4、3) 8.AⅠ式罐(H1:24) 11～13.AⅢ式罐(H1:12、采:01、H1:10) 14.BⅡ式罐(H2:9) 15、17、18.BⅠ式罐(81ZHND 采:09、H2:79、Ⅱ:2) 16.AⅣ式罐(Ⅱ:1) 19、23.CⅠ式罐(H2:17、H1:13) 20.CⅣ式罐(H2:13) 21.CⅡ式罐(H2:1) 22.CⅢ式罐(Ⅱ:8) 24.CⅤ式罐(H1:16) 25.BⅢ式罐(H2:8)(1、2、7、19、21.1/2,3、5、6、9、14、17.1/10,4.1/2,8、11、15、22、25.1/8,12、16.1/4,余为1/6)

图三 出土陶器

瓮 2件。仅存口沿。H1：11，方唇，口略敞，广肩。素面压抹。夹砂粒和碎陶末，红褐色。厚0.9厘米（图三：5）。H2：22，平沿，直口。素面抹光。夹碎陶末，黑灰色。厚0.9厘米（图三：6）。

罐 49件。完整者4件，口沿46件。分三型。

A型：完整器1件，口沿13件。分四式。

Ⅰ式：2件。H1：24，口径11.9厘米、高14.8厘米、底径9.4厘米。敞口圆唇，弧腹下垂，大平底。素面抹光。口沿外饰泥带纹。夹碎陶末。陶色不纯，灰、红褐相杂。外表积有烟炱。胎厚疏松（图三：8）。

Ⅱ式：3件。仅存口沿。器形较大。敞口，斜方唇。外壁抹光。夹碎陶末和砂粒，有些还夹有料姜石粉。外壁积有烟炱。H1：2，唇外饰泥带纹，红褐色。厚0.7厘米。H1：4，唇外饰泥带纹，上压印树叶纹，橙褐色。厚0.8厘米。H1：3，唇外饰泥带纹，上压印竖短线纹。厚1厘米（图三：7、9、10）。

Ⅲ式：5件。仅存口沿。器形较小，侈沿。H1：12，斜方唇，束颈，垂腹。素面磨光，有光泽。夹碎陶末和碎骨末。灰色，有烟熏黑斑块。厚0.7厘米。H1：10，圆唇，束颈。素面压抹。夹碎陶末。浅灰色，厚0.5厘米。采：01，颈部较高。厚0.5厘米（图三：11～13）。

Ⅳ式：4件。仅存口沿。高领。Ⅱ：1，方唇，沿外侈。夹砂。外壁积烟炱，内壁橙红色。厚0.6厘米（图三：16）。

B型：6件。仅存口沿。分三式。

Ⅰ式：4件。双环耳位于腹中部。H2：79，敞口，斜方唇，粗斜颈。外饰刮抹条纹。夹碎陶末、料姜石粉和砂。灰褐色，有红褐色块，胎橙红。厚0.9厘米（图三：17）。完整器见阿子滩出的一件，84ZHTA采：01，敞口方唇，圆肩，腹双环耳，斜直腹（俯视腹为扁圆形），平底。外壁饰刮抹条纹。夹砂。橙红色，杂黑灰色斑。口径11厘米、高27.3厘米、底径9.5厘米。Ⅱ：2，侈口，圆唇，广肩。素面磨光，略有光泽。浅灰褐色。泥质。厚0.4厘米（图三：18）。81ZHND采：09，敞口，斜方唇，圆鼓腹，腹有双环耳，小平底。夹砂黑褐陶。素面磨光。口径8.4厘米、高15厘米、底径6.8厘米（图三：15）。

Ⅱ式：1件（H2：9）。口沿外侈，束颈。双耳位于肩部。素面磨光。夹碎陶末和碎骨末。灰褐、砖红和烟熏黑斑相杂。厚0.4厘米（图三：14）。

Ⅲ式：1件（H2：8）。敞口，高领。双耳在肩颈之间。素面磨光。夹碎陶末和河砂。砖红色，杂橙黄色斑块。厚0.6厘米（图三：25）。

C型：完整器2件，口沿30件。分五式。

Ⅰ式：27件。多为口沿。H2：17，敞口，斜方唇，束颈。双环耳，圆腹，平底。素面抹光。双耳顶部饰乳丁纹。夹碎陶末，胎疏松。灰色，杂橙红色斑块。外壁有烟炱。高14.7厘米、底径7.1厘米（图三：19）。H1：13，尖唇，侈沿，曲颈，双环耳与口沿相连。素面磨光，有光泽。夹砂，灰褐色。内外壁施陶衣（图三：23）。

Ⅱ式：1件（H2：1）。扁圆口，沿略侈。短直颈。双扁宽耳，顶部下凹。宽平肩，斜腹。平底内凹。素面磨光。夹砂。黑灰和橙红相杂。胎较薄。口径9.5～10.9厘米、高17.5厘米、底径7.9厘米（图三：21）。

Ⅲ式：2件。Ⅱ：8，扁圆口，沿略侈。曲颈，双环耳，口部下凹。圆肩，斜直腹。平底。素面磨光。夹碎陶末。橙红、灰褐、灰及烟熏的黑灰色斑块相杂。口径8.9～9.4厘米、高14.4厘米、底径5.9厘米（图三：22）。

Ⅳ式：1件（H2：13）。仅有口沿。方唇，圆口，沿略下弧。双环耳顶部饰乳钉纹。夹碎陶末。灰色。素面磨光。厚0.6厘米（图三：20）。

Ⅴ式：1件（H1：16）。仅存口沿。敞口方唇，菱形沿（双流）。双耳与口沿相连，耳顶饰乳钉纹。素面抹光。夹碎陶末。灰褐色，外壁有烟炱。厚0.7厘米（图三：24）。

2.骨器

骨匕 2件。用动物肋骨纵剖刮去骨松质制成。H1：34，长条形，圆头。略磨。表面光洁。头部有使用痕迹。长12.5厘米（图四：1）。Ⅲ：13，长柄。砍削后路打磨而成。头部有使用磨损痕迹。长14.4厘米（图四：2）。

(二)生产工具

1.陶器

纺轮 1件（H1：9）。残。圆饼形。中间穿一孔。用陶片磨成。夹碎陶末。一面橙黄，一面灰黄。直径5.6厘米、厚0.7厘米、孔径0.6厘米（图四：3）。

弹丸 1枚（Ⅲ：7）。卵形。捏制。夹碎陶末。灰、红褐色相杂。径2～2.6厘米。

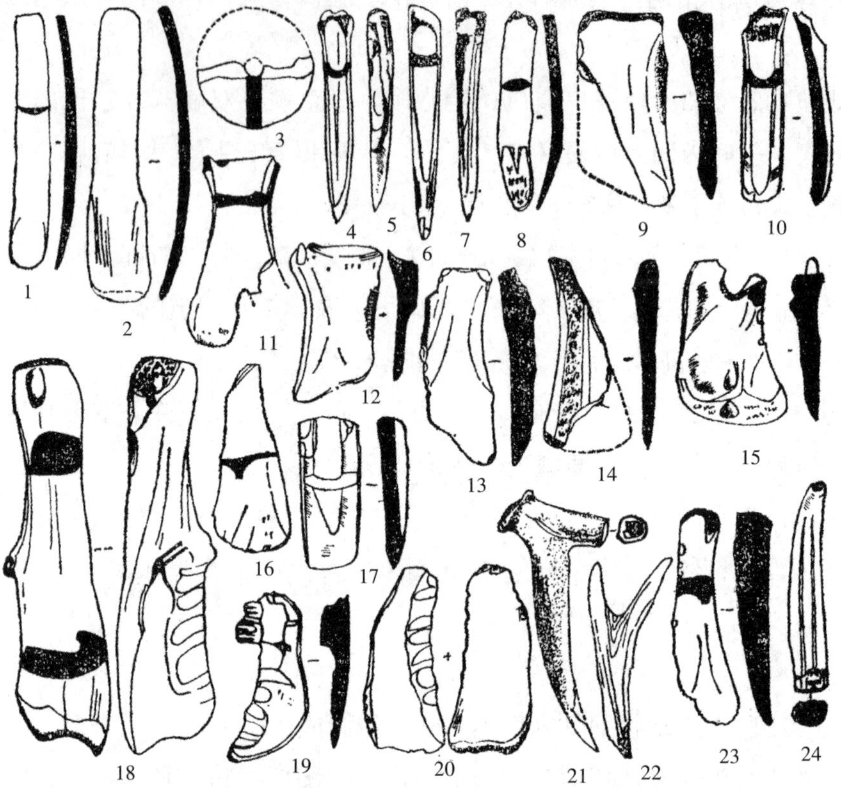

1、2骨匕(H1:34、Ⅲ:13)　3.陶纺轮(H1:9)　4、6.Ⅱ、Ⅰ式骨锥(H2:39、Ⅲ:Ⅱ)　5、7.Ⅲ式骨锥(H1:33、32)　8.骨刮抹器(H2:37)　9.骨锛(H1:27)　10、17骨凿(Ⅲ:10、H2:29)　11、13、18、20.Ⅰ、Ⅴ、Ⅷ、Ⅶ式骨铲(Ⅲ:12、H1:25、H2:33、H1:30)　12、15.Ⅳ式骨铲(H2:31、28)　14、16.Ⅲ式骨铲(Ⅱ:3、H1:29)　19、23.Ⅵ式骨铲(Ⅲ:9、H2:30)　21、22、24.角质工具(1～7、9、17.约1/3,21.约1/9,22.1/6,余约1/5)

图四　出土器物

2.石器

65件。有敲砸器、刮削器、斧、铲、锄、刀、杵、磨棒和磨盘等。

敲砸器　5件。分三式。

Ⅰ式：1件（Ⅱ：11）。扁平椭圆形。刃部用交互打击法制成。含云母细砂岩，灰色。径10.9～13.2厘米、厚2.1厘米（图五：2）。

Ⅱ式：1件（H1：70）。扁平近梯形。刃部用交互打击法制成。含云母细砂岩，深灰色。宽10.6厘米、长8.4厘米、厚3厘米。

Ⅲ式：3件。不规则圆形。刃部用交互打击法制成。II：13，页岩，灰绿色。径11.6～12.3厘米、厚2.8厘米（图五：1）。

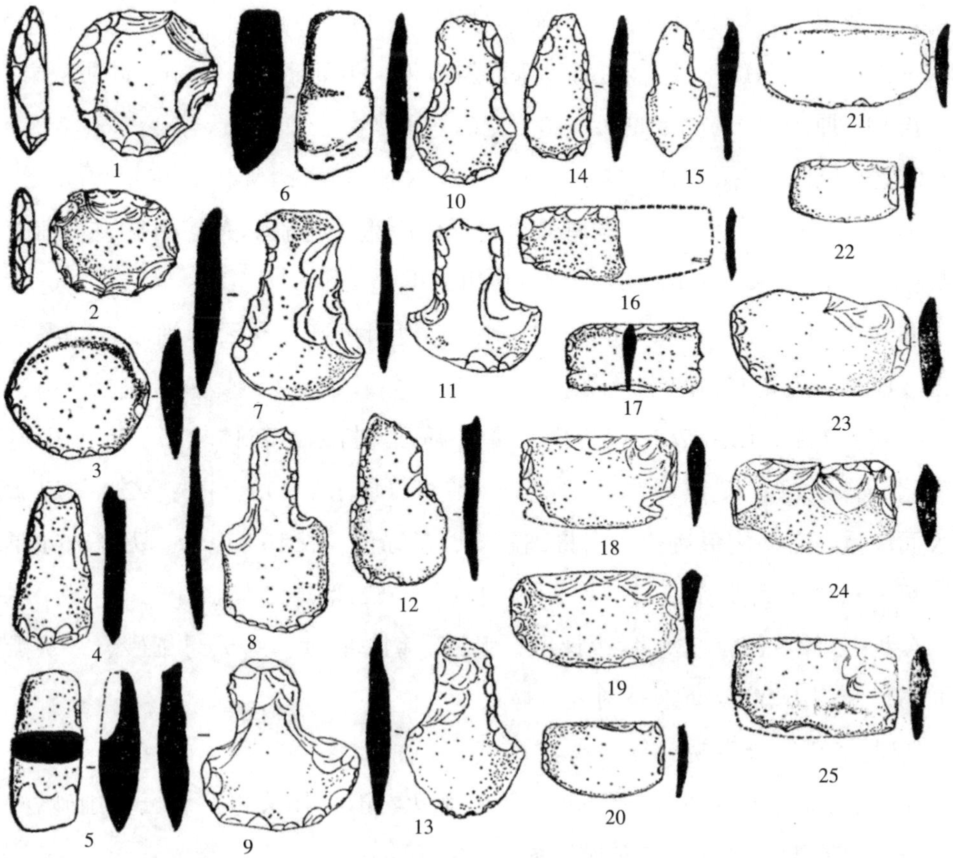

1、2.Ⅲ、Ⅰ式敲砸器(Ⅱ:13、11) 3.刮削器(H2:98) 4～6.AⅠ～AⅢ式斧(H1:74、71、81) 7、9、11.BⅡ、BⅠ、BⅢ式斧(H2:94、Ⅱ:14、H2:76) 8、12.BⅠ、BⅡ式铲(H1:83、H2:82) 10、13、15.Ⅰ～Ⅲ式锄(H2:88、H1:80、73) 14.A型铲(H2:93) 16～19.AⅡ、AⅠ、AⅢ、AⅣ式刀(H2:83、86、H1:72、H2:81) 20、22.BⅡ、BⅠ式刀(H2:78、Ⅱ:12) 21、25.BⅢ式刀(H1:77、H2:79) 23、24.BⅣ、BⅤ式刀(H1:75、88 采:02)(1、7～14.约1/7,3、20、22、23.约1/4,4.约1/9,15.约1/11,余约1/5)

图五 出土石器

刮削器 1件（H2：98）。圆形。系打剥的石片，有使用痕迹。含云母细砂岩，灰色。直径7.7厘米（图五：3）。

斧 8件。分二型。

A型：3件。分三式。

Ⅰ式：1件（H1：74）。梯形。窄斜肩，弧刃。打制。有使用痕迹。细砂岩，灰绿色。长21.1厘米、刃宽10.8厘米（图五：4）。

Ⅱ式：1件（H1：71）。长条形，双面弧刃。琢制。刃粗磨，有使用痕迹。硅质灰岩，灰黑色。长13.1厘米、刃宽4.7厘米（图五：5）。

Ⅲ式：1件（H1：81）。窄肩，双面斜弧刃。刃部略磨。琢制。硅质灰岩，黑色。长13.3厘米、刃宽5.5厘米（图五：6）。

B型：5件。束柄。分三式。

Ⅰ式：1件（Ⅱ：14）。宽肩弧刃，形体厚重。打制。有使用痕迹。细砂岩，深灰色。长18厘米、刃宽16.2厘米（图五：9）。

Ⅱ式：2件。H2：94，弧刃。打制。有使用痕迹。含云母细砂岩，深灰色。长20.1厘米、刃宽13.6厘米（图五：7）。

Ⅲ式：2件。H2：76，宽直柄，宽肩弧刃。打制。铲体较薄。有使用痕迹。细砂岩，深灰色。长17厘米、刃宽14.4厘米（图五：11）。H2：92，斜肩弧刃，体大而厚重。有使用痕迹。含云母细砂岩，灰绿色。长19.8厘米、刃宽16.1厘米。

铲　14件。完整者11件。残3件。打制。分二型。

A型：3件。H2：93。弧边梯形，弧刃。铲体轻薄。含云母细砂岩，灰黑色。长15.6厘米、刃宽7.2厘米（图五：14）。

B型：5件。长直柄。分二式。

Ⅰ式：2件。H1：83，铲头近方形，弧刃。有使用痕迹。含云母细砂岩，灰色。长21.7厘米、刃宽10.7厘米（图五：8）。

Ⅱ式：3件。H2：82，铲头为圆角方形。有使用痕迹。含云母细砂岩，灰褐色。长13.7厘米、刃宽7.1厘米（图五：12）。

锄　6件。打制。长柄。分三式。

Ⅰ式：2件。H2：88，锄头近圆形。有使用痕迹。深灰色细砂岩。长18.2厘米、锄头宽11.1厘米（图五：10）。

Ⅱ式：2件。H1：80，半圆形锄头。刃部磨蚀圆钝。灰色细砂岩。长20.2厘米、肩宽12.1厘米（图五：13）。

Ⅲ式：2件。H1：73，舌形锄头。刃部磨蚀圆钝。灰色细砂岩。长21.8厘米、刃宽10厘米（图五：15）。

刀　17件。完整或大部完整的14件。打制。分二型。

A型：6件。两侧边有“V”形缺口。分四式。

Ⅰ式：1件（H2：86）。长方形。两侧边“V”形缺口对磨而成。有使用痕迹。灰色细砂岩。长11.4厘米（图五：17）。

Ⅱ式：1件（H2：83）。直背略磨。对磨的“V”形缺口位于侧边与刃部交界处。半边残。黑色硅质灰岩。残长8.3厘米（图五：16）。

Ⅲ式：2件。H1：72，直背弧刃。“V”形缺口打制。有使用痕迹。含云母细砂岩，灰褐色。长8.3厘米（图五：18）。

Ⅳ式：2件。H2：81，背微弧略磨，弧刃。有使用痕迹。一侧边打有“V”形缺口。含云母细砂岩，灰绿色。长9.1厘米（图五：19）。

B型：8件。两侧边无“V”形缺口。分五式。

Ⅰ式：2件。Ⅱ：12，直背弧刃。刃部有使用痕迹。灰绿色硅质灰岩。长9.1厘米（图五：22）。

Ⅱ式：1件（H2：78）。直背凸弧刃。刃部磨损明显。含云母细砂岩，灰褐色。长9.7厘米（图五：20）。

Ⅲ式：2件。H2：79，弧背，刃略弧。刃大部残。含云母细砂岩，灰色。长8.8厘米（图五，25）。H1：77，利用宽薄石片加工出两侧边而成，有使用痕迹。含云母细砂岩，灰绿色。长14.2厘米（图五：21）。

Ⅳ式：2件。H1：75，弧边四边形。有使用痕迹。淡绿色细砂岩。长9.6厘米（图五：23）。

Ⅴ式：1件（88采：02）。凹背弧刃，形体厚大。有使用痕迹。含云母细砂岩，绿褐色。长13.6厘米（图五：24）。

杵　1件（H1：87）。圆棒形。横断面有磨痕。细砂岩。长16.2厘米。

磨棒　7件。H2：75，圆棒形，残。使用面打琢成糙面，有磨损痕迹。紫褐色细红砂岩。残长12.8厘米（图六：1）。H1：78，鞋底形。利用自然的河卵石打琢出糙面而成，有磨损痕迹。灰绿色细砂岩。长16.9厘米（图六：2）。

1、2.石磨棒(H2:75、H1:78)　3.石墨盘(H1:84)(1.约1/5,2.约1/6,3.约1/8)

图六　出土石器

磨盘 2件。残。H1：84，平底。磨面下凹，打琢成糙面，有磨损痕迹。灰绿色细砂岩。残长16.9厘米（图六：3）。

3. 骨角器

38件。器形有针、锥、刮抹器、锛、凿、铲、锄等。

针 1件（H2：74）。通体光洁，针尖锋利。针眼部磨成扁平，上部残。白色。残长2.9厘米。

锥 10件。利用动物或禽类肢骨制成。分四式。

Ⅰ式：1件（Ⅲ：11）。用牛肢骨纵切后磨成。通体光滑，尖锋残。白色。残长11.4厘米（图四：6）。

Ⅱ式：3件。H2：39，用禽类肢骨磨成。顶端仍保留大半关节面。白色。长10.4厘米（图四：4）。

Ⅲ式：2件。H1：33，利用牛骨磨成。通体光洁。白色。长10厘米（图四：5）。H1：32，磨制。尖略残。上部有牙咬痕迹。白色。残长10.5厘米（图四：7）。

Ⅳ式：4件。H2：41，利用羊肢骨打制而成。顶端仍保留部分关节面。尖锋因使用被磨光，略残。白色。长11.7厘米。Ⅱ：4，尖部略磨，略残。黄白色。长10.3厘米。

刮抹器 1件（H2：37）。条形，尖弧头。用牛肋骨制成。一端因使用被磨光。白色。长14.5厘米（图四：8）。

锛 1件（H1：27）。长方形。双面刃，刃大部残。用牛胛骨纵剖后磨成。黄色。长9.5厘米、上宽4.5厘米（图四：9）。

凿 3件。Ⅲ：10，双面刀。利用动物肢骨纵剖后磨成牙部而成。弧刃略残。白色。长14.4厘米（图四：10）。H2：29，双面斜直刃。通体光滑。顶部骨质酥松，骨皮剥落。黄白色。长7.4厘米、刃宽2.1厘米（图四：17）。

铲 15件。分八式。

Ⅰ式：1件（Ⅲ：12）。用牛胛骨（去掉部分臼窝和骨脊）制成。刃部因使用磨蚀成很深的“V”形口，将铲头分成左右两半，右半残。土白色。长14.6厘米（图四：11）。

Ⅱ式：2件。H1：26，舌形铲头。利用已磨损的Ⅰ式骨铲改制而成。白色。长14.3厘米。

Ⅲ式：3件。Ⅱ：3，三角形。单面刃，刃大部残。用牛胛骨制成。骨脊磨平，顶部有火烧痕迹。通体光亮。黄色。长14.1厘米（图四：14）。H1：29，舌形弧刃。有使用痕迹。用牛胛骨砍砸制成。黄白色。长14.3厘米、刃宽5.5厘米（图四：16）。

Ⅳ式：2件。H2：28，弧边长方形，单面平弧刃。用牛下颌骨后部削成。刃部磨制，有使用痕迹。土黄色。长12厘米、刃宽7.9厘米（图四：15）。H2：31，长方形。单面斜曲刃。用牛胛骨制成。刃部磨损圆钝。黄色。长11.4厘米、刃宽5.6厘米（图四：12）。

Ⅴ式：1件（H1：25）。长条形。斜曲刃，刃圆钝。用牛胛骨砍砸制成。黄色。长14.5厘米（图四：13）。

Ⅵ式：2件。弯刀形。H2：30，通体光滑。圆弧刃，刃口剥损。用牛胛骨制成。黄色。残长15.7厘米（图四：23）。Ⅲ：9，单面斜弧刃。用鹿下颌骨砍削制成，上部仍保留两颗牙齿。黄色。长12.9厘米、刃长6.3厘米（图四：19）。

Ⅶ式：1件（H1：30）。弧边条形。单面曲刃。外皮光滑。刃部磨损。用牛下颌骨制成。黄白色。长14.2厘米、刃宽5.6厘米（图四：20）。

Ⅷ式：3件。长柄，弧形单面曲刃。用鹿下颌骨制成。H2：33，黄白色。长20厘米、刃宽4.8厘米（图四：18）。

另有鹿角制作的手工工具多件（图四：21、22、24）。用斑鹿角稍加修整即可，尖部多磨损严重。

(三)其他

石贝　1件（Ⅱ：10）。圆雕。通体光滑。上部对钻一孔，孔上端磨损。石英质，有黄、红黄和紫红色纹理。长2.1厘米、最厚处0.8厘米。

陶祖　1件（Ⅲ：8）。残。捏塑，中间穿一小孔。泥质。陶色不纯，一半橙红，一半浅灰。残长2.5厘米。

石雕　1件（H1：85）。梯形。中部下凹，琢磨出一浅浮雕的阴茎状物。左侧边和下侧边尚残留滴状的红色颜料。灰色细砂岩。长24.4厘米。

女阴石雕　2件。H2：96，弧边三角形。中间琢一椭圆形窝，内涂朱，周围尚留点滴残痕。细砂岩，表面印有黑色柏类叶痕。长22厘米、最宽处16.5厘米（图七：3）。H1：86，残。上琢一椭圆形窝，内积一层赤铁矿颜料，周围涂朱成血迹状。有火烤痕迹。含云母细砂岩，灰色。长22.2厘米（图七：1）。

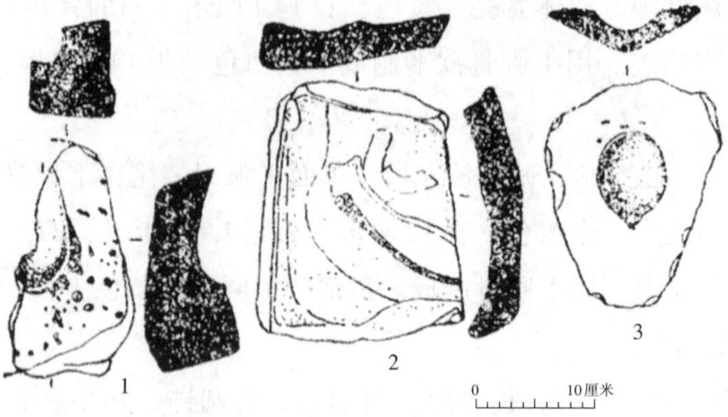

1、3. 女阴石雕（H1：86、H2：96） 2. 石雕（H1：85）

图七　雕刻石器

卜骨　8件。其中牛胛骨1件，羊胛骨7件。

（1）牛胛卜骨

1件（H1：63）。残。背面中脊被磨平。施灼1处。残长11.3厘米。

（2）羊胛卜骨

7件。其中3片残甚，余4片大部分完整。骨面无修治痕迹。除1件骨脊被砸除外，其余均保持原貌。有灼，少者1处，多者达85处。除正面施灼外，骨脊、背面也施灼。H1：64，大部分完整。正面施灼呈左右排列，左侧50处，右侧26处。背面施灼9处。骨脊一侧施灼1处，另一侧施灼4处。正面左部灼呈小圆形，右部及反面灼呈长圆形。残长16.2厘米（图八：1）。H1：65，保存较完整。骨臼下有砍痕一条。施灼左右排列，左12处、右16处、背23处。正面灼呈圆形，背面灼呈不规则长圆形。长15.6厘米（图八：2）。

刻画骨管　1件（Ⅱ：9）。一端管口略残。通体饰线刻纹。纹饰由内填短线的折带纹、X纹、麦芒纹、交叉纹和斜短线纹组合而成。部分纹饰侧旁刻长短不齐的短线条，可能为一种记数刻纹。鹰骨（?），黄色，有光泽。长11厘米（图八：3）。

遗址出土了丰富的动物骨骸残块。经甘肃省博物馆谢俊义先生鉴定，动物种类有赤鹿、斑鹿、梅花鹿、牛、羊和鸟类等。其中以牛骨数量最多。

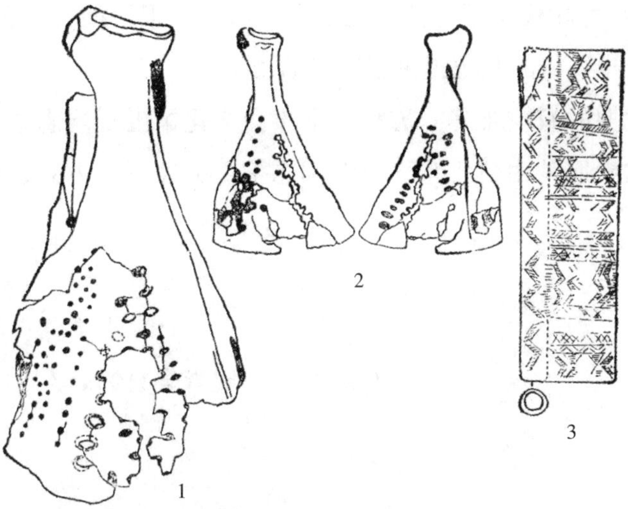

1、2. 羊胛卜骨(H1:64、65)　3. 刻画骨管(Ⅱ:9)(1、3.1/2,2.1/4)

图八　出土遗物

四、结语

苉儿遗址试掘面积有限，但出土物丰富，内涵较复杂。从基本特征看，是寺洼文化范畴内的一种遗存。如陶质以碎陶末和砂作为主要的羼和料，泥质陶很少；陶质疏松，火候不高；陶色不纯，往往有烟熏斑块；器物形态厚笨，有些双耳罐已初具马鞍形口的形态。此外，该遗存又具有齐家文化的若干因素，尤其是洮河上游地区的齐家文化晚期遗存[①]。主要表现在器物形态方面，如A型罐，AⅠ式罐[②]。另外，在洮河上游地区的齐家文化晚期遗存中，已较多地使用碎陶末做羼和料[③]。

遗址自身的特点比较明显，如器物以罐类为主，同时又以双耳罐居主导地位，纹饰简单，造型以矮肥为主要特征，双耳罐口沿复杂多样，双耳往往粘接在口沿或唇缘上，形成口沿与双耳连为一体的形态特点，颈部萎缩，腹部浑圆。

综上所述，苉儿遗址（此类遗存在洮河上游地区发现较多，如已发表资料的

---

① 《甘肃卓尼县纳浪乡考古调查简报》(特刊)；《甘肃临潭县陈旗乡考古调查简报》(初稿)。

② 青海省文物管理处、中国社会科学院考古研究所：《青海柳湾》，文物出版社，1984年；夏鼐：《齐家期墓葬的新发现及其年代的改订》，载《中国考古学报》第3册。

③ 《甘肃卓尼县纳浪乡考古调查简报》(待刊)；《甘肃临潭县陈旗乡考古调查简报》(初稿)。

岷县杏林遗址[①]）可能代表了寺洼文化的早期形态，很可能为一种新的文化类型。它为我们探索寺洼文化的起源提供了可贵的线索。

参加调查试掘的有樊维华、方毅，临潭县文化馆王军同志。资料整理由樊维华同志负责，文中照片由樊维华、方毅同志拍摄，插图由方毅、张淑贞、樊维华同志绘制。

执笔者　樊维华　方　毅

（本文原载于《考古》1994年第1期，第14–22页）

① 甘肃岷县文化馆：《甘肃岷县杏林齐家文化遗址调查》，载《考古》1985年11期。

甘肃卓尼县纳浪乡考古调查简报

甘南藏族自治州文化局

纳浪乡位于卓尼县东南部。东与定西地区岷县接壤，西、南与卓尼县木耳乡毗连，北隔洮河与临潭县总寨乡相望。遗址分布在临近洮河的黄土台地上。经1981年和1987年两次调查，共发现古文化遗址及墓地5处，它们分别是大族坪遗址（墓地）、石坡遗址、石嘴湾遗址、寺坪遗址和大坂子遗址（图一）。现将其中重要的大族坪遗址（墓地）和石坡遗址简报如下。

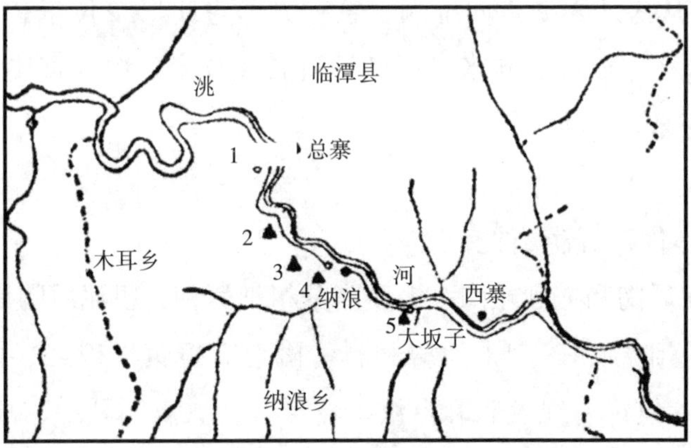

1.大族坪遗址　2.石坡遗址　3.石嘴弯遗址　4.寺坪遗址　5.大坂子遗址

图一　甘肃卓尼县纳浪乡古文化遗址分布示意图

一、大族坪遗址

位于大族坪台地东部，东距纳浪乡政府驻地5公里。台地呈扇形，地势平坦，面积较大，是洮河上游地区为数不多、发育较好的黄土台地之一。台地南临朝勿村和朝勿沟，中有小溪一条由西向东注入洮河。东面为洮河，西和西北面为坪山梁所环抱。大族坪村坐落于台地中部。遗址面积4.2万平方米，是一处住地兼墓地的遗址。

遗址分南、北两区。南区为齐家文化遗址，北区为寺洼文化遗址。墓地位于遗址西面，部分与遗址相重合。

(一)南区(齐家文化遗址)

1.文化层

仅发现15米长的一段堆积层，厚0.3～0.8米，由灰土、烧土、炭屑构成。包含物很少，内含白灰面房址2座。

2.遗迹

白灰面房址2座（编号88DF1，88DF2）。均暴露于坪台断面上，为半地穴式房址。F1暴露长3.8米，穴壁高0.38～0.43米，中间为一长0.92米、深0.17米的圜底灶坑。居住面加工考究，白灰涂层光滑坚实，厚0.5～1厘米。其下为一厚4厘米压实的硬土层。穴壁涂白灰两层，中间夹草拌泥涂层。房址南侧（与房址相连）有一层厚0.06米、长0.4米的硬土层，其下压人骨一堆（未清理，从观察到的现象看，似堆置）。从房址穴壁走向推测，系一方形房址。F2位于F1的北侧，相距3米，暴露长3米，穴壁高0.05米，中间灶坑长0.77米。白灰直接涂抹于生黄土层上，厚0.3～1厘米。

3.遗物

采集陶片16件，石器2件。

陶片 分泥质陶和夹砂粗陶。泥质陶分粗细两种，粗泥质陶掺有料姜石粉末。夹砂粗陶以白色细砂和碎陶末为羼和料。陶色有橙黄、橙红、棕褐和灰黄。手制，口沿轮修。纹饰有绳纹和麻点纹。器形有钵、双大耳罐、高领罐、侈口罐，均不能复原。陶片厚0.4～1.4厘米。

石器 两端刃器 1件。D采：13，弧边条形。两端用单向背面加工的方法修整成刃缘，两侧边各打一凹弧形缺口。细砂岩，灰绿色。长16.2厘米、宽8.7厘米（图二：8）。

石斧毛坯 1件。D采：5，扁平长条形，弧顶，下部残。周缘打琢加工。细砂岩，黑绿色。残长10.6厘米、宽7.7厘米、厚3.1厘米。

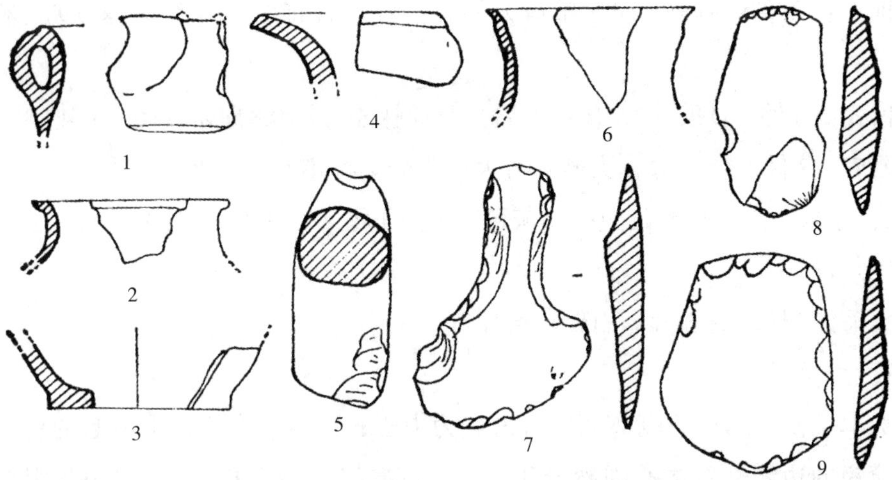

1.Ⅰ式罐(D采:2) 2.Ⅱ式罐(D采:3) 3.器底(D采:8) 4.Ⅳ式罐(D采:7) 5.磨棒(D采:1) 6.Ⅲ式罐(D采:4) 7.Ⅰ式石铲(D采:10) 8.两端刃石器(D采:13) 9.Ⅱ式石铲(D采:12)(1、4为2/5,2、9约1/4,余为1/5。未注质地者为陶器)

图二 大族坪遗址遗物

(二)北区(寺洼文化遗址)

位于台地坡面上，面积7740平方米。文化层暴露多处。最长一段长50米，厚1～1.6米（下不见底），上距地表2～3.6米。浅灰色，质疏松。内含陶片、石片、石核、兽骨及河卵石。

1.遗物

采集有陶片和石器。

(1) 陶片

共采集21片。泥质陶，陶土较粗，有灰和橙红两种陶色，有些施陶衣，数量很少。粗陶以细砂、页岩碎屑、碎陶末和料姜石粉末为羼和料，其中以细砂为常见，但大多混合使用。陶色有灰、灰褐、橙黄、橙红等。手制，以泥条盘筑法成形。器表或磨光、或刮抹、或抹光。纹饰有乳丁纹和刮抹修整形成的条（线）纹。器形仅罐类一种。分四式。

Ⅰ式：口沿1件。D采：2，口略侈，卷唇。双环耳，顶部略凹弧，饰乳丁纹。耳上端与口沿相连，下端嵌入腹壁。素面磨光。厚0.5厘米（图二：1）。

Ⅱ式：1件。D采：3，侈口卷唇，短颈。泥质。外施橙红色陶衣，胎灰色。厚0.6厘米（图二：2）。

Ⅲ式：1件。D采：4，敞口方唇，高领。外饰刮抹条纹。厚0.9厘米（图二：6）。

Ⅳ式：1件。D采：7，侈口方唇。素面抹光。厚0.8厘米（图二：4）。

器底 8件。皆平底，夹砂，有大小之分。标本D采：8，大平底，弧壁。泥条宽2.8厘米。内外壁橙红色，胎灰色。壁厚1厘米、底厚1.2厘米（图二：3）。

（2）石器

共采集7件。有石片、石铲、磨棒等。

石片 4件。

基本呈长扁圆形。剥离面以打击点为中心，形成一个半圆形高起的台面，其周为薄锐的边缘。石质有细砂岩和变质云母硅岩。标本D采：4，不规则形。打击点5处，连成一线。剥离面为两个相连的高起的弧形台面，周缘残。细砂岩，黑绿色。残长14.4厘米、残宽8.1厘米、最厚处1.7厘米。

铲 2件。分二式。

Ⅰ式：1件。D采：10，长直柄，溜肩斜弧刃。打制，一面仍留原石面。刃缘有崩落小石片的疤痕。含云母细砂岩，黑灰色。长20.2厘米、刃宽12.7厘米（图二：7）。

Ⅱ式：11件。D采：12，扁平梯形，弧刃。打制，一面仍留其原石面。刃缘有崩茬。含云母细砂岩，浅绿色。长12.3厘米、刃宽9.9厘米（图二：9）。

磨棒 1件。

D采：1，棒形，横剖面为抹角长方形。琢制。使用面打琢成糙面，有磨损痕迹。变质云母硅岩，灰黑色。长17.7厘米、宽7.7厘米、厚5.4厘米（图二：5）。

（三）墓地

位于遗址西面，部分与遗址相重合。1988年7月调查时，在坪台断面发现被挖毁和暴露的墓葬11座，清理1座，在另一座残墓中采集到陶器2件。现收集到出土陶器45件，其中齐家文化陶器16件，寺洼文化陶器29件。

1.墓葬

88DM1 竖穴土坑墓。墓底平面为圆角长方形，长2.13米、残宽0.7米。方向40°。内葬人骨3具，头骨1颗。

Ⅰ号人骨仰身直肢，面向西北，右臂环抱胸前，左臂下垂，手置腹部。Ⅱ号人骨侧身屈肢，面侧俯，颈部染成铜绿色，右腿骨似被砍断，压于Ⅰ号腿骨下，一足置随葬器物下，另一足缺失，左臂骨散乱，无手骨，人骨似呈挣扎状。Ⅲ号人骨系儿童，头骨置Ⅱ号人骨颈部，下颌骨及胸骨、肢骨零散地置于墓坑边。在Ⅱ号人骨右下方，与随葬器物一块，置人头骨一颗，无下颌骨，面向南。随葬器物分置于Ⅰ号人骨头顶和足部（图三）。

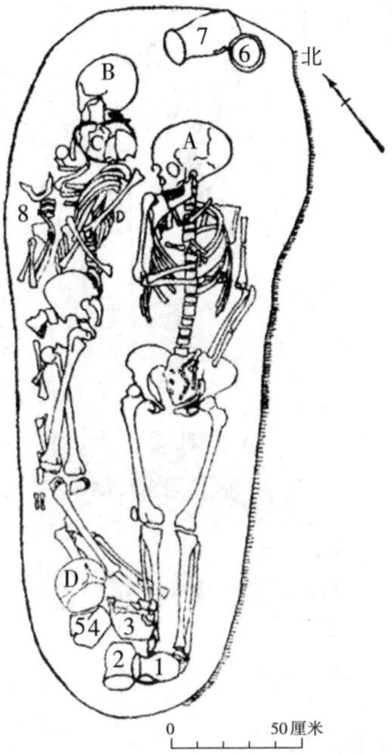

A.Ⅰ号人骨　B.Ⅱ号人骨　C.Ⅲ号人骨　D.头骨　1.单耳罐　2、3、6.无耳罐　4.碗　5.杯
7.双耳高领罐　8.牙饰

图三　大族坪M1平面图

2.遗物

墓内共出陶器7件，牙饰1件。

陶质分泥质陶和夹砂粗陶两类。泥质陶陶土较粗，大多掺有不等的料姜石粉末。粗陶以黑色细砂和碎陶末为羼和料，胎质疏松，羼和料裸露。陶色有灰、红和橙黄，大多不纯，往往杂有黑灰、灰黄、黄褐或橙红色斑块。

器物手制，以泥条盘筑法成形，泥质陶口沿轮修。器底大部外接，少数从内塞入。器耳附粘。器表刮抹。饰纹有划纹、刮抹线纹。器物腹壁较厚，显得厚重，尤其是粗陶器，制作粗糙笨重，器形歪斜。器形有碗、杯、单耳罐、高领双耳罐、侈口罐等。

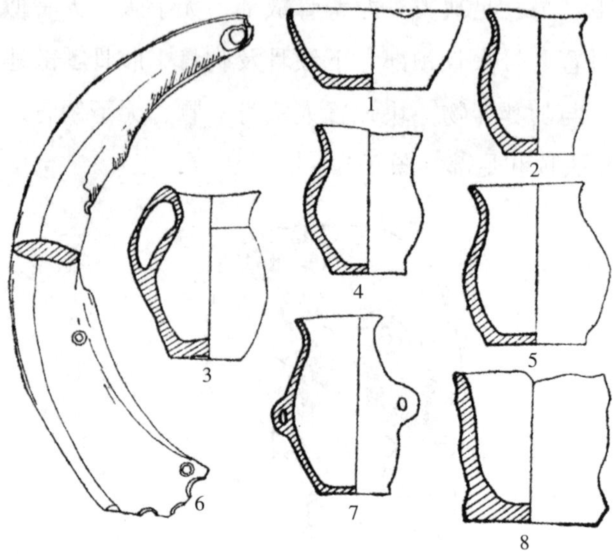

1.碗(M1:4) 2.Ⅱ式侈口罐(M1:6) 3.单耳罐(M1:1) 4.Ⅰ式侈口罐(M1:2) 5.Ⅲ式侈口罐(M1:3) 6.牙饰(M1:8) 7.高领双耳罐(M1:7) 8.杯(M1:5)(6为3/5,7为3/25,8为3/10,余为1/5)

图四 大族坪M1出土器物

碗 1件。M1：4，口略敛，尖唇，浅腹，大平底。素面。橙黄色。口径14.3厘米、高6.2厘米、底径9.2厘米（图四：1）。

杯 1件。M1：5，方唇，口缘不平，桶形腹，大平底。形体不规整。素面。口径7.7～8.2厘米、高7.8厘米、底径6.6～7.6厘米（图四：8）。

单耳罐 1件。M1：1，敞口尖唇，高领，单耳，弧腹，底内凹。素面。领腹相接处有一道划纹。领部轮修，底内塞。口径7.4厘米、高12.7厘米、底径6厘米（图四：3）。

高领双耳罐 1件。M1：7，侈口方唇。弧腹，双环耳，平底。外壁有不甚明晰的刮抹线纹。所夹碎陶末裸于器表。口径10.9厘米、高22.8厘米、底径9.1厘米（图四：7）。

侈口罐 3件。分三式。

Ⅰ式：1件。M1：2，敞口斜方唇，高领，折腹，平底。素面。外壁有烟炱。质疏松。口径8.4厘米、高11厘米、底径6.2厘米（图四：4）。

Ⅱ式：1件。M1：6，方唇，口略侈，弧腹，平底。素面。颈部有轮修痕迹。胎疏松。口径8.8厘米、高11厘米、底径7厘米（图四：2）。

Ⅲ式：1件。M1：3，侈口斜方唇，鼓腹，大平底。素面。底内塞。浅灰色，有烟熏痕迹。胎厚而疏松。口径9.3厘米、高12.5厘米、底径8.7厘米（图四：5）。

牙饰 1件。M1：8，用动物犬齿制成。略残。上钻8个小孔。表面光滑。长18厘米，小孔径0.3～0.5厘米（图四：6）。

其外，在一座被挖毁的残墓（编号88DM2，墓葬形制不清）中，采集到陶器2件。

单耳杯 1件。M2：1，方唇直口，曲腹，单耳，大平底。素面刮抹。耳上端附粘于口沿内壁，下端穿入腹内。夹河砂和碎陶末。橙黄色。口径12.3厘米、高7.2厘米、底径7.5厘米（图五：1）。

双鋬罐 1件。M2：2，敞口尖唇，弧腹，双鋬，平底。素面。夹砂。陶色不纯，浅灰、黄褐和烟熏黑斑相杂。胎疏松，内外壁均有积炭。口径8.5厘米、高13.4厘米、底径7.4厘米（图五：2）。

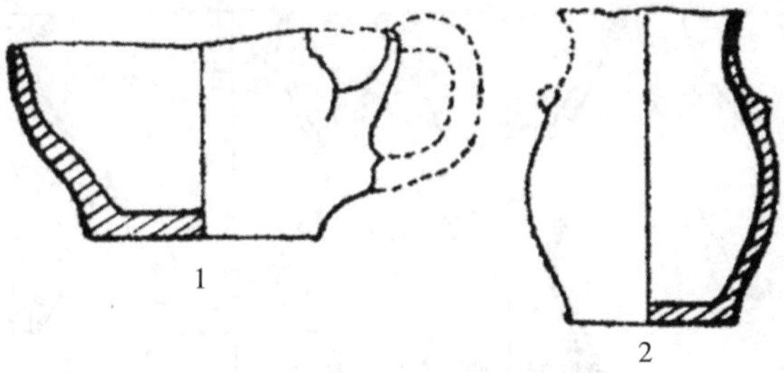

1.单耳杯(M2:1) 2.双鋬罐(M2:2)(1约1/4,2约1/6)

图五 大族坪M2出土陶器

3.征集品

1981年和1988年两次共征集墓地出土陶器45件，采集1件。现分述如下。

（1）齐家文化陶器

共15件。陶质分泥质陶和夹砂粗陶。泥质陶可分细泥质和粗泥质两种，粗泥陶往往掺有料姜石粉末。粗陶以页岩碎屑为羼和料。陶色有橙红、橙黄，部分陶色不纯，或橙红、橙黄相间，或橙红、灰色相杂。

器物以泥条盘筑法制成，口沿皆轮修，有些扩大到腹部。肩颈间往往有一周不甚明显的凸棱。底或外接，或从内塞入。器表大部磨光，有些并有光泽。纹饰有篮纹、戳印短线纹和椭圆形点纹、划纹、绳纹及附加堆纹。

器形有碗、盆、单耳罐、双大耳罐、高领双耳罐、高领罐、瓮、瓶、豆等。

碗 2件。分二式。

Ⅰ式：1件。D征：5，尖唇，口略敛，曲腹，大平底。素面抹光。口径16.3厘米、高7.3厘米、底径9厘米（图六：1）。

Ⅱ式：1件。D征：7，敞口尖唇，斜直腹，平底。素面抹光。口径11.9厘米、高6.1厘米、底径6厘米（图六：2）。

盆 2件。

标本D征：4，圆唇，直口略敛，腹略曲，大平底。素面。口径17.7厘米、高8.7厘米、底径8.8厘米（图六：4）。

单耳罐 1件。

D征：7，口略敞，圆唇，单环耳，折腹，平底。饰戳印短线纹、附加锯齿纹和齿纹。耳上端穿入器壁。口径7.1厘米、高9.5厘米、底径6.4厘米。

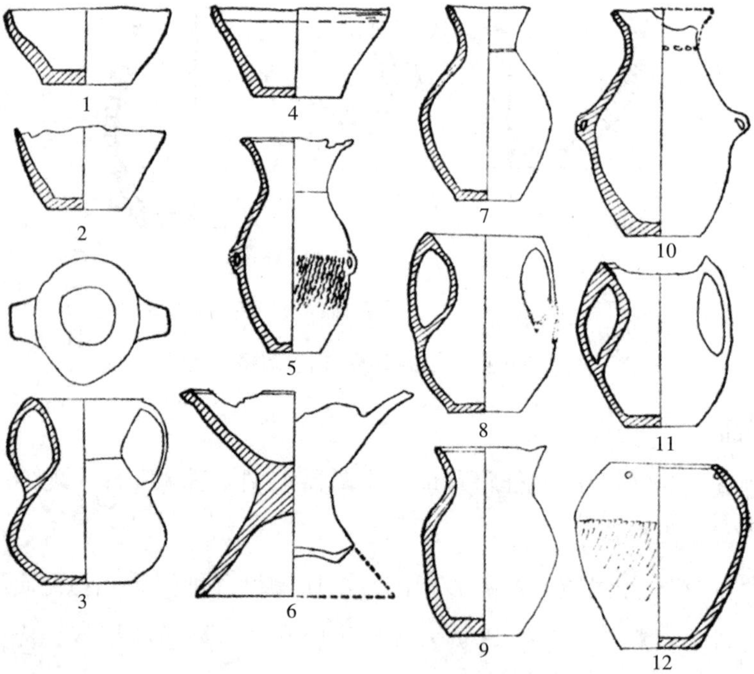

1. Ⅰ式碗(D征:5) 2. Ⅱ式碗(D征:7) 3. Ⅱ式双大耳罐(D征:25) 4. 盆(D征:4) 5. Ⅰ式高领双耳罐(D征:27) 6. 豆(D征:2) 7. 瓶(81D征;24) 8. Ⅰ式双大耳罐(D征:8) 9. 高领双耳罐(81D征:1) 10. Ⅱ式双耳罐(D征:6) 11. Ⅰ式双大耳罐(D征:1) 12. 瓮(D征:29)(3、6、8、9、11约1/4,5、12约1/9,余约1/6)

图六 大族坪墓地陶器

双大耳罐 3件。分二式。

Ⅰ式：2件。喇叭口，高领，双扁宽耳，鼓腹，平底。口部轮修。标本D征：8，双大耳较直。素面抹光。口径8.5厘米、高12.5厘米、底径6.1厘米（图六，8）。另件，D征：1，双大耳外弧。素面磨光。口径8.4厘米、高12.3厘米、底径5.9厘米（图六：11）。

Ⅱ式：1件。D征：25，圆唇，口部一侧呈流状，高领，双大耳，垂腹，大平底。素面磨光，颈部饰划纹一道。口径8.2～9.2厘米、高13.3厘米、底径7.1厘米（图六：3）。

高领双耳罐 3件。分二式。

Ⅰ式：2件。标本D征：27，敞口，口沿轮修成“子母扣”状，高领，弧腹，双耳，平底。腹部饰篮纹。口径15.8厘米、高31.1厘米、底径8厘米（图六：5）。

Ⅱ式：1件。D征：6，圆唇，敞口，高领，鼓腹，双耳，平底。领部饰戳印椭圆形点纹。口大部残，高22厘米、底径7.7厘米（图六：10）。

高领罐 1件。

81D征：1，尖圆唇，敞口，高领，深腹，平底。素面。口部轮修。口径8.7厘米、高14.2厘米、底径6.1厘米（图六：9）。

瓶 1件。

81D征：24，敞口圆唇，高领，鼓腹，平底。素面磨光。领肩轮修。口径8.8厘米、高18.8厘米、底径6.7厘米（图六：7）。

豆 1件。

D征：2，凹弧唇，浅腹，大圈足。素面磨光。豆盘圈足大部轮修。据掘得该器的群众主动介绍，豆出土时上置一人头骨。圈足大半残。口径17.5厘米、高15.2厘米（图六：6）。

瓮 1件。

D征：29，敛口，内斜唇，圆肩，腹微弧，平底。口部钻三小孔。腹部饰稀疏的篮纹。口径15.3厘米、高27.7厘米、底径11.3厘米（图六：12）。

（2）寺洼文化陶器

共31件。分泥质陶和夹砂粗陶两类。泥质陶陶土较粗，质不纯，含少量细砂，数量很少。粗陶羼和料以使用细砂为主，次为碎陶末，其外还使用页岩碎屑和料姜石粉末，陶色有灰、红褐、橙黄、黑褐等，大多不纯，往往几种色块相杂，部分有烟熏痕迹。

器物手制，以泥条盘筑法成形，泥条宽1.3～2.5厘米。一般分段制作再粘接在一起。底大部从内塞入，少数外接。在器耳的装配上，上端一般粘接于口沿上，与口沿连成一体，下端或在器腹上开口，穿入器腹内抹平加固，或在器壁上切槽嵌入槽中，周缘填泥加固，少数采用常见的附粘做法。器表整治以磨光为主，次为刮抹，抹光的少见，但泥条凸棱处理不干净，羼和料大多裸露。个别器物口沿有轮修痕迹。

纹饰大部为素面。其外以附加堆纹为常见，还有乳丁纹、泥饼纹、凸弦纹、云雷纹等。个别器耳饰磨光篮纹。器形有碗、侈口罐、腹耳罐、双耳罐、四耳罐等。

碗　1件。

D征：3，口略直，方唇，深腹，平底。素面抹光。口径10.6厘米、高5.9厘米、底径4.9厘米（图七：1）。

侈口罐　共9件。分四型六式。

A型：1件。D征：17，侈口斜方唇，短颈，溜肩斜直腹，平底。素面刮抹。口径8.8～9.3厘米、高12.3厘米、底径6.7厘米（图七：10）。

B型：1件。D征：12，敞口圆唇，折腹平底。素面刮抹。厚胎，外壁有烟炱。口径9.2厘米、高11.3厘米、底径6.6厘米（图七：5）。

C型：2件。标本D征：3，敞口方唇，口缘不平，弧腹，平底。素面。口径7.5厘米、高11.1厘米、底径5.2厘米（图七：11）。D征：14，口部残。弧腹，平底。素面抹光。残高12.1厘米、底径5.5厘米（图七：2）。

D型：5件。分三式。

Ⅰ式：1件。D征：18，敞口方唇，圆腹，平底。素面磨光。口沿轮修。口径9.6厘米、高15.6厘米、底径7厘米（图七：6）。

Ⅱ式：1件。D征：2，口部残。鼓腹，平底。饰乳丁纹。残高11厘米、底径6.4厘米（图七：9）。

Ⅲ式：2件。标本D征：19，圆唇，敞口，垂腹，平底。素面。外壁有烟炱。口径7.4厘米、高11.6厘米、底径6.7厘米（图七：12）。

腹耳罐　1件。

D征：9，敞口斜方唇，圆腹，双环耳，平底。素面磨光。口径8.4厘米、高

15厘米、底径6.8厘米（图七：3）。

双耳罐 共16件。口耳相连。分四型九式。

A型：3件。分二式。

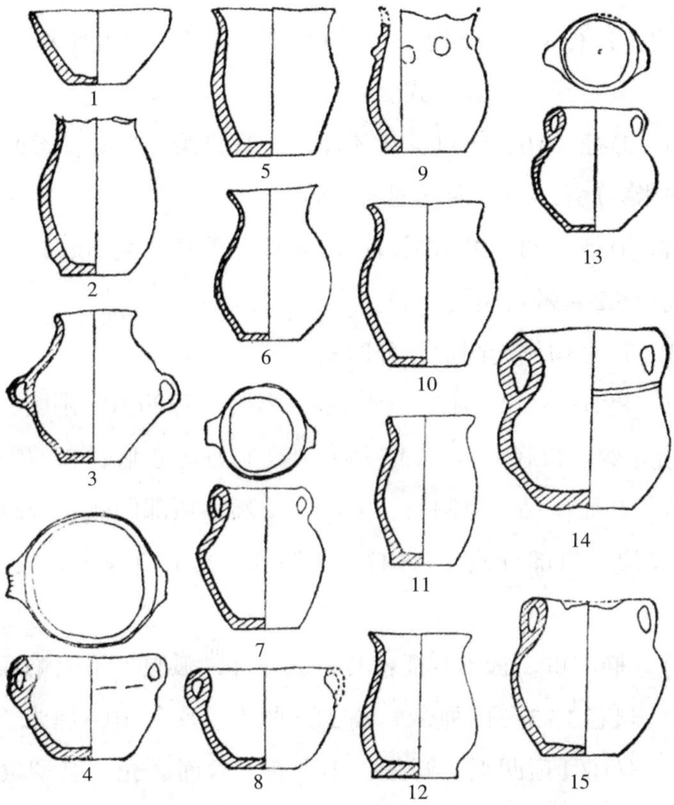

1.碗(D征:3) 2.C型侈口罐(D征:14) 3.腹耳罐(D征:9) 4.C型Ⅱ式双耳罐(D征:23) 5.B型侈口罐(D征:12) 6.D型Ⅰ式侈口罐(D征:18) 7.B型双耳罐(D征:21) 8.C型Ⅰ式双耳罐(D征:10) 9.D型Ⅱ式侈口罐(D征:2) 10.A型侈口罐(D征:17) 11.C型侈口罐(D征:3) 12.D型Ⅲ式侈口罐(D征:19) 13.A型Ⅰ式双耳罐(D征:22) 14.A型Ⅱ式双耳罐(D采:1) 15.A型Ⅱ式双耳缥(D征:37)(3、6、7、13约1/6,14约1/3,15约1/7,余约1/4)

图七 大族坪墓地陶器

Ⅰ式：1件。D征：22，敞口斜方唇，口沿略呈扁圆，双环耳，鼓腹，小平底。素面磨光，略有光泽。有烟熏斑块。口径7.8～8.3厘米、高12.4厘米、底径5.5厘米（图七：13）。

Ⅱ式：2件。D采：1，敞口圆唇，双环耳，鼓腹，底略内凹。器形较小。饰凸弦纹。口径6.5厘米、高8.7厘米、底径4.6厘米（图七：14）。D征：37，侈口，沿微凹弧，双耳，腹略鼓，大平底。素面磨光。口径13.6厘米、高19.5厘米、底径10厘米（图七：15）。

B型：2件。标本D征：21，纵扁圆口外敞，双环耳，折腹，平底。素面刮抹。有烟熏斑块。口径8.5～9.5厘米、高14.4厘米、底径6.9厘米（图七：7）。

C型：2件。大口浅腹。分二式。

Ⅰ式：1件。D征：10，侈口，双环耳，顶略凹弧，平底。素面磨光。口径10厘米、高7.4厘米、底径4.9厘米（图七：8）。

Ⅱ式：1件。D征：23，纵扁圆口，双环耳，平底。素面磨光。口径9.7厘米、高7.8厘米、底径5.2厘米（图七：4）。

D型：6件。口沿均作椭圆形。分四式。

Ⅰ式：1件。88D征：5，圆口，斜方唇，双环耳顶凹弧，圆腹，小平底。素面磨光。耳顶饰乳丁纹。口径12.4～13.7厘米、高17厘米、底径8.6厘米（图八：1）。

Ⅱ式：1件。D征：16，扁圆口，方唇，双环耳顶部凹弧，圆腹，平底。素面磨光。有烟熏斑块。口部分残。口内径8.6厘米、高13.3厘米、底径6.9厘米（图八：5）。

Ⅲ式：2件。椭圆口。标本D征：32，双环耳，弧腹，平面略扁圆，平底。磨光。饰云雷纹。口径15.3～17厘米、高21.3厘米、底径10.6厘米（图八：3）。D征：15，方唇，双环耳顶凹弧，圆腹，小平底。素面磨光。有烟熏斑块。口半边残。高13.7厘米、底径6.1厘米（图八：4）。

Ⅳ式：2件。椭圆口，沿略凹弧。标本D征：31，双耳顶略凹弧，大腹外鼓，平底。素面磨光，耳部饰不甚清晰的篮纹。口径14.2～15.6厘米、高18厘米、底径10.8厘米（图八：7）。D征：36，口半边残。双环耳，圆腹，平底。素面磨光。口径15厘米、高22厘米、底径12.1厘米（图八：2）。

四耳罐　4件。分三式。

Ⅰ式：1件。D征：33，口略敞，圆唇，四竖耳，圆肩，斜腹，大平底。素面磨光。口径14.1厘米、高23厘米、底径14.1厘米（图八：8）。

Ⅱ式：1件。D征：30，圆口方唇，弧边方形沿，四环耳与口沿相连，圆腹，平底。素面抹光。口径10.4厘米×10.6厘米、高14.5厘米、底径6.5厘米（图八：6）。

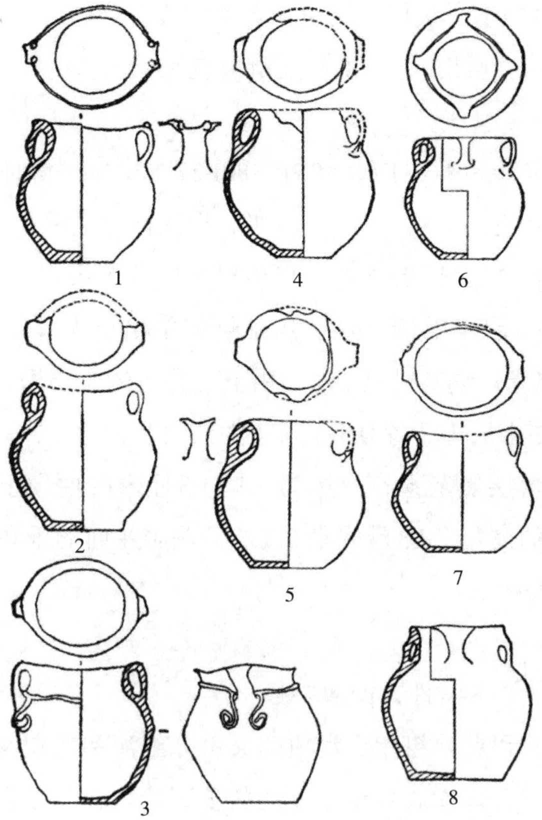

1.D型Ⅰ式双耳罐(D征:5) 2、7.D型Ⅳ式双耳罐(D征:36、D征:31) 3、4.D型Ⅲ式双耳(D征:32、D征:15) 5.D型Ⅱ式双耳罐(D征:16) 6.Ⅱ式四耳罐(D征:30) 8.Ⅰ式四耳罐(D征:33)(1、6约1/6,4、5约1/4,余约1/7)

图八 大族坪墓地陶器

Ⅲ式：2件。标本D征：35，敞口斜方唇，四环耳与口沿相连，圆肩，斜腹，小平底。素面磨光。口大部残。高23.5厘米、底径9.4厘米。

二、石坡遗址

位于石坡台地西南部，东南距纳浪乡政府驻地2.5公里。台地呈狭长的带状，西南、西北依石坡梁，东南临萨利溪沟，东北临公路和洮河。石坡村坐落在遗址上。分东、西两区。

(一)西区(齐家文化)

位于石坡村西北面，大部压于村庄下。面积4500平方米。文化层暴露2处。一处长18米，厚0.75～1.3米，上距地表2.7米，为相互毗邻的白灰面房址3座。

另一处长130米，由烧土、灰烬、炭粒、陶片、残石器构成，内含白灰面房址1座（1981年调查时发现，现被扩张了的村庄所覆盖）。

1.遗迹

白灰面房址4座（编号81F1、88F1、88F2、88F3）。房址均暴露于坪台断面上，没有发现穴壁痕迹。81F1暴露长2.4米，白灰面涂层厚0.6～1.3厘米，其下为压实的红烧土。88F1暴露长0.96米，直接建于生黄土层上，白灰面涂层厚0.3～0.4厘米，其下为厚3厘米的硬土层，房址堆积中出双大耳罐残片。88F2暴露长1.78米，距F1约4.5米。内有灶坑1座，由上下叠压的三层居住面构成；下层白灰面涂于厚5厘米的硬土层上，厚0.5厘米；中层白灰面厚0.2～0.5厘米，涂在敷于下层白灰面上的一薄层黑灰上；上层为一厚1.3厘米的白硬土层。在其上的堆积中，出夹页岩碎屑的鬲足。F3暴露长0.3米，在居住面的堆积中出夹黑砂的钵残片和被火烧烤过的磨棒。

2.遗物

采集陶片31件，石器3件，铜泡1枚。

陶片　分泥质陶和夹砂粗陶。泥质陶又可分细泥和粗泥两种，细泥陶陶土纯净，质细腻，粗泥陶大多掺有数量不等的料姜石粉。粗陶以白色石英砂粒和黑色细砂为羼和料。陶色有橙黄、橙红和橙褐，另有个别白陶片。部分外施陶衣。手制，口部轮修，外壁磨光。纹饰有绳纹、篮纹、方格纹和附加堆纹。器形有双大耳罐、折腹罐、侈口罐，均不能复原。陶片厚0.2～1.4厘米。

其外，还有一类以使用粗页岩碎屑和碎陶末为羼和料的粗陶。陶色有橙褐、黑灰。制作粗糙。纹饰有刮抹条纹。器形有钵、鬲。

钵　口沿1件。P3：2，齐口方唇，饰刮抹条纹。外壁有烟炱。厚0.8厘米（图九，1）。

鬲足　1件。F2：1，扁足根，足尖呈圆形。残长5厘米（图九，4）。

石刀　1件。81Sh采：1，弧背，双面弧刃。两侧有缺口。打制，刃部粗磨，一面仍留原石面。含云母细砂岩。长9.8厘米、最宽处4.7厘米（图九：3）。

石磨棒　2件。分二式。

Ⅰ式：1件。F3：3，平面弧边长方形。琢制，背略磨。使用面有磨损痕迹。砂岩，紫褐色。有烧烤痕迹。长17.1厘米、宽9.3厘米（图九：5）。

Ⅱ式：1件。88Sh采：1，平面梯形，背隆起。粗磨。使用面打琢成糙面，磨损较重。一侧面有一横长的浅凹槽。花岗岩，黄白色。长17.6厘米。

铜泡 1件。Sh采：8，心形，桥形纽。径2.2厘米（图九：2）。可能为寺洼文化遗物。

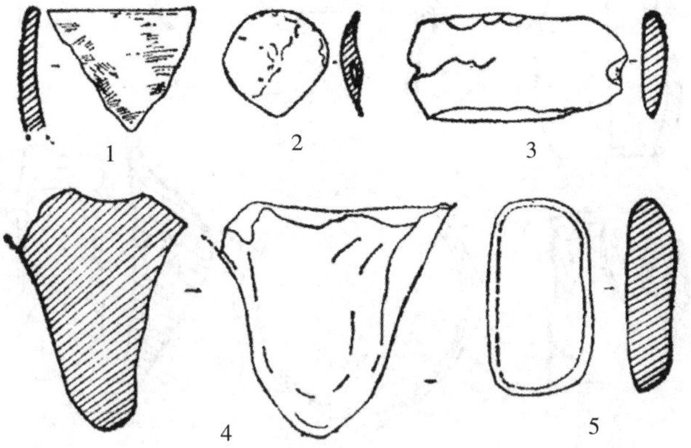

1. 陶钵(F3:2) 2. 铜泡(Sh采:8) 3. 石刀(Sh:1) 4. 陶鬲足(F2:1) 5. 石磨棒(F3:3)
(1、3为1/4,2、4为1/2,5为1/8)

图九 石坡遗址遗物

(二)东区(寺洼文化)

位于石坡村东北口，面积5400平方米。文化层长122米，厚1.4米，上距地表2.7米，由灰土、炭屑、陶片、石片构成，内含灰坑、房址各1座。

1. 遗迹

灰坑1座（编号88ShDH1）。大部被破坏，形制不详，内填灰土、陶片、残石片等。

房址1座（编号88ShDF1），无穴壁，暴露长2.23米，建于灰土上。居住面系一压实的硬土层，上抹一薄层白灰，灶坑略偏向一侧。在居住面的堆积中，采集到高领双耳罐1件。

2. 遗物

完整陶器1件，陶片63件，石器1件。

陶片 陶质仅夹砂粗陶一种。羼和料使用页岩碎屑、黑色细砂、料姜石粉末和碎陶末，以前两种为常见。陶色有灰、橙黄、橙红和黑灰，多不纯。器物手制，泥条盘筑成形。器耳或嵌入腹壁，或附粘于器表。器表整治采用磨光、刮抹和抹光，炊器外壁往往涂抹一层黄泥浆，有些施陶衣。胎质疏松，砂粒裸露，外壁大部积有烟炱。纹饰有附加凸弦纹、刮抹条纹。器形有高领双耳罐、双耳罐、四耳罐、侈口罐、釜（?）、鬲（?）等。

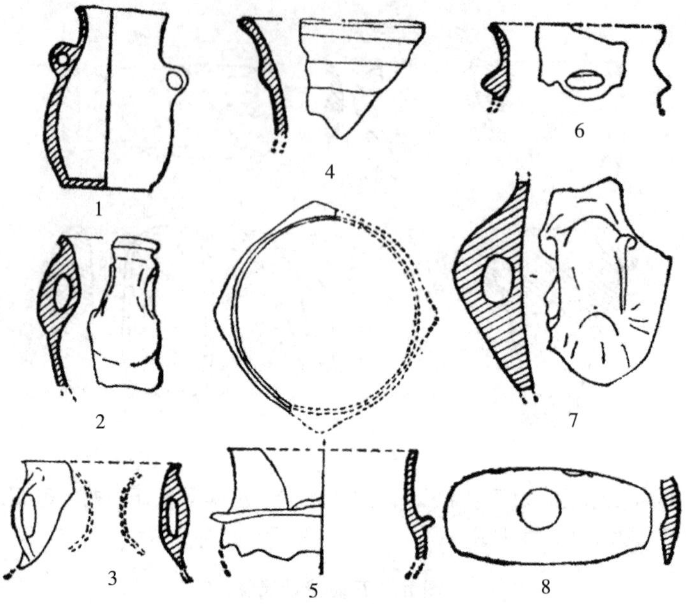

1. 高领双耳罐(F1：1)　2. 双耳罐(H1：4)　3. 四耳罐(H1：3)　4. 敞口罐(H1：5)　5. 釜(H1：13)　6. 鬲(H1：9)　7. 器耳(sh：4)　8. 石刮削器(H1：1)(3为3/20,6为1/10,8为3/10,1、5为3/25,余为1/5)

图一〇　石坡遗址遗物

高领双耳罐　1件。F1：1，敞口方唇，高领，弧腹略垂，双环耳位于腹上部，大平底。素面刮抹。口径10.2厘米、高19.5厘米、底径10厘米（图一〇：1）。

双耳罐　口沿2件。标本H1：4，敞口方唇，双环耳。素面磨光。厚0.6厘米（图一〇：2）。

四耳罐　口沿1件。H1：3，敞口方唇，直领，四竖耳。素面磨光。厚0.5厘米（图一〇：3）o

侈口罐　口沿5件。标本H1：5，敞口圆唇。颈部饰凸弦纹。厚0.6厘米（图一〇：4）。

釜　口沿1件。H1：13，敞口圆唇，高领。领腹相交处为一周凸棱和四个弧形捉手。素面磨光，内壁抹光。外壁有一厚层烟炱和黄泥。厚0.9厘米（图一〇：5）。

鬲 口沿1件。H1：9，敞口尖圆唇，鸭嘴形捉手。素面。外壁粗糙，积有一层烟炱和黄泥，内壁平整。厚0.9厘米（图一〇：6）

器耳 2件。标本Sh采：4，宽厚环耳。外施陶衣。壁厚0.8厘米（图一〇：7）。

石刮削器 1件。H1：1，弧边长方形。打制。一面仍留原石面。剥离面琢一圆形指窝。刃部有脱落碎屑的疤痕和磨损痕迹。细砂岩。灰绿色。长9.2厘米、最宽处4.1厘米（图一〇：8）。

三、结语

（一）两处遗址的齐家文化遗存，与齐家文化的大何庄、秦魏家属同一个文化类型，器物种类及其形态，说明齐家文化在该遗址有过一段时间的发展。该类型的晚期遗存，产生了一些新的文化因素。如质纯的细泥陶很少，粗泥陶大都掺料姜石粉末；夹砂粗陶中使用页岩碎屑和碎陶末为羼和料；出现器耳穿入和嵌入器壁、器底由内塞入的做法；器表精细打磨的很少，一般显得较粗糙。

（二）除齐家文化遗存外，还有一种文化特征鲜明，内涵统一的遗存。因其在陶质陶色、作风及某些器物形态上与寺洼文化之间存在着一定的共同的因素，我们将其归入寺洼文化的范畴。但其与目前已知的寺洼文化诸类型之间①，存在着十分明显的区别。在器物形态上，高领双耳罐、四耳罐、釜（？）为寺洼文化诸类型所不见；数量多、型式多、构成该遗存主体的双耳罐和侈口罐，与寺洼文化的同类器物有着较大的区别；在制法上，器耳的嵌入与穿入器壁的做法，在寺洼文化诸类型中很少见到；陶质和陶色的繁杂，也与寺洼文化诸类型的陶质陶色存在着差别。虽然此类遗存的居址形态、墓葬形制、丧葬习俗、器群结构及器物组合，目前尚不清楚和了解很少，但体现在陶器上的文化特征，使我们又可能将其视为一种新的文化类型。

（三）大族坪M1和M2的发现，为我们解决寺洼文化的起源及其地望，提供了非常重要的线索。寺洼文化不可能起源于洮河以东地区，也不是直接源自齐家文

①水涛：《关于寺洼文化研究的几个问题》，载《西北史地》1989年第4期；赵化成：《甘肃东部秦和羌戎文化的考古探索》，载《考古类型学的理论与实践》，文物出版社，1989年。

化[①]，它很可能以这类遗存为中介起源于洮河上游地区的齐家文化。M1的器物组合与秦魏家齐家文化的M58基本相一致；器物形态如碗、Ⅰ和Ⅱ式侈口罐、单耳罐与秦魏家晚期的同类器物相同或相近似，为谢端琚先生对齐家文化分期中的第四期[②]，张忠培先生对整个齐家文化分期研究中的第三期、秦魏家南墓地的第六段——齐家文化中的最晚阶段[③]。参照青海柳湾齐家文化最晚的M392C_{14}年代为公元前1915±155年[④]，和齐家文化在洮河上游地区延续较长的情况，大族坪M1的年代上限可能在公元前1900年之后，约当夏代晚期或商代早期。

M1和M2中两种不同质地和形态的器物（M1中的碗、杯、单耳罐，M2中的单耳杯为齐家文化范畴中的器物外，其余的5件器物，有些虽保留有齐家文化中的一些形态因素，但已超出了原本意义上的齐家文化的范围）共存一墓的现象，说明齐家文化发展到晚期，在洮河上游地区开始了质的变化。如果我们从整体上把握石坡和大族坪两遗址的整个遗存，不难发现，齐家文化中孕育着的新因素，到M1的时期逐渐取得了主导地位，开始了新的文化阶段的发展。另外，此类遗存陶质陶色的繁杂、双耳罐形态的多样，具有初期发展阶段的特点。双耳罐数量上的优势特点，为尔后的寺洼文化诸类型所承袭，成为寺洼文化的一个显著特征[⑤]，但更重要的是，它们为我们解决寺洼文化中最有代表性的器物——马鞍口双耳罐的起源，提供了早期的形态特征。

寺洼文化起源于洮河上游地区，但不是直接源于齐家文化，而是以这里的此类遗存作为过渡性的中间环节而实现的。

参加调查的有：樊维华、王军、李振翼。

墨线图由方毅、樊维华、张椒贞绘制。

执笔者　樊维华

（本文原载于《考古》1994年第7期，第787-796页）

①甘肃省博物馆：《甘肃渭河支流南河、榜沙河、漳河考古调查》，载《考古》1959年第7期；南玉泉等：《寺洼——安国系统陶鬲的序列》，载《文物》1987年第2期；俞伟超：《先秦西汉考古学论集》，文物出版社，1985年。

②谢端琚：《论大何庄与秦魏家齐家文化的分期》，载《考古》1980年第3期。

③张忠培：《齐家文化研究》（上），载《考古学报》1987年第1期；《齐家文化研究》（下），载《考古学报》1987年第2期。

④青海省文物管理处考古队、中国社会科学院考古研究所：《青海柳湾》，文物出版社，1984年。

⑤胡谦盈：《试论寺洼文化》，《文物集刊》第3辑，文物出版社，1980年。

甘肃临潭磨沟墓地齐家文化墓葬2009年发掘简报

甘肃省文物考古研究所

西北大学丝绸之路文化遗产保护与考古学研究中心

磨沟墓地位于甘肃省临潭县东部的王旗乡磨沟村，地处洮河西南岸、磨沟河西岸（图一）。2008—2009年，甘肃省文物考古研究所、西北大学丝绸之路文化遗产保护与考古学研究中心联合对磨沟齐家文化墓地进行了两次发掘，共发掘墓葬600多座[①]。2009年8—11月，继续对磨沟墓地进行第三次发掘，共发掘齐家文化墓葬266座、寺洼文化墓葬21座。现将此次齐家文化墓葬的发掘情况简报如下。

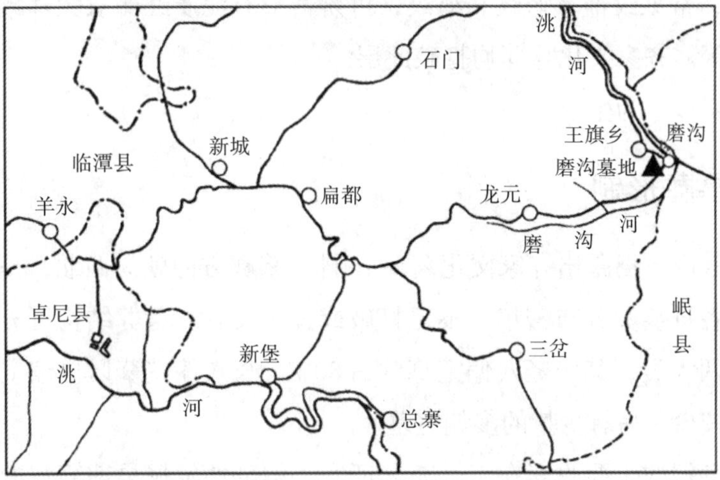

图一　磨沟墓地位置示意图

一、地层堆积

此次发掘继续采用探方发掘法，即对遗址采用象限法分区，并以坐标法进行探方编号。墓葬主要位于第Ⅰ象限区，仅部分涉及第Ⅱ象限区。此次发掘工作是

① 甘肃省文物考古研究所等：《甘肃临潭磨沟齐家文化墓地发掘简报》，载《文物》2009年第10期。

在前两次发掘的基础上进行的，但对墓葬的发掘普遍采取解剖性清理方法，实际发掘面积2100余平方米。发掘区域的地层堆积与前两次发掘的地层堆积基本一致，自上而下共分4层，各层大致呈水平状分布。

第①层：耕土层。土质疏松，呈黄褐色，厚约0.15～0.3米。包含物较少，可见塑料、玻璃碎片及红、灰陶片等。

第②层：近现代堆积层。土质致密，呈浅黄色，厚约0.18～0.35米。包含物极少，偶见青花瓷片、铁钉及红、灰陶片等。

第③层：明清文化层。土质松软，呈黑褐色，多白色丝状物，厚0.24～0.43米。包含物较少，可见黑釉瓷片、青花瓷片、清代铜钱、瓦片以及红、灰陶片等，偶见彩陶片。齐家文化墓葬均开口于此层下。

第④层：齐家文化层。为了更好地揭示墓地整体布局的特点，暂未发掘早于墓地的灰坑等遗迹及第④层堆积。但据被打破的断面堆积来看，第④层土质松软，呈灰褐色，厚0.25～0.57米。包含物多见兽骨、火岩石及红、灰陶片等。陶片以素面为主，常见纹饰有篮纹和绳纹，可辨器形有泥质红陶双大耳罐、腹耳罐、侈口夹砂罐等。齐家文化墓葬均打破此层。

第④层以下为生土。

二、墓葬形制

发掘区内已揭露出齐家文化墓葬16排，墓葬方向朝向西北，呈东北—西南方向排列，各排墓葬分布密集，不乏打破或叠压关系。墓葬结构可分为竖穴土坑和竖穴偏室两大类，其中竖穴偏室墓约占80%。竖穴偏室墓以单偏室居多，双偏室数量相对较少，另有少量的多偏室墓。

此次发掘的主要收获在于，充分证实了解剖性发掘早期墓葬的必要性。在墓葬结构方面，不仅发现了地表坟丘，而且进一步确认了一些墓道中存在对称乃至不对称棚架结构。在埋葬过程方面，也获得了一系列有关墓葬多次使用及墓道处理方式的堆积证据。以下就相关四类墓葬分别介绍如下。

1.存在坟丘的竖穴偏室墓

M901 位于ⅡT3502西南角，开口于第③层下，西侧头龛打破M839。竖穴墓道偏室墓，偏室位于墓道右侧，带有坟丘和头龛，坟丘顶部距地表0.5米，方向287°。

墓道上方有坟丘，平面呈不规则椭圆形，剖面近似梯形，长径2.78米、短径

1.96米、高0.54米。经解剖后得知，坟丘可分为4层：第①层为灰黄色土，黄土较少且分布不均，孔隙多，土质疏松，厚0～0.3米；第②层为黄灰色土，灰土很少且呈斑点状分布，黄土质地细密，厚0～0.35米；第③层为灰褐色的土块，分布范围小，夹杂有黄色土粒，土质较硬；第④层为灰褐色的土块，夹杂有较多的暗红色土粒，土质较硬，孔隙较多。第③、④层主要分布于墓道口上方并下延至墓道内（图二，图六）。

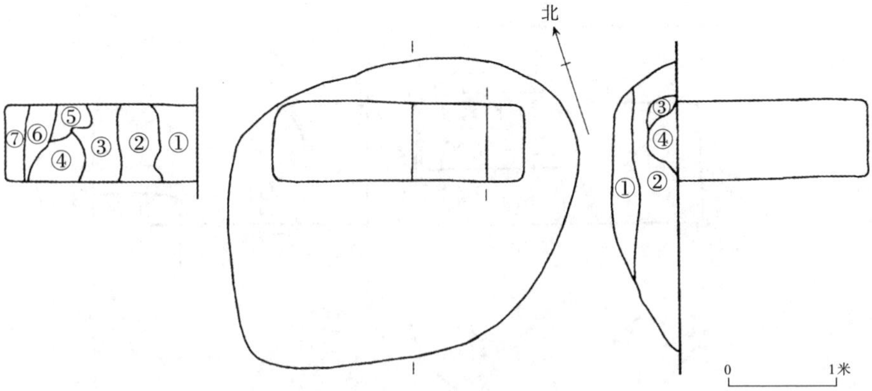

图二　M901坟丘、墓道填土平、剖面图

墓道平面呈圆角长方形，直壁，长1.82米、宽0.68米、深1.6米。填土细密坚硬，可分为7层，各层大多及于四壁，应为一次性填埋。墓道两端近底部偏室一侧，各有一道封门槽。头端封门槽高0.6米、宽0.16米、深0.14米；脚端封门槽高0.58米、宽0.18米、深0.13米。

墓道底部偏左侧有一浅坑，坑内葬一殉人。坑长1.16米、宽0.46米、深0.1米。殉人侧身屈肢，面朝偏室，人骨保存较好，年龄约13岁。

头龛位于墓道头端中部偏上，龛顶距墓口0.34米。口部呈圆弧形，底面呈不规则椭圆形，高0.36米、宽0.73米、进深0.34米。龛内填土与同层墓道填土基本一致。龛内随葬陶器3件、兽角1件。

偏室底与墓道底平齐，平面呈椭圆形。偏室已整体塌陷，平弧顶，复原高度0.58米，口部宽度不清。偏室长1.95米、进深1.06米。偏室填土与同层墓道填土基本一致，偏室内未发现人骨。

偏室底面有一层淤土，厚0.03米。在淤土层内出土1件铜饰，位于偏室头端内侧。偏室脚端填土内出土4枚骨签；距偏室底部0.32米的偏室头端填土中，出土1件双耳陶罐，斜置（图三，图七）。

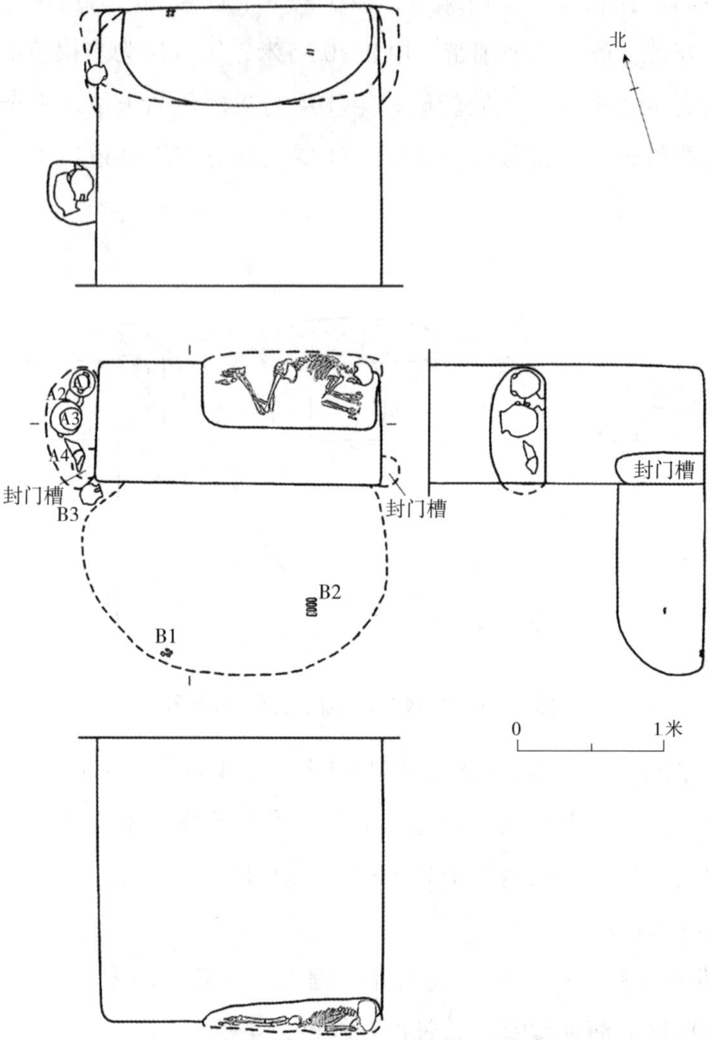

A1、B3.双耳陶罐　A2.陶簋　A3.腹耳陶罐　A4.兽角　B1.铜饰　B2.骨签

图三　M901 平、剖面图

2.存在棚架设施的墓葬

M848　位于ⅠT3406东北角，墓道及偏室头端上部被M671打破，脚端被M577打破。开口于第③层下，墓口距地表0.9米，方向310°。竖穴墓道偏室墓，带有头龛，偏室位于墓道左侧。墓道右壁中部和脚端左侧中部偏下分别有一横向凹槽和壁洞。其中右壁凹槽顶部距墓口墓0.7～0.74米，长1.6米、高0.1～0.14米、深0.1米；脚端壁洞顶部距墓口0.96米，长0.26米、高0.14米、深0.16米（图四，

图八）。

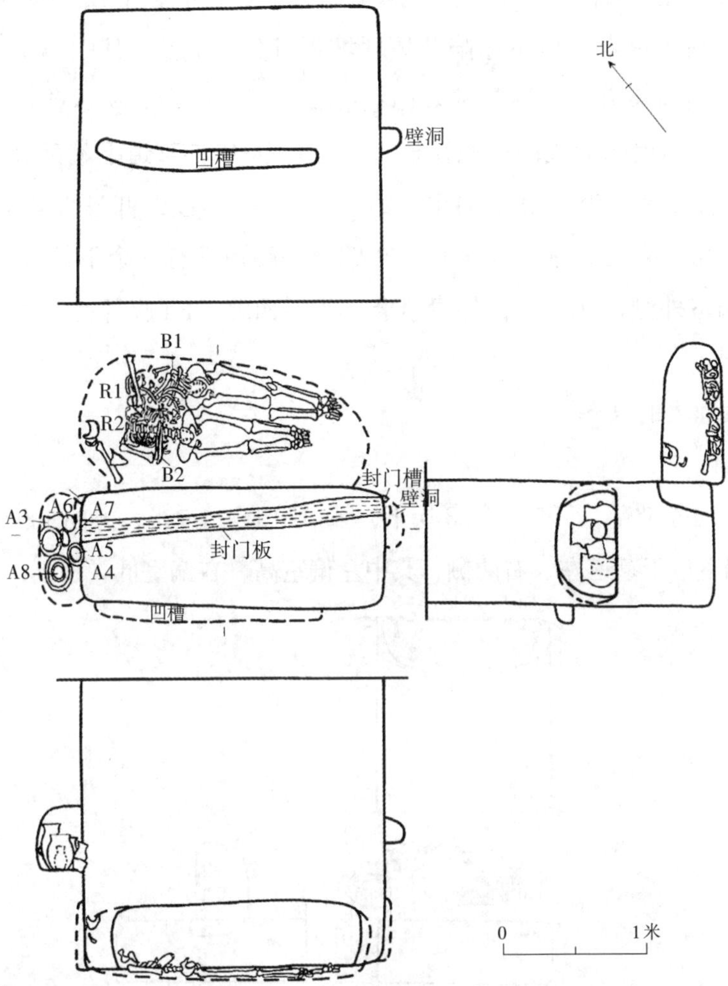

A1.敞口陶罐　A2.腹耳陶罐　A3、A5.侈口陶罐　A4、A7.陶碗　A6.盘口细颈陶罐　A8.深腹陶罐　B1.铜泡　B2.骨臂钏

图四　M848平、剖面图

墓道平面呈圆角长方形，直壁，长2.2米、宽0.68米、深1.64米。填土为黄灰色花土。墓道近底部偏室一侧，有封门板痕迹，长2.2米、宽0.1米、残高0.05米。在墓道偏向偏室一侧头、脚两端，各有一道封门槽。头端封门槽宽0.2米、高0.32米、深0.04米；脚端封门槽宽0.18米、高0.3米、深0.04米。

头龛位于墓道头端，龛顶距墓口0.8米。口部呈圆弧形，底面呈不规则椭圆形，高0.4米、宽0.75米、进深0.3米。龛内随葬陶器8件。

偏室底低于墓道底0.02～0.06米，头端稍高。偏室中部塌陷，复原后的偏室进口呈椭圆形，宽1.8米。底面呈头宽脚窄的圆角长方形，平顶。室内长2.08米、进深0.76米、高0.38米。偏室塌陷及填埋堆积可分为7层，其中第①～③、⑥层为偏室局部塌陷和墓道填土逐渐进入偏室形成，第④层为大块塌陷黄土，第⑤层为偏室东北部整体塌陷形成的堆积，第⑤层之上为M577墓道下陷部分。

偏室内出土2具人骨，编号R1和R2。R1是成年男性，仰身直肢，头向西北，躯干被向内推挤，骨骼凌乱，无头骨，在偏室头端顶部有一个下颌骨。R2是成年女性，位于偏室外侧，无头骨，仰身直肢，头向西北。R1腹部有3枚铜泡，R2右臂有一骨臂钏。

3.分阶段埋人的墓葬

（1）M841

位于IT3004东北部，开口于第③层下，墓口距地表1.2米，方向309°。竖穴墓道双偏室墓，偏室位于墓道左、右两侧，其中左偏室高，右偏室低（图五，图一〇）。

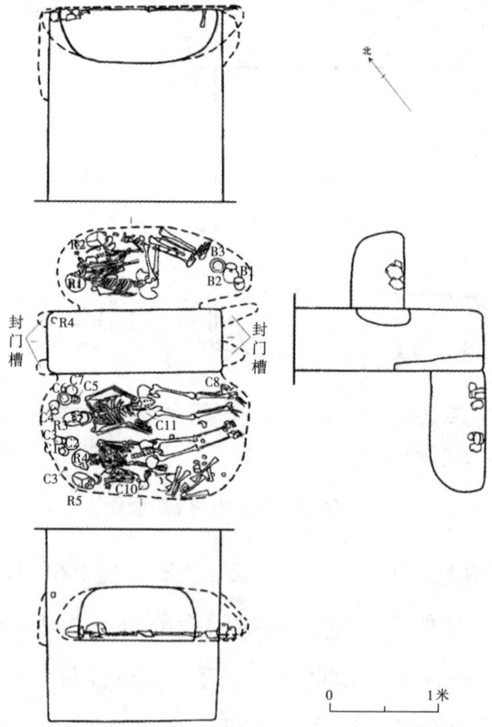

A1.深腹陶罐　B1、B2、C1、C3、C4、C8.双耳陶罐　B3、C2.陶碗　C5.直口陶罐　C6.侈口陶罐　C7.陶豆　C9.骨凿　C10、C11.骨锥

图五　M841平、剖面图

图六　M901坟丘剖面(由东南向西北摄)

图七　M901(由东南向西北摄)

图八　M848的凹槽和壁洞(由西南向东北摄)

图九　M815上、下层偏室(由南向北摄)

图一〇　M841(由东南向西北摄)

图一一　M886(由东南向西北摄)

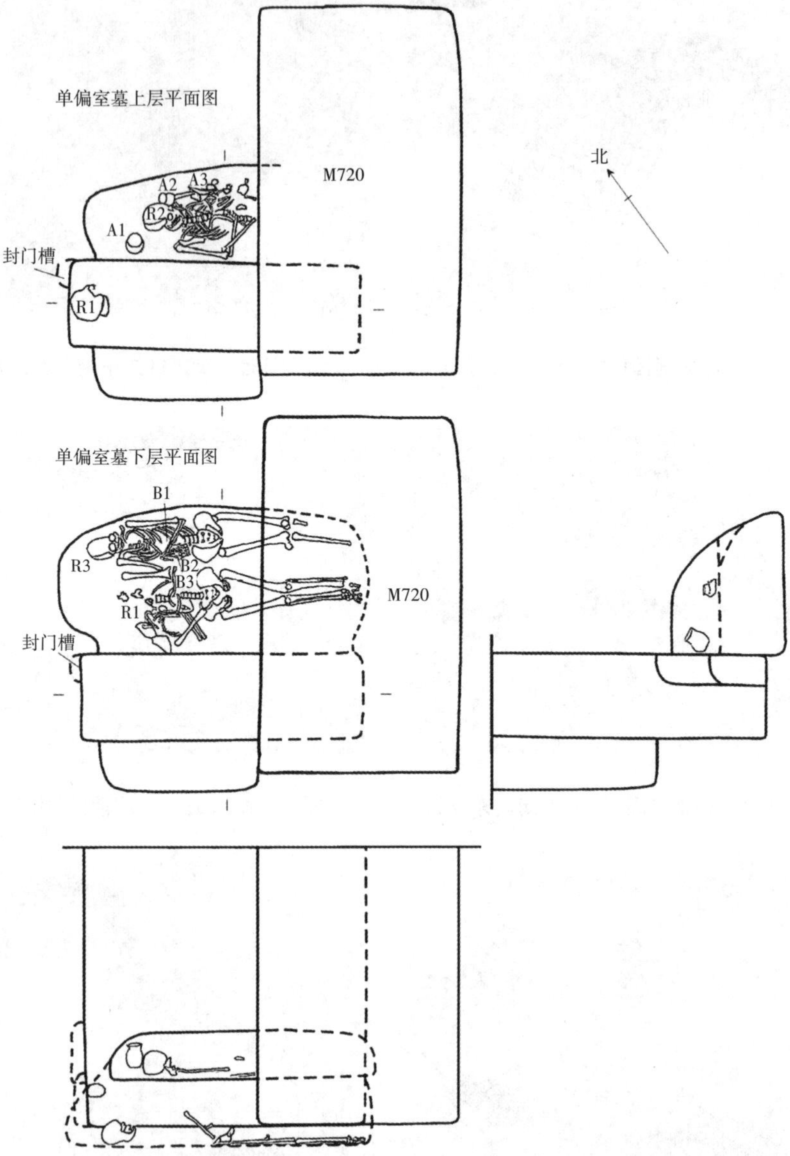

A1、A2. 侈口陶罐　A3. 陶碗　B1. 骨臂钏　B2. 复合装饰物　B3. 骨锥

图一二　M815平、剖面图

墓道平面呈圆角长方形，直壁，长1.64米、宽0.65米、深1.7米。填土可分为11层，其中第③、⑧层分别为左、右两侧封门板灰痕。在墓道西北角距墓口约0.45米处，出土1件陶器。墓道左右两侧靠近偏室的头、脚两端，各有一道封门槽。左偏室一侧的头端封门槽呈椭圆形，高0.45米、宽0.15米、深0.08米；脚端封门槽呈椭圆形，高0.4米、宽0.16米、深0.32米；槽底距墓道底分别为0.7米、

0.8米。右偏室一侧的两道封门槽，槽底距墓道底均为0.06米，上窄下宽。头端封门槽高0.79米、宽0.2米、深0.1米；脚端封门槽高0.56米、宽0.18米、深0.17米。

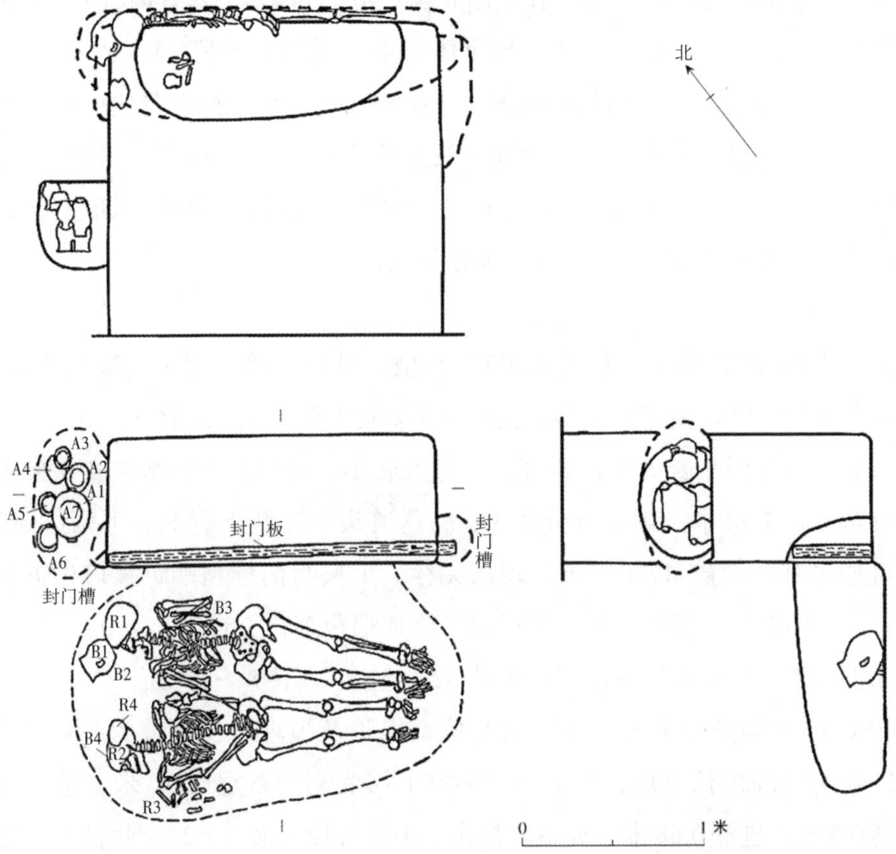

A1、A5.鼓腹陶罐　A2、A6.鼓腹陶罐　A3.单耳陶罐　A4、A7.陶碗　B1.腹耳陶罐　B2.陶纺轮　B3.滑石珠　B4.铜耳饰

图一三　M886平、剖面图

M841为左上、右下双偏室。左偏室底高于墓道底0.76米，局部已塌陷，塌陷和填埋堆积可分为3层。复原后的左偏室，进口呈不规则圆角长方形，底面呈椭圆形，平顶。进口宽1.1米，室内长1.78米、进深0.8米、复原高度0.48米。脚端随葬3件陶器，“一”字排列。左偏室内出土2具人骨，编号R1和R2。R1位于偏室外侧，是成年女性，侧身屈肢，头向西北，面朝左侧。R2位于偏室内侧，是未成年儿童，面朝东南，枕骨大孔朝下，其四肢骨及下颌骨位于R1右胫骨下，属于二次葬。

右偏室底与墓道底平齐，局部已塌陷，塌陷及填埋堆积可分为6层。偏室进口呈不规则椭圆形，底面呈不规则圆角长方形，平顶。进口宽1.46米，室内长

1.93米、进深1.3米、复原高度0.46米。右偏室内出土3具人骨，编号R3、R4和R5。R3是成年男性，仰身屈肢，头向西北，面朝上。左手置于腹上，右手置于盆骨右侧，下肢向内略弯曲。其头骨左侧放置一组4件陶器，盆骨内有1件骨锥，左胫骨外侧有1件陶器，脚端放置一堆个体较小的动物下颌骨。R4是未成年个体，仰身直肢，头向西北，面朝偏室内侧。腰椎向内侧偏移，两髌骨之一放在其左股骨外侧，另一髌骨放在其两腿骨之间。头骨前放置一组3件陶器。R5位于偏室内侧，是未成年个体，头向西北，面朝东南，枕骨大孔朝下。躯干、四肢骨较散乱，盆骨错位。盆骨右侧放置1件骨锥，头骨前放置1件骨凿。

（2）M815

位于ⅠT3207西南部，脚端被M720打破。开口于第③层下，墓口距地表0.8米，方向307°。竖穴墓道偏室墓，偏室位于墓道左侧（图九，图一二）。

墓道平面为圆角长方形，斜直壁，口大底小。墓口长1.76米、宽0.84米，底宽0.52米，深1.74米。填土可分为3层。墓道头端左侧下有上、下两层封门槽，脚端可能也有，因被M720打破，现已无存。上层封门槽顶端距墓口0.86米，宽0.18米、高0.48米、深0.13米；下层封门槽顶端距墓口1.34米，宽0.18米、高0.4米、深0.08米。墓道头端底部有一头骨（编号R1），下垫一石块。

M815的单偏室分为上、下两层，偏室塌陷及填埋堆积可分为3层。偏室进口、底面均呈圆角长方形，弧形顶。偏室上层底高于墓道底0.3米，进口宽度不清，高0.3米、进深0.58米。偏室上层出土1具人骨（编号R2），髋骨及下肢骨已被破坏，是成年女性，仰身，头向西北，面朝上，右上肢折曲置于腹部，残存骨骼较凌乱。头端右前方及头骨左侧各放置1件侈口陶罐，左肱骨处放置1件陶碗。

偏室下层底低于墓道底0.12米，进口宽1.6米，室内长1.94米、进深0.84米、复原高度0.42米。偏室下层出土2具人骨，编号R1和R3。经鉴定，墓道中的头骨属于R1。R1是成年女性，仰身直肢，躯干骨凌乱，肩胛骨、锁骨置于偏室口，右肱骨与右尺骨、桡骨交叉放置。R3是成年男性，仰身直肢，头向西北，面朝上。双手置于胸前，左、右胫骨与左腓骨不存，也未见脚趾骨，可以看出为局部破坏。偏室下层在R3右臂处放置1件骨臂钏，在腹部放置1件复合装饰品，其上放置1件骨锥。

4.不填埋墓道的墓葬

M886位于ⅠT3004中部，开口于第③层下，距地表约1米，方向308°。竖穴墓道偏室墓，带有头龛，偏室位于墓道右侧（图一一，图一三）。

墓道平面呈圆角长方形，直壁较规整，长1.76米、宽0.56米、深1.64米。填土可分为11层，其中第①～⑨层为灰褐色花土，而第⑩、⑪层分别为黄褐色沉积土和黑灰色淤土，说明墓道下部曾有一段空置期。封门板位于墓道近偏室口处，距墓口1.2米，灰痕长1.84米、厚0.06米、残高0.38米。与封门板相对应的墓道底部头、脚两端，各有一道封门槽。头端封门槽顶端距墓口1.16米，高0.48米、宽0.2米、深0.08米；脚端封门槽顶端距墓口0.88米，高0.7米、宽0.2米、深0.18米。槽内填土为灰褐色花土。

头龛位于墓道头端，顶部距墓口0.4米、底部距墓底0.86米。头龛进口呈圆弧形，底面近似圆角长方形，高0.38米、宽0.8米、进深0.4米。龛内放置陶器7件，有单耳罐、双耳罐、鼓腹罐、碗。

偏室底低于墓道底0.06米，进口呈圆弧形，底面为圆角长方形，弧形顶。头端塌陷，塌陷及填埋堆积可分为18层。进口宽1.3米，室内长2.05米、进深1.3米、复原高度0.7米。偏室内人骨之上，有一层厚约0.02米的淤土。

偏室内出土4具人骨，编号R1～R4。R1位于偏室外侧，右侧紧邻R2，R3位于内侧，R4位于R2上半身的塌陷黄土之上，距偏室底约0.2米。R1是成年女性，仰身直肢，头向西北，面朝右，上肢弯曲，双手放于胸部，双腿平置。R2是未成年人，仰身直肢，头向西北，面朝右，双手斜搭在盆骨之上，下肢平置。R3是未成年人，火葬，仅剩一堆烧骨。R4是1岁左右的婴儿，头向西北，骨骼较凌乱，保存较差，头骨碎裂，躯干骨大部分腐烂，仅剩部分四肢骨。偏室内发现4件随葬器物，陶罐与陶纺轮位于R1头端右侧，滑石珠位于R1胸前，铜耳饰位于R2头骨之下。

三、出土器物

此次发掘的墓葬绝大多数都有随葬器物，种类与前两次发掘相似，包括石、骨、陶、铜器等，以陶器数量最多。其中石器有斧、凿、穿孔砺石、细石刃、研磨盘与研磨棒等生产工具，以及权杖头、滑石珠、绿松石片等礼仪或装饰用品。骨器有骨柄石刃刀、凿、针、匕等生产或生活用具，以及臂钏、管、骨牌等装饰用品。铜器仅见于少数墓葬，种类有削、泡、耳坠、小铜管、项圈、臂钏等，多为装饰品。另外，还发现个别的复合型装饰品。随葬器物中生产工具较少，器类也比较单一。

需要说明的是，随葬器物的位置复杂多变，可能与多次随葬有关。为了便于介绍，现根据随葬器物的位置进行分组编号，并用大写英文字母表示。由于各墓的情况不尽一致，所以每个英文字母所表示的位置并不固定。现以墓葬为单位介绍如下。

1.M901

出土器物6件（组），其中陶器4件、铜器1件、骨器1组。头龛编为A组，偏室编为B组。

（1）A组：3件

双耳陶罐　1件（M901：A1）。夹砂黑陶，手制。侈口，圆唇，束颈，鼓腹，平底。口肩部对称贴附两个竖耳。双耳及肩、腹部饰有刻划纹。口径10.2厘米、腹径15.9厘米、底径6.9厘米、高16.3厘米（图一四：1，图一五）。

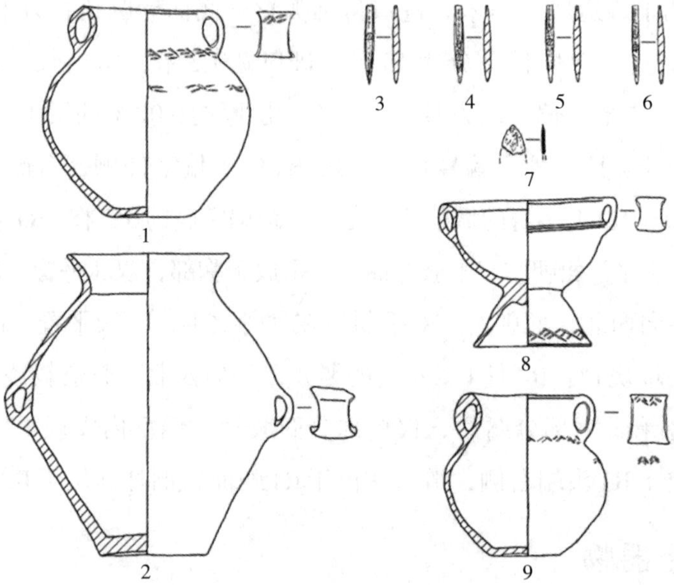

1、9. 双耳陶罐（M901：A1、B3）　2. 腹耳陶罐（M901：A3）　3～6. 骨签（M901：B2）　7. 铜饰（M901：B1）　8. 陶簋（M901：A2）（3～7约为1/2，余约为1/5）

图一四　M901出土器

腹耳陶罐　1件（M901：A3）。夹砂红陶，手制。敞口，束颈，溜肩，鼓腹，平底。腹部对称贴附两个竖耳。口径13.1厘米、腹径19.9厘米、底径8.5厘米、高23.8厘米（图一四：2，图一七）。

图一五　双耳陶罐(M901:A1)

图一六　陶簋(M901:A2)

图一七　腹耳陶罐(M901:A3)

图一八　双耳陶罐(M901:B3)

图一九　敞口陶罐(M848:A1)

图二○　腹耳陶罐(M848:A2)

陶簋 1件（M901：A2）。夹砂黑陶，手制。侈口，束颈，斜弧腹，喇叭形高圈足。口肩部接双耳，其中一耳残。上腹饰一周凸棱，圈足下部饰一周刻划纹。口径13.8厘米、圈足径9.3厘米、高11.4厘米（图一四：8，图一六）。

（2）B组：3件（组）

铜饰 1件（M901：B1）。已残。体扁平，柳叶状。残长约1厘米（图一四：7）。

骨签 1组4枚（M901：B2）。尖锥状，尾端扁平，有磨制痕迹。长3.4厘米、最大径0.4厘米（图一四：3～6，图二七）。

双耳陶罐 1件（M901：B3）。口沿稍残。夹砂黑陶，手制。敞口，圆唇，束颈，鼓腹，平底。口肩部对称贴附两个竖耳，耳上饰有曲折刻划纹。肩部饰一周与耳部相同的刻划纹，腹部两侧双耳下也饰有曲折刻划纹。口径9.2厘米、腹径12.4厘米、底径5.7厘米、高12.2厘米（图一四：9，图一八）。

2.M848

出土器物10件（组），其中陶器8件、铜器1组、骨器1件。头龛编为A组，偏室编为B组。

（1）A组：8件

敞口陶罐 1件（M848：A1）。口残。夹砂红陶，手制。敞口，圆唇，束颈，鼓腹，平底。颈部饰一周戳刺纹。口径16.2厘米、腹径19.6厘米、底径11厘米、高20.8厘米（图一九，图三二：1）。

腹耳陶罐 1件（M848：A2）。已残。泥质红陶，手制。盘口，圆唇，长颈，溜肩，腹微鼓，平底。腹中部对称贴附一对桥形耳。颈部戳刺一周圆圈纹。口径12.7厘米、腹径17厘米、底径8.6厘米、高25厘米（图二〇，图三二：2）。

侈口陶罐 2件。M848：A3，泥质红陶，手制。侈口，尖圆唇，细颈，下腹斜收，小平底。颈部饰一周凹弦纹。口径9.1厘米、腹径11.3厘米、底径5.4厘米、高14.9厘米（图二一，图三二：3）。M848：A5，泥质红陶，手制。侈口，圆唇，细颈，肩部不对称，鼓腹，平底。颈部饰一周凹弦纹。口径7.4厘米、腹径9.9厘米、底径4厘、高13.3厘米（图二二，图三二：5）。

陶碗 2件。M848：A4，夹砂红陶，陶色不匀，手制。敞口，方唇，斜腹，平底。口径11厘米、底径7.5厘米、高8.6厘米（图三〇，图三二：4）。M848：A7，泥质红陶，手制。敛口，圆唇，斜腹，平底。唇内有一周凹槽，器壁饰有斜向篮纹。口径8.8厘米、底径5厘米、高5.7厘米（图二三，图三二：7）。

图二一 侈口陶罐(M848:A3)

图二二 侈口陶罐(M848:A5)

图二三 陶碗(M848:A7)

图二四 双耳陶罐(M841:C1)

图二五 陶豆(M841:C7)

图二六 侈口陶罐(M815:A1)

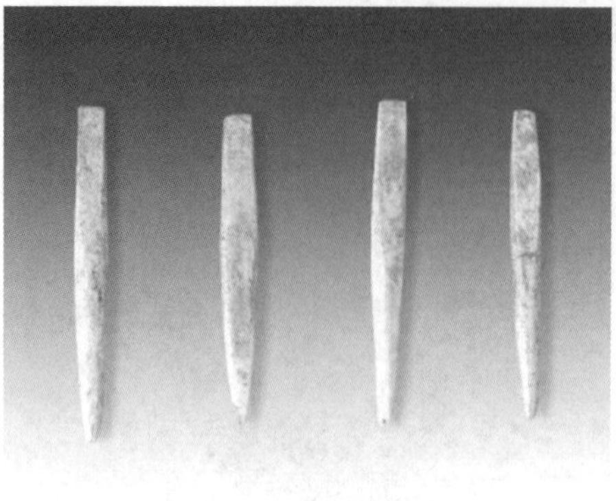

图二七　骨签(M901:B2)

图二八　骨臂钏(M815:B1)

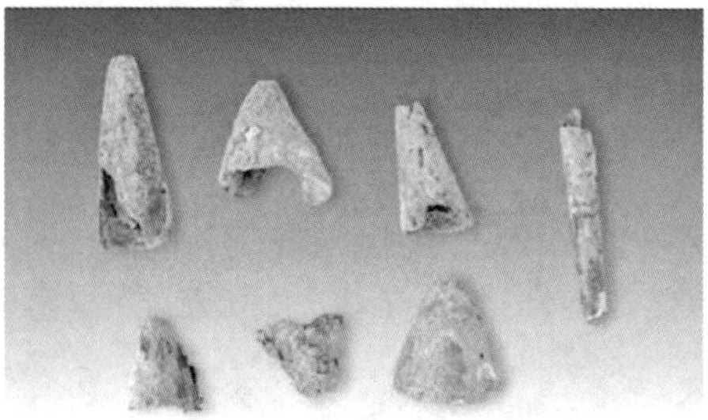

图二九　铜耳饰(M886:B4)

图三〇　陶碗(M848:A4)

图三一　双耳陶罐(M886:A1)

盘口细颈陶罐 1件（M848：A6）。泥质红陶，手制。盘口，尖圆唇，细长颈，鼓腹，平底。口径11厘米、腹径12.8厘米、底径7厘米、高18.1厘米（图三二：6）。

深腹陶罐 1件（M848：A8）。夹砂灰陶，陶色不匀，手制。侈口，方唇，深腹，平底。口径7.5厘米、腹径9.4厘米、底径6.3厘米、高13.2厘米（图三二：8）。

（2）B组：2件（组）

铜泡 1组3枚（M848：B1）。圆丘状，面鼓，内凹，内有一横向纽。直径2.3～2.6厘米（图三二：9～11）。

骨臂钏 1件（M848：B2）。已残。磨制，一端有3个钻孔。残长6.5厘米、宽4厘米（图三二：12）。

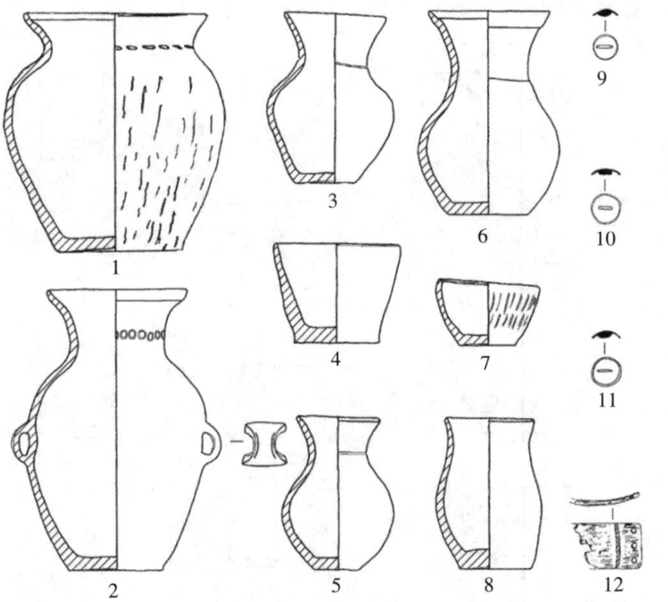

1.敞口陶罐(M848:A1) 2.腹耳陶罐(M848:A2) 3、5.侈口陶罐(M848:A3、A5) 4、7.陶碗(M848:A4、A7) 6.盘口细颈陶罐(M848:A6) 8.深腹陶罐(M848:A8) 9～11.铜泡(M848:B1) 12.骨臂钏(M848:B2)(均约为1/5)

图三二 M848出土器物

3.M841

出土器物15件，其中陶器12件、骨器3件。墓道编为A组，左偏室编为B组，右偏室编为C组。

（1）A组：1件

深腹陶罐 1件（M841：A1）。夹砂灰陶，手制。侈口，尖圆唇，深腹，平底。器底有烟炱。口径6.6厘米、底径5.8厘米、高7.7厘米（图三三：10）。

（2）B组：3件

双耳陶罐 2件。M841：B1，夹砂红陶，手制。侈口，尖圆唇，束颈，斜肩，鼓腹，平底略内凹。口肩部对称贴附两个竖耳，耳上饰乳丁纹。器底有烟炱。口径8.9厘米、腹径9.8厘米、底径5.4厘米、高12.3厘米（图三三：1）。M841：B2，泥质灰陶，手制。侈口，圆唇，短颈，斜肩，鼓腹，下腹斜收，平底。口肩部对称贴附两个竖耳。口径9.6厘米、腹径12.4厘米、底径6.9厘米、高15.4厘米（图三三：2）。

陶碗 1件（M841：B3）。夹砂灰陶，手制。敞口，尖圆唇，斜直腹，平底。口径13厘米、底径7厘米、高5.5厘米（图三三：5）。

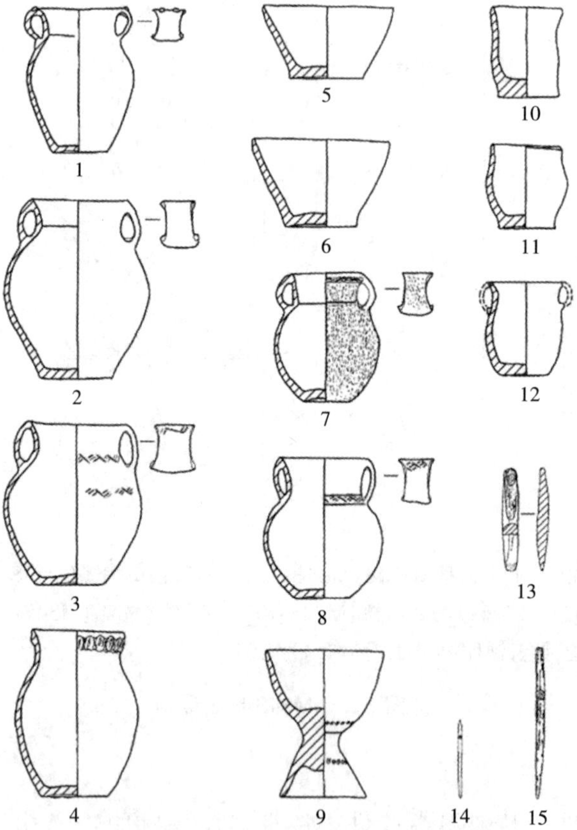

1～3、7、8、12.双耳陶罐(M841:B1、B2、C4、C1、C3、C8) 4.侈口陶罐(M841:C6) 5、6.陶碗(M841:B3、C2) 9.陶豆(M841:C7) 10深腹陶罐(M841:A1) 11.直口陶罐(M841:C5) 13.骨凿(M841:C9) 14、15.骨锥(M841:C10、C11)(均约为1/5)

图三三 M841出土器物

（3）C组：11件

双耳陶罐 4件。M841：C1，夹砂红陶，手制。侈口，方唇，高领，斜肩，鼓腹，底内凹。口肩部对称贴附两个竖耳。口沿外饰一周波浪形泥条堆纹，器表饰刻划纹。器表有烟炱。口径7.3厘米、腹径8.8厘米、底径6.5厘米、高10.8厘米（图二四，图三三：7）。M841：C3，泥质灰陶，手制。侈口，方唇，束颈，斜肩，鼓腹，平底。口肩部对称贴附两个竖耳。耳上端饰戳刺纹，颈部饰两周弦纹，内夹戳刺纹。口径8.6厘米、腹径11.7厘米、底径5.4厘米、高12厘米（图三三：8）。M841：C4，泥质灰陶，手制。侈口，方唇，束颈，斜肩，鼓腹，平底。口肩部对称贴附两个竖耳。颈部、腹部及耳上饰有戳刺纹。口径9厘米、腹径13.5厘米、底径5.2厘米、高14.2厘米（图三三：3）。M841：C8，泥质灰陶，手制。侈口，尖圆唇，高领，深腹，平底。口肩部对称贴附两个竖耳，已残。器表有烟炱。口径6.7厘米、腹径7.3厘米、底径4.5厘米、高8厘米（图三三：12）。

陶碗 1件（M841：C2）。夹砂红陶，手制。侈口，尖唇，斜直腹，底内凹。口径13.2厘米、底径7厘米、高7.3厘米（图三三：6）。

直口陶罐 1件（M841：C5）。夹砂红陶，手制。直口，方唇，腹微鼓，平底。器表有烟炱。口径6.8厘米、腹径8.2厘米、底径5.5厘米、高7.1厘米（图三三：11）。

侈口陶罐 1件（M841：C6）。夹砂红陶，手制。侈口，圆唇，高领，鼓腹，平底。口沿饰一周压印纹。器表有烟炱。口径9.3厘米、腹径10.8厘米、底径6.2厘米、高13.6厘米（图三三：4）。

陶豆 1件（M841：C7）。泥质红陶，手制。敞口，圆唇，斜腹，喇叭形高圈足。腹下部及圈足戳刺一周圆圈纹。口径11.8厘米、圈足径8.6厘米、柄高5.6厘米、通高12.7厘米（图二五，图三三：9）。

骨凿 1件（M841：C9）。由动物骨骼磨制而成。暗黄色，平面呈圆角长方形，一端双面刃，另一端圆钝。长9.6厘米、宽1.7厘米、厚1厘米（图三三：13）。

骨锥 2件。M841：C10，由动物骨骼磨制而成。暗黄色，两端作尖锥状。长7.4厘米、直径0.3～0.5厘米（图三三：14）。M841：C11，由动物骨骼磨制而成。器身细长，一端作尖锥状，另一端较平，剖面呈圆形。长13.7厘米、直径0.9厘米（图三三：15）。

4.M815

出土器物6件（组），其中陶器3件、骨器2件（组）、复合装饰品1件。均出自偏室，偏室上层编为A组，下层编为B组。

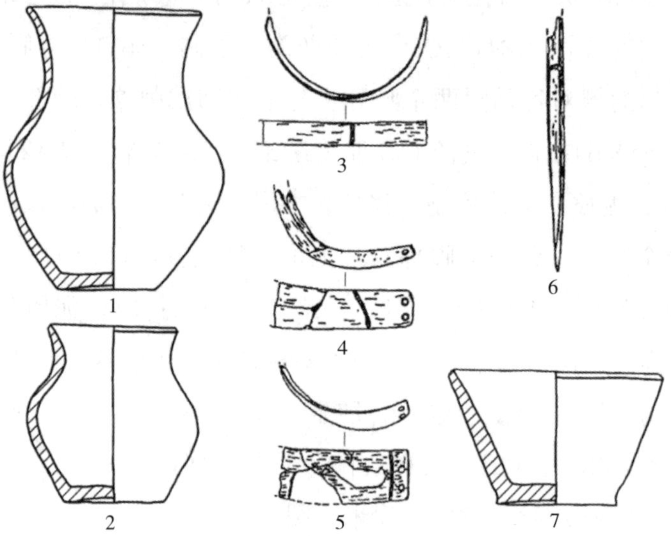

1、2. 侈口陶罐(M815:A1、A2)　3～5. 骨臂钏(M815:B1-1～3)　6. 骨锥(M815:B3)　7. 陶碗(M815:A3)(6为1/2,余约为1/3)

图三四　M815出土器物

（1）A组：3件

侈口陶罐　2件。M815：A1，泥质红陶，手制。侈口，长颈，溜肩，鼓腹，平底。口径11厘米、腹径12厘米、底径5厘米、高15厘米（图二六，图三四：1）。M815：A2，夹砂灰陶，手制。侈口，微束颈，溜肩，鼓腹，平底。口径7厘米、腹径9.3厘米、底径5.5厘米、高9.5厘米（图三四：2）。

陶碗　1件（M815：A3）。口残。夹砂红陶，手制。敞口，斜直腹，平底。口径11厘米、底径6.5厘米、高7厘米（图三四：7）。

（2）B组：3件（组）

骨臂钏　1组3件（M815：B1）。磨制。暗黄色，呈不规则半圆形。M815：B1-1，宽1.35厘米、厚0.2厘米。M815：B1-2，宽2.2～2.7厘米、厚0.2厘米。M815：B1-3，宽2.9厘米、厚0.2厘米（图二八，图三四：3～5）。

复合装饰品　1件（M815：B2）。已残。由动物牙齿成排地粘在黑色有机黏合剂上制成。

骨锥 1件（M815：B3）。已残。由动物骨骼磨制加工而成。暗黄色，有凹槽。残长8.7厘米、宽0.6厘米、厚0.45厘米（图三四：6）。

5.M886

出土器物11件（组），其中陶器9件、滑石珠1组、铜器1组。头龛编为A组，偏室编为B组。

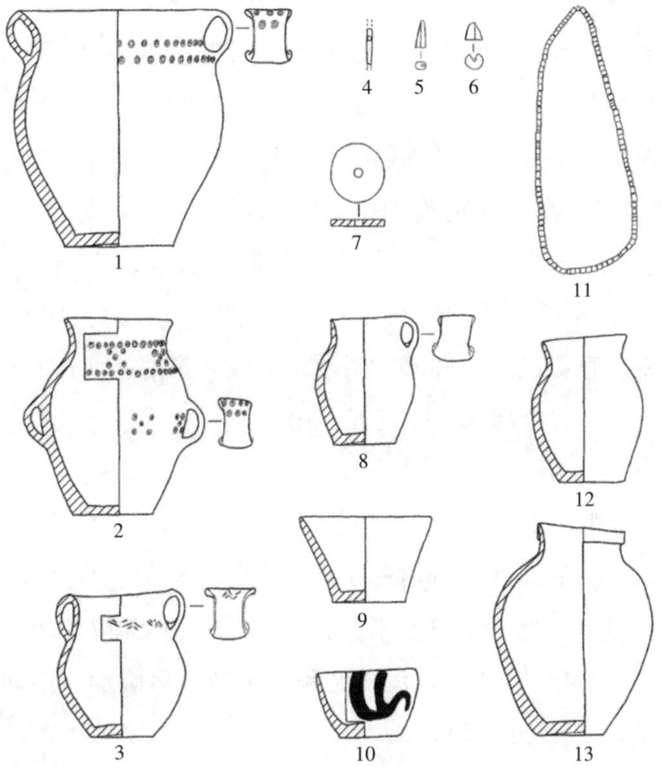

1.3.双耳陶罐(M886:A1、A5) 2.腹耳陶罐(M86:B1) 4～6.铜耳饰(M886:B4-1～3) 7.陶纺轮(M886:B2) 8.单耳陶罐(M886:A3) 9、10.陶碗(M886:A4、A7) 11.滑石珠(M886:B3) 12、13.鼓腹陶罐(M886:A6、A2)(4～6为1/3,11为1/4,余约为1/5)

图三五 M886出土器物

（1）A组：7件

双耳陶罐 2件。M886：A1，口微残。泥质红陶，手制。敞口，圆唇，束颈，斜肩，鼓腹，平底。口肩部对称贴附两个竖耳。耳顶端戳刺5个圆圈纹，颈下部戳刺两周圆圈纹。口径19厘米、腹径20厘米、底径10.9厘米、高20.2厘米（图三一，图三五：1）。M886：A5，口微残，一耳已残，腹部微残。泥质灰陶，手制。侈口，沿外翻，圆唇，束颈，斜肩，鼓腹，平底。口肩部对称贴附两个竖耳。耳上端饰刻划纹，颈部饰一周刻划纹。口径9.5厘米、腹径11厘米、底径5.8厘米、高12.1厘米（图三五：3）。

鼓腹陶罐 2件。M886：A2，口微残。泥质灰陶，手制。直口，口沿外侧加厚，尖圆唇，溜肩，上腹微鼓，下腹微向内弧收，平底微内凹。口径8厘米、腹径14.3厘米、底径6.7厘米、高17.9厘米（图三五：13）。M886：A6，口微残。夹砂灰陶，手制。侈口，圆唇，束颈，斜肩，鼓腹，平底。器表有烟炱。口径8厘米、腹径10.8厘米、底径7厘米、高12.8厘米（图三五：12）。

单耳陶罐 1件（M886：A3）。口、耳微残。夹砂红陶，手制。侈口，圆唇，束颈，斜肩，鼓腹，平底。口肩部贴附一竖耳。器表有烟炱。口径7厘米、腹径9厘米、底径6.5厘米、高11.1厘米（图三五：8）。

陶碗 2件。M886：A4，泥质红陶，手制。敞口，尖圆唇，斜壁内凹，平底。口径13厘米、底径7.7厘米、高7.8厘米（图三五：9）。M886：A7，口微残。泥质红陶，手制。直口微敛，圆唇，斜壁，平底。腹部施两道竖红彩。口径10厘米、底径6.5厘米、高5.3厘米（图三五：10）。

（2）B组：4件（组）

腹耳陶罐 1件（M886：B1）。口微残。泥质红陶，手制。侈口，圆唇，束颈，溜肩，鼓腹，平底。腹中部对称贴附两个竖耳。颈、腹及双耳上部均戳刺有圆圈纹。口径10厘米、腹径14.3厘米、底径8.4厘米、高17厘米（图三五：2）。

陶纺轮 1件（M886：B2）。泥质红陶，手制。扁圆形，中间钻孔。直径4.5厘米、厚0.5厘米（图三五：7）。

滑石珠 1组（M886：B3）。由白色滑石磨制加工而成。乳白色，圆柱形，中间穿孔。高0.3～0.8厘米、直径0.3～0.4厘米（图三五：11）。

铜耳饰 1组（M886：B4）。由管状、柱状及喇叭状的铜饰组成，其中铜管（M886：B4-1）直径0.3厘米、残长2.1厘米；柱状铜饰（M886：B4-2）上径0.2厘米、底径0.75厘米、高1.8厘米；喇叭状铜饰（M886：B4-3）上径0.4厘米、底径1厘米、高1厘米（图二九，图三五：4～6）。

四、结语

通过此次对磨沟墓地的发掘，我们对齐家文化墓葬有了进一步的认识。我们采取解剖式发掘方法，获得了有关齐家文化墓葬的重要信息，主要有以下几点。

第一，此次发掘是前两次发掘的继续，我们采取解剖的发掘清理方式，改变以往整体向下清理墓葬的方法，对墓穴填土留有可对比的垂直剖面，以便观察。对于竖穴偏室墓，在墓道及偏室部分皆留有剖面，划分出堆积层次，获取有关埋葬过程的信息。我们发现，一些墓葬在阶段性填埋墓道时，使用棚架设施。除M848墓壁上高于偏室顶的凹槽外，M861墓道左壁下部的水平向凹槽、墓道两端靠左侧的柱洞、墓道脚端局部二层台，以及M797头龛下部的水平向凹槽等，也应该是棚架设施曾经存在的证据。这些结构表明，在合葬过程完成之前，仅仅在墓道进行了一定的封闭处理，以便于再次打开埋葬后者。也有一些墓葬在合葬过程完成之前，并不填埋墓道，可能仅在墓口进行封闭性处理，使墓道一直处于空置状态，只是墓口部分的封闭痕迹很难在田野工作中揭示出来。例如M886墓道的沉积土以及M864墓道底部的淤土层，都反映出墓道在填埋之前，它们一直处于空置状态。

第二，关于磨沟墓地的齐家文化墓葬是否有地上标志的问题。在之前的发掘中，只发现个别墓葬使用竖石作为标志。此次发掘表明，一些齐家文化墓葬存在着坟丘这种地上标志。例如M901的坟丘保存较为完整，较为真实地展现了当时坟丘的形状。另外，M829的地上坟丘已不存在，但是因为偏室塌陷而导致坟丘堆土下陷，从而形成了不同于墓道填土及周围自然堆积的类型堆积，可基本判断为坟丘的残留部分。值得注意的是，M829坟丘底部还随葬有3件陶器，这种现象在此次发现的带坟丘墓葬中较为特殊。

第三，多人多次合葬这一特征继续得到体现，不仅埋葬人数众多，而且有分阶段埋人现象。例如M841两侧偏室的分阶段填埋现象，以及M815偏室下层不能使用之后再次改建的偏室上层。这种墓葬的阶段性埋人现象反映出家庭观念的重要性，即一个家庭的成员通过一切可能的方式都要合葬在一起。

通过对磨沟墓地的第三次发掘，使我们对齐家文化墓葬的特殊性和复杂性有了进一步了解，为研究齐家文化乃至黄河上游史前文化提供了重要的实物资料。

附记：

本次发掘领队毛瑞林，发掘人员有钱耀鹏、谢焱及西北大学2008级15名硕士研究生。

执笔者　钱耀鹏　王　玥　毛瑞林　谢　焱

（本文原载于《文物》2014年第6期）

甘肃临潭磨沟齐家文化墓地发掘及主要收获

钱耀鹏　毛瑞林

西北大学文化遗产学院　甘肃省文物考古研究所

临潭磨沟遗址坐落在洮河西南岸、磨沟河西岸的马蹄形山间台地上，行政隶属甘南藏族自治州临潭县王旗乡。这里地处青藏高原东北边缘，海拔高度一般在2200米以上。遗址为省级重点文物保护单位，文化内涵丰富，其中齐家文化墓地就是磨沟遗址的重要内容之一。2008年，基于九甸峡水库建设的需要，甘肃省文物考古研究所与西北大学文化遗产学院合作，对磨沟遗址齐家文化墓地展开考古发掘。首次发掘结果便引起了学术界的高度关注①，被评为2008年度全国十大考古新发现之一。目前，发掘工作仍在继续进行。截至2011年8月，共清理出以齐家文化时期为主的墓葬1530余座，获得了有关墓葬结构、埋葬过程及埋葬习俗等方面的诸多证据，不仅有助于进一步认识齐家文化乃至史前时期埋葬现象，同时对于探索黄河上游地区的文明化进程具有重要意义。

一、发掘概况

磨沟齐家文化墓地位于遗址东部偏北处，临近洮河。墓地中部偏北处遭到后世堡墙基槽及现代冲沟（包括小片洼地）的破坏，被分割成南北两部分。其中，冲沟南侧的墓葬已于2010年发掘完成，而其北侧的墓葬尚在发掘之中。墓地现存面积达10000平方米左右，被破坏部分面积约为2000平方米，所以磨沟墓地实际面积应在12000平方米左右（图一）。

① 甘肃省文物考古研究所、西北大学文化遗产与考古学研究中心：《甘肃临潭磨沟齐家文化墓地发掘简报》，载《文物》2009年第10期。

图一 磨沟墓地远景(北一南)

因磨沟遗址面积较大，我们采用象限法分区（以顺时针方向）布方发掘，并以坐标法进行探方编号，探方规格5米×5米。墓地主要分布在Ⅰ、Ⅱ区。具体到墓葬发掘，最初采用传统的方法，在确认墓葬开口后即对墓穴进行水平式整体清理，墓穴内的堆积情况并未得到高度关注。但在发掘过程中，一些墓葬结构（多偏室）或偏室堆积现象甚为复杂，为审慎起见，便随机实施局部性解剖清理。如M206的右偏室，解剖清理的堆积状况充分显示，该偏室的使用过程明显经历了三个阶段①。

经过两次发掘之后，我们觉得随机性解剖清理固然可以获得一些反映埋葬过程的堆积证据，但其他墓葬未必就不存在这些方面的相关证据。因此，自2009年秋季开始，对所有墓葬均采取解剖性发掘清理方法，包括竖穴土坑墓及竖穴偏室墓的墓道部分；偏室部分则采取不超过偏室平面范围的揭顶式解剖清理，以便最大限度地获取埋藏方面的堆积证据。事实证明，对墓穴部分这一发掘清理方法的改变是非常必要的，而不应把解剖性发掘清理方法仅仅局限于地表坟丘部分。有关埋藏方面的堆积证据，后文中屡有涉及，暂不赘述。

在发掘过程中，见于随葬现象，尤其空间位置复杂多变，我们对同一座墓葬内随葬器物，根据空间位置上的显著差异，诸如墓道、头龛、脚龛、不同偏室甚

① 李学来：《“第八届中国社会科学院考古学论坛·2008年中国考古新发现”纪要》，载《考古》2009年第7期。

至坟丘底面等进行分组编号。具体则是按照发现的先后顺序，依次编为A、B、C、D等不同组别，具体如M888：A1、A2……，M888：B1、B2……由于各墓葬的情况不一，所以A、B、C、D组别所表示的空间位置并不固定。即便如此，也不能完全反映随葬现象的复杂性。因为同一墓葬的头龛或偏室等空间范围内的随葬器物，还存在进一步分组的迹象。只是进一步的分组需要仔细分析，难免附加较多的主观判断因素，因而暂未区分，留待研究分组。

再者，以往对于墓葬发掘结果多采用表格式的记录形式，内容固定且所能容纳的信息量比较有限。尤其对于墓葬结构及埋葬现象极为复杂的磨沟墓地，表格式墓葬记录已不能充分体现实际发掘结果。针对这种情况，我们及时以发掘记录取代表格记录形式，从而保证墓葬记录能够容纳更加详细而丰富的信息内容。

截至目前，磨沟齐家文化墓地的发掘已近尾声。除了北部区域范围，其余大部已经发掘揭露，墓地布局基本得以显现。墓葬方向一般朝向西北，整体上由东北向西南排列。由西北至东南，计有29排墓葬。每排多者可达百余座，少者一两座。由于墓葬排列有时会出现弧形分布现象，致使两排墓葬之间的距离逐渐加大。于是，在这两排墓葬之间又会增加一排墓葬。其中有3排墓葬属于中间增加的，并未贯穿墓葬排列的始终。从现存状况来看，南部墓葬保存较好，而北部墓葬因修整梯田而遭到不同程度的破坏，墓地所在地形应是南高北低呈缓坡状。

二、墓葬形制及其特点

较之以往的发现，磨沟墓地的墓葬结构甚为复杂。根据墓穴部分的主要结构特点，可分竖穴土坑和竖穴偏室（或称偏洞，即洞室位于长方形竖穴墓道两侧，以区别于墓道与墓室呈纵向结构的洞室墓）两大类。在整体数量上，竖穴偏室墓数量明显居多，而竖穴土坑墓相对较少。但若将整个墓地分为北、中、南三区（或可分四区），则北区以竖穴土坑墓为主，估计应在70%以上（涉及未发掘部分），中区则锐减至30%左右，南区比例进一步降低。无论竖穴土坑还是竖穴偏室墓，竖穴部分一般为圆角长方形，只是圆角甚小。

竖穴土坑墓的结构相对比较简单，均为长方形竖穴土坑。成人墓葬一般长1.8～2.1米、宽0.5～1.2米、深1～1.9米，儿童墓穴相对小而浅。个别竖穴土坑墓发现有专门放置随葬器物的头龛，或头脚两端发现有用于棚架的水平状凹槽。竖穴墓中以单人一次葬居多，也有少数上下叠置、多人并列或推挤堆置的合葬现象，其中并列合葬的墓穴一般较宽。

竖穴偏室墓一般长1.8～2.2米、宽0.6～0.8米、深1.4～2.3米；偏室宽度差异较大，一般0.6～1.3米之间。依偏室数量可分单偏室、双偏室和多偏室三类。其中，单偏室墓葬数量最多，又以偏室位置分为左偏室和右偏室（以墓葬方向和仰身直肢葬为准）；双偏室墓葬相对较少，以偏室位置也可再分为左右偏室和位于同一侧的上、下偏室；多偏室墓葬最少，墓道左右两侧皆有偏室，其中一侧或两侧为上下偏室。竖穴偏室墓大多设有一个头龛，侧龛或脚龛少见；个别拥有上下两个头龛，或者既有头龛也有脚龛。竖穴墓道下部头脚两端，靠近偏室一侧多有对称的竖向凹槽，用以放置封堵偏室口的木板，可谓封门槽。少数仅墓道一端有封门槽，或者不设封门槽。另外，除个别墓道下部设有二层台外，一些墓道底部甚或偏室底部还发现有竖向柱洞遗迹，而一些墓道一端或一侧发现有水平状的凹槽、圆洞（图二）以及不见随葬器物的空龛等结构性迹象。这些迹象当与墓葬的使用或埋葬方式密切相关。偏室口一般呈长椭圆形，即两端呈圆弧形、中部近水平状；偏室底面一般略低于墓道底面（个别高于墓道底面），平面亦呈椭圆形，一般前半部分略宽而后半部分稍窄，也有前后宽窄基本一致者。根据保存较好的偏室结构来看，其周壁呈弧形结构，而顶部中央则为平顶。竖穴偏室墓以多人合葬居多，也有部分单人葬。不计墓道部分，合葬人数在2～10余人不等。

图二 M848墓道脚端柱洞与侧壁凹槽

地表坟丘的确认是磨沟墓地发掘在墓葬结构方面所获得的重要认识之一。

有关墓葬的地上标志始终是我们关注的重要问题之一。最初，在传统认识的影响下，未曾设想地表坟丘的存在。然而，发掘过程中遇到的一些现象确曾令我们百思不得其解。如有些墓葬开口部分时常发现有成层或成堆的碎石堆积，石堆多近圆形且大小不一，分布范围有时及于偏室顶部；再如一些墓穴开口部分大致呈圆形分布的花土堆积等。由于这些堆积缺乏明显的隆起特征，一时难以确认其性质和意义。尤其令人不解的是，在圆形浅穴内以石板围砌、内置火葬罐的火葬墓，其绝对高度往往高于墓穴开口，但开口层位却很难确认，而火葬罐的形态特征又与开口位置略低的竖穴偏室墓随葬的同类器物别无二致。

直到2009年秋冬季，在墓地西南部（保存状况最好的区域）发掘时，一个探方南壁上出露了一处隆起的圆堆状黄土堆积，明显有别于周围广泛分布的黑褐色土（夹杂白色霉变物质，当地俗称鸡粪土，疑似黑垆土），疑为坟丘。随即观察处理，得到初步确认后便实施解剖性清理。结果证实，隆起的黄土四周向下倾斜，西北一侧已蔓延至墓道头龛之中；在与地表高度相当的黄土堆积中（即坟丘底部位置），还发现有呈圆形分布的碎石堆，从而获得了地表坟丘存在的可靠证据。该墓编号M901（图三），系竖穴墓道右偏室墓，偏室内未见人骨，仅墓道部分发现一具头向东南（即墓葬脚端）的侧身屈肢葬人骨，当为殉人。不过，从头龛中随葬陶器的情况来看，该墓曾正常使用过。进而，从偏室与墓道部分均为人为填埋的胶泥土分析，偏室曾整体塌陷，且塌陷土又被整体移出，最后再重新予以填埋。而移出塌陷土的直接原因，可能就是为了迁出被葬者。

图三　M901坟丘与墓道剖视图

由此看来，前述墓穴开口部分的圆形花土范围，不乏因偏室整体塌陷而下陷的坟丘下部堆积；而圆形分布的碎石堆积，也应是坟丘存在的重要证据。随后，进一步确认了墓葬坟丘也涉及竖穴土坑墓，甚或同一座坟丘下覆盖有1座竖穴土坑和2座竖穴偏室墓；而且，还在一座坟丘（M933）靠近其边缘部分发现了一处石板围砌的火葬墓（M934），是知这种火葬墓原本多建于坟丘之中（图四），其顶部绝对高度难免高于墓穴开口。最初的诸多疑惑，终于随着坟丘的确认及相关发现迎刃而解了。

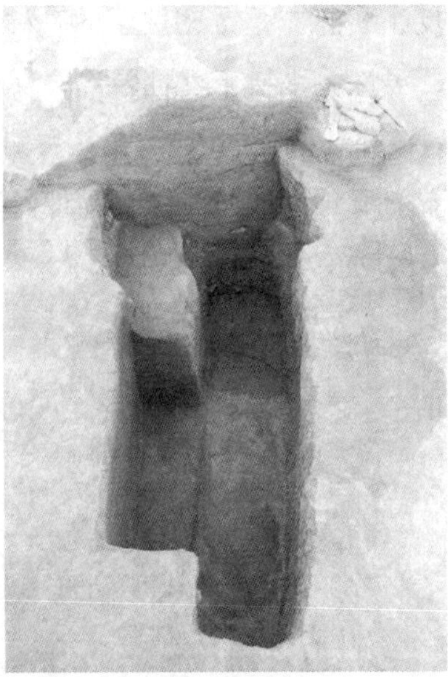

图四　M934石砌火葬墓与M933坟丘

三、埋葬方式及其特点

磨沟墓地齐家文化墓葬的埋葬方式以土葬为主，同时也发现有少量火葬以及个别土葬与火葬混合埋葬的现象。土葬通常是指尸体直接埋入墓穴之中的埋葬方式。而所谓火葬，则是指尸体经焚化、骸骨经碎化处理后再葬入墓穴的埋葬方式。碎化的骸骨多置于陶器之中，陶器少则1件，多者3件，个别骸骨则直接置于偏室之中。推测火葬者的埋葬方式及盛放骸骨的陶器数量，可能与死者的年龄即碎化的骸骨体积有关。

土葬现象甚为复杂。按照人骨出土时的放置特点，可进一步分为一次葬、二次葬、迁出葬、扰乱葬及人骨推挤现象等。

在一次葬中，除了竖穴土坑单人葬外，合葬墓中即便两具或更多尸骨具有一次葬特征，往往也不便确定这些个体就是同时埋葬的。原因在于，这些尸骨所具备的一次葬特征，时常受到墓穴空间以及葬入后来者时尚未白骨化的直接影响。有时甚至还会因偏室空间不足、先期葬入者尚未白骨化而不便推挤，致使葬入后来者时不得不以特定的方式向墓道方向拓展空间，如M861（图五）。另外，在正常埋葬的个体中，除了仰身直肢一次葬，还有少数侧身屈肢（含微屈）一次葬。侧身葬既有女性，也有个别男性。女性侧身屈肢曾被视为妻妾殉葬的证据，但磨沟墓地发现的情况恰恰相反，实际应是亲密关系的一种表现形式。M1227的成年男女侧身相向，面部紧贴，男性右手搂于女性腰部，女性左手搂于男性腰部，不似活埋而应是“被亲密”的埋葬结果（图六）。尤其右偏室的成年女性侧身面向二次葬的成年男性，而左偏室的成年女性与儿童却为仰身直肢葬，况且墓道下部还有两层三具殉葬的人骨个体①。

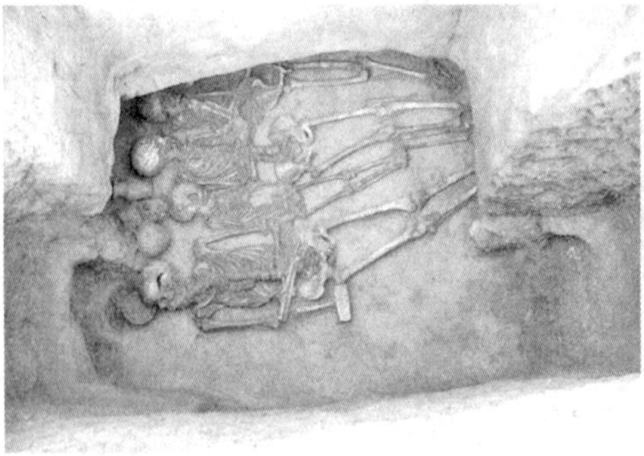

图五　M861人骨出土状况

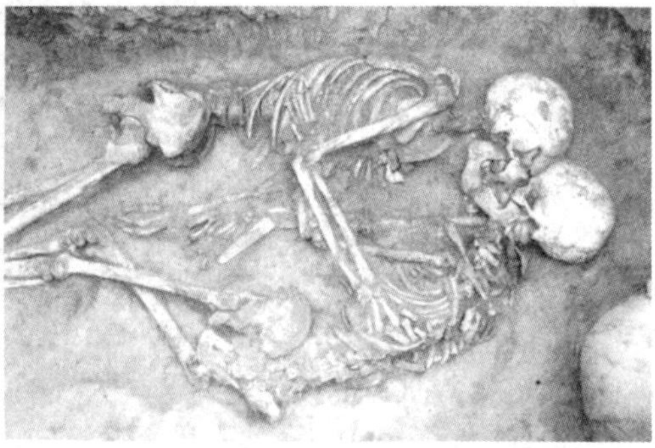

图六　M1227局部

二次葬一般是指按照一定方式对白骨化后的尸骨重新进行安葬的埋葬方式。二次葬与迁出葬虽然不无联系，但不能完全等同起来。以往二次葬通常被认为是在异处完成白骨化过程后再行安葬所形成的，其中也包括与迁出葬相对应的迁入葬。而磨沟墓地发现二次葬，除了部分可能与迁出葬有关外，更多的却是原穴或同穴异室二次葬。除了M84右偏室的成年男性源自该偏室下层、两根腓骨遗留于下层黑色花土堆积以外，M206右偏室发现有三层零散人骨，而左偏室则为多人二次葬。再说，类似的二次葬现象还不止这两座墓葬。

① 甘肃省文物考古研究所、西北大学文化遗产与考古学研究中心：《甘肃临潭磨沟齐家文化墓地发掘纪要》，载《考古》2009年第7期。

图七　M240局部扰乱人骨

甘青地区史前二次扰乱葬已经受到学术界的关注。磨沟墓地的发现不仅证实了二次扰乱葬存在的事实，还进一步揭示出二次扰乱的方式与过程。扰乱葬可分有序扰乱和无序扰乱，也可概括为局部扰乱和整体扰乱。所谓有序扰乱，就是指人骨虽经扰乱但程度有限，扰乱部位多限于上半身，甚或仅身首分离，而其余部分仍保持一次葬特征。实例则如M240，该墓为单偏室墓，竖穴墓道底部叠葬两人，骨架完好；左偏室内葬有三人，但只有内侧的儿童（性别不明）骨骼俱在偏室之内（图七）。而头龛的女性头骨和墓道内的男性头骨，恰与偏室人骨（近墓道者为女性、中间为男性）缺失的头骨数量及性别年龄特征吻合。尤其头龛底面高于墓道底部约40厘米，且这具头骨之下还压有一层厚约4～5厘米的沉积土。显然，这种头骨位移现象只能是人为的有意扰动，且应是墓道完全填埋之前扰动的，否则便无法解释墓道底部上下叠置的两具人骨何以保存完好。尤其M929偏室内仅葬一人，但其左小臂皆为桡骨而右小臂皆为尺骨，右腿骨也存在扰动痕迹（图八）。这种扰乱现象，一般只能是在尸体白骨化以后才能进行。从墓道保存较好、未发现被打破现象的情况分析，应是打开（如棚架封闭）而非挖开墓道进行的。无序扰乱是指人骨扰乱程度较甚，致使人骨堆放往往呈无序状态，无须赘言。

图八　M929单人二次扰乱葬

人骨推挤现象是在磨沟墓地发掘过程中逐步确认的。所谓人骨推挤就是指人骨虽经二次扰动但目的并不在于重新安葬被扰动的人骨，而是为了获取必要空间以埋葬后来者，明显不同于按一定顺序堆放的二次葬或二次扰乱葬。推挤程度取决于偏室空间大小及合葬人数多少，可初步概括为局部推挤和整体推挤两类，其中最为清晰可靠的则是局部推挤。实例如M230偏室内侧的两具成年人骨均经局部推挤。其中紧靠内壁的人骨上半身曾被推挤，而下肢骨等则有序地置于原位。而其外侧的成人骨架大部被推挤，下肢骨叠压在前者腿骨之上，但趾骨似乎还留在原位。亦即偏室脚端孤立存在的、较粗且长的趾骨，当与外侧两具少年骨架无关(图九)，而内侧成人骨架之所以被局部推挤，显然是为了埋葬后来者。值得注意的是，这种推挤现象在竖穴土坑墓中也得到了确认。如M1216内葬两人，左侧男性虽经拢聚堆放，但具一次葬特征的脚骨却发现于墓穴脚端底面中部，当属原位保留，其余骨骼则被推挤位移，而推挤的直接原因就是为了合葬右侧的成年女性(图一〇)。显然，人骨推挤现象应是多次合葬的重要证据之一。

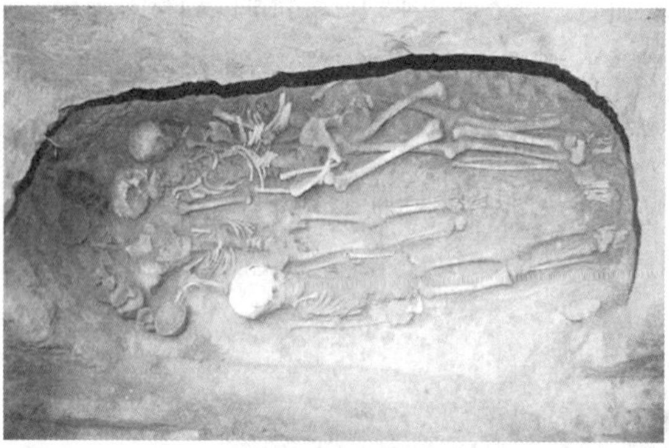

图九　M230人骨局部推挤现象

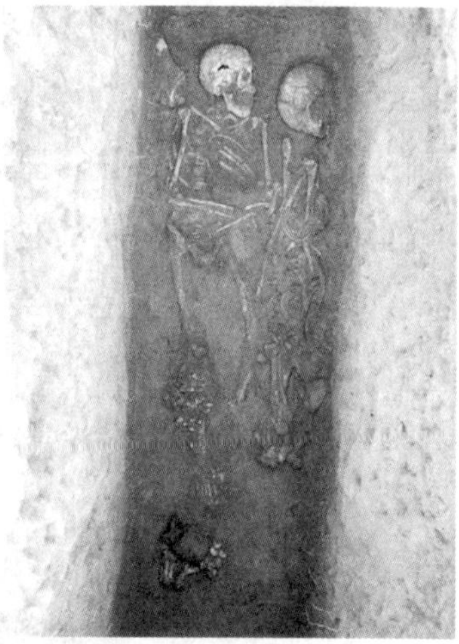

图一〇　M1216局部

四、埋葬过程及其特点

磨沟墓地多样性的埋葬方式，如二次葬和二次扰乱葬所揭示的多次使用，以及人骨推挤现象所揭示的多次合葬，又引发出另外一个问题，即这些多次使用及多人合葬现象具体是怎样形成的，其埋葬过程究竟如何？换言之，墓葬人骨个体所揭示的埋葬方式，虽可一定程度地反映多次合葬与使用过程，但还不足以充分揭示埋葬过程的具体情形，尤其是多次使用过程中对墓道的处理方式。这一问题很快就引起了我们的关注，我们积极探寻相关的线索和证据。除了墓道中发现的一些特殊结构，解剖性发掘则为之提供了直接而可靠的埋藏证据。

从发掘结果来看，在多次使用及合葬现象的形成过程中，通常对墓道采取不完全填埋即封闭处理的方式，以便打开墓道再次使用。而封闭处理墓道的方式相当复杂，至少可分为棚架式填埋和直接填埋墓道下部两种封闭处理方式。

棚架封闭的关键在于如何在墓道中搭建棚架设施，而搭建棚架设施的关键则在于如何支架。在正常情况下，最终填埋墓道时棚架设施往往不复存在，致使考古发现的偶然性极高。唯有某些特殊原因，才能导致棚架设施最终有所保留，成为弥足珍贵的直接证据。在磨沟墓地的发掘过程中，经反复确认得知，墓道棚架封闭的情况甚为复杂。具体来说，棚架设施如何搭建，往往取决于棚架材料（包括相对于墓道的长短尺寸等），结构性痕迹在墓道中或有或无，随意性很强。

从墓道中发现的结构性痕迹来看，棚架设施在结构方面至少存在对称和不对称结构两类，甚或对称结构还可区分为完全对称和不完全对称两小类。对称结构相对比较容易确认，如M206墓道下部的石砌二层台、M85墓道下部头脚两端高度基本一致的水平状凹槽，有些则类似于头龛和脚龛如M208，或如M430墓道底面四角存在对称的柱洞遗迹（图一一）。就前三种情况来说，只需利用墓道中的这些对称结构搭建棚板（或棚木）即可。而后一种情况，有时还需要在头脚两端左右对称的立柱上搭置横板（或横木），然后再在横板上纵向搭置棚板。M430即应如此，否则必须使用与墓道长宽相若的整块木板。而其墓道所埋两人都经过二次扰乱，说明棚架设施至少从葬入搭建使用到了二次扰乱（白骨化）之际。

相对而言，不对称结构的确认则较为困难，需要更加清晰而可靠的证据。如墓道一端存在的水平状凹槽（包括类似头龛或脚龛者）、水平状圆洞等，或墓道一侧高于偏室处存在的水平状凹槽，或墓道底面不对称的柱洞等。对于墓道中存在的这类结构性不对称痕迹，只有在发现直接使用的相关遗存时才能充分加以确认。M642墓道设有头龛和脚龛，但头龛随葬陶器，而脚龛明显高于头龛，且脚龛空置，两者用途当有区别。重要的是，该墓在接近墓道底面的堆积中发现有数块纵向木板朽痕，分布范围从墓道中部到偏室中部（图一二），明显超越了封门板数量及其可能的分布范围，应系棚架设施随偏室塌陷所致，脚龛当是搭建棚架设施的结构性遗留。而这种不对称结构的另一端，则应是以树杈等物或者垫土支架。树杈类支架的使用痕迹理论上应该存在，但实际则由于使用痕迹极不明显而很难确认。M913墓道头端底面曾发现1件类似于柱础的物件，系在残破陶器的口肩部内侧涂泥并略加烧制而成，其顶面中部有一圆窝，很可能是用于支垫高度不足的木柱（图一三）。更能说明这一问题的是，M861墓道棚架设施发现时，棚板即搭置于两端对称的半圆形立柱之上及偏室口上部的水平状凹槽之中（图一四）。这些实例当可说明墓道棚架设施存在不对称或不完全对称结构的客观事实。

图一一　M430墓道底面柱洞

图一二　M642塌陷木板朽痕

图一三　M913墓道头端底面疑似柱础

图一四　M861墓道脚端支柱与偏室顶部凹槽

另外，从形成条件方面分析，墓道下部及底部的淤土、沉积土以及偏室塌陷堆积延伸至墓道部分等堆积现象，通常也应是在墓道下部被架空的情况下形成的，尤其沉积土中包含有少量花土颗粒，则应是棚架设施之上填土封闭的直接证据。换言之，一些墓道虽无结构性痕迹发现，但只要墓道下部存在淤土、沉积土或塌陷土等特殊堆积，也能说明墓道下部曾存在一段空置期，进而说明棚架设施也可能存在全部利用棚架材料搭建的现象，墓道中没有任何结构性痕迹。

直接填埋墓道下部的封闭处理方式也是极难确认的。即便墓道下部与上部填土不同，也不便作为填埋封闭墓道下部的可靠证据。因为在一次性填埋墓道的过程中，也可以形成明显的层状堆积。无疑，确认这一现象还需要相关证据进一步证实墓道上、下部不同堆积的形成过程是间歇而不连续的，即在形成过程和时间方面明显应是两次填埋所致。如墓道上、下部填土不仅土质土色存在一定差异，且其间存在淤土或沉积土、塌陷堆积，才能说明上、下填土具有间歇性形成特点。如竖穴偏室墓M1073，距离墓道底部约40厘米时，墓道范围才显清晰，上部堆积延伸范围较大，包含块状塌陷黄土及淤土堆积等，尤其西南侧的竖穴土坑墓M1066，发现于塌陷及淤土堆积之下，墓道花土堆积仅40厘米左右（图一五）。这两座墓葬下部的花土堆积明显不同于上部塌陷、淤土堆积等，应系塌陷之前填埋的，墓道上部则不曾填埋，并因积水塌陷而连成一体。此外，还有其他一些堆积证据能够说明这种封闭处理方式存在的事实，不再一一列举。

无论是竖穴土坑还是竖穴偏室墓，除了人为因素，墓葬的使用难免也会受到各种自然因素的制约和影响，所以导致墓葬终止使用、最终完全填埋墓道的直接原因未必完全一致。对于多次合葬与使用的墓葬而言，其使用和埋葬过程至少存在三种情况。一是合葬与使用结束后，一次性填埋墓道，此时往往不再使用棚架设施及封门板等；至于最终完成合葬的社会性原因及标志，尚需进行系统而仔细的分析。二是分阶段填埋墓道，即在偏室存在的扩建或改建使用等情况下，时常导致先期填埋墓道下部的现象，但这种现象甚为少见。三是合葬虽未完成，但因偏室塌陷不便继续使用而填埋墓道。

此外，还有极少一些通过再次挖开墓道实施合葬的现象，我们曾以原始墓道和再次挖开墓道加以区分。就再次挖开墓道现象的确认而言，竖穴偏室墓相对比较容易，因为先后形成的墓道对应的却是相同的墓室，实例如M260等。而难以确认的当是竖穴土坑墓中再次挖开的合葬现象，原因就在于这种现象极易理解为具有打破关系的两座墓葬，且符合地层学原则。如M1268，上层人骨的墓穴与下层人骨墓穴有所偏移，但上层随葬陶器却置于下层人骨的头骨之上（图一六），与人骨上下叠置的竖穴土坑墓（如M21）极为相似，因而可以理解为同一座墓葬，当属再次挖开墓穴的合葬现象。前文提到的火葬墓常常建于一些墓葬坟丘的边缘部分，实际也可理解为一种合葬现象，只是形式较为特殊而已。

尽管这些现象未必就是埋葬过程的全部例证，也足以证实磨沟齐家文化墓葬的多次使用与合葬过程。正因为如此，所以才会在同一座墓葬中出现多种葬式。

图一五 M1066(M1073在右侧)

图一六 M1268竖穴墓再次挖开合葬现象

五、墓道埋人现象及其特点

在磨沟墓地，竖穴偏室墓中墓道埋人现象较为常见，但具体情况不尽一致。综合各方面的特征，墓道埋人现象可分为两种类型，一是因偏室空间不足而向墓道方向拓展形成的，绝对位置虽处于墓道部分，但实际则与偏室连为一体；二是墓道所葬之人与偏室处于分隔状态，埋葬特点明显不同于前者。

第一类墓道埋人现象，要么通过立柱架板的方式把偏室空间拓展至墓道部分，要么把相对较低的偏室底面延伸到墓道中部。如前所述，在多次合葬的过程中，时常存在偏室空间不足的情况，因而导致了人骨推挤现象的出现，但人骨推挤一般只能发生在先期葬入者已经白骨化的情况下。而我们无法设想每一次合葬都发生在先期葬入者白骨化以后，难免也会出现两次埋葬的时间距离不及白骨化的最短周期，无法或者不便通过推挤而获取必要空间。在这种情况下，则通过向墓道方向拓展必要的埋葬空间。如M861因偏室空间不足，就在靠近偏室一侧的墓道下部立柱架板，偏室最外侧的人体大部位于墓道之中，但下肢骨斜入偏室部分，与偏室其他人骨基本一致（见图五）。M430也当如此。另外，基于偏室底面通常略低于墓道底面的事实，所以还有一些墓葬则是通过局部下切墓道底面，使之等同于偏室底面的方式，以体现空间上的一致性。而且，位于墓道的人骨个体，其埋葬方式都无异于偏室中的人骨个体。

第二类墓道埋人现象，埋葬特点明显有别于第一类，埋葬方式多变。头向既有与墓葬方向一致者，也有与墓葬方向相反者，且以俯身葬、侧身葬居多，也有仰身直肢葬等，甚至存在捆绑、挣扎姿态以及殉牲同葬的现象；位置明确、归属清晰的随葬现象非常少见。这类墓道埋人现象，应属殉人类遗存。如M204，在墓道底部紧贴右壁和脚端墓壁上各挖一竖穴浅坑，两坑邻接处有一道土棱相隔。墓道右侧的圆角长方形浅坑内置一具成年女性，俯身屈肢，头向东南。墓道脚端的半圆形浅坑内，放置一具完整的狗骨架（图一七）。又如M888紧靠墓道脚端墓壁发现一具人骨，呈屈坐状，左手握于右臂，双腿弯曲。墓道底面浅穴内还发现一具人骨，为俯身葬，双臂置于身下，头向东南即墓葬脚端（图一八）。从埋藏姿态来看，屈坐状人骨似系活埋所致。墓道发现的这两具人骨，其埋葬状况与偏室人骨迥异，明显应属殉人类。类似的实例还有不少发现，甚至包括个别相对独立的殉人坑或祭祀坑。另外，从埋葬方式、堆积顺序等方面分析，墓道殉人在埋葬时间和过程方面也不尽一致。既有墓葬初始阶段埋入的，也有墓葬使用过程中或最终填埋墓道时埋入的，埋葬过程与特点复杂多变，无法一概而论。

根据2008年发掘墓葬的统计结果，在可确认为殉人类的墓道人骨个体中，妇女儿童的比例高达70%左右，亦即殉人多是妇女儿童。

尽管墓道埋人现象也包括少数正常埋葬者，但明显的空间差异以及诸多不同于偏室人骨的埋葬特点，仍为认识齐家文化墓葬的殉人现象提供了比较可靠的线索和依据，至少不宜把侧身屈肢简单地作为殉人特征来理解。

图一七　M204墓道殉人与殉牲

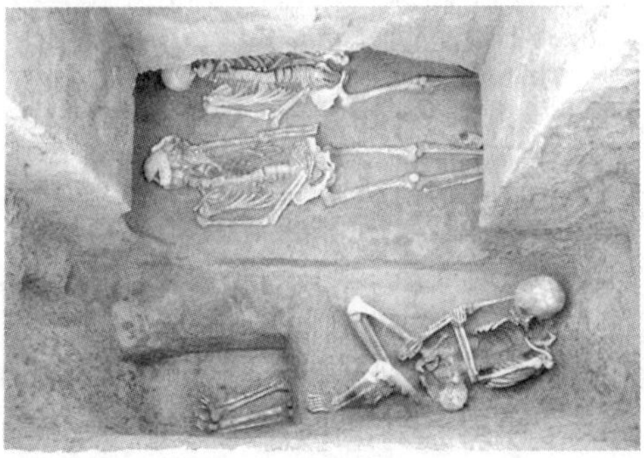

图一八　M888墓道殉人

六、磨沟墓地年代的初步认识

磨沟墓地的年代无疑是一个重要问题。最初，我们在综合考察磨沟墓地出土遗物的基础上，初步断定为齐家文化晚期。从随葬陶器特征来看，明显可以分为甲、乙两大类组合，甲类是以泥质红陶双大耳罐、腹耳罐、侈口细颈罐、夹砂罐、豆等为代表，具有比较典型的齐家文化特征；乙类则以泥质灰陶双耳鼓腹罐、夹砂褐陶双耳罐等为代表，器类及其形态特征皆有别于甲类陶器。无论各墓随葬器类是否完全一致，通常一座墓葬只随葬其中一类陶器。不过，在一些双偏室墓葬中也发现有两类陶器的共存现象，但却分别见于不同的偏室，诸如M84左右偏室①（图一九）、M303上下偏室。另外，分别随葬这两类陶器的墓葬常常相间排列，甚为有序。因而可以肯定，分别随葬这两类陶器的墓葬应属同一时期同一墓地②。不过，两类随葬陶器的存在，难免也会引起对磨沟墓地文化属性的认识分歧。

图一九　M84随葬陶器(左侧3件出自左偏室,其余出自右偏室)

迄今，发掘工作已接近尾声，我们对磨沟墓地的认识也渐趋全面。如前所述，磨沟墓地初步可以分为北、中、南三个区域（或可分四个区域）。北区年代最早，竖穴土坑墓比例很高，除了随葬陶器，墓穴下部或人骨之上常见白色石英岩（俗称火焰石）碎石堆及猪下颌骨随葬现象，猪下颌骨最多达32个个体（M1508）。这些现象常见于以往发现的齐家文化墓葬。随葬陶器中的泥质红陶腹耳罐、双大耳罐等更加接近秦魏家上层墓葬等出土的同类器物。竖穴偏室墓数量甚少，且多随

① 甘肃省文物考古研究所、西北大学文化遗产与考古学研究中心：《甘肃临潭磨沟齐家文化墓地发掘纪要》，载《考古》2009年第7期。

② 甘肃省文物考古研究所、西北大学文化遗产与考古学研究中心：《甘肃临潭磨沟齐家文化墓地发掘纪要》，载《考古》2009年第10期。

葬乙类陶器，不见于秦魏家上层墓葬。综合来看，磨沟墓地的年代上限接近或略晚于秦魏家上层墓葬的年代。值得注意的是，在M1202和M1467的随葬陶器中，各有1件白陶盉（图二〇），形态甚似二里头文化的同类器物。

图二〇　M1202随葬陶器

图二一　M1192墓口石堆(含大量陶片)

在中区墓葬，竖穴偏室墓数量剧增，表明随葬甲类陶器的墓葬形制受到了随葬乙类陶器墓葬的强烈影响，两者存在明显的文化融合现象。只是随葬甲类陶器的墓葬偏室普遍较窄，人骨推挤现象较为普遍。虽然随葬陶器组合变化不大，但代表性器物的形态特征略有变化。尤其值得注意的是，M1192除了头龛和偏室内的随葬陶器外，在墓口即坟丘底部发现有两个圆形碎石堆（图二一），其中夹杂较多陶片，可辨或可复原器类包括足跟类似鸭嘴状、体饰细绳纹的高领袋足鬲、夹砂或泥质灰陶素面双耳罐、泥质红陶素面大口罐，陶色不甚纯正的夹砂或泥质素面小口鼓腹罐等。其中除了双耳罐和大口罐，袋足鬲和小口罐的口沿外侧普遍施加一周泥条，器类及其特征与墓葬随葬品迥异（图二二～图二四）。但从墓葬埋葬过程来看，年代应基本一致。另外，在火葬墓（M287）中也偶见以此类陶器盛放碎骨的现象，应非孤例。这一发现似可表明，用于随葬的陶器类型较为固定，并非日常使用陶器的全部器类。

图二二　M1192随葬陶器

图二三　M1192墓口出土陶器

图二四　M1192墓口出土陶器

在南区墓葬中，腹耳罐、双大耳罐等存在明显减少的趋势，形态特征也有一定变化，似乎表明随葬品中的甲类陶器已近尾声。而在随葬乙类陶器的墓葬中，开始出现了个别竖穴土坑木棺墓，其形制结构等与该墓地发现的典型寺洼文化墓葬极为相似，仅陶器特征仍有较大区别。这些情况说明，北区墓葬的年代更加接近于寺洼文化。

综合来看，以磨沟墓地为代表的这类遗存，或可作为齐家文化晚期的新类型，但需进一步确认其地理分布范围。在部分墓葬所随葬的乙类陶器中，双耳罐已初具马鞍口趋势，而且竖穴偏室墓、竖穴土坑木棺墓、人骨推挤现象等也见于该遗址发现的寺洼文化墓葬，或可视为寺洼文化的原始因素。换言之，寺洼文化极有可能萌发于齐家文化晚期，类似于商与夏、周与商的包容轮替关系。进而，从这些情况来看，用齐家文化末期来表示磨沟墓地的年代范围，似乎较之齐家文化晚期更为确切一些。

概括而言，磨沟墓地是迄今发掘规模最大的齐家文化墓地，为研究齐家文化乃至甘青地区史前葬俗、甘青地区的复杂化进程及其与中原地区的文化关系等重大学术问题提供了非常难得的新资料。相信随着研究工作的进一步开展，磨沟墓地发掘的收获和意义将会进一步得到显现。

（本文原载于《考古学研究》2012年第9期）

临潭县磨沟齐家文化遗址

钱耀鹏
甘肃省文物考古研究所　西北大学文化遗产学院

发掘时间：2010年4—12月

遗址位于磨沟村北，坐落在洮河西南岸、磨沟河西岸、磨沟遗址的东部。2010年继续以磨沟齐家文化墓地发掘为主要工作对象，共清理墓葬283座。齐家文化墓葬结构为竖穴偏室墓和竖穴土坑墓。其中一些墓葬确认有坟丘存在，高度不及1米，涉及前述两类墓葬，有的坟丘下部或底部发现有碎石堆。竖穴偏室墓普遍设有头龛，墓道头脚两端靠近偏室一侧多设有封门槽，有的保留有封门板的痕迹。埋葬方式甚为复杂，既有单人葬，也有合葬；既有一次葬，也有典型的二次葬、扰乱葬及人骨推挤现象等；还发现有个别火葬瓮棺。尤其在解剖清理墓道及偏室的基础上，获得了有关埋葬过程与方式的重要堆积证据。这些证据证实即便是单人葬竖穴偏室墓，也可能存在多次使用过程，亦即至少包括二次扰乱的使用过程。在多次使用过程中，至少采取了两种不同的墓道封闭措施，一是在墓道中部设置棚架设施，再在其上填土封闭；二是直接填埋墓道下部，偏室墓的填埋厚度一般及于偏室口以上。

同时，在遗址东部进行了小规模发掘，发现有灰坑、灰沟和陶窑等遗迹。其中，陶窑结构为竖穴式，窑室和火膛系利用人工断面一次性修建而成，顶部逐渐收缩成圆形烟孔状，窑箅完全系重新修建；火门之上不留窑室前壁，作为入窑口，陶坯入窑后另行封闭，起窑时再破除之。陶窑周围还有取土场及下部埋置的陶缸等，应是较为完整的制陶作坊遗存。出土有大量陶器残片，器形和彩陶纹饰既包含仰韶文化中晚期的一些特征，如卷沿曲腹盆、重唇口尖底瓶（口沿）、宽沿浅腹盆、平唇或敞口尖底瓶（口沿）等，尖底瓶表面饰细线纹，盆类饰弧线三角或曲线波浪纹等；也包含一些典型马家窑文化的特征，如敞口、平底彩陶瓶等，彩陶纹样包括圆圈网格纹、曲线纹等，纹样布局存在不对称现象。初步判断应属马家窑文化早期遗存，但保留有明显的仰韶文化因素，似乎表明这一地区的文化演变特点较为特殊。

（本文原载于《中国考古学年鉴》2011年，第491页）

甘肃灵台桥村齐家文化遗址试掘简报

甘肃省博物馆考古队

灵台县位于甘肃省平凉地区，地处陇东黄土高原的南部。桥村遗址位于灵台县西北约20公里的西屯公社北庄大队。总面积10000平方米以上。1978年秋，我们对该遗址进行了试掘，发掘面积约95平方米（图一）。兹将试掘情况简报于后：

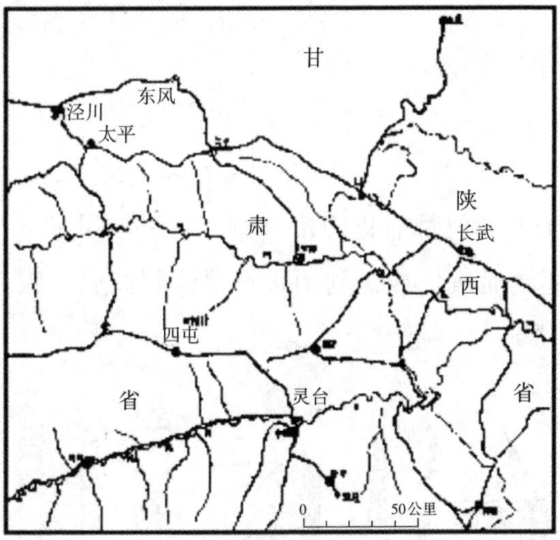

图一　甘肃灵台桥村齐家文化遗址位置图

一、地层情况

该遗址地层堆积比较单纯。在耕土和近代扰土下即为文化层，其下为生土，现以T5东壁为例：

第一层：耕土，厚约0.20～0.25米，土黄色，松软，含有少量近代陶片。

第二层：扰土，厚约0.30～0.50米，土质比较硬实，含有唐宋等遗物，且有后代的瓷器、陶器和铁器等。

第三层：灰土，厚约0.30～0.50米，土质坚硬，含有石器、骨器、陶器及卜骨等。

二、遗迹

灰坑共发掘七个。口小底大，呈圆形或近似圆形。底部一般都很平整，个别的坑底还很光硬，似经过打磨加工。我们发现的七个灰坑，径都很大，似被后人破坏过。其他齐家文化所得资料，口径一般在0.50～0.60米，说明此种“袋状灰坑”口径原来很小。

H4，口径2.5米，底径2.92米，深2米。在第三文化层上。灰坑内填满深色灰土，土质松软，无层次的分别，包含有丰富的陶片和石器等。其他几个灰坑情况与H4相同。

三、遗物

1.石器

石刀　共14件。可分二式。Ⅰ式：5件。标本H5：6，长9厘米、宽3.8厘米，磨制，两面钻孔，孔的部位都靠近刃部（图二：3）。Ⅱ式：9件。是利用各种薄石片在一边或几边磨制而成，或是利用残石器改制而成，因而器形多变，穿孔也无一定位置（图二：2）。

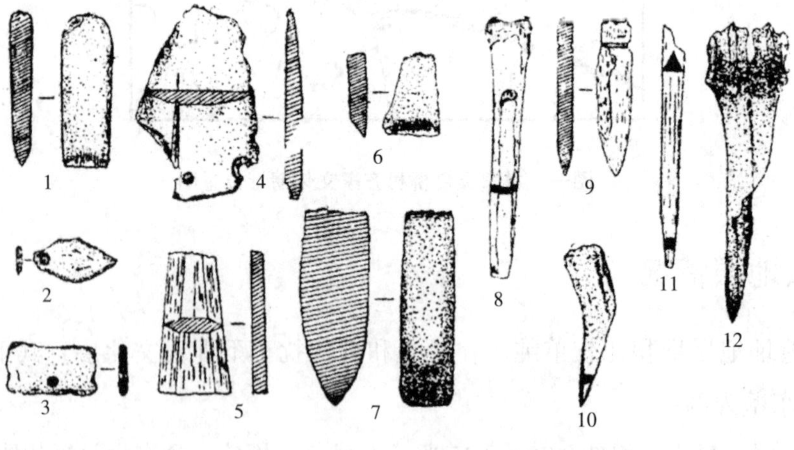

1.石斧　2.Ⅱ式石刀　3.Ⅰ式石刀　4.石矛　5.石匕　6.石锛　7.石凿　8.骨凿　9.骨匕　10、12.骨锥　11.骨镞　13.骨笄

图二　桥村齐家文化遗址出土石、骨器

石斧 2件。一件完整，扁平长方形，器身窄长。标本H4：33，长15.5厘米、宽5厘米，磨制较精致（图二：1）

石凿 2件。完整的一件。标本H4：35，长6.5厘米、宽1.9厘米，刃部呈弧形，厚度大于宽度，通体磨光，背部有锤击痕（图二：7）。

锛 4件。均完整。三件石锛，形制都较小。H7：1，长5厘米、宽2厘米。标本H4：1，长2.7厘米、宽2厘米（图二：6）。另一件为玉锛。

石矛 1件。三角形，磨制，两面刃，底部钻有二孔，骹部已残（图二：4）。

石匕 1件。石质坚硬，磨制精细，尖已残缺（图二：5）。

2.陶器

可分泥质陶和夹砂陶两类。夹砂陶所夹的砂粒较细，外表不易与泥质陶区分。陶色有灰、红两种，灰陶多为深灰，红陶多为砖红。纹饰以绳纹和篮纹为主，也有素面陶。

陶器口沿装饰有锯齿形的附加堆纹，在鬲、罐等器物上常见。器形分三足器、平底器和圈足器。圈足器只有数量很少的豆和盘。经过复原，现分述于下：

鬲 泥质红陶，篮纹，形较大，颈部较长，足部显得短，腹部不大，宽裆，足尖部有一个三角形泥球，单把。标本H4：23，通高51厘米、口径24厘米（图三）。标本H4：91，通高31、口径15.5厘米（图四）。

图三　红陶鬲(H4:23)

图四　红陶鬲(H4:91)

甑 已残，只一件（H4：32），泥质红陶，篮纹，平底，在接近底部的器壁上有一周斜穿的孔，底径12.2厘米（图五）。

盆 器形一般较大，采用泥条盘筑法制成，可分为二式。Ⅰ式：口部稍敛，平底，泥质红陶，篮纹，高17.5厘米、口径27.5厘米、底径19.4厘米（图六）。Ⅱ式：敞口，平底，泥质红陶，里外磨光。高20.5厘米、口径60厘米（图七）。

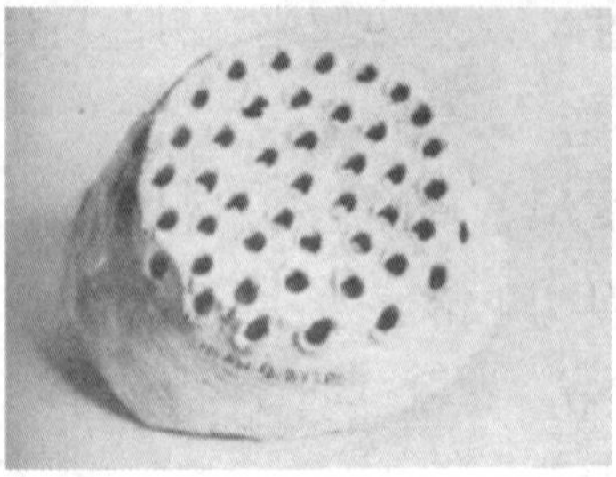

图五　红陶甑(H4:32)

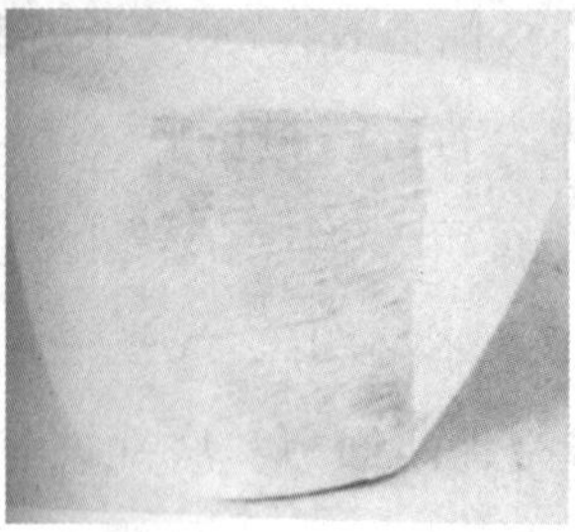

图六　Ⅰ式红陶盆(H4:95)

图七　Ⅱ式红陶盆(H4:96)

盘　圈足，泥质灰陶，素面，标本H6：5，高3.2厘米、口径10厘米、底径5.5厘米（图八）。

图八 灰陶盆(H6:5)

罐　复原6件。标本H：94，泥质红陶，通体饰篮纹，侈口，宽领，高23厘米、口径16.5厘米、底径11厘米、腹径19.5厘米（图九：1）。标本H4：24，泥质红陶，口沿为附加泥条，卷唇，领下通体饰竖绳纹，高23厘米、口径15厘米、底径10厘米、腹径16.5厘米（图九：5）。标本H4：25，泥质红陶，口沿附加泥条，双卷唇，矮领，体饰细绳纹，高20.5厘米、口径14.5厘米、底径9厘米、腹径17厘米（图九：6）。标本H7：10，泥质灰陶，敞口，长颈，折肩，高23.5厘米、口径12.5厘米、底径11.2厘米、腹径19厘米（图九：2）。标本H4：93，夹砂陶，侈口，矮领，单耳，高12.5厘米、口径10.4厘米、底径6.5厘米、腹径13厘米（图九：3）。标本H4：27，泥质红陶，口沿微敞，长颈，双耳，素面，高11厘米、口径8.8厘米、底径5.5厘米（图九：4）。

碗 分三式。Ⅰ式：标本H4：26，敞口，浅腹，腹壁斜直，泥质红陶，篮纹，高5厘米、口径18.5厘米、底径7厘米（图一〇：1）。Ⅱ式：标本H2：1，敞口，深腹，泥质红陶，磨光，高5.5厘米、口径14.9厘米、底径9厘米（图一〇：2）。Ⅲ式：标本H7：7，口微敛，股壁略呈弧形，泥质红陶，磨光，高4.3厘米、口径11厘米、底径7厘米（图一〇：3）。

豆 已残，高圈足，灰陶，素面，磨光，残高9厘米、底径11.5厘米。

纺轮 有捏制、模制两种（图一〇：4下）。

陶拍 方形、长方形二个，四角圆钝，一端宽，一端窄，鼓面，背部有扁平的把手，中间横凿一孔（图一〇：4上）。

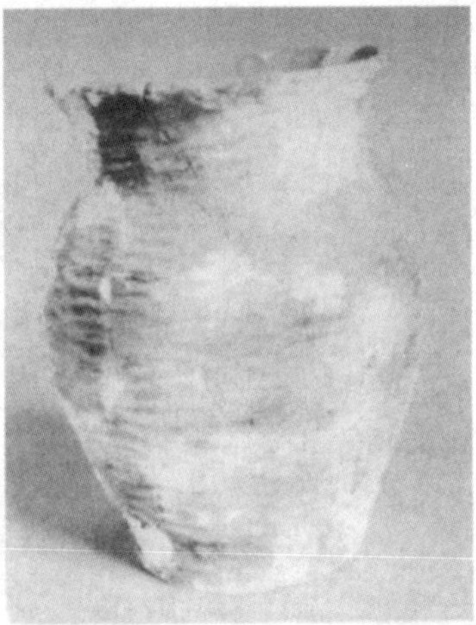

1.蓝纹红陶罐（H4：94）

2.灰陶罐（H7：10）

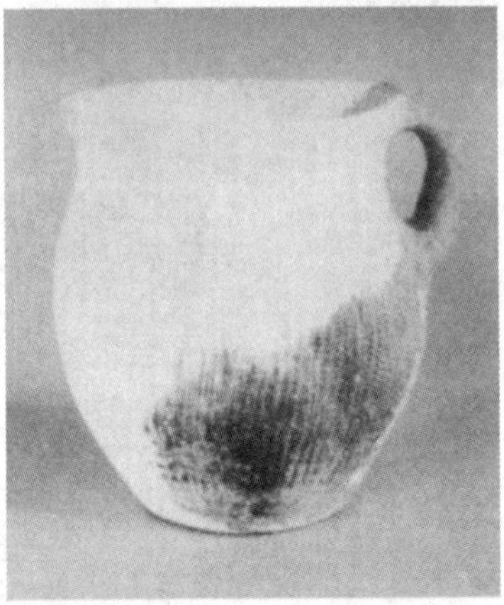

3.单耳夹沙陶罐（H4：93）

4.双耳红陶罐（H4：27）

5.红陶罐(H4:24)

6..红陶罐(H4:25)

图九　陶罐

1.红陶碗(H4:26)

2.红陶碗(H2:1)

3.红陶碗(H7:7)

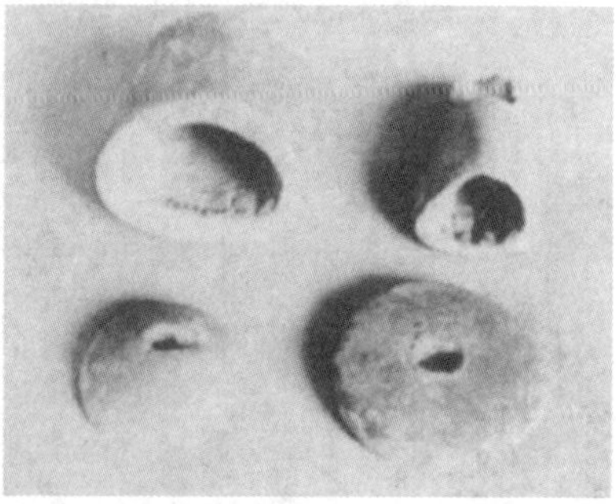

4.陶拍(上)纺轮(下)

图一〇　陶碗、陶拍、纺轮

3.骨器

骨锥　22件。分为二式。Ⅰ式：11件。一般用家畜的肢骨等做成。以关节骨为柄而制成的骨锥，长10.3厘米（图二：12)。Ⅱ式：11件。用兽骨在一端略磨成锥形，其余部分仍保持破碎的骨面。这式骨锥形状不规整，并且很短小（图二：10）。

骨笄 1件，长14.4厘米（图二：13）。

骨镞 2件，一件现长5.5厘米（图二：11）。

骨凿 5件，用破开的肢骨磨成，窄而长（图二：8）。

骨匕 1件，长5.2厘米（图二：9）。

骨料 遗存很多，有牛、羊、猪、鹿等骨骼。除鹿是猎取野生动物外，其余都是饲养家畜。

4. 卜骨

在桥村遗址中出土的羊、猪肩胛骨较多，共有十七片，均在灰层中发现。骨面都留有灼痕，个别的有轻微的刮削修治痕迹。卜骨在齐家文化遗存中很普遍，有灼无钻、凿，比较原始。

羊肩胛卜骨6片，完整的很少。肩胛骨的两侧和骨臼周围，稍有刮削痕迹，骨面有灼。标本H4：76，长15.2厘米、上端宽2.5厘米、下端宽9.5厘米（图一一）。标本H4：77，灼痕较重，有十三处之多（图一一）。

猪肩胛卜骨11片。骨脊多完整，骨面有灼。标本H4：14，上宽3.5厘米、下宽9.2厘米、长18.6厘米。有灼痕七处（图一一）。标本H4：15，骨面灼痕25处，下端和两侧都用火烧过，残长13.5厘米、下端宽10.5厘米（图一一）。

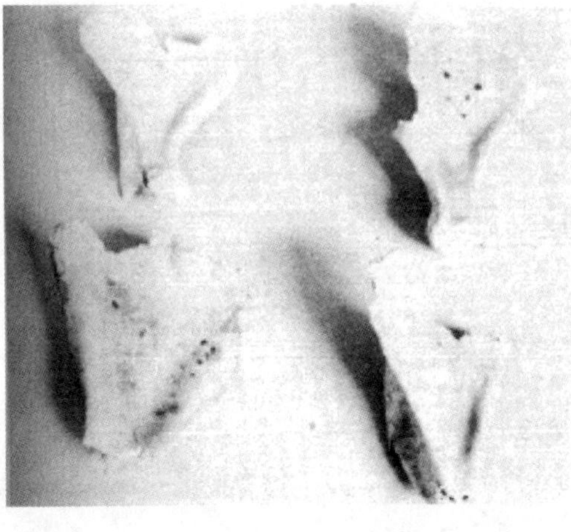

图一一 卜骨(H4:14、H4:76、H4:77、H4:15)

四、结语

桥村遗址的初步试掘，获得了一批资料。从陶器的器形纹饰上看，与陕西“客省庄第二期文化”有许多相似之处，如鬲、罐、单耳罐、双耳罐等。这可参见《沣西发掘报告》中图版贰柒，Ⅲ式鬲H179：2；图版叁拾的罐（2H174：1：2）、（3H7）；图版叁壹（5）的单耳罐；图版叁壹（6）的双耳罐。这些陶器与桥村陶器的纹饰、器形大体一样。尤其是陕西岐山双庵“龙山文化”遗址出土的陶器与桥村出土的器形、陶色、纹饰更为接近。这说明甘肃陇东的“齐家文化”与陕西“龙山文化”的关系是密切的。这次试掘为我们进一步探讨它们之间的相互关系，提供了新的资料。

执笔者　刘　唯

（本文原载于《考古与文物》1980年第3期，第22–24页）

甘肃武威皇娘娘台遗址发掘报告

甘肃省博物馆

一、前言

皇娘娘台遗址西距武威县城2.5公里，地势很平坦。遗址南面是一片散布砾石的荒滩，甘新公路和兰新铁路分别南距2.5公里和5公里，北依海藏寺河和低洼的水草地带，东邻邱家庄，西靠公路。所谓的“皇娘娘台”，即是一座小丘式的土墩。遗址面积，东西长约500米，南北宽约250米。

1957年8月，武威县文化馆在皇娘娘台发现并收集到一批出土的石器和陶器，即将发现的情况报告甘肃省文物管理委员会。该会即于9月初派人前往调查，中旬开始正式发掘。工作继续60余天。参加发掘的人员有张仲生、宁笃学、蒲朝绂等5人，并有武威县文化馆徐志信同志参加工作。这次的重要收获有铜器11件。但由于发掘面积有限，对其文化堆积的关系以及窖穴、墓葬、住室的形制和文化内涵等情况，都还了解得不够全面深入，因此于1959年夏季，由郭德勇、张鲁章、赵宝荣、魏哲华4人继续进行第二次发掘，工作将近100天。这次除发现铜器9件外，又新发现了卜骨30余片。同年11月下旬至12月中旬，甘肃省第一届文物博物馆培训班又选择皇娘娘台遗址作为发掘实习地点，进行第三次发掘。参加实习的学员共36人，工作人员有张学正、宁笃学和郭德勇3人，实习时间共20余天。这次除发现铜器、卜骨以外，还有一座一男二女的合葬墓，它的性质与一般墓葬不同，颇值得注意。

皇娘娘台是一处内涵丰富的齐家文化遗址。经过三次发掘，已揭露的面积达750平方米，对于该遗址已经有了比较全面的了解和认识，所获得的实物资料，不仅丰富多彩，而且甚为重要。这对甘肃甚至全国新石器时代文化的研究，具有重要的价值。现将发掘的经过和收获，综合报告如下。

二、文化堆积

(一)地层情况

这处遗址的地层堆积，保存比较完整。第一次发掘过的地点，文化堆积层有为近代墓葬打破的现象；第二次发掘地点的文化堆积层，却保存得很完整，无后期扰乱的迹象。

第一次发掘了两个地点，分为A、B两区。A区开探方12个，B区开探方2个，面积共达381.5平方米。根据探方剖面和附近断崖上所显露的地层现象，第一层为黄褐土扰乱层，厚1.76～1.77米，包含有齐家文化的陶片和汉代及其以后的砖、瓦、瓷片之类，并有近代墓葬。第二层为灰土层，厚0.6～2.13米，包含物很丰富。第二层以下便是原生的硬黄土层，其中包含有大量的姜石。窖穴和墓葬的墓圹，多挖在这一层内。

A区的第二层灰土堆积，深0.76～1.77米，厚0.1～0.6米。但总的分布是薄薄一层，厚度不均匀，且是断断续续的。灰土色泽单纯，呈浅灰色，无后期扰乱痕迹。其中包含物很丰富，有石器、陶片、骨器，并有铜器9件。铜器的出土深度分别由1.03～1.66米不等。B区的第二层灰土堆积，大致与A区相同，厚0.24～0.9米。在距地表下深2.05～3.15米的灰土中，发现铜器2件。并有一条中间深、两边呈坡形的“灰沟”，最深处距地表3.49米。其中灰土厚1.23～2.13米，为深灰色，共分六小层。每层之间有灰土和黄土混合的浅灰土，厚度0.1～0.3米。包含物很丰富。这种情况，显然是陆续堆积成的一条“灰沟”。但由于发掘面积很小，其延展情况无法推测。

第二次发掘地点的地层情况，与第一次发掘的A、B两区大致相同，只是地层可以细分为三层：

第一层：耕土扰乱层，黄沙土，一般厚约0.3米，土质较为松软。其中包含陶片甚少，及近代砖、瓦、瓷片之类，也甚少见。

第二层：深灰土，深约0.3米，厚0.4米左右。土质松软，层次分明，厚度均匀。包含物很丰富，有陶片、石器、骨器、砾石片、细石器、细石片、兽骨等。陶片中彩陶和细砂灰陶较少。这一层有T12和T16两个探方的北壁被后期打破，但缺口很小。在个别探方内，深灰土的分布不甚明显，这当是到达灰层堆积边缘的缘故。另外，在这一层内，也包含有白灰面住室的残迹和一部分长方形竖穴土坑墓葬。其中墓葬都打破了深灰土，可见它晚于灰土堆积的时间。

第三层：黄褐土，深约0.7米，厚1～1.5米。土质坚硬，其中也间或夹杂有深灰土，唯数量较少，层次较薄。黄褐土中包含物最为丰富，除一般遗物与第二层相同外，并出有铜器和卜骨。陶片中彩陶和细砂灰陶较为多见，并有重唇带盖的粗砂陶器。彩陶大部分为齐家文化的遗物，但有一部分彩陶和所有细砂灰陶的形制，都比较特殊。第三层黄褐土以下，便是原生的硬黄土层。所有的窖穴和一部分长方形竖穴土坑墓的墓圹，都挖在这一层中。从地层上看，这都是较早期的遗存。其中长方形竖穴土坑墓的时间，比第二层深灰土中的同形墓葬较早（图一）。

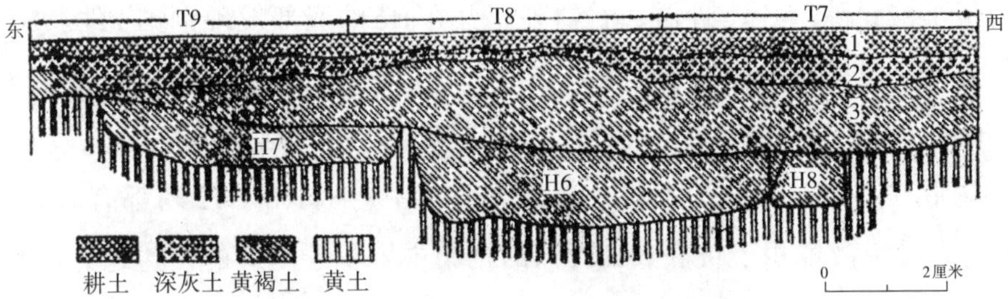

图一 T7、T8、T9南壁剖面图

（二）窖穴

窖穴有圆形、椭圆形、长方形几种。共发现42个，都围绕在住室的周围。圆形和椭圆形的最多，长方形的很少。它们都发现在硬黄土中。穴内满填灰土，土质比较坚硬，无层次的分别。其中包含有丰富的陶片、石器、骨器、兽骨等，还有铜器和卜骨。墓葬也有发现。

窖穴的形制和大小，可按不同类型分别叙述如下。

1.圆形窖穴

共清理了17个。其形制规整，大都壁直底平，保存甚好。它们的形状、大小和深度大致相同。窖穴的上口距地表深1～1.9米，口径2～2.56米，穴深0.3～0.96米。穴内填满灰土，包含物较丰富，有陶片、石器、骨器。在H1的底部，平放着一片完整的牛肩胛卜骨，卜骨的下面，用灰土填平，这无疑是有意识埋入的。H3在H1的北边，两坑相距仅有0.15米。H3的上口有仰卧屈肢人骨架一副。H1内的卜骨宽端正向人骨架头部面侧。我们觉得H1内的牛胛卜骨与H3内的墓葬是有一定关系的。H2的上口也有仰卧伸肢的残骨架一副。H14挖得很整齐，口径1.8米、底径2米、穴深约0.8米。其中也有人骨遗骸，因已遭扰乱，无法判断其埋葬形式，但确为墓葬无疑。墓内随葬品甚为丰富。

2.椭圆形窖穴

共清理了21个。其口径略大于底径。底部凹入，高低不平，形如锅底状。其中有大型和小型的区别。大型的如H6和H7，口径最长为5.5米，最短3.5～4.5米，穴深为0.5～1.3米左右。小型的有H5、H8～H12，口径最长为3.7米、最短约1米，穴深0.4～0.8米左右。周壁都有人工挖掘的痕迹，形制比较整齐。H6的底部，沿东南边缘又挖成几个相邻的小坑。H9的底部，也被分为东西两个小坑。这种挖小坑的做法，可能为分类储藏之用，在窖穴中是比较少见的。穴内填满灰土，包含物很丰富，除陶片、骨器、石器外，并在H6的底部发现铜锥1件。H9上口的深灰土中，也有铜锥和长条形铜器各1件。H5形制比较规则，圆壁很整齐，出土卜骨6片；其南壁边缘的上口和西壁边缘的底部，有3副零散的人骨，均与坑内的堆积物混在一起。H10的上口出羊胛卜骨1片。H11和H12内都有人骨遗存。H11内的人骨零散堆积于坑底；H12内的则集中堆积于坑口的西边缘，骨骼中夹杂一件白色的长条形钻孔石斧，并有股骨3根，其余部分为一个体的骨骼。灰坑内的这些零散的人骨骼，究竟是二次葬还是乱填入的，尚难以确定。但在其他的两个窖穴的上口，却有两副人骨架是二次葬入的。

3.长方形窖穴

仅发现3个。四壁垂直，圆角平底，形制特别规则，加工很精细。但包含物都很少。口径长2.1～2.36米，宽1.4～1.7米，穴深0.4～0.65米。其中，在H14内有侧卧屈肢的人骨架一副，看来是利用这个窖穴作为墓圹埋葬的。

(三)墓葬

这处遗址内的墓葬也很多，有些已遭到破坏，清理的共有26座。这些墓葬的分布，多与窖穴和住室交错在一起，有些墓葬是利用废弃后的窖穴埋葬的，也有些窖穴打破了墓葬，显示出相互之间的关系很复杂。葬式有侧卧屈肢、仰卧屈肢和仰卧伸肢葬，并有二次葬。其中，墓6和墓24的性质很特殊，在后面另做叙述。人骨架的头向多数是北偏西，向东南或正东的很少。侧卧屈肢葬和仰卧伸肢葬，都有合葬的。

1.侧卧屈肢葬

共有4座。骨架保存一般良好，均利用废弃后的圆形或长方形窖穴埋葬，或在坑口，或在坑底。其中3座是单身墓（成人2座，小孩1座）；另1座为小孩合葬墓，随葬陶器5件。AT4之墓3内随葬有动物的骨骼，可见杀畜殉葬的习俗，已经出现了。其余墓均无随葬品。墓16是利用H14长方形窖穴埋葬，为H10椭圆形窖穴打破，并有H17长方形竖穴土坑墓叠压其上。这种叠压关系，可说明侧卧屈肢葬为齐家文化早期流行的一种葬俗，同时也说明了长方形竖穴土坑墓的时间较晚。

2. 仰卧屈肢葬

仅有2座。其中墓4即葬于H3圆形窖穴上口的灰土中，人骨架上身平躺，下肢向后平屈，左臂向内屈于腹下。人头骨侧面，有一段截锯整齐的兽骨。另一座葬于灰土中，上身也平躺，下肢竖屈，两臂向内屈，手置于骨盆上。口内衔绿松石小珠2枚，并有数块白色石料置于人骨架肩部。墓内随葬陶器4件，在1件的口部，发现有半个带牙床的狗头骨，这无疑是和陶器一起随葬的。

3. 仰卧伸肢葬

共清理12座。仅墓3葬于H2圆形窖穴上口的灰土中，余均系长方形土坑墓。墓坑四壁垂直，挖在硬黄土或灰土中。墓穴上口距地表深0.7～1.55米，口长1.54～2.3米，宽0.42～0.56米，穴深0.25～0.65米。穴内填满黄褐土，间有陶片混入。人骨大都保存完整，两臂下垂。其中有小孩和成人合葬墓1座。长方形竖穴土坑墓葬于硬黄土中的，几乎全无随葬品；仅墓8出羊胛卜骨1片（图二）。但葬于灰层中的都有较多的随葬品。以陶器为主，多置于人骨架头、足两侧端，多则10件，最少也有3件，并有模制的陶纺轮、石器、骨锥以及白、绿色石片和卜骨等。陶器的底部，往往以砾石片垫高，并有互相叠积达三层的。石璧随葬很为普遍，多置于人骨架胸腹部，白色和绿色石片，则多见于上、下肢骨的内外侧缘。葬于灰层中的长方形竖穴土坑墓，都居于地层的上层，有较多的随葬品，其类型也比较繁杂，它代表的时间可能较晚。葬于硬黄土中的同类型墓葬，都居于地层的下层，大都不见任何随葬品，它所代表的时间都较早。总的看来，这种类型的墓葬，都具有规则的墓圹，从中体现了一定的发展情况。

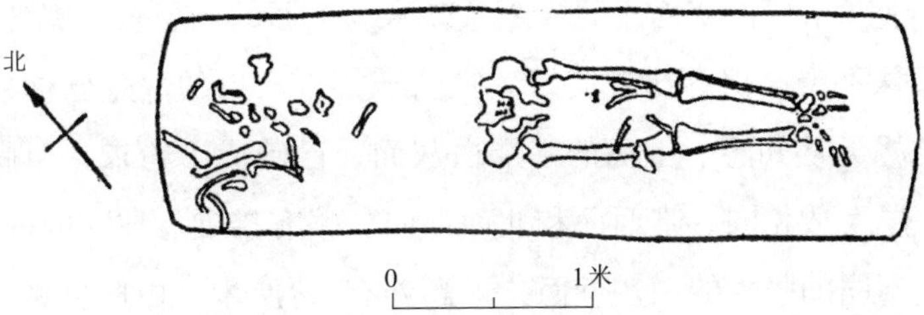

图二　T7 M8平面图（1. 卜骨）

4.二次葬

仅有2座。骨骼集中堆积在窖穴的上口。1座随葬陶罐1件。另1座无随葬品。

5.墓6

葬于H14圆形窖穴的底部。人骨已被扰乱，葬式不明。墓内的随葬品最为丰富，有为齐家文化罕见的彩陶器6件，细泥（砂）红（灰）陶器12件，粗砂红陶器10件，并有长条形钻孔石斧，磨制的石刀、石镰、石枪头和大量的陶器碎片。这种多随葬品与其他少有或无有随葬品的墓葬相比较，就显得特别突出。这可反映出当时对于生活资料和生产工具的占有，已有了多少的不同。因此，我们推测墓葬的死者，可能不是一个一般的氏族成员。

6.墓24

三人合葬，一男两女。头南足北，都是成年人。男性仰卧正中；左右两侧各有女性骨架一副，均为侧卧屈肢，面向正中，下肢向后屈，双手屈于面前。随葬陶器16件，横列头、足两侧。在右侧女性骨架腰间，发现残缺的铜锥1件。两侧骨架的颈项部，均佩饰钻孔的绿松石小珠数枚。右侧骨架的右臂肘部，并有石璧1件。这个墓的墓圹，东北部边缘修饰较齐整，西南部因打破了灰坑，稍不规则。墓圹大致是长方形，长2.31米，宽1.23米，距地表深约2.4米。这个墓葬的性质是很特殊的。从男、女人骨架的位置和形态观察，男性正中仰卧，两侧女骨架均侧身屈肢，面向男子，似有服侍和尊敬的意思。想系一夫二妻合葬。

(四)住室

住室内都有白灰面的遗迹。根据发现的白灰面残迹观察，住室的分布还是比较稠密的。但因久经破坏，保存完整的很少。现将保存较好的一、二号住室分别介绍如下。

1.一号住室

建筑在距地表深1米下的灰土中。正方形，门口向东，用白灰面铺地，共有上、下两层。上、下层白灰面之间相距0.11米。下面的一层长、宽各为4.1米。白灰面甚薄，涂抹平滑，保存比较完好。唯前端接近门口的部分已被破坏，因此门道及前壁的结构无从知悉。上面的一层白灰面，已碎成了粉末，但尚能看出其范围与下面的一层大致相同。唯西面和北面都向外略有扩展。住室的两侧壁及后壁，都保留有高度不同的竖立的白灰壁面，最高处有0.8厘米。由此可见，住室的墙壁上，也同样涂抹有白灰面。但墙壁的高度，因保存不佳，已不可计。上下两层白灰面之间，用黑灰土填平。很明显，上层的白灰面当是在下面的被损坏了以后，第二次重新营造的。因此，这座住室的居住期限是相当长的。两层白灰面的下面，均无草拌泥的结构，仅以灰土填平。上层白灰面出铜刀和钻孔石刀各1件。下层白灰面出石制研磨器1件，并有比较丰富的陶片和细石片。上层白灰面上覆盖的灰土厚约0.6米，土质甚坚固，保存很完整。

2.二号住室

建筑在灰土中，白灰面距地表深1米，涂抹甚光滑。其下先以草拌泥抹平，然后再铺设白灰面。住室作方形，西部下陷，边缘保存不好。白灰面以下有灰土，厚约0.5米。北壁保留有竖立的白灰壁面高约0.7厘米。北壁的中部，向外略有扩展。扩展部分的两端，形成两个垂直的折角。在住室的中间，设有平圆形炉灶，直径1米。边缘甚齐整。炉灶的建筑，仅由硬黄土夯筑而成，仅表面加水抹平。夯筑层厚约5厘米，约分五次夯成。其中尚有未经夯打的黄土，厚约0.2米。夯筑炉灶的工具，根据夯窝看是一个圆形的砾石。夯窝直径0.5厘米，深约0.2厘米。灶面因久经火烧，已成为青灰色和红褐色的硬块，质地特别坚硬。炉灶的周缘，为白灰面叠压，因知白灰面是在炉灶筑就以后才铺设的。这座住室的面积，南北残存的长度为2.1米，东西残存的宽度为2.5米。其后壁在北，因知门口向南。此外，在另一片残破的白灰面附近，发现一座正方形的平面炉灶，灶面也是夯筑的，有油黑色的火烧痕迹。白灰面已残破，结构不明。

根据白灰面观察，住室都是方形，面积比较宽广。根据现有部分推测，住室的建造都是先由地面上挖成方形的土坑，然后在底面和墙壁上涂以白灰面，构成四合壁半竖穴的形式。屋顶的结构，因坍塌不明。这些住室，有四座建筑在第二层灰土中，仅有一座是在第三层黄褐土中。在住室的周围，有窖穴和炉灶的遗迹。铜器多发现在住室的附近，也有在住室内出土的。

另外，在一大形窖穴的边缘上，有柱穴15个，很有规律地沿坑口排列着。柱穴有圆形和椭圆形两种，穴内有朽木痕迹。口径的大小和深度各有不同，最大的口径长0.56米，宽0.36米；最小的口径长为0.16米，宽0.12米，它们的深度为0.45～0.6米不等。有些柱穴的口径可能已遭受破坏，并非原来的形状。柱穴内填满灰土，间有砾石片、细石片和陶片混入。据此推测，可能是简单的棚房遗迹。但窖穴内无烧土和白灰面痕迹，其底部东南面地势高起，向西北倾斜略成坡状。从这些情形观察，这个设有棚房的窖穴，可能是储藏东西的地方。

关于齐家文化的住室，清理发掘的还不算多。1956年在秦安杨家沟遗址，曾清理过5座白灰面住室。那些住室的建筑形式，也都是方形的，底面与墙壁的下部，都涂有白灰面。白灰面下面，有草拌泥土。有的墙壁中，并有竹条柱穴，说明屋顶由竖柱支撑。那些住室保存都较好，形式与皇娘娘台的大致相同。

三、文化遗物

遗址内的文化遗物，类型繁杂，丰富多彩。生产工具有石器、骨器、陶器、铜器，生活用具以陶器为主，还有卜骨和装饰品。现按其不同性质，分别叙述如下。

(一)卜骨

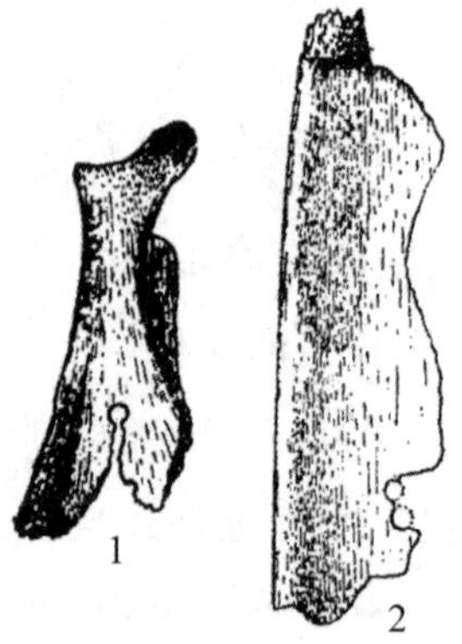

1.羊胛骨[T11(3)]　2.牛胛骨(T7H6)

图三　钻孔胛骨(1/3)

出土的牛、羊、猪的胛骨为数甚多，墓葬、窖穴、灰层内均有发现。其中有26片为经过占卜用的胛骨，都有显明的灼痕。但一般都不钻不凿，仅有轻微的刮削痕。另外还有10余片出自窖穴、灰层中的羊胛骨和牛胛骨的残片，也都具有轻微的刮削修治痕迹，唯均无灼痕保留。其中羊胛骨的中心部分，有被钻穿的圆孔（图三：1）；牛胛骨的残片上，也有磨光的痕迹和“二联钻”的形式（图三：2)，钻孔的周缘均甚光滑，胛骨的两侧缘、骨臼的周围和脊的一面，大都具有明显的刮削修治痕迹，但都不保留有灼痕，因尚难确定是否为卜用胛骨。兹以卜骨的类别分述于后：

1.牛胛卜骨

仅有1片，保存完整。出于H1圆形窖穴的底部。长37厘米，上端宽8厘米，下端宽23厘米。骨面有灼痕12处，而不钻不凿。骨板较薄处灼痕并透过背面。这片卜骨的形制很特殊，它的上端有一长5厘米、宽3厘米的凿孔，下端沿背部磨成锐利的薄刃。刃部的磨损程度，有些部分特别显著，形成连续向内凹入的弧形，且因伤损而出现一个较大的缺口，但边缘上仍保持光滑的薄刃。骨脊被修平。脊与刃部相接的一端，破碴亦被磨平，且甚光滑。我们觉得，上端的凿孔或是下端刃部的磨痕，都表示它有可能曾被作为一个骨锄使用过。

2.羊胛卜骨

21片。大多出于窖穴和第三层黄褐土中，墓葬内仅有墓8出了1片。羊胛卜骨的中心部分大都残缺，有些已成为碎片。胛骨的两侧缘和骨臼的周围，大都具有刮削修治的痕迹。骨脊多数完整，骨面仅有灼，不钻不凿。灼痕较小，且甚轻微，圆形，多在胛骨臼下中部较凹处。边缘较规则，其中有一片胛骨的灼痕，似用圆形的片状工具烫烙而成。灼痕较深重者，也透过骨脊的一面。由于胛骨的中心部分保存不好，灼痕保留的不多，仅见于胛骨中心部分残缺的边缘。甚残的骨片上，仅有灼痕一、二处，较为完整的骨片最多也不超过六处。

3.猪胛卜骨

约4片。出于窖穴和第三层黄褐土中。骨脊完整，骨面的卜一般也是有灼无凿，仅有出于H5椭圆形窖穴内的一片胛骨，被灼处具有轻微的圆形钻痕。灼痕比较大，不甚规则，多在胛骨臼下中部较凹处。较深重的灼痕，也透过骨脊的一面，唯不甚明显。

从上述牛、羊、猪胛卜骨来看，它们的制作程序都很简单，骨面的卜有灼无凿，形制原始简陋。这说明它们是较早期的遗存，与殷商时期的卜骨具有一定的差异，这是需要加以区别的。

卜骨在新石器时代的龙山文化中，很早就有发现。现在齐家文化中也发现卜骨。这个新发现，对于研究甘肃地区甚至全国境内的新石器时代各文化之间的关系，都是极为重要的资料。

(二)铜器

铜器也是这次发掘中的重要收获之一。共有23件。有刀、锥、凿、环，还有铜渣和铜器的残片。它们多出于白灰面住室近旁的灰层和窖穴中，也有出于白灰面住室和墓葬内的。现按器形，分别叙述如下。

1.铜刀

完整的仅有2件，另2件为残片。可分为三式：

Ⅰ式：由单范铸造，长条形，表面有磨光痕迹。刃部稍凹，尖端朝上。背部的两侧端，有凸起的方形小脊，中间的略成圆形。这种凸起的背脊，即是为了便于嵌镶柄把而设置的。刀的刃口，具有使用残缺的痕迹。长10.8厘米，宽约3厘米（图四：4）。这件铜刀是从厚灰层中发现的。与此同式的，尚有残片1件。

Ⅱ式：由锤击方法制成，长条形，表面有磨光的痕迹。弧刃，前端宽而平斜，后端向内凹入而成弧形的柄把。其背部也微向内凹，两头较高。长11.5厘米、宽约3厘米（图四：3）。

Ⅲ式：由碓击方法制成，长条形，形制较宽大。刃弧形，尖端锐利朝上。尖端的背部，向内凹成弧形。表面有磨光痕迹。残存一半，现长6厘米，宽3.9厘米（图四：2）。

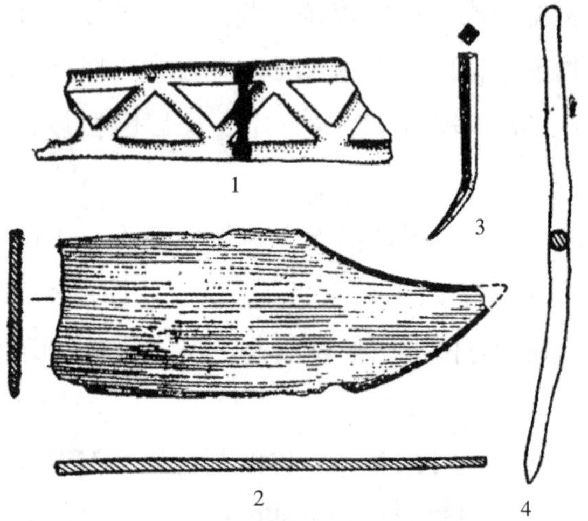

1. 条形铜器 H9(3)　2. 铜刀 AT3(2)　3. 铜锥 BT2(2)　4. 铜锥 H6

图四　铜器(2/3)

2. 铜锥

12件，完整的有4件。可分二式：

Ⅰ式：四面体，圆刃口。后端碓击成较薄的扁平形状，为嵌镶柄把的部分。这式的铜锥，均出自灰层中，完整的有2件。其中小型的质地细密，长3.8厘米；大型的质地较为粗松，长12厘米。在残件中属于这式的较多。有一残段保存较好，尖端已弯曲，长约5厘米（图四：3）。此式铜锥一般制作较精致，碓工甚细。

Ⅱ式：锥体圆形，多出于窖穴中。完整的有2件。前端有圆刃口，后端略为粗壮。由于制作不良和使用的关系，锥体都略有弯曲。其中最大的1件长达10.2厘米，质地较为粗松，碓工不细；较小的1件长约9厘米（图四：4）。铜锥的残片中也有属于这式的。其制作粗糙，形制略为原始。

3. 铜凿

仅1件。方形四面体，碓工甚细。四面棱角分明，凿身挺直，表面光滑。一端碓击成扁平的薄刃，甚锐利。长7厘米。

4.铜环

仅1件。为条形铜片卷合而成。两头为活口，宽0.6厘米，环径约2厘米。

5.条形铜器

仅1件，已残。长条形，两面的长边上，具有凸起的直线圆棱，中间有凸起的折线人字形纹。其形制较为粗厚，一端开有圆孔。模制。长6.7厘米，宽约2厘米（图四：1）。用途不明。

为了明确这批铜器的内含成分，我们请甘肃省冶金工业局化验室，用光谱定性、半定量的化学分析方法，将铜刀和铜锥各化验一件。其结果如下表：

表一　铜刀与铜锥内含成分表

成分/含量/样品	铜(Cu)	铅(Pb)	锡(SN)	锑(Sb)	镍(Ni)
铜刀(AT5:249)	大量	≤0.03%	0.1%～0.3%	0.01%	0.03%
铜锥(T13:1)	大量	≤0.03%	0.1%	无	无

从上表所列各元素在铜器中所占的分量计算，铜刀（AT5：249）所含的铜量为99.63%～99.87%；铅、锡、锑、镍等元素含量的总和才是0.13%～0.37%。铜锥（T13：1）所含的铜量为99.87%；铅、锡含量的总和才是0.13%。由此可见，这批铜器全是由纯铜制成的。所谓青铜，主要是铜和锡的合金。我国商代的青铜器，根据化验结果是：礼器，锡占10%～20%；戈头，锡占20%；刀，锡占15%；镞，锡占17%。但武威皇娘娘台遗址出土的铜器，锡的含量仅有0.1%，最多才是0.3%。很明显，铜器中所含微量的锡的成分，绝不是人工羼杂的，而是天然混入的结果。所谓纯铜，是没有经过人工羼杂的铜，至于天然的羼则几乎是不可避免的。所以这批铜器并非青铜，而是由纯铜制造的。

根据一些情况，推想这个遗址所出的铜器，其原料或采自附近。

(三)石器

1.磨制石器

质料多为砂岩。共种940余件。兹按类分述如下：

斧　可分二式。

Ⅰ式：四面体，横剖面呈正方形或长方形。形制较大的，仅刃部由两面加工磨光，刃部多呈微斜状（图五：1、9）。形制小巧的，通体磨光，质地甚坚硬，制作细致精美。这种形式的石斧，质地多为砂岩，体制粗厚，可用作砍伐工具。

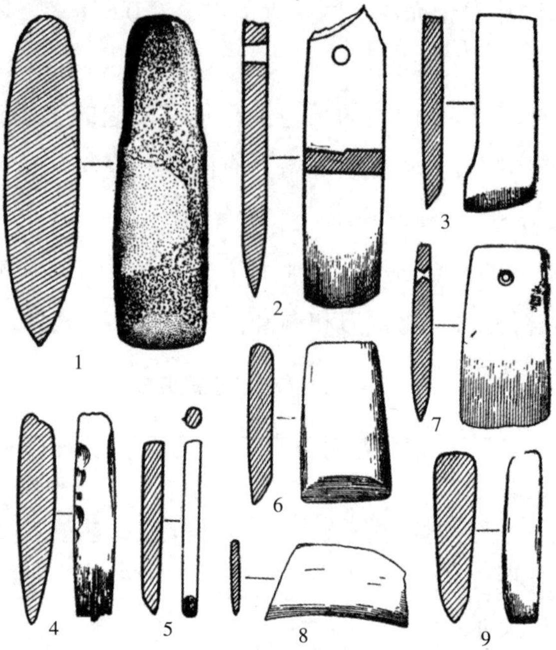

1. Ⅰ式石斧(H3)　2. Ⅱ式石斧(H12)　3. Ⅱ式石斧(采集)　4、5. 石凿(采集)　6、7. 石锛(采集)　8. 石镰(M 6)　9. Ⅰ式石斧(采集)

图五　石器(5/12)

Ⅱ式：扁平长条形，部分的尾端钻孔。厚度均匀，形制规则，通体磨光。其质地一般都比较细致坚硬。多为绿色、黑色和白色石料制成。其中绿色的石料为玉质，白色的似为大理岩。此种石斧的制作，大都由厚石条上截锯下来的长薄条形的石片磨裂而成。也有为板岩制作的，其四面磨制工整，斧刃由两面磨成，平刃的多，斜刃的较少（图五：2、3）。其中有的表面还保留有截锯整齐的破裂面和平台（图五：2）。此式石斧的制作技巧比较进步，可用于挖掘泥土。

锛　一面刃或两面刃，通体磨光。横剖面呈长方形，形制都比较小，部分的尾端钻孔（图五：6、7）。

刀　质料多为砂岩，板岩做的很少。其中多为单孔，双孔的较少，孔居中或靠近刃、背部。刃由两面磨成，有弧刃和凹刃。一般磨工都比较细致（图六：4～6）。

凿　一面刃，横剖面近正方形，通体磨光，刃部磨工甚细（图五：4、5）。

镰　由板岩或砂岩制成。刃部凹入或作半月形，由两面磨成。其尾端平齐，磨工较细。形制与近代铁镰大致相同（图五：8）。

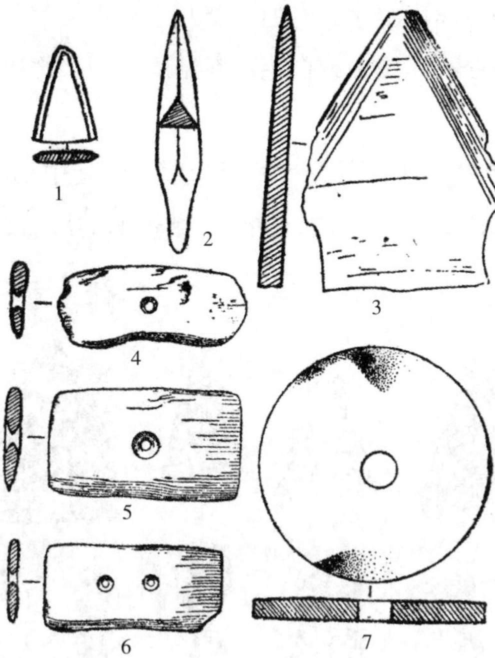

1.镞 T2(3)　2.镞 T8(3)　3.枪头 M6(7)　4.刀 T6(2)　5.刀 T13(3)　6.刀 T10(2)　7.纺轮(采集)

图六　石器(2/3)

杵　圆形或椭圆形，上端细小，下端粗壮，有肩，磨制。

镞　磨裂。分二式：

Ⅰ式：由板岩薄片磨成，呈扁平等腰三角形。尾端平齐，无铤（图六：1）。

Ⅱ式：三棱形，有铤，磨制精工（图六：2）。

纺轮　扁平圆形，磨制平滑。中间有圆形钻孔，孔壁垂直，由一面钻通（图六，7）。

枪头　仅1件。扁平三角形，锋刃，铤残（图六：3）。

磨盘　船形或马鞍形，琢制。

盘状器　圆形或椭圆形，多利用天然砾石打制而成。有的一面还保留有原来的岩面，均甚残。其中有一种形体较粗大，一面琢一放拇指的圆窝，另一面琢成盛受其余四指的弧线凹槽，便于手握。这是齐家文化特有的一种打制石器。还有一种形体较小的，为扁平的圆形，无凹槽，刃部由两面交互打制而成。这种形制，亦见于甘肃各地的其他文化遗址内。

石璧　多采用近玉质的绿色石料精工制成。其钻孔多是由空心的筒状工具从一面钻通。钻孔的周壁，斜度很小，有的孔壁几乎垂直。

石珠　质料多为绿松石、黑色或白色石料制成，为装饰用品。

2.细石器

在发掘出土的石器中，细石器占有相当的数量。其中细石器共有888件，石核约有200件，石片约有2000片。质料主要是半透明的燧石，玛瑙很少。现按不同类型，分别叙述于后：

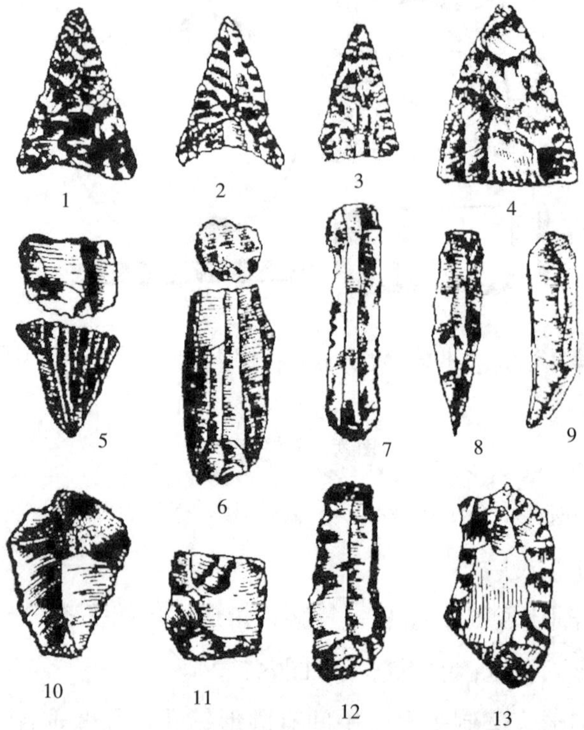

1.镞 T11(3)　2.镞 AT7(2)　3.镞 BT1(2)　4.镞 T11(3)　5.石核 T11(3)　6.石核 T1(3)　7.石叶 AT4(2)　8.石叶 AT6　9.石叶 T8(3)　10.刮削器 T11(3)　11.刮削器 T9(2)　12.刮削器 AT12(2)　13.刮削器 T7(3)

图七　细石器(3/4)

镞　三角形，加工甚精，为间接修理方法制成。尾端平齐或凹入呈弧形。瘦长者形若柳叶状（图七：1～4）。

刮削器　多为圆形的片状，采用较薄的石片制成。石片的边缘具有轻微的加工痕迹，形状不规则（图七：10～13）。有些长条形石叶的边缘上，也有轻微的加工痕迹，唯数量甚少。

石核 圆柱状或锥形，台面较宽大，下端细小，形制一般都比较规则，沿台面剥取石片的条痕都很清楚，而且整齐。有的尖端并有加工和使用痕迹，当为石核石器（图七：5、6）。

石片 数量甚多，大致有片状、块状、叶状几种。都无明显的加工或使用痕迹。石叶的背面，保留有打片时所形成的单脊或双脊（图七：7～9）。片状和块状的石片，形体一般较大且不规则。

这些细石器，一般的都具有“细石器文化”的特征，它既不是细石器文化的混入，也不受其影响。因为细石器并不单见于齐家文化，而在甘肃仰韶文化如兰州雁儿湾马家窑文化遗址和酒泉下河清马厂文化遗址中，都有发现。这种现象，在甘肃境内还是比较普遍的，尤其在河西走廊地区的更显著一些，这就说明了细石器与甘肃古文化的关系。

(四)骨器

骨器共计有334件，另有骨珠数枚。按器形分为下列几种：

锥 利用长骨制成。有的用完整的长骨加工，有的将长骨的一端破开后，再加磨制。锥体圆形或扁平形。有的通体磨光，也有磨工仅限刃部的。锥尖作圆形、扁圆形或三棱形（图八：1～4）。

针 数量很多，但完整的很少。磨工精致，细长，后端穿孔。

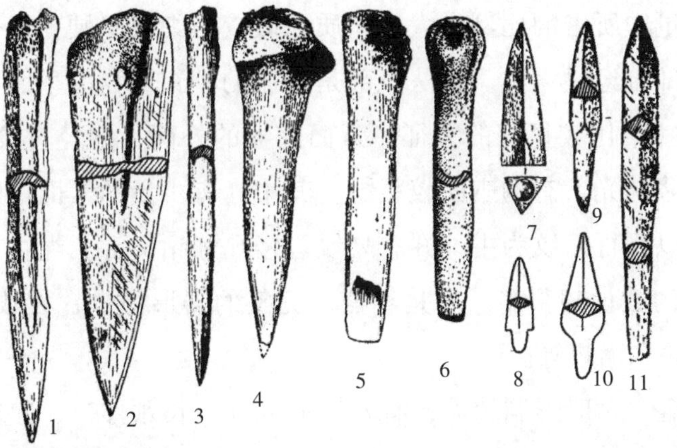

1、2. 骨锥 H9(3) 骨锥 BT2(2) 4. 骨锥 AT4(2) 5、6. 骨凿(采集) 7. 骨镞 BT 2(2) 8. 骨镞 T7(3) 9. 骨镞 H6 10. 骨镞 T12(3) 11. 骨镞 T6(3)(5、6. 为1/3，其余为2/3)

图八 骨器

凿 2件，均为磨制。一件系由破开的长骨磨成，刃部较宽；另一件窄而长，扁平长条形。磨工甚细，表面发亮（图八：5、6）。

镞 三棱形或扁圆形，有铤或无铤。无铤的尾端钻有圆孔，用以嵌入柄把。也有细小的三角形骨镞，尾端凹入而成弧形（图八：7～11）。

叉 仅1件。柄窄而长，扁平长条形，前端分为三叉。

骨簪 仅1件，已残。磨工甚细，前端弧形，后端挺直。

骨珠 出土较少。有圆形、椭圆形和扁平圆形几种。都有穿孔，横穿或竖穿，形制较小。为装饰之用。

（五）兽骨

兽骨遗存很多，有牛、羊、猪、狗、鹿等骨骼。除鹿为猎获的野生动物外，其余都是饲养的家畜。

（六）陶器

发掘出土的陶器破片很多。从其形制分析，其中绝大部分是属于齐家文化的遗物。但也有一少部分彩陶片和灰陶片的形制，却与齐家文化的迥然不同，这当是属于另一文化系统的遗物。关于齐家文化的陶器和陶片，大致可分为泥质红陶、粗砂红陶两类。其中完整的器物约有230余件，大都是墓葬中的随葬品。灰层和窖穴中出土的尽是破片，能够复原的很少。

1.泥质红陶系

在陶片总量中所占的比例最大。陶质一般较为细致坚硬，但也有比较粗糙松软的。陶土大部分经过淘洗。制法全部是手制的。在器物的里面，有用陶垫拍压的凹痕，这是一个比较显著的特征。素面陶器的外面，多经过较为细致的打磨，或涂一层细泥浆抹光，有的表面较粗糙。其中尚有少量的素面白陶、光面或篮纹灰陶片。纹饰以竖行篮纹为主，并有划纹、镂孔和钻窝等。绳纹几乎无存，但光面和素面陶片的数量却很多。多是容器，完整的器形很少，大致有罐、瓶、壶、豆、盆以及纺轮和陶垫等。

高领折肩罐 一般形制较大，有发达的领部，长颈侈口，腹部有两个对称的扁平形的宽把手。肩腹之间具有显著的棱角，棱角以上不具纹饰；棱角以下，则通饰竖行篮纹，但也有被磨光的。

单耳罐 长颈侈口，鼓肩，腹壁向下略往里收缩，耳宽而扁平。

双耳瓶 长颈折肩，棱角显明。仅少数为鼓腹。双耳宽而扁平，耳部有竖行或斜行划纹，其间并有圆形的钻窝。有的在耳的上端，有三角形或叶形镂孔。镂孔的两旁，间或也有圆形的小钻窝。

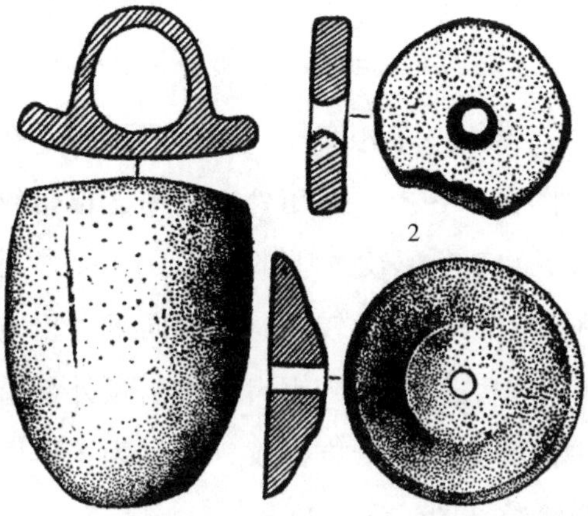

1.陶垫 2.纺轮T7(2) 3.纺轮M2

图九 陶器(1/2)

单耳瓶 器形与双耳瓶类似，唯仅有一耳，耳上也有划纹。其腹部较深，颈部较短。

壶 小口直颈，圆腹。

豆 唇缘平齐，圈足。豆的上部为残盘形，下部为圈足。

盆 大口深腹，唇缘宽而平齐，向外伸展，腹壁向下往里收缩成小平底。

纺轮 手捏或模制，有平圆形和半球形两种，中央穿孔（图九：2、3）。

陶垫 方形，四角较圆钝，一端宽一端窄，鼓面。背部有扁平的把柄，中间横通一孔。用作拍压陶器的内壁（图九：1）。

除了这些完整的器物以外，在陶片中还有甑、长颈折唇的尊形器和大口深腹盆。长颈折唇的尊形器，唇缘宽而平齐，陶质细腻，表面经过精细磨光。大口盆的唇缘外，有两个对称的口鋬，通饰竖行篮纹。甑形同罐，底部有圆孔。

另外还有一些彩陶片，陶质均属泥质红陶，质地一般较粗糙松软，火候较低。表面或涂一层细泥浆抹光，或施以纯红色外衣。彩绘的颜色多为黑色，红色的较少。彩绘多施于颈肩部分，腹部很少施彩。纹饰多采用单线条或方格条带纹组成对称的几何形图案，在布局上显得有规律，具有优美的艺术风格。保存较好和完整的器形，有双耳罐和双耳瓶两种。

大口双耳罐 保存较完整的有2件，器形相同。直颈鼓肩，在颈肩之间有圆形小钻窝，腹壁向下往里收缩。纹饰的组织，一件的唇缘内饰平行条纹，颈外有菱形方格纹，肩、腹部饰粗细弧线条纹两组，两侧各有对称的曲折方格条纹一组，耳部有斜线交错纹（图一〇：1）；另一件的唇缘内饰“回”字形纹，颈外亦为菱形方格纹，肩、腹部由二道粗线条相交而成四个对顶角，在左右两角处，采用方格带纹组成对称的菱形图案；在上下两角处，则由方格带纹交织而成为相互对称的，破线向上、尖端向下的三角形纹，耳部有横平行条纹（图一〇：4）。

小口双耳罐 直颈，肩部较低、较宽，腹壁向下往里收缩，腹上部与耳对称的一面，有凸起的乳状小鋬。唇缘内饰锯齿形纹。颈外部有两排尖端相连的三角形纹。肩、腹部正面中间有黑色菱形方格纹，两侧为菱形图案纹。耳上有竖线三道，耳的下方有斜线交错纹（图一〇：3）。

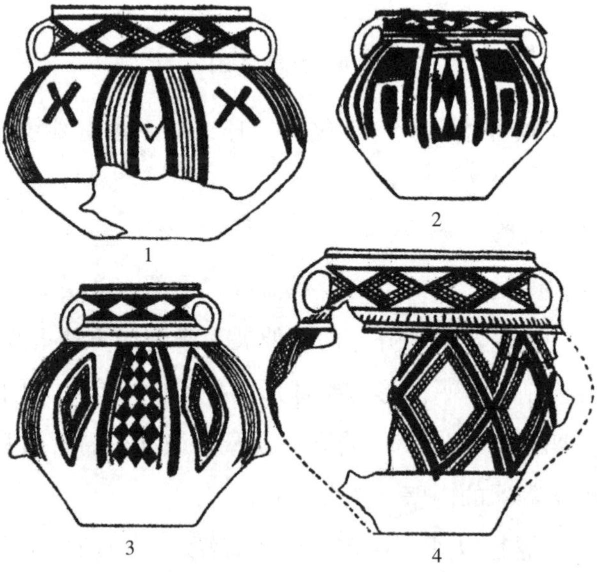

1、4.M6　2.57M1　3.57M9

图一〇　彩陶罐(2/9)

双耳鼓肩罐 颈较直，腹壁向下略往里收缩。唇缘内饰平行条纹二道。颈的外面有菱形方格纹，左右两侧由方格纹和弧形粗条纹构成对称的图案。耳上有横平行条纹，两边又伴以竖线纹各一道（图一〇：2）。

双耳带盖罐 颈较直，肩部鼓起，腹壁向下略往里收缩。颈的外面饰菱形方格纹，肩部正面中间饰竖行粗条纹两道，两侧各有对称的斜线交错方格纹两组。耳下有竖线条纹两道，中间并有斜线条纹。器盖为粗砂红陶，作草笠式。

双耳瓶 器形较小，腹部有两个对称的乳状小泥钉，一耳残缺，彩绘为红色，颈部饰平行条纹，肩部饰斜线交错的方格纹三纹。

长颈折唇器 仅存口沿和颈部，唇缘宽而平齐，饰红色的三角方格纹。

2.粗砂红陶系

在陶片总数中所占比例仅次於泥质红陶，绝大部分为红褐色，灰色的几乎无存。陶质粗糙，含有砂粒。纹饰以绳纹为主，皆竖行。篮纹则几乎不见。划纹多见于双耳罐的颈和耳部，泥条堆纹仅见于个别罐器的唇缘外。素面陶器的数量也很多。粗砂陶器的外面均有烟熏火烧的痕迹。在破碎的陶片中，能够看出器形的有重唇带盖的罐、带流的壶和鬲等。重唇带盖罐的腹为纺锤形，内外唇缘之间或成凹槽，或成平台，以负器盖。带流壶的形制一般较小，施竖行绳纹，弇口，有盖，流口斜向上，附于唇缘的外壁直通壶内。鬲的残片很多，足有实心与空心的区别。有的外面饰绳纹，有的为素面。完整的器形很少，除器盖以外，大都是属于罐一类的器物。

垂腹罐 侈口，唇缘外凸起棱角一道，颈部素面，肩腹部通饰竖行粗绳纹。

大口双耳罐 侈口，一耳残缺，唇缘平齐，颈部素面，肩腹部饰竖行绳纹，耳部为素面，其上端不与唇缘平齐。

双耳长颈罐 器形大致类同，侈口。有的颈部和耳部具有划纹，肩、腹部绳纹不显著；有的为素面，耳的上下两端，各有圆形的小泥饼一个。

双耳短颈罐 腹部鼓起，耳上有划纹，唇缘外有泥条堆纹。

单耳罐 唇缘外有粗糙的锯齿形纹饰，肩、腹部饰竖行绳纹；还有一种直颈单耳罐，口沿微向外张，肩部饰竖行绳纹，颈部和腹部为素面。

侈口圆肩罐 深腹，颈部较高，素面。

器盖 均为草笠式或覆碗式，素面。钮顶有一圆窝（图一一：3、4）。

另外还有人面形陶片及陶鸟，皆为残器。人面形陶片为罐的口沿残片（图一一：6）；陶鸟仅残存头部（图一一：5）。

在出土的陶片中，还有一部分彩陶片和灰陶片，其性质均与齐家文化的截然不同，当属于其他文化的遗物，另行叙述如下：

1.彩陶片

陶质细腻坚硬，橙黄色或淡红色，表面打磨光亮，火候很高，彩绘多为黑色。其中，有一块橙黄色的弇口小底碗片，唇缘上有黑色条纹一道，内施横平行条纹（图一二：1)。另有数块鉢片，外面和宽平的唇缘上，饰有斜平行条纹和圆点纹（图一二：3、4、7)。此外，还有一部分是长颈壶和双耳圆腹罐的残片，质地多为红褐色，表面有刮削修饰痕。双耳罐形制较小的，唇缘内有波浪纹、平行条纹，下有连弧圈带纹、竖行曲线纹，颈部有左右对称的三角形纹，腹部有宽条形几何纹；形制较大的腹部有宽条纹，下有连弧式的垂帐纹，也有宽条形几何纹。长颈壶的唇缘内施弧线条纹（图一二：2、5、6)。这些彩陶片，如质地、颜色、表面处理方法、纹饰结构以及火候和硬度等，都与齐家文化的彩陶截然不同。从其形制分析，唇缘黑色内施彩的碗片，唇缘及外面施横平行条纹和圆点纹的钵片，均为马家窑文化的典型遗物。唯数量甚少。比较多见的双耳罐和长颈壶之类的器形和宽条纹、波浪纹、连弧圈带纹和垂帐纹等纹饰，显然都是马厂文化遗物的普遍特征，尤其这些彩陶的颜色以及刮削修饰的处理方法，更为显著。

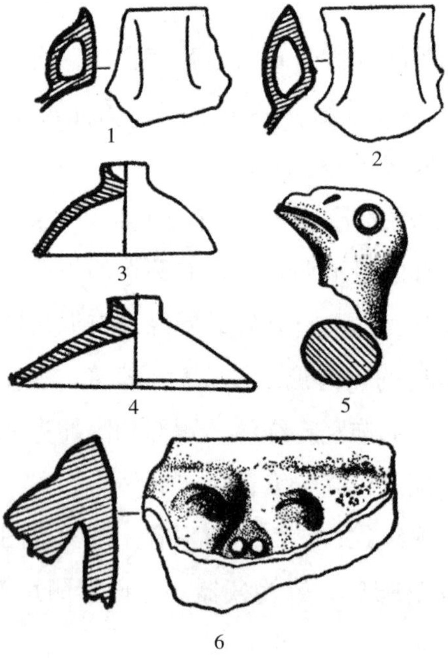

1、2. 马厂期细砂灰陶片(H5)　3、4. 器盖　5. 陶鸟头 T17(3)　6. 人面形陶片 AT1(2)
(5、6. 为2/3，其余为1/3)

图一一　陶器

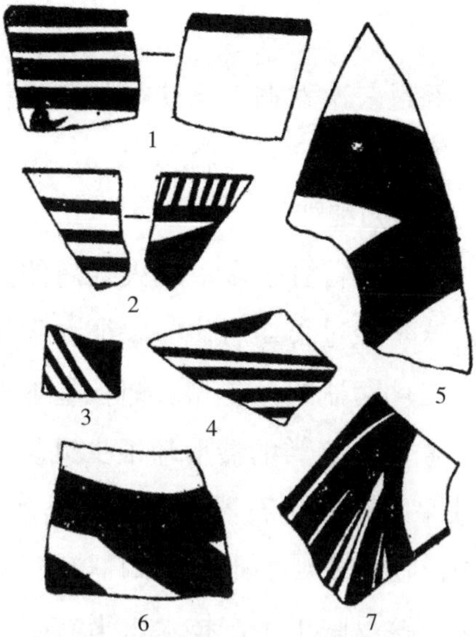

1、3、4、7.马家窑期 T11(3),BT1(2),BT2(2),T8　2、5、6.马厂期 AT4(2),BT1(2),BT 1(2)

图一二　甘肃仰韶文化彩陶片(1/2)

2.灰陶片

这类陶片的内胎，内为灰白色，羼和较细的砂粒。外面和颈内涂一层细泥浆，并在未干以前磨光，灰黑色。器形一般较小，主要有双耳罐、小碗和盆形器。罐的颈部有对称的双耳，耳的上端接于唇缘外稍下方，不与唇缘平齐。颈部较直高，唇缘略向外张。肩部较高，斜度很小。皆光面不具纹饰（图一一：1、2）。这种形制的灰陶片，也不曾见于齐家文化遗址，但在酒泉下河清的甘肃仰韶文化马厂期遗址中，却曾有发现。在陶片的形制与表面的处理方面，彼此具有相同的特征。为了更进一步证实这个问题，我们曾去武威磨咀子马厂文化遗址做了一次调查。结果在遗址的灰层中，得到了很多形制相同的灰陶片。同时，所出的彩陶片的形制与纹饰，也与皇娘娘台遗址所出马厂期的彩陶片的特征相同。由此充分证明，皇娘娘台遗址出土的这类形制的灰陶片，并非齐家文化的遗物，而是早期文化的混杂成分。这些彩陶片和灰陶片，又一次说明了马家窑期是早于齐家期的。而马厂期的彩陶和灰陶片，还是在齐家文化地层中首次获得的材料，同样证明了马厂期也是早于齐家文化的。再从混入陶片的数量上来讲，马家窑期的极少，而马厂期的却比较多，这又说明了马厂期与齐家文化，在时间上要比马家窑期更为接近一些。

四、结语

武威皇娘娘台遗址，经过三次发掘，已获得了极为重要的资料。铜器和卜骨即是两项重大的发现，为齐家文化增添了新的内容。由于齐家文化遗址发掘得还很少，因此，我们将几点认识归纳如下。

这处遗址内的陶片、石器、兽骨很多，经火烧烤的骨头、土块以及木炭碎屑等杂物，也有相当遗存。这是经过长期居住的象征。陶片中泥质红陶量最多，其中彩陶较少，粗砂红陶次之。陶器的形制和纹饰，基本上与渭河流域、洮河流域等地的大致相同。但碗、盆、钵之类的器形却很少见。石器类型比较繁杂，多为磨制，打制的粗糙石器几乎不存在。石器为当时人类从事农业生产的主要工具，农业经济在当时的生产中已占有主要的地位。陶器和石器的制作方法，有很多地方要比甘肃仰韶文化进步，这反映出生产技术水平有了很大的提高。丰富的兽骨证明当时的畜牧业也发达起来了。骨针、锥和陶、石质纺轮的数量也不少，说明纺织和缝纫手工也相当盛行。箭镞使用很普遍，可知狩猎仍是当时人类的一种辅助性生产。

铜器的铸造和使用，在当时的条件下，确是一件大事情。它的出现为当时生产力的发展起了促进作用。铜器经化学实验和分析，证明其质地均属红铜。其形制仅有锥、刀、凿之类的小工具。说明铜的冶炼还不是很普遍的，尚未大量地用于农业生产。但它的出现，却说明了当时已经能铸造和使用铜器。同时也说明了齐家文化，不但是我国新石器时代晚期的遗存，而且已进入铜石并用时代了。

卜骨在这里有相当的遗存。它的出现，说明占卜的迷信风俗，早在齐家文化的时候，就已经出现了。这批卜骨都很原始，攻治简陋，这与殷商时期的卜骨有很大的区别。即使是龙山文化的卜骨，也比它要进步。但齐家文化和龙山文化的陶器，在很多地方是非常相近的，这很可能是同时的共同特征。

墓葬已有了固定的形式和葬俗。从地层上看，利用废弃窖穴埋葬的侧卧屈肢葬为齐家文化早期流行的一种葬俗。仰卧伸直葬具有规则的长方形竖穴墓圹，它埋葬在晚期文化层中或叠压于侧卧屈肢葬的上面。其中随葬品的数量及其类型，也逐步增加。这除了说明它是齐家文化晚期的遗存以外，又反映出晚期的生产水平得到了很大的发展和提高。从6号墓内随葬品富有的现象来看，多于一般的氏族成员，由此可见当时人与人的社会关系起了变化，对于财产的分配和占有，已有了多少的不同。

遗址中发现的白灰面住室都是方形的，面积也比较宽广，周围有圆形、椭圆形、方形窖穴环绕，并在室内或室外，筑有圆形或方形炉灶。这些不同的建筑遗存，构成了一个比较完善的居住布局。

细石器的制作，与畜牧业有很大关系。如河西走廊地区，地势辽阔，草原丰富，当时必有发达的畜牧业。皇娘娘台遗址包含的家畜和野生动物的骨骼，是很丰富的，这便是鲜明的一例。

皇娘娘台为单纯的齐家文化遗址，但在灰层中却包含有甘肃仰韶文化马家窑期和马厂期遗物的混杂成分。这无疑是早期文化的遗物混入的结果，可说明齐家文化晚于甘肃仰韶文化。此外，在历年来的普查工作中，也屡见有齐家文化堆积叠压在马家窑期堆积（或仰韶文化，下同）上面的地层关系，这同样是齐家文化晚的证据。其次，在西汉水流域的周代遗址中，发现陶器的形制有类似齐家文化的高领折肩罐，这是周代陶器承继了齐家文化陶器特征的结果，说明齐家文化早于周代。根据列述的证据，我们认为齐家文化的上限当是甘肃仰韶文化，而下限当为商末周初。齐家文化之所以有如此漫长的延续和发展历史，是因为商代势力的发展未能达到甘肃地区的缘故。因此当中原地区进入商代以后，甘肃境内尚停滞在新石器时代晚期或铜石并用时代。当周族进入甘肃之后，齐家文化才逐渐衰落以致最后消失了。

甘肃境内古文化的类型极其复杂，在同一类型的文化遗存中，往往又具备一定程度的不同性质。这除了反映各类文化区域性的不同特征以外，并在时间上还会有早期和晚期的差别。河西走廊地区的古文化遗存的面貌，就具有明显的地方特色。同时甘肃仰韶文化和齐家文化的遗存，都大大地减少了。齐家文化的昌盛地区，是在渭河上游、大夏河、洮河流域等地，而河西走廊地区，则是齐家文化分布的边远地带，在时间上可能要比较晚一些。1959年，黄河水库考古队甘肃分队在临夏大河庄和秦魏家两处齐家文化遗址发掘中，也获得了铜器和卜骨。将来若能在渭河流域典型的齐家文化遗址里，也做些发掘工作，这样一来，对于齐家文化的性质、年代和早晚的分期等问题，便能获得更为全面广泛的资料，以便对齐家文化进行深入系统的比较和研究，并进一步的做出更为恰当而确切的解释。

执笔者　郭德勇

（本文原载于《考古学报》1960年第2期，第53–71页）

甘肃民乐五坝史前墓地发掘简报

甘肃省文物考古研究所　张掖市文物保护研究所　民乐县博物馆

五坝墓地位于甘肃省民乐县六坝镇五坝村，西南距离六坝镇约6.5公里，东北侧约9公里处即为著名的东灰山四坝文化遗址（图一）。墓地大部分压在村民居住区内，致使发掘前期的考古调查及钻探工作无从开展，墓地范围不清。正由于墓地所处地理位置的特殊性，墓地在不同程度上遭到了破坏，据当地村民介绍，在挖自来水管道及窖坑时多次挖出陶罐、陶壶等一类的器物，现部分收藏在民乐县博物馆，多为马厂时期。

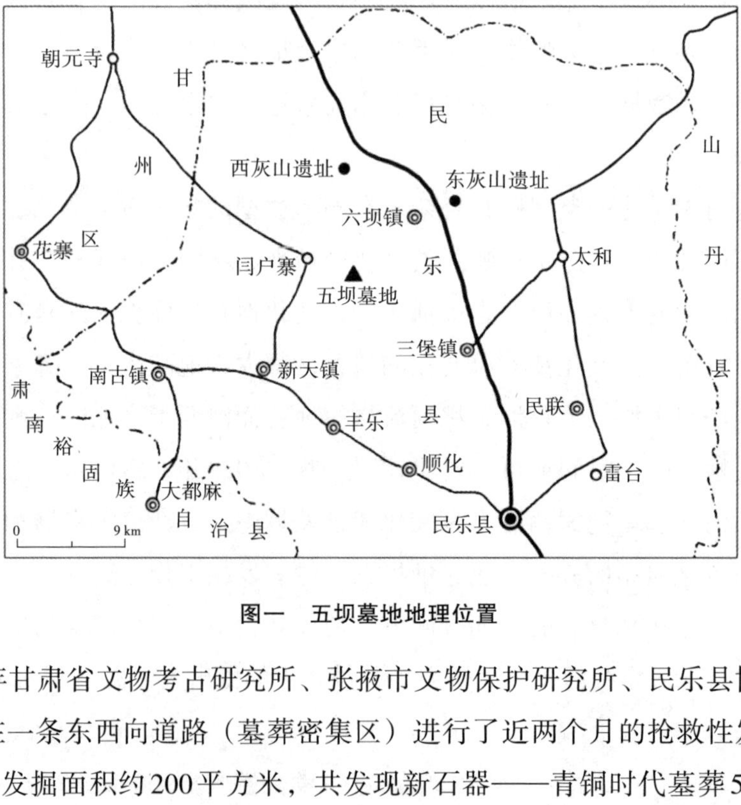

图一　五坝墓地地理位置

2009年甘肃省文物考古研究所、张掖市文物保护研究所、民乐县博物馆联合对墓地所在一条东西向道路（墓葬密集区）进行了近两个月的抢救性发掘。共布探沟5条，发掘面积约200平方米，共发现新石器——青铜时代墓葬53座。现简报如下。

一、地层堆积

地层为原生堆积层。以TG5北壁为例，分7层（图二）。

第①层：表土沙砾层（村民硬化道路所铺沙砾）。厚约15～30厘米，整个探沟都有其分布。

第②层：原路土层，质硬，土色灰褐，包含有近现代瓷片、塑料、炭渣等。厚约20～35厘米，呈不连续分布。

第③a层：近现代垫土层，土色灰中泛黄，土质较硬，包含有马厂时期彩陶片等遗物，但亦有近现代遗物出土。厚约15～30厘米，呈不连续分布。

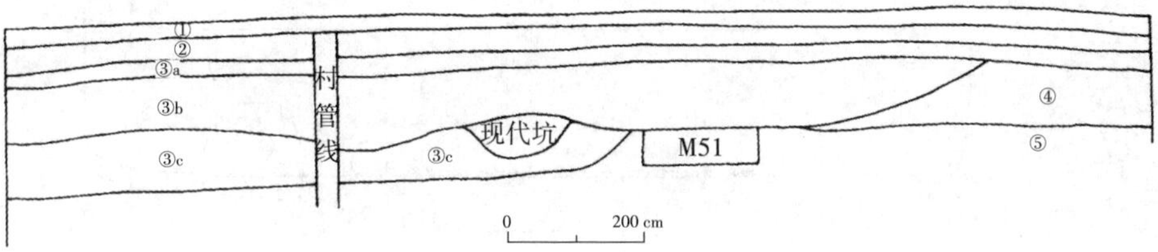

图二　TG5北壁剖面图

第③b层：近现代垫土层，土色灰中泛黄，夹杂有较多细沙，出土有塑料、铁圈等现代遗物，但亦有史前时期碎陶片等遗物出土。厚约0～90厘米，分布于探沟西部，呈不连续分布。

第③c层：近现代垫土层，土色灰褐，夹杂有细沙，出土有塑料等现代遗物，同时伴有零星骨骼及史前碎陶片的出土。厚约0～80厘米，分布于探沟西部，呈不连续分布。

第④层：黄土层，黄色，土质较软，出土有少量史前残碎陶片及零星骨骼。厚约0～80厘米，分布于探沟东部，呈不连续分布。

第⑤层：沙土层，灰黄色，土质较软，沙砾增多，未发现遗物，未清理。

二、半山类型墓葬

此次发掘半山类型墓葬2座。以M44为例（图三）。

（一）葬制及葬式

竖穴土坑墓。开口层位不明，墓葬开口线压在现代垃圾坑之下。墓圹平面近似长方形，且东西向较长。长240～250厘米、宽80～82厘米、残深约40厘米。头向东，方向92°。填土色呈五花，其中夹杂砂石。内合葬一小孩与一成年女性。其中小孩仰身直肢，头部略向成人靠拢，成人左臂骨放置在胸前。随葬有陶罐4件、陶瓶1件、骨珠2件、骨锥1件、骨针2件、骨笄2件、骨臂饰1件、骨料3件、骨牌饰1件、骨柄石刀1件、骨镞1件、骨串饰1件、动物下颌骨1件。

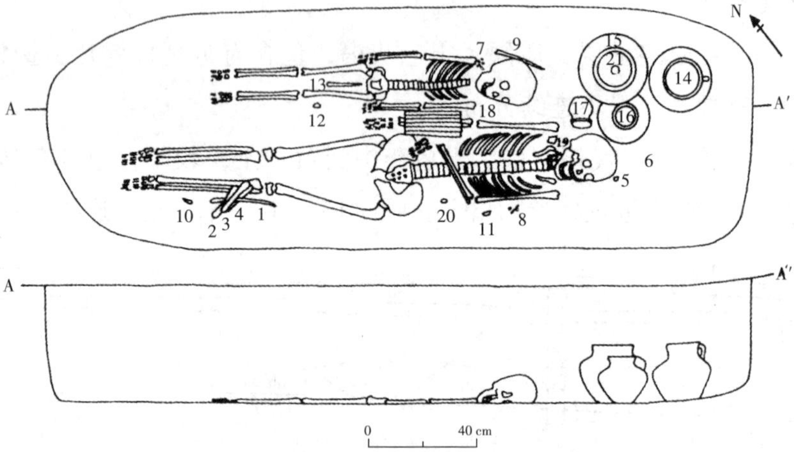

1.骨柄石刀 2～4.骨料 5～6.骨针 7.骨串饰 8.骨珠 9～10.骨笄 11.动物下颌骨 12.骨笄 13.骨锥 14.单耳瓶 15.双耳大口彩陶罐 16、17.夹砂罐 18.骨臂饰 19.骨珠 20.骨牌饰 21.单耳彩陶罐

图三 M44平、剖面图(采自《隋元威夫妇墓发掘报告》)

(二)随葬品

双耳大口彩陶罐 1件。标本M44：15，泥质，橙黄陶黑红复彩。侈口，尖圆唇，口外附一对小鋬，短颈，圆肩，鼓腹，有双腹耳，平底。器表磨光，口内侧饰黑彩锯齿纹和垂弧纹，颈部饰黑彩折线纹和红彩窄带纹，肩部饰黑红复彩的锯齿漩涡纹，内填菱形网格和圆点。通高20.4厘米、口径13.9厘米、腹径27厘米、底径9.4厘米（图四：1）。

单耳彩陶瓶 1件。标本M44：14，泥质，橙黄陶黑彩。侈口，圆唇，高直领，颈肩间有一单耳，圆肩，上腹圆鼓，下腹斜收，器底微凹，腹部饰一对乳突。口内侧为横向水滴状纹样和网格纹，颈部所饰菱形纹和宽窄相间的竖条纹，耳部饰以宽窄相间的斜带纹，肩上部饰宽窄相间的带状纹样，肩腹部为菱形纹和宽窄相间的竖条纹组成的纹样，器底有压印席纹。通高21.1厘米、口径13.4厘米、颈径12厘米、腹径22.8厘米、底径8.5厘米（图四：2）。

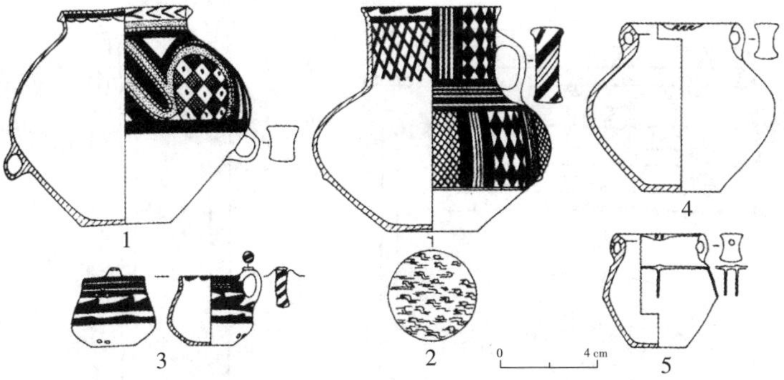

1. 双耳大口彩陶罐(M44:15) 2. 单耳瓶(M44:21) 3. 单耳彩陶罐(M44:21) 4. 夹砂罐(M44:16) 5. 夹砂罐(M44:17)

图四 M44随葬器物

单耳彩陶罐 1件。标本M44：21，泥质，橙黄陶黑彩。口微侈，尖圆唇，口沿及腹上部间有单耳，耳上贴一圆饼状乳丁，垂腹，平底。口内侧饰以弧形宽带纹，耳部饰斜带纹，腹部通体饰以平行带纹、锯齿纹的组合。此外，口沿下有对称两组钻孔修补时的痕迹。通高7厘米、口径5.9厘米、腹径8厘米、底径4厘米（图四：3）。

夹砂罐 2件。标本M44：16，灰陶。侈口，窄斜弧沿，方唇，束颈，沿外有双鋬饰戳印纹，圆肩，口肩间有双耳，鼓腹，下腹斜收至平底。通高15.4厘米、口径10.4厘米、腹径16.9厘米、底径7.4厘米（图四：4）。标本M44：17，红陶。侈口，窄凹沿，圆唇，束颈，沿外有双鋬附加圆窝，圆肩，口肩间有双耳，耳上各有一孔，圆鼓腹，下腹斜收至平底。肩部以下以横向凸棱和复道竖向凸棱构成图案的主体，间隔以单道竖向凸棱，腹部处饰一对乳突。通高10.2厘米、口径8.1厘米、腹径10.4厘米、底径5.1厘米（图四：5）。

骨臂饰 1件。标本M44：18，出土时置于成人手腕处，是用长约16.5厘米、宽约0.3～1.1厘米的小薄骨片黏附在一种胶状物上，呈半环形的装饰品。从残迹看，是将骨料切磨成大小相当，厚薄较均匀的长条形小骨片，然后将其粘缀在制作成半筒状的黑色胶状物上，骨片并列竖排，粘缀紧密整齐。永昌鸳鸯池墓地中亦发现几例（图五：1）。

骨串饰 1件。标本M44：7，散置于小孩颈部，从材质看，有绿松石、牙制品，中穿孔，穿系物已朽。直径约0.5厘米、厚约0.1厘米、孔径约0.2厘米（图五：2）。

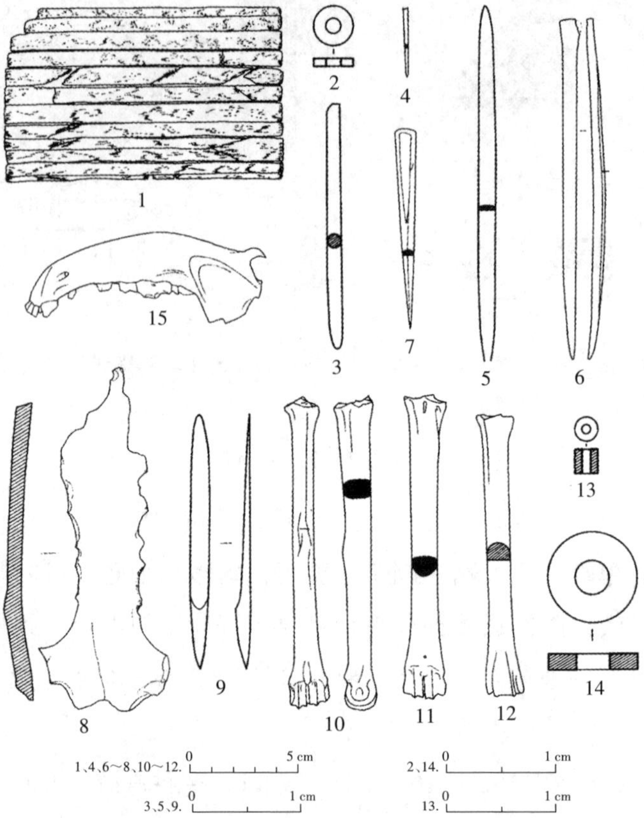

1. 骨臂饰(M44:18) 2. 骨串饰(M44:7) 3、4. 骨针(M44:5、6) 5、6、9. 骨笄(M44:12, M44:9, M44:10) 7. 骨锥(M44:13) 8. 骨牌饰(M44:20) 10～12. 骨料(M44:2、3、4) 13、14. 骨珠(M44:8, M44:19) 15. 动物下颌骨(M44:11)

图五 M44随葬器物

骨针 2件。标本M44：5，出土于成人头部以上位置，通体磨光，已残，仅剩针尖部分。残长约6厘米（图五：3）。标本M44：6，出土于成人头部以上位置，通体磨光，一端尖锐、光滑。长约3.5厘米（图五：4）。

骨笄 3件。标本M44：12，出土于小孩左腿外侧，利用动物骨切磨而成。呈长条形，扁平，两端锐利。通长约9厘米（图五：5）。标本M44：9，出土于小孩头部位置，利用动物骨切磨而成。呈长条形，一端呈圆锥状，锐利，另一端截面呈方形。通长约18.2厘米（图五：6）。标本M44：10，出土于成人左腿骨外侧，呈扁平长条形，一端成圆锥形，锐利。通长约6.2厘米（图五：9）。

骨锥 1件。标本M44：13，出土于小孩裆部位置，呈长条形，一端磨制呈锥形，锐利光滑。长约10.8厘米、最宽处约1.1厘米（图五：7）。

骨牌饰 1件。标本M44：20，出土于成人左臂骨外侧，似是动物椎骨，一段较宽，中部整体呈方形，两侧有凹坑，用作装饰。长约18.7厘米、宽约0.4～7厘米（图五：8）。

骨料 3件。标本M44：2～4，出土于成人左腿骨外侧，动物肢骨作骨器的原料。其中M44：2长15.7厘米，M44：3长约16厘米，M44：4长约15.6厘米（图五：10～12）。

骨珠 2件。标本M44：8，散置于成人左臂骨外侧，白色圆柄状，中穿一孔，素面磨光，穿系物已朽。直径约0.3厘米、厚约0.3厘米、孔径约0.1厘米（图五：13）。标本M44：19，散置于成人颈部位置，白色圆柄状，中穿一孔，素面磨光，穿系物已朽。直径约1.1厘米、厚约0.2厘米、孔径约0.4厘米（图五：14）。

动物下颌骨 1件。标本M44：11，出土于成人左腿骨外侧，齿脱落，种属不明（图五：15）。

骨柄石刀 1件。标本M44：1，出土于成人左腿骨外侧，利用动物骨骼加工而成。柄部扁平且磨光，刃部一侧有刻槽，用来镶嵌石片。长约24.3厘米、宽0.3～2.2厘米。

三、马厂类型墓葬

此次发掘以马厂类型墓葬为主。墓葬形制分竖穴土坑墓和竖穴偏洞室墓，竖穴土坑墓又分为带龛土坑墓和不带龛土坑墓。葬式有二次葬和仰身直肢葬两类，其中二次葬丰富且复杂，呈现出以二次迁葬为主的显著特征，迁出对象以小孩为主。

(一)竖穴偏洞室墓

共发现4座。以M48为例（图六）。

1.葬制及葬式

开口在④层下，打破⑤层，墓室被M35叠压打破，墓道南侧被现代沟打破。墓道呈不规则长方形，长200～214厘米、宽30～45厘米、深约70厘米；墓室在墓道北侧，近似圆角长方形，长约194厘米、宽46～54厘米、高约32厘米。头向一致，都偏东，方向96°。填土黄褐土中夹杂砂粒。为成年女性与小孩的合葬，二人皆为仰身直肢，其中成年女性右手伸进小孩胯骨似做搂抱状，可能为母子合葬。墓道底部发现一截右腿骨，而左腿骨及以上尸骨全被管线打破，性别年龄不清。

随葬品皆分布在头骨以上及成人小孩两侧。出土器物共8件，即陶罐3件，骨饰品1件，骨锥1件，骨珠1串，骨牌饰1件，细石器1件。

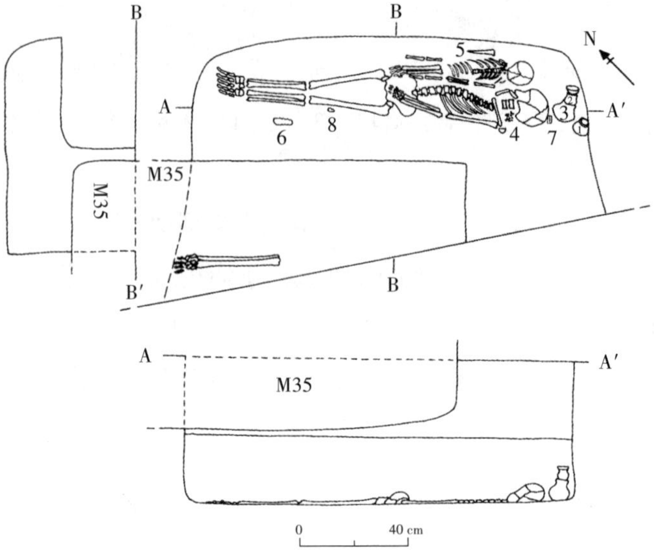

1、2.夹砂罐　3.单耳彩陶罐　4.骨珠　5.骨锥　6.骨牌饰　7.骨饰品　8.细石器

图六　M48平、剖面图

2.随葬品

单耳彩陶罐　1件。标本M48：3，泥质，橙黄陶黑彩。侈口，尖圆唇，束颈，圆肩，口肩间附一耳，鼓腹，下腹斜收至平底。口内侧饰网格纹，颈部亦饰网格纹，耳部纹饰为首尾相连的三角纹及菱形纹，肩腹部饰网格纹间隔宽窄相间的平行带纹，器底有压印纹饰。通高11.3厘米、口径9.4厘米、腹径13.9厘米、底径5厘米（图七：1）。

夹砂罐　2件。标本M48：1，灰陶。直口，斜平沿，尖圆唇，口沿外有双錾饰有锥刺纹，束颈，溜肩，口肩间附双耳，耳上端各有一扁圆形窝，圆鼓腹，下腹部有双乳突，平底。所饰纹饰颈部以下饰以横向及竖向凸棱组合。器表有烟炱。通高8.4厘米、口径6.5厘米、腹径10.3厘米、底径3.8厘米（图七：2）。标本M48：2，灰陶。带盖，碗状，顶部口沿处有四组三道刻槽，盖底有“十”字刻划纹。器身侈口，斜平沿，口沿外有双錾饰有锥刺纹，圆唇，束颈，溜肩，口肩间附双耳，下腹斜收，器底微凹。颈部以下饰以横向及竖向凸棱组合。器表有烟炱。通高7.8厘米、口径6.7厘米、腹径8.8厘米、底径5.2厘米（图七：3）。

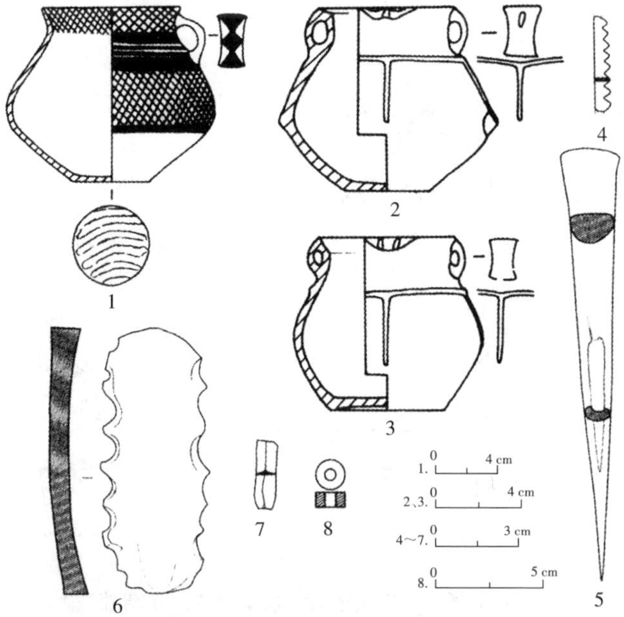

1. 单耳彩陶罐(M48:3) 2、3. 夹砂陶(M48:1、2) 4. 骨饰品(M48:7) 5. 骨锥(M48:5) 6. 骨牌饰(M48:6) 7. 细石器(M48:8) 8. 骨珠(M48:4)

图七 M48随葬器物

骨饰品 3件。标本M48：7-1，出土于成人头部位置，加工精细，整体呈长方形，一侧有锯齿，素面磨光。长约3.3厘米、宽约0.5厘米（图七：4）。

骨锥 1件。标本M48：5，出土于小孩右臂骨外侧，直接利用动物骨骼加工而成。整体呈锥形，手柄处较宽，穿一圆孔，锥尖磨光，锐利。通长约14.8厘米（图七：5）。

骨牌饰 1件。标本M48：6，出土于成人左腿骨外侧，直接利用动物椎骨，整体呈长方形，两侧有凹槽。长约8.5厘米、宽约3.2厘米（图七：6）。

细石器 1件。标本M48：8，出土于成人左腿骨外侧，整体呈长方形，一侧平，一侧有脊，两刃锋利。长约2.2厘米、宽约0.7厘米（图七：7）。

骨珠 1串。标本M48：4，散置于小孩头部位置，利用动物骨骼加工而成。白色圆柄状穿孔，素面磨光，穿系物已朽。直径约0.4厘米、厚约0.2厘米、孔径约0.2厘米（图七：8）。

(二)竖穴土坑墓

共发现29座，分为带龛土坑墓和不带龛土坑墓两类。

1.带龛土坑墓4座，以M3为例（图八）

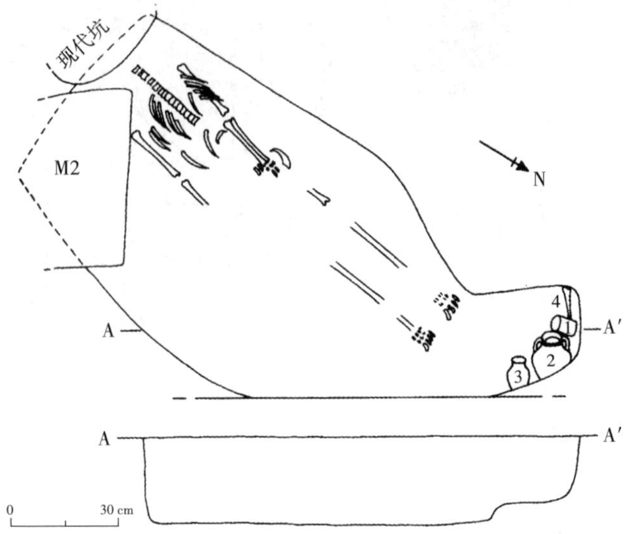

1.单耳杯　2.夹砂罐　3.彩陶罐　4.骨锥

图八　M3 平、剖面图

（1）葬制及葬式

开口于③b层下，打破④层和M23，同时又被M2打破。墓葬平面呈不规则长方形，长约195厘米、宽85～110厘米、深约34厘米。头向偏南，方向127°。填疏松的灰色土。单人二次葬，头骨被扰，盆骨部分被迁走。随葬品在脚龛位置，有陶罐2件，陶杯1件，骨锥1件。

（2）随葬品

双耳彩陶罐　1件。标本M3：3，泥质，红陶黑彩。侈口，圆唇，斜直颈，圆肩，口肩间附双耳，圆鼓腹，下腹斜收，平底。部分黑彩脱落，口耳相接处饰以竖向短线纹，肩部有一周圆窝，用来镶嵌装饰品，下腹部留有网格纹、折带纹。通高11.9厘米、口径10.4厘米、腹径15.6厘米、底径5.4厘米（图九：1）。

夹砂罐　1件。标本M3：2，红陶素面。直口，圆唇，直颈，圆肩、口肩间附双耳，耳残，腹部圆鼓，下腹斜收，平底。通高10.4厘米、口径7.2厘米、腹径11.2厘米、底径5.4厘米（图九：2）。

单耳杯　1件。标本M3：1，泥质，橙黄陶。侈口，圆唇，口沿外有一耳，腹部下垂，平底。器底饰有压印席纹。通高8.1厘米、口径6.0厘米、腹径7.1厘米、底径4.8厘米（图九：3）。

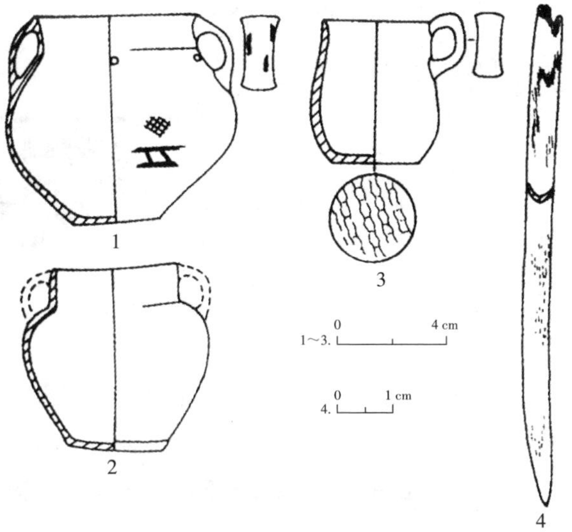

1.彩陶罐(M3：3) 2.夹砂罐(M3：2) 3.单耳杯(M3：1) 4.骨锥(M3：4)

图九 M3随葬器物

骨锥 1件。标本M3：4，出土于脚龛，直接利用动物骨骼加工而成。制作粗糙，仅锥尖部分进行磨制，已残。长约12.7厘米、截面宽约0.7厘米（图九：4）。

2.不带龛土坑墓25座，以M19为例（图一一）

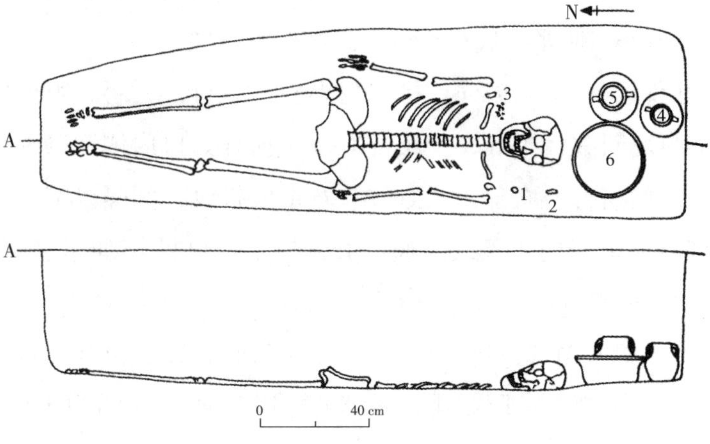

1.石坠 2.石器 3.骨珠 4.双耳彩陶罐 5.夹砂罐 6.彩陶盆

图一〇 M19平、剖面图

（1）葬制及葬式

开口于④层下，打破⑤层和M20。墓葬平面呈圆角梯形，长约210厘米、宽32～58厘米、深35～40厘米。头向偏南，方向182°。填夹杂有砂粒的五花土。单人仰身直肢葬，为一成年男性。随葬品在头部及以上位置，出土器物有陶罐2件，陶盆1件，石坠1件，石器1件，骨珠1串。

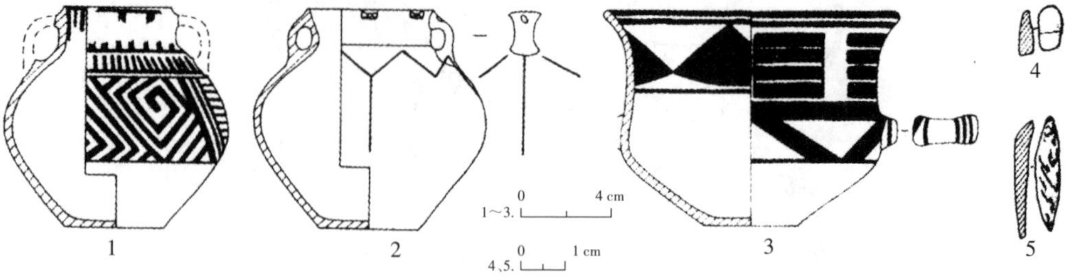

1.双耳彩陶罐(M19:4) 2.夹砂罐(M19:5) 3.彩陶盆(M19:6) 4.石坠(M19:1) 5.石器(M19:2)

图一一 M19随葬器物

（2）随葬品

双耳彩陶罐 1件。标本M19：4，泥质，橙黄陶褐彩。侈口，尖圆唇，直颈，圆肩，口肩间附双耳，耳残，腹部圆鼓，下腹斜收，平底。

夹砂罐 1件。标本M19：5，灰陶。侈口，尖圆唇，口沿外饰三个为一组的两组小鋬，斜直颈，圆肩，口肩间附双耳，饰有戳刺纹，腹部圆鼓，下腹斜收至小平底。颈部以下饰有横向连续波折凸棱及竖向凸棱的组合。通高14.4厘米、口径8.4厘米、腹径15.6厘米、底径6.6厘米（图一一：2）。

彩陶盆 1件。标本M19：6，橙黄陶黑彩。敞口，方唇，腹部较深，其中上腹部较直，下腹部斜收，平底，上腹部有一对横耳。口内侧饰以平行带纹及首尾相连弧边三角纹的组合，腹部以八卦纹、宽带波折纹，间隔以宽带纹组成图案的主体，耳部饰有复道竖向短条纹。通高15.6厘米、口径25厘米、腹径22.6厘米、底径8厘米（图一一：3）。

石坠 1件。标本M19：1，出土于成人左肩胛骨以上位置，石质呈灰色。器形整体呈椭圆形，中部有一圈刻槽，做绑缚之用。通长约2.4厘米、宽0.7～1.4厘米、厚0.2～0.7厘米（图一一：4）。

石器 1件。标本M19：2，出土于成人左肩胛骨以上位置，石质呈紫色。器形似梭状。通长约6.1厘米、宽0.1～1.5厘米（图一一：5）。

骨珠 1串。标本M19：3，散置于人骨颈部位置，利用动物骨加工而成。白色圆柄状穿孔，素面磨光，穿系物已朽。直径约0.4厘米、厚约0.2厘米、孔径约

0.2厘米。

四、齐家文化墓葬

此次发掘了齐家文化墓葬3座。以M47为例（图一二）。

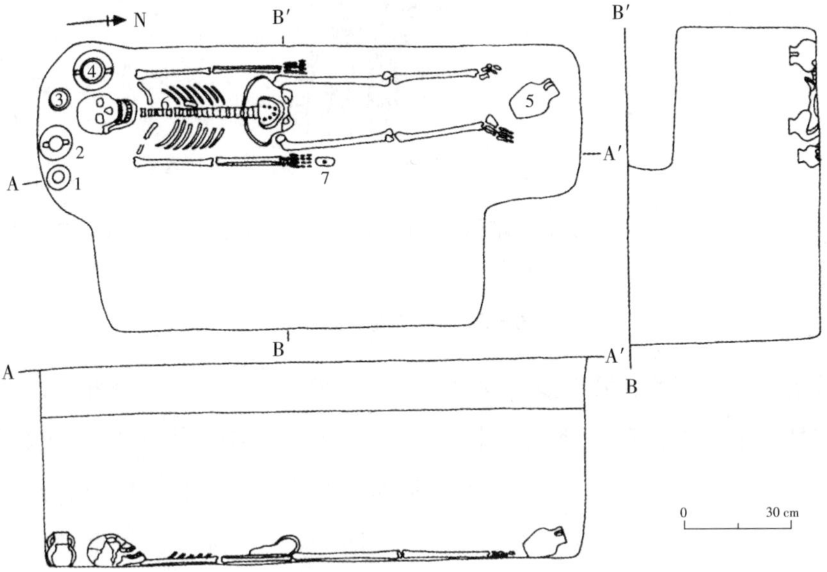

1.夹砂罐　2.双耳彩陶罐　3.泥质素面罐　4.双耳彩陶罐　5.夹砂罐　6.骨牌饰　7.石刀

图一二　M47平、剖面图

(一)葬制及葬式

竖穴偏洞室墓。开口于③a层下，打破④层同时打破M49。墓葬平面近似梯形，且南北较长，墓道长145～157厘米、宽36～47厘米、深约70厘米；墓室长218～220厘米、宽68～74厘米、深约78厘米。填夹杂有砂粒的五花土，出土有骨骼残片及马厂时期彩陶片。单人仰身直肢，为一成年男性。头向偏南，方向182°。随葬品在头部、脚部位置，右手下端都有分布。出土器物有陶罐5件，石刀1件，骨牌饰1件。

(二) 随葬品

泥质罐　1件。标本M47：3，红陶，素面。敞口，尖圆唇，束腰，腹部分上下两部分，其上腹部斜收，下腹部微鼓，有双耳，为宽大桥形耳，底微凹。双耳有戳刺对三角纹及小圆点纹饰。器内盛有所食动物骨骼。通高13厘米、口径10.5厘米、底径5.2厘米（图一三：1）。

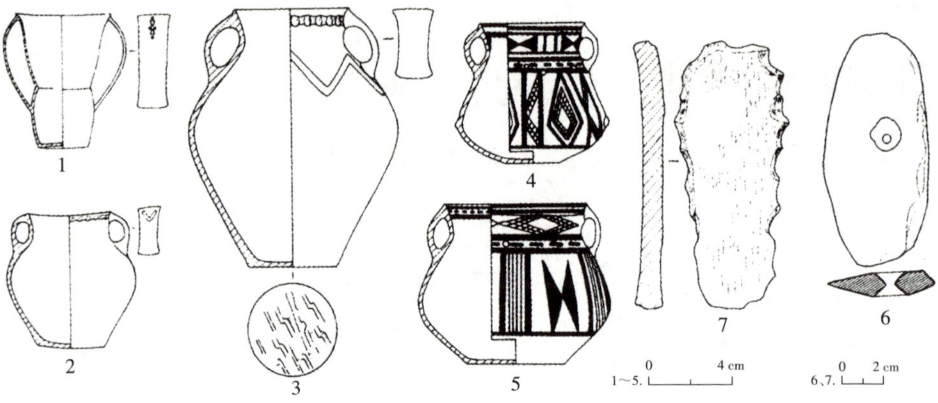

1.泥质素面罐(M47:3) 2、3.夹砂罐(M47:1,M47:5) 4、5.双耳彩陶罐(M47:2,M47:4) 6.石刀(M47:7) 7.骨牌饰(M47:6)

图一三 M47 随葬器物

夹砂罐 2件。标本M47:1,红陶。口部微侈,尖圆唇,短直颈,圆肩,口肩间附双耳,上腹部圆鼓,下腹斜收,平底。口沿下饰以附加堆纹,双耳上部有“V”形刻划纹。器表有烟炱。通高11.5厘米、口径7.4厘米、腹径11.9厘米、底径6.0厘米(图一三:2)。标本M47:5,灰陶。侈口,圆唇,斜直颈,溜肩,口肩间附双耳,上腹部圆鼓,下腹斜收,平底。口沿下饰以附加堆纹,肩部位置饰有波折状蛇形堆纹,器底有压印席纹。器表有烟炱。通高21.1厘米、口径9.6厘米、腹径17.4厘米、底径7.5厘米(图一三:3)。

双耳彩陶罐 2件。标本M4:2,橙黄陶黑彩。侈口,尖圆唇,斜直颈,溜肩,口肩之间附双耳,腹部下垂,对称两边饰一对乳突,下腹斜收,平底。口内侧饰一组平行带纹,颈部饰平行带纹及两等腰三角纹对称相接纹饰间隔以两条竖向条纹,肩部饰平行带纹及不连续线段纹的组合,腹部以菱形网格纹、折线网格纹及竖向宽带纹的组合构成图案的主体。另外,肩部有一周圆窝,为镶嵌装饰品之用。通高11.5厘米、口径9厘米、腹径13.5厘米、底径4.5厘米(图一三:4)。标本M47:4,橙黄陶黑彩。侈口,圆唇,束颈,溜肩,口肩之间附双耳,腹部下垂,下腹斜收,平底。口内侧饰平行带纹及黑点纹的组合,颈部纹饰为平行线纹及菱形网格纹的组合,肩部所饰平行宽带纹及不连续线段纹的组合,腹部主体纹饰为蝶形纹,间隔以宽窄相间的竖向条纹。另外,肩部有一周圆窝,为镶嵌装饰品之用。通高13厘米、口径12.5厘米、腹径16厘米、底径8厘米(图一三:5)。

石刀 1件。标本M47：7，利用天然石块加工而成，呈墨绿色。器形似椭圆状，中部双面钻有一孔，刃部呈弧形，较锋利，表面磨光。通长约10.9厘米、宽1.1～5.5厘米、孔径约1.5厘米、厚约0.7厘米（图一三：6）。

骨牌饰 1件。标本M47：6，直接利用动物椎骨作装饰品，器形扁平，总体呈长方形。通长约10.9厘米、宽1.4～4.8厘米。

五、"过渡类型"①墓葬

此次发掘过渡类型墓葬1座。编号为M26（图一四）。

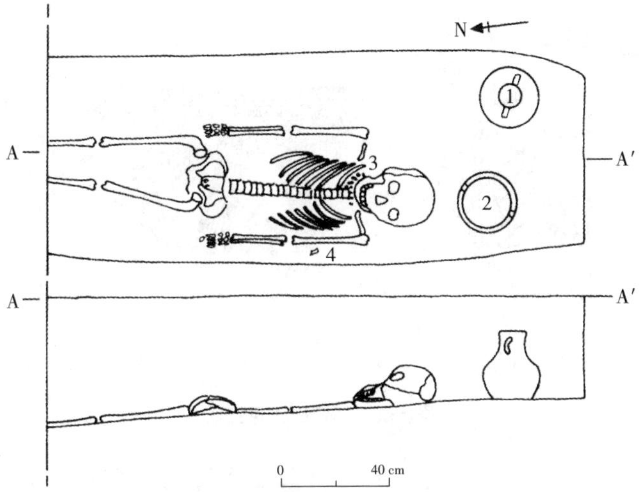

1.彩陶壶 2.彩陶盆 3.骨珠 4.羊距骨

图一四 M26平、剖面图

（一）葬制及葬式

竖穴土坑墓。开口于③a层下，打破④层，其墓圹北端被现代沟打破。墓葬平面近似长方形，残长160～164厘米、宽56～60厘米、深30～38厘米。填夹杂有砂粒的五花土。单人仰身直肢，为一成年女性。头向偏南，方向175°。随葬品全在头部以上，出土器物有陶壶1件，陶盆1件，骨珠1件，羊距骨1件。

① "过渡类型"遗存是李水城先生1986年在河西史前考古调查中识别的一种新的文化遗存，既区别于马厂，也不同于齐家和四坝文化，可又与这三种文化（类型）有某种联系，鉴于它所具有的中介性质，称之为过渡类型遗存。其相对年代介于马厂类型与四坝文化之间。具体见李水城：《四坝文化研究》，载《考古学文化论集（三）》，北京：文物出版社，1993年，第80-121页。

(二)随葬品

彩陶壶 1件。标本M26：1，泥质，橙黄陶黑彩。口微侈，圆唇，高直领，领部两侧各有两小孔，以作为穿系之用，圆肩，肩部有数处镶嵌装饰物之圆窝，口肩间附双耳，腹部圆鼓，下腹部有一对乳突，小平底。施彩处涂一层红色陶衣，口内侧饰有垂弧纹，领部饰以横向和竖向复道直线纹的组合，耳部饰以短线纹，中间隔以“×”纹饰，肩部为平行带纹和波折纹的组合，腹部主体饰以竖向、斜向复道条纹组成的几何纹饰，部分留白处填以圆点纹。通高18.9厘米、口径7厘米、腹径19.5厘米、底径9.4厘米（图一五：1）。

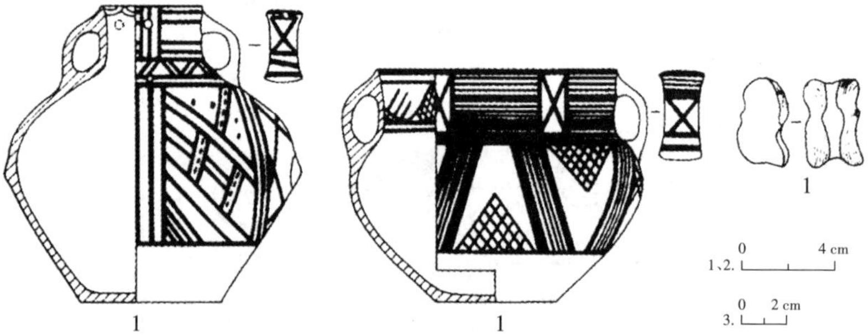

1.彩陶壶(M26:1) 2.彩陶盆(M26:2) 3.羊距骨(M26:4)

图一五 M26随葬器物

彩陶盆 1件。标本M26：2，泥质，橙黄陶黑彩。侈口，且口部较大，尖圆唇，高直颈，圆肩，口肩间附双耳，上鼓腹，下腹斜收，平底。器内盛有动物骨骼。口内侧饰以平行带纹、三角网格纹、复道斜线纹及竖向条纹的组合，颈部及耳部饰以平行带纹，中间隔以“×”纹饰，耳部以下构成独立单元，以双“×”纹饰填充，腹部主体纹饰以宽带纹、斜向宽窄相间条纹、三角网格纹组合。通高14.9厘米、口径16.2厘米、腹径19.5厘米、底径8厘米（图一五：2）。

羊距骨 1件。标本M26：4，置于人骨左臂外侧。通长约2.4厘米、宽1.5～1.7厘米、厚约1.4厘米（图一五：3）。

骨珠 1件。标本M26：3，圆形圆孔，穿系物已朽，散置于M26人骨颈部位置。直径约0.6厘米、厚约0.2厘米、孔径0.2厘米。

六、结语

五坝墓地是河西地区继永昌鸳鸯池墓地之后发掘的另一处以马厂类型为主的

史前墓地。我们有以下几点的认识：

一，五坝墓地遗存内涵丰富，包括半山类型、马厂类型、齐家文化、“过渡类型”，可与新近发掘的黑水国遗址[①]诸遗存互为解释与补充，对于构建黑水河流域史前文化发展序列，乃至探索河西走廊地区史前各文化或类型间的相互关系提供了新的考古资料。

二，对半山类型分布的西界需重新认识，过去考古界一般认为半山类型分布的西界大致在永昌一线[②]，此次发掘把半山类型的分布又向西推至民乐一线。

三，所发掘马厂类型的偏洞室墓，不同于河湟地区同时期之墓葬形制，是河西地区这一时期典型的一种葬制，之后发展来的四坝文化、沙井文化等遗存盛行偏洞室墓。

四，部分齐家墓葬随葬的陶器，如标本M47：2、M47：4类似于武威皇娘娘台遗址乙类陶器性质，李水城据此认为属于“过渡类型”遗存[③]，并且时代上有早晚关系。另外，标本M47：1、M47：5夹砂罐口沿下饰附加堆纹、个别器物肩部发现波折状蛇形堆纹的特征在安西潘家庄遗址[④]同样有发现，对于此类器物的文化属性的认识有待资料的丰富。

五，发现齐家及“过渡类型”墓葬都在③a层下，且齐家墓葬里发现“过渡类型”遗存，至少说明齐家文化与“过渡类型”遗存在一段时间内是相互共存的。

六，“过渡类型”遗存与齐家文化时间上的共存性也可在张掖黑水国遗址找到强有力的地层证据[⑤]。在探讨四坝文化渊源与马厂类型有亲缘关系外，我们需要重新评估齐家文化在塑造四坝文化内涵上的作用。当然，齐家文化最早何时进驻河西的？它的最西界分布在何地？这是亟待解决的关键问题。

发掘：韩翀飞　马智全　王永安　　　领队：韩翀飞　　　绘图：方志军

执笔者　王永安　马智全　韩翀飞

（本文原载于《考古与文物》2012年第4期）

---

① 王辉、陈国科：《甘肃张掖黑水国遗址》，载《中国文物报》2012年4月27日。

② 李水城：《河西地区新见马家窑文化遗存及其相关问题》，载《苏秉琦与当代中国考古学》，北京：科学出版社，2001年。

③ 李水城：《四坝文化研究》，载《考古学文化论集（三）》，北京：文物出版社，1993年。

④ 西北大学考古专业、甘肃省文物考古研究所、安西县博物馆：《甘肃安西潘家庄遗址调查试掘》，载《文物》2003年第1期。

⑤ 王辉、陈国科：《甘肃张掖黑水国遗址》，载《中国文物报》2012年4月27日。

甘肃卓尼县寺下川遗址发掘简报

甘肃省文物考古研究所

卓尼县为甘南藏族自治州辖县，地处青藏高原东部，位于洮河上游。寺下川遗址位于卓尼县藏巴洼乡寺下川村西北约200米的洮河台地之上，周边分布有马家窑、齐家、寺洼文化遗址。2007年，甘肃省文物考古研究所为配合九甸峡水电站的修建，对该遗址进行了发掘。遗址分为四区，此处仅报道Ⅰ区，Ⅰ区发掘5米×5米的探方17个，计425平方米，主要发现为3座房址（图一）。

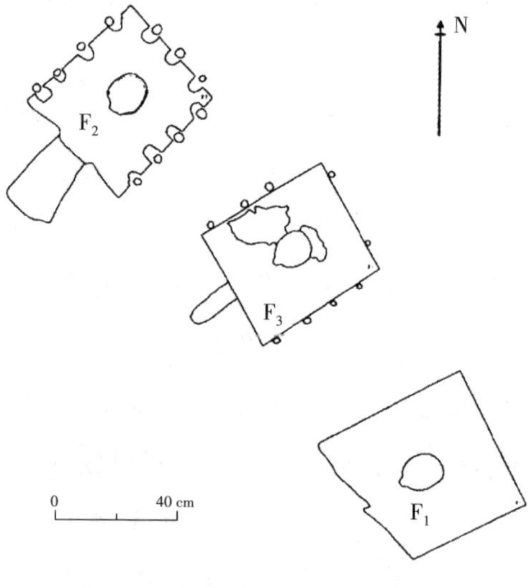

图一　卓尼寺下川遗址房址分布图

1.地层堆积

第1层：耕土层，褐色，厚15～25厘米，土质疏松。

第2层：寺洼文化层，灰色，厚20～35厘米，距地表35～60厘米，土质疏松，出土极少陶片、兽骨、石片及大量炭屑。

第3层：齐家文化层，黄色，厚15～60厘米，距地表深50～120厘米，土质较硬，包含物极少，3座房址打破该层。3层以下为生土层。

2.遗迹

F1开口于2层下，平面呈方形，长464厘米、宽415厘米、铺0.6～0.7厘米厚的白灰层。门道被破坏，室内正中有一圆形的灶坑，直径112厘米，灶面为厚25厘米的红烧土。东北和西南墙壁残存15～45厘米高的白灰面墙裙，白灰层厚0.1～0.15厘米。其下为草拌泥地仗，墙与居住面成80°夹角。发现有直径为24厘米的柱洞一个。房址内堆积坚硬的黄土，且夹杂片状的白灰面墙皮，淤土层压在白灰居住面上。房址内出土夹砂绳纹红陶罐、石刀、石球及泥质红陶片。

F2开口于2层下，平面呈甲字形（图二），长394厘米、宽368厘米、墙壁残高57厘米。居住面中央有直径116～120厘米的椭圆形圜底灶，深25厘米，堆积8～10厘米厚的草木灰，灶壁红烧土厚约15厘米，灶内出土一夹砂绳纹残陶罐。柱洞在东西两壁各4个，北壁3个，共计11个，除D7直径为16厘米之外，其余的直径均在20厘米左右，间距基本相等。D2、D3、D9、D10深约50厘米，D6深40厘米，D1、D4、D5、D7、D8、D11深约30厘米。墙壁的中间柱洞较两侧的粗深，起到主支撑的作用。门道位于南侧，宽104～154厘米、长246厘米、踩踏面厚3～5厘米。墙壁和居住面均铺有白灰面。房址内填约40厘米厚的坚硬黄褐色土，其下为约20厘米厚的淤土层，最下层为夹杂白灰面墙皮的草拌泥。出土少量夹砂红陶片和零星兽骨。

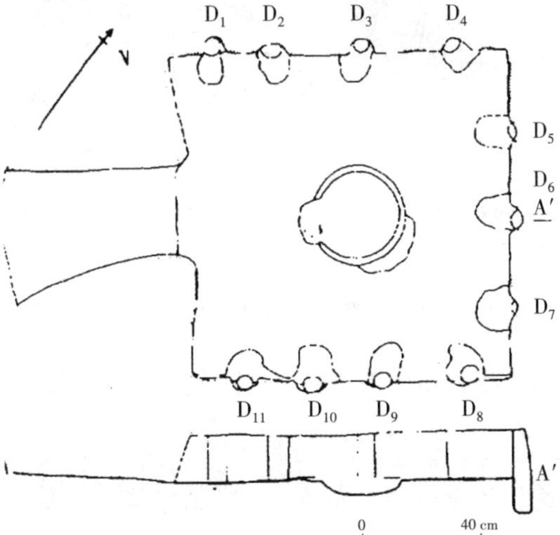

D1～D11.柱洞

图二　卓尼寺下川遗址F2平剖面图

F3开口于2层下。平面呈甲字形，长390厘米、宽350～366厘米、墙壁残高28厘米。室内正中有一直径96～126厘米的圆形圜底的灶坑，深25厘米，灶址内堆积厚10厘米的草木灰，灶壁为厚约10厘米的红烧土。共发现9个柱洞，其中东侧4个、西侧3个、北侧2个，均分布于墙壁外侧，直径约10～15厘米，间距在70～92厘米之间，唯北侧间距约20厘米。门道位于南侧，长140厘米、宽42～52厘米。墙壁和居住面均抹白灰面，墙裙白灰厚0.15～0.25厘米、地面白灰厚0.45～0.55厘米。本房址内未发现遗物。

3.出土遗物

本次发掘出土遗物极少，仅有少量的陶片、石器和兽骨。陶片多为加砂灰陶、少量泥质红陶，陶质粗糙，多为素面褐陶，部分有绳纹和篮纹。可判断的器形主要为加砂灰陶罐、钵、鬲。

罐 1件。标本07ZSF2：1，夹砂灰陶，侈口，斜三角唇，束颈，深鼓腹，平底，颈以下至底部饰粗绳纹（图三：1）。口径11.3厘米、最大腹径16.3厘米、底7.7厘米、高18.8厘米。

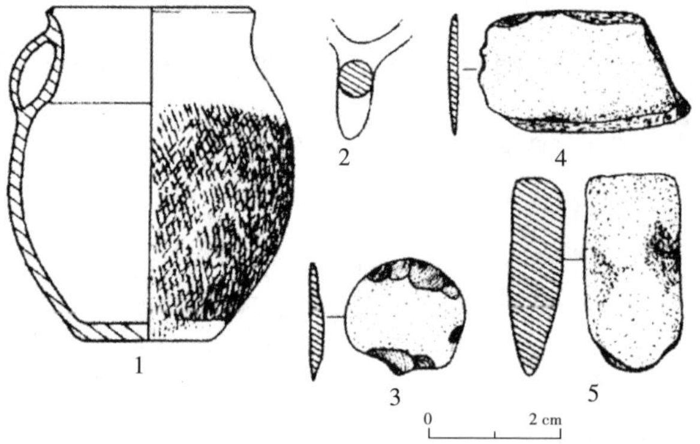

1.陶罐(07ZSF2:1) 2.鬲足(07ZST0401②:1) 3.石刀(07ZSF1:3) 4.石刀(07ZSF1:1) 5.石斧(07ZST0501②:1)

图三 寺下川遗址出土器物

鬲足 1件。标本07ZST0401②：1，夹砂灰陶，尖圆形（图三：2）。残高6.4厘米。

石刀 2件。标本07ZSF1：1，页岩，磨制（图三：4），长11.3厘米、宽6.2厘米，厚0.1～0.5厘米。07ZSF1：3，圆形，打制（图三：3），直径6.1～6.8厘米、厚0.15～0.8厘米。

石斧 1件。标本07ZST0501②：1，磨制，刃部有使用痕迹。长11.3厘米、宽5.3厘米、厚0.1～2.9厘米（图三：5）。

4.结语

本次发掘的一组3座房址呈东南—西北向依次排列，相邻距离为3～3.5米，面积约10平方米左右，均为长方形半地穴式建筑，灶址居中，门道西南向地面及墙壁涂抹白灰面，白灰面下铺均匀的草拌泥，草拌泥下的黄土层均经过夯打。据地层、房址形制及出土物推测该组房址的年代和永靖大何庄遗址F7基本相同①。

（本文原载于《考古与文物》2010年第2期，第18-19页）

① 中国科学院考古研究所甘肃考古队：《甘肃永靖大何主城遗址发掘报告》，载《考古学报》，1974年第2期。

甘肃秦安县新石器时代居住遗址

任步云

1956年春，秦安县在城北杨家沟修筑一座高达22米的拦洪坝，在坝北坡上取土时发现白灰面住室遗址和大量陶片与石器等遗物。县人民委员会于4月下旬通知省文管会，即派任步云、张仲生两同志前往清理。当时已将这遗址的五座住室完全掘出（图一），四座已遭到严重破毁，遗物也已分散，仅留部分残迹，随将这些残迹编号清理。但因挖毁太甚，只能看出各室的建筑方法和文物性质大致是相同的。在距1号住室东约200米拦洪坝的北坡断崖上又发现了一段白灰面（编为6号），我们也清理了。

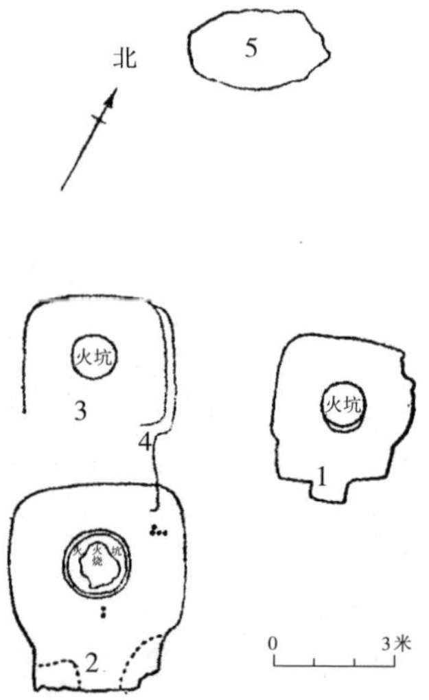

图一　1～5号灰白面住址分布图

以上这一整个遗址，南距杨家沟底约25米，北距坡顶4至10米。沟水从东向西流，沟长十余公里。遗址所在的坡地上面，现是农耕旱田，叫寺咀坪；遗址对面沟南现在是杨家坪庄村，也有农耕地。现杨家沟口外，现有华双公路由北向南通过，公路西约600米便是由北南下的葫芦河。综观地理形势，也可说遗址就在葫芦河东岸的第一台地上。这座遗址的基地是打在黄土层之上。黄土层之下，是红土层。

兹将原被挖毁的1、2号住室残迹和6号住室，介绍如下：

一、1号住室

白灰面住室的结构，各室大都相同，1号住室几乎是正方形的，室内南北长3.3米，东西长2.96米，四壁略作外凸的弧形，室底面中部有一凹下的圆形火坑（各室火坑有的下凹，有的在室底平面划一圆圈为分界）。门南向，门道可容一人出入。原来是从地面下掘或从坡面横掘而造成的住室，尚不甚明了。室内全用火烧干（室壁已烧成红色硬土）。其底面上满涂白灰而成坚硬光平的白灰面。室底白灰面厚0.2厘米。白灰面下紧接一层厚0.3厘米的草泥土。草泥土下是一层留有圆形夯窝厚约7厘米的夯土。夯土下是一层厚13厘米的虚黄土。再下是一层极薄的黑灰层（可能这一灰层就是用来造室的底面，灰层是烧壁时所留下的灰烬）。再下则为生黄土层。室的四壁也用草泥土通体涂抹，厚0.3～0.4厘米不等，在草泥土上面加涂一层红胶泥土的平面，也是用火烧过的。紧接室底高约56厘米的四壁底部也有白灰面的痕迹，但极薄，不像是涂抹的，似系刷上去的。

二、2号住室

此室在工人取土时保存比较完整，但非我们自己清理，只能就遗存的结构和所了解到的一些情况加以说明。

此室和前一种大致相同，但也略有不同之点。住室原形是直挖的竖穴或横挖的洞穴也不很清楚，大体也近正方形。室内南北长4.1米，东西宽3.6米，四壁角呈弧形。东西壁残存最高有1.78米。四壁大体保存原来形式。室的底面上满涂白灰，也成一坚致光平的白灰面，保存颇为完好。中心为一圆形火坑，火坑与白灰面同平，仅画两道同心圈为火坑的周界，直径1.44米。火坑西北边附近有一小圆尖底坑，坑口直径27厘米，深40厘米，底径4厘米，坑壁全用泥抹平，成一硬壳，似为放置尖底陶器的地方。室底的白灰面厚0.2厘米，近火坑最厚处达5厘米。白灰面下有一层厚0.2～0.3厘米的草泥土，所含草质极为细小，且铺列规则，顺序整齐。室壁上也通途一层厚8～9厘米的草泥土，所含草质较为粗大；草泥土上面，再涂一层很薄的红胶泥土。四壁连接，在室底高达63厘米的一周上，也刷有极薄的白灰面，与室底涂抹的白灰面显然不同。现存的四壁上，到处都有烟火熏黑的痕迹。室壁草泥土下面有一种特殊的现象，就是在草泥土硬壳的背面竖列着一排间隔整齐、距离7～8厘米的柱孔。每一柱孔是由三根手指粗的圆孔组成，孔壁上面还留着很显著的直行木理。草泥土层下面原从地下挖成的土壁上，还存在着显著的类似手指划过的沟痕。接近草泥土柱孔的位置旁的土壁上还有像用竹、木钉子钉过的小孔，略呈三角形，孔内尚留有腐朽的木屑，这很可能是在涂抹草泥之前先在土壁上画成不平的沟痕，并用竹竿一类的东西做柱子循四壁编一周简单的骨架，钉子是用来控制柱子间的间隔和骨架的，用三角形的钉子，也可能是比用圆钉子更加不易动摇，然后再涂上很厚的草泥土，便不容易脱落。这种结构的做法，是白灰面住室里的一个新发现。在这一室的东壁因为保存较高，还可以看出室壁渐上则渐向内收，似乎可以说明室顶是穹庐式的。另外在室底面靠近东壁处发现了四个直径1厘米的小孔，深达7～8厘米，火坑南端附近也发现两个同样的小孔，住室门外距白灰面边缘36厘米处，也发现一个同样的小孔，深达24厘米。这些小孔内都还留着微褐色类似木质腐朽的屑末。究竟原来是做什么用的，现在已难推测。在整个住室的筑造法方面来看，由于发现四壁草泥土的深度尚在室底面下约8厘米，这又可以说明先涂好四壁，再做底面，最后将底面的白灰面和四壁涂抹衔接，使底面与四壁成为一个坚固结合的整体。

此外，据取土的工人谈，在这一住室的西北角白灰面上（即上述的小圆尖底坑的旁边）靠室壁有一堆灰烬。虽然我们没有看到原来的情况，但还留有灰堆的痕迹是很清楚的。在室东壁的表面上有一个划破壁面的大圆圈，破痕宽达5～6厘米，并且在破面上又用草泥土涂抹了一遍，当我们清理时大部剥落下来，我们就从破处继续挖透室壁草泥土墙，在原先土穴壁的黄土内挖出了一堆泥质红陶片，但无其他共存的东西。再在西壁的草泥土墙以外原先土穴壁的黄土层内，经试掘了解，又发现一处边缘不整齐的小火坑，坑壁有烧痕，坑内积满灰烬。这些住室以外的现象，是否和住室有直接关系，我们推断可能是较早于这个住室建成的东西。

住室的门是南向的，宽89厘米，门道与住室的底面呈平面，门道两旁的墙壁是在底面白灰面涂成后再用土筑上的，土质极为坚硬。

三、6号住室

这个住室在1号住室以东约200米的一个断坡小咀上发现，平面形状也近正方形和四角外弧形，室内南北长4.1米，东西宽2.9米。室底中心有一个圆火坑。室底已有部分残缺。底面上距坡顶现有农耕地面约15米，下距沟底约25米。住室底面以上四米余即是断坡斜面。清理时在斜坡面下发现一个灰层，长2.5米，厚1米。在这一灰层里，我们清理出石刀3件（单孔），石锛1件，石器料与残石器数件，并有大量陶片。灰层以下至白灰面2.5米的积土内，仅清出一些陶片，以夹砂粗红陶片为多，泥质红陶片次之；纹饰以绳纹、篮纹、素面三类为主。另外清理出残兽骨和白灰面残块。按出土遗物和土质观察，全体上下相同，没有层次的变化。再下高出室底面0.45米，南据室底的白灰面南端0.84米处，发现一具人骨架，为伸直仰卧葬，头北足南。清理时发现骨架上积土中有类似树枝的白色腐灰，无任何随葬品。虽然无实物鉴证，根据它的位置、深度和上部积土并灰层现象（与上述斜坡面下的灰层等相连相同）观察，这一些墓葬是较晚于住室的，但在时间上也不会太晚，可能就是白灰面住室这一文化系统的人的墓。在住室的底面上（即白灰面上），发现陶片很少。在底面南部紧接白灰面有一厚2～3厘米的深黑色灰土层。灰土内包含许多木炭、陶片和火烧过的兽骨（内有猪骨），尤其灰土中心部特别多。灰土下的黄土地面，亦因火烧而成十分坚硬的红褐土，并显露着油光光的黑焦面。这一块火烧土与室底的白灰面紧结成一整体的平面，从两者连接处用泥土涂抹得非常光滑（还留有类似手指抹过的一道长条）和残存的黄土室壁（长56厘米，高10厘米）与住室门道壁一致相连的两点来看，很能说明这住室的前后两部分是同一个时候建成的。所以我们初步的推断，后部（即室之北端）是住室，前部（即室之南端）是住室门外烧烤食物的地方。室中心的火坑，仅清出数段烧土棒，别无他物，而火坑上的火烧痕迹和所存的灰烬也很少，很可能这仅仅是一个临时烤火取暖的地方，而非经常烧烤食物的处所。

这个住室的遗存，因为发现突出的坡面的小咀上，西边是断崖，白灰面的一部也因之残破。东、北两面遗存的草泥土墙壁也不多，仅有一米多长，25厘米宽的东壁和更少的北壁。草泥土壁的薄厚也不等，大部分厚5厘米，但也有达20厘米的地方，这是因为原先在地下挖成的土穴壁并不平整的缘故。草泥土壁中亦有竖列的单孔的柱孔痕迹，但只有北壁20厘米厚的部分中发现了两个，上下长14厘米，径3.5厘米。可能是因这边草泥土特别厚而加此房子骨架以免脱落。在东壁的草泥土壁中却看不到有柱孔的痕迹。至于土穴壁上也无其他的遗迹，故在建筑上较第2号住室简陋。

住室门向南开。白灰面由室内涂抹到门口，厚0.2厘米。白灰面下也是一层草泥土，厚0.3厘米。草泥土与生土接合。室内的圆形火坑与室底白灰面成平面，仅在白灰面上划一道直径98厘米的圆圈与白灰面分界。门前的灰土层长3.1米，宽1.95米。

四、遗物

出土遗物有石器、陶器等，现分述如下：

(一)石器

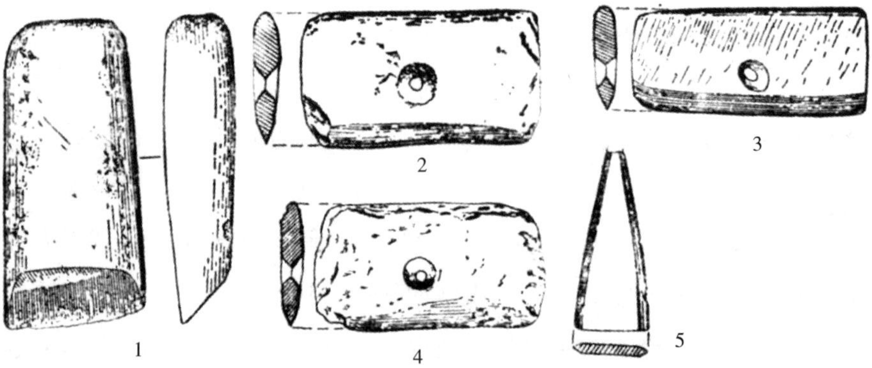

1. 石锛　2～4. 石刀　5. 石镞(1、2、4、5、6号住室上部灰堆出土；3、2号住室出土)

图二

石锛　1件，长7.2，厚2.2厘米（图二：1）。

石刀　3件，一残，长方形，单孔，尺寸相差不多，长8厘米，厚0.8厘米（图二：2～4）。

石刀料　3件，长方形，无使用痕迹，仅经打制。

石刀　1件，梯形。

石镞　1件，扁平三角形，长3.7厘米（图二：5）。

残石块　2块，宽4～5厘米，大致呈三角形。

(二)陶片

夹砂红陶片　174片，纹饰大部为粗绳纹，陶质粗硬，而篮纹和素面的陶片陶质较细。

细泥红陶片　56片，素面者占大多数。有平底直腹小罐和安佛拉式罐。

泥质红陶片 209片，纹饰以篮纹者占大多数，素面者次之。有肩部折角头著的陶罐。

泥质灰陶片 8片，纹饰有素面和篮纹两类。

夹砂粗灰陶片 24片，有绳纹，器形不明。另外还发现有绳纹鬲片和鬲足（图三）、烧土棒、木炭块及兽骨等。除上述遗物外，还收集到石刀1件，双耳小陶罐1件及一些陶片。这些遗物与出土的无大差别。

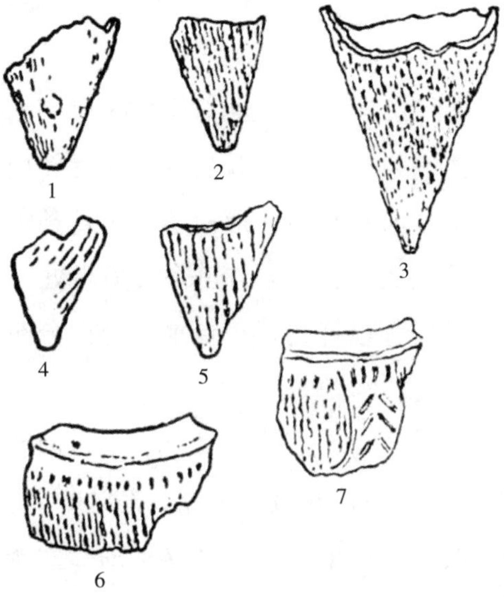

2、3. 2号住室出土 1、4、5. 3号住室出土 6、7. 6号住室出土

图三 陶器口沿及鬲足

五、小结

整个寺咀坪是一个新石器时代的居住遗址，只有上层及地面包含有汉代及汉以后的墓葬。这由6号白灰面住室南端门口的一区灰土内出土的遗物就是居住白灰面住室的人的遗物一点可以证明。总计灰土内所出，除木炭、灰烬、火烧骨等以外，陶片全是篮纹泥质红陶片和直行绳纹夹砂粗红陶及泥质素面陶片。白灰面上面的土层内所出的陶片和整个坪的遗址内所出的陶片完全相同，这就可以说明全寺咀坪是同一个文化系统的新石器时代晚期人类居住遗址。

（本文原载于《考古通讯》1958年第5期，第6–11页）

甘肃永靖大何庄遗址发掘报告

中国科学院考古研究所甘肃工作队

永靖县属甘肃省临夏回族自治州。县境四周环山，地势窄长，黄河横贯其中。县境的两端都是峡谷，西端为寺沟峡，著名的炳灵寺石窟就在这里，东北即刘家峡。在两峡谷的中间地带是河谷平原，形成了一个长条形的永靖盆地。在旧县治莲花城的东南有蜿蜒北流的大夏河，至城东约200米处与黄河汇合。沿着黄河及其支流大夏河的两岸，有发育很好的黄土台地，上面分布着许多不同性质的古文化遗址。

大何庄在莲花城的西南约1.5公里，遗址位于村南500米的一个台地上（图一）。北面有一条自唵歌集通往莲花城的公路，东边靠近白土庄，南边是陈许家，西边隔着一条苦水沟与秦魏家遗址相望。从这里的自然条件看来，后面旁山，前面临近黄河，周围有广阔肥沃的土地，不难想象，早在远古时期这里也是一块适于人们居住和生产活动的好地方。

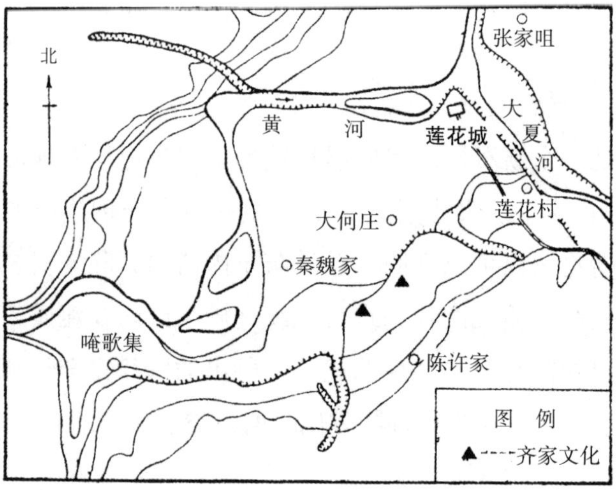

图一 遗址位置图

遗址的面积约53000平方米，在西边和南边的断崖上，都暴露有厚约1.5米左右的灰层，内含有齐家文化的陶片、白灰面、红烧土残块以及墓葬等。遗址的东部和北部灰层较薄，厚0.5米左右。这个遗址因为台地的面积较大而且周围都是断崖，灰层又很厚，所以当地的群众都称它为“大台子”或“大灰台”。

这个遗址前后发掘两次：第一次自1959年5月8日至7月4日；第二次自同年8月20日至11月25日。参加工作的有考古研究所甘肃工作队的六位同志，以及甘肃省博物馆的三位同志。两次发掘共七条探沟，五十四个探方。揭露的面积达1589平方米（图二）。1960年10月间，在遗址西部又发现一些遗迹（红烧土及白灰面残迹），并做了简单的清理。整个遗址的堆积以及所发现的房屋、居住面①、窖穴、“石圆圈”和墓葬等遗迹，除九座汉墓外，都属于齐家文化。汉墓已另文发表②，齐家文化遗址也发过简报③，本文报道的是齐家文化遗址的全部发掘资料。

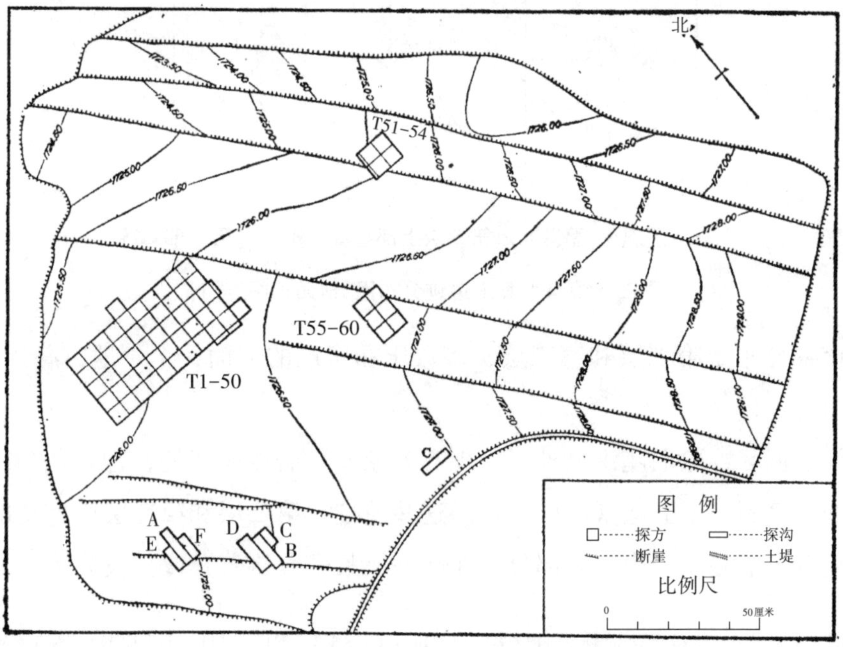

图二　大河庄遗址地形及发掘区位置图

①这种居住面是一种红褐色的硬面，上面不涂白灰，其结构与过去齐家文化中常见的涂有白灰的居住面完全不同。

②大何庄遗址共发掘墓葬九十一座（M1～M91），其中齐家文化墓葬82座，汉墓九座（M2、M3、M25、M26、M29、M31、M33、M64、M80）。汉墓已发表，见《考古》1961年3期，172～174页.

③见《考古》1960年3期，9～11页。

一、遗迹与地层

(一)遗迹分布

遗址的发掘区主要在西部（T1～T50），东部（T51～T54）和中部（T55～T60）只开10个探方。另外，在西南部和南部开了7条探沟（TA～TG）。发现的遗迹以下面三处分布最为密集。

在探沟A、E、F范围内，发现有齐家文化房屋1座，小孩墓葬21座（图三）。

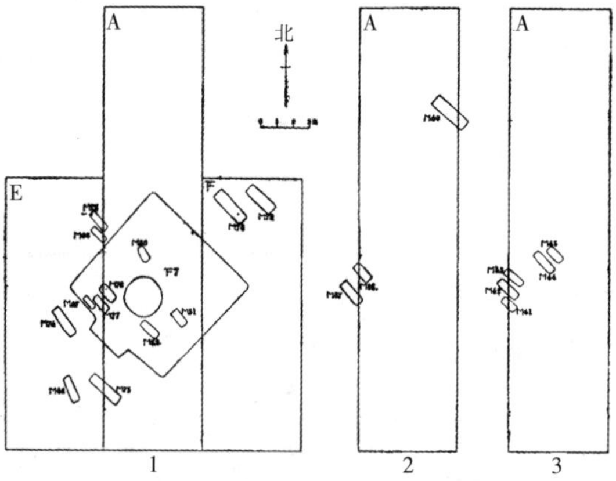

1.第3层房屋、墓葬　2.第二层上部墓葬　3.第二层下部墓葬

图三　探沟A、E、F遗迹分布图(剖面见图五:1)

小孩墓分布于第二层和第三层，多数压在房址的上面，个别地方叠压达四层之多（图五：1）。

西部发掘区，除七座汉墓外，发现有齐家文化居住面四处，窖穴九个，“石圆圈”四处，墓葬三十五座（图四：1）。这些遗迹在第二层和第三层均有发现①，其中有的还有上下叠压（内有一部分是在同一层紧密叠压着）或打破关系②。

① 西部发掘区发现的齐家文化遗迹，属于第二层的有F1、F4、F12，H1～H4和M1、M5、M7、M9、M13～M18、M30、M32、M34～M36、M46以及牛骨架（在F1的东边）；属于第三层的有F2、F3、F5、F9、F10、H5、H6、H11、H13、H14和M4、M6、M8、M10～M12、M19～M24、M27、M28、M56、M58、M63、M65、M91。

② 图四（西部发掘区）遗迹叠压和打破关系说明：M15（第二层）压在M20（第三层）的上面，M16压在M17的上面（均属第二层），M11、M12压在F9的上面，M20～M24、M91分别压在F2、F10的上面（以上均属第三层,），M9（第二层）压在H13（第三层）的上面，M56被压在F3的下面（均属第三层），M34～M36打破F4（均属第二层），M46（第二层）打破F5（第三层），F5的边沿压住H11的口部（均属第三层）。

东部发掘区发现有齐家文化居住面一处，窖穴二个，“石圆圈”一处，墓葬九座（图四：2)。其中居住面、窖穴分布于第三层，其余在第二层。

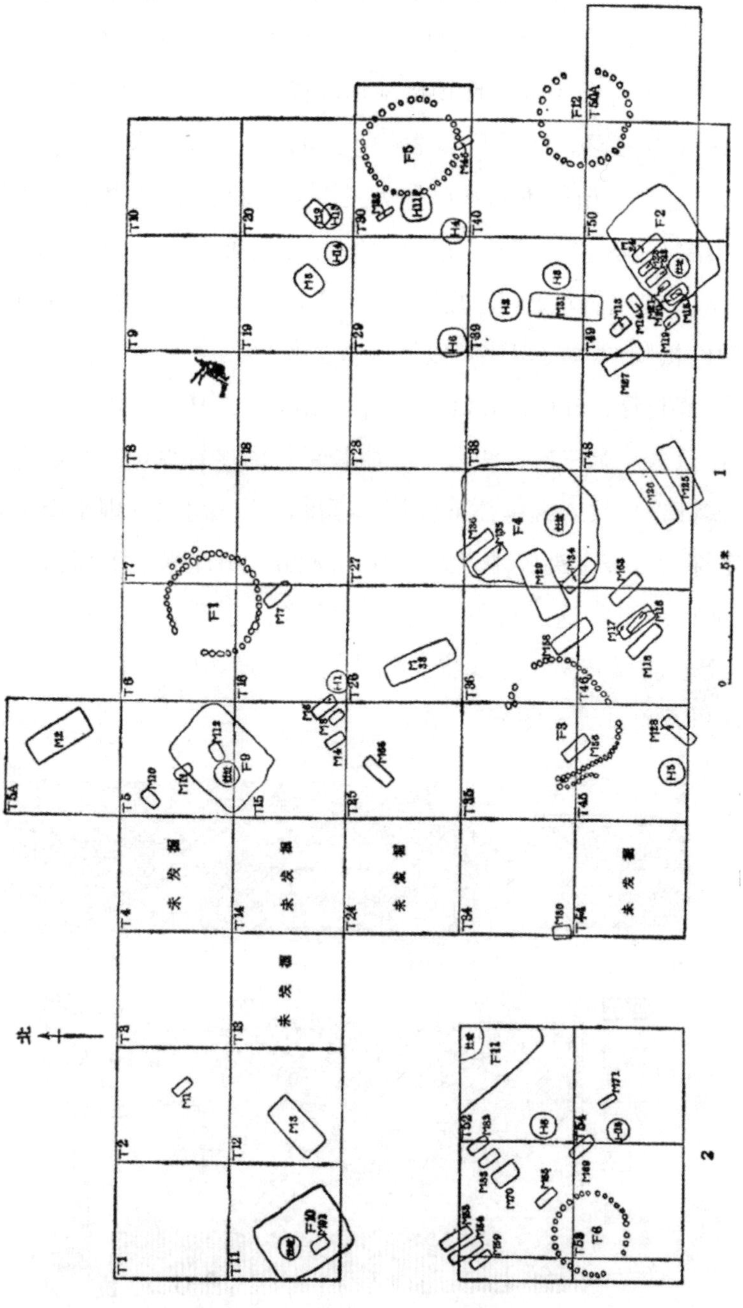

1.西区遗迹　2.东区遗迹(西区西南部尚有九个探方,因无遗迹未检)

图四　遗址东西部发掘区遗迹分布图

(二)地层堆积

揭去现代耕土层（第一层）后即见遗址堆积，可分上下两层：上层即第二层，主要是黄褐土和红褐土堆积，但黄褐土层并不普遍；下层即第三层，以浅灰土为主，并夹有其他厚薄不等的土层堆积。现以TA的西壁和T57、T58的南壁剖面为例，分别代表西南部和中部的堆积情况加以说明。

TA堆积分为三层。第一层，农耕土，厚20～35厘米，内含齐家陶片少许。第二层，按土色、土质的不同又可分为三小层：2A层，黄褐土，质较细，厚25～75厘米；2B层，灰褐土，质稍 粗硬，厚25～50厘米；2C层，红褐土，质较粗，厚0.4～1.1米。以上各层出土的遗物，有大量齐家文化泥质红陶的篮纹、素面陶片和夹砂粗红褐陶的绳纹陶片，以及少数的敲砸器、石刀、石斧和骨铲等。发现的墓葬从剖面上看，M37、M38在上部（2B层），M41、M42、M43在下部（2C层），都是小孩墓。第三层，浅灰土，质较粗，内夹有少量的红烧土。此层因发现有房屋遗址（F7），故未继续往下发掘，厚度不详。房屋发现于南半部，屋内堆积有两层：上部为红烧土夹碎木炭及草灰，厚20～30厘米；下部为草泥土夹红烧土碎块，厚约20厘米。这一层发现的墓葬较多，见于剖面的有M68、M72、M75、M77、M78等，均属齐家文化。出土陶片与第二层相同，并有石刀、石斧、骨铲、石、陶纺轮以及兽骨等（图五：1）。

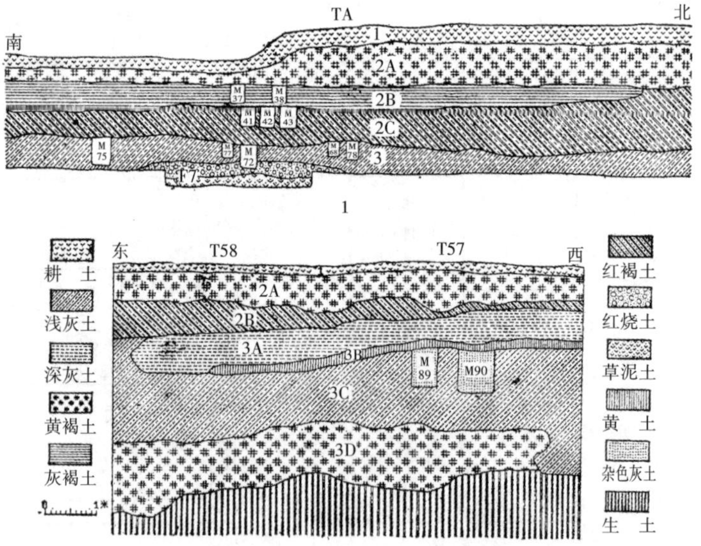

1.TA西壁　2 .T57、58南壁

图五　地层堆积剖面图

T57、T58的堆积情况也可以分为三层。第一层，农耕土，厚约20厘米，内含齐家陶片少许。第二层，又分为两小层：2A层，黄褐土（有的探方不见此层）质较细，厚50～80厘米；2B层，红褐土，质较粗松，厚20～70厘米。这两小层出土的齐家陶片和石、骨器较少。第三层，又分为四小层：3A层，深灰土，质较细，厚30～70厘米；3B层，黄土，质松软，厚30厘米。在这一层下面的西边，还压着两座齐家文化的墓葬。3C层，浅灰土，质较粗，厚1～2.3米。以上三小层的出土遗物较为丰富，除了陶片外还有敲砸器、石刀、石斧、骨针、骨铲和骨匕等。3D层，黄褐土，质细，厚0.8～1.3米，未见遗物（图五：2）。

二、建筑遗存

（一）房屋与居住面遗迹

房屋和居住面共发现七处，前者为涂有白灰面的住屋建筑，后者面积较小，面上木涂白灰，结构也比较简单。

房屋一座（F7），位于遗址的西南部，距地表约1.8米左右开始露出，在上部的堆积（指房屋塌下的遗存）中有成层的红烧土，中间杂着大量碎木炭和零星草灰，整个堆积大体上成一个不规则的方形，面积约64平方米；下部为草泥土堆积，多压在房屋的里面，中间杂有不少的红烧土碎块（参见图五：1，第三层F7堆积）。

这座房屋是一个方形半地穴式的建筑，门向西南，面积约36平方米（按周围柱洞的范围计算）。中间挖成深30厘米的竖穴，穴的后部宽4.2米，前部宽3.94米，两旁各4米。前面有向外凸出的出入口，长0.4米，宽1.2～1.4米（图六）。竖穴的四壁保存完整，壁面先涂一层厚约2.5厘米的草泥土，然后再涂上一层厚约0.3厘米的白灰。其中以东壁和南壁的白灰面保存最好。居住面也是用白灰和草泥土构成的，但多已残破，所涂白灰稍厚，约0.5厘米（图六：剖面B）。整个居住面

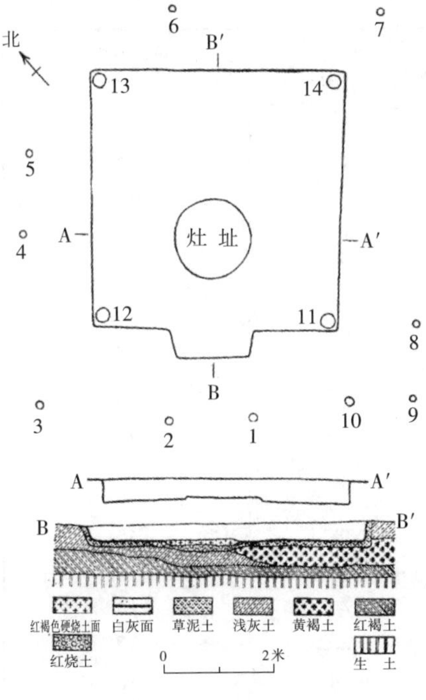

图六　F7平、剖面图

的中部稍高起，四角略低。各有柱洞一个，大小相似，底部较平坦。在屋内中间处，有一个高出居住面约3.5厘米的圆形的灶址（整个灶面共有10厘米厚，部分在居住面的下面）。灶面平整，直径1.2米；由于长期烧烤已变成红褐色，质极坚硬。在这个灶址的下面是一层厚约14厘米的红烧土，直径约1.7米。这是由于上面的灶面经长期烧烤的影响所致。灶址周围，发现有余件完整或可复原的碗、盆、罐和器盖等日用陶器。罐的外面多有烟熏的痕迹，有的还粘着草灰。在一件粗陶侈口罐（F7：10，出灶址东边）内，还保存着小半罐被火烧焦了的粟粒。另外在居住面东边与第7号柱洞之间发现铜匕一件，匕面上也粘有被火烧焦了的粟粒少许。

房屋周围，共发现柱洞10个（详见下表一，原不止此数，有的早已破坏），都是直立的，排列很有规则。在2号柱洞内，还保存有木炭和尚未完全腐朽的木柱。3～5号柱洞及其周围还堆积有少量的草灰。草灰中有类似麻绳的痕迹，最长的一段约0.5米，它的纤维和绞结情形尚可目验。其余各柱洞都是空的，没有发现什么遗物。

表一　F7柱洞登记表

单位:厘米

位置	编号	口径	底径	深度
周围	1	10	7	56
	2	10	6.5	50
	3	11	9	62
	4	11	8	66
	5	10	8	47
	6	11	7	68
	7	10	6.5	58
	8	12	7.5	56
	9	15	9	78
	10	14	8	45
中间	11	25	24	15
	12	25	23	15
	13	26	24	16
	14	25	23	14

周围柱洞距离竖穴的四壁1～1.4米，这段地面不涂白灰，但很平整结实，显然是经过加工和长期的居住踩踏所形成的。

根据上述的迹象，大体上可以做如下的复原：房屋的建筑是先在地下挖成一个方形的浅竖穴，然后在竖穴的底部抹上一层草泥土和白灰，便成为一个平整结实又能防潮的居住面。四壁也抹有同样的草泥土和白灰。它是在居住面修好以后才涂上去的。这从四壁下边所涂的白灰面（包括背面的草泥土）压着居住面向上涂抹的白灰面边沿可得到说明。圆形灶址是在居住面尚未建好以前就造的，因为居住面上的白灰面也压着灶址的边沿。房屋的上部结构（地面建筑部分），主要是靠竖穴四隅的四根木柱支撑着屋顶的，周围的木柱除了从旁支撑外，还兼做墙壁的骨架之用。至于屋顶的型式，从房址中间草泥土堆积的厚薄大体相等①以及柱洞的相对位置（中间四根主柱距居住面中心较远，而与周围的柱子距离却很近，这样的排列方法是不适于架设方锥式屋顶的），再结合当地现代的住房特点②来看，这座房屋的屋顶中间部分很可能是方形平顶，四边向下略成斜坡状（周围的柱洞较小，估计不会与中间的主柱等长，确切地说，应该比中间的主柱短一些）。上面在架好梁和椽之后，衔接处用麻绳将其捆紮结实，再铺以树枝或茅草，然后涂抹草泥土以使其坚固（图七）。

图七　F7复原图

① 如果是尖锥式屋顶，其顶部面积比居住面大，倒塌下的堆积中间部分厚薄不可能相等，一般地说应该是相互叠压或者很厚。

②现今永靖、临洮、临夏一带的普通住屋都是完全平顶的，这可能与当地的气候、雨量有关。

居住面遗迹六处，发现于第二层（F4、F8）和第三层（F2、F9、F10、F11）。形制相同，都作长方形，周围有柱洞（多已破坏）。面上近旁有圆形的灶址。其中以F2居住面保存较好，长4.15米、宽3.1米，面呈红褐色，土质坚硬。门向从残存的路土痕迹辨认，应在南面的中间。周围共有10个直立的柱洞，洞径一般15厘米左右，深13～20厘米。灶址直径1米，高约2.5厘米（图八）。这种居住面的面积都不大，建造也比较简单，可能是一种平顶的小屋（外观参考村旁的平顶小屋复原）之类的建筑遗存（图九）。由于它的面积较小，所以灶址只能设在旁边，同时为了通风和出烟的需要，壁上可能留有小窗口。

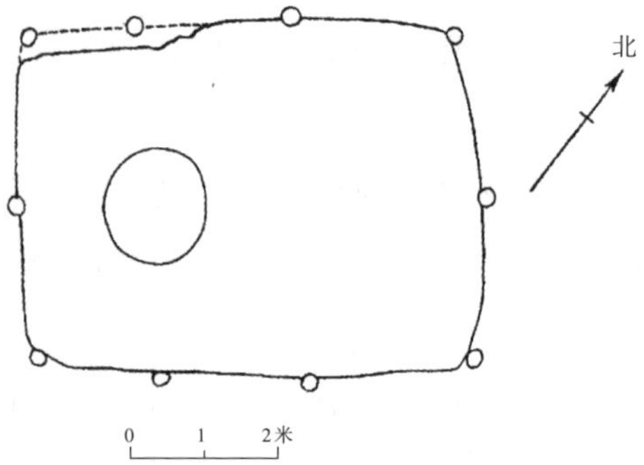

图八　F2居住面遗迹平面图

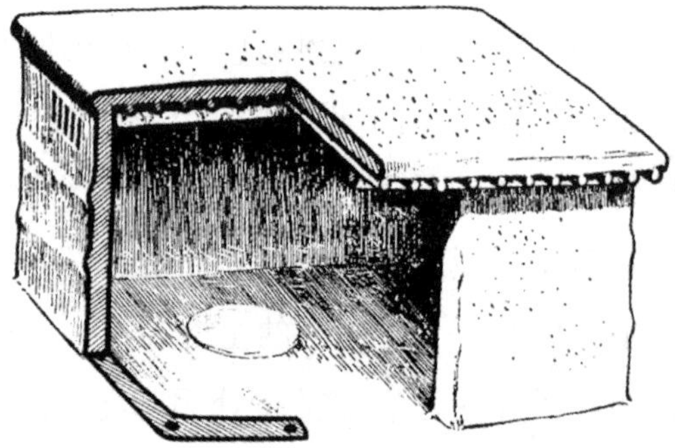

图九　F2复原图

（二）窖穴

窖穴共发现十五个，除H12为近方形的以外，都是圆形的。穴壁一般比较整齐，体积不大，口径0.5～1.6米、深0.4～0.8米。所有的窖穴都没有打破关系，出土遗物也很少。按其形制的不同，分为三种类型：

大口窖穴　六个。在第二层（H7）和第三层（H8、H10、H11、H13、H14）均有发现。口部大于底部，有平底和圜底两种。H7、HH8、10、H11等四个窖穴结构比较特殊，例如H7，椭圆形平底口径1.3～1.6米、底径0.6～0.8米、深0.5米。周壁先涂一层厚约8厘米的草泥土，然后再抹一层4～6厘米的红胶泥；底部则完全涂以红胶泥，厚约15厘米，中间放置一块扁平的砾石（图一〇：2）。穴内出石刀1件和少许陶片。H10，圆形圜底，口径0.52米、底径0.3米、深0.4米。穴壁涂7～9厘米的草泥土和厚约2厘米的红胶泥，底部铺有7块扁平的砾石（图一〇：1）。另外两个窖穴（H13、H14）的壁上只抹一层厚约4～5厘米的红胶泥，底部没有铺件砾石，穴内堆积中发现有淤土。

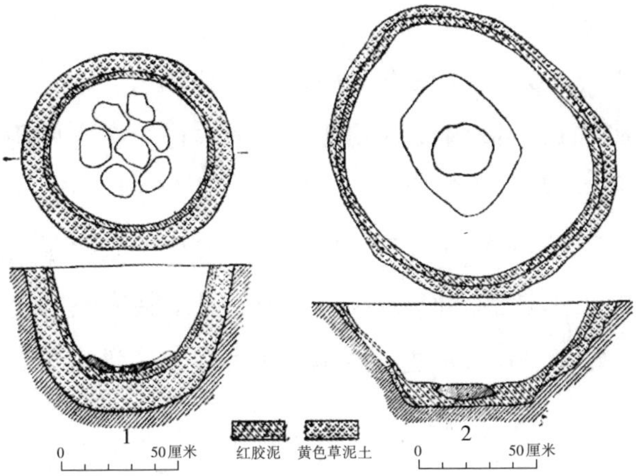

图一〇 窖穴(1.H10,2.H7)

小口窖穴 二个。分别发现于第二层（H1）和第三层（H5）。底部大于口部，呈袋形。H5， 口径0.98米、底径1.3米、深0.77米。穴内周壁非常平整，似经加工修整（图一一）。H1穴内出残陶罐一件，罐内残存粟粒皮壳少许。

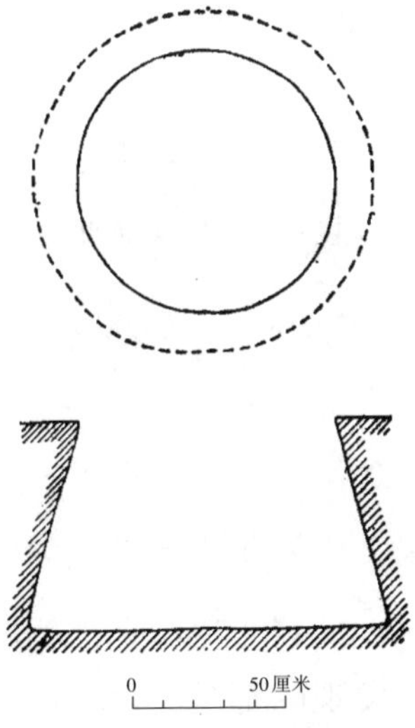

图一一 H5平、剖面图

直壁窖穴 七个。发现于第二层（H2、H3、H4、H9、H12）和第三层（H6、H15）。口部与底部大体相等，有圆形和近方形的两种，都是平底的。H6为圆形，口径1.1米（底径同）、深0.52米。H12呈圆角方形，口径1.54～1.68米（底部略小）、深0.53米。个别的（H15）壁上也涂有一层4～6厘米的红胶泥。

(三)"石圆圈"遗迹

共五处，其中F1、F6、F12在第二层，F3、F5在第三层（图四）。都是利用天然的扁平砾石排列而成，圈内没有发现路土的痕迹。在它的附近分布着许多墓葬，圈的旁边有卜骨或牛、羊的骨架。如F1，直径约4.1米，西北向有一缺口，宽1.5米（图一二）。在它的东边约7米处，发现一具被砍掉了头的母牛骨架，腹内还遗有尚未出生的小牛骨骼。F5的西边发现一具不甚完整的羊骨架。F3的南边发现2块卜骨（图三〇），F6的东边发现有1块卜骨。这种现象，显然与原始宗教信仰有关。

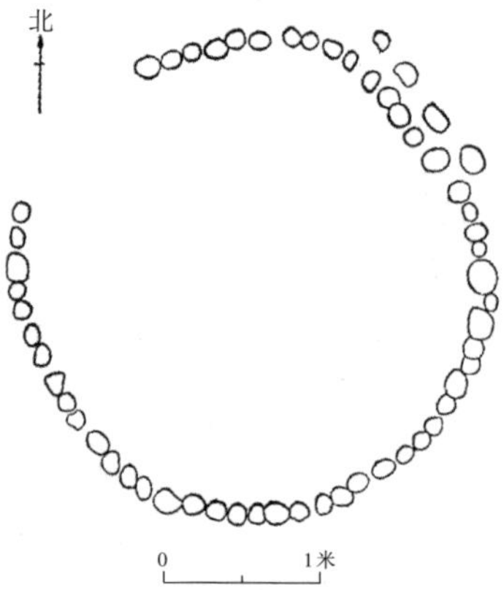

图一二　F1平面图

三、墓葬

(一)墓地概况

墓地在遗址内，共有齐家文化墓葬八十二座。内四十三座发现于第二层（上层），三十九座发现于第三层（下层），形制基本相同，排列也较整齐。除了在遗址西南部（探沟A、E、F内）发现的都是小孩墓以外，其余各处成人墓和小孩墓都有，而且往往是交错地葬在一起。根据对骨架的观察，小孩墓（年龄只有1～8岁左右）共五十五座（上层二十七座，下层二十八座），成人墓二十七座（上层十六座，下层十一座）。小孩墓约占总墓数的60%。值得注意的是，1～2岁左右死去的小孩墓，往往是三座或五座相邻并葬在一起（如图三，M67、M72、M77，M41～M45；图四，M20～M24等），而且头向都朝西北，其中有的就葬在早先废弃的房址（也包括居住面）的上面。

（二）墓葬形制

均为长方形土坑竖穴墓，除个别墓边不甚清楚外，成人墓长1.1～1.95米（屈肢葬墓长1.1米），宽0.5～0.57米，深0.5～0.6米。小孩墓长0.6～1.5米，宽0.25～0.9米（合葬墓宽0.9米），深0.3～0.58米。都没有发现葬具的痕迹。骨架头向绝大多数朝西北，因保存不好，仅部分采集。葬法有单身葬和合葬两种，现分别叙述：

甲、单身墓

共七十九座，其中仰身直肢葬五十七座，屈肢葬十四座，葬式不明八座①。

1.仰身直肢葬

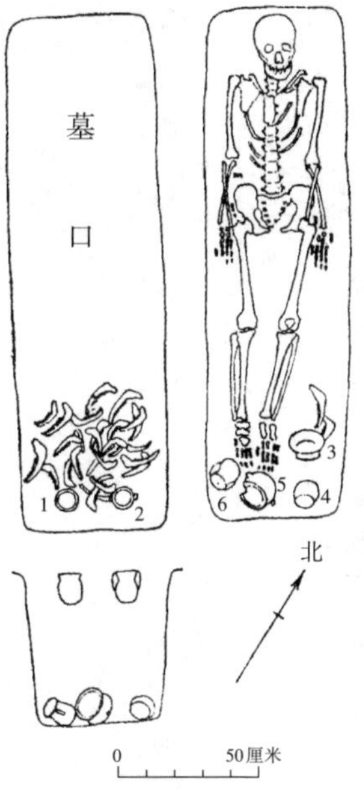

1、4.夹砂侈口罐 2、6.双大耳罐 3.豆 5.高领双耳罐

图一三 M34平、剖面图

头向西北，仅M81、M87、M88向东南。举M34、M75为例：M34坑长1.95米、宽0.55米、深0.6米。骨架仰身直肢，头向西北。随葬陶器六件，放置的位置：墓口填土中放双大耳罐和夹砂侈口罐各一件（罐口均有红色布纹的痕迹），脚旁放双大耳罐（口内有布纹痕迹）、高领双耳罐、夹砂侈口罐和豆各一件。另有三十六块猪下颌骨随葬②，其中三十块放在墓口填土中，六块放骨架的左脚旁（原来可能是放在陶豆上，后因填土所压而落下）。骨架头部有红色布纹的痕迹，可能是埋葬时用红布覆盖住死者的头部，也可能是在布上撒赭石粉末。此外，骨架的右肱骨旁放有十九块白色的小石块（图一三）。墓坑的四壁留有似用骨铲之类的工具挖掘过的痕迹。同样的工具痕迹，在M35、M60、M61的坑壁上也有发现，其中以M61的西壁保存最好（图一四）。M75是小孩墓，坑长1.25米、宽0.32米、深0.4米。骨架仰身直肢，头向西北。脚旁放双大耳罐和夹砂双耳罐各1件，罐上都附有红色布纹的痕迹，双大耳罐内还保存着少许的粟粒皮壳

① M15、M20、M43、M62、M71、M72、M77、M85因人骨架下肢残缺或已零乱，故葬式不明，但头向都朝西北。

② 随葬的猪下颌骨都是一半的，左右边均有，因折断处的骨质一般都已损坏，无法进行核对。这里三十六块下颌骨究竟有多少个体不明。

(图一五：左)。

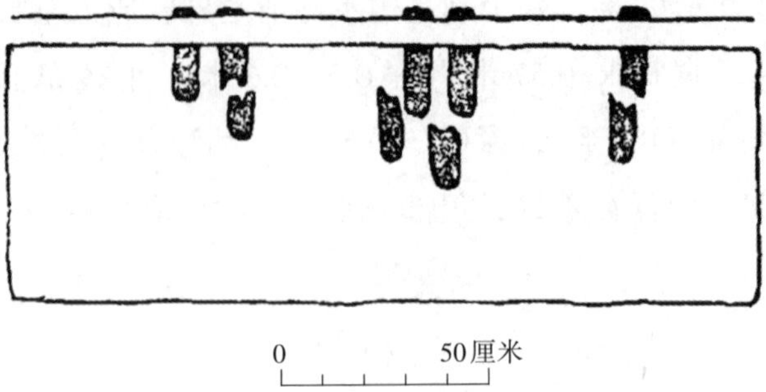

图一四　M61西壁工具痕迹

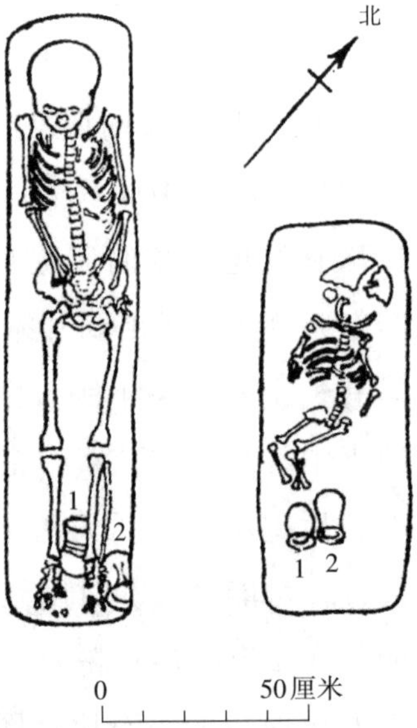

左M75(下层)　1.夹砂双耳罐　2.双大耳罐
右M37(上层)　1、2.夹砂侈口罐

图一五　小孩墓葬

2.屈肢葬

头向没有一定的规律，两腿弯曲的程度也有所不同，有的股骨与胫骨间作90°～120°的屈肢（M28、M37、M42、M45、M65、M91），有的则向上弯曲紧贴胸前（M5、M9、M10、M11、M12、M14、M30、M59）。举M37、M59为例：M59坑长1.1米、宽0.56米、深0.54米。骨架侧身，头向西南，两腿屈肢紧靠胸前，无随葬品（图一六）。M37是小孩墓，坑长0.8米、宽0.4米、深0.5米。骨架头向西北，两腿作90°屈肢。随葬夹砂侈口罐2件，都放在脚旁（图一五：右）。

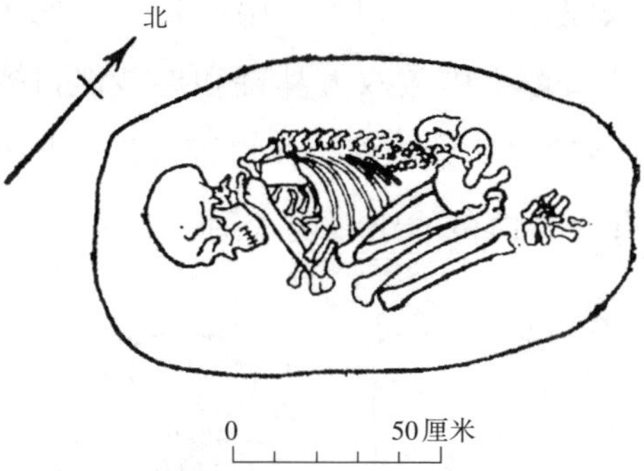

图一六 M59平面图

乙、合葬墓

共三座，M70、M84两座是小孩合葬，M55是成人与婴儿合葬。分别说明如下：

M 70的墓边不甚清楚。骨架三具，头向皆西北。葬式不一：骨架甲，仰身直肢葬，脚旁放夹砂侈口罐两件。骨架乙，被压在甲的下面，已零乱，葬式不详。骨架丙，屈肢葬。乙、丙两具无随葬品（图一七）。M84坑长1.3米、宽0.9米、深0.58米。骨架三具，皆仰身直肢葬，头向西北，无随葬品（图一八）。

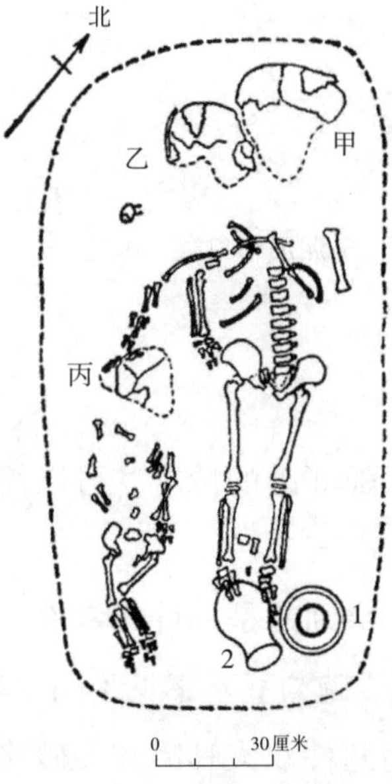

1、2.夹砂侈口罐

图一七 M70平面图

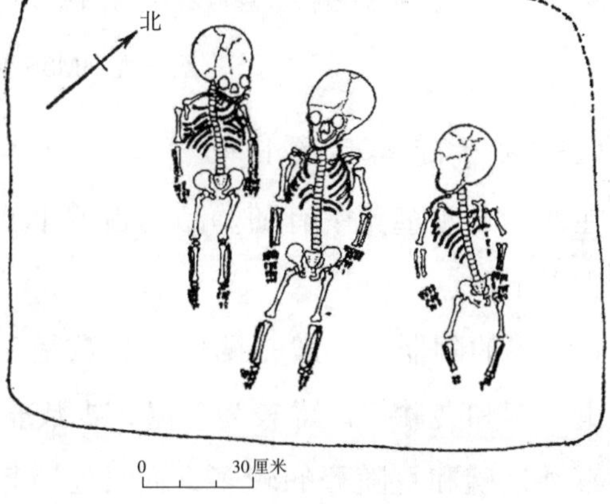

图一八 M84平面图

M55坑长1.65米、宽0.55米、深0.6米。成人仰身直肢葬，头向西北。婴儿骨架已朽，位于成人的两大腿之间，头朝下，很像是产后死去同时埋下的。随葬陶器五件，放置的位置：墓口填土中放双大耳罐和夹砂侈口罐各一件（罐均有红色布纹的痕迹），左脚旁放高领双耳罐一件，侈口罐两件。另在两脚之间放有两块猪下颌骨，右肱骨旁还放有九块白色的小石块（图一九）。

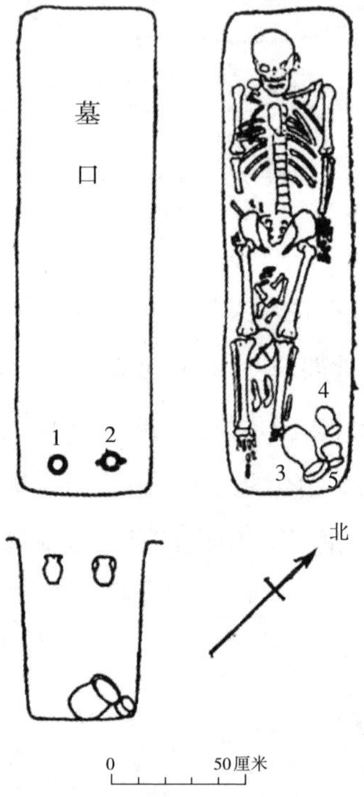

1、4.夹砂侈口罐　2.双大耳罐　3.高领双耳罐　5.泥质侈口罐

图一九　M55平、剖面图

(三)关于随葬品及其他

在八十二座墓葬中有随葬品的占四十八座。对于随葬品的情况，可以简单地概括为以下四点：

1.随葬的陶器，一般是两件，少数是三至五件，个别的是一件或六件。陶器以双大耳罐和夹砂侈口罐较为普遍，少数兼有碗或豆。碗与豆互不见于同一墓中。上层墓葬以碗和豆随葬的较多，而且还有较多的墓用两件双大耳罐和夹砂侈口罐随葬。

陶器绝大部分放在死者的脚旁，少数在脚部上面的墓口填土中又放一两件陶罐[①]。这种情况多见于上层墓葬（M34、M35、M36、M53、M54、M55、M57、M60），下层仅见于M63、M90。

2.少数墓中随葬有取食的骨匕，有的放在死者口旁（M89），有的放腰部（M87），或放在陶碗内（M60）。个别墓（M75）中还有粟粒随葬。

3.随葬的生产工具和装饰品都不多，放置情形大致是：石斧、石刀、骨锥、骨凿放脚旁，石纺轮放左臂旁，骨针放陶罐内。装饰品多见于小孩墓，如绿松石珠和玛瑙珠位于耳旁。骨管有的在右耳旁（M4），有的在右手腕旁（M74）。葫芦形骨饰位于胸前，牙饰在腰部。从出土情况看，上层的墓葬随葬生产工具的较多（M1、M9、M18、M48、M54、M81、M87），而有装饰品的较少（M14、M69、M82）；下层的墓葬随葬装饰品的较多（M4、M6、M20、M47、M74），而有生产工具的较少（M27、M58、M65）。

4.有12座墓用猪或羊的下颌骨随葬，少者两块，多者达三十六块。这些下颌骨大多堆放在骨架脚部上面的墓口填土内，只有少数放在脚旁。从发现的情况来看，上层的墓葬（M34、M35、M36、M53、M55、M57、M60、M88）有猪下颌骨随葬的比下层（M58、M63）要多些，而在两层墓中用羊下颌骨随葬的都只属个别。

此外，还有一些较为特殊的现象：

1.有六座墓发现有白色的小石块（片），大多放在骨架的肱骨或盆骨旁，仅M58发现的两石片涂红色，放骨架背部的下面。

2.M34、M57、M58三墓的骨架头部和两股骨上都涂抹（或撒上）赭石末。颜色鲜艳，有的还保持粉末的原伏。

3.M27、M35、M57三墓的骨架，在肱骨或股骨上都发现有布纹的痕迹。

4.M54、M61二墓，因墓坑挖得过小，死者的两只脚只好向上抬起压在随葬的陶罐上。

---

① M34、M35、M36、M55、M57、M60、M90在墓口填土中放双大耳罐和夹砂侈口罐各一件（口、颈部均有布纹），M53、M54放双大耳罐两件，M63放双大耳罐一件（以上罐口均有赭石末）。

四、文化遗物

(一)生产工具

1.石制工具

(1) **敲砸器** 2件，分二式；

Ⅰ式：1件（TD：28)。利用扁平的砾石，由两面交互打成刃部，两面的中间都保留着原来的砾石光面。器形较大，直径15厘米（图二〇：1)。

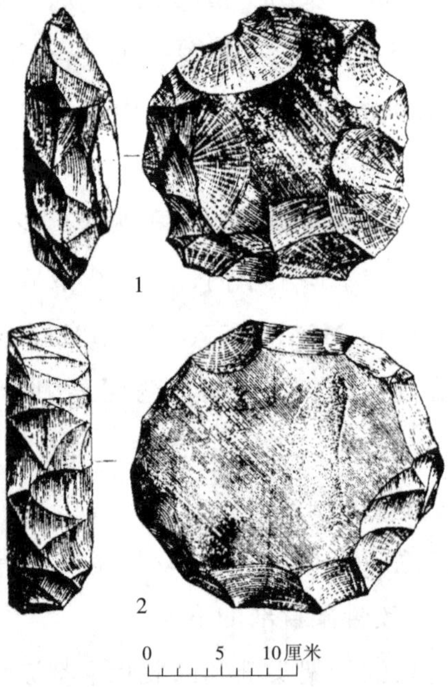

1、4.Ⅰ式(TD:28) 2.Ⅱ式(TF:8)

图二〇 敲砸器

Ⅱ式：1件（TF：8)。边沿很钝，由两面相互打成。器身的一面有大拇指形的浅窝，另一面有弧形的浅凹槽。似因器体厚重，故琢此手窝以便握持。直径16.2厘米（图二〇：2)。

(2) **刀** 82件，分七式：

Ⅰ式：5件。椭圆形，打制，一面仍保留原来的砾石光面，刃部有使用痕迹。TE：5长8厘米。

Ⅱ式24件。打制，两侧带缺口，刃部不同。TⅠ：3弧刃，两侧缺口靠近背部，长9.3厘米。T58：8刃部略成弧形，两侧及背部中间各有一个大缺口，长9厘米。T25：6平刃，缺口在两侧的中部，长9.4厘米。T51：29平刃，两面中间各有一个圆形凹窝，原先可能是准备穿孔的，后又改在两侧打成缺口。长8厘米。

Ⅲ式：7件。直背弧刃，磨制，中间穿孔。T27：4长8厘米。

Ⅳ式1件（TA：16）。圆角长方形，磨制，中间穿孔。器身甚宽，长10厘米、宽7.5厘米。

Ⅴ式26件。长方形，磨制，中间穿孔。制作一般都很规整。T25：2磨制精细，长7.4厘米。T51：28残存一半，背部及刃部的边侧各有一个缺口，似经后来改制。残长5.4厘米。

Ⅵ式18件。长方形，凹刃，磨制，中间穿孔。T10：11刃部如锯齿伏，长8.4厘米。

Ⅶ式1件（T29：0）。长方形，刃部一边磨损较甚，孔近刃部。背部中间有三道划痕，磨制精细，长8.4厘米（图二一：4）。

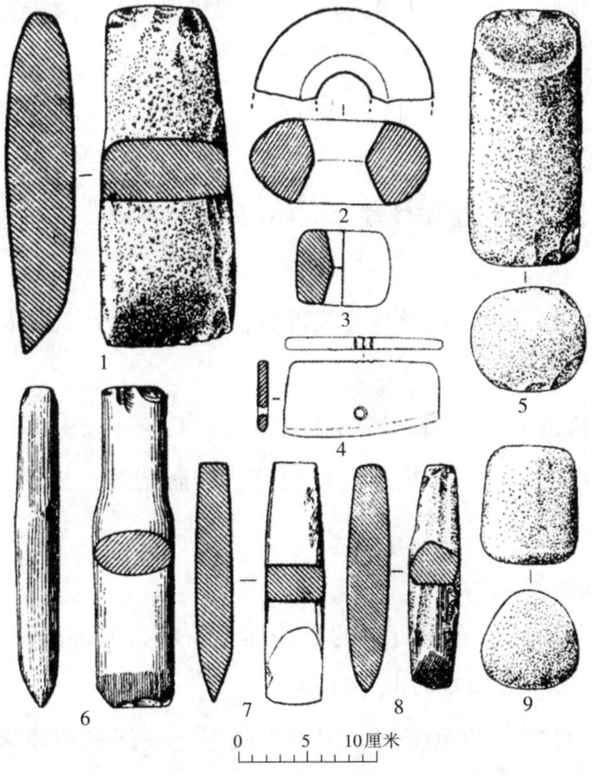

1. Ⅱ式锛(T6:3) 2. 锤(T38:5) 3. Ⅰ式纺轮(M1:1) 4. Ⅶ式刀(T29:1) 5. 杵(T6:2)
6. Ⅲ式斧(T36:1) 7. Ⅱ式凿(KG3:1) 8. Ⅰ式凿(TA:1) 9. 研磨具(TD:26)

图二一 石器

（3）**斧**　80件，分七式：

Ⅰ式：8件。打制，弧形宽刃，上部两侧带肩。斧身一面仍保留打制时的破裂面，另一面仅利用原来的砾石面不再磨光。TG：4横剖面三角形，长14厘米。

Ⅱ式：4件。打制或粗磨，长条形，顶部较窄。T51：16横剖面长方形，长17厘米。

Ⅲ式：8件。长方形，磨制、两侧微带斜肩，制作规整。T36：11通体磨光，横剖面椭圆形，长14厘米（图二一：6）。

Ⅳ式：15件。下半段磨光，上半段仍保留糙面，可能是为了便于按柄使用。TE：11横剖面长方形，长17厘米。

Ⅴ式：9件。圆顶，器身细长，制作规整。T57：12通体磨光，横剖面略呈长方形，长16.6厘米。

Ⅵ式：28件。长方形，顶部稍窄，制作规整，但磨制不甚精细。T8：2横剖面长方形，长15厘米。

Ⅶ式：8件。有肩，磨制。T22：4器身中部稍厚，略为磨光，长14.4厘米。

（4）**锛**　7件，分三式：

Ⅰ式：1件（T15：12）。打制，器身较厚，两侧带斜肩，刃部稍窄，横剖面近椭圆形，长15.4厘米。

Ⅱ式：5件。长方形，制作较规整。T6：3未经细磨，横剖面长方形，长14.6厘米（图二一：1）。

Ⅲ式：1件（T19：14）。器形与Ⅱ式近似，唯器身短小，通体磨光，长6厘米。

（5）**凿**　3件，分二式：

Ⅰ式：2件。长条形，磨制，器形不甚规整。TA：1长9.6厘米（图二一：8）。

Ⅱ式：1件（KG3：1）。采集，器形规整，磨制精细，横剖面长方形，长10.4厘米（图二一：7）。

（6）**铲**　20件，分二式：

Ⅰ式：8件。利用从砾石上打下的石片加工而成，上部向一边弯曲成为柄状，刃部有使用崩落的痕迹。T47：7长16厘米。

Ⅱ式：12件。打制，两侧带肩，刃部半圆形，一面利用原来砾石的光面，另一面略为磨光。TA：33长12.3厘米。

（7）**杵**　4件。圆柱形，似用于谷物加工。长短不同，有长达19厘米的。T6：2一端稍残，另一端有撞击的痕迹。残长11厘米（图二一：5）。

（8）**研磨具**　1件（TD：26）。略呈圆柱形，器身较短。出土时，研磨面上有鲜艳的红色粉末痕迹，当为研磨赭石用。长5厘米（图二一：9）。

（9）**锤**　7件。打制，圆形，中间穿孔。可能是按在木棒上使用的一种工具，边沿有锤击的痕迹。T38：5残存一半，直径约8厘米（图二一：2）。

（10）**纺轮**　27件，分二式：

Ⅰ式：9件。形如算盘珠，磨制，孔由两面对穿。M1：1直径4厘米、厚3.3厘米（图二一：3）。

Ⅱ式：18件。扁平圆形，边沿整齐，孔由一面直穿。T10：5直径5.4厘米。

2.骨制工具

（1）**刀**　2件。利用猪肩胛骨制成，两侧带缺口，形如打制石刀。T2：10长10厘米（图二二：6）。

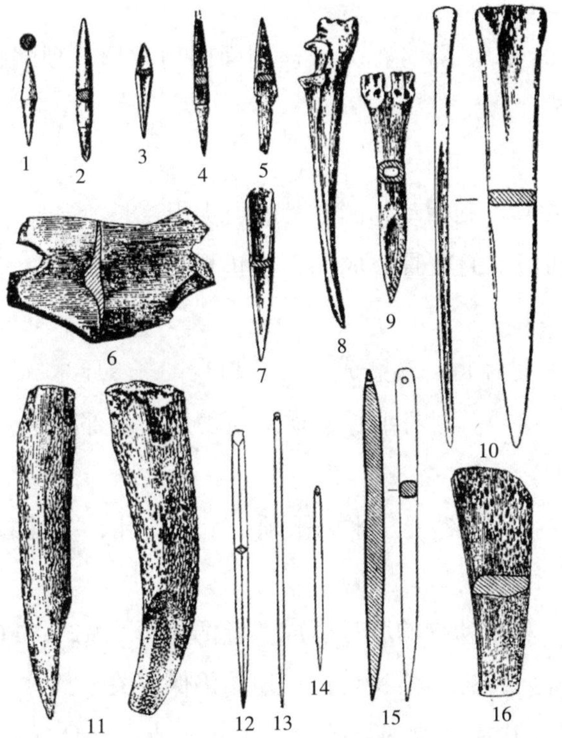

1.Ⅰ式骨镞(TA:15)　2.Ⅱ式骨镞(T51:3)　3.Ⅲ式骨镞(T39:4)　4.Ⅳ式骨镞(T3:8)　5.Ⅴ式骨镞(T51:1)　6.骨刀(T2:10)　7.Ⅲ式骨锥(T11:3)　8.Ⅰ式骨锥(T56:4)　9.Ⅱ式骨锥(T20:3)　10.Ⅴ式骨锥(TE:10)　11.角凿(T52:5)　12.Ⅳ式骨锥(TE:17)　13、14.Ⅰ式骨针(T59:5、T54:7)　15.Ⅱ式骨针(T19:3)　16.骨凿(M27:1)(13～15.2/3,余皆1/3)

图二二　骨角器

（2）**镞** 8件，分五式：

Ⅰ式2件。前锋与铤部都磨成锐尖，中部周身凸出，横剖面圆形。TA：15长4厘米（图二二：1）。

Ⅱ式1件（T51：3）。镞身细长，铤部不甚显著，横剖面椭圆形。长6.7厘米（图二二：2）。

Ⅲ式3件。镞身较扁，器形近柳叶形。T39：4长4.5厘米（图二二：3）。

Ⅳ式1件（T3：8）。镞身细长，前锋稍残，横剖面长方形，铤部有一周浅凹槽。残长6.4厘米（图二二：4）。

Ⅴ式1件（T51H）。扁平长三角形，后端带铤。长6.4厘米（图二二：5）。

（3）**针** 29件，分二式：

Ⅰ式28件。器身细长，磨制精细。T59：5长6.8厘米（图二二：13）。T54：7长4.2厘米（图二二：14）。

Ⅱ式1件（T19：3）。器身粗大，横剖面圆角方形，顶端针孔处较扁。长7.8厘米（图二二：15）。

（4）**锥** 26件，分五式：

Ⅰ式1件（T56M）。利用动物的肢骨磨成尖刃，长14.4厘米（图二二：8）。

Ⅱ式18件。利用羊的肢骨磨成，顶部仍保留关节原状，下端尖锐。T20：长11厘米（图二二：9）。

Ⅲ式5件。利用骨片将一端磨成尖刃。T11：3长8厘米（图二二：7）。

Ⅳ式1件（TE：17）。器身细长，横剖面菱形，顶部齐平，下端尖锐。长13.5厘米（图二二：12）。

Ⅴ式1件（TE：10）。器身扁平，平顶，上穿一孔，下端磨成尖刃。两侧挖有浅凹槽。长20.6厘米（图二二：10）。

（5）**凿** 5件。利用动物的肢骨磨成，皆两面刃。M27：11宽顶窄刃，长10.7厘米（图二二：16）。T58：4器身较长，顶端仍保留关节部分，长17.5厘米。

（6）**铲** 67件，均用动物的下颌骨（Ⅰ式）或肩胛骨（Ⅱ、Ⅲ式）制成，分三式：

Ⅰ式28件。刃部磨光。T19：6长24厘米。

Ⅱ式18件。铲面较宽。T52：10器身略呈三角形，长19厘米。

Ⅲ式21件。上部加工成弯曲的柄。T31：5器身非常光滑，长15厘米。T13：

9柄部较长，刃部磨光，长17厘米。

3.角制工具

（1）**凿** 2件。利用鹿角的尖部将一面劈成刃部，其余部分仍保留原伏。T52：5长15.4米（图二二：11）。

（2）**槌** 1件（T30：20）。利用鹿角的根部截下一段制成，中间穿小方孔，可按柄使用。一端已残，另一端有敲砸痕迹。残长6.7厘米。

4.陶制工具

（1）**纺轮** 56件，分三式：

Ⅰ式19件。形如算盘珠，孔由两面对穿。T3：2直径5厘米、厚3～6厘米（图二三：4）。

Ⅱ式26件。一面高起，孔直穿，上面的孔沿有划纹。TH：3直径6厘米、厚2厘米（图二三：5）。

Ⅲ式11件。扁平圆形，边沿整齐，孔由一面直穿。T41：9残，一面饰有圆点纹及划纹。T30：18残存一半，一面在两道同心圆的划纹中间，压印整齐的指甲纹。直径5.6厘米。T48：2边上饰有小圆圈纹，直径7.2厘米（图二三：2、3、6）。

（2）**陶拍** 1件（T51：13）。拍面无纹饰，柄部已残，残高3厘米（图二三：1）。

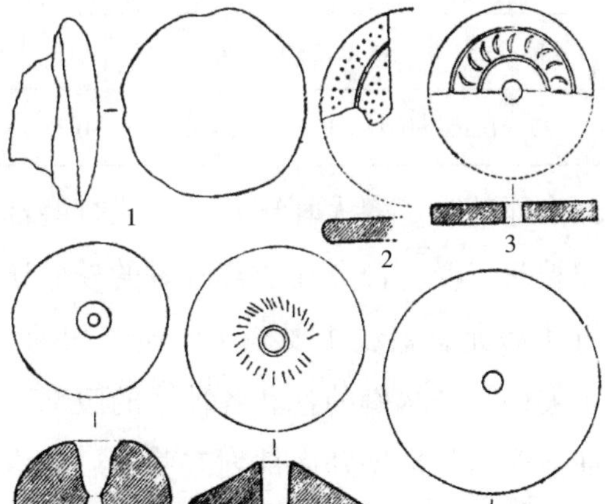

2.陶拍(T51:13) 2、3、6.Ⅲ式纺轮(T41:9、T30:18、T48:2) 4.Ⅰ式纺轮(T3:2) 5.Ⅱ式纺轮(T21:3)

图二三 陶纺轮、陶拍

(二)生活用具

1.陶容器、炊器

完整和复原的共300余件。按陶质和颜色的不同，可以分为泥质红陶（浅红色或橙黄色）和夹砂粗红褐陶两种，都是手制。有些器物（如高领双耳罐）的内壁还有泥条盘筑和用手抹平（留有指窝）的痕迹。有些器物的颈、腹部和底部是分开做好后再接上去的。这种做法在双大耳罐、高领折肩罐以及高领双耳罐的里面，都能清楚地看到接合后用手抹平的痕迹。小件的器物，如杯、圜底罐等则用手捏法制成。纹饰方面，泥质红陶以篮纹为多，其次是素面或磨光，划纹、绳纹和小圆圈纹只占少数。夹砂粗红褐陶以绳纹为主，划纹、弦纹、篮纹、附加堆纹等数量都很少。泥丁和篦纹更罕见。根据出土陶片较多的两条探沟（TA、TB）的统计，其陶系及纹饰的比例如下表：

表二　大何庄齐家文化(TA、TB)陶系及纹饰统计表

陶系	泥质红陶					夹砂粗红褐陶							总计
数量(件)	2008					1374							3382
百分比(%)	59.37					40.63							100
纹饰	篮纹	素面	划纹	绳纹	小圆圈纹	绳纹	划纹	弦纹	篮纹	加纹附堆	泥丁	篦纹	
数量(件)	1189	768	43	5	3	1230	96	28	13	4	2	1	3382
百分比(%)	35.16	22.71	1.27	0.15	0.09	36.37	2.84	0.83	0.38	0.12	0.06	0.03	100

陶器表面的处理：素面的除了双大耳罐外，一般打磨都不甚精细，常见的是用湿手抹平，因而表面缺乏光泽。部分泥质红陶罐的外面还涂有一层很薄的白色陶衣。纹饰的配用情况大致是，篮纹主要施于泥质红陶的高领双耳罐和部分碗、盘上。绳纹几乎都用于夹砂粗红褐陶的盆和各种罐的腹部。划纹和弦纹大多施于有绳纹的侈口罐上。部分陶盆的内壁和底部划有菱形、方格和圆形的。宽带泥条的附加堆纹和篦纹分别施于少数夹砂粗陶罐的口部和腹部（图二四：1）。泥丁黏附于少数的罐类耳上。此外，部分器盖的边沿压成锯齿状纹，或同时在盖上饰以圆点纹和同心圆纹（图二四：2～4），个别器盖钮塑成羊头和狗头形，或在盖上饰其他动物形的浮雕。

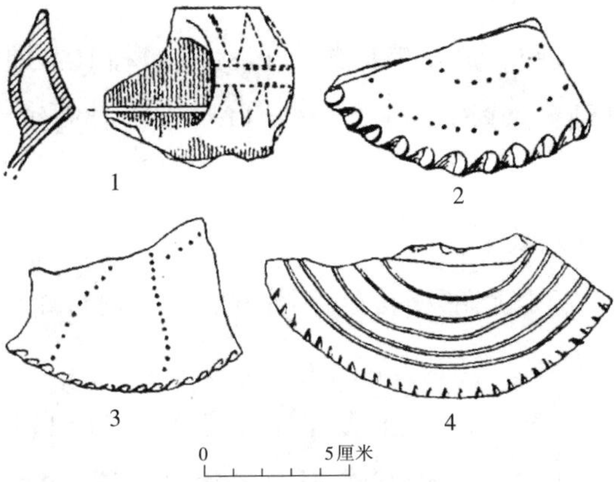

1.篦纹陶片(T56:12) 2～4.残器盖(TA:30、T21:15、TA:39)

图二四 陶片

器形有杯、盘、碗、盆、罐、豆、甑、鬲、鼎和器盖等。依不同陶系，分述如下：

A.泥质红陶系

(1) **杯** 8件，分三式：

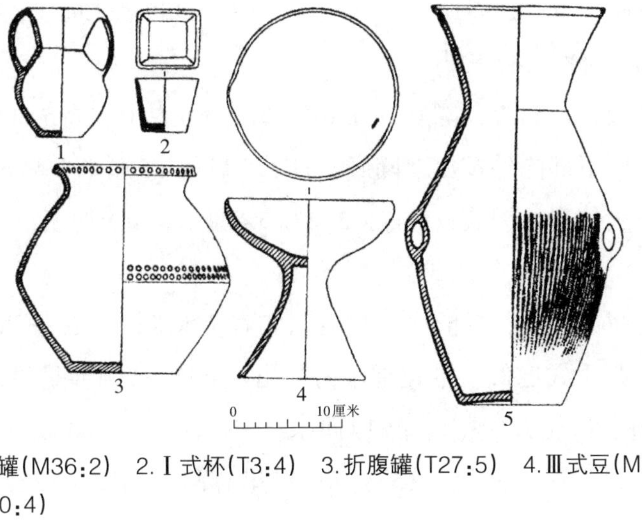

1.Ⅰ式双大耳罐(M36:2) 2.Ⅰ式杯(T3:4) 3.折腹罐(T27:5) 4.Ⅲ式豆(M27:4) 5.高领双耳罐(M90:4)

图二五 泥质陶器

Ⅰ式2件。方口，斜壁，器形如斗。T3：4口宽5.7厘米、高4.8厘米（图二五：2）。

Ⅱ式4件。大口，底部往里收缩。T7：13口径6.6厘米、高4.6厘米。

Ⅲ式2件。直壁深腹，形如圆筒。T15：15口径6.4厘米、高8.7厘米。

（2）**盘** 11件，分二式：

Ⅰ式4件。大口，浅腹，底部略收缩。T18：7口径10.4厘米、高4.5厘米。

Ⅱ式7件。大口厚唇，浅腹斜壁。T25：11腹部饰有篮纹，口径23.7厘米，高6厘米。

（3）**碗** 35件，分六式：

Ⅰ式5件。大口，腹与底部相接处呈圆角形，表面修饰都不甚精细。MM：5口径11.3厘米、高7.5厘米。

Ⅱ式3件。大口，斜壁。TA：28腹部饰有篮纹，口径11厘米、高6.3厘米。

Ⅲ式8件。大口，平唇，腹壁成弧形向下往里收缩。TA：21口部饰有篮纹，口径12.5厘米、高5.7厘米。

Ⅳ式5件。敛口，浅腹，底部往里收缩。TA：29腹部饰有篮纹，口径13厘米、高5.7厘米。

Ⅴ式13件。口部微敛，腹壁弧形收缩。T19：12口径14.4厘米、高7厘米。

Ⅵ式1件（M36：3）。口部微敛，底下带圈足，圈足上有明显的修磨痕迹，可能是由豆改制而成。口径16.3厘米、高7.5厘米。

（4）**盆** 5件。敛口，斜壁，腹部较深。T7：8口径18厘米、高10.8厘米。

（5）**圜底罐** 8件。分三式：

Ⅰ式2件。敛口，圆腹，圜底。M16：2口径4.5厘米、高5厘米。

Ⅱ式2件。腹下部向外扩出，圜底。TF：2口径4.5厘米、高6.3厘米。

Ⅲ式4件。腹较扁，圜底。M47：2口径5.4厘米、高9厘米。

（6）**侈口罐** 21件，分四式：

Ⅰ式7件。腹部较圆，近圜底。T29：4口径7厘米、高10厘米。

Ⅱ式4件。与Ⅰ式近似，唯腹部较为鼓出。M55：4颈部是另做后接上的，里面尚有衔接痕迹。口径7.2厘米、高14厘米。

Ⅲ式5件。口外侈，深腹。T55：7口沿里有两道划纹，口径6.6厘米、高14厘米。

Ⅳ式5件。与Ⅲ式近似，唯腹部更为鼓出。T12：2口沿里有一道划纹，口径13.8厘米、高22.5厘米。

（7）**折腹罐** 5件。侈口，折腹，底部往里收缩。外表磨光较精细。T27：5口沿内外各饰一道小圆圈纹，腹部饰两道同样的纹饰。口径12厘米、高19.5厘米

（图二五：3）。这种罐的腹部残片在上层发现很多，下层未见。

（8）**侈口长颈罐** 1件（M87：3）。侈口，颈部较长，腹部鼓出。口径10.3厘米、高19.4厘米。

（9）**高领深腹罐** 4件。侈口高领，腹部鼓出。M7：11口沿里及颈部都有一道划纹，口径9.3厘米、高21.4厘米（图二五：8）。

（10）**高领折肩罐** 2件。侈口高领，斜肩，腹下部往里收缩，肩、腹交接处折成稜角。TA：35腹部有篮纹，口径9.6厘米、高17.7厘米（图二五：9）。

（11）**单耳罐** 14件，颈旁都附有较宽的耳，分五式：

Ⅰ式2件。敛口，腹下部向外鼓出，近圜底。M48：11口径6.5厘米、高8.4厘米（图二五：1）。

Ⅱ式3件。侈口高领，腹部略向外鼓，耳较大。M22：1口径4.3厘米、高8厘米（图二五：2）。

Ⅲ式5件。与Ⅱ式近似，唯器身较为肥大。M74：1口径6厘米、高9厘米（图二五：3）。

Ⅳ式3件。侈口，深腹鼓出。M 88：3口沿里有两道划纹，耳部上端附加两个泥丁。口径6.8厘米、高13厘米。

Ⅴ式1件（T46：2）。与Ⅳ式近似，唯腹部更为鼓出。制作不甚精细，底部有明显的接底痕迹。口径9厘米、高15厘米。

（12）**双大耳罐** 39件，分二式：

Ⅰ式25件。侈口高领，腹部鼓出，颈部两旁各附有一个大耳。M36：2口径6.9厘米、高11.4厘米（图二五：1）。

Ⅱ式14件。与Ⅰ式近似，唯腹部较扁。M63：4口径7.5厘米，高12.3厘米。

（13）**高领双耳罐** 11件。侈口高领，斜肩深腹，腹部两旁各附一小耳。M90：4腹部有篮纹，口径16厘米、高36厘米（图二五：5）。

（14）**豆** 13件，分三式：

Ⅰ式3件。豆盘形如敛口碗，座为喇叭口大圈足。M35：3口径11厘米、高9厘米。

Ⅱ式6件。敞口盘，下为细把高圈足。镂孔或不带镂孔。M87：1圈足下边有四个对称的椭圆形镂孔，口径12.5厘米、高14.3厘米。

Ⅲ式4件。豆盘近似圜底钵，座为喇叭口高圈足。M27：4口部带流，口径

15.4厘米、高16.2厘米（图二五：4）

（15）**器盖**　26件，分八式：

Ⅰ式1件（T47：1）。已残，长方形高钮，上面饰有圆点纹，残高4.5厘米。

Ⅱ式1件（T48：6）。钮头上端似马鞍形，盖的边沿饰有整齐的划纹，高4.8厘米。

Ⅲ式5件。圆柱形钮，器形较小。T5：4高3厘米。

Ⅳ式7件。钮顶和盖的边沿压成锯齿状花纹。T6：7盖背较低，高4厘米。T7：2盖背斜坡形，高6.5厘米。

Ⅴ式3件。盖背鼓起近半球形。钮顶和盖的边沿压成锯齿状花纹，盖背上也有类似的纹饰。T19：13高6厘米。

Ⅵ式5件。钮顶下凹，边沿压成锯齿状花纹。T52：3高4.2厘米。

Ⅶ式2件。形如小圜底钵，里面中间有一个宽带形的环状钮。盖的边沿压成锯齿状花纹。T48：11高3厘米。

Ⅷ式2件。均残，钮部分别塑成羊或狗头的形象。T20：8高约5厘米。T34：6高约6厘米。

B.夹砂粗红褐陶系

（1）**杯**　6件，分三式：

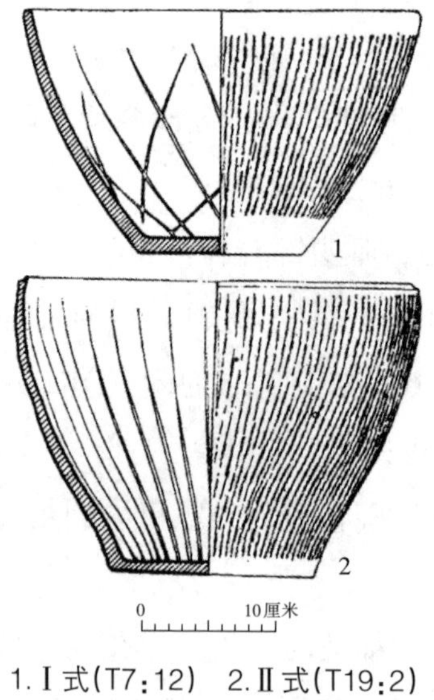

1.Ⅰ式(T7:12)　2.Ⅱ式(T19:2)

图二六　夹砂陶盆

Ⅰ式4件。圆筒伏，形似Ⅲ式泥质红陶杯。T7：11口径4.2厘米、高5.7厘米。T7：14制作较粗糙。口径6厘米、高8.4厘米。

Ⅱ式1件（T56：8）。筒形，腹部附一耳，口沿作锯齿形。口径5.4厘米、高5.5厘米。

Ⅲ式1件（T49：3）。口部微敛，颈部有一耳。口径4.5厘米、高6.4厘米。

（2）**盆** 5件，腹部均饰满绳纹，分三式：

Ⅰ式3件。大口，深腹，底部往里收缩。T7：12器内壁划有不整齐的方格纹。口径30.6厘米、高18厘米（图二六：1）。

Ⅱ式1件（T19：2）。与Ⅰ式近似，唯口带小唇，腹部更深。器内壁有竖行的划纹。口径31厘米、高21.5厘米（图二六：2）。

Ⅲ式1件（T57：9）。只有一半，是在陶坯制好后自口沿内向底部割开的，用途不详。口径28.4厘米、高31.3厘米。

（3）**圜底罐** 1件（T46：11）。短颈，鼓腹，圜底。口部饰有附加堆纹和斜行的划纹。口径6厘米、高11.7厘米。

（4）**小口罐** 3件。小口，腹部略为鼓出，底部内凹。M20：2腹部饰有绳纹，口径5.6厘米、高10.5厘米。

（5）**侈口罐** 55件，分五式：

Ⅰ式11件。口外侈，腹部鼓出，口沿都压成锯齿形。M57：4腹部饰有绳纹，口径7.5厘米、高11厘米。

Ⅱ式19件。颈部稍长，腹部较深，口沿不作锯齿形。M89：4腹部饰绳纹，颈部加饰四道划纹。口径7.5厘米、高13.3厘米。

Ⅲ式7件。颈部显著，腹部鼓出。M39：2腹部饰有绳纹，颈部加饰弦纹数道。口径8厘米，高15厘米。

Ⅳ式10件。口外侈，腹部略为鼓出。T7：10腹部饰有绳纹，口径10.3厘米、高17.4厘米。

Ⅴ式8件。与Ⅳ式近似，唯腹部修长。M58：4腹部饰有绳纹，口径9厘米、高15厘米。

（6）**矮颈罐** 1件（T20：4）。直口矮颈，腹部圆鼓。口沿上有四个对称的附加堆纹，颈、腹部饰满细密的绳纹。口径9.5厘米、高16.3厘米。

（7）**单耳罐** 22件，分三式：

Ⅰ式11件。侈口，腹部略为鼓出，颈旁附一耳。M48：2腹部饰有绳纹及划纹，口径5.8厘米、高8.5厘米。

Ⅱ式8件。与Ⅰ式近似，唯腹部较深。腹部大多饰绳纹，个别饰篮纹。M13：1口径5厘米、高10厘米。

Ⅲ式3件。侈口，腹部鼓出，耳较大。T9：2腹部饰有绳纹，口径8厘米、高13厘米。

（8）**双耳罐**　15件，分二式：

Ⅰ式6件。侈口，腹部鼓出，颈旁附有双耳。M75：2腹部饰绳纹，口径8.3厘米、高11厘米。

Ⅱ式9件。与Ⅰ式近似，唯腹部较深。TA：17腹部与器耳都饰绳纹，口径12.3厘米、高21厘米。

（9）**横耳罐**　1件（T7：11）。口稍外侈，深腹，底部往里收缩、颈部两旁各有一个横置的短耳。口径14厘米、高19厘米。

（10）**穿孔罐**　1件（T5：6）。侈口，腹部稍鼓，在腹的下部穿有一孔，孔沿不齐，可能原来带有管伏流。口径5厘米、高10厘米。

（11）**甑**　仅发现2件残底部。TB：6底部有整齐的圆孔，残高4.8厘米。

（12）**鬲**　发现3件鬲足。T57：14足高7.2厘米。

（13）**鼎**　发现5件鼎足。T11：6高足，下端已残，残高7.5厘米。T11：5矮足，足高约4.2厘米。

（14）**器盖**　12件，分三式：

Ⅰ式3件。圆柱形钮，顶部及盖的边沿都压成粗大的锯齿状花纹。T50：9高4.2厘米。

Ⅱ式1件（T47：2）。钮顶下凹，形如圆坑，盖背斜坡形，高6厘米。

Ⅲ式8件。形如圜底钵，里面中间有一个圆柱形的长钮。多出于下层。T38：4高5.2厘米。在个别的器盖中也有饰绳纹的。

2.骨匕

利用骨片磨成，顶部（或柄部）都有穿孔，个别有花纹。其中Ⅷ、Ⅸ两式器形较为特殊，且都出自上层。共106件，分九式：

Ⅰ式10件。器身窄长，两端磨成弧形。T49：9长7.8厘米（图二七：1）。TM：6制作特别精致，一面饰两道并行的由圆点纹组成的曲线纹，长8.6厘米（图二七：2）。

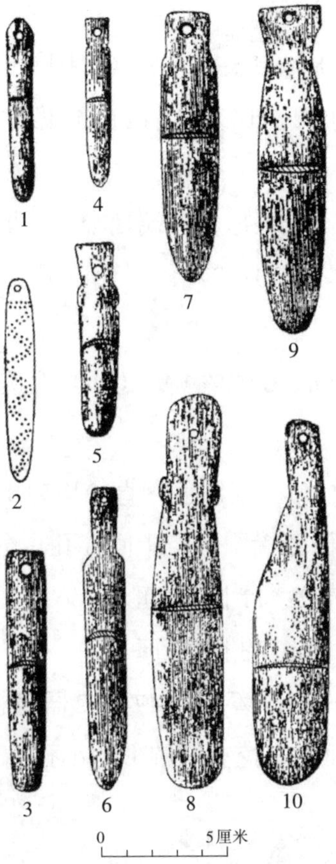

1、2. Ⅰ式（T49：9、T29：6） 3. Ⅱ式（TE：7） 4. Ⅲ式（T50：7） 5. Ⅳ式（M89：7） 6. Ⅴ式（T30：25） 7. Ⅵ式（T40：1） 8. Ⅶ式（T4：2） 9. Ⅷ式（M87：5） 10. Ⅸ式（T49：11）

图二七 骨匕

Ⅱ式18件。平顶，下端磨成弧形。TE：7长10.4厘米（图二七：3）。

Ⅲ式27件。与Ⅱ式近似，唯上部两侧带缺口。T50：7长7.2厘米（图二七：4）。

Ⅳ式15件。平顶，上部两侧带肩及缺口，下端磨成弧形。长8厘米（图二七：5）。

Ⅴ式16件。平顶长柄，两侧带肩，下端磨成弧形。T30：25长13厘米（图二七：6）。

Ⅵ式13件。与Ⅴ式近似，唯器身较宽，柄较短。T40：11长11.5厘米（图二七：7）。

Ⅶ式2件。平顶，上部两侧往里收缩，下端磨成弧形。T4：2长14厘米（图二七：8)。

Ⅷ式2件。形如短剑。M87：5长16.5厘米（图二七：9)。

Ⅸ式3件，形如带把的小刀。T49：11长14.5厘米（图二七：10)。

3.铜匕

1件（TF：7)。出F7内。长条形，一端稍窄，长12.5厘米，厚约0.2厘米。此外，在灰层中出残铜片一件（T30：27)，器形不明。经本所化验室鉴定为红铜，其成分是：

铜（Cu）96.96%　锡（Sn）0.02%　铅（Pb）痕迹量

(三)装饰品

玛瑙珠　2件（M69：4、5)。紫红色，直径均为0.7厘米。

绿松石珠　20件，横剖面皆椭圆形，中间穿孔。分二式：

Ⅰ式5件。器身甚长。M82：11长1.7厘米。

Ⅱ式15件。器身较短。M69：3长0.8厘米。

骨管　8件。截取动物的肢骨磨成。M74：2器身粗大，长3.5厘米（图二八：2)。T49：14器身细长，一面中间挖有椭圆形的小孔，长5.6厘米（图二八：3)。

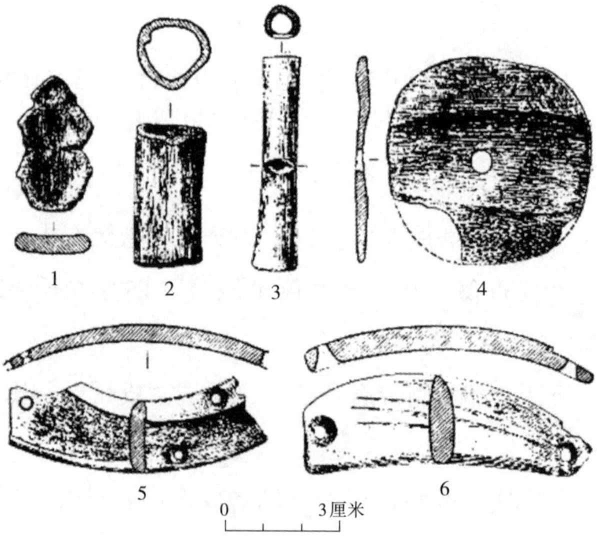

1.葫芦形骨饰(M47:3)　2、3.骨管(M74:2,T49:14)　4.骨璧(T47:4)　5、6.牙饰(TA:4,T16:12)

图二八　装饰品

骨璧 21件。形似扁平纺轮。T47：4直径5.3厘米（图二八：4）。

葫芦形骨饰 1件（M47：3）。利用骨片制成，长3.4厘米（图二八：1）。

牙饰 6件。弧形，磨制。TA：4两端已残，一边穿三孔，另一边穿一孔，长6.6厘米（图二八：5）。T16：12两边各穿一孔，长7.5厘米（图二八：6）。

（四）陶塑和玩具

人头 2件。T49：5鼻子稍残，两眼圆睁，颈部较长，高5厘米（图二九：7）。T3：19两眼仰视，形象生动，高5.7厘米。

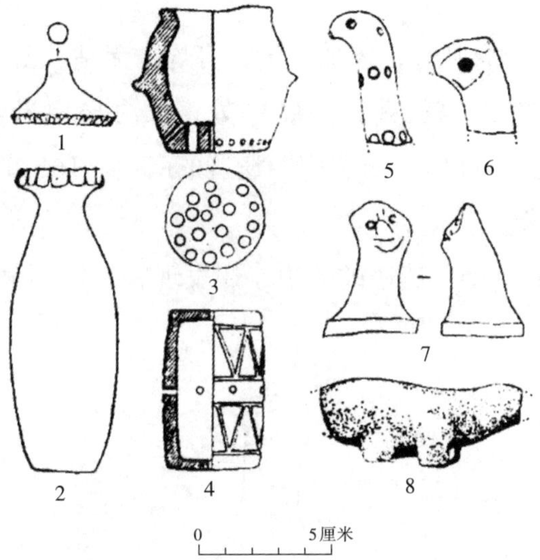

1.小盖(T49:2) 2.瓶形响铃(T41:6) 3.甑(T39:5) 4.鼓形响铃(TB:7) 5、6.鸟头(T30:19、T12:15) 7.人头(T49:5) 8.动物象(TA:22)

图二九 陶玩具与雕塑品

鸟头 5件。颈部都较长，不似盖钮。T30：19口部稍残，颈部印有小圆圈纹，残长5.3厘米（图二九：5）。T39：6颈部下端还有一小段，已碎，残长3.7厘米。T12：15口部稍残，头顶有一道脊，眼睛甚大，残长3.4厘米（图二九：6）。

动物象 1件（TA：22）。头、尾及四肢均已残断，形似绵羊，残长7.8厘米（图二九：8）。

甑 1件（T39：5）。敛口，鼓腹，底部穿孔，腹部两旁各有一短耳。口径4.4厘米、高5.4厘米（图二九：3），

小盖 1件（T49：2）。圆柱形钮，盖的边沿压成锯齿状花纹，高2.5厘米（图二九：1），可盖在小甑上。

瓶形响铃 1件（T41：6）。侈口，深腹，口部封闭，腹内有小石块（?），摇之即响。口径3.3厘米、高11.6厘米（图二九：2）。

鼓形响铃 1件（TB：7），已残破。两鼓面中间各有一小孔，腹中部穿孔一周，其上下又有平行的划纹。腹内装有小石块，摇之即响。直径3.6厘米、高6厘米（图二九：4）。

此外，还有小型的方口杯、圜底罐和侈口罐等，共9件，口径都在3～4厘米左右，器形与实用的同类器物相同。

（五）卜骨

共14块，都用羊的肩胛骨，未加整治；有灼，无钻、凿的痕迹。其中灼痕少者2处，多者24处。T35：4已残，灼痕16处，长约16厘米。T45：2灼痕24处，长20厘米（图三〇）。出自F3“石圆圈”遗迹的南边。T6：8已残，灼痕8处（有的相连），长约16厘米。

此外，在F12“石圆圈”遗迹的旁边，还发现有3块未经灼过的羊肩胛骨，可能也是准备占卜用的。

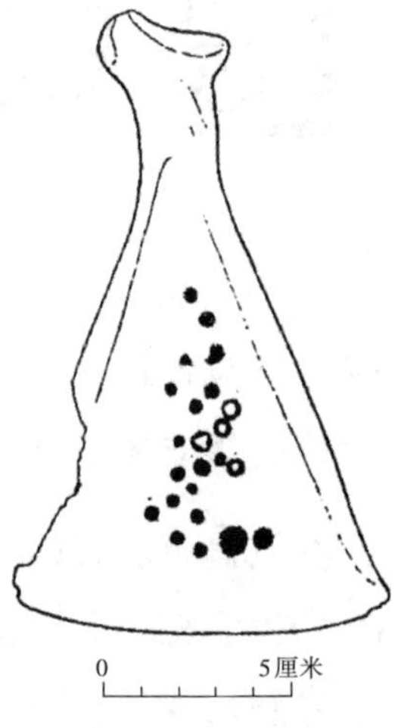

图三〇　卜骨(T45:2)

五、自然遗物

（一）粟

发现于F7、H1和M75出土的陶罐中，F7的粟粒已被火烧焦。H1和M75只剩下少许皮壳。

(二)兽骨

兽骨出土相当多，经本所鉴定，有猪、狗、牛、羊、马、鹿和麅等七种。根据下颌骨和角部的不完全统计，其比例如下表：

表三　出土兽骨统计表

种类	猪	羊	牛	马	狗	鹿	麅	总计
数量(块)	194	56	6	3	2	4	1	226
百分比(%)	72.94	21.06	2.26	1.13	0.75	1.51	0.38	100

注：1.鹿和麅按角统计，其余皆按下颌骨。

2.除猪下颌骨126块，羊下颌骨14块出墓中外，其他全部出灰层中。

3.马除下Ⅱ骨外，H5内还发现2枚下臼齿，经鉴定，与现代马无别。

六、结语

大何庄遗址是一处面积较大，保存较好的齐家文化村落遗址。发掘面积不算很大，但获得了一些新的重要的资料。特别是继武威皇娘娘台遗址之后，这里也发现了红铜器，由此进一步证明齐家文化已进入了铜石并用时代。

村落的布局，目前还了解得很少。发现的建筑遗存有房屋，居住面和储存东西的窖穴等。白灰面的房屋（即所谓“石灰住室”），过去在临洮瓦家坪①、秦安寺咀坪②武威皇娘娘台③和永靖姬家川④等地都有发现。但是，大何庄的这座房屋在某些结构上具有自己的特点，例如：(1) 竖穴很浅，四隅有四根相当粗的主柱支撑着屋顶，而在穴壁上没有像寺咀坪第2号住室那样的小柱洞（后者竖穴很深，穴壁的上部略向内收)。(2) 竖穴周围还有排列整齐的柱洞，而这样的柱洞寺咀坪第2号住室则没有发现。由于竖穴本身很浅，屋顶又依靠竖穴四隅的四根主柱支撑，可以推想，这座房屋的地面建筑是比较高的。另外，竖穴的四壁与周围墙壁之间有1～1.4米的距离，这在一定程度上也就扩大了屋内面积。居住面遗迹可能是属于平顶小屋之类的一种建筑。从下层的堆积关系表明，这种居住面遗迹与白

① 裴文中：《史前时期之西北》40-43页，图21，1948年。

② 任步云：《甘肃秦安县新石器时代居住遗址》，载《考古通讯》1958年第5期。

③ 甘肃省博物馆：《甘肃武威皇娘娘台遗址发掘报告》，载《考古学报》1960年第2期。

④ 黄河水库考古队甘肃分队：《甘肃临夏姬家川遗址发掘简报》，载《考古》1962年第2期。

灰面房屋是同时存在的两种不同结构的建筑。窖穴一般都不大，有大口（圜底或平底）、小口（袋形）和直壁的三种类型。其中有一部分大口窖穴的结构较为特殊，它可能是专门为了某种用途而建的。

生产工具以石制为主，骨制次之。其中大型带手窝的敲砸器是齐家文化具有特征性的器物。石刀发现相当多，打制的一种除了少数作椭圆形外，绝大部分是两侧带缺口的。磨制的都有穿孔，有的还兼带缺口。骨刀仅有个别的发现，形状与打制两侧带缺口的石刀相同，可能也是用来收割粟、麻等农作物的。石斧以磨制居多，但一般只在刃部磨光，通体细磨的很少。石铲和骨铲是当时的主要挖土工具。石铲发现较少。骨铲数量较多，都是利用动物的下颌骨和肩胛骨制成的，其中有的还带弯曲的柄，以便于握持。

粟大概是当时的一种主要粮食，在房屋、窖穴和墓葬中都有发现。石杵可能是用来加工去壳的。兽骨出土相当多，其中以猪的数量最多，羊次之，牛、马和狗比较少见。大量猪骨的存在，说明当时的农业生产是相当发达的。骨镞和鹿角都很少发现，则说明狩猎在这里的生产活动中并不占重要的地位。

陶器都是手制，以泥条盘筑法为主，小件的器物则用手捏。泥质红陶一般打磨不甚精细，表面缺乏光泽；纹饰主要是篮纹，但素面的也相当多。夹砂粗红褐陶几乎都饰绳纹。器形有方形、圆形和带耳的杯，浅腹盘，深腹盆，平底或带圈足的碗，小口、侈口、矮颈、高领以及带耳的各种罐，镂孔或带流的豆，以及甑、鬲、鼎和器盖等。其中以双大耳罐（即所谓“安佛拉”罐）和高领双耳罐最有代表性。夹砂陶的甑、鬲和鼎，都非常罕见，但侈口罐却相当多，而且腹部常有烟熏的痕迹，说明除了作为容器外，还兼作炊器使用。

生活用具除陶器外，还有骨匕和铜匕。Ⅷ、Ⅸ式骨匕，可能是仿铜器制造的。从骨匕上都有穿孔，以及出土于死者腰部推测，齐家文化的居民可能有随身携带骨匕的习惯。

纺织业生产已有较高的水平，这不仅从出土的石、陶纺轮和骨针等方面可以得到说明，更重要的是在墓葬里发现了布纹的痕迹。布似麻织，有粗细两种，粗的一种（出M75的双大耳罐上），一平方厘米有经纬线各11根。细的一种（出M34的双大耳罐上），其细密程度几乎可以与现代的细麻布相比。

装饰品和陶塑的种类很多，制作也很精巧，说明齐家文化的居民爱好装饰又富于艺术创造。

氏族的墓地与住地相毗连。墓葬一般都有固定的方向，排列也较整齐。墓坑是长方形的竖穴，没有发现葬具的痕迹。从坑壁上遗留的工具痕迹观察，墓坑很像是用骨铲挖成的。

这里的墓葬，无论是上层还是下层小孩墓的比例都较大，说明当时小孩的死亡率较高。

葬俗方面，有几点是值得注意的：（1）绝大部分的墓葬，死者的头向都朝西北（主要是仰身直肢葬）。这说明当时对于这一方向已经产生了一种特殊的信念，或者具有某种宗教上的意义。（2）屈肢葬的存在（虽然数量很少），可能反映齐家文化的居民在葬俗上已受马家窑文化（马厂类型）的一定影响。（3）小孩的葬法和成人一样，也是埋在长方形的竖穴土坑里；其中有的是集中葬在遗址的西南部（多压在F7的上面）。有的则与成人墓错杂地葬在一起。至于那些三座或五座并列的幼儿墓，可能意味着便于亲人们的照顾。（4）部分骨架上发现有布纹的痕迹，说明死者是穿着衣服埋葬的，有的头部还要用布遮盖。放在墓口的陶罐用布封口（罐口有布纹的痕迹），显然埋葬时罐内是放有东西的。把陶罐放在墓口的做法，可能是意味着以后举行祭祀时便于再给死者送食物，在人体和随葬陶罐上有的撒赭石粉末，大概是出于某种宗教上的信念。（5）用猪下颌骨随葬的习俗，不仅带有宗教上的意义①，更重要的是反映他们对牲畜的占有情况，显示死者的社会地位和拥有的财富②。从而说明齐家文化的氏族内部已经出现了贫富分化。（6）墓地上的“石圆圈”遗迹，从旁边发现有卜骨或牛、羊的骨架等关系看来，可能当时在埋葬死人或进行其他的宗教性活动时（如杀牲祭祀、占卜问事等），曾经在这里举行过什么仪式。

此外，卜骨的发现，说明了齐家文化的居民也存在着占卜的习俗。但所用的骨料都是羊的肩胛骨，由于骨料很薄，因此在占卜之前无须先加以钻或凿。

大何庄遗址的上下两层堆积，从出土的陶器（包括住地及随葬陶器）来看，基本上是相同的，器形都比较简单。因时间上的早晚差别，反映在某些器物的比

① 如世界上有些后进部族曾认为人死以后，灵魂要回到氏族原来或传说中的老家去（如苏丹东尼尔兰人、新几内亚土人），也有的认为要到另一个世界去生活（如印度尼西亚、婆罗洲、马来半岛的一些土人），因而在埋葬死人时便把死者的头向朝着他们认为所要去的地方。参看E.O. James， Prehistoric Re1igion.pp.133-135。

②这种做法只是一种象征性的，因为放陶罐处的墓口填土没有发现过二次扰乱的痕迹。

例上就有增多或减少的趋势，个别器物则只见于上层。如双大耳罐和豆把的数量，上层比下层多①；圜底缽形的器盖（粗陶Ⅲ式），上层比下层减少②。折腹罐和Ⅷ、Ⅸ式的骨匕只见于上层。上下两层的墓葬，从随葬品看，也有些变化。例如：（1）上层墓有碗和豆随葬的比下层墓要多些（单耳罐和高领双耳罐也有同样情况）。（2）上层墓中较多用2件双大耳罐和夹砂侈口罐随葬，下层墓则较少见。（3）上层墓在墓口放陶罐的情况比下层墓为多见。（4）上层墓随葬有生产工具的较多，而有装饰品的较少，下层墓的情况则相反。（5）上层墓有猪下颌骨随葬的比下层墓多些，而两层墓中用羊下颌骨随葬的都只是个别现象。

最后，关于遗址的年代问题，认第7号房屋的2号柱洞内出土的2件木炭标本，经放射性碳素测定，分别为距今3690 ±95年（公元前1725± 95年）和距今3660±95年（公元前1695 ± 95年③），其年代和商代早期相接近。

附：

附表一　大何庄齐家文化墓葬登记表

墓号	层位	成人或小孩	人骨架	葬式	头向	随葬品
1	2	小孩	1	仰身直肢	西北	石纺轮(Ⅰ)、侈口罐(AⅠ)、单耳罐(AⅢ)
4	3	小孩	1	仰身直肢	西北	双耳罐(BⅠ)、双大耳罐(AⅠ)、骨管
5	2	成人	1	屈肢	西南	
6	3	小孩	1	仰身直肢	西北	侈口罐(AⅡ)、绿松石珠2(Ⅱ)
7	2	小孩	1	仰身直肢	西北	豆(AⅡ)、侈口罐(BⅣ)、高领深腹罐(A)
8	3	小孩	1	仰身直肢	西北	
9	2	成人	1	屈肢	西	石刀(Ⅱ)
10	3	成人	1	屈肢	南	

①海南岛黎族和云南永宁纳西族的人民过去都普遍流行用猪或牛的下颌骨祭奠死人，并随着埋入墓中的习俗（参看《考古》1958年第7期第57页和1964年第4期第201页），齐家文化的居民大概也是这样的意思。

②云南纳西族的人民过去有把猪下颌骨悬挂在屋墙上，作为他拥有财富多少的标志（参看《考古》1964年第4期第201页）这里齐家文化的居民用猪和羊的下颌骨随葬，可能也含有这个意思。

③根据两条探沟和三十一个探方的统计，双大耳罐上层占3/5，下层占2/5；豆把上层占2/3，下层占1/3。这种器盖多是残把，上层仅发现7件，下层出18件（包括复原的8件在内）。

续附表一

墓号	层位	成人或小孩	人骨架	葬式	头向	随葬品
11	3	成人	1	屈　肢	东南	
12	3	成人	1	屈　肢	西南	
13	2	小孩	1	仰身直肢	西北	侈口罐(BⅤ)、单耳罐(BⅡ)、双耳罐(BⅠ)
14	2	成人	1	屈　肢	东北	绿松石珠(Ⅰ)、羊下颌骨6
15	2	小孩	1	?	西北	
16	2	小孩	1	仰身直肢	西北	圜底罐(AⅠ)、单耳罐(BⅠ)
17	2	成人	1	仰身直肢	西北	豆(AⅡ)、侈口罐(BⅠ)、单耳罐(AⅢ)、高领深腹罐(A)
18	2	成人	1	仰身直肢	西北	骨针(Ⅰ)、侈口罐(BⅣ)、双耳罐(BⅡ)、高领双耳罐(A)
19	3	小孩	1	仰身直肢	西北	
20	3	小孩	1	?	西北	小口罐(B)、单耳罐(BⅡ)、牙饰
21	3	小孩	1	仰身直肢	西北	
22	3	小孩	1	仰身直肢	西北	侈口罐(BⅣ)、单耳罐(AⅡ)
23	3	小孩	1	仰身直肢	西北	
24	3	小孩	1	仰身直肢	西北	豆(AⅡ)、侈口罐(BⅡ)
27	3	成人	1	仰身直肢	西北	骨凿、豆(AⅢ)、侈口罐2(BⅡ、Ⅴ)、高领双耳罐(A)、羊下颌骨8、小石块27
28	3	成人	1	屈　肢	东北	
30	2	成人	1	屈　肢	南	
32	2	小孩	1	仰身直肢	西北	
34	2	成人	1	仰身直肢	西北	豆(AⅡ)、侈口罐2(BⅠ、Ⅱ)、双大耳罐2(AⅠ)、高领双耳罐(A)、猪下颌骨36、小石块19
35	2	小孩	1	仰身直肢	西北	豆(AⅠ)、侈口罐(BⅠ)、单耳罐(BⅡ)、双大耳罐2(AⅠ)、猪下颌骨2

续附表一

墓号	层位	成人或小孩	人骨架	葬式	头向	随葬品
36	2	小孩	1	仰身直肢	西北	碗(AⅥ)、侈口罐2(BⅡ)、双大耳罐2(AⅠ、Ⅱ)、猪下颌骨12
37	2	小孩	1	屈　肢	西北	侈口罐2(BⅡ、Ⅲ)
38	2	小孩	1	仰身直肢	西北	
39	2	小孩	1	仰身直肢	西北	侈口罐(BⅡ)、双大耳罐(AⅡ)
40	2	小孩	1	仰身直肢	西北	豆(AⅢ)、侈口罐(BⅡ)、双大耳罐(AⅡ)
41	2	小孩	1	仰身直肢	西北	
42	2	小孩	1	屈　肢	西北	侈口罐(BⅡ)、双大耳罐(AⅡ)
43	2	小孩	1	?	西北	侈口罐(BⅣ)、双大耳罐(AⅠ)
44	2	小孩	1	仰身直肢	西北	
45	2	小孩	1	屈　肢	西北	
46	2	小孩	1	仰身直肢	西北	
47	3	小孩	1	仰身直肢	西北	圜底罐(AⅢ)、侈口罐(BⅣ)、葫芦形骨饰
48	2	小孩	1	仰身直肢	西北	石刀(Ⅲ)、单耳罐2(AⅠ、BⅠ)
49	2	小孩	1	仰身直肢	西北	
50	3	小孩	1	仰身直肢	西北	
51	3	小孩	1	仰身直肢	西北	
52	3	小孩	1	仰身直肢	西北	
53	2	成人	1	仰身直肢	西北	侈口罐(BⅡ)、双大耳罐2(AⅠ)、猪下颌骨14
54	2	成人	1	仰身直肢	西北	石斧(Ⅳ)、侈口罐2(BⅡ、Ⅳ)、双大耳罐2(AⅠ、Ⅱ)
55	2	成人/婴儿	2	仰身直肢	西北	侈口罐3(AⅡ、BⅡ、Ⅲ)、双大耳管(AⅠ)、高领双耳罐(A)、猪下颌骨2、小石块9
56	3	小孩	1	仰身直肢	西北	侈口罐(BⅢ)、单耳罐(AⅠ)
57	2	成人	1	仰身直肢	西北	碗(AⅠ)、侈口罐(BⅤ)、双耳罐(BⅠ)、双大耳罐2(AⅡ)、猪下颌骨4

续附表一

墓号	层位	成人或小孩	人骨架	葬式	头向	随葬品
58	3	成人	1	仰身直肢	西北	石刀(Ⅰ)、侈口罐(BⅤ)、双耳罐(BⅠ)、双大耳罐(AⅠ)、猪下颌骨24、小石片2
59	2	成人	1	屈　肢	西南	
60	2	成人	1	仰身直肢	西北	碗(AⅠ)、侈口罐2(BⅡ、Ⅴ)、双大耳罐2(AⅡ)、骨匕(Ⅰ)、猪下颌骨8
61	2	成人	1	仰身直肢	西北	单耳罐(BⅡ)、双大耳罐2(AⅠ)、高领双耳罐(A)、小石块48
62	3	小孩	1	?	西北	单耳罐(BⅢ)、双大耳罐2(AⅠ)
63	3	成人	1	仰身直肢	西北	豆(AⅢ)、侈口罐(AⅢ)、双大耳罐2(AⅠ、Ⅱ)、猪下颌骨16
65	3	成人	1	屈　肢	东北	石刀(Ⅱ)
66	3	小孩	1	仰身直肢	西北	侈口罐(BⅠ)、双大耳罐(AⅠ)
67	3	小孩	1	仰身直肢	西北	
68	3	小孩	1	仰身直肢	西北	
69	2	小孩	1	仰身直肢	西北	侈口罐(BⅡ)、双大耳罐(AⅡ)、绿松珠石4(Ⅱ)、玛瑙珠2
70	2	小孩	3	甲:仰身直肢乙:? 丙:屈肢	西北	侈口罐2(BⅠ、Ⅳ)
71	2	小孩	1	?	西北	
72	3	小孩	1	?	西北	
73	3	小孩	1	仰身直肢	西北	
74	3	小孩	1	仰身直肢	西北	单耳罐(AⅢ)、骨管
75	3	小孩	1	仰身直肢	西北	双耳罐(BⅠ)、双大耳罐(AⅠ)
76	3	小孩	1	仰身直肢	西北	双耳罐(BⅡ)
77	3	小孩	1	?	西北	

续附表一

墓号	层位	成人或小孩	人骨架	葬式	头向	随葬品
78	3	小孩	1	仰身直肢	西北	
79	3	小孩	1	仰身直肢	西北	圜底罐(AⅠ)、双大耳罐(AⅠ)
81	2	小孩	1	仰身直肢	东南	石纺轮(Ⅱ)、单耳罐2(BⅡ)
82	2	小孩	1	仰身直肢	西北	绿松石珠(Ⅰ)
83	2	小孩	1	仰身直肢	西北	
84	2	小孩	3	仰身直肢	西北	
85	3	成人	1	?	西北	
86	3	小孩	1	仰身直肢	西北	侈口罐(BⅣ)、双大耳罐(AⅠ)
87	2	成人	1	仰身直肢	东南	骨锥(Ⅱ)、豆(AⅡ)、侈口罐2(BⅡ)、侈口长颈罐(A)、骨匕(Ⅷ)
88	2	成人	1	仰身直肢	东南	豆(AⅠ)、侈口罐2(BⅢ、Ⅴ)、单耳罐(AⅣ)、高领双耳罐(A)、猪下颌骨8、小石块16
89	3	成人	1	仰身直肢	西北	碗(AⅢ)、侈口罐(BⅡ)、双大耳罐2(AⅠ、Ⅱ)、高领双耳罐(A)、骨匕(Ⅲ、Ⅳ)
90	3	成人	1	仰身直肢	西北	侈口罐2(BⅣ)、双大耳罐2(AⅠ)、高领双耳罐(A)
91	3	小孩	1	屈　肢	西北	

附表二　大何庄齐家文化人骨性别、年龄鉴定表

墓号	性别	年龄	墓号	性别	年龄
1		4～5岁	28	男	老年(56～75岁)
6		3～4岁	35		7～8岁
7		5～6岁	54	男	中年(36～55岁)
14	女(?)	青年(13～20岁)	56		6～7岁
16		7岁左右	63	男	老年(56～75岁)
18	女	壮年(21～35岁)	81		5～6岁

(本文原载于《考古学报》1974年第2期,29-62页)

【第二章　青海】

青海大通长宁遗址

任晓燕　王倩倩

长宁遗址位于西宁市北大通回族土族自治县长宁乡长宁村西南约3公里处。遗址坐落于湟水的主要支流北川河西岸二级阶地，东距北川河约3公里。遗址面积近10万平方米，海拔2340米。

该遗址是一处以齐家文化为主的大型聚落遗址，1986年由青海省政府公布为第四批省级重点文物保护单位。2006年5月，为配合青海省景阳变电所扩建工程建设，青海省文物考古研究所在变电所扩建区域内对遗址局部进行了抢救性发掘。历经两个月的发掘，揭露面积近3000平方米。

本项目领队任晓燕，执行领队王倩倩、闫璘。参加发掘的工作人员有蔡林海、李国林、胡晓军、顾希娟、刘林、王国旗。

考古发掘表明，长宁遗址是一处齐家文化聚落遗址。在发掘区域内，经清理的主要遗迹有房屋居址15座、灰坑和窖穴共计150个、墓葬6座。由于本次发掘为抢救性发掘，受到发掘范围的限制，无法了解本遗址聚落布局的全貌。但已揭露的15座房址结构形式有半地穴和地面建筑两种形式，反映出这一时期居住房址的建筑特点。其中地面式建筑，如F11采用了处理地基和建造木骨墙体的建筑技术。这一技术在邻近的甘肃境内大地湾第四期文化中就已出现，但据目前考古资料，在青海地区已发掘的齐家文化房址中，迄今均未见使用这种技术。长宁遗址中出现的地面建筑木骨泥墙的房址，在青海地区齐家文化中尚属首次发现。它不仅丰富并填补了这一地区齐家文化聚落房址建筑形式新的内容，同时也为了解该地区史前建筑技术的发展增添了新的实证资料。

灰坑或窖穴，形制有圆角长方形、正方形、圆形和不规则形四大类。有的挖掘规整，壁面整齐；有的利用自然冲积沟对生活垃圾进行处理的不规则灰坑，灰坑内的包含物有的出土兽骨、夹砂陶罐数量较多；有的则出土有大量的大块陶片，部分陶片还有早期粘对二次使用的痕迹，居址内的灰坑或窑穴，应具有不同使用功能。

墓葬均为竖穴土坑墓，其中1号墓葬随葬1件夹砂罐，罐内盛放几枚羊肋骨；3号墓随葬2件陶罐、1件石刀外，其余墓葬均无随葬品及葬具。有3座墓从葬式等观察，墓主人属非正式埋葬，利用了方形灰坑为墓穴随意扔弃在坑内予以埋葬。

经初步统计，遗址中共出土各类器物2000余件。从质地上可以划分为陶器、石器、玉器、骨角器、青铜器五类，以生活用具和生产工具为大宗。

陶器的质地有泥质陶和夹砂陶两种，泥质陶分橙黄、褐、灰和红陶，以橙黄陶为主。夹砂陶可分褐、灰、红和橙黄陶，以褐陶为主。器表多以素面为主，常见的纹饰为篮纹和绳纹。泥质陶除篮纹外，还有戳印纹、刻划纹等。纹饰多施于肩、腹处。夹砂陶除绳纹外，还有附加堆纹、网纹、席纹、篮纹和弦纹等，绳纹多饰于肩部、腹部，弦纹多饰于颈部，席纹多饰于底部。彩陶纹饰有网格纹、三角纹、三角网格纹等。

陶器可复原的有130件，器形多平底器，三足器罕见。夹砂陶有单耳罐、双耳罐、无耳罐、半罐形器、器盖、花边口罐、敛口罐、盉、盆、单耳杯等。泥质陶有高领折肩罐、双耳罐、双大耳罐、三耳罐、腹耳罐、盆、纺轮等。彩陶有双耳罐、双大耳罐、尊和豆等。

石器数量较多，计1400余件，以生产工具为主，大多为打制石器，器类有砍砸器、敲砸器、盘状器、刮削器等；磨制石器大多制作精致，常见的器形有石刀、石斧、石凿、石锛，还有研磨器和石杵，也罕见有兵器石矛及打制乐器石磬残片。细石器也占一定比例，有细石核、细石叶、尖状器等。

骨器制作精美，质地大多数为羊骨和鹿骨，计700余件，多利用了动物的肢骨或肩胛骨磨制而成，形制有骨簪、骨叉、骨刀、骨锥、骨针、骨笄、骨马镳、骨凿、骨铲、骨镞等，另有一种复合工具骨梗刀，系切割工具，是在兽骨上先开挖凹槽，内使用树胶等天然黏合剂镶嵌细石叶制作而成。还出土有鹿角器、卜骨等。

玉器主要为玉锛、玉斧、玉凿、玉璜。刃部有使用痕迹，多为实用工具。

青铜器仅发现一件，为铜环，似为锻造法制成，已残断。

本遗址采用了浮选法，从文化堆积中获取了数量颇丰的植物种子，总计高达近15万粒，其中以各种谷物为主，约10万粒，约占出土植物总数的70%，经鉴定谷物的种类有黍、粟、大麦。其他植物种子的数量相对较少，有黍亚科、禾本科、蓼科、菊科。其中极为重要的是首次发现了目前我国年代最早的大麦遗存；其次，在西北地区首次发现大麻籽。

在遗址内文化层及部分遗迹单位中，还出土了数量丰富的动物骨骸，动物遗存保存状况普遍较好，因此为了解恢复齐家文化时期动物群面貌及统计分析奠定了一定基础。经动物考古学家鉴定，初步研究结果：动物种类共计20余种，其中食肉类有熊、狼、狐、獾、猞猁、犬；食草类有马鹿、狍子、麝、麃、牛、山羊、绵羊；杂食类有野猪、家猪；小型哺乳类有兔、旱獭、田鼠、家鼠、河狸等；鸟类有鸡、猛禽等；另有淡水软体动物如河蚌和鱼类等，种类繁多。其中狩猎动物占较大比重并且种类相对集中。主要狩猎对象是马鹿、狍子和野猪，在动物遗存构成中占相当大比重。家养动物种类相对集中，但是有一定多样性，主要的驯养动物为山羊和绵羊，次之为牛，犬的数量较多，也是肉食对象之一。

经对长宁遗址的文化层堆积及出土物初步分析研究，可认定这是一处单一的齐家文化聚落遗址。在发掘工作中始终重视课题意识，始终重视了考古学与多学科相结合，以探索古代文化的经济形态及古环境这一课题为目标，采集了已发掘的遗址文化层堆积中所能发现的全部动物骨骼；收集了可以浮选的大量的土样，采用浮选法获取植物遗存，并完成了植物孢粉的采集。由于在该遗址开展了有系统的植物与动物考古学研究，获取到了极为丰富的多元信息，不仅丰富了齐家文化的内涵，也为初步认识与深入探讨这一地区齐家文化经济形态和发展规模、齐家人的生业模式及所生活的古生态环境等方面提供了科学依据及信息。

齐家文化处于新石器时代到青铜时代的过渡阶段，距今4200～3800年，是中华文明起源的重要时期。本次发掘成果还将对探索黄河上游史前文明因素起源与发展具有十分重要的意义，同时也为深入了解青海省境内齐家文化的内涵、分区，齐家时期的聚落形态、社会发展程度等问题增添了新的科学信息。

（本文原载于《再现文明——青海省基本建设考古重要发现》，
文物出版社，2013年，第51-63页）

贵南尕马台遗址与墓地

任晓燕

尕马台遗址位于海南藏族自治州贵南县拉乙亥乡昂索村之南0.5公里，地处黄河南岸第二台地，北距黄河约1公里，高出黄河现水面约60米，南靠茫茫穆格滩草原。尕马台所处台地发育良好，东西延伸长约40公里，南北有千米之阔，台地平坦，靠近黄河，登上台地南部近百米的高坡，便是穆格滩牧场，绿草茵茵，一望无际，台东有一小沟，山沟泉水缓缓流入黄河。这里自然条件优越，水利资源丰富，早在新石器时代晚期，人们就生活在这里，由于数千年来环境的变迁，远古人类的遗址被掩埋在厚约1米的黄沙下。遗址顶部经风吹雨冲，表土流失，暴露出了大量的陶片，遗址遭受了不同程度的自然破坏。

1977年7—9月，为了配合龙羊峡水库建设工程，更好地开展库区文物保护和考古发掘工作，由青海省文化局考古队和北京大学历史系考古专业联合举办了"龙羊峡工程亦工亦农考古短训班"，主要对尕马台新石器时代遗址进行了发掘。参加本次考古短训班的人员有北京大学历史系考古专业教师及76届全体同学30余人，青海考古队和来自部分州县的文博干部20余人，发掘人员总计50余人。

该遗址揭露面积1626平方米，在遗址上覆盖厚1～3米的黄沙，呈鱼鳞状，并随大风改变形状与位置。推去黄沙后即暴露出了原地表，地表的陶片和石器等遗物俯拾即是，少数遗迹瓮棺口部暴露于地表。从揭露情况来看，原地表基本在同一平面，中部略高，地层堆积保存较好；遗址边缘地表水土流失严重，由于长期暴露，自然侵蚀较甚，文化层仅数厘米，断续不成层次，甚至完全消失。地层堆积不厚，约1.2米。遗址地层较简单，共分3层，厚约1.2米。从文化层内包含物分析，第①层为扰乱层，第②层与第③层为文化堆积层，其内涵以马家窑文化为主体，其间涵盖有宗日文化因素。发掘结果表明了尕马台遗址应属一处以马家窑文化为主体的居住址，后被齐家文化墓地打破，该遗址即遭晚期齐家文化居民的人为破坏，同时也受长年自然的多重破坏。

在遗址居住址内遗迹较少，原居住房址破坏严重，只存有一处房址居住面，且原状及结构均不清；还有14处烧灶面、2座灰坑；另有18座与居住址同时期的瓮棺埋葬在遗址内。遗址中出土遗物，按质地可分为陶器、石器、骨器、牙器、蚌器。按用途有生产工具与生活用器两大类。另外，还有大量的陶片及动物骨骸等。遗址文化内涵单一，从出土遗物特征分析，应以马家窑类型晚期文化为主体，其内已含有半山类型的因素；此外，遗址内涵还包含有宗日文化因素。

遗址内，马家窑文化层堆积较厚，出土遗物丰富，并且发现有居住面，14个烧灶面分布其间，另有18座与遗址同时期的瓮棺葬也散布在遗址之内，表明此遗址属于一处定居的原始部落遗存。这处遗址得天独厚的优越地理环境为居于此地的居民提供了多种经济形态的生产空间。遗址坐落在黄河的二级台地上，台地地势平坦，土壤肥沃，为农业生产发展提供了有利条件；背山面水，北临黄河，使渔猎经济得以存在；南靠穆格滩草原，辽阔宽广，沃草丰盛，既是从事畜牧的大牧场，也是天然的狩猎场。遗址出土的生产工具用途多元化，也充分证实了居住在尕马台聚落遗址的原始先民的经济生产方式是一种多元化经济的形式。尕马台遗存的生产活动应以农业经济为主，畜养、狩猎、捕捞仍占一定比例。

由于遗址内遗迹单位少，仅有的一些遗迹现象不具备断代条件，如发现的唯一一处房址残损不全，只存局部居住面，原貌不详；两座灰坑内出土遗物及灶面亦无典型的文化特征。故对本遗址的文化属性及年代的判定，主要是依据遗址文化层内出土的彩陶片的文化特征做以判断。遗址内出土陶片以夹砂陶为主，同时并存有一定数量的彩陶片。彩陶片有泥质彩陶与夹砂陶质彩陶之分，代表了本地区不同的两种文化类型。

泥质彩陶，泥质红陶，以单一的黑彩为主，黑红复合双彩较少见，纹饰多由多道横、竖、斜较密集线条构成图案，有的间饰菱形网格纹及锯齿纹。较多见的器形是彩陶钵，敛口，弧腹，平底，内外饰彩，内彩发达，外彩常见的是较密集的曲线条，内彩多由菱形网格纹、波浪纹、三角纹构成图案，这是马家窑文化马家窑类型的典型器。在泥质彩陶中同时也兼有半山类型的典型风格，如彩陶颜料出现了黑与红复合彩，纹饰有锯齿纹及四大圆圈纹；个别器形如大口腹耳彩陶罐，器形圆鼓矮胖，纹饰作四大圆圈纹，已初具半山类型的风格。由此分析，泥质彩陶的文化属性应属马家窑类型晚期向半山类型过渡时期。

夹砂彩陶，遗址中数量不多，明显少于泥质彩陶。夹砂彩陶以夹砂白陶为主，也有少量的灰白陶，颜色只有单一的紫红彩，纹饰简单，往往只有单一纹饰，有折线纹、鸟纹。如夹砂彩陶罐腹饰多重红彩折线纹，夹砂双耳粗陶罐肩饰有一周红彩鸟纹。夹砂彩陶的制法与彩绘风格均与共和盆地宗日遗址中的宗日文化陶器极为相似，故分析夹砂彩陶的文化属性应属宗日文化。

尕马台遗址彩陶的风格与特点，反映出遗址年代以马家窑类型晚期为主体，大约处于马家窑类型晚期向半山类型过渡时期，同时遗址内还并存有宗日文化因素。这处遗址的发掘，虽然规模不大，但为研究黄河上游的史前文化增添了极为重要的资料。

尕马台齐家文化墓地内共发掘墓葬44座，1座瓮棺葬，43座竖穴土坑墓。墓地面积与墓葬数量，表明了这是一处小型的公共氏族墓地。墓葬的排列无明显的规律，但基本整齐有序集中布置，墓葬之间有一定的距离，毫无打破关系出现，说明当时是按严格葬制有序埋入的。整个墓地有着相同的埋葬习俗，随葬品的文化特征相同，一一表明了尕马台墓地应属同一氏族的公共墓地。

墓地内墓葬的排列有着严格的次序，埋葬方式盛行单人葬，不同身份的死者葬制有着较严格的区分，从不同葬式的死者随葬品有着不同的类别与数量，表现出了墓主人身份的差异。死者摆放姿势在入葬时，氏族每位成员均遵循俯身直肢葬，直肢仅指双腿而言，双臂部分直肢，有的单臂上举，有的双臂弯曲。墓地中只有4座俯身直肢墓葬尸骨未经扰乱，这些墓葬坐落在墓地中部，随葬品丰富且器类精致；无头葬的墓葬仅有随身佩戴饰品，基本别无他物，且位于墓地边缘；二次扰乱葬中有着扰乱程度大小之分，扰乱程度轻的仅略微扰动局部肢体，随葬品较全身扰乱的相对要多，并且居于墓地中部；扰乱程度大的全身扰乱葬墓葬置于墓地外沿，随葬品也相应少。由此可见，在此墓地随葬品的种类及多寡与死者的葬式是有一定关联的。换言之，居住在尕马台附近的这一氏族人群，在第一次下葬时要以俯身直肢葬式摆放，是男女老幼都要共同遵守的葬制，但葬后是否二次扰乱，扰乱程度如何则由墓主人在氏族中的身份来确定，不同身份的墓主人，有着不同的葬制。由此看出，氏族成员之间亦有了等级关系，氏族内部的制度已经松弛，人与人之间的关系已不是权力平等，贵贱之分已产生，氏族制度已走向解体。此外，不同性别亦有着不同的葬制，较突出地反映在男女的头向有别，男东女西；其次是随葬品的组合不同。

随葬品反映出的地方特点，生产工具不见农业工具，只有狩猎工具与细石器；生活用具简化，陶器数量少、器形小且种类单一，陶器种类有双大耳罐、小灰陶罐、颈耳彩陶罐、粗陶碗、粗陶盆五种，后四种不多见。普遍随身佩带的装饰品，种类丰富，数量颇多，装饰品的种类有海贝、绿松石珠、骨珠、骨饰、蚌饰等。从装饰品的种类及放置位置来看，使人们看到居住在黄河边的这支齐家人，十分注重自身的装饰，除在颈部佩有由海贝、绿松石、骨珠组成的多彩项链外，手足部还装饰有五彩的手链和足链，并佩戴有极为珍贵的铜指环。铜器有铜镜、铜泡、大小铜环三种器形。骨器有骨镞、骨针。尕马台墓地随葬品种类与数量均要少于其他墓地，随葬品的组合也明显地不同于其他墓地。

总体来看，尕马台齐家文化墓地文化特征，地方特点鲜明，突出反映在埋葬习俗中，如墓地的排列方式、死者的头向男东女西。尤为突出的是葬式的独特性，氏族成员均俯身入葬，除个别“贵族者”及身份特殊者外，几乎大部分成员均要再行二次扰乱葬。其次，随葬品中装饰品普遍，其种类与装饰特点基本沿袭了宗日遗址的传统风格；基本生产工具仅有狩猎工具及细石叶。唯有陶器基本被齐家文化所替代，与其他地点的齐家文化共性是十分明显的。尕马台墓地中唯一常用的普遍流行的生活用具是双大耳陶罐，无地方特点，是齐家文化的代表性陶器且具有鲜明的时代特征，造型风格与共和盆地宗日遗址的齐家文化墓葬、甘肃齐家坪墓葬等地的同类器完全类同。墓地的文化特征，反映出这一氏族人群的思想意识、宗教观念仍维系着固有的传统，沿袭着本氏族的葬俗礼制，故反映在了埋葬习俗的特殊性；但随着环境的变迁、经济方式的约束，也同时接受了先进的技术与文化，所以，在生产消费方面及部分生活用品上，表现出了很大的一致性。

尕马台齐家文化墓地，另重要的发现是出土了一面“七角形纹”铜镜，这是迄今我国年代最早的饰有花纹的铜镜。这枚珍贵铜镜的使用者，葬式俯身直肢，未经二次扰乱，随葬品颇丰富，地处墓地中心。无疑，墓主人在这一氏族中具有显贵地位。“七角星纹”铜镜，呈圆形。直径8.9厘米、厚3厘米，重109克，镜面平滑，背面有纽，饰有七角星图案。在镜的边缘钻有两个小孔，两孔之间有一道凹形细绳纹的痕迹，在清理时发现有木质镜柄，镜柄是通过镜缘的双孔用细绳捆绑固定使用。这一发现缩短了现代人与远古人的时空距离，它让人们直接观察到了这面年代久远的铜镜真实的使用方法。该镜经中国社会科学院考古研究所实验室用快中子放射分析法鉴定，应属青铜器。“七角形纹”铜镜也使尕马台遗址在国内外享有盛名。

尕马台齐家文化墓地，是在黄河上游共和盆地最早发现的极为重要的青铜时代早期的考古资料。这批发掘资料为进一步深入研究齐家文化的分布区域、不同地区的文化特征等学术问题，对探讨黄河上游早期青铜文化的起源与发展都补充了极为重要的实证材料，有着非常重要的价值。

（本文原载于《再现文明——青海省基本建设考古重要发现》，
文物出版社，2013年，51-63页）

尖扎县直岗拉卡乡齐家文化遗址发掘简报

胡晓军

一九九二年夏，省文物考古研究所为配合李家峡水电工程沙石料厂工程，在青海省尖扎县直岗拉卡乡进行了抢救性的文物考古发掘、发掘工作得到了黄河建设管理局的大力支持。参加发掘工作的有陈海清、胡晓军、孙鸣生、窦旭耀等同志。现将发掘结果简报如下。

一、地理位置与工作情况

遗址位于黄河南岸，直岗拉卡乡南部的第二台地上，台地高出河床约50米。遗址西距李家峡水电站约3公里，北距黄河约1.5公里，南为大山，海拔高2100米。遗址区内主要是草山，地势较平坦。该遗址按台地前沿地形分为甲、乙、丙、丁四区。每区为独立的山头，这里主要介绍甲区和丙区的发掘情况。这次发掘在甲区和丙区共有5米×5米的探方七十个，2米×4米的探沟两条，揭露面积达1766平方米。由于文化堆厚薄不一，遗迹少，而分布极不集中，故空较多。主要遗迹有房址两座、窑址两座、墓葬一座及一些灰坑。

二、地层和遗迹

（一）地层

从遗址地层情况看，两区的堆积层较薄，厚度一般在0.5米左右，共分两层。

第①层，表土层，灰色，厚20～50厘米，土质疏松，内含齐家文化陶片及晚期的东汉五铢钱和铁块。

第②层：文化层，灰褐色，厚30～5O厘米，土质坚硬，出土遗物、遗贵较多，包含物有齐家文化的石器、骨器、陶片和兽骨及房屋、窑址、墓葬，遗迹开口于一层之下，均打破生土层。

第③层：生土层。

(二)遗迹

1.房址

两座。甲区丙区各一个。

F位于甲区北部的缓坡处。为半地穴式，平面呈长方形，东西宽284～305厘米，残高50厘米。白灰硬面铺地，硬面厚0.3～0.5厘米，门向朝东；中部有一圆形灶坑，直径82厘米，深10厘米，内含红烧土及被烧焦的兽骨。由于房子处于缓坡处，受到雨水冲刷，东北部及门道和白灰面遭到破坏。房址西南角有三个直径约0.6厘米、深11厘米的柱洞（图一）。

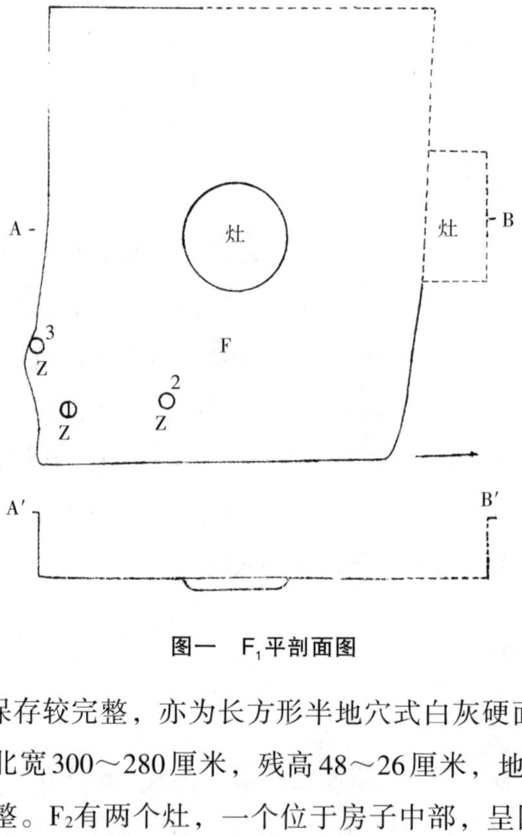

图一　F_1平剖面图

F_2位于丙区，保存较完整，亦为长方形半地穴式白灰硬面房子。房子东西长278～304厘米，南北宽300～280厘米，残高48～26厘米，地面铺有厚约0.3厘米的白灰硬面，较完整。F_2有两个灶，一个位于房子中部，呈圆形，直径94厘米，深5厘米，内有红烧土，灶的内壁抹一圈白灰硬面，当为主灶，另一个位于房内东北部，略高出居住面，呈长方形，东西宽60厘米，南北长80厘米，内含红烧土及石块，可能是分食的辅灶。门向北，门道宽84厘米，长92厘米（图二）。

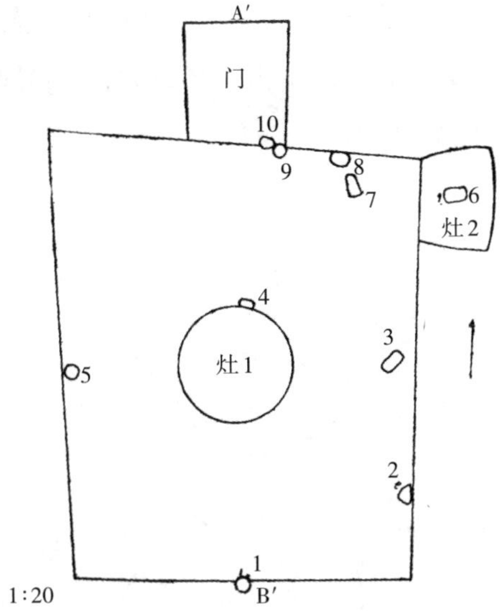

图二 F_2平面图

2.窑址

位于四号山头丙区，由于山头嘴部地形狭窄，无法布方，改打2米×4米的探沟。该遗址地层堆积较简单，在表土层下20厘米出现窑址两座，分别编号为Y_1、Y_2。Y_2位于Y_1北侧，两窑相距仅1.5米，但形制不同。窑址地面有用红胶泥土铺成的硬面，硬面东西350厘米，宽250厘米，可能是当时陶工制作陶器的活动场所。

Y_1平面近似马蹄形，由火膛、火道和窑室三部分组成。发掘的火道内部构造基本上被破坏，窑室直径110～130厘米，残高100厘米，窑室较浅，火口较小，窑口是用红胶泥硬块垒砌而成，火口向北（图三）。

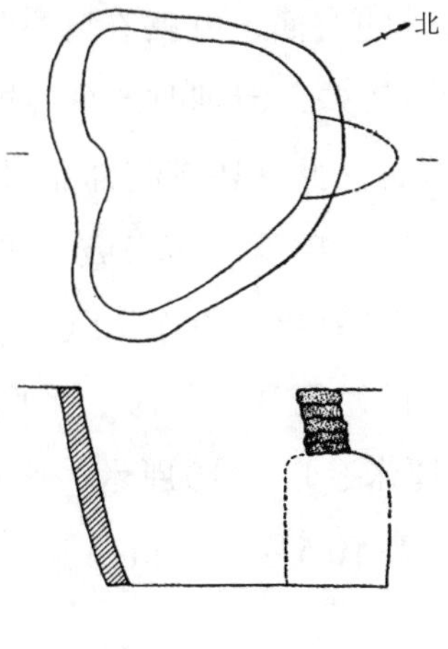

图三 Y_1平剖面图

Y_2平面为椭圆形，火口、火膛、火道及窑室组成；火膛较深，火口部有壁，其作用是将火膛大火分入支火道，窑室为圆形，残高100厘米，窑室内有两层台，直径118厘米，窑壁微向内弧（图四）。

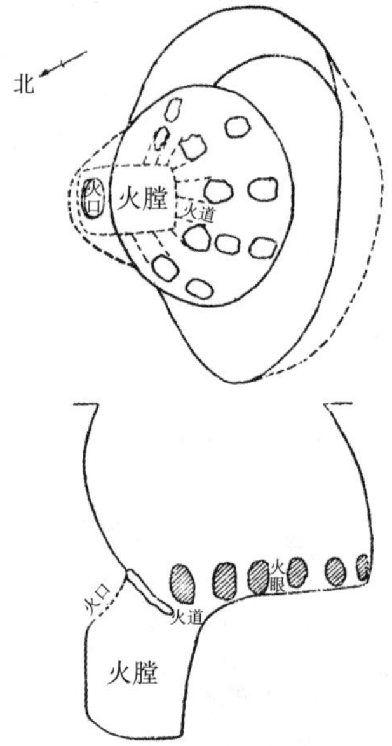

图四　Y_2平剖面图

3.墓葬

一座，位于甲区的东部山头。竖穴土坑二层台结构，墓口平面为椭圆形，东西长240厘米，南北宽130厘米。墓室为长方形，东西长200厘米，宽52厘米。无葬具，墓底至墓口深度为124～116厘米，人骨架1具，男性，仰身直肢，但部分骨架零乱，右侧腿骨置于头骨的右面，并搭在随葬陶器上。随葬品以陶器为主，共10件，除两件夹砂粗陶陶质较差，清理时严重腐蚀无法提取外，余皆完整器形有单耳罐、双耳罐、彩陶双耳罐。此外还有装饰品绿松石（图五）。

单耳罐　1件。夹砂，敞口，单耳，腹微鼓，平底，器身有火烧炭灰迹，高8.5厘米、口径8.4厘米、底径5.5厘米（图五：1）。

粗陶罐　2件。夹砂，敞口，无耳、鼓腹、平底、径腹部有一对乳钉，器身有火烧炭灰迹。一件高10.7厘米、口径10厘米、底径6.5厘米（图五：2）。另一件，器形相类，器底有席纹，高10.5厘米、口径10厘米、底径6厘米（图五：3）。

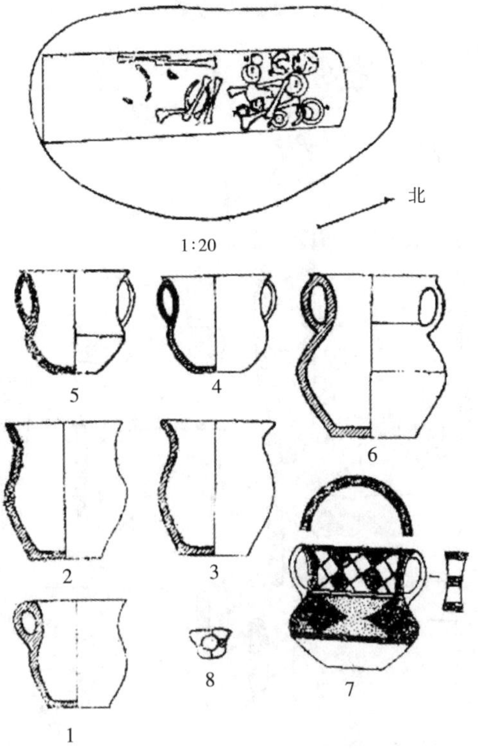

1.单耳罐 2、3.粗陶罐 4、5.双耳红陶罐 7.双耳彩陶罐(均为1:2) 6.双耳罐(为1:4) 8.绿松石(为1:1)

图五 M平面图、器物图

双耳垂腹罐 2件。泥质红陶、敞口、长颈、颈下双耳，腹微鼓，平底，略圈足。一件高7.5厘米、口径9厘米、底径4厘米（图五：4)。另一件高7厘米、口径9.5厘米、底4厘米（图五：5)。

双耳罐 1件，泥质橙黄陶，敞口、短直颈、双耳，鼓腹，平底。腹部下饰篮纹并有刮痕。高15厘米、口径12.3厘米、底径8.5厘米（图五：6)。

双耳彩陶罐 1件。敞口、颈略长，双耳、鼓腹、平底，器表饰红陶衣，黑彩、口沿内饰锯齿纹，径腹为菱形纹（图五：7)。

绿松石 10块，多残损不成形，其中一有穿孔（图五：8)。

4.石器

共17件，分为斧、刀、纺轮等。

(1) 斧

4件。2件残、标本。

一件平面呈梯形，器身扁平，琢磨较粗，双面磨刃、呈平刃，刃部崩疤。H5：①，长13.2厘米、刃宽5厘米（图六：1）。

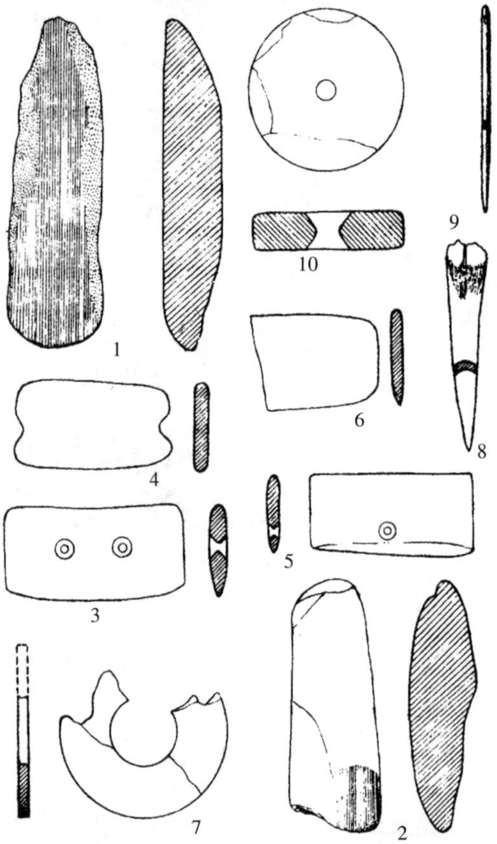

1、2. 石斧　3、4、5、6. 石刀　7玉石璧　8. 骨锥　10. 石纺轮(均为1:2)　9. 骨针(为1:1)

图六　器物图

一件平面呈梯形，琢磨较粗，器身圆，一侧平，弧刃，器身厚5厘米、长18厘米、刃宽5厘米（图六：2）。

（2）刀

9件，5件残。

双孔刀　4件。长方形、直背弧刃，磨制，中间穿二孔、标本：H10：①，长10厘米、宽5厘米（图六：3）。

缺口刀　2件。长方形，直背直刀，两侧有打制缺口，平面磨制，较粗糙。标本。H15：③，长8.5厘米、宽4.5厘米（图六：4）。

单孔刀 2件。长方形，直背斜刀，磨制；制作较细，中有一孔。标本Y：①，长9厘米、宽4.5厘米（图六：5）。

无孔刀 1件。残，长方形，弧背弧刃，磨制，石质较粗，无孔、标本：H5：③，宽5厘米（图六：6）。

玉石璧 1件。残，青色，磨制较细，器身扁薄片状，圆形内孔直径9.1厘米，内径3.8厘米（图六：7）。

石纺轮 1件，磨制较粗糙，直径为8.6厘米，内径为1厘米。标本T28：②（图六：10）。

骨器 7件。

锥 6件。多残缺。利用羊的肢骨磨制而成，顶端留有关节槽，H7：⑤，长11厘米（图六：8）。

针 1件。器身细长，制作精致、完整，针眼较少，H7：⑥，长5.4厘米（图六：9）。

三、结语

这次发掘出的两座房址，均是长方形半地穴式建筑，屋内地面铺有平整的白灰面居住面，中间都同有一个圆形灶炕，这种建筑的方法和形制与大河庄[①]、皇娘娘台[②]的相似。白灰面不仅坚固美观，而且还具有一定的防潮作用。两座房子相距约1000米，为单独的个体，这种分散的布局说明居住在黄河上游的齐家人是为了适应个体家庭作为社会经济单位的需要而建筑的。直岗拉卡发现的窑址，虽然在窑内没有发现遗物，但在窑外却出土了不少的齐家文化陶片。Y_2的外形和内部结构，显然受到庙底沟二期[③]文化的影响，它为研究甘肃地区的窑址提供了新的资料。墓葬形制出现二层台，二层台在柳湾、大何庄、秦魏家的墓葬中不见。在青海地区，二层台多出现于齐家文化之后的卡约文化中，但所出土的陶器器形与柳湾齐家文化早期器物相同，尤其是出土的彩陶罐更为接近[④]。

①中国科学院考古研究所甘肃工作队：《甘肃永靖大何庄遗址发掘报告》，载《考古学报》1974年第2期，第29-62页。

②甘肃博物馆：《武威皇娘娘台遗址第四次发掘》，载《考古学报》1978年第4期，第448页。

③中国科学院考古研究所：《庙底沟与三里桥》，载《科学出版社》1959年。

④青海省文物管理处考古队、中国社会科学院考古研究所：《青海柳湾》，文物出版社，1984年。

西宁小桥沈那齐家文化遗址

王　武

青海省文物考古研究所　西宁市文化局文物管理所

发掘时间：1991年5—10月

遗址位于西宁市西郊小桥，在湟水及其支流北川河交汇处的二层台地上。总面积10多万平方米。经全面调查和约1200平方米面积的发掘，得知该遗址主要是一个齐家文化聚落遗址，还包含有少部分马家窑文化马家窑类型和卡约文化的文化遗存。

遗址的文化堆积较厚，一般都在2米左右，出土了大量的文化遗迹和丰富的文化遗物。探查和发掘了齐家文化聚落遗址的房址共计14座、灰坑窖藏30多个、墓葬8座。房子可以分为“硬土面房子”和“白灰面房子”两种。其中，“白灰面房子”分布排列比较密集有序。1号和2号房子距离不足3米，中间隔有一窖穴。房子均为半地穴式，两个房子都是长（方）形，门开在西。1号房子稍长，长约4.5米，残宽约1.8米；2号房子的残墙最高约70厘米。两房的正中都有一圆形灶坑，直径约1米，深约15厘米。房子修建得十分考究，地面及墙面均用石灰浆涂抹一层，地面的白灰面较厚，约1.5厘米，墙面所涂白灰厚约0.5厘米。在1、2号房子以南不足10米处又有一半地穴式圆形白灰面房子，房子的直径约3.6米，内仍有直径约1米的灶坑。这三座白灰面房子基本上是南北一字形排列，西临沟壑而建筑。硬土面房子既有方形的，又有圆形的。有的房内无灶坑。所发现的大型圆灰坑，直径约2米有余，深约1.5米，其用途有待研究。房子周围还零星有墓葬。

出土的陶器有折肩篮纹壶、双大耳泥质红陶罐、夹砂灰陶罐、鬲足、鼎足、器盖、彩陶片。还出土有大量的盘状器、石斧、石锛、石凿、石刀（有的石锛、石凿、石刀是数个同出）、玉璧、骨锥、骨针、骨簪、卜骨、陶（石）纺轮等典型的齐家文化遗物。发现的铜器很少，仅一两例，为残铜刀的头端部。

小桥沈那遗址主要以齐家文化聚落遗址为其特色，是齐家文化聚落遗址中比较典型的代表之一。对该处齐家文化史前聚落形态的整体考察，还有待于对这一遗址大面积的田野考古发掘和揭露。

（本文原载于《中国考古学年鉴》1992年，第336-337页）

西宁市沈那遗址

吴　平
青海省文物考古研究所

发掘时间：1993年6月23日—11月10日

遗址位于西宁市近郊马坊乡小桥村，本年为第三次发掘。在遗址A区的南面开探方18个，发掘面积450平方米，文化堆积厚1～2米，分为3～5层，清理灰坑71座、房址4座、墓葬6座，属齐家文化。

灰坑形制有圆形、椭圆形、长方形、不规则形四种，以直壁和斜壁袋状平底为主，个别灰坑内发现殉人和动物骨骼（狗、猪）。房址残存少部分，为白灰硬面和硬土面，有圆形和方形两种。墓葬在房址周围，个别在房址内，葬式有仰身直肢葬、屈肢葬；仅两座有随葬品。这些遗迹皆在二层以下，有打破和叠压关系，为齐家文化分期提供了依据。

遗物以陶器碎片为主，第二、三层以夹砂陶为主，泥质陶较少。四、五层夹砂陶数量减少，泥质陶增多。陶色除橘黄、红、褐色外，有少量灰、白陶。纹饰以绳纹、篮纹为主，其次为堆纹、弦纹、划纹、剔刺纹等，少量彩陶，绘黑、紫红两种色彩。可辨器形有双耳罐、双大耳罐、双唇罐、堆纹罐、折肩壶、大口缸、盆、碗、尊、器盖、鬲等。个别器物的外表对缝处粘有一条黑色黏合剂，为当时修复后二次使用痕迹。打制石器以盘状器为主，其次为刮削器、砍砸器、石核、细石器；磨制石器以刀、斧为主，其次为凿、研磨器、纺轮、杵、璧、环、石料半成品；玉石器有凿、锛；骨器以锥为主，其次有针、镞、簪、凿、管、匕、铲、叉、纺轮、卜骨、兽角器等；另外还有陶制纺轮、拍、刀、环、球、饼等。深灰坑内还出一些橘红色的残漆片。

出土的动物骨骼有羊、猪、狗、牛、马、鹿、鸟类等。

（本文原载于《中国考古学年鉴》1994年，第278-279页）

大通县上陶村齐家文化遗址和吐谷浑时期墓葬

刘宝山
青海省文物考古研究所

发掘时间：1995年8—11月

该遗址位于大通县黄家寨乡上陶村第二、三阶台地上，遗址总面积达8000～9000平方米。1995年进行了第一次抢救性发掘。这次主要是发掘了遗址下部、发掘面积约800平方米，出土陶器、石器、骨器等各类遗物300多件；出土的陶片主要有夹砂灰陶和褐色陶，以及泥质红陶和灰陶，少数泥质红陶片上绘有黑彩。陶片纹饰主要有绳纹、篮纹、附加堆纹、麻点纹和锥刺纹。出土的石器中有大量的打制石器和细小石器，反映出早期齐家文化的某些特点，磨制石器种类主要是生产工具刀、斧、凿、锛等。可以复原的陶器甚少，以彩陶双耳罐、粗陶罐、素陶盆为主。

发现的重要遗迹是三座房屋居住面遗存，其中两座为长方形，一座为圆形，全是白灰面抹平的居住面，面积不足10平方米，内有圆形灶面，灶面旁一方形小坑。由于农民平整土地，居住面上仅覆盖了10厘米左右的耕土，部分白灰面被犁铧挂坏，所以屋面以上的堆积及周围柱洞情况不清楚。灰坑遗迹以H1出土遗物最丰富、形制为方形。

另外，在遗址发掘区东部还发现了3座晚期墓葬，其中一座殉有5只羊头和青铜器饰品；一座殉有1匹完整的马及青铜饰品；另一座为人与马、羊的部分骨骼（以头骨为主）乱葬在一起；墓中也有铜饰品和骨镞出土。根据殉马身上的饰件及一对铁马蹬、主人身上的饰品及头顶部的一粗陶罐判断，初步判定应为吐谷浑时期的墓葬。

（本文原载于《中国考古学年鉴》1996年，第248页）

化隆纳卡遗址

陈海清

化隆纳卡遗址位于化隆回族自治县甘都镇苏合加村西南约2公里的黄河北岸二台地上，南距黄河约1.5公里，海拔1885～1915米。遗址所处为梯田，面积超过1.2万平方米，早期平整土地对该遗址有所破坏。

2003年6—9月，为配合黄河上游苏只水电站工程建设，青海省文物考古研究所在化隆县文物管理所的配合下，对该遗址进行了抢救性发掘，取得了较好的收获。项目领队刘宝山，执行领队陈海清，工作人员胡晓军、卜玉凤、刘杏改、刘小强、袁桂青、张占仓、顾希娟、何英。

纳卡遗址共布5米×5米探方31个，发掘面积775平方米。遗址地层堆积一般分为4层，1层为耕土层，2层与3层为扰乱层，4层为文化层，厚0.3～1.2米，内涵单纯，属齐家文化。4层下为生土。

遗址内共清理房址4座、灰坑84个、灰沟11条，出土文物240余件。

4座房址中以F1最为完整，长方形，长5.2米、宽4.8米，建筑方法为平地起墙，墙基残高0.3～0.7米、宽0.3米，墙外围有一周柱洞共36个，柱洞间距0.4～0.5米，直径0.1～0.3米，深0.15～0.6米，房内四角各有1个柱洞。门向西开，门道长2.05米、宽1.9米。屋内堆积为倒塌的墙体。房屋墙面及地面皆使用白灰面处理抹光，屋内中部被H85所打破，故无灶的痕迹；F2只存四角四个柱洞和中间一块柱础石，应为一简易房屋；F3为正方形，边长3.5米，屋内地面被处理，呈黑褐色硬面，墙基已破坏；F4由于被多个遗迹打破，仅存部分地面，故其形状及结构都不清楚。

84座灰坑，形状有圆形、椭圆形、不规则形等，其用途也应不同，有窖穴、一般贮物坑和取土坑等。窖穴与一般贮物坑制作规整，坑壁及底部经过加工，有袋状与筒状之分；取土坑则比较随意，是取用土后回填废弃物形成的。另外除在坑内倾倒垃圾外，还有在坑内埋葬动物和人的习惯。如H55，椭圆形，袋状，口径1.34～1.65米、底径1.74米、深0.6米，坑内葬有一具完整的猪的骨骼。H23呈不规则椭圆形，直壁，口、底径1.13～1.3米、深0.35米，坑内葬有一具人骨，由于坑较小，故人骨略呈扭曲状，仰身直肢，头向西，面向南，人体上部南侧随葬石壁1件，经鉴定为约16岁的男性骨骼。

灰沟长短、宽窄不一，走向无规律，非建筑基槽，故用途不明。

遗址内含有较多的陶片，其质地可分为细泥陶、泥质陶、粗陶三大类，以粗陶居多，占总陶片量的70%，泥质陶次之，细泥陶最少。除大量的素面陶外，器物上还有较多的纹饰，主要有绳纹、篮纹、附加堆纹、戳印纹等，以绳纹与篮纹居多，彩陶较少。可辨器型有双大耳罐、双耳罐、折肩罐、粗陶罐等。出土各类器物240余件，其质地有陶、石、骨、玉等，其中以石器居多，骨器次之，陶器再次之，玉质类器最少。石器中以石刀、石斧、砍砸器为常见，石刀、石斧一般为磨制。砍砸器数量较多，特别是有一种砍砸器为同类遗址中少见，器型基本为圆形，有大有小，大者直径30余厘米，重4～5千克，两面琢出凹槽与凹窝以便于手握，具体用途不得而知；骨器主要有骨锥、骨铲等；陶器有罐、器盖、纺轮等；玉器以玉料为主。

根据遗址遗迹及出土器物分析，纳卡遗址文化属齐家文化。遗址中发现的房址为平地砌墙的地面建筑，属新发现，大型的石质砍砸器作何用途尚待研究，灰坑内埋葬人和动物的习俗在此遗址中较为常见。纳卡遗址新资料为研究青铜时代早期人们的生产、生活及社会形态提供了不可多得的实物资料。

（本文原载于《再现文明——青海省基本建设考古重要发现》，
文物出版社，2013年，第64-68页）

青海互助土族自治县总寨马厂、齐家、辛店文化墓葬

青海省文物考古队

青海省文物考古队于1979年6—10月、1980年4月，共6个月时间，在互助土族自治县沙塘川公社总寨大队发掘了一批墓葬，其中除21座墓葬属汉代外，其余为马厂、齐家、辛店文化墓葬，本文是这批早期墓葬的报告。

总寨位于互助土族自治县沙塘川公社北面，西距沙塘川河1公里，北距互助县所在地威远镇13.2公里，南距沙塘川公社3公里。墓葬分别位于总寨村东前坡根和村东北的寺儿台两地，两地之间有东沟水自东向西流过，两地相隔1.2公里(图一)。以下按时代序列分别叙述：

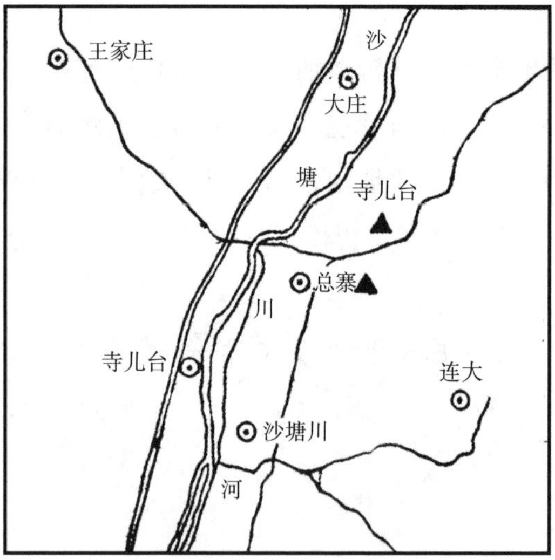

图一　墓葬位置图

一、马厂文化墓葬

马厂文化墓葬共发掘6座，地点在总寨村东北的寺儿台山地上。这里被社员修

路破坏，部分墓葬显露地表，一般墓葬残留开口较浅，但墓葬内部大多数保存完好。

1.墓葬形制

墓葬均为长方形圆角竖穴土坑基，有的墓近似椭圆形。方向45°～130°。长1.3～2.1米、宽0.64～1.3米、深0.25～0.95米。可分为二型，Ⅰ型不带二层台，Ⅱ型有整齐的二层台，二层台穴内放置骨架，二层台上放置随葬陶器。

Ⅰ型 以M34为例。该墓方向为45°，长1.5米、宽0.8米、深0.24米。墓内人骨1具，为45岁左右的成年女性，葬式为仰身直肢，但骨架零乱，似经二次扰动。在骨架左侧放置随葬陶器两件（图二：右）。

Ⅱ型 以M36为例。其构筑方法是，先挖一竖穴土坑，然后在土坑底部再挖一长方形墓穴，形成生土二层台，墓穴挖凿整齐规则，在墓穴内放置人骨，生土二层台上放置随葬陶器3件。墓穴长2.1米、宽1.08米、深0.3米，二层台穴长1.8米、宽0.37米、深0.16米。方向55°。人骨葬式为仰身直肢，为一45岁左右的成年女性，在骨架周围有骨珠若干（图二：左）。

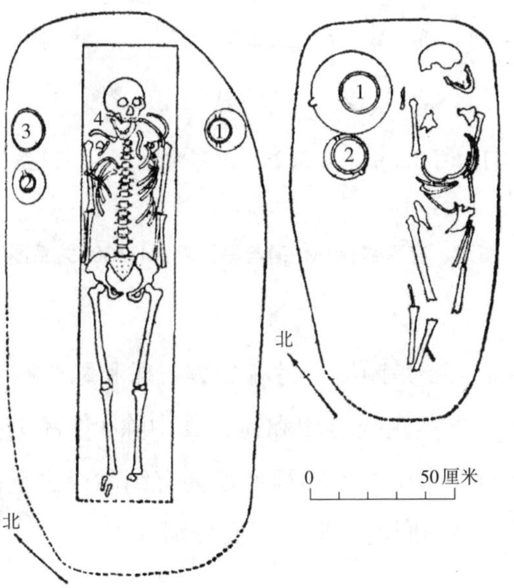

左.M36(1.双耳罐 2.长颈壶 3.钵 4.骨珠) 右.M34(1.壶 2.双耳罐)

图二 马厂墓葬

这批马厂墓葬的葬式比较整齐划一，一座为二次葬，仰身，其余五座均为一次葬，仰身直肢。随葬品的配置亦有规律，均放置在人骨的头部和上身两侧。随葬陶器无大差别，每墓1件至6件不等。均未见葬具。

在这里我们发现了齐家文化墓葬打破马厂文化墓葬的打破关系一例。马厂墓葬为M38，Ⅱ型墓，墓穴残长1.35米、宽1.3米、深0.95米，方向70°，二层台穴残长1.3米、宽0.35米、深0.2米。墓内人骨一具，较完整，为一45岁左右的成年男性，葬式为仰身直肢，上身两侧的二层台上各放置随葬陶器3件，上身骨架周围，还随葬有石珠和绿松石。该墓西半部被齐家墓葬M39所打破（图三）。

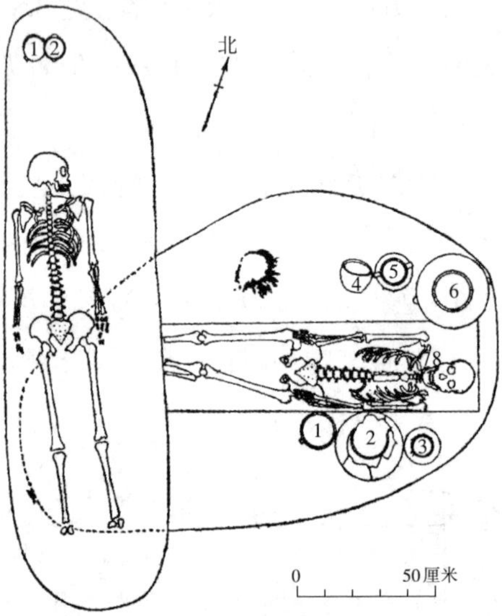

左.M39(1、2.双耳罐)　右.M38(1、4.陶钵　2.彩陶壶　3.长颈壶　5.彩陶罐　6.罐壶　7.骨珠　8.绿松石珠)

图三　齐家墓葬(M39)与马厂墓葬(M38)关系图

2.随葬品

马厂墓葬中随葬品主要是陶器，另有少数石珠和绿松石珠。共出土陶器13件（一件粗陶残底未计），器型主要有罐和钵，其中除3件钵为夹砂粗灰陶外，其余均为泥质红陶。在泥质红陶中均不同程度地夹有细砂或少量的粗砂。罐又可分为单耳、双腹耳、双颈耳等不同的器形，下面分别叙述。

（1）单耳罐2件

M38：3　泥质红陶。直口，短颈，溜肩，鼓腹，平底，颈部一侧附单耳，腹部突出一钮。器表和口沿内部施彩绘，红黑两彩相间，口沿内部饰三角纹，腹部四大圆圈纹，在圆圈内部填网格纹，颈部斜网格纹。口沿7.3厘米、腹径15厘米、底径8.4厘米、高14.5厘米（图四：2）。

M36：2　泥质红陶，夹粗砂。口微侈，颈部斜直，鼓腹，平底，颈部一侧单耳略高于口沿，腹部突出一钮。通体彩绘，口沿内部不施彩，彩绘黑、红两色相间，腹部饰四大圆圈纹，圈内填斜网纹。口径7厘米、腹径16厘米、底径8厘米、高15.7厘米（图四：8）。

（2）双颈耳罐4件

M36：1 泥质红陶，夹粗砂。侈口，高领，双耳，鼓腹，平底。器表和口沿内部施彩，彩绘均黑色。口沿饰条纹，腹部重彩连续三角纹相错，颈部饰由小圆点组成的相错连续三角纹，二者之间饰短条纹。口径10厘米、腹径15.4厘米、底径7.8厘米、高13.3厘米（图四：17）。

1、6、7、12. 双腹耳罐（M38：6、M34：1、M33：1、M38：2） 2、8. 单耳罐（M38：3、M36：2） 3、4、5、17. 双颈耳罐（M38：5、M34：2、M37：1、M36：1） 9、10、18. 双颈耳罐（采） 11、13、14、15、16. 双腹耳罐（采）

图四 马厂墓葬出土陶器（1为1/12，2、3、4、17为1/6，6为1/14，18为1/4，余均1/8）

M38：5　泥质红陶，夹砂。口微侈，高颈，双耳，鼓腹，平底，耳略高于口沿。器表和口沿内部均彩绘，黑、红两色相间，颈部饰网纹，耳部饰红色条纹，腹部饰条纹、连续大斜方格纹，内填网纹，口沿内部点纹和条纹。口径11.5厘米、腹径14厘米、底径8.3厘米、高12厘米（图四：3）。

M34：2　侈口，溜肩，折腹，双耳，平底。器表、口沿内部、耳部彩绘，黑、红两色相间，口沿内部交错锯齿纹、条纹，颈腹复线回纹，中间以红彩填充，耳部饰波折纹。口径12.7厘米、腹径15.5厘米、底径8厘米、高10.2厘米（图四：4）。

M37：1　口微侈，短颈，双小耳，溜肩，鼓腹，下收作平底。颈、腹部施彩绘，颈部饰：条纹、锯齿纹，腹部饰密集的大斜线方格纹，内套有小网格纹。口径8.7厘米、腹径20.8厘米、底径7.4厘米、高18.5厘米（图四：5）。

（3）双腹耳罐4件

M34：1　泥质红陶，夹粗砂。侈口，短颈，溜肩，收腹，双耳，平底。素面无纹。口径16.2厘米、腹径33厘米、底径13厘米、高35厘米（图四：6）

M38：6　泥质红陶，夹粗砂。侈口，短颈，溜肩，鼓腹，平底，双耳。器表素面无纹，口沿内部黑彩线条纹。口径17厘米、腹径27厘米、底径9厘米、高25厘米（图四：1）。

M38：2　泥质红陶，夹粗砂。侈口，短颈，广肩，鼓腹，双耳，底部残破。耳以上饰黑粗带纹、锯齿纹。口径17.5厘米、腹径27厘米、残高20厘米（图四：12）。

M33：1　口微侈，高颈，广肩，收腹，平底，双耳。肩腹部黑、红两彩相间，饰勾连四大四圈纹，圈内填网纹。口径6厘米、腹径19.5厘米、底径8.5厘米、高20厘米（图四：7）。

（4）陶钵3件

M38：1　夹砂灰陶。大口微侈，下收作平底，器腹两侧突出二对称的小钮。口沿处有一道弦纹，通体饰细绳纹。口径16.5厘米、底径9厘米、高12厘米（图五：1）。

M38：4　夹砂灰陶。大口微敛，腹微鼓，下收作平底，器腹两侧突出两个对称的小纽。口沿处有一道弦纹，通体饰细绳纹。口径13厘米、底径9厘米、腹径15厘米、高11.5厘米（图五：2）。

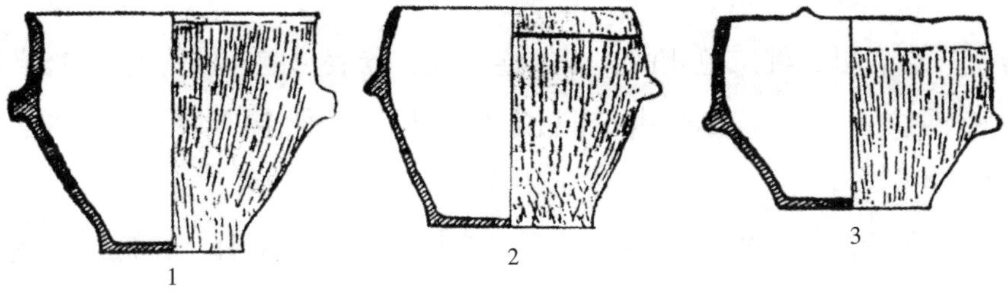

1.M38：1　2.M38：4　3.M36：3

图五　马厂墓葬出土陶钵（约1/4）

M36：3　器形纹饰等与M38：4相同。口径15厘米、腹径16厘米、底径9厘米、高9.8厘米（图五：3）。

采集陶器　我们在寺儿台还从附近老乡家征集了一批马厂类型的陶器，这些陶器有：

（1）双颈耳罐3件

其一，夹砂粗红陶，口微侈，鼓腹，双耳，平底，耳高于口沿，在口沿内部和器表施彩，彩绘黑、红两色相间，口沿内部饰锯齿纹，器表连续方格纹、宽条纹、锯齿纹，口沿12厘米、腹径15.5厘米、底径9厘米、高12厘米（图四：10）。

其二，夹砂粗红陶，侈口，双耳，鼓腹，平底，在口沿内与器表施黑彩，口沿饰双线条纹，腹部饰连续斜方格纹，方格纹内填网纹，颈部饰宽带纹，在宽带之间用短条纹连接，口径16.5厘米、腹径21厘米、底径9厘米、高17.5厘米（图四：9）。

其三，夹砂粗红陶，侈口，双大耳，折腹下收作小平底。在口内和腹部彩绘，黑、红两色相间，口内饰连续弧线纹，口沿与腹部饰连续斜方格纹，内填网纹，其间饰粗条纹，口径11厘米、腹径13厘米、底径6厘米、高10厘米（图四：18）。

（2）双腹耳罐5件

其一，夹砂粗红陶，侈口，短颈；溜肩，鼓腹，双耳，平底，口内和器表施彩，口内弦纹、锯齿纹，器表饰多道条纹、连续斜方格纹，在方格内填点纹，口径14厘米、腹径25厘米、底径11.5厘米、高24厘米（图四：14）。

其二，夹砂粗红陶，侈口，溜肩，鼓腹，下收作小平底，双耳，口内和器表施黑彩，口内锯齿纹，器表锯齿纹、连续斜方格纹，格内填网纹，口径21厘米、腹径24厘米、底径9厘米、高23.5厘米（图四：11）。

其三，夹砂泥质红陶，侈口，短颈，广肩，鼓腹，下收作平底，双耳，口沿内与器表彩绘，黑、红二色相间，口内连弧纹，器表母题花纹为勾连“S”纹以及锯齿纹与网纹，口径17.5厘米、腹径30厘米、底径14厘米、高32厘米（图四：13）。

其四，夹砂泥质红陶，侈口，短颈，广肩，鼓腹，双耳，平底，口内和器表施黑彩，口内连弧纹，器表条纹、连续斜方格纹，口径15厘米、腹径31厘米、底径13厘米、高30.5厘米（图四：15）。

其五，夹砂泥质灰陶，侈口，短颈，广肩，鼓腹，双耳，平底，口沿内和器表面彩绘，彩绘下面有一层淡红色陶衣，彩绘由黑、红两色组成，口内饰连续复线弧纹，颈、肩部施锯齿纹，腹部母题花纹为波纹，上下连以锯齿纹，口径14厘米、腹径30厘米、底径11.5厘米、高31厘米（图四：16）。

马厂墓葬出有少数石珠和绿松石珠，与齐家文化墓葬出土的相似。

二、齐家文化墓葬

齐家文化墓葬在总寨村东前坡根发掘9座，在村东北寺儿台发掘1座，共10座。前坡根墓地被社员修梯田破坏，所有墓葬的残留开口深度均较浅，但多数墓葬底部还保存较好。

1.墓葬形制

均为竖穴土坑墓，长0.96~2.45米、宽0.56~1.02米、深0.5~1.2米。可分三型。

Ⅰ型 不规则长方形竖穴土坑墓。以M1为例北头宽，南头窄，像一鞋底形，方向大致呈东北—西南向，长2.42米、宽0.92米、深1.2米，墓内人骨无头，其余骨架完整，呈仰身直肢状，为成年男性，随葬品有双耳罐2件以及骨锥、铜刀、铜锥、石珠等，在脚部以下，放置羊角一对（图六：左1）。

Ⅱ型 圆角长方形竖穴土坑墓。以M7为例，方向呈东北西南向，长2.45米、宽0.7米、深1.2米，墓内人骨一具，完整，葬式为仰身直肢葬，为一45岁左右的男性，随葬品较丰富，有陶罐1件以及石斧、细石片、铜刀、铜锥、骨链、骨针、石珠、海贝等，在人骨脚部以下，放置羊角一对（图六：左4）。

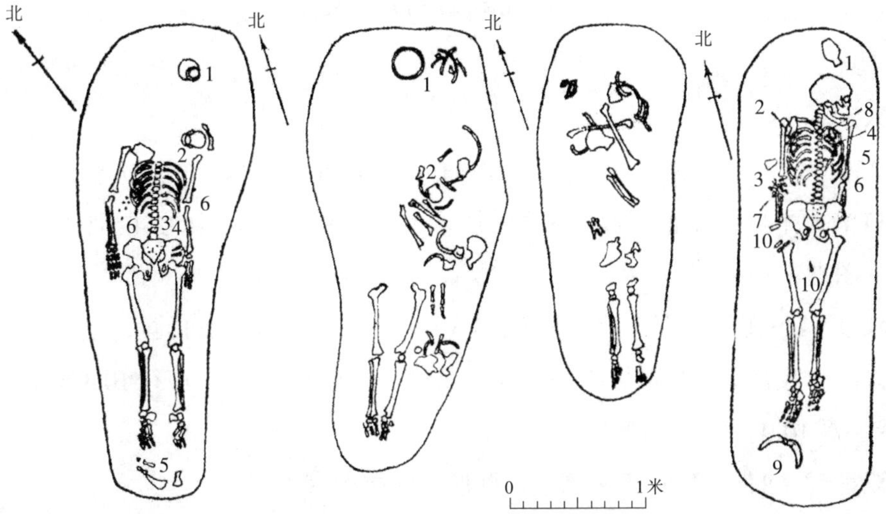

左1.M1（1、2.双耳罐　3.骨柄铜锥　4.骨柄铜刀　5.羊角　6.石珠）　左2.M2（1.豆　2.双耳罐）　左3.M3　左4.M7（1.灰陶罐　2.骨镞　3.残石器　4、5.铜刀　6.铜锥　7.细石片　8.骨针　9.羊角　10.玉石斧）

图六　齐家文化墓葬

Ⅲ型　椭圆形竖穴土坑墓。以M5为例，长1米、宽0.7米、深1.2米。墓内骨架零乱一堆，当为二次葬，为一成年男性墓葬。随葬品与人骨放置一起，有陶碗1件，陶罐2件，另有铜刀、细石片、骨镞、海贝、玛瑙珠、石珠、绿松石珠等。

总寨齐家文化墓葬葬式比较复杂，有一次葬和二次葬两种。一次葬均为仰身直肢，其中完整的有M7、M39，无头骨有M1。二次葬葬式多样，有骨架完全凌乱不堪、堆成堆的，如M5、M6两座；有上身零乱，下肢完整的四座，其中又可分为几种不同的情况：有的股骨以下完整，如M2（图六：左2），有的肱骨以下完整，如M3（图六：左3），有的盆骨以下完整，如M8。在二次葬中，还有母子合葬墓两座（M4、M2）。未见男女合葬墓。

随葬品的放置，有的二次葬墓陶器与骨架放在一起，一般墓葬陶器放置在头部以上或头部周围。石珠、玛瑙珠、骨镞、牙饰等位于骨架上肢及腿部周围。锥、刀、斧、纺轮等位于骨架胸、腰部。一对羊角位于脚下。随葬有铜器的墓葬均为男性墓葬，这种墓也往往有生产工具伴出，随葬纺轮的墓葬均为女性墓葬。

2.随葬品

（1）陶器

共出土15件，其中除2件为夹砂粗灰陶外，其余均为夹砂粗红陶和泥质红陶。

器形有罐、豆、钵三种，其中罐类又可分为双大耳罐、双耳罐、侈口罐等。

①罐

双大耳罐 2件，出于M39。

M39：1 泥质红陶，胎质薄而细。侈口，高领，溜肩，折腹，双大耳，耳部低于口沿，平底。素面无纹。口径9厘米、腹径9.8厘米、床径4.5厘米、高11.2厘米（图七：1）。

M39：2 泥质红陶，胎质薄而细。侈口，高领，溜肩，折腹，双大耳，耳部低于口沿，腹径大于口径，平底。素面无纹。口径8.8厘米、腹径10.3厘米、底径5厘米、高10.9厘米（图七：2）。

双耳罐 8件。出自五座墓中，器形和陶质稍有不同。

M1：1 泥质红陶，胎质薄而细。侈口，溜肩，鼓腹，平底，双耳。器表有一层灰白陶衣，素面无纹。口径9.5厘米、腹径13厘米、底径6.3厘米、高14厘米（图七：3）。

M1：2 夹砂粗灰陶。侈口，溜肩，鼓腹，平底。口沿处有一圈附加条状堆纹，耳部各突出一乳钉，乳钉中间锥刺一孔，乳钉以下刻划斜十字纹，在耳部下方锥刺一排圆点纹，腹上部饰细绳纹，腹下部饰斜篮纹。口径8.5厘米、腹径13厘米、底径5.5厘米、高15.8厘米（图七：5）。

M2：2 夹砂粗红陶。侈口，溜肩，鼓腹，平底。口沿处有一圈带状附加堆纹，耳部刻划斜十字纹，腹部素面无纹。通体被烟熏黑。口径6厘米、腹径8厘米、底径4.8厘米、高8.4厘米（图七：7）。

M4：1 夹砂粗红陶。侈口，溜肩，鼓腹，底内凹，双耳。口沿处有一圈带状附加堆纹，耳部附加乳钉纹，刻划斜十字纹，耳部以下锥刺一排点纹，腹部刻划复线波折纹。通体熏黑。口径7厘米、腹径9.5厘米、底径4.2厘米、高10.6厘米（图七：9）。

M5：3 夹砂粗红陶。侈口，溜肩，鼓腹，底部内凹成矮圈足，双耳。口沿处有一圈带状附加堆纹，耳部饰乳钉、刻划斜十字纹，耳部以下锥刺点纹。通体熏黑。口径8厘米、腹径10.5厘米、底径4.5厘米、高12.7厘米（图七：8）。

M5：2 夹砂粗红陶。侈口，溜肩，鼓腹，平底、双耳。器表有一层灰白色薄陶衣，耳部绘红色倒三角纹。口径9厘米、腹径11.3厘米、底径6.5厘米、高13.4厘米（图七：6）。

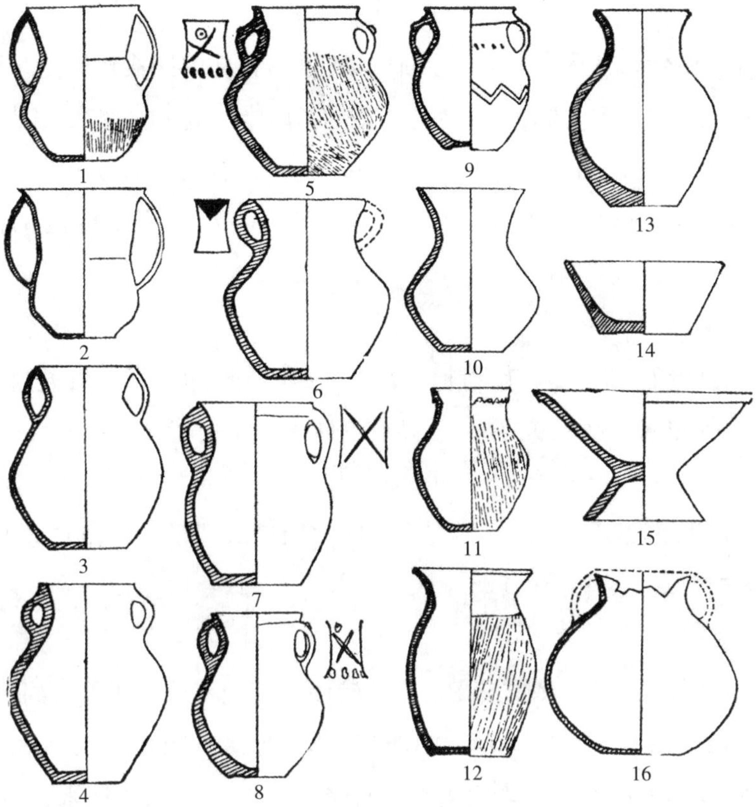

1、2. 双大耳罐（M39：1、2） 3～9、16. 双耳罐（M1：1、M8：1、M1：2、M5：2、M2：2、M5：3、M4：1、M5：4） 10～13. 侈口罐（采、M6：2、M7：1、M6：1） 14. 钵（采） 15. 豆（采）

图七 齐家墓葬出土陶器（5、7. 约1/5，余约1/4）

M8：1 夹砂粗红陶。口微侈，溜肩，鼓腹，平底，双耳，耳部低于器口。腹部及口沿内部施一层红褐色陶衣。口径7厘米、腹径12厘米、底径5.5厘米、高15.1厘米（图七：4）。

M5：4 夹砂红陶。侈口，溜肩，鼓腹，平底，口沿及耳部残。口径7.8厘米、腹径14.5厘米、底径6.5厘米、高14厘米（图七：16）。

侈口罐 共3件。

M6：1 夹砂粗红陶。侈口，高领，溜肩，鼓腹，平底。腹部施一层红褐色陶衣，素面无纹。口径7厘米、腹径12厘米、底径5.5厘米、高15厘米（图七：13）。

M6：2 夹砂红陶。侈口，广肩，肩以下斜收成平底。口部附加一圈三角花边堆纹，腹部细绳纹。口径6.5厘米、腹径9厘米、底径3.5厘米、高11厘米（图七：11)。

M7：1　夹砂粗灰陶。侈口，溜肩，鼓腹，底部内凹成矮圈足。颈部以下饰粗绳纹。口径9.5厘米、腹径10.5厘米、底径6厘米、高14.3厘米（图七：12)。

采集品　1件。夹砂泥质红陶。侈口，高领，有肩，肩以下收成平底。器表有一层灰白陶衣。口径8.5厘米、腹径10厘米、底径5厘米、高12.5厘米（图七：10)。

②豆

1件。夹砂粗红陶。敞口，斜直腹，下接喇叭形圈足，口沿处附加一圈带状堆纹。口径18厘米、底径9.5厘米、高10.2厘米（图七：15)。

③钵

1件。夹砂粗红陶。敞口，斜直腹，底内凹呈矮圈足。口径12.8厘米、底径7厘米、高5.5厘米（图七：14)。

纺轮　3件。

M9：1　泥质红陶，火候较高，质地较硬。底面无纹，正面与周边压印圆圈、半圆、“S“纹。直径6厘米、孔径0.8厘米、厚1厘米（图九：3)。

M4：8、4　泥质红陶，素面无纹，直径7厘米、孔径0.7厘米、厚1厘米（图九：1、2)。

(2）石器

石斧　1件（M7：13)。为较粗的玉石制成，通体打磨光滑，刃部锋利，顶部钻有双孔，一孔贯通，一孔未钻通。长11.5厘米、 宽3.6厘米、厚0.9厘米（图九：4)。

石纺轮　1件（M2：7)。为一薄石片磨制而成，直径8厘米、孔径0.9厘米、厚0.6厘米（图九：6)。

细石片　297片，出在M5、M7两座墓中，较微小，呈长条形，工艺较高，两面刃部锋利，应是一种切割细石器（图八：3～6)。

(3）采集石器

石斧　1件，刃部磨制，下宽上窄，长14厘米、宽4.3厘米、厚3.8厘米（图九：5)。

双孔石刀　4件，为长方或不规则长方形，双孔，一面刃，刃部磨制。长9.3～11.1厘米、宽4.2～4.7厘米、厚0.4～0.5厘米（图八：18～21)。

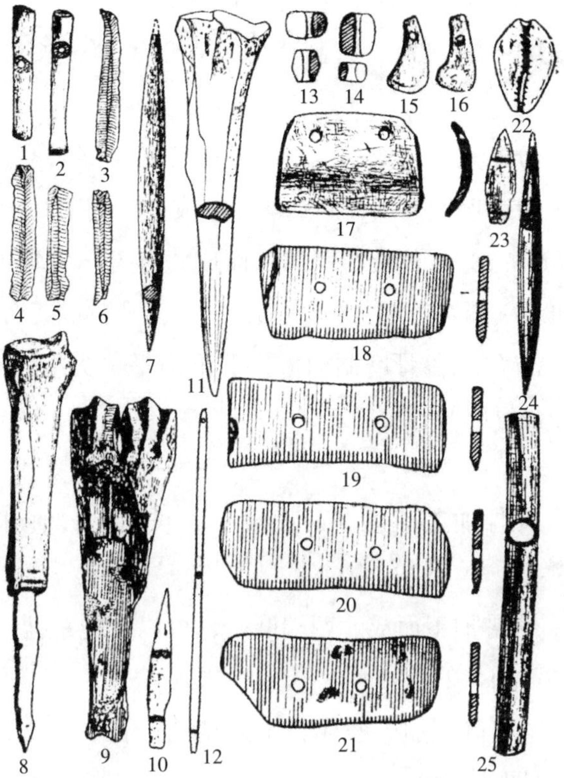

1、2.Ⅱ式骨管　3～6.细时期　7、24.Ⅰ式骨镞　8.骨柄铜锥　9.骨柄铜刀　10.Ⅱ式骨镞　11.骨锥　12.骨针　13.玛瑙珠　14.绿松石珠　15、16.牙饰　17.骨饰　18～21.石刀　22.海贝　23.Ⅲ式骨镞　25.Ⅰ式骨管

图八　齐家墓葬出土器物(18～21、25为2/5,余均4/5)

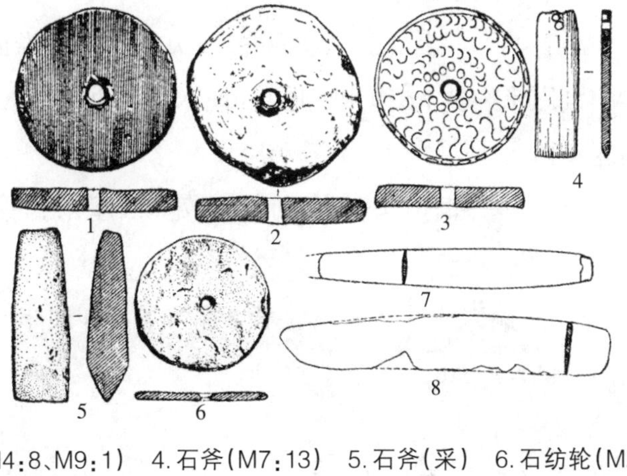

1～3.陶纺轮(M4:8、M9:1)　4.石斧(M7:13)　5.石斧(采)　6.石纺轮(M2:7)　7、8.铜刀(M7:4;M5:10)

图九　齐家墓葬出土器物(1～3、7、8为1/2,余均1/4)

（4）骨器

骨锥 1件（M1：7）。兽骨磨制而成，尖部锐利。长9.5厘米、宽2.7厘米（图八：11）。

骨镞 12件，分三式。

Ⅰ式：10件。兽骨磨制而成，两端均磨制成锐尖（图八：7、24）。

Ⅱ式：1件（M5：8）。兽骨磨制加工而成，有铤，尖端锐利，长4厘米、宽0.5厘米、厚0.3厘米（图八：10）。

Ⅲ式：1件，M7出。兽骨磨制而成，器形扁平，尖端锐利。长2.3厘米、宽0.7厘米、厚0.13厘米（图八：23）。

骨管

Ⅰ式：2件。兽骨加工而成。两端磨平。长13～17厘米、宽1.3～1.5厘米（图八：25）。

Ⅱ式：12件。兽骨加工而成。两端磨平，可以穿绳系挂。其一长约3.6厘米、宽约0.5厘米（图八：1、2）。

骨针 4件。均系兽骨加工磨成，工艺精细。长8.5～8.7厘米、宽0.15～0.2厘米、厚0.1厘米（图八：12）。

（5）铜器

铜刀

Ⅰ式：M5：10，形体较宽，一面开刃，刃部有使用痕迹，长13.5厘米、宽2.3厘米、厚0.2厘米（图九：8）。

Ⅱ式：1件（M7：4）。片状，两面开刃，一头平，一头卷曲成筒形，中孔可以穿绳系挂。长11.4厘米、宽1.6厘米、厚0.1厘米（图九：7）。

（6）骨、铜复合器

骨柄铜锥 2件。其一铜锥头长6.7厘米、宽0.5厘米，锒在兽骨做的柄内（图八：8）。

骨柄铜刀 2件。 铜刀成片状。其一长5厘米、宽1厘米，双面开刃，一端锒在兽骨制的柄内（图八：9）。

（6）其他

石珠 共753枚，石膏石质，极细小，直径约0.5厘米、厚0.2厘米。

玛瑙珠 5枚，玛瑙石质，径0.8厘米、厚0.7厘米（图八：13）。

绿松石珠 3枚，分管形和扁圆形两种，大小各不相同，其一径0.5厘米、长0.9厘米（图八：14）。

骨牌饰 1件。利用兽骨磨制而成，一端穿有双孔可以穿绳系挂，梯形。长3.5厘米、宽2.4厘米（图八：17）。

牙饰 23枚，鹿牙穿孔而成（图八：15、16）。

海贝 5枚（图八：22）。

三、辛店文化墓葬

M32位于总寨村东北寺儿台。方向170°。为长方形竖穴圆角土坑偏洞式墓葬。长1.9米、宽1.73米、深2.23米。墓内骨架一具，为二次葬，无头骨，经鉴定，为一45岁的成年男性（图一〇）。

1、2. 双耳罐　3. 彩陶壶

图一〇　辛店文化墓葬（M32）

双大耳罐 夹砂红陶。侈口，溜肩，鼓腹，平底，双大耳，耳部略低于口沿。素面无纹。口径11.5厘米、腹径14厘米、底径8厘米、高22厘米（图一一：2）。

双腹耳罐 夹砂红陶。侈口，高领，溜肩，鼓腹，平底，腹部双耳。器表和口沿内部施一层红褐色陶衣，彩绘用黑彩，颈部饰展翅飞翔的鸟纹、条纹，腹部用复线勾出双钩纹，中间填红褐色彩。口径14厘米、腹径17.5厘米、底径6厘米、高24.5厘米（图一一：3）。

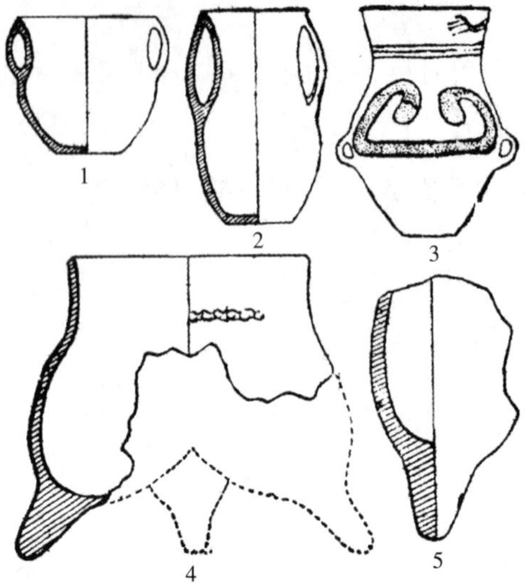

1～3.双耳罐　4、5鬲(采)

图一一　辛店墓葬陶器(1为1/5,2、3约1/8,4、5约1/7)

双颈耳罐　夹砂红陶。侈口，短颈，鼓腹，平底稍内凹，颈部有双耳。器表和口沿内施一层红色陶衣，素面无纹。口径9.5厘米、腹径9厘米、底径4.5厘米、高8.7厘米（图一一：1）。

此外，我们在距离辛店文化墓葬不远的地方采集了几片辛店文化陶片，其中经粘对能辨认器形的有鬲、罐等。

鬲　2件。夹砂粗红陶。实足，一件在颈部有附加堆纹，一件仅存鬲足（图一一：4、5）。

双腹耳罐　1件，形制与M32双腹耳罐相同，但无彩绘，且形体较大。

四、结语

互助总寨马厂类型墓葬，葬式以仰身直肢葬为主，也有二次葬。与永昌鸳鸯池和乐都柳湾发现的情况大致相同，但未见俯身葬和屈肢葬。乐都柳湾马厂墓葬出现比较考究的木棺葬具，使用薄木板做葬具较为普遍，并发现带有斜坡墓道的门，墓门常用若干竖木或石板进行封闭。总寨马厂墓葬中无木棺葬具，而以竖穴土坑或带二层台的墓为其特点。

总寨马厂类型墓葬出土的陶器，制作一般较为粗糙，大部分彩陶黑、红两彩相间，以黑彩为主，器形口大颈短，根据器形和彩绘的方法，以及流行的纹饰来观察，与甘、青地区马厂类型早期墓葬的陶器较为相似。因此，我们将总寨马厂类型墓葬的时代定为马厂早期。

总寨马厂类型墓葬被齐家文化墓葬打破的地层关系，为齐家文化晚于马厂类型文化的理论，又一次提供了例证。

总寨齐家文化墓葬为竖穴土坑墓，这一点与其他地区相同，但也有自身特点，墓葬中在人骨脚下放置一对羊角的情况较为特殊。

墓葬中反映出来的男女分工较为明显，如随葬铜器的墓葬均为男性墓葬，随葬纺轮的均为女性墓葬，这说明了女子在生产中地位的削弱，妇女已降于从属男子的地位。

随葬品中，类别、数量有较大差别，证明财富的增长与财富聚集的不平衡性较为显著。

总寨前坡根齐家文化墓葬陶器较有特色，这些陶器器形矮小，制作粗糙，其双耳罐中，腹部圆鼓，器表有一层白陶衣，具有特点。口沿处有附加条状堆纹，耳部有一排锥刺圆点纹，与大通上孙家寨上孙类型墓葬出土陶器相同，双耳罐腹部刻划的双层波折纹，同卡约文化阿哈特拉类型的灰陶双耳罐腹部的刻划纹完全一致。其侈口罐的附加三角花边堆纹也同卡约文化阿哈特拉类型花边口沿罐相近。这些情况一方面表明，总寨齐家文化墓葬有自身的特点，另一方面可能反映了同卡约文化的融合。因此，这批齐家墓葬的时代可能较晚，可能代表了甘、青地区齐家文化的一种新的类型或新的发展阶段。

总寨齐家文化墓葬较重要，对研究齐家文化的不同类型和分期，以及同卡约、辛店文化的关系，提供了一批新资料。

总寨辛店文化墓葬仅一座，其墓葬形制同大通上孙家寨卡约、辛店墓葬的偏洞式墓相同，其陶器组合，反映了辛店文化乙组与上孙类型共存这一事实，其时代应相当于大通上孙家寨辛店文化墓葬晚期。

参加发掘的有许新国、王琦、卜玉凤、徐兴莹、童成海，绘图者为刘溥。

（本文原载于《考古》1986年第4期，第306-317页）

金禅口齐家文化遗址发现青海省早期大麦、小麦遗存

董广辉　杨　颖　任晓燕　王忠信

金禅口遗址位于青海省互助县加定镇加塘村金禅口一社西侧，地处黄河二级支流大通河南岸的二级阶地上，南距大通河谷约300米。该遗址为齐家文化遗址，南北长100米、东西宽80米，面积约8000平方米。2012年青海省文物考古研究所对该遗址进行了发掘，发掘面积约285平方米。

为研究金禅口遗址齐家文化时期人类对植物资源的利用，在该遗址的发掘过程中，采取了针对性采样法在灰坑、房址等不同遗迹单位系统地采集了土样（108份，总计1212.93升），并利用水波浮选仪对所采集的样品进行了浮选，样品的分类及炭化植物种子的种属鉴定工作分别在兰州大学西部环境教育部重点实验室和中国社会科学院科技考古中心进行。共鉴定出22个植物种属的炭化种子11243粒，其中粟（Setariaitalica）、黍（Panicum）、大麦（Hordeum vulgare）、小麦（Triticumaestivum）和大麻（Cannabis sativa）五种农作物的炭化种子为10163粒，约占碳化植物籽粒总数的90%。农作物遗存中，粟、黍碳化种子占绝大多数（97%），分别为7055粒和2128粒，大麦、小麦和大麻碳化种子分别为271粒、15粒和1粒。

我们选取了10份碳化作物种子样品，在北京大学考古文博学院考古年代学实验室进行加速器质谱（AMS）测年。所采用碳十四半衰期为5568年，所测得的碳十四年代（未校正）统一使用OxCa1v3.10校正软件中的Intca104树轮校正曲线进行校正。测年结果显示，金禅口遗址的年代范围为2200—1770 BC。碳化粟黍种子年代（4个）为2200—1770 BC，而碳化大麦、小麦种子年代（6个）为2030—1770 BC，可能表明金禅口遗址粟黍种植较早，而大麦、小麦两种起源于西亚的农作物传入时间稍晚。尽管如此，金禅口大麦、小麦遗存出现的时间在2000 BC左右，是青海省目前已发表的直接测年结果最早的。但金禅口遗址大麦、小麦的出

土概率仅为16%和2%，表明其不是该遗址齐家文化时期人类利用的主要植物资源，暗示外来农作物大麦和小麦从传入青海，到作为主要植物资源加以应用经历了较长的过程。

金禅口遗址地处大通河沿岸台地，而大通河—扁都口—河西走廊是中国历史时期连接河湟谷地和河西走廊平原的重要通道。从已发表的资料看，小麦传入河西走廊的时间稍早于2000 BC，如皇娘娘台遗址（2043—1746 BC）和缸缸瓦遗址（2026—1759 BC），说明大麦和小麦很可能是由河西走廊经扁都口、大通河传入湟水和黄河上游谷地的。

（本文原载于《中国文物报》2014年7月4日）

喇家遗址发现经过

何克洲　李晓东
青海民和县博物馆

民和县古遗址众多。1923年安特生就发现了著名的马厂塬遗址。1958年青海省第一次文物普查，民和发现100多处古遗址和古墓葬。但喇家遗址则是后来才发现的。

1973年，青海省派人去长办考古训练班学习，民和县的赵存禄参加，回来后就开始深入农村调查。其间，在官亭盆地胡李家和喇家村发现了遗址。当时胡李家遗址见到陶片比较多，而喇家遗址的陶片比较少，并且土质板结，没有太多收获。

1979年，赵存禄在官亭文化站和泵站人员协助下，再次调查喇家遗址，找到的遗物也少。第二天去访问农民，听说过去村民发现过许多玉石器和陶器。但也没有征集到文物。

1981年5月22日，青海省文物处苏生秀和赵存禄等人再到喇家遗址调查了解，并动员村民上交文物。这次征集到5件齐家文化玉器，收藏在民和县博物馆。

1982年又进行文物普查，青海省考古所吴平等人详细调查了喇家遗址，发现了文化层，采集到许多马家窑、马厂、齐家文化的陶片，认为是一处重要遗址，建议进行保护。

1986年5月27日，喇家遗址被青海省人民政府公布为第四批省级重点文物保护单位。同年10月16日，青海省考古所尚民杰和县博物馆何克洲再次对遗址进行复查核实。

1998年10月，中国社科院考古所甘青队王仁湘、叶茂林与青海省考古所卢耀光、胡晓军一行，沿黄河考察选点，在官亭盆地重点调查了喇家遗址和胡李家遗址，并把这两个遗址作为研究课题发掘的首选。次年秋，考古队开始在喇家遗址试掘，之后几年连续发掘。

2001年喇家遗址成为全国重点文物保护单位。评为同年度的全国十大考古新发现。

（本文原载于《中国文物报》2005年1月7日第7版）

青海民和喇家史前遗址的发掘

叶茂林

中国社会科学院考古研究所　青海省文物考古研究所

青海民和喇家遗址在1999年曾进行试掘，2000年和2001年连续进行较大规模的发掘，目前共揭露面积约1500多平方米，取得了一些较为重要的成果。

喇家遗址位于青海最东的民和县南端的黄河岸边，所处地域是黄河上游的一个河谷小盆地，其间分布着众多古文化遗址。近年来，中国社会科学院考古研究所甘青队与青海省文物考古研究所合作，在这块小盆地内开展“官亭盆地古遗址群考古研究”课题。喇家遗址的发掘，是继胡李家遗址之后选定的第二个发掘项目。

一、发掘的主要收获

1999年在第一次试掘中，就在该遗址Ⅰ区发现了齐家文化时期宽大的壕沟遗迹，在Ⅱ区发现了出土玉器的房址，在Ⅲ区也发现房址和遗存丰富的文化堆积，在Ⅴ区则发现有马家窑文化类型的灰坑。在广泛调查和钻探的基础上，初步认识到喇家遗址是一个以典型齐家文化内涵为主的大遗址，探查的面积达20万平方米。

在2000年的发掘中，在Ⅱ区发现了3号和4号房址，室内都保存有因灾难死亡的人类遗骸。其中在F3内发现一对母子，而F4内则有多达14具人骨（图一）。其后，又在东边紧邻的Ⅳ区内清理出7号房址，室内也发现4个个体的人骨遗骸。在这些房址内保存下来的灾难现场，给人以强烈的震撼，显示出距今4000年前后的齐家文化时期这里曾经发生过重大灾变。我们随即邀请相关的古环境专家对遗址进行了地学考察，在地层堆积中发现了黄河大洪水的遗迹和沉积物。另外，2000年的发掘中，在Ⅱ区还发现了一段壕沟，在Ⅲ区和Ⅶ区也发现了房址，还清理了两座零散墓葬，但迄今为止还没有探查到喇家遗址中墓地的分布位置。

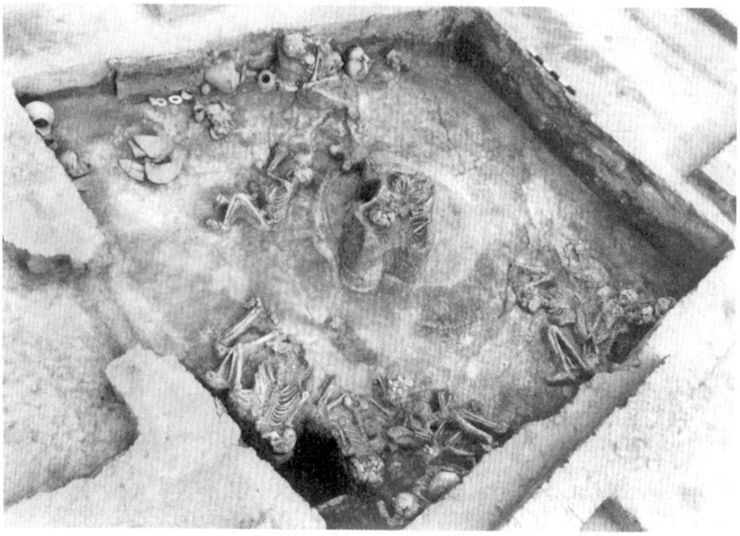

图一　F4(西北→东南)

2001年的发掘工作集中在Ⅳ区和Ⅴ区。在7号房址的旁边又清理出10号房址，在室内发现经历灾难死亡的2具人骨。通过对这座房址的细致清理，进一步搞清了人骨被掩埋的地层堆积，地层关系显示出室内死亡的人是因为突发的房屋坍塌被砸被压，人骨的非正常姿势和存在骨折等情况都可以说明问题。更重要的是，这次发掘中在遗址内找到了多处地震遗迹，包括地裂缝、塌陷、沙管和折皱起伏等现象。除了黄河大洪水遗留的红土沉积，在遗址中也发现有强烈的山洪带来的沉积物，山洪对遗址部分区域的冲击表现得极为明显。地层关系表明，遗址区内先遭地震，后有洪水，洪水形成的地层叠压在地震遗迹和地震塌毁的黄土堆积物之上，这样就对喇家遗址遭受地震和洪水等灾害袭击的过程有了初步了解。但对于遗址堆积过程的了解仍然还存在一些问题，比如地震与洪水之间相隔的时间，黄河大洪水与山洪之间的关系，以及诸多其他细节等，都还有待做更进一步的考察，需要开展多学科合作研究。考古发掘所揭示的现象是，地震对喇家遗址造成了灾难性的打击，而洪水又给它以毁灭性的冲击。在这里十分难得地保留下了黄河上游齐家文化时期重大的灾变事件遗存，具有极其珍贵的科学研究价值。

2001年，在Ⅴ区的台地中部发现了一片小型广场的迹象。在若干个探方内都发现同一层位的硬土面，系人工踩踏而成，范围已超过20米，但目前还没有全面揭露。在这个硬土面范围里，清理出存有人骨遗骸的杀祭坑，坑呈袋状，口小底大，口沿处有浅槽痕迹，人骨俯身弃置于坑内，坑口及底部都见到若干较大的砾石（图二）。在此层硬土面中多夹有灰烬，还有露天灶址，在硬面下发现埋葬的奠基人骨架。另外，在硬土面中还清理出埋藏坑，出土有较丰富的遗物，包括完整的陶器、玉石器、骨器和卜骨等。这些现象足以说明，这片经踩踏的硬土面是当时人们重要的仪式活动场所，具有广场的性质。在广场下面又发现了壕沟，表明广场是在壕沟废弃填平之后建起的，显示出喇家遗址聚落形态的变化过程。

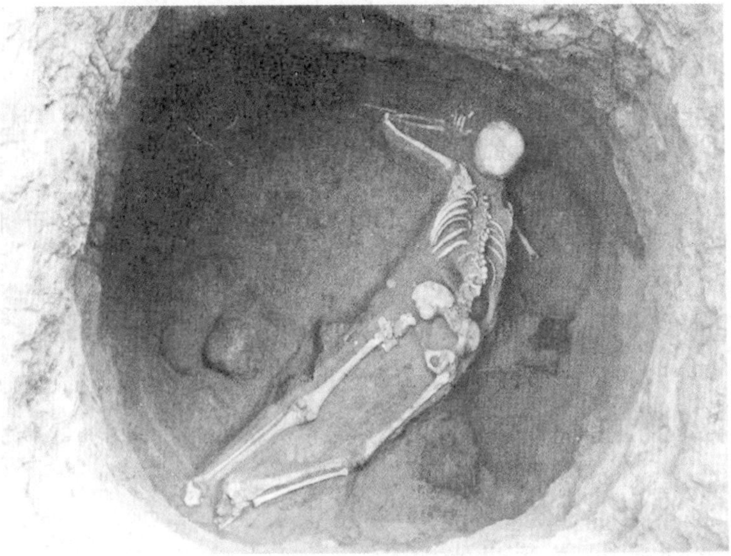

图二　H21(北→南)

以这个广场为中心，可以看出遗址Ⅱ区和Ⅳ区所在的村东北台地和遗址Ⅴ区所在的村东南台地，实际是一个整体，已显示出F1、F3、F4、F7、F10呈一排分列，门向都朝北，构成一组房址，位于台地北部边缘；而新发现的F13、F14、F15、F17这一排纵列房址，位于台地西南边缘，门道均向西，初步表现出一种有规律的分布格局。而这只是整个遗址20万平方米范围中的很小的部分。

2001年发现的15号房址保存较好，保存的墙壁高达2～2.5米，室内有大量遗物，门道及门外场地都保存完整，是齐家文化目前已知保存最好的房址。通过对已发现的房址进行分析，可以基本肯定喇家遗址的房屋多是窑洞式建筑。15号房址的情况比较充分地说明了这一点，门外场地与室内地面处于同一平面，房址内的坍塌物皆是黄土块，证实窑洞顶是黄土层。这些建筑多是利用黄土断崖开凿的窑洞，往往背对中心位置，具有独特的聚落形态特征，为探讨史前聚落形态的多样性提供了范例和新资料。喇家遗址所处地域为黄河二级阶地，属于次生黄土层，黄土也并不厚实，应该说不适宜于建筑窑洞。但这里的发掘情况表明，先民们确实是以窑洞为家居，并为此付出了惨重代价。

喇家遗址有好些房址内都发现有壁炉，颇具地域特点。室内中间地面上的火塘应是主要的灶址，而壁炉只是附加的次要炉灶。在12号房址内清理出的壁炉，结构清楚，保存较好，可以明显看出是一座壁式烤炉。这种罕见的炉具形式，反映出当时人们饮食方式和食物结构的一些特点。

喇家遗址中大多数遗迹都是因突发性灾害而遭破坏并埋藏下来，在很多地方保留了当时生活的原始状态，直观地反映出先民的生活方式和生存状态。例如一些房址内放置的陶器等生活用具的组合和它们的位置，石器、玉器等的配置和出土位置，人员在室内的位置，不同房址之间的差异等，诸多现象所反映的是古人生活的原貌。对遗址中出土的人骨遗骸，已经采样，将做DNA分析，结合人骨鉴定，今后的测试结果一定可以提供更明确的研究资料。

喇家遗址的发掘还要继续，实际上还有许多问题没有搞清楚，有许多问题还需要进一步做工作去解决。对这个具有一定特殊性的遗址，多学科介入，加强环境考古的投入，都会有更实际的意义和作用。

二、喇家遗址的重要学术意义

喇家遗址目前已发现近20座房址、约30座灰坑、3段壕沟、2座墓葬、1个小型广场和1个奠基坑、1个杀祭坑、2个埋藏坑，出土了丰富的陶器、石器、骨器以及数量较多的玉器，发现了地震和洪水等多种灾难遗迹。一个遭受灾难毁灭的史前聚落，正逐渐被揭示出来。

喇家遗址发掘的重要成果及其学术意义，可以简要地归纳为三点。

1.喇家遗址的发掘是齐家文化研究的重大突破，明显提高了对齐家文化发展高度的认识。喇家遗址的发现，把对齐家文化的认识扩大了，更提升了对齐家文化的重要地位和发展水平的认识。

喇家遗址具有中心聚落的性质。发现的宽大壕沟深5～6米、宽达10余米，为史前时期所罕见；窑洞建筑和窑洞式聚落形态的确认，对于黄土地带史前聚落类型的研究关系重大；围壕聚落的废弃及变化过程，可能更反映了深刻的文化和社会背景。喇家遗址中广泛出现的玉器资料，突显了该遗址的特殊重要性，新器形、器类的发现，在地层和房址中出土玉器等，大大丰富了齐家文化玉器的内涵，为进一步的研究提供了新资料。

2.喇家遗址中齐家文化时期史前灾难现场的发现，揭示出距今4000年前后黄河上游的史前灾变事件，它包括大洪水和地震等多重灾害。这不仅是考古学的重要发现，其科学意义更超出了考古学的范畴，为多学科交叉和综合研究，为更高层次的环境考古研究提出了新的课题。

这种深层次的环境考古研究，已经不是局限于一般意义上的复原遗址植被、生态和气候小环境等问题，而是需要对史前时期大的地理现象和灾变事件进行探讨和研究，更切入了人地关系的深层面，有可能由此探寻与社会发展相关联的自然因素及其规律。距今4000年前这个关键时期，黄河大洪水证据的发现，更有其特殊含义。从某种意义上说，这为古史中的洪水传说找到了一定印证。同时，灾难现场保留下了诸多先民生活的原貌，更是十分难得的考古研究材料。

3.喇家遗址的发掘和研究为探索黄河上游地区文明起源和早期发展，提供了新资料。研究齐家文化迈向文明的发展模式，对于中国文明起源的研究有着极其重要的参考价值。黄河上游地区是中华文明的重要源头之一，齐家文化又是在这个区域内古代文化发展的一个关键阶段。灾变事件反映了极端的人地关系，灾变事件的发生也有可能对于处在关键历史阶段的人类社会产生深远的影响。喇家遗址的聚落形态有过一定的变化过程，这一变化可能意味着文明因素的转变，自然灾变又可能促使文明进程转化抑或加速。进一步探寻和揭示相关文明因素及其转化发展的线索，逐步构建起齐家文化迈向文明的演变模式，将是我们今后不断努力的方向。

（本文原载于《考古》2002年第7期，第3–5页）

青海民和喇家遗址发现齐家文化祭坛和干栏式建筑

中国社会科学院考古研究所甘青工作队　青海省文物考古研究所

2002—2003年，中国社会科学院考古研究所甘青工作队和青海省文物考古研究所在青海民和喇家遗址发掘中，再获新成果。这两年是在遗址Ⅴ区台地上，在先前发现小广场的区域扩大发掘。2002年发现两座地面建筑遗迹（F20、F21），初步分析认定F21是干栏式建筑；2003年发现人工建筑的土台及特殊墓葬，进一步分析认定土台是祭坛。这些发现是喇家遗址新的重要收获，也是齐家文化和黄河上游史前考古的又一新突破。

一、地面建筑

喇家遗址已发现20多座房址，多是窑洞式建筑，地面建筑还是新发现。两个地面建筑相距2～3米，位于小广场的东南边，门不详，但应面向广场，或向北，或向西，柱洞排列有序，比较粗大，直径一般为20～30厘米以上，深约40～50厘米以上，在小广场地面和两座房址地面上都覆盖着砂层或者沙砾层。这层洪水堆积是喇家遗址齐家文化遗存最晚的地层。

F20在F21的东南侧，是三排四列12个柱洞的地面建筑（图一），平面接近方形，约5～6米见方。地面上有比较好的加工硬面，有的为烧土面。有的柱洞有特殊加工，硬面随柱洞而凸起。地面散有大量遗物，包括石器、陶器、骨器、漆器等。在房址东侧有一个大灰坑（H38），清理时发现有木头框架痕迹，应是储藏用的窖穴，但没有发现重要的储藏物品。在东边有加工的硬土护墙，可能是小广场的东南边沿。

F21比F20更靠近小广场，是三排9个柱洞的地面建筑（图二），仅约3米见方。地面没有明显硬面和活动痕迹，也没有什么遗物。推测是一个结构比较简单的干栏式高台建筑。该遗迹现象比较特殊，有建筑史学者认为它很可能就是“社”

或“明堂”一类的干栏式礼制建筑。

图一 F20地面建筑遗迹（北→南）

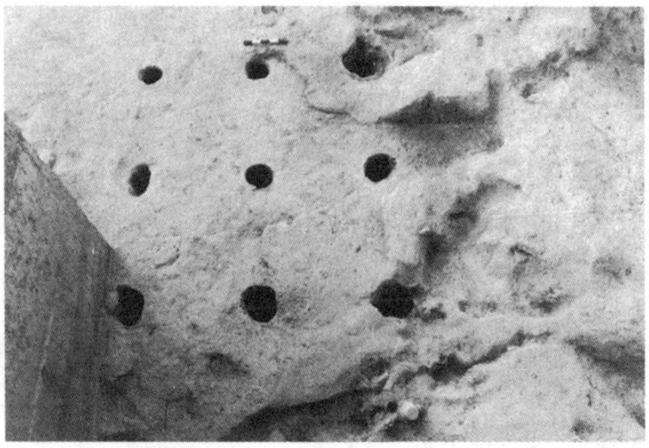

图二 F21干栏式建筑遗迹（北→南）

二、土台祭坛

土台位于小广场北边，相对于广场地面的高度约2米左右。2002年先发现土台东南边沿部分，清理10余座墓葬。2003年揭露了土台从东南角至中心顶部的大部分，发现人工堆积和多层硬面，还发现土台上部东南侧一个经加工的拐角。拐角保存虽不完整，但所存部分转角的硬面轮廓清晰，可以看出土台略呈缓坡覆斗状。坡度极缓，仅5°～10°。

土台顶部约5～6米见方，中间有1座特殊墓葬（M17），墓葬周围还有约2米宽的台面范围。顶部以下缓坡延伸约20余米，2002年曾在东南位置发掘出约4米长的一段砾石垒砌的墙体，宽0.5米左右，推测可能是土台的一个边沿。这个位置正好与顶部和M17开口的东南角相对应，很可能就是土台的东南角。

土台是在废弃房址的黄土坡上再堆筑加工的，像是因地制宜利用了较凸起的黄土高地。土台的硬面与小广场上发现的硬面很相似，都没有夯窝。从清理的情况看，土台不算十分规整，硬面保存得不是很连续和完整，有的硬面比较清楚，而有的部分则不明显。有些地方可以看出红土与黄土叠加而成的堆积土台坡面上发现有打破土台的灰坑，有的堆积大量灰烬，也有的堆积大量砾石。硬面上还有石头堆，有的硬面被火烧过。

土台顶部的M17是一座规格比较高的墓葬。特殊的是，清理出来的墓口呈“回”字形双重开口（图三），即在长方形土坑墓口上还套有一个接近方形的更大的浅口。长方形竖穴土坑方向为375°，南北长约2.3米、宽约0.7米、深约1.5米，有木棺，已朽，只有痕迹，填土塌陷致棺木有些变形。人骨为男性，年龄约45～50岁，头向北，面向西，养身直肢（图四）。套口深0.3～0.4、南北长约2.8米、东西宽约2.5米。套口也有可能是长方形竖穴土坑墓的封土部分或墓上部分的一种特殊加工，但套口以上的部分早已不存在了。套口内的填土是红土与黄土叠加而成，墓坑填土是黄花土，套口外围一圈是红土。发掘显示，墓葬填埋后，似乎又用红土覆盖了包括墓葬在内的整个土台。因此土台的上部都有一层厚薄不均的较松散的红土堆积，尤其在台面向下的缓坡地带更明显。这说明土台和墓葬都有意识地经过特殊加工。

图三　M17墓口及土台顶部红土堆积(北→南)

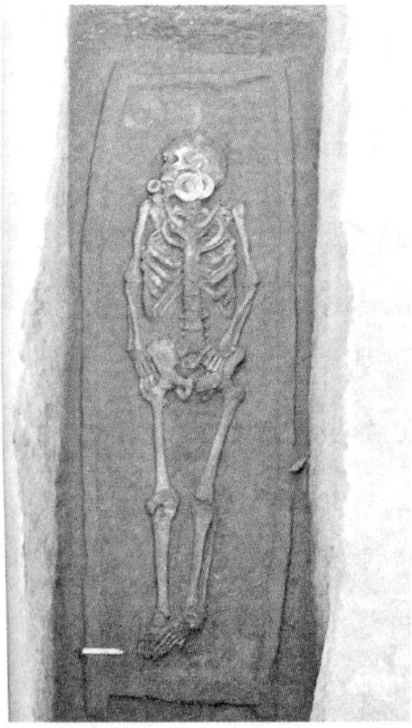

图四　M17出土人骨及随葬玉器(南→北)

M17随葬较多玉器。在套口的填土中出土了6件玉器，包括三璜合璧（图五：左）、锛、玉料、璧芯、三角形玉片和小璧芯各1件，且摆放位置讲究。在长方形竖穴墓口的填土中，也发现三璜合璧及璧芯各1件。在墓主身上还有7件玉器，包括璧2件、管2件、环1件、纺轮（或为小璧）1件，均堆置在头颈部，另在右侧足端发现凿1件。全墓共计出土玉器15件，另有1件猪下颌骨放置在棺外左侧。该墓规模不算大，但是形制特殊，随葬大量玉器，规格较高，墓主可能是氏族或部落中有特殊身份的人物，也可能为巫师之类的神职人员。

左：玉璧（M17：7） 右：土台上出土玉刀（T509⑥A：1）

图五 玉璧、玉刀

土台东南边沿位置低于顶部约1米左右，这里的10座墓葬没有太明确的分布规律和方向性，而有明显的早晚关系且排列无序，儿童小坑墓和成人墓混在一起，还伴有一些用途不明的杂乱小坑，发掘时即判断它们不是氏族公共墓地，而与祭祀有关（图六）。这些墓葬除了个别方向向北，大多是向西北和向西，大体都是向着M17的。因此这批墓葬暂且可以考虑作为M17的祭祀葬看待。同时，在此偏南的砂层中还出土1件大玉刀（图五：右）。砂层和沙砾层也覆盖了顶部以下的土台大部分。

图六 土台边沿的祭祀性墓葬（东→西）

台上的多层硬面表明土台经过多次加工或修补，土台也经过一定时间的频繁使用。而反复加工修补、垫高扩大，也反映了土台的特殊性质。以上种种现象，都足以说明位于广场上的这个人工土台不是简单的墓地形式，而是一个不断有祭祀性埋葬和祭祀仪式活动的祭坛。与良渚文化等的祭坛比较，可以发现喇家遗址祭坛的诸多现象都与之类似。

三、结语

上述新的发现充实了喇家遗址小广场的内涵。祭坛和干栏式建筑都是广场的重要组成部分，相互具有密切的关系。干栏式建筑是在北方黄土地带首次被明确发现和认定，祭坛在齐家文化也是首次发现，M17特殊形式的高规格墓葬也颇为罕见，这些无疑都是黄河上游史前考古的重大成果，对于重新认识齐家文化的文明化进程，对于文明起源研究，都有极其重要的学术意义。

执笔者　叶茂林　任晓燕　王国道　蔡林海　张小虎　何克洲

（本文原载于《考古》2004年第6期，3-6页）

青海民和县喇家遗址2000年发掘简报

中国社会科学院考古研究所甘青工作队　青海省文物考古研究所

喇家遗址隶属青海省民和县官亭镇下喇家村，地处黄河上游的民和县官亭盆地，这里气候环境相对优越。遗址的地理坐标为东经102°49’40”、北纬35°51’15”，海拔高度约1800米。官亭镇西距青海省西宁市约190公里，从民和至甘肃临夏的公路经过该地。遗址距官亭镇1公里，坐落在黄河北岸二级阶地前端，东有岗沟，自北向南入黄河，吕家沟自西北向东南至下喇家村北，然后向东绕过村庄入岗沟，两条沟均为季节河泄洪沟（图一）。下喇家村就建在遗址区之上，对喇家遗址破坏很大。

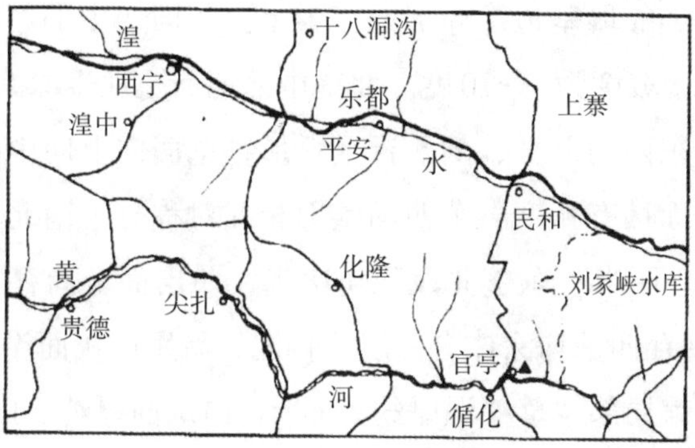

图一　民和县喇家遗址位置示意图

1999年起，中国社会科学院考古研究所甘青队和青海省文物考古研究所联合开展官亭盆地古遗址群考古研究。1999年秋对喇家遗址进行初次试掘，2000年5—9月进行正式发掘。据初步钻探调查获知遗址东西长500米、南北宽400米，总面积约20万平方米。根据发掘地点不同，目前将遗址分为七个小区。2000年集中发掘了第Ⅱ区，同时亦对第Ⅲ、Ⅳ区、和Ⅶ区进行了零星发掘，揭露面积500余平方米，清理房址7座、墓葬2座、灰坑15座，出土陶器、玉器、石器、骨器共计255件。此次发掘不仅探明本遗址是具有宽大环壕的大型聚落遗址，在聚落内分布有密集的白灰面房址，而且还通过对房址的发掘，发现人骨遗骸，揭示出前所未见的灾难遗迹。消息报道后[①]，引起学术界关注。本文特将本年度区内两处反映灾难遗迹现象的房址（F3与F4）简报如下。

一、房址出土情况

F3、F4在第Ⅱ发掘区的北部，东西向并列排列，相距约2.5米。地层堆积简单，揭去约30厘米的耕土层即露出居室残口。两座房址居室建于生黄土上。因居室中填充红泥土，外为生黄土，故揭去表土后居址范围基本清晰。因多次平整土地，房址上部堆积已破坏殆尽，残存下部穴壁。2座房址总体结构相同，由居室、门道、门前场地构成，房址的大小、形状、局部设施则有差异。

F3 位于T2609、T2509、T2610探方中。门向北（图二）。

居室 建在黄土层中，现存残口呈不规则长方形，南北长3.35米、东西宽3.05米。居住面略呈椭圆形，南北进深3.65米、东西面阔3.35米。地面经修整，系先敷一层厚约3厘米的黄土草拌泥，后抹厚约0.5厘米的白灰面，因使用时间较长，地面凹凸不平，靠墙基边缘局部残存零星白灰面，中部磨损殆尽。居住面呈斜坡状，北高南低，坡度为5～10度。北壁中部地面距地表深1米、南壁中部地面距地表深1.15米。东西两壁平、剖面皆呈弧形，壁面向上向内拱曲渐收缩，南北两壁面近平直，剖面稍有弧度。东西两壁面相互对称分为南北两段，北段较南段壁面略向内凸出约7厘米；东壁北段长0.78米，凸出面上尚存零星黑色烟炱，西壁北段长0.9米。现存四壁均涂抹有一层草拌泥，后用白灰面涂抹磨光。壁面的白灰面多已脱落，残存局部。草拌泥厚约2厘米、白灰面厚约0.1厘米。居室四周无柱洞，仅室内中部偏东有一圆形小坑，长径31厘米、深25厘米，填土灰褐色，底部无陶片、石块等填塞物。居室中央有一坑形灶址，形状不规整，周围略凸起，尚存红烧土面及草木灰烬。

门道 门道置于居室北壁中部，前宽后窄呈开放状。南北长0.84米、东西宽0.84～1.18米。底部呈斜坡状，北高南低，坡度为10～20度，南端距地表深1米，北端距地表深0.85米。地面为黄土踩踏而成的路土层。在门道北端略靠内设置有

① 王国道等：《青海喇家村齐家文化遗址最新揭示史前灾难现场摄人心魄，黄河慈母佑子情动天地》，载《中国文物报》2000年7月5日第1版。

门坎，表面呈圆弧状，用黄花土垒筑而成，长60厘米、宽17厘米、高6～13厘米。

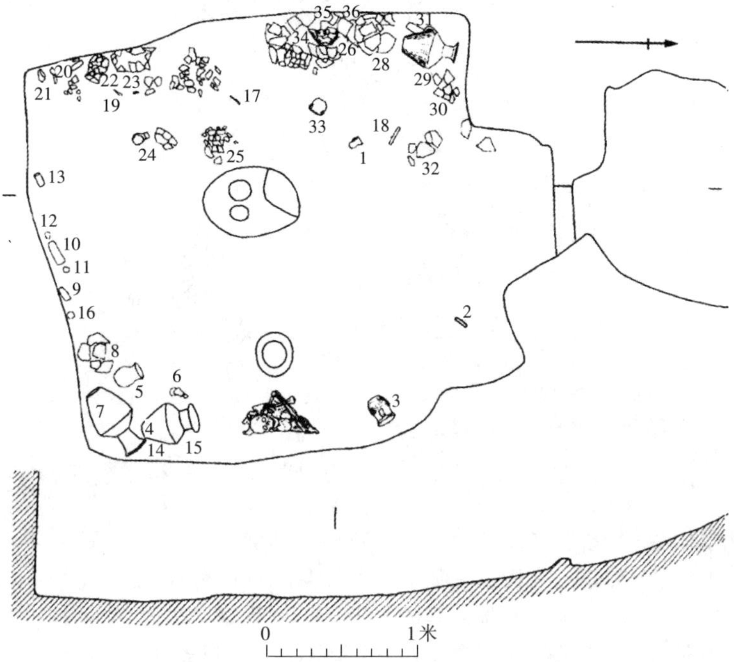

1. 陶单耳杯 2. 石凿 3. 陶带流罐 4. 陶高领双耳罐 5. 陶侈口罐 6. 陶侈口罐 7. 陶高领双耳罐 8. 陶高领双耳罐 9. 石刀 10. 石斧 11. 石刮削器 12. 石刮削器 13. 石锛 14. 陶敛口瓮 15. 陶敛口瓮 16. 陶纺轮 17. 骨锥 18. 骨匕 19. 骨锥 20. 石刀 21. 陶器盖 22. 陶侈口罐 23. 陶高领双耳罐 24. 陶豆 25. 陶双耳罐 26. 陶高领双耳罐 27. 陶双耳罐 28. 陶高领双耳罐 29. 陶高领双耳罐 30. 陶高领双耳罐 31. 石斧 32. 陶高领双耳罐 33. 陶双大耳罐 34. 陶单耳罐 35. 陶甑 36. 石凿

图二 F3平、剖面图

门前场地 紧邻门道口北端加宽至1.7米形成门前场地，现存南北长1.7米，推测其可能继续向北延伸，但被邻方内其他地层遗迹打破，故仅存局部。现存门前场地，东壁平直较规整，西壁不规整。南北长1.7米、东西宽1.7米、残高0.23～0.6米，底部亦呈斜坡，坡度为10～20度。地面也是由黄土踩踏而成的路土层。场地东侧南距门槛约1.45米处有一石块，在其四周有红烧土面及草木灰烬，推测应属居室外临时性的简易灶址。

F4在F3东侧2.5米处，位于探方T2709、T2710中，局部延伸到T2609、T2610东隔梁处。门向北（图三）。

1.陶高领双耳罐　2.陶尊　3.陶带流罐　4.玉璧　5.玉璧　6.玉料　7.玉料　8.石矛　9.石刀　10.陶盆　11.陶杯　12.陶双耳罐　13.陶双耳罐　14.陶敛口瓮　15.陶敛口瓮　16.陶三大耳罐　17.陶双耳罐　18.陶双耳罐　19.陶双大耳罐　20.陶双耳罐　21.陶双耳罐　22.陶侈口罐　23.玉璧(置于敛口瓮中)　24.骨器(置于敛口瓮内)

图三　F4平、剖面图

居室　建于生黄土上，残口呈倒梯形，北宽南窄，南北长3.81米、东西宽2.95（南壁）～3.55（北壁）米。居住面亦呈倒梯形，南北进深3.91米、东西面阔3.15～3.6米，面积约14平方米。居住面北高南低，略呈斜坡，坡度为5度。北侧中部地面距地表深0.37米、南侧中部地面距地表深0.72米。居住面东侧高于西侧，其做法同F3。草拌泥厚约3厘米、白灰面厚0.3～0.7厘米。现存白灰面保存较好，未脱落，仅出现多道裂缝。四壁形制较规整，东西两壁向内略拱曲，南北两壁拱曲不明显。东西两壁基本相互对称分为南北两段，北段均向内凸出。东壁北段长1.32米，凸出9厘米；西壁北段长1.41米，凸出6厘米。居室内东西两壁做法同F3，但不同的是F4居室内在东壁北段凸出的白灰面壁之上又用草拌泥二次重砌加厚，重砌面厚薄不一。自东北角向南0.66米处重砌厚度为2厘米，0.66米处向南至1.32米处重砌厚度为6.5厘米。重砌面外表均匀，呈黑色，似具有某种特殊的含义。由于这部分保存情况不太好，又不完整，所以对它的判断还有待进一步分析和确认。另外，此处还发现了几件玉器。

居室内四壁白灰面大多保存尚好，仅北壁门道之西侧有坍塌，经观察该壁面似有宽1.15米的水蚀痕迹。因水蚀同时造成西北角局部地面塌陷，形成一个长约0.5米的浅坑，坑底距居住面深0.38米，坑边不规整。在该坑的东缘明显可见水蚀形成的缓坡，由东向西渐低陷。由此迹象推测，房址内曾遭洪水袭击，有可能洪水是经门道从东向西进入室内，首先冲击居室西北角北壁，造成北壁坍塌和西北角地面下沉塌陷。

在居室中央有一圆形灶，加工极为规整，直径1.1米。灶上部有一具人骨遗骸，故未全部清理，从已清理部分可知，灶面平整，没有涂抹白灰面，为烧土面。

门道　居室北壁中间设门道，狭窄且短，内窄外宽，长0.35米、宽0.58～0.78米。门道之中设凸棱状门槛，长0.54米、宽0.13米、外高0.06米、内高0.1米。门道底部呈斜坡状，未铺白灰面，系踩踏而成的路土层。

门前场地　门道外即为门前场地，北宽南窄，呈向外开放型，底呈斜坡，坡度为10度。残长1.46米、东西宽1.7～1.86米。地面较坚硬为路土层。在其西北口放一个猪下颌骨，可能属废弃物随意扔弃至此，当然也不能排除有某种特殊含义的可能。

综上所述F3、F4现存结构有以下特点。

1.房址均由居室、门道、门前场地构成，门道与居室之间设有凸棱状门槛。

2.居室残存穴壁都建于生黄土层中，生土壁上都先敷有一层草拌泥，然后再抹一层白灰面。草拌泥与生土壁黏结较牢固，只有局部被侵蚀脱落，应是穴壁刚挖好，趁生土壁未干时抹成的。抹草拌泥及白灰面的作用一是防止生土壁进一步风化，裂隙变宽或出现新的裂隙，二是使壁面平整美观，白灰面涂抹后不易开裂，经打磨略有光泽，不仅美观，而且具有防潮作用。

3.居室南北两壁平直，剖面稍有弧度，东西两壁均向内拱曲、收缩，故出现残口小而居住面大之特点。另外，东西两壁均基本对称为南北两段，其北段皆向内凸出，比南段壁面凸出6～9厘米。

4.居址均坐南朝北，门向一致。底部从门前场地至居室都呈缓状斜坡，北高南低。居室内居住面东侧略高于西侧。门前场地及门道底部皆为踩踏而成的路土层，居室内底部敷抹一层草拌泥，然后抹白灰面。因两座房址需就地保护，故居住面未解剖发掘，草拌泥下是否有夯筑黄土层尚不清楚。

5.房址四周均未发现柱洞。

二、室内出土人骨

2座房址内均发现有人骨，数量不等，姿态各异，一组组呈不同姿态分布于居住面上，有的相拥而死、有的倒地而亡、有的匍匐在地、有的母子相依，从人骨分布及姿态分析，反映出室内死者应属意外而亡。各组人骨有的紧贴地面，个别人骨与地面空隙间填充有红泥土。

F3居室内有2具人骨（编为Ⅰ、Ⅱ号），位于居室内东壁中部，Ⅰ号为女性，年龄35岁左右；Ⅱ号性别不清，年龄3～4岁，应是一对母子或母女遗骸。女性身体朝北，右侧紧倚东墙壁，双膝屈跪于地，臀部落坐在脚跟上，双手紧抱怀中幼儿，幼儿双臂紧搂着母亲的腰部。女性面向上，颔部前伸，骨架空隙处填充红泥土。

F4居室内共有14具人骨（分别编为Ⅰ～ⅩⅣ号），按室内位置分为六组（图四）。

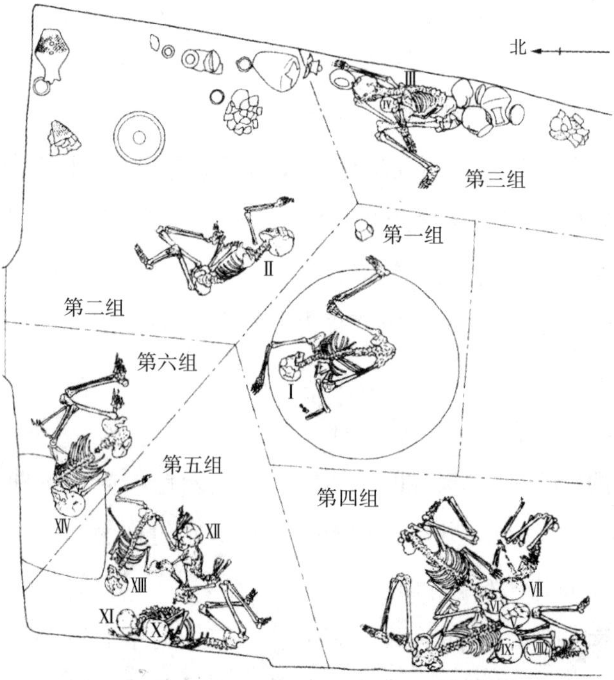

图四　F4出土内人骨编号及分组示意图

第一组　仅1具人骨（编为Ⅰ号），位于居室中央灶面之上，男性，年龄15～17岁。身躯俯卧，右臂稍曲向前伸过头顶，左臂弯曲，肘部抬起，呈不自然弯曲状。右腿弯曲外撇，其股骨平直横放，胫腓骨向下斜伸呈蹬地状，左腿股骨膝关节向胸部前伸，胫排骨折屈压于胸下。整体姿势似匍匐向前，挣扎在泥泞中。人骨整体浮于地面，头部距地面23厘米、胝骨距地面25厘米、左股距地面27厘米，最高处的左肱骨距地面42厘米、最低处的右脚趾骨距地面5厘米。人骨与地面空隙间均填充室内堆积的红泥土。

第二组 亦为1具人骨（编为Ⅱ号），性别男，年龄8～10岁。位于室内东部，与Ⅰ号相距40厘米。头南足北，面朝东，侧身屈肢。右臂前伸，肘部上举弯曲成90度，左臂弯曲置胸前。右下肢非正常屈肢，胫腓骨反折于胸前，左下肢弯曲压于右下肢股骨上。右下肢反折于胸前，只有在强有力的撞击或挤压条件下方可形成肢骨反折现象，这种姿势显示出在某种力量撞击或挤压下侧卧于地的状态。此外，人骨亦略高出地面，右腿膝关节距地面6厘米，左腿膝关节距地面14厘米，右手高出地面11厘米。

第三组 有2具人骨（编为Ⅲ、Ⅳ号）。Ⅲ号为女性，年龄28～30岁；Ⅳ号性别不详，年龄1～2岁。这组人骨从年龄、性别上分析，应为母子或母女关系。Ⅲ号女性头向北，面朝下，上身向前倾，并紧倚东壁屈膝而跪。右掌撑地，左臂将幼儿紧抱于怀中，脸颊紧贴幼儿头顶。右下肢向后弯曲，脚掌上翻，紧贴地面，左下肢后折外撇，膝部稍抬起，膝关节距地面13厘米，脚跟着地。臀部坐于2件陶双耳罐上，陶器均被压碎。幼儿面向母亲，身体紧贴于母亲怀中，右臂紧紧搂着母亲腰部。这组人骨母子相依，形象地显示了慈母以身护子之感人场面。

第四组 计5具人骨编为（Ⅴ～Ⅸ号），位于房址西南角，相聚集中而死。Ⅴ号为男性，年龄14～18岁。头向南，面朝下，俯身屈肢。左臂弯曲，左手压于Ⅵ号人骨脊椎之上，右臂因人骨叠压未能清出，仅露出局部，似伸向Ⅸ号腰部。右下肢折屈较甚，屈于胸前，脚骨压于左胯骨下，脚掌上翻，左下肢向前弯曲，右下肢紧贴于地面，其他部位高出于地面6～7厘米。Ⅵ号性别男（?），年龄11～14岁。头向西南，面朝下，俯身屈肢。左、右臂向前弯曲呈匍匐状，左手指紧压于Ⅶ号右手腕部，似在用左手紧拉Ⅶ号右手。右下肢向胸部折屈压于胸下，脚骨与盆骨并齐左下肢亦呈弯曲状，左股骨压于右脚跟骨之上，膝关节处股骨与胫骨关节脱离，胸部以下高出地面5厘米，盆骨与地面平齐。Ⅶ号性别不明，年龄7～9岁。颅骨与Ⅵ号颅骨相贴，头向西，面朝北，侧身屈肢，右臂弯曲上举，腕部之上压有Ⅵ号左手，左臂位置不清。下肢弯曲于胸前。两脚趾骨全无，推测该骨骸因年幼不易保存已朽蚀或其他原因所致。Ⅷ号为男性，年龄10～13岁。头向上，面朝北，呈席地跪坐状，上身前倾，紧贴Ⅸ号，左侧紧贴居室西壁。右臂肘部撑地，右手前伸似拉Ⅸ号，左臂未清露，姿势不清。右下肢前屈贴于地面，左下肢尚未完全清露，颅骨下颌距地面约10厘米。Ⅸ号为女性，年龄30～35岁。头向上，面向东，背部倚墙，身体略前倾，呈跪坐状。因Ⅴ～Ⅷ号围其而卧，故除头骨外，其余骨骼未清理。头骨下颌距地面约12厘米。

位于居室西南部的第四组人骨，除Ⅸ号为成年女性外，其余3具为儿童、1具为少年。成年女性倚西壁跪坐或蹲着，儿童或坐或侧拥向该女性，头颅相聚，Ⅴ、Ⅵ、Ⅶ号头骨相贴，Ⅷ号与Ⅸ号头骨相贴，Ⅷ号身体倾向Ⅸ号，手前伸紧紧拉住Ⅸ号。Ⅴ号为少年，局部骨架压于其他骨架之上，左臂搭于Ⅵ号背部，右臂露出局部似伸向成年女性，搂抱其腰，其形体姿态表现出似以其身保护他人。

第五组　计4具人骨（编号为Ⅹ～ⅩⅢ号），位于居室西北部。Ⅹ号为男性，年龄10～13岁，头向北，面朝下。头、背部紧倚房址西壁，侧身屈肢。右臂下臂撑地，弯曲贴于胸前，左臂姿势不清。双腿自然前屈，右腿压于左腿之上，头骨下颌处高出地面6厘米，右腿高出地面6厘米，左腿贴于地面。Ⅹ号压于Ⅺ号之上。Ⅺ号性别不明，年龄6～8岁。头向北，面向西，身体紧贴于地面。Ⅻ号性别不明，年龄4～5岁。头向东，面朝下。身体蜷曲团缩在一起，上肢仅见一臂，另一臂不清。一下肢似枕于头下，另一下肢反折屈于胸前。该骨架严重扭曲错位。据分析有可能原为蹲跪状，后倒向一侧所致。ⅩⅢ号性别不明，年龄3～4岁。头向西，面朝北，俯身屈肢。右臂下垂弯曲，左臂压于胸下。下肢均屈呈蛙状。身体紧贴于地面。

这组人骨均为儿童，大者10～13岁，小者仅3～4岁，相拥而死。其中Ⅻ号身体严重扭曲，呈非自然卷曲，为何因所致，尚待进一步研究。

第六组　仅1具人骨（编为ⅩⅣ号）。为男性，年龄40～45岁。位于居室门道内西侧，头骨及左肩置于居室西北角塌陷坑东缘。头向西，面朝北，俯身屈肢。颅骨位于坑沿，随坑陷而倒置，故现颅骨与颈椎相分离。左、右臂弯曲匍匐，左臂肱骨、肩胛骨亦随坑沿下陷倒置。左下肢卷屈于胸下，踝骨处被右胯骨所压，右下肢屈肢。此外，该人骨下有一层红泥土，在红土下白灰面居住面之上，还夹有一层草拌泥白灰面层，自北向南渐薄，厚1～7厘米。经分析夹于红土与居住面之间的白灰面层应是北壁西段坍塌于地的白灰面草拌泥墙皮。由此推知，ⅩⅣ号是房址内最年长的男性，是在水入室后墙体受损后倒地而亡，又从其身体所处位置是紧靠门道口内西侧，身体向西而俯卧于西北角坑沿旁，也许该死者是因试图封堵入水口，受到自东向西而来洪水的猛烈冲击倒卧于地后，淹没于洪水中身亡的。

三、室内出土遗物

2座房址居室内遗物的出土情况略有不同。F3除北壁东北角外，其余各壁旁均放有生产工具与生活用具；F4内2件陶器放于北壁东侧，其余则集中放于东壁旁，2件玉璧、2件玉料、石矛集中置于东壁北段黑色墙壁旁，另外1件敛口瓮亦紧贴该壁放置，瓮内装有1件玉璧和1件骨器。骨器因朽蚀已残碎，器形不明。

F3、F4内共出土遗物60件，有陶器、石器、骨器、玉器、玉料。

(一)陶器

共40件。制法普遍采用手制，小型器用手直接捏塑成形，大型器采用泥条盘筑或对接成形，同时兼用慢轮修整技术。陶质可分为泥质陶和夹砂陶。泥质陶以红陶为主，橙黄陶次之，灰陶较少。器类有高领双耳罐、敛口瓮、敛口罐、双耳罐、大双耳罐、大三耳罐、单耳杯、尊等，器表多经过打磨，略有光泽，以素面为主，个别器物有纹饰，如高领双耳罐、敛口罐、敛口瓮。纹饰有篮纹和弦纹两种，篮纹又以竖行为主。夹砂陶又可分夹砂红陶和褐陶。夹砂红陶含砂量少且颗粒细小，器表亦经打磨，器类有带嘴罐、盆、杯、甑。夹砂褐陶以红褐陶为主，灰褐陶次之，器类有侈口罐、双耳罐、单耳罐。夹砂红陶有盛储器、饮食器、水器、炊煮器四种，夹砂褐陶均为炊煮器。器表纹饰大多为绳纹，个别饰篮纹或交错绳纹。纹饰拍印规整，且以竖行为主。夹砂陶器底除个别模糊不清晰外，大部分饰有席纹、篮纹和绳纹。

高领双耳罐　10件。泥质红陶。依器形差异分为两式。

Ⅰ式：9件。器形高大。宽沿，敞口，鼓肩，肩腹处折棱明显，下腹斜收为平底。折棱下置环形双耳。肩部磨光，腹部饰竖篮纹。高42～57厘米。F3：28，口径27厘米、最大腹径43.6厘米、底径13.8厘米、高57厘米（图五：1）。

Ⅱ式：1件（F4：1）。器形低矮。口沿微残，溜肩，折腹，平底。折腹下部置双耳，耳残。肩部磨光，腹饰方格纹。最大腹径17.2厘米、底径9厘米、残高27.8厘米（图五：2）。

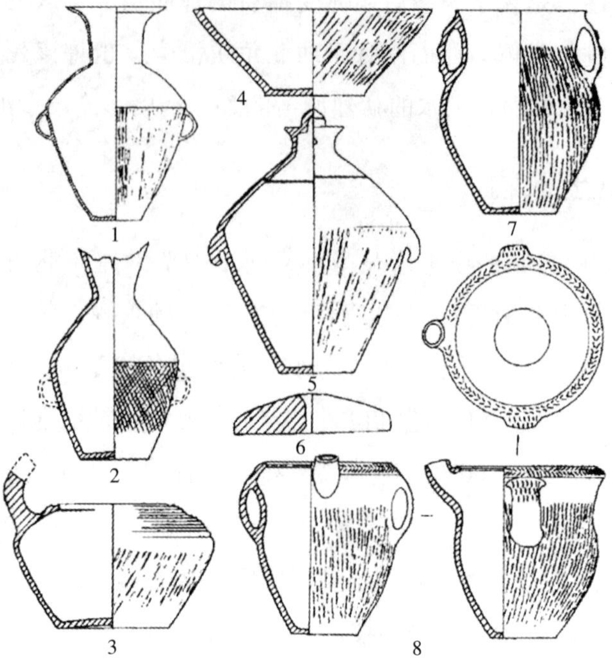

1. Ⅰ式高领双耳罐(F3:28)　2. Ⅱ式高领双耳罐(F4:1)　3. 敛口罐(F4:15)　4. 盆(F4:10)　5. Ⅱ式敛口瓮(F4:14)　6. 纺轮(F3:16)　7. Ⅰ式双耳罐(F3:27)　8. 带流罐(F3:3)
(1.约1/13,3.1/3,6.3/5,余均约1/3)

图五　出土陶器

双耳罐　8件。陶质以泥质陶为主，夹砂褐陶次之。均侈口，口部两侧附环形小双耳，多平底，少凹底。依腹部差异分为两式。

Ⅰ式：7件。长弧腹，腹径均大于口径。泥质橙黄陶件，均素面，外表磨光。高17.2～25.6厘米。F3：25，口径14.5厘米、腹径18.8厘米、底径8.4厘米、高23.4厘米（图六：15）。夹砂褐陶2件，器形大小与上述泥质双耳罐相类同，用途不一，泥质双耳罐均为存储器，夹砂陶皆属炊煮器。器表饰篮纹或绳纹。F3：27，器表颈以下饰竖绳纹，双耳黏附捏塑泥条堆纹，底有席纹。口径17.8厘米、腹径20.8厘米、底径9.2厘米、高7厘米（图五：7）。

Ⅱ式：1件（F4：13）。泥质灰陶。器形极小，大口，上腹矮扁，下腹壁内收，腹径与口径基本相同。口径6.2厘米、腹径6.9厘米、底径3.4厘米、高7厘米（图六：6）。

大双耳罐　2件。泥质红陶，陶质细腻，打磨精细。素面。据颈及腹之差异分为两式。

Ⅰ式：1件（F3：33）。矮领，器形矮扁，扁圆腹，置宽双耳。口径8厘米、腹径10.6厘米、底径6厘米、高10.8厘米（图六：14）。

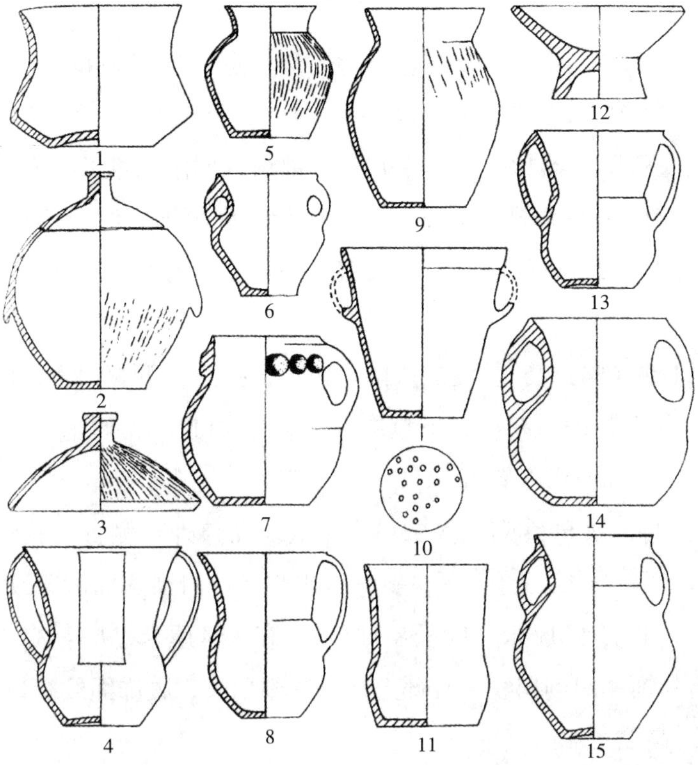

1. 尊(F4:2) 2. Ⅰ式敛口瓮(F3:14) 3. 器盖(F3:21) 4. 大三耳罐(F4:16) 5. Ⅰ式侈口罐(F3:6) 6. Ⅱ式双耳罐(F4:13) 7. 单耳罐(F3:34) 8. 单耳杯(F3:1) 9. Ⅱ式侈口罐(F3:22) 10. 甑(F3:35) 11. 杯(F4:11) 12. 豆(F3:24) 13. Ⅱ式大双耳罐(F4:19) 14. Ⅰ式大双耳罐(F3:33) 15. Ⅰ式双耳罐(F3:25)（2、9、10、15. 约1/6，余均约1/3）

图六 出土陶器

Ⅱ式：1件（F4：19）。大敞口，高领，折腹，肩腹处折棱明显，宽大双耳。口径7.8厘米、腹径16.3厘米、底径4.2厘米、高9厘米（图六：13）。

大三耳罐 1件（F4：16）。泥质红陶。器形均同于大双耳罐，置三耳。口径9.6厘米、腹径15.6厘米、底径4.6厘米、高10.2厘米（图六：4）。

单耳杯 1件（F3：1）。泥质红陶。大敞口，高领，折腹，肩腹折棱明显，宽大单耳。口径7.8厘米、高9.6厘米（图六：8）。

单耳罐 1件（F3：34）。夹砂红褐陶。直口，圆鼓腹，大平底。一侧置环形单耳。耳部上端有齿形刻纹，口沿外饰绳索状附加堆纹。口径6.4厘米、底径5.7

厘米、腹径9.6厘米、高9.7厘米（图六：7）。

侈口罐　5件。陶质有夹砂红褐陶和灰褐陶两种。侈口，平底。依腹部差异分为两式。

Ⅰ式：1件（F3：6）。矮鼓腹，器形整体矮胖。腹饰篮纹。口径10.8厘米、腹径14.8厘米、底径9.2厘米、高14.8厘米（图六：5）。

Ⅱ式件。长弧腹，器形瘦高。个别器口部饰一周附加堆纹，器表颈以下均有篮纹、绳纹和交错绳纹，排列规整，多为竖行。底部饰席纹或篮纹或交错绳纹，多模糊不清。F3：22，口径14厘米、腹径18.5厘米、底径10.2厘米、高23.1厘米（图六：9）。

敛口罐　1件（F4：15）。泥质灰陶。敛口，折肩，下腹斜直，凹底。肩部一侧附置一钮。肩部饰10道弦纹，下腹饰斜行篮纹。口径7.2厘米、腹径13.8厘米、底径7.8厘米、高8.7厘米（图五：3）。

带流罐　2件。夹砂红陶。大敛口，平底。器口外一侧置管状流，口部置双耳，颈部略有差异。F4：3，无颈，斜直腹内收，口沿饰两周戳印纹，腹饰绳纹，器底亦饰绳纹。口径16厘米、底径8.7厘米、高20.4厘米。F3：3。敛口，束颈，圆弧腹。口沿外饰一周刻划纹，耳部上端亦饰刻划纹，腹饰绳纹。口径16.6厘米、底径8.6厘米、高23.6厘米（图五：8）。

敛口瓮　2件。内敛口，平底。口部均配有器盖。据器形不同分为两式。

Ⅰ式：1件（F3：14）。器形矮胖。泥质红陶。鼓肩，圆腹，钩形双钮耳置于腹中部。器盖与身原为一体，后经切割，器盖顶部有一凸起长把钮，盖钮另捏制并与器盖顶接合。下腹部饰绳纹，底部亦有绳纹。口径11.4厘米、腹径34厘米、底径10.8厘米、高24.6厘米（图六：2）。

Ⅱ：1件（F4：14）。器形瘦高。泥质灰陶。斜肩，肩腹间折棱明显。折腹处置双钮。肩部磨光，腹饰竖行篮纹。口部配置切割盖，为便于口盖扣合严实，在切割前于分割处有意刻划五道直线纹，其口与盖直线纹相吻合，器盖即可扣合严实。器盖顶部平直，于中部接合有一圆锥形盖钮。在器盖中部凸起圆柱处有两个相互对称的孔眼，其用途除装饰外，还起着致使罐内通气的作用。口径15厘米、腹径25.2厘米、底径9.5厘米、高34.8厘米（图五：5）。

盆　1件（F4：10）。夹砂红陶。圆形不规整，壁厚重。平沿，大敞口，斜直腹，平底。盆外壁饰篮纹，器底中部亦有篮纹痕迹。口径32厘米、底径13.2厘米、高11.3厘米（图五：4）。

甑 1件（F3：35）。夹砂红陶。斜深腹，平底，底部密集排列有19个孔。口下置双耳，耳已残。仅口沿外贴附一周宽带附加堆纹。口径19.5厘米、底径9.6厘米、高19.5厘米（图六：10）。

豆 1件（F3：24）。泥质红陶。浅形豆杯件。大喇叭口，豆柄粗矮，喇叭形圈足。口径10厘米、底5.5厘米、高5.4厘米（图六：12）。

尊 1件（F4：2）。泥制橙黄陶。制作极粗糙，于颈部随意贴附有一周泥条，未经抹平，腹部亦凹凸不平，未经打磨。口微敞，高直领，折腹，凹底，素面。口径9.8厘米、腹径11厘米、底径6.2厘米、高8.2厘米（图六：1）

杯 1件（F4：11）。夹砂红陶。直口微侈，筒形深腹，近足部杯体略外鼓。平底。素面。口径7.4厘米、腹径7厘米、底径6厘米、高9.4厘米（图六：11）。

器盖 1件（F3：21）。夹砂红陶。圆形，盖面鼓，有实柱形盖钮。盖面饰绳纹。口径12厘米、高5.6厘米（图六：3）。

纺轮 1件（F3：16）。夹砂红陶。圆形，一面平直，一面略凸起，中部对钻单孔。直径5.2厘米、孔径0.9厘米、厚1.3厘米（图五：6）。

(二)玉器

共5件。成形器3件，均为璧，同出于F4中。其中2件放于居室东壁北段，与玉料、石矛放在一起，1件（F4：23）放在敛口瓮中。另有玉料2件。

璧 3件。均呈圆形，璧外周磨制不规整，一面管钻单孔，璧面经磨制。F4：4，白色，局部打磨不光滑。直径9.4厘米、孔径4.1厘米、厚0.3～0.7厘米（图七：2）。F4：5，呈碧绿色，周边不规整，两对边直，两对边圆弧，近似圆角方璧。璧面磨制较精致。直径7.4～8.4厘米、孔径3.6厘米、厚0.5～0.6厘米（图七：1）。

玉料 2件。切割面平直光滑，其余各面未经加工呈自然状。有学者推测此玉料非自然采集，属人工开采。F4：7，长11.2厘米、宽7.9厘米（图七：3）。F4：6，长9厘米、宽5.7厘米（图七：4）。

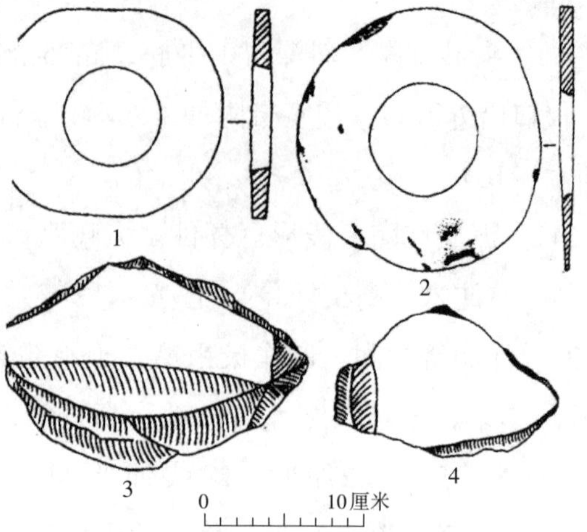

1、2. 玉璧(F4:5、F4:4) 3、4. 玉料(F4:7、F4:6)

图七　出土遗物

（三）石器

共11件。分打制和磨制。打制石器仅见刮削器。磨制石器有斧、锛、凿、刀、矛。以生产工具为主，也有兵器。石器多出于F3内，共9件。F4内只出有刀、矛各1件。

刮削器　2件。打制石片，刃部尚存使用痕。F3：11，长4.1厘米、宽3厘米（图八：4）。

斧　2件，梯形，窄顶宽刃，横剖面呈圆角长方形。F3：10，青灰色，长10厘米，刃宽3厘米（图八：9）。

锛　1件（F3：13）。磨制十分精细，梯形，单面刃。长10.4厘米、刃宽4.8厘米（图八：1）。

凿　2件。长方形，平顶，斜刃。F3：36，长11.7厘米、刃宽1.8厘米（图八：5）

刀　3件。F3：20，已风化残碎。另外2件均呈长方形，中间穿单孔，两面对钻。F4：9，长9.6厘米、宽4.7厘米、厚0.7厘米（图八：3）。

矛　1件。器身扁平，磨光。前端磨成尖锋，两侧刃缘磨制锋利，后端齐平。长9.2厘米、宽3.4厘米、厚0.9厘米（图八：8）。

(四)骨器

共4件。其中F4：14放于敛口瓮中，残碎，器形不详。其余3件有锥和匕。

锥 2件。用动物肢骨加工磨制而成，顶端保留原状，另一端磨成锥尖。F3：17，长9.1厘米（图八：6）。F3：19，残长8.7厘米（图八：7）。

匕 1件（F3：18）。用动物肋骨磨制而成，长条形，刃部磨制精细。残长8.8厘米、宽1厘米（图八：2）。

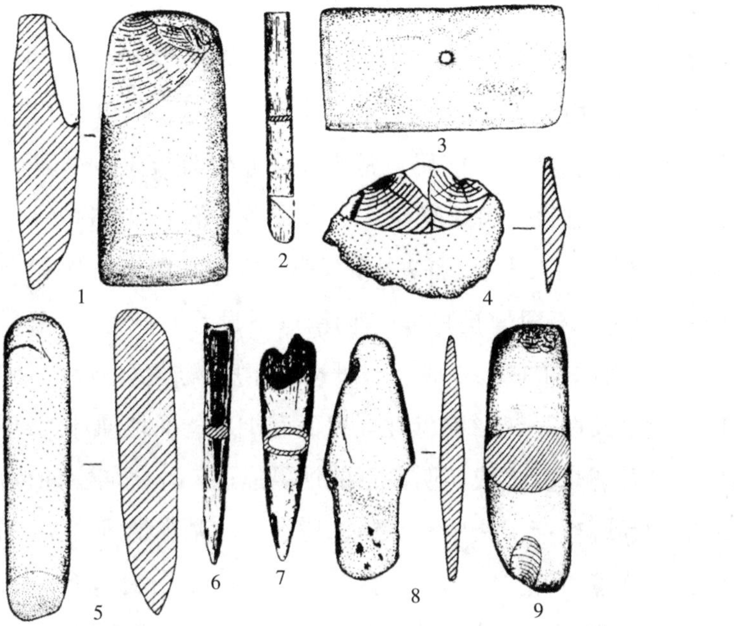

1.石锛(F3：13) 2.骨匕(F3：17) 3.石刀(F4：9) 4.石刮削器(F3：11) 5.石锛(F3：36) 6、7.骨锥(F3：17、F3：19) 8.石矛(F4：8) 9.石斧(F3：10)(4.7/10,余均约1/7)

图八 出土遗物

四、结语

在上述资料基础上，逐一对房址建筑形式、功能性质和修建年代以及室内死者之死因，予以分析与推测。

(一)房址建筑形式

F3与F4建筑的上部早已破坏殆尽，居室现仅存下部穴壁，难以准确判断这两处房址属半地穴式或窑洞式建筑，只能从现存房址结构予以推测。在房址内外，仅F3居室中部偏东侧有一洞，还难说是否是柱洞，其余各处均无柱洞痕迹。即使

F3内的洞为柱洞，从其支柱位置分析仅起防险支护作用，与构筑房址的做法无关。在工程做法上“一般来说，横穴无须构筑，原始横穴只是取土而成”[①]。由此分析，两座房址建筑有可能属窑洞式。居室南北两壁略平直，壁面稍有弧度，东西两壁向上明显拱曲渐收缩。F3现存壁面较高，故东西壁拱曲较甚。口小底大，残口皆小于居住面等特点，也反映出房址应属窑洞式，还可推知窑洞原来顶部应是略呈“券顶”形式，而非“穹窿顶”。

(二)房址功能

在喇家遗址该发掘区同一台地上先后经发掘清理的房址共4座（F3、F4、F1、F7），其中F1室内无人骨，亦无完整的日用陶器，只出有1件残陶罐、个别石器及玉器半成品，该房址可能属正常废弃或非生活居住的房址。F7则与F3和F4相同，皆为意外灾难致使房址废弃。F7人骨尚未鉴定。在这座房址内亦有人骨4具，分别为2具成年、2具儿童。F7居室规模、室内日用物品及生产工具和放置位置都基本与F3相同，不同的是F7居室内南壁下设置贮藏窖穴，窖内储存有粮食及日用陶器等。经比较F3和F7都是一般家庭住房。居室中部及外侧的灶址、灶坑等主要用于炊事及取暖。F3东壁北段壁面有烟炱，而地面却无红烧土面，可能其烟炱系采用某种燃烧方式或照明留下的烟熏痕迹。环绕居室四壁放置的物品，均为日常所需用品，生产工具中斧、锛、凿、刀、刮削器等齐全，日用陶器均以高大的盛储器及炊煮器为主，小型饮食器不多见。F3内为母子2人，F7内有成年男女各1具（未正式鉴定），儿童2具。从人数、性别、年龄推测，这个个体应属同一家庭成员。居室内人骨遗骸间接地反映出F3和F7内的成员是由单个家庭所组成的。

F4有若干遗迹现象及遗物显示出此房址不同于上述一般住房，需要探讨其功能性质。其一，F4居室修建考究，制作规整，房壁及居住面白灰面光滑平整。不仅居室面积较大，而且室内物品均集中陈置于房内东壁下，使得西侧活动空间大，可以集中容纳更多人活动。居室中设置的圆形灶面直径达1.1米，而且极为规则，显然是满足众人特殊活动的需要。其二，室内有特殊的遗迹现象，如在东壁北段紧贴白灰面房壁上有似为二次重砌的一段凸出墙面，墙面上均匀地涂有一层黑色涂层，可能具有某种特殊的含义。玉璧、玉料和石矛均集中放于黑色壁面旁，1

① 杨鸿勋:《建筑考古学论文集》，文物出版社，1987年，第289页。

件盛于敛口瓮中的玉璧，亦紧贴黑壁放置。贵重的礼器玉璧等集中放于黑色壁面旁，其中是否有着某种特殊的含义，尚待研究。其三，室内器物种类生产工具不齐备，只有石刀1件，但放有一般住房内不见的石矛和玉璧及制作玉礼器的玉料。日常用品陶器以小型的饮食器为主，高不足10厘米的陶器占陶器总数的一半，炊煮器仅出有1件侈口罐。其四，室内人骨遗骸多达14具，其中1具成年男性、2具成年女性、3具少年和8具儿童，相互关系显然不同于简单的单一家庭成员。对其亲缘关系的正确判定还有待于DNA鉴定结果。F4中特殊的迹象及遗物反映出该房址的功能不同于一般家庭住房，有可能是集体活动的场所或兼具进行宗教活动的场地，房主的身份应非一般成员，或是公共集体。

（三）房址年代

喇家遗址基本上以齐家文化遗存为主，F3和F4具有典型齐家文化特征。因F3与F4属一场意外灾难致使房址废弃，故室内主人生前所用生产工具及生活用品均保持原位，直观地展现出当时人们日常生活状态及所需全部必备物品，真实地再现了远古先民生活场景中的一幕。居室中所出陶器为进一步分析房址的年代也提供了直接的依据。

F3室内出土器物共计36件，其中陶器24件。陶器组合包括高领双耳罐9件，双耳罐3件，侈口罐4件，敛口瓮4件，带嘴罐、双大耳罐、单耳罐、豆等各1件。如典型器物高领双耳罐，大者高达57厘米，通长42～50厘米，肩部磨光，肩腹间有明显折棱，腹部多饰竖行篮纹。侈口罐，侈口，长弧腹，颈以下饰竖行篮纹或绳纹。甑颈侧附有对称的环形耳，底部有密集的镂孔。综述陶器特点器形总体瘦长，如上述三类代表性器，器表纹饰较规整，篮纹或绳纹均以竖行为主。这些特点均具有齐家文化晚期之作风，与其他同类文化比较，陶器组合、器形特点、纹饰风格与甘肃天水七里墩遗址为代表的齐家文化“七里墩类型”较为相似。七里墩出土的高领双耳罐器形较高大，大者高达61厘米，一般高度也在40～50厘米。肩腹间折棱明显，肩部磨光，腹部饰竖篮纹。甑颈侧附一对称环形耳，底部有密集的镂孔。这些均为其他文化类型所罕见[①]。七里墩类型经碳十四测定年代距今4000～3800年[②]。由此推测F3的年代应与“七里墩类型”大致相当。F4内共出土

① 谢端琚：《论谓河上游史前文化》，载《中国考古学论丛》，科学出版社，1995年。

② 中国社会科学院考古研究所：《中国考古学碳十四年代数据集》，文物出版社，1983年。

器物24件，其中陶器16件。陶器组合与F3有差异，主要是使用功能上的差异，个别器物也有变化，这也可能反映出早晚差异。F4以双耳罐为主，计5件，大双耳罐2件，其他器类有高领双耳罐、敛口瓮、带嘴罐、三耳罐、敛口罐、尊、杯、盆等各1件。器形总体矮小，高10厘米以下的陶器占陶器总数的一半。F3内数量最多、形体高大的Ⅰ式高领双耳罐在此房内不见，只出有1件Ⅱ式高领双耳罐，器形较小，高不足30厘米，腹饰方格纹，出土数量最多的是低矮的泥质双耳罐。炊器侈口罐仅1件，器表饰十分规整的竖绳纹。敛口瓮为Ⅱ式，F3内所出的Ⅰ式敛口瓮，尚具马厂类型之遗风，Ⅱ式敛口瓮，则具有典型齐家文化晚期陶器特点。大双耳罐皆为Ⅱ式，三耳罐除多一耳外，其他器形特点与大双耳罐相同。陶器器形较F3同类器有的相类同，如侈口罐、A型双耳罐；有的有变化，如Ⅱ式敛口瓮，由圆腹变化为折腹，Ⅱ式大双耳罐由Ⅰ式矮、低、短耳变为高领、大双耳。

F3与F4是否是同一时间废弃的？经比较分析F3与F4居室内的陶器特点，发现F4部分陶器略晚于F3的同类器。此外，两座房址居住面的磨损情况亦反映出F3使用时间较要长一些。由此推断，F4修建时间或许略晚于F3。

（四）室内遗骸之死因

房址内最重要的遗迹是发现众多的死者遗骸，揭示出一幕约4000年前的史前灾难。F3内母子相依而死，F4内众多的死者以不同姿势聚死于一室，这些现象不同于通常发现的史前居室葬，而像是因一场突如其来的灾难所致。对于灾难原因，我们暂且推测为洪水。居室内自上至下填充红泥土等迹象表明，有可能是一次特大洪水侵袭夺去了室内生命，造成房屋废弃。北京大学城市与环境学系夏正楷教授曾亲临喇家遗址实地考察，对喇家遗址和周围黄河一级阶地及二级阶地的地层，以及房址内的红泥土及遗址内的红土堆积进行综合考察和采样分析，认为这种红土堆积层非自然形成，可能是来自黄河大洪水的洪水沉积。但这只是初步的推论，还有许多问题有待进一步论证。

喇家遗址史前灾难遗存是一项具有重要学术意义的发现。同时发现的洪水沉积层，再现了黄河大洪水的历史。这些都极具研究价值，尤其对于整个遗址群的研究，更有直接的帮助。这次发掘揭露面积还有限，工作还将进一步深入。对这批人骨已采集样本进行DNA分析，今后将提供相关的重要信息。

附记：

参加发掘及资料整理工作的有中国社会科学院考古研究所王仁湘、叶茂林；青海省文物考古研究所王国道、任晓燕、蔡林海；民和县博物馆何克洲。人骨由中国社会科学院考古研究所王明辉鉴定，王国顺绘图。工作中还得到社科院考古所科技实验研究中心的多方面帮助与合作，刘煌、齐乌云、赵志军、李存信等分别在现场参与了相关工作。北京大学城市与环境系夏正楷教授及研究生杨晓燕参与了遗址环境的考察。国家文物局和青海省文化厅、文物处都给予了积极支持。

执笔者　任晓燕　王国道　蔡林海　何克洲　叶茂林

（本文原载于《考古》2002年第12期，第12-28页）

青海民和县喇家遗址出土齐家文化玉器

叶茂林　何克洲

中国社会科学院考古研究所　民和县博物馆

民和县博物馆收藏有几件出自喇家遗址的齐家文化玉器。这些玉器曾引起一些玉器研究者的关注和重视，现予以整理报道。

1981年5月，青海省苏生秀和民和县博物馆赵存录二位先生对官亭镇的喇家遗址进行调查时征集到一批玉器，共计7件。根据社员回忆，这些玉器是地里出土的，同时出土的还有陶器、石器、骨头、烧灰、白灰面墙皮等多种遗物，埋藏并不深。经调查，这里出土的玉、石器还不止这些，有的可能已经流失。

喇家遗址面积大约10万平方米，主要属于齐家文化堆积，有小范围的马家窑文化堆积。目前所知，出土玉器的遗存均属齐家文化，出土的玉器，包括璧、瑗、刀、斧、锛。皆素面。

璧　2件。1：1。呈浅绿色。椭圆形，一面起弧，厚薄不匀，磨制不精。纹理含黄褐色，杂质较多，质较差。最大直径27.1厘米、孔径6.7厘米、最厚1.2厘米。1：2。呈青绿色，有深浅不等的絮状纹理，周围边缘有黄色。磨制较精，圆形，较规整。直径18厘米、孔径5.5厘米、厚0.7厘米（图一：3）

瑗　1件。1：3。呈青白色，质地细润，是7件玉器中质料最好的1件。较小，系用钻下的璧芯又加工成瑗。磨制较精。但瑗内宽度不匀。直径6厘米、孔径3厘米、厚0.7厘米（图一：4）

刀　1件。1：4。呈青绿色，有浅黄色斑点，质地细腻，磨制精致。长条形，背平直，刃微凹呈弧形，稍长，平面作梯形，刃缘磨斜锋利，柄端略窄。背部有3个穿孔，柄部有1个穿孔。已从中段折裂。长41.2厘米、宽6.5厘米、厚0.8厘米，孔径0.7～0.8厘米（图一：5）

斧　2件。1：5，乳白色，质温润。呈长方形，顶端稍残，两面磨刃，柄端中部单面穿孔。磨制精美。长9.3厘米、刃宽5厘米、厚1厘米，0.5～0.7厘米

（图一：1）。1：6，长方形，呈青白色，有絮状白色纹理，磨制精致，造型规整。柄端中部穿孔，周边有两面磨切的切痕。长15.8厘米、刃宽4.8厘米、厚1厘米，孔径0.6～0.8厘米（图一：2）

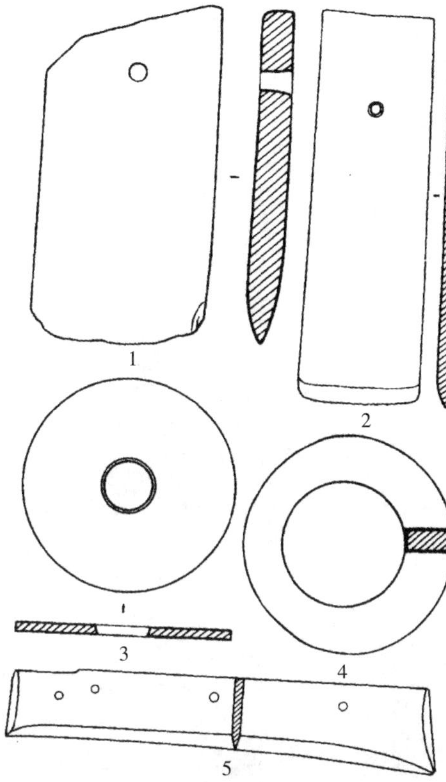

1.斧(L:5)　2.斧(L:6)　3.璧(L:2)　4.瑗(L:3)　5.刀(L:4)(3.1/8,5.1/4,余均为1/2)

图一　出土玉器

锛　1件（1：7）。呈墨绿色，较薄。呈斜梯形，未穿孔。长5.5厘米、刃宽3.9厘米、厚0.5厘米。

以上7件玉器皆属软玉，均带有西部玉料的特征。经初步观察鉴定，认为属于广义的昆仑山玉，很可能玉料来源于昆仑山东麓的格尔木，也就是广义的和田玉。更进一步的测试、鉴定，有待考古发掘对出土玉器残件的采样分析来进行。

目前，齐家文化玉器已经为国内外学者所重视，齐家文化起到了沟通中原及东部玉文化与西部玉料产地的联系和纽带的作用①。1999年，在喇家遗址发现了

① 叶茂林：《黄河上游新石器时代玉器初步研究》，载《东亚玉器》第1册，香港中文大学，1998年。

一些小型玉器，并初步认定喇家遗址加工玉器[①]。随后将对遗址进行大规模的发掘，有希望在齐家文化玉器研究上大大迈出一步。

附记：

故宫博物院杨伯达先生给予帮助，并观察鉴定玉器，特此致谢！

（本文原载于《考古》2002年第4期）

① 叶茂林等：《民和官亭盆地考古初获成果》，载《中国文物报》，2000年3月15日头版。

青海大通县黄家寨墓地发掘报告

青海省文物考古研究所　吉林大学考古学系

墓地位于青海省大通回族自治县黄家寨乡村东。黄家寨南距西宁市约27公里，地处西宁盆地的北部边缘，湟水上游的北川河由西北向东南从墓地东部流过(图一)。

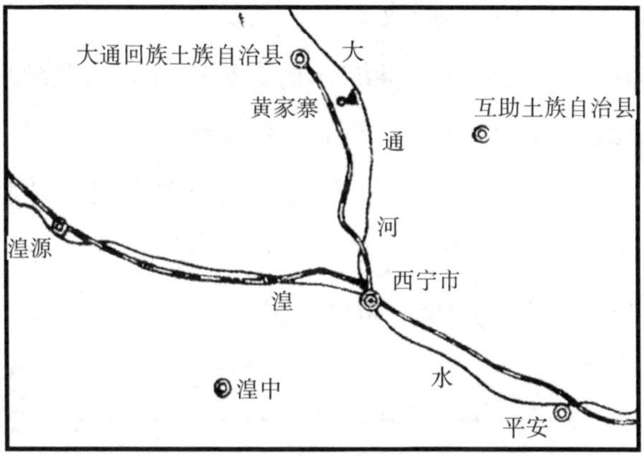

图一　黄家寨墓位置示意图

1985年春，青海铝厂筹建工程在这里大规模取土，取土过程中有人骨和陶罐等发现。青海省文化厅文物处得知消息后，由原青海省文物考古队和原吉林大学历史系考古专业共同组成清理发掘队，配合工程进行了抢救发掘。发掘工作由青海省文物考古队高东陆主持，青海省文物考古队吴平、刘小强、孙小妹、顾希娟和吉林大学历史系考古专业研究生许永杰、李伊萍，本科生刘斌、刘学堂、田亚岐参加了清理发掘工作。自1985年4月下旬至5月中旬，共清理墓葬27座，出土并征集文物123件。

一、埋葬形式

黄家寨墓地的地面平坦，地表已辟为农田，墓葬开口在耕土层下，一般距地表约0.3米，没有文化层堆积。

在清理的27座墓葬中，M1为东汉时期的砖室墓，清理时已为工程取土和农民取砖严重破坏，从残存的底部情况看，为长方形单室墓，墓向北偏东5°，墓室长5.6米、宽2.4米，墓底有两层斜铺的铺地砖，死者为成年男女二人合葬，骨骼已部分凌乱，出有4枚东汉五铢钱。另外的26座墓葬属于青铜时代，本报告将主要介绍这26座墓葬的情况。

26座青铜时代的墓葬分布比较密集，分作两片，一片23座集中分布，分别为M2～M4、M7～M15、M17～M27；一片3座集中分布，分别为M5、M6、M16，两片西北—东南向相距约150米。据取土工程人员介绍，在这两片墓葬西南部取土时，人骨和陶罐等屡屡发现，据此推测，墓葬集中分布的墓地中心部分已破坏殆尽。现存的墓葬间距一般为1～5米不等，墓葬间的叠压打破关系仅有1例，为M14打破M20。墓葬的方向有两种，一种为东北—西南向，计16座，分别为M3、M5、M7～M14、M16、M15、M21、M24、M25、M27；另一种为西北—东南向，计10座，分别为M2、M4、M6、M15、M17、M19、M20、M22、M23、M26（图二）。

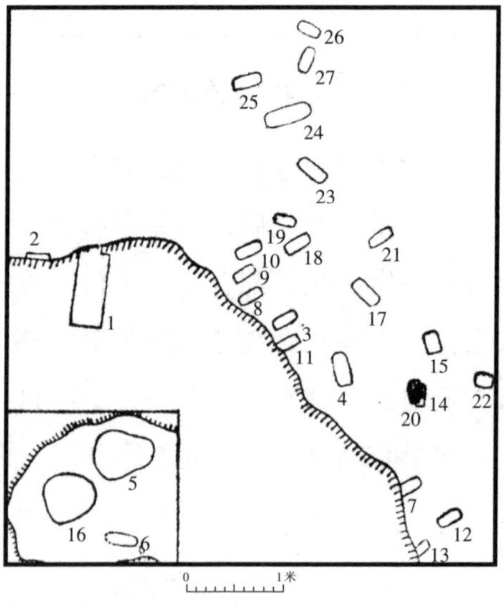

图二　黄家寨墓地墓葬分布示意图

黄家寨青铜时代墓葬的墓穴均为挖在生土中的长方形竖穴土坑，因为没有文化层堆积，墓穴内的填土与墓扩的生土区别不大，所以有些墓葬清理时穴壁不甚规整，墓穴较浅，M5和M16两座大型墓葬的墓穴填土不是利用掏挖墓穴时的生土，而是改用胶土、砂石和河卵石搅拌在一起的坚硬填土。长方形竖穴土坑的坑壁大多较直，墓口与墓底大小相同，个别的坑壁略向内倾斜，墓口略大于墓底。长方形竖穴的四角均呈圆弧状，平面作圆角长方形。墓葬形制相差较大，小墓如M26，长1米、宽0.75米、深0.4米，大墓如M5，长4.70米、宽3.70米、深1.75米，多数墓葬形制为长1.65～2.30米、宽0.55～1.40米、深0.20～0.60米。

死者在墓穴内的安葬方式主要有仰身直肢、侧身屈肢和骨骼零乱不全三种，前两种应为一次葬，后一种应为二次葬，在二次葬中，墓穴和填土中人骨较全者，应是扰乱后就地原坑埋葬的，墓穴和填土中人骨缺少较多者，可能是迁出或迁入的埋葬。二次葬的人骨虽然零乱不全，但现存的人骨仍可以鉴定出所属个体的数目。在26座墓葬中，单人葬24座，约占总数的90%多，为主要埋葬形式，二人合葬2座，约占总数的10%，为次要埋葬形式。二人合葬墓中的M3为成年男性与性别不明的成年合葬，M14为成年女性与性别不明的儿童合葬，另外M5和M16两墓相邻，M5死者为成年男性，M16死者为成年女性。28具个体中，能够鉴定年龄的有20具，其中成人17具，占85%，15岁以下3具，占15%；能够鉴定性别的有11具，其中男性5具，女性6具，男女数量相若。

死者基本上是直接安葬在长方形的竖穴土坑内，仅M5使用了木棺安葬，木棺腐朽较甚，为厚约7厘米的木板制成，木棺残长2.10米、宽0.93米、高0.15米。M5和M16死者的股、肱、胫、腓等长骨涂有紫红颜色，这应是二次扰乱时的葬俗。M3、M5和M16存在着殉牲习俗，殉牲的种类有牛、马、犬和羊，这三座墓葬的殉牲形式不同，M3是一犬头放在死者的头侧，M5是零星的犬、马碎骨散见于填土中，M6是犬头2个、牛头2个、牛蹄8只整齐地摆放在墓穴一侧。

M2 长方形竖穴土坑墓，墓穴长1.80米、残宽0.70米、深0.60米。壁不甚规整，南壁被取土破坏，墓底比较平坦，墓向285°。穴内葬一人，仰身直肢，头西北，脚东南，面向上，为成年女性。随葬器5件，双大耳罐2件，1件放在头顶，1件放在裆上；残铜泡2件，1件放在左臂侧，1件放在右脚下，骨管11件，放在右腿外侧。

M3 长方形竖穴土坑墓，墓穴长2.25米、宽0.85米、深0.25米。墓底比较平坦，穴壁比较规整，墓向255°。墓底人骨2具，1具放在中部，仰身直肢，头西南，脚西北，面向上，手骨和脚骨稍有朽蚀，为成年男性，另一个体仅有股骨和胫骨各二，其中3根交叉放在仰身直肢葬者脚下，1根放在左臂肱骨外侧，为不明性别的成年。随葬器物2件，双小耳陶罐放在仰身直肢葬死者头顶，骨镞放在右膝盖处。另外仰身直肢葬死者的头部右侧殉犬头11个（图三）。

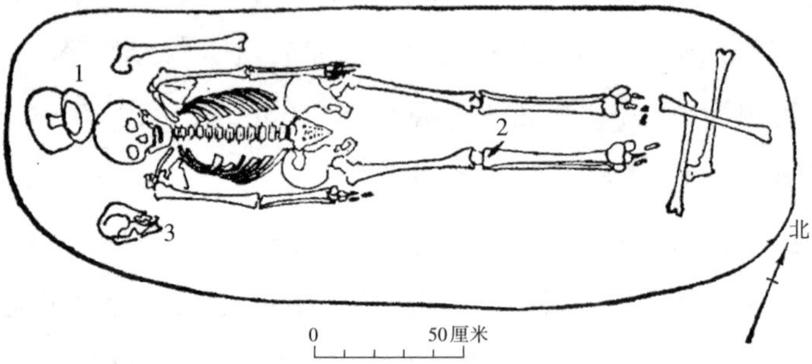

1.双小耳罐　2.骨镞　3.犬头

图三　M3平面图

M5　呈圆角长方形竖穴，一端宽，另一端窄，墓穴长4.70米、宽端宽3.70米、窄端宽2.70米。墓穴周壁不甚规整，墓底呈西南向东北倾斜状，浅处1.05米、深处1.70米。墓穴呈东北—西南向。墓内填土为褐色胶土、砂石与大块砾石搅拌而成，比较坚硬。墓穴的窄端南北向置木棺，木棺腐烂较甚，长约2.20米、宽约0.90米、高约0.20米，系用厚约0.07米的四块大木板拼对而成，无底无盖。棺内人骨十分零乱，有肱、尺、桡、锁、锥、肋、盆、股、胫、腓等骨骼，经鉴定属于同一个体，为成年男性。随葬品物共28件，其中21件出在填土中，双小耳陶罐11件、海贝4枚、骨珠2粒，残骨牌饰1件出在木棺内。木棺内殉犬头及骨架，填土中发现有马蹄骨。死者的下肢股骨和胫骨涂有紫红色，另外尺、桡骨各1件发现在填土中（图四）。

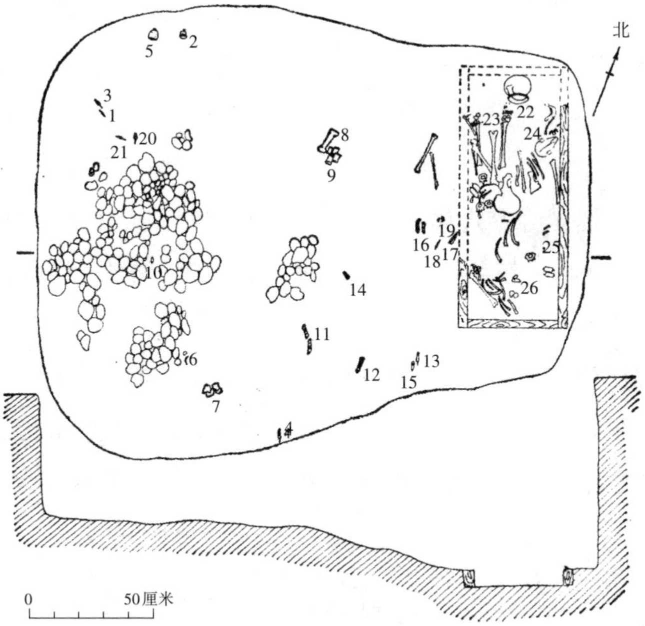

1、3、4、13、14、18、20、21.骨镞　2.铜铃　5.大铜铃　6.牙饰　7.碎陶片　8、9.马蹄　10.铜削　11、12、16.铜管　17.残铜矛　19、23.海贝　22.双小耳罐　24.犬头　25.骨珠　26.残骨牌

图四　M5平、剖面图

M14　长方形竖穴土坑墓，墓穴长1.50米、宽0.95米、深0.15米。穴壁比较规整，墓底平坦，墓向192°。墓穴内人骨2具，均为侧身屈肢葬，缺少臂骨和头骨，一为成年女性，一为不明性别的儿童。随葬器物10件，9件为穿孔的牙饰和骨饰，其中7件成排在成年人胸前，2件放在儿童上身处，1件骨凿，放在墓穴一处。该墓打破M20（图五）。

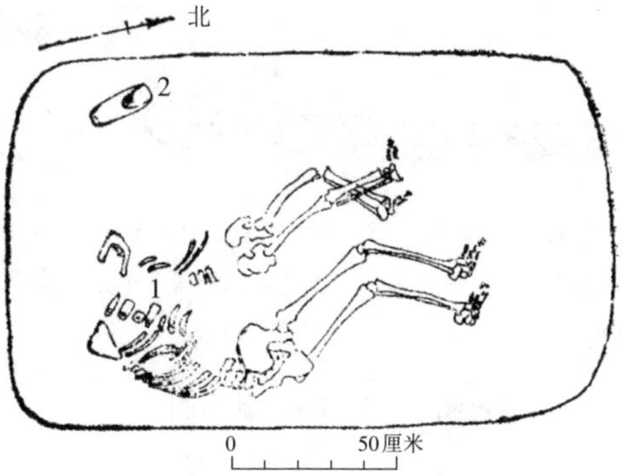

1.牙饰　2.骨凿

图五　M14平面图

M16　近于圆形的长方形竖穴土坑墓，一端宽一端窄，墓穴长4米、宽端3.70米、窄端2.70米。穴壁不甚规整，墓底呈西南向东北斜倾，浅处约0.65米、深处约1.20米，墓穴呈东北—西南向。墓内填土为褐色胶土、砂石与砾石搅拌而成，比较坚硬。墓穴窄端的底部人骨零乱，有尺、桡、肋、椎、骶、盆、股、胫、腓、跗、趾等骨骼，经鉴定属于同一个体，死者为成年女性。随葬品共23件，双耳陶罐2件，出在墓底东北端人骨处，骨珠8枚和骨纺轮1件也出在墓东北端人骨处，其余随葬器物散见于填土内。墓室西南端底部较高，与东北端放置人骨的较深墓底形成二层台，二层台的北侧殉牛头1个，牛头的后方排列牛蹄4只，二层台的中部也陈列牛蹄4只，二层台的南侧排放犬头2个，另在东北端的底部放置牛头残骨1个和羊骨若干。另外死者的长骨上涂有紫红色（图六）。

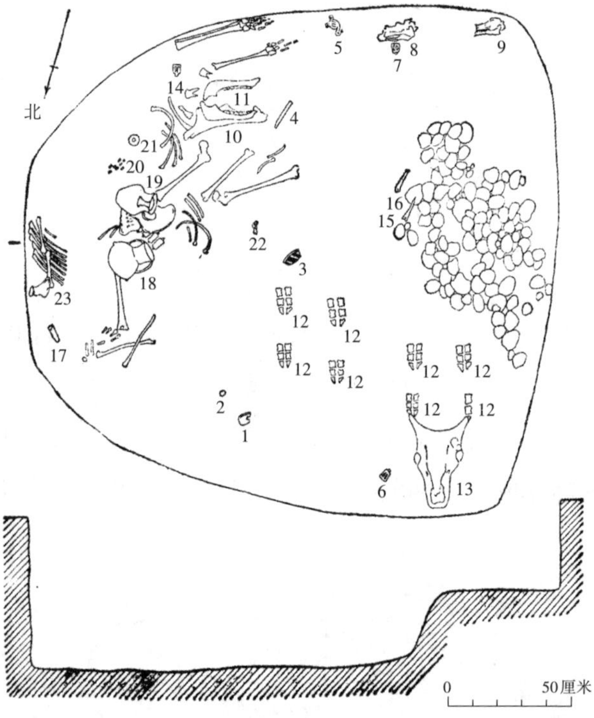

1.残石刀　2.陶饼　3.陶刀　4.骨管　5.铜鸟　6、7、14.铜铃　8、9.犬头　10、11、13.牛头　12.牛蹄　15、16.骨锥　17.残骨器　18.双大耳罐　19.双小耳罐　20.骨珠　21.骨纺轮　22.蚌饰　23.羊骨

图六　M16平、剖面图

M20　长方形竖穴土坑墓，墓穴长1.50米、宽0.70米、深0.40米。穴壁规整，墓底平坦，墓穴呈西北—东南向。墓穴底部有下颌骨、骶骨和股、胫、腓等长骨，

为同一个体，死者为不明性别的成年。随葬双大耳罐1件，摆放在墓穴西北角。

二、随葬器物

在26座墓葬中，有17座墓葬使用器物随葬，约占总数的65%，在使用器物随葬的墓葬中，使用陶器随葬的墓葬最多，计14座，约占使用器物随葬墓葬总数的82%，在这14座墓葬中，有5座墓葬伴有铜、石、骨、牙、蚌器随葬。各墓随葬器物的数量相差比较悬殊，少的仅有1件，如M9、M11两墓各使用1件陶豆，M6仅使用骨匕11件；多的达28件，如M5不仅数量多，而且种类亦多；一般的是2～3件或2～3种，如M3随葬双小耳陶罐11件，骨镞1件，M2使用双耳大罐2件，铜泡2件，铜管1件。这种墓葬共9座，约占使用随葬器物墓葬总数的51%。不同性别的死者在随葬器物的种类上存在着差别，这种差别主要体现在生产工具或武器上，而像陶器这样的生活用具则无差别，使用铜矛、骨匕、骨镞类争斗进攻工具或武器的M3、M5、M6三墓死者均为男性，而使用骨凿、骨锥、纺轮、石刀、陶刀等生产工具的M14、M16、M21三墓死者均为女性。随葬器物的陈放位置有相对的稳定性，陶制生活用具一般放在死者头部、零乱的骨骼附近或墓穴的一角，铜、石、骨、牙、蚌等生产工具或装饰品主要见于填土中。

1.陶器

共计55件。主要是作为容器使用的生活用具。可以分为夹砂褐陶和泥质红陶两大陶系，因烧制时受火不匀和程度不同，夹砂褐陶有红褐与灰褐的颜色差别，泥质红陶有砖红与橘红的颜色差别。夹砂褐陶的陶胎较疏松，器壁较厚；器物是分段泥条盘筑，对接成器的，器壁与器底是以帮包底制成的；泥质红陶的陶胎较坚硬，器壁较薄，器物是快轮制成的。这批陶器的器表大多素面无饰，不见彩绘，纹饰主要有绳纹、弦纹、附加堆纹和乳钉纹，绳纹纵向或斜向饰于器物的腹部，弦纹饰于器物的颈部和上腹部，附加堆纹用于器物的口沿，乳钉纹对称地饰于器物的双耳和中腹部。器类主要有壶、罐、豆、碗四种。

（1）壶　5件。可以分为泥质和夹砂两种。

泥质壶　3件。01，侈口，圆唇，深鼓腹，平底，颈饰一道浅细弦纹，口径8厘米、底径7.5厘米、高20.5厘米（图八：11）。019，敞口，曲颈，尖圆唇，深鼓腹，平底，细颈处饰一道浅细弦纹，下腹处遗有打磨未尽的绳纹痕，口径8.5厘米、底径7.8厘米，高21.2厘米（图八：2）。

夹砂壶 2件。均残。023，球腹，平底，素面，底径7.6厘米、残高10.6厘米（图八：4）。

（2）罐 28件。可以分为双大耳、双小耳、单耳、无耳和堆纹口五种。

双大耳罐 11件。又可以分为泥质和夹砂两种。

泥质双大耳罐 6件。029，尖圆唇，高领外敞，深鼓腹，平底，双耳及领残，颈饰一道浅细弦纹，口径8厘米、底径4.8厘米、高14.5厘米（图七：1）。M20：1，尖圆唇，高领斜向外敞，深鼓腹微向下垂，平底，双大耳残，颈饰浅细弦纹一道，口径7厘米，底径4.2厘米、11.8厘米（图七：2）。011，圆唇，敞口，斜直领较高，深腹微折，平底，双大耳，颈饰一道浅细弦纹，口径7厘米、底4厘米、高12厘米（图七：3）。M18：1，尖唇，侈口，领较矮，深腹，微端肩，平底，双大耳，素面，口径6厘米、底径3.2厘米、高10.5厘米（图七：4）。

尖砂双大耳罐 5件。M16：18，尖圆唇，敞口，长颈外斜，扁圆腹，平底，最大腹径处的双大耳下部饰两个乳钉，口径14.5厘米、底径8厘米、高27厘米（图七：5）。M2：1，斜方唇，长颈微弧，扁圆腹，平底，素面，口径10厘米、底径8厘米、高17.5厘米（图七：7）。020，尖圆唇，长弧颈微向外斜，扁圆腹下部微向内收，小平底，素面，口径5.8厘米、底径3.5厘米、高10厘米（图七：6）。

双小耳罐 17件。均为夹砂陶，可以分为素面和绳纹两种。

素面双小耳罐 10件。一些器物的表面简单地饰有划纹、堆纹和乳钉。M16：19，尖唇，短直领微敞，深鼓腹，微端肩，下腹稍向内收，平底，器表涂有紫红陶底，已褪色或为烟熏痕所覆盖，上腹饰四条细划纹为一组的交错菱形划纹，中腹饰两颗对称的乳钉纹，口径20厘米、底径11.2厘米、高35厘米（图七：13）。M3：1和M5：22两器与此略同。M10：2，尖圆唇，矮领，敞口，腹较浅，端肩，下腹内收，小平底，双小耳和下腹各饰两颗对称的乳钉，口径6厘米、底径4.5厘米、高9厘米（图七：8）。M18：2，斜方唇，侈口，矮领，深鼓腹，平底，双小耳上饰乳钉，口径7.5厘米、底径5.8厘米、高11.2厘米（图七：14）。M4：1，尖叠唇，侈口，短颈，深鼓腹，平底，素面，口径6.2厘米、底径4.5厘米、高10.2厘米（图七：10）。M24：1，尖圆唇，弧领较长，口外侈，深鼓腹，肩微端，底向内凹，素面，口径5.5厘米、底径4厘米、高10厘米（图七：9）。08，方唇，侈口，短弧颈，鼓腹较浅，平底，双小耳，素面，口径9厘米、底径6厘米、通高13.3厘米（图七：11）。

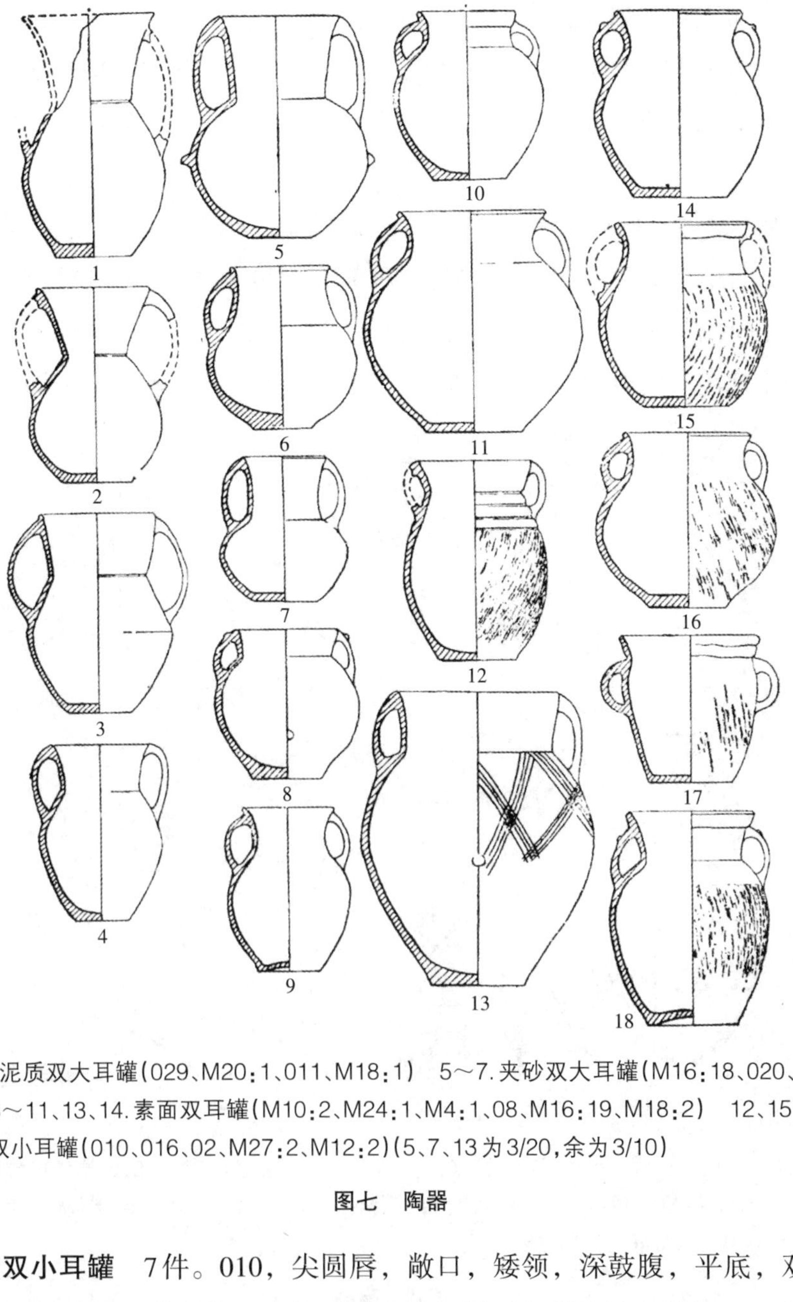

1～4.泥质双大耳罐(029、M20:1、011、M18:1)　5～7.夹砂双大耳罐(M16:18、020、M2:1)　8～11、13、14.素面双耳罐(M10:2、M24:1、M4:1、08、M16:19、M18:2)　12、15～18绳纹双小耳罐(010、016、02、M27:2、M12:2)(5、7、13为3/20,余为3/10)

图七　陶器

绳纹双小耳罐　7件。010，尖圆唇，敞口，矮领，深鼓腹，平底，双小耳残一，上腹近领处饰四道弦纹，弦纹下近底饰细深而杂乱的斜向绳纹，口径7厘米、底径5厘米、高12厘米（图七：12）。M12：2，叠方唇，斜直短颈，敞口，深腹，端肩，凹底，双小耳上饰乳钉，腹饰浅疏的粗绳纹，口径8厘米、底径5.5厘米、高13厘米（图七：18）。016，叠方唇，敞口，短颈微斜，浅鼓腹，平底，腹饰纵向规整的粗绳纹，口径8厘米、底径5厘米、高11厘米（图七：15）。02，斜方唇，侈口。短弧颈，扁圆腹，小平底，腹饰浅粗的斜向绳纹，口径7.5厘米、底径5厘米、高10.5厘米（图七：16）。M27：2，叠方唇，大敞口，矮斜领，浅腹，壁较直，平底，腹饰深疏的斜向绳纹，器表有烟熏痕。口径8.5厘米、底径5厘米、高9厘米（图七：17）。

单耳罐 4件。均夹砂陶。M10：1，尖圆唇，大口外侈，弧颈，扁圆腹，平底，单耳高于器口，与耳相对一侧的中腹部饰一颗乳钉，口径12厘米、底径7.2厘米、高13厘米（图八：3）。07，尖圆唇，侈口，鼓腹较深，平底，单耳与器口平，上腹饰浅疏斜向绳纹，口径6厘米、底径4厘米、高9厘米（图八：9）。

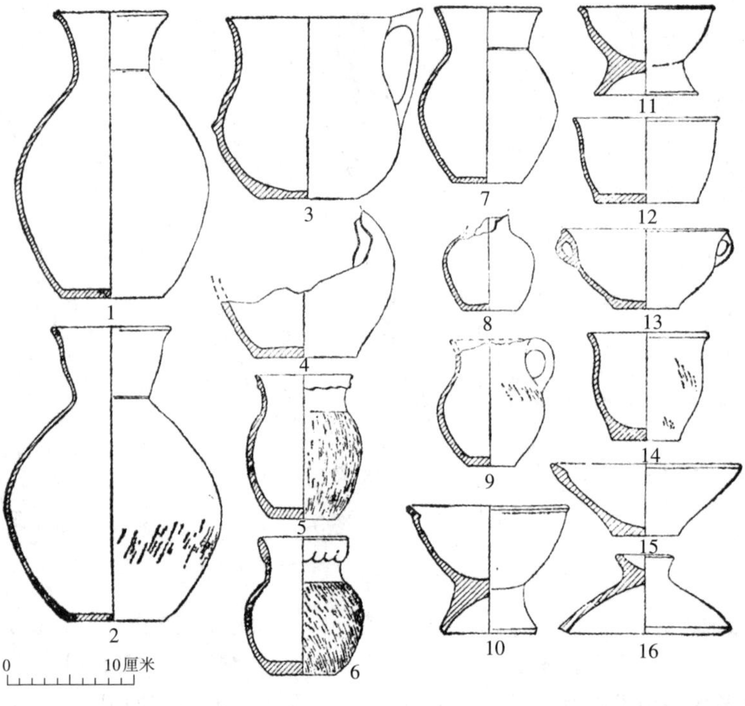

1、2.泥质壶(01、029) 3、9.单耳罐(M10：1、07) 4.夹砂壶(023) 5、6.堆纹口罐(031、06) 7、8.无耳罐(M27：1、024) 10、11豆(M9：1、M11：1) 12～15.碗(M24：2、030、M25：1、014) 16.器盖(05)

图八 陶器

无耳罐 2件。M27：1，泥质红陶，尖圆唇，敞口，斜直颈，深鼓腹，平底，颈饰一道浅细弦纹，口径7.5厘米、底径5厘米、高12.6厘米（图八：7）。024，夹砂褐陶，领残，深腹，端肩，平底，素面，底径4厘米、残高7厘米（图八：8）。

堆纹口罐 4件。均为夹砂陶。031，尖圆唇外贴堆纹，呈花边状，侈口，短弧颈，深鼓腹，平底，腹饰细疏而杂乱的竖向绳纹。口径7厘米、底径5厘米、高10.5厘米（图八：5）。06，斜方唇，口贴花边状堆纹，短颈，扁腹，平底，腹饰深而杂乱的斜向绳纹，器表有烟熏痕迹，口径6.2厘米、底径4.5厘米、高10厘米（图八：6）。

豆 4件。一件泥质红陶，另三件为夹砂红陶。M11：1，斜方唇，唇内侧起棱，盘腹浅而圆鼓，矮弧粗柄，素面，口径9.5厘米、底径7.5厘米、高6.5厘米（图八：11）。M9：1，斜方唇，唇内侧起棱，盘腹深而稍直，粗柄较高，素面，口径11.8厘米、底径7厘米、高9.2厘米（图八：10）。

碗 5件。泥质红陶一件，其余四件为夹砂褐陶。M124：2，泥质红陶，尖圆唇，壁微鼓，浅腹，平底，素面，口径10厘米、底径5.5厘米、高6.2厘米（图八：12）。030，斜方唇，弧壁，浅腹，平底，双环耳，素面，口径12厘米、底径4.5厘米、高5.8厘米（图八：13）。M25：1，尖圆唇，敞口，深腹，弧壁，平底，器表有打磨未尽的绳纹痕，器表被烟熏黑，口径8.5厘米、底径5厘米、高7.8厘米（图八：14）。014，尖唇，内侧起棱；斜直壁，平底，素面，口径14厘米、底径5厘米、高5.2厘米（图八：15）。

器盖 1件。05，夹砂红陶，圆形钮，弧壁，斜唇，素面，钮径3.5厘米，盖口径11.5厘米、高5.5厘米（图八：16）。

陶饼 1件。M16：2，系用马厂文化彩陶片打制而成，泥质红陶，黑条彩，边缘不甚规整，直径约4厘米、厚约0.4厘米（图一〇：4）。

陶刀 1件。M16：3，系采用马厂文化陶片打制而成，泥质红陶，黑条彩，两面刃。长5.5厘米、宽3.5厘米、厚0.4厘米（图一〇：3）。

2.铜器

计16件。均为青铜的小件器物 。

铜鸟饰 1件。M16：5，长喙，有冠，环眼，昂首，长颈，椭圆形圆鼓腹每侧有三条镂孔，空腹内有一橄榄状铜丸，宽扁尾，足为一长管状，上有一长形镂孔，高10.8厘米、长7.8厘米（图九：10）。

铜铃 5件。大铜铃一件，小铜铃四件。M5：5，环形钮横截面呈圆形，铃身弧壁，平口，高7.5厘米、口径5厘米、壁厚0.2厘米（图九：11）。M5：2，环形钮横截面呈半圆形，铃壁微向外斜，铃身饰四个等腰三角形的镂孔。平口，铃内有舌，正视如“8”字形，侧视如“人”字形，通高3.7厘米、口径2厘米、壁厚0.1厘米、舌长3.1厘米（图九：6）。M16：6，环形钮横截面呈三角形，铃身饰四个近梯形的镂孔，铃壁稍向内斜，平口，高3.5厘米、口径2。1厘米、壁厚0.1厘米（图九：9）。M16：14，环形钮演截面呈三角形，铃身饰四个近样形的镂孔，铃壁内弧，平口，高3.6厘米、口径2.1厘米、壁厚0.1厘米（图九：8）。

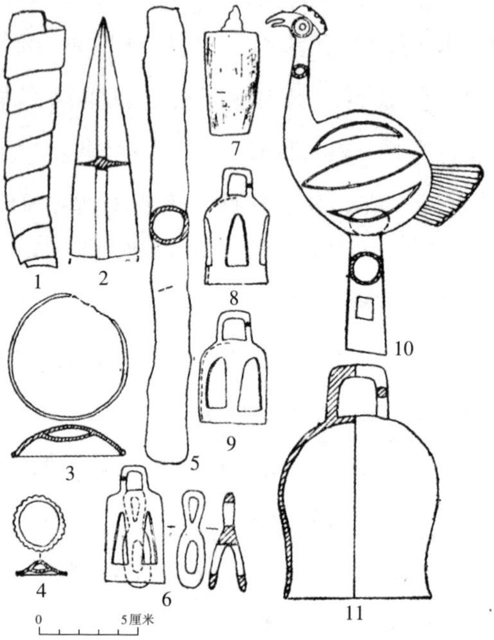

1、5 铜管(M5：12、M2：5)　2. 铜矛(M5：17)　3、4 铜泡(033、M21：1)　6、8、9、11. 铜铃(M5：2、M16：14、M16：6、M5：5)　7. 铜削(M5：10)　10. 铜鸟饰(M16：5)

图九　铜器

铜管　6件。M5：5，铸成，锈蚀较重，圆形长管，长14.5厘米、径约1厘米（图九：5）。M5：12，薄铜片扭卷而成，圆形长弯管，长8.2厘米、径约1.5厘米（图九：1）。

铜泡　2件。033，圆形，侧视如馒头状，边缘稍残损，直径4厘米、鼻长1.5厘米、壁厚0.1厘米（图九：3）。M21：1，圆形，侧视如头笠状，花边，直径1.8厘米、鼻长0.8厘米、壁厚0.1厘米（图九：4）。

铜矛　1件。M5：17，柳叶形，两侧刃，柱脊，下部残，残长7.8厘米（图九：2）。

铜削　1件。M5：10，为一段锈蚀较重的尖嵌在一段骨管内，骨管表面磨得比较光洁，尖长0.8厘米、管长3.3厘米（图九：7）。

3.石器

计3件。

石刀 1件。M16：1，残半，一侧凸刃，正锋，中有一个两面对钻的圆孔，为青色角页岩磨制而成，残长7厘米、宽6厘米、厚0.5厘米（图一〇：2）。

石纺轮 2件。形制相同。M21：2，圆形正中有一单面钻孔，为白色玉石精磨而成，直径5.2厘米、孔径0.7厘米、厚0.6厘米（图一〇：1）。

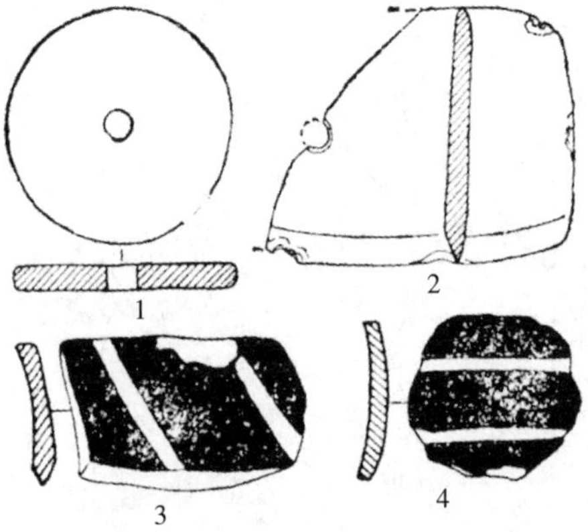

1.石纺轮(M21:2) 2.石刀(M16:1) 3.陶刀(M16:3) 4.陶饼(M16:2)

图一〇 出土遗物(1/2)

4.骨器

计27件。

骨匕 1件。M16：1，为动物肢骨削磨而成，柄身分界处有一圆形钻孔，弧刃，翘尖，长19厘米（图一一：3）。

骨镞 8件。其中一件通体呈菱形，七件为三棱身圆梃。M3：2，通体呈菱形，四棱身，圆梃，长3.9厘米（图一一：8）。M5：3，长身，短梃，身截面呈三角形，梃截面呈圆形，长6.3厘米（图一一：10）。M5：4，身梃比差较小，身截面呈三角形，梃截面呈圆形，长5.2厘米（图一一：9）。

骨锥 2件。M16：15，为动物肢骨削磨而成，中间残断，长13.2厘米（图一一：2）。

骨凿 1件。M14：2，为牛腿骨削磨而成，弧刃，侧锋，顶端比较粗糙，长15.7厘米、宽5厘米（图一一：5）。

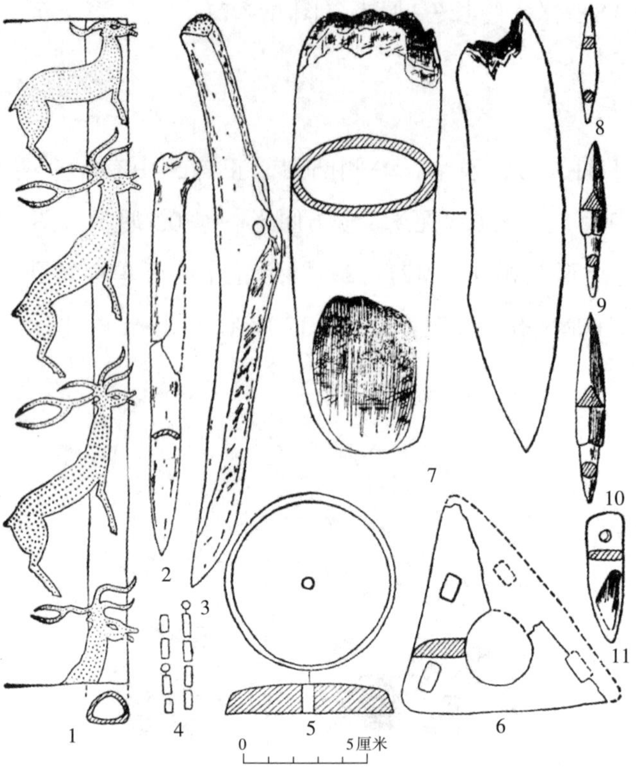

1.骨管(M16:4) 2.骨锥(M16:5) 3.骨匕(M6:1) 4.骨珠(M16:20) 5.骨凿(M14:2) 6.骨纺轮(M16:21) 7.骨牌(M5:26) 8～10.骨镞(M3:2、M5:4、M5:3) 11.骨饰件(M5:15)

图一一 骨器

骨纺轮 1件。M16：21，为牛髌骨磨制而成，圆形，斜缘，中间有一单面钻孔，底平，上弧，上径5.2厘米、下径5.7厘米、孔径0.4厘米、厚1厘米（图一一：6）。

残骨器 1件。M16：17，为动物肢骨，呈圆柱形，顶端为利器所截断，下部折断，用途不明，长6.5厘米。

骨管 1件。M16：4，为鹿长骨制，环绕管壁表面精刻鹿四只，其中三只完整，一只刻画至颈部，四只鹿的形态略同，使用闭合的细线刻出鹿的体态轮廓，密布规整的刺点表现鹿身的花纹，因系环壁雕刻，均为首尾相衔的侧身状，鹿的后腿支地，前腿抬起，作眺望状，鹿的体态特征为长角，菱眼，张嘴，长颈，修身，细腿，管长22厘米、管径1.5厘米、管壁表周长约4.5厘米（图一一：1）。

骨牌 1件。M5：26，为牛胛骨制成，残损，三角形，中有一较大圆孔，边有长方形镂孔，表面磨光，边长约7厘米、孔径约2.3厘米（图一一：7）。

骨珠 8粒。均出在M16中，圆管状，大小相差无几，牙黄色，表面光洁，长0.5～0.8、径0.2厘米（图一一：4）。

骨饰 3件。均有一个钻孔，表面磨光。M5：15，长4.5厘米（图一一：11）。

5.牙、蚌、贝器

计18件。

牙饰 8件。其中7件出自M14，顶端均有一圆形钻孔，器表光洁，长3.3～6厘米（图一二：1、2、4～7、9）。另一件为M5：6，无钻孔，表面光洁，长4.2厘米（图一二：8）。

蚌饰 2件。M16：22，白色，磨制，长5厘米（图一二：3）。

海贝 8件。其中七件出自M5，一件出自M21，大小相略，均呈白色，形近椭圆，长径1.5～2.7厘米、短径1～1.8厘米（图一二：10～12）。

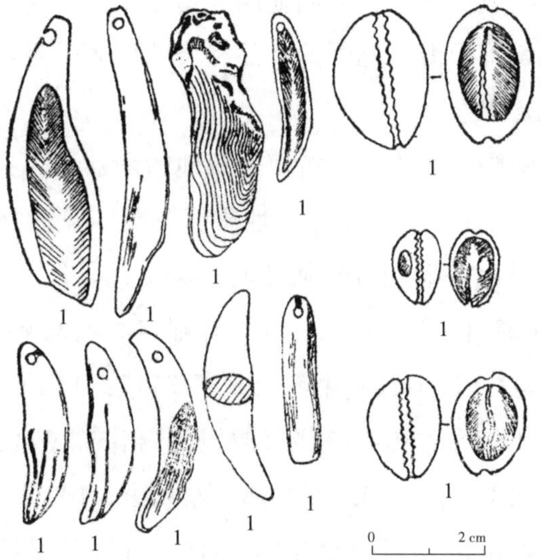

1、2、4、5、6、7、9.牙饰(M14：1) 3.蚌饰(M16：22) 8.牙饰(M5：6) 10～12.海贝(M5：19、M21：3、M5：23

图一二 出土遗物

三、几点认识

黄家寨墓地清理的26座青铜时代墓葬在埋葬形式和随葬器物的内容上，存在着明显的一致性，M5、M6等五座墓葬及征集到的16件青铜器，种类齐全，制造精致，表明这是一处青铜时代的墓地。

这26座墓葬在墓葬形制、随葬器物的数量以及殉牲习俗上，存在着明显的差异，其中M5和M16两墓相邻，墓穴宽大，随葬器物众多，使用牛、马、犬、羊等牲畜殉葬，死者长骨上涂有紫红颜色，M5的死者使用木棺下葬等现象，与其他24座墓葬明显不同。M5死者为成年男性，M16死者为成年女性，这对夫妻生前所拥有的社会财富以及与此相联系的社会地位都优于同墓地的其他死者。铜矛、骨匕和骨镞等武器均出在成年男性墓中，而刀、锥、凿、纺轮等生产工具均出在成年女性墓葬中，这种由随葬器物种类不同反映出的男女在社会活动中所担任的不同角色是男性主要从事氏族或部落间的征战、狩猎，女子则承担除此而外的几乎全部的日常生活和生产活动，这种男性专司征战和狩猎的社会分工，也反映出当时战事的频繁和重要。作为货币原始形式的海贝本墓地共出8枚，其中7枚出在大墓M5中，反映出少数人掌握有较多的社会财富。上述少数人拥有较多的社会财富和优越的社会地位，社会成员间存在着明显的贫富差别和地位差别，战事频繁和男子专司征战狩猎，原始货币海贝标明的商品经济的出现等现象，均说明黄家寨墓地的死者已步入了阶级社会。

由壶、罐、豆和碗等器物构成的黄家寨墓地的陶器群，在文化面貌上，有着既类于齐家文化，又同于卡约文化的双重性质。泥质红陶壶、泥质红陶双大耳罐、绳纹双耳罐的深腹型及豆等器物具有强烈的齐家文化作风，029双大耳罐与永靖秦魏家M40：1双大耳罐①相同，M20：1双大耳罐与秦魏家M106：4、永靖大何庄M36：2双大耳罐②相同，011双大耳罐与秦魏家M117：4双大耳罐相同；019泥质红陶曲领壶与武威皇娘娘台M30：12侈口曲领罐③相同，01泥质红陶壶与大何庄M87：3侈口一长颈罐相同；010绳纹双耳罐与秦魏家M100：1双耳罐相同，M12：2绳纹双耳罐与秦魏家M60：3双耳罐相同，M11：1豆与皇娘娘台M47：10豆器形相同；030双耳碗与乐都柳湾采04圈足杯的上部④相同。黄家寨墓地具有齐家文化作风的陶器与永靖秦魏家墓地的随葬陶器最为接近，在齐家文化的排序中，秦

①中国科学院考古研究所甘肃工作队：《甘肃永靖秦魏齐家文化墓地》，载《考古学报》1975年第2期。

②中国科学院考古研究所甘肃工作队：《甘肃永靖大河庄遗址发掘报告》，载《考古学报》1974年第2期。

③甘肃省博物馆：《甘肃武威皇娘娘台遗址发掘报告》，载《考古学报》1962年第2期；《武威皇娘娘台遗址第四次发掘》，载《考古学报》1978年第4期。

④青海省文物管理处等：《青海柳湾》，文物出版社，1984年。

魏家墓地是一处年代较晚的地点[①]。夹砂褐陶双大耳罐，双小耳罐和绳纹双耳罐的浅腹型等器物具有强烈的卡约文化的作风，023夹砂红陶壶与循化苏呼撒M63：1壶[②]相同，M2：1双大耳罐与大通上孙家寨M634：3双大耳罐相同，020双大耳罐与苏呼撒M103：2双大耳罐相同，M16：18双大耳罐与湟中巴格台采集双大耳罐[③]相同，M16：19双小耳罐与上孙家寨M 634：1双小耳罐相同，M3：1双小耳罐与上孙家寨M634：2双小耳罐相同，M18：4双小耳罐与上孙家寨M349：2双小耳罐相同，M10：7双小耳罐与上孙家寨M333：4双小耳罐相同，02双耳绳纹罐与互助总寨M1：2双耳绳纹罐[④]相同。目前，人们一般都将青海省境内发现的青铜时代考古学文化遗存归入卡约文化，有的学者指出了卡约文化内涵的复杂性，提出至少可以区别出卡约、上孙、阿哈特拉、大华中庄四个类型[⑤]，本文所报道的黄家寨遗存中同于卡约文化的因素，与上孙类型最为接近。

黄家寨遗存包含着齐家文化和卡约文化两种因素，但是两者共存于同一墓地内，更由M18、M24、M27等两者共存于同一墓葬内的关系表明，黄家寨遗存作为一种过渡遗存的统一性，因此，我们认为黄家寨遗存是齐家文化向卡约文化过渡时期的一种考古学文化遗存，这种过渡性质还可以在本墓地所出的四件堆在齐家文化晚期遗存和卡约文化早期遗存中有比较广泛的发现。目前，类于黄家寨遗存这种过渡性遗存在互助总寨和民和山家头两处墓地也有发现。

执笔者　高东陆　许永杰　李伊萍　吴　平

（本文原载于《考古》1994年第3期，193-206页）

①张忠培：《齐家文化研究》，载《考古学报》1987年第1、2期。

②青海省文物考古研究所：《循化苏呼撒墓地发掘报告》，特刊。

③青海省文管会：《青海徨中古文化调查简报》，载《文物》1960年第6期。

④青海省文物考古队：《青海互助土族自治县总寨马厂、齐家、辛店文化墓葬》，载《考古》1986年第4期。

⑤青海省文物考古队等：《青海贵德山坪台卡约文化墓地》，载《考古学报》1987年第2期。

民和县喇家新石器时代遗址

范小慧　王增林　叶茂林　蔡林海
青海省文物考古研究所　青海民和县喇家遗址博物馆

发掘时间：2013年5—10月

2013年，喇家遗址博物馆为配合青海省申报国家考古遗址公园之需，委托青海省文物考古研究所联络陕西的考古勘探公司，对喇家遗址进行了大面积勘探工作。勘探面积约85万平方米，发现遗迹588处，主要位于二级阶地上，分为西区、北区和南区三部分。其中房址136座，墓葬40座，灰坑235个，灰土范围9处，活土坑139个，窑址1座，冲积沟20条，沙石范围4处，石块范围4处。

房址按平面形状可分为方形与圆形两种，其中西区和南区方形占大多数，北区则圆形居多。大部分方形房址为窑洞式，多利用自然沟道边沿、断崖或缓坡丘陵处掏挖而成，开口位于红胶泥下，房址内部堆积多含淤土、淤沙，底部发现白灰面，上部堆积含有黄河洪水沉积的淤泥，房址与已考古发掘的房址属同一类型，有着典型的齐家文化时期房址特点，应为毁于地震与洪水的喇家先民所居住。圆形房址则平地起建，建筑技术较为进步，受自然地势影响较少，建筑于红胶泥堆积层之上，应晚于方形房址，为洪水退去后人类重新在此地区进行生产生活所居住，与这些圆形房址处于同一层位上的方形房址与早期的窑洞式方形房址也不同，应为洪水退去后的遗迹。

墓葬大部分集中分布于西区中部、G2西侧，平面为长条形，多为斜坡墓道洞室墓，其中有一部分墓葬墓室为砖结构，西区北部的十几座墓葬明显为晚期遗迹。北区墓葬大部分集中分布于北区东南角台地边缘附近。南区仅发现墓葬1座，内填较致密黄褐色土，含少量陶片、炭屑。灰坑整体分布较分散，但房址附近相对密集，平面多为椭圆形或不规则形且含草木灰、淤沙，部分灰坑内发现陶片、红土颗粒。灰土范围平面为不规则形，大部分于台地边缘或自然沟附近，内部堆积含淤沙、草木灰、陶片，部分灰土范围内发现白灰颗粒。

此次勘探的意义，首先，扩大了先前确定的遗址范围，将遗址范围延伸到了喇家村的外围。其次，极大丰富了遗址内涵。尤其是墓葬的勘探展现更为清晰一些，遗址北部、上喇家附近的墓葬呈现辛店文化特征；遗址西区北部、小李家附近部分砖结构墓葬则明显为晚期，大致可判断为汉晋时期；遗址南区、大部分下喇家南部为齐家文化特征；下喇家东半部分的墓葬以及灰坑则可能为马家窑时期。

值得思考的是，勘探未发现集中的墓葬区和制陶等加工作坊遗迹，也未确定环壕。作为一个较大规模的聚落遗址，是否存在公共墓地？究竟在何处？陶器、玉器等来自何处制作？是否另有专业化分工的手工作坊存在于遗址范围外？这些都是有待进一步考古发掘解决的问题。

此外，2010年开始至2013年期间，在喇家遗址资料整理过程中，发现了一些史前时期的白陶碎片，这些残片一般都较小、较薄，是之前多年的发掘工作中都没有及时注意到的现象。经初步统计，约有数十片。从陶系上分，均夹砂，陶色基本上呈灰白色或黄白色，颜色的白度并不十分突出，但是也明显不同于其他陶系的陶片。2013年考古队挑选并提供了部分标本交由王增林采用电镜上的能谱仪进行分析，获得了比较好的测试结果。

测试基本数据如下：Al30.34%，Si58.04%，K5.96%，Ca1.05%，Fe4.61%。表明此白陶属于高铝含量的硅酸盐材料，说明其陶土原料含铝量几乎快接近三分之一，这个数值对比其他已经得以确认为白陶的某些相关史前文化白陶的铝含量还要高一些。因此，此次初步认为，喇家遗址新发现的这批资料是白陶似无疑议。

喇家遗址是以齐家文化遗存的堆积为主，只有个别马家窑文化的灰坑在地层中保留了下来，但马家窑文化的地层几乎不存，都被齐家文化遗存的堆积破坏殆尽，马家窑文化的陶片等遗物或多或少散落在喇家遗址各处，而比较集中分布的范围也大致可确定。经过细致工作，可以明确，马家窑文化不仅彩陶片能够区分，绝大部分素陶和粗陶残片也都可以较准确地与齐家文化陶片区分。初步认定喇家遗址发现的白陶片属于马家窑文化。

关于喇家遗址白陶的发现，还需做更多的工作和进一步深入研究，解决相应的一些问题。但这批史前白陶的发现，无疑大大开阔了学术界对于史前期白陶发现和分布的新认识，这是在西北地区首次发现史前白陶，毋庸置疑其具有重要的意义。

（本文原载于《中国考古学年鉴》2014年）

青海喇家遗址继续发现史前灾难遗迹

叶茂林　任晓燕　蔡林海　张晓虎　钟　建　何克洲

本报讯：2004年8—10月，中国社会科学院考古所甘青队与青海省考古所对青海民和喇家遗址继续进行发掘。这次选择在遗址西边的Ⅷ区和Ⅸ区做试探性发掘，意在了解喇家遗址西边区域的遗存埋藏和地层堆积情况，进一步验证灾难事件。以往的发掘都是在遗址的东部或者是在村子中，村子西边是第一次发掘，这对于全面了解喇家遗址的遗存状况十分必要。尽管发掘面积不大，却获得许多新的发现。

喇家村的东、西台地之间相距约五六百米。在村西北台地（遗址Ⅷ区）的断崖附近，由于村民取土和自然崩塌，已经暴露出文化遗存。2004年度在此布方发掘了约200平方米，发现齐家文化成排的房址遗迹共5座，其中F23发现人骨遗骸埋藏，其他房址也都发现了灾难造成的坍塌和洪水冲击现象，以及大量的房内原生遗物散落现象，附近地层中还发现地震裂缝和砂脉现象。地层堆积的灾难现象自然分层与原先在遗址东部发掘所知的地震和洪水灾害先后地层现象相吻合。进一步证明整个喇家遗址经历了同样的自然灾害的袭击，造成聚落的毁灭，重现并印证了喇家遗址的灾害原因和灾难现象。

F27、F26、F23、F24为从北向南并列的一排房址，门皆向东。F25为台地边缘上暴露的已经残毁的房址，经过细致清理，发现门向西，与前一排房址相距约10米，地层关系相同，可能是2排房址相对而居，类似竖井式的窑洞布局结构。这种形式，与遗址东区发现的窑洞为崖壁式布局有所不同。在房址内都遗存有大量的陶器、石器，也发现少量玉器，有的还发现漆器痕迹。在其中3座房址里明确发现了壁炉，其中F27的壁炉保存完好，与先前所发现并解剖复原的壁炉情况完全一致，印证了此前对壁炉的认识。

在F23的室内后侧，发现2具人骨遗骸，系成年人保护幼童状。经鉴定，成年人骨为中年男性，35～55岁，小孩为3岁左右。成年人俯身在地上，下肢扭曲在一起伸向身体右侧，整个身体属于非正常姿势，右臂和身体护住孩子，幼孩的头躲藏在成人的臂弯中，可以看见孩子的嘴边上还有一个红陶三耳杯，似乎是正在作饮水状，而瞬间被突然的灾难所害。这一场景再一次说明，灾难的发生是在人们毫无所知的情况下一下子降临的，人们被地震所惊吓，被倒塌的窑洞所击倒、所压埋，留下了发掘时所看到的各种不正常的人体姿势，从中还能够看出，在灾难突然来临时，人们护佑幼小、相互友爱的情景，体现了一种人性的美。

F25是一座已经残毁破坏了的房址。解剖发现这个房址的前壁不是生土，而是人工堆筑起来的土墙。墙体在堆筑时在地面下凿有小坑，坑中孤立地埋藏有一件白色玉铲，很可能是奠基的意思。在齐家文化玉器的诸多现象中，这还是第一次发现。在清理中，发现F26是经过2次使用的圆形窑洞式房址，先是自然废弃，后又重新加以使用。第二次使用的面积比第一次使用面积缩小了许多。2次使用和废弃的堆积物特征明显不同。

在喇家村西南台地（遗址Ⅸ区），经磁力仪探测后发掘了器物埋藏坑H65，这有可能是一个窖藏，但也不排除是祭祀坑的可能性。该坑呈圆形直壁，直径约2米，深约1米。出土了比较丰富的齐家文化多种陶器及石器，可复原器共30多件。尤其陶器种类多样，但器形基本上不重复。其中一件罕见的通体施黑彩线条的彩陶双口提梁壶，为迄今齐家文化所仅见。值得一提的是，在该坑处还发现地裂缝和沙子的堆积层，有3个裂缝穿过了H65，沙子填充了坑穴的口部。这提供了又一个研究、观察、分析灾难现象的现场。

在发掘过程中，磁力仪探测在考古工作中起到了显著的作用。H65的发现就是磁力仪探测的一个重要收获，另外通过磁力仪探测，对遗址西、北延伸的准确范围进行了明确界定。现在，喇家遗址的面积可以有一个很确定的数据，应该已经远远超过原来所估计的20万平方米。磁力仪探测还对遗址上明显的磁场异常区域给出了图示，给考古勘探和发掘提供参考。在发掘同时又尝试了新的土壤采样分析方法，对比分析测试结果显示，喇家遗址某些区域的文化层土壤呈现出农业耕作土壤的某种特征。为今后探索史前农业提出了一个可能的新的实验手段。

（本文原载于《中国文物报》2005年3月30日第1版）

青海喇家遗址去年发掘又取得新进展

叶茂林　任晓燕　蔡林海　钟　建　何克洲

本报讯：2005年8—12月，中国社会科学院考古研究所甘青队与青海省文物考古研究所合作，在民和县博物馆的配合下，对喇家遗址进行了新一轮发掘。本次发掘分为4个地点，共揭露面积约700平方米。发掘除继续在2004年发掘的地点（遗址西区的Ⅷ区）进行扩大发掘外，还首次在遗址北区（上喇家台地）展开了新的发掘工作。

新发掘地点编为Ⅺ区和Ⅻ区，处在台地东部。该区域发现了齐家文化房址和灰层，并有大量被毁的齐家文化堆积散布在坡下地面；同时发现辛店文化的堆积层和辛店文化墓葬群等晚于齐家文化时期的遗存在喇家遗址上的分布。在该区域，2种文化的地层关系基本上是很明确的，即洪水沉积的红色黏土层叠压在齐家文化遗存或齐家文化时期的地层面之上，辛店文化堆积叠压在红土层之上。有些地方见到辛店文化的地层堆积或遗迹打破了红土堆积以至破坏齐家文化堆积的地层现象。由于吕家沟自西北向东南绕过，把喇家遗址切开分成上、下喇家南北两部分，北区的上喇家台地地形大体上北高南低呈坡状，并且有比较多自然冲刷形成的沟岔和坡嘴，早年还经历过大规模改土造田的人工破坏，因此大部分地点的文化堆积或地层堆积都比较薄，只有少数地点的地层相对较厚，不少遗存被毁坏甚至破坏殆尽，然而有一些地层堆积相对保存还算比较好，文化遗存埋藏较深，也保留了一些比较连续完整叠压关系的地层现象。

Ⅺ区位于上喇家台地东缘，紧邻岗沟，在吕家沟和岗沟交汇处，与吕家沟南边发现F3、F4、F7、F10等的遗址Ⅱ区和Ⅳ区遥遥相对。Ⅺ区的台地边缘明显被不同程度地冲毁。在南段坡沿上发掘清理出2座并列的齐家文化白灰面房址（F30、F31），其在断壁上已经有所暴露，门向东。发掘中还发现一条穿过2个房址的南北向地裂缝，宽约10～20厘米，两端继续延伸，也有一些不同走向的小裂缝从房址通过。可以断定北侧的F31是被地震破坏而坍塌毁坏的，室内保留下大量陶器等各类原生状态的遗存，有些陶器中还保存着当时内盛的遗存物；室内堆积叠压了地裂缝，并有堆积物灌入裂缝中。周围墙壁明显下挫，使房址剧烈变形。而南侧的F30房址，室内没有遗留任何遗物，填土为灰烬层和人为堆积层，与灾难坍塌堆积显著不同，地裂缝打破和穿过了该房址内的填土堆积层。相邻的这2个房址的地震裂缝地层现象，表现了极为准确清晰的地层关系和年代先后次序，也非常清楚地告诉我们，地震与喇家遗址灾难现象有极为明确的联系。另外在地震坍塌的F31白灰面地面以下约30厘米深处还发现另一层白灰地面，表明F31是一个在已废但没有塌的房址原位上重又构筑的建筑，地面重新铺垫了约30厘米厚的土层，带门的前壁是后来重新垒筑起来的墙体。下层的白灰面地面高度与F30大致相同，从而显示这是与F30可能曾经有过基本同时使用的时间。在F30堆积之上有残余的红土堆积层，又有辛店文化墓葬打破红土并叠压在F30废墟之上。F30与F31这组地层关系现象，是颇为难得的又一例关于喇家遗址灾难和年代地层关系的最新证据。

在Ⅺ区北部较高处位置上，辛店文化的堆积像是一个台子，高于周围地势。辛店文化堆积打破并叠压红土层，形成了以红土和砂子以及少量残碎陶片与碎石块混杂起来的斜坡状的人工堆积层，因地势高且长年不能接受渗水，因而土质十分坚硬，挖掘极为困难。堆积层上和堆积层中都有一些辛店文化的坑。有的坑还是比较整齐排列的，像是柱子洞，但并不排列完整，且坑皆较浅，有的呈锅底状，直径一般多在约50厘米，不过坑径并不一致，深浅也不统一，推测或许与祭祀有关，但目前还不能最后肯定其性质。

在探方北壁外的一个1米宽的小解剖探沟中，在洪水红土层叠压之下，还发现颇似耕地的现象，表现为地面不平齐，呈松散结构（有红色淤泥渗入），有均匀的似“垄沟”状的浅沟，但发现的范围还太小，有待继续进行扩大发掘。已采样进行相关科技手段的测试分析，初步结果表明并不是生土层，也不是通常的文化层。这无疑是探寻到了接近齐家文化耕地的一个重要线索，喇家遗址由于灾难和洪水堆积很有可能比较好地保存下来古耕地遗迹，我们一直在探寻，这是多年来对史前旱作耕地探索过程的一次重大进展。

Ⅻ区紧接在Ⅺ区西侧。这里南端坡沿上发现辛店文化的墓葬群。从已发掘出的几座墓葬看，大多属于偏洞墓，二次扰乱葬，几乎没有什么随葬品，人骨散乱不全。联系到在F30上面叠压的辛店文化墓葬残况，也是二次扰乱的偏洞墓，有可能这是连续成一大片的辛店文化墓地，但是在改土造田过程中，已经大面积遭到破坏。辛店文化墓地和文化堆积以及地层关系的新发现，增添了喇家遗址新的重要文化内涵。这次发现，获得了比较完整的连续地层叠压现象，解决了在喇家遗址同一地点从齐家文化到辛店文化之间经过灾难发生形成长期间隔再叠压起来的连续完整的地层关系。这是一次新的收获。

在西区继续扩大发掘的地点（遗址Ⅷ区），2004年的发掘中，曾发现4座房址（F23、F24、F26、F27）并列成排，门皆向东，与F25方向相对。但这次在东、西和北面的扩大发掘中，新发现F28和F29，分别位于东西两端，门皆向南，而且发现F23、F24与F26、F27虽是并列一排，但却表现为有土墙相隔的不同院落。这些房址方向不同，布局上形成了多个独立的单元，既相关组合，又各自分隔，呈现出不同以往认识的全新的建筑格局。而且也同喇家遗址东区所反映出来的环绕崖壁的窑洞式建筑格局迥异，显示出一种建筑格局的新形式。这些不同方式可能与所处不同的微地形、微地貌有关系，是齐家文化先民因地制宜采取的比较灵活的建筑布局形式，同时有可能与所处的社会发展水平和社会关系结构以及家庭家族结构也有着特定的相应关系。这个区域的发掘面积，现在看来还是不够的，很有限的，如果继续扩大发掘，这里的建筑格局就有可能更大范围揭示出来，将可以展现得更加清楚。

本年度是喇家遗址第6次继续发掘，在北区开展的发掘使得喇家遗址内几个大的区域都程度不等地进行了发掘性质的工作，发掘明显较之于调查或钻探更加深化了对于遗址整体较为全面的把握和更为准确的认识。更充分增加了对遗址内涵的新认识，扩大了对遗址布局的新认识，强化了灾难遗迹和灾难过程的证据，促进了对于灾难现象与过程以及文化分期和遗址延续时间的再认识。

（本文原载于《中国文物报》2006年6月21日第2版）

青海喇家村齐家文化遗址最新揭示

国 道 晓 燕 林 海 克 洲 茂 林 仁 湘

史前灾难现场摄人心魄

黄河慈母佑子情动天地

本报讯：中国社会科学院考生研究所和青海省文物考古研究所对青海省官亭古遗址群的综合考古研究进入第二个年头，在民和博物馆的配合下，2000年初夏刚刚开始不久的田野考古发掘又获重要成果。在黄河岸边的喇家村齐家文化遗址发掘揭示出前所未见的史前灾难遗迹，一些房址内发现了不幸死者的遗骸，有一座房址内三五成群地聚集着多达14位死者，母亲佑子的情景给发掘者带来强烈的心灵震撼。如此众多死者的死亡原因目前还不十分清楚，一个新的远古之谜等待破解。

遗址位于民和南部黄河北岸二级阶地前端的喇家村，这是一座有400口人的土族村子，他们房子厚重的庄廓就沉沉地叠压在古老的遗址上。遗址因早年出土齐家文化大型玉璧和玉刀而被发现。

据初步钻探和发掘得知，遗址是掘有宽大环壕的大型聚落，面积在20万平方米以上。聚落内有分布密集的半地穴白灰面房址，这次刚刚清理出的两座房址内都发现有可能是意外死亡的死者遗骸，其中4号房址内有人骨多达14具。这是一座典型的齐家文化白灰面半地穴式建筑，面积约14平方米左右，平面为方形，门朝北开，中心有圆形灶地。14具人骨一组组地呈不规则姿态分布在居住面上，他们有的匍匐在地，有的侧卧一旁，有的相拥而死，有的倒地而亡。中心灶址处一成年人两手举过头顶，双腿为弓步，死亡时身体还未完全着地。西南部有5人集中死在一处，他们多为年少的孩童，其中有一年长者似用双手护卫着身下的4人，5人或坐或倚或侧或仆，头颅聚拢在一起，这虽是封存了4000年的一幕悲剧，仍令人惨不忍睹。让人顿生怜悯之心的是处在东墙壁下的两人，其中长者倚墙跪坐地上，右手撑地，左手将一婴儿搂抱在怀中，脸颊紧贴在婴儿头顶上。婴儿双手紧搂着长者的腰部，让人能想象出他极度的痛苦与恐惧。在相距不过2米的3号房址中，也发现了一对可能在同一时间因同样原因死去的两人，他们死时的位置也是在房址的东墙边，长者双膝着地跪在地上，臀部落坐在脚跟上，用双手搂抱着一幼儿，幼儿依偎长者怀中，双手也紧搂着长者的腰部。长者脸面向上，颌部前伸，像是在祈求苍天赐孩子一条生路。这两位怀抱孩子的长者现经初步鉴定为女性。

两座房址内都放置着10多件日常所用的陶器，还有中型的玉璧等礼器及石器和骨器等。4号房址门道口不远的室外还发现有一块猪下颌骨。

这次在房址中发现的这些死者，死时状态各异，年龄不同，以未成年者居多。类似的遗迹过去在考古发掘中还不曾见到，这不像是通常发现的史前居室葬。众多人同时死于一室的死因目前还不十分清楚，部分发掘者在现场推测可能是一场突如其来的意外灾难所造成，最有可能是一次特大洪水的侵袭夺去了这许多无辜的生命。喇家村遗址的这次发掘，发现了很难见到的史前时期的一次大灾难的现场，也让我们看到了4000多年前黄河慈母以身佑子的深情，此情此景，感天动地，摄人心魄。

这些死者生命的突然丧失，当然也不排除有宗教及其他等等原因，喇家村遗址的发掘正在继续，可能还会有更多的相关迹象发现，有望在不太长的时间内找到解开这一幕史前悲剧谜底的锁钥。

（本文原载于《中国文物报》2000年7月5日第1版）

民和县喇家新石器时代遗址

叶茂林　蔡林海　钟　建　何克洲
中国社会科学院考古研究所甘青队　青海省文物考古研究所

发掘时间：2006年9—12月

本年度喇家遗址的发掘工作在遗址的北区东北角一个面积不大的旱台上进行。目的是寻找埋藏在洪水沉积层下或许能够得以保存下来的可能是史前旱作耕地的遗迹。这是在2005年发掘的第Ⅺ区发掘地点的继续扩大发掘，发掘面积100多平方米。

今年的主要收获是，揭露出了约50平方米的疑似耕地面，展露了一些地面现象，可以提供探寻相关旱作耕地的观察和采样分析，对于判断是否为旱作农业耕地会有所帮助。另外还对该地点的地层堆积和文化遗存的年代次序有了进一步的认识，并新发现齐家文化堆积地层内的房址遗迹和硬面遗迹以及个别儿童墓葬，同时进行了自然科学的多学科采样和洪水沉积层的系列年代样品的采样，希望通过多学科方法的分析测试数据以解决相关问题。这是一次探索工作的过程，目前还没有获得最终结果。

该处旱台高于周围低地1～2米以上，地面干旱，土质坚硬。旱台的东南面向沟沿，坡陡较高。坡下发现大量的灰土堆积和丰富的齐家文化为主的陶片等遗物。西北方向是成片农耕梯地，地面暴露遗物很少，只是通过物探可见地下有一些异常。

在2005年发掘的一个下切的解剖沟中，在被认定为洪水沉积层的下面，发现一个既不是文化层，也不是生土的地层面，表面坑洼不平，有洪水泥浆渗入并覆盖，这个地层厚度约20～30厘米，并且发现两道平行的浅沟，相距约1米左右，浅沟各宽约20～30厘米左右，最深约10厘米左右，浅沟内充填洪水沉积层的红土，是一个非常明显的沟状遗迹，沟沿为斜坡状，所以当时判断为可能是耕作的垄沟，因此两端应该还有一定的延伸。由于解剖沟只有1米宽，深切约2米，所以下面暴露出来的地面也只有不到1米的宽度，无法充分观察，需要继续进行扩大发掘，来进一步了解这个地层的整个情况。经解剖沟内的土壤采样分析，初步的结果也比较支持可能是耕地的判断。

这次工作特意选择在日照不强和没有降雨的季节。在解剖沟的东西两边开探方扩大发掘，使发现的地面可以向两边和浅沟的两端扩展开，这样就扩大到约50平方米的范围，方便地面观察。并且，解剖沟还继续向北延伸到旱台外侧下切解剖地层，使其对台地和周围低地有一个比较清楚的地层情况的了解。地层剖面观察表明，这里的洪水沉积层可以划分为若干层，大体上可与附近自然地层断面观察到的层次相吻合。

在接近下面地层之前，就采取了一系列特殊的措施和方法进行发掘清理，为的是使发掘过程更加细致，更具有科学性，能够准确掌握地面现象的变化情况，不至于因发掘的粗放而受到影响。采取的是在探方下面的地层面周围一圈再留下50厘米宽的一个边道，方便工作和操作，在剥离与可能是耕地的地面之间的地层时，搭起木板与发掘地面悬空，工作时人站在木板上进行发掘清理的操作，而不是仍然踩在地面上把各种可能留下的痕迹都破坏了。而且发掘中，不再使用小铲和刷子之类的工具，以免破坏地面上的痕迹现象。采用的是以镐挖掘，再用手动吹风机，先把大块的土块取掉，再用手捡拾小土块，留下的更小块的土粒，使用吹风机吹，一点一点地清理出来下层地面。这样比较好地可以保留出来地面上的原有痕迹和现象。即使这样，有时候也难免不能够完好保存，因为发掘时覆盖的洪水层土质坚硬，反倒是下面的地层土质比较软一些，所以一挖掘，硬块的土就会对下面地层有些损动，只能够是尽量小心挖掘清理，保持了比较好的发掘情况。同时在发掘中，在上面还使用了遮阳网阻挡阳光的直接照射，防止强烈光照造成地面现象的变化。

这样发掘清理的过程就相当缓慢，但能基本保证较好地处理发掘时的情况。通过扩大发掘，暴露出来的地面情况比较大范围呈现，不过观察地面情况仍然还并不理想。从清理出来的地面上看，浅沟似乎延伸的现象也并不如意，浅沟并不是怎么整齐的，大致上与解剖沟时观察到的走向一致，不过沟延伸中有时越来越浅，以致呈现断断续续的情况，可是仍大体有所反映，同时在其地面上也反映出有类似走向的线条隐约可见，不知道是否有可能是因为耕作而形成的土壤结构上的反映还是其他原因。地面的情况仍是起伏不平，大体上平整，但局部不那么平，显得坑坑洼洼，地面上还有一些无法清理干净的红土残留，并有一些比较大的土块夹杂其中。在地面土块和土粒上，偶尔可以见到炭屑炭粒，但是基本上没有陶片等遗物。土壤颜色明显深于生土的颜色，与文化层也显著不同且颜色较浅。除了这些直观的现象外，还是需要更多采样进行自然科技方法的分析测试来确认。

先前以为在旱台地的北边缘可能会找到这个地块的田埂边痕，后来的解剖和发掘揭露表明，北边的沟槽低地是晚近人们修水渠推土而人为形成的，土地的边缘是垮塌所致，与早期地形无关，也与自然的地形变化无关，因此并没有获得地边田埂的证据。现在只可以说，我们在探索史前旱作农业耕地的工作中进行了一些努力，还没有获得成功，不过是有了一点实际工作经验的积累。

考古学界关于水田的发现和认识已经有了许多成果，对于史前旱地的发现还没有取得突破，除了保存方面的困难外，还有认识上的问题，这是需要更多一些努力和投入的。

（本文原载于《中国考古学年鉴》2007年，第469-471页）

民和县喇家遗址

中国社会科学院考古研究所甘青队
青海省文物考古研究所　民和县博物馆

发掘时间：2007年6—12月

喇家遗址因2006年发掘没有到底，2007年度继续。发掘还是在2006年发掘的探方范围内进行，除了隔梁之外，没有扩大面积。这是在遗址北区（上喇家台地）东北角一个面积不大的旱台上。本年工作主要是向下继续发掘到底，由于原先土质坚硬钻探不下去，所以对下面地层堆积情况并不完全掌握。此次发掘中没有想到的是，其下地层竟然很深，堆积也比较好，地层关系复杂而且还有一些重要的新发现和新收获。2007年新发现了齐家文化堆积地层内的房址遗迹（F33）和硬面遗迹以及一批儿童墓葬（M26～M34），还有许多地面灰堆（HDI～HD16）和各种灰坑（H77～H91）等，也发现地震裂缝和喷砂等现象，其上还有辛店文化的地层堆积。叠压和打破使相互间关系错综复杂，从而提供了喇家遗址一个比较好的年代和地层序列基础；这是多年来的一个突破，大大超越了先前的认识。

新收获第一是，齐家文化遗迹（房址）打破了洪水沉积的自然地层，在齐家文化地层堆积中还大量出现红土块粒的堆积，充分说明在齐家文化之前就已经存在洪水的地层，即发现了早于齐家文化的洪水现象。对过去研究认为的洪水是齐家文化之后发生的认识是一次挑战和认识突破，同时还辨识了洪水红土的自然沉积和人工堆积的不同区别。

第二，重新理解到喇家遗址的地层堆积也可能存在比较持续的时间，发现了有可能比较偏早的地层和遗迹。此处发掘最深超过4米，说明喇家遗址也存在深埋的情况，有的在地面较不易暴露，因而对它的认识和了解还是远远不够的。

第三，还发现了辛店文化的堆积和遗迹，表明喇家遗址的文化内涵比过去所知更加丰富，地层关系完整，并可能形成序列，对于更全面认识喇家遗址提供了新资料。

第四，新发现了一批齐家文化儿童墓葬，鉴定年龄都比较一致，初步分析认为可能是与祭祀有关的祭祀性埋葬，而不是简单的墓地。反映出一个比较特殊的文化现象，也可能暗示此地点还有发现其他比较重要的遗迹的可能性。

第五，由于此处地层关系和遗迹现象及堆积情况均较好，我们还尽可能地采集了大量丰富的测年炭样，考虑进行喇家遗址系列样品的测年工作。与此同时还做了多学科的研究和洪水沉积层的系列采样分析。

执笔者　叶茂林　何克洲　钟　建　蔡林海

（本文原载于《中国考古学年鉴》2008年，第415-416页）

民和县喇家遗址

中国社会科学院考古研究所甘青队　青海省文物考古研究所

发掘时间：2005年8—12月

今年第六次发掘喇家遗址，除继续在2004年发掘的地点（遗址西区的姗区）进行扩大发掘外，还首次在遗址北区（上喇家台地）进行发掘。新发掘地点编为Ⅺ区和Ⅻ区，在台地东部。该区域发现齐家文化房址和灰层以及大量被毁的齐家文化堆积散布在地面，同时发现辛店文化的堆积层和辛店文化墓葬群等遗存。在本区域，两种文化的地层关系基本上明确，即洪水沉积的红色黏土层叠压在齐家文化遗存或齐家文化时期的地层面之上，辛店文化堆积叠压在红土层之上。有些地方出现辛店文化的地层堆积或遗迹打破了红土堆积以至破坏齐家文化堆积的地层现象。由于此处地形大体上北高南低呈坡状，并且有比较多的自然冲刷形成的沟岔和坡嘴，在早年还经历过改土造田的人工破坏，因此大部分地点的文化堆积或地层堆积都比较薄，只有少数地点的地层比较厚，不少遗存被毁坏甚至破坏殆尽，当然也有一些地层堆积保存还比较好。

发掘根据布方位置可分为4个地点。

Ⅺ区位于台地东缘，紧邻岗沟，在吕家沟和岗沟交汇处，与吕家沟南边发现F3、F4、F7、F10等的遗址Ⅱ区和Ⅳ区遥遥相对。Ⅺ区的台地边缘明显被不同程度地冲毁。在南段坡沿上发掘出2座并列的齐家文化白灰面房址（F30、F31），其在断壁上已经有所暴露，门向东。发掘中发现一条穿过两房址的南北向地震裂缝，宽约10～20厘米，两端继续延伸，还有一些不同走向的小裂缝从房址经过。可以断定F31是被地震破坏而坍塌毁坏的，室内保留下大量陶器等各类原生状态的遗存，有些陶器中还保存着当时内盛的遗存物；室内堆积叠压了地裂缝，并有堆积物灌入裂缝中；周围墙壁明显下挫，使房址剧烈变形。而F30是先前已经废弃的房址，室内没有遗留任何遗物，填土为灰烬层和人为堆积层，与灾难坍塌堆积显著不同，因此地裂缝打破和穿过了房址内的堆积层。相邻的这两个房址的地震裂缝现象，表现了极为准确清晰的地层关系和年代先后次序，也非常清楚地表明，地震与喇家遗址灾难现象有明确的联系。另外在地震坍塌的F31地面以下约30厘米深处还发现一层白灰地面，表明F31是一个在已废但没有塌的房址原位上重建的建筑，地面重新垫了约30厘米厚的土层，带门的前壁是后来重新垒筑起来的墙体。下层的白灰面地面显示是与F30可以基本同时的使用和废弃时间。在F30堆积之上有残余的红土堆积层，又有辛店文化墓葬打破和叠压在红土和F30废墟之上。F30与F31这组地层关系现象，是颇为难得的又一个关于喇家遗址灾难和年代地层关系的最新收获和证据。

在Ⅺ区北部较高处位置上，辛店文化的堆积像是一个台子，高于周围地势。辛店文化堆积叠压并打破红土层，形成了与红土和砂子以及少量残碎陶片与碎石块混杂起来的斜坡状人工堆积层，地势高且长年不能接受渗水，因而土质坚硬，挖掘困难。堆积层上和堆积层中都有一些辛店文化的坑，有的还是比较整齐排列的，像是柱子洞，但排列并不完整，且坑皆较浅，有的呈锅底状，或许与祭祀有关，目前还不能肯定其性质。由于气候原因，发掘还没有完成，留待2006年继续工作。在探方北壁外的一个小解剖探沟中，发掘完洪水沉积的红土地层后，在红土层叠压之下露出的齐家文化的地面上，发现颇似耕地的现象，因面积太小，无法观察情况，需要继续进行扩大发掘。不过这无疑是探寻到了一个十分重要的线索，是多年来对史前耕地探索过程的一次重大进展。已采样进行相关科技手段的测试分析。

Ⅻ区紧接在Ⅺ区西侧。这里南端坡沿上发现了辛店文化的墓葬。从已发掘的几座墓葬看，大多属于偏洞墓，二次扰乱葬，几乎没有什么随葬品，人骨散乱不全。联系到在F30上面叠压的辛店文化墓葬残况，也是二次扰乱的偏洞墓，有可能这是连续成一大片的辛店文化墓地，但是在改土造田过程中，已经大面积遭到破坏。辛店文化墓地和文化堆积以及地层关系的新发现，增添了喇家遗址新的重要文化内涵，是一次新收获。

西区继续扩大发掘的地点在遗址Ⅷ区。2004年发掘中，曾发现F23、F24、F26、F27等4座房址并列成排，门皆向东，与F25方向相对。但在东、西和北面的扩大发掘中，新发现F28和F29，分别位于东西两端，门皆向南，而且发现F23、F24与F26、F27虽是并列一排，但却表现为相隔的不同院落。这些房址方向不同，布局上形成了多个独立的单元，既相关组合，又各自分隔，呈现出不同以往认识的全新的建筑格局。而且也同喇家遗址东区所反映出来的环绕崖壁的窑洞式建筑格局迥异，显示出一种新的建筑格局形式。这些方式可能与所处不同的微地形、微地貌有关系，是齐家文化先民因地制宜采取的比较灵活的建筑布局形式，同时可能与所处的社会发展水平和社会关系结构及家庭家族结构也有着一定的关系。这个区域的发掘面积，现在看来还是很有限的，如果继续扩大发掘，这里的建筑格局就有可能更大范围地揭示出来，那样将可以展现得更加清楚。

执笔者　叶茂林　任晓燕　蔡林海　何克洲

（本文原载于《中国考古学年鉴》2006年，第413-416页）

乐都柳湾遗址

肖永明

柳湾隶属于乐都县高庙镇柳湾村，是河湟谷地的一个小村庄，位于湟水河中游北岸。柳湾遗址位于湟水北岸二级台地（原乐都县高庙镇柳湾小学所在地），遗址距湟水河约1公里，距柳湾墓地约600米，遗址东南约800米处有马家窑文化马厂类型的沙沟口遗址，遗址北侧紧邻齐家文化的刘湾村西遗址，海拔1923米。柳湾墓地位于柳湾村北约12万平方米的台地上。1974—1981年中国社会科学院考古研究所与青海省文物考古队对该墓地进行了大规模的发掘，共发掘马家窑文化半山类型、马厂类型，齐家文化，辛店文化等新石器时代晚期至青铜时代的墓葬1730座，该墓地是迄今为止所发现的黄河上游最大的一处氏族社会公共墓地。

为配合青海省柳湾彩陶博物馆建设，在青海省文物管理局的组织下，青海省文物考古研究所自2000年11月—2001年4月对该馆建设区进行了抢救性考古发掘，本次发掘的领队许新国，执行领队肖永明，参加人员王忠信、蔡林海、胡晓军、李国林、张长寿、王国旗等。

此次发掘属柳湾遗址的首次揭露，布5米×5米探方40个，共揭露遗址面积1000平方米，出土铜器、玉器、石器、陶器、骨器等221件。

遗址堆积共分5层。1层为近现代堆积；2a、2b层为自然层；3a为文化层，包含大量齐家文化陶片和少量马家窑文化马厂类型陶片，开口于该层下的房址5座、灰坑58个、灰沟10条；3b层多为马厂类型陶片，也有少量齐家文化陶片，开口于该层下灰坑5个。

1号房址开口于3a层下，为长方形半地穴式硬土面住址。南北长5.6米、东西宽4.1米、深0.68米，中轴线方向26°。房址中央有椭圆形灶面，灶面东侧有偏洞式窖穴，柱洞均在室内，周壁有壁柱痕迹。南部被另一座保存较差的房址打破，门道可能开向西南。该房址下层堆积的泥质陶片统计结果为：齐家文化早期陶片160片，马厂类型三、四期陶片80片，房址内出土堆纹口沿罐、单耳罐、粗陶双耳罐、骨梗刀、骨叉、骨锥、骨饰、骨针、石斧、石凿、盘状器、细石叶等小件器物40件。

2号房址开口于3a层下，位于1号房址南约20米处，为长方形半地穴式硬土面住址，南北长5.4米、东西宽4.3米、深0.96米，中轴线方向27°，斜坡式门道开向东南。柱洞分布于房址外围，西侧柱洞保存较为完整。房址中央设椭圆形灶面，房址西壁保存较好，加工工具痕迹清晰可见，房址上层堆积为青灰色草木灰，厚0.4～0.5米，分布于房址内及周围约1.5米的范围，为草木建筑废弃后的堆积。下层堆积为灰黄色土，土质疏松，下层堆积的泥质陶统计结果为：齐家文化的陶片9片，马厂类型三期的陶片居多，典型器为颈部饰横条纹的双耳彩陶罐。

共发现圆形袋状、圆形锅底状、沟状及不规则状灰坑78个，开口于3a层下的73个，其中齐家文化与马厂类型的陶片共存的灰坑有50个，单纯齐家文化的灰坑7个，单纯马厂类型的灰坑8个，其余坑内未见陶片。

发现灰沟6条，沟宽0.8～1.4米、深0.7～1.6米，沟内堆积多为浅灰色土，含有大量陶片。1号房址周围的灰沟内陶片以齐家文化的陶片为主。

此次出土遗物中最重要的发现是在3a文化层中，出土铜镞一件，锻造，长3.4厘米、宽1.5厘米，体形扁薄，略起中脊，两翼稍长，铤部带三锋。与之共存的同一探方内同一层的泥质陶中，可以辨认的马厂陶片65片、齐家陶片90片，从器型上看可能属于齐家文化的遗物。此前，在柳湾墓地已发掘的1700多座墓葬中从未发现任何铜器。

出土石器中盘状器占大多数，其他有石斧、石凿、石刀（多中心对钻或刻划成单孔，多孔石刀仅1件）、石矛、石镞、石枪头、石坠、敲砸器、砺石、石片、石核、刮削器、细石叶等。

从出土的动物骨骼来看，可以辨认的动物有牛、羊、猪、鹿。骨器中骨锥居多，多以小型动物肢骨为材料，劈裂后磨制而成，另有骨针、骨梗刀、骨叉、细石叶、骨镞。一件骨饰上刻划有平行线纹和交叉斜线纹。其他骨器有角斧、骨凿、骨管、骨环、骨珠等。

出土陶器以生活器为主，器型有纺轮、陶拍、碗、侈口盆、折沿盆、杯、盏、双大耳罐、粗陶双耳罐、双耳彩陶罐、双耳彩陶盆、单耳罐、三耳罐、侈口罐、带嘴罐、瓮、高领双耳罐、壶、豆、尊及甑、盉、鸮面罐的残片。遗址中的夹砂陶占三分之二以上。彩陶比重较大，多红衣黑彩，有极少量的黑红双彩陶片，器型以双耳彩陶罐（盆）和彩陶壶为主。

在地层和大多数遗迹单位中大量共存着马厂类型和齐家文化的器物及陶片。马厂类型泥质陶以红褐陶为主，有少量的灰陶及灰褐陶，陶胎厚多在0.4～0.9厘米之间，烧成温度略低；彩陶在泥质陶中的比例较大，多红衣黑彩，有极少量的黑红双彩陶片，器型以双耳彩陶罐（盆）和彩陶壶为主。双耳彩陶盆为紫红色或深红色陶衣饰黑彩，口沿内侧一般饰斜线纹。颈部多见横条纹，颈部以下多饰联弧纹，有的耳部饰有横条纹。彩陶壶多深红衣黑彩，颈部多饰折线纹或人字纹，腹部多饰圆圈纹，圆圈内填网格的较多，下腹部一般饰联弧纹；夹砂陶中夹砂红陶的比例较大，夹砂灰陶及内灰外红的陶片较少。胎厚在0.5～1.2厘米之间，烧成温度较低，纹饰以竖绳纹及交错绳纹为主，器型以粗陶瓮及粗陶双耳罐常见，粗陶瓮口沿一般附加较宽的泥条使之加厚，再饰以竖绳纹，口沿及颈部间有明显的凸棱，颈部多饰宽厚的附加堆纹，底部多饰交错绳纹。粗陶双耳罐体形矮胖，双耳窄厚，耳孔较圆，接耳处附加宽而厚的堆纹。齐家文化泥质陶以橙黄色为主，泥质灰陶比例加大，有少量的灰褐陶，胎厚在0.3～0.6厘米之间，器表多磨光。慢轮修整者较多。彩陶比例较小，以双耳彩陶罐为主，胎厚一般为0.35厘米，黄褐色陶衣饰浓黑彩，颈部多饰竖条纹。有极少量的双大耳罐及折沿盆，其表面磨光后饰红彩。其他泥质陶多饰篮纹及粗绳纹，器型以双大耳罐、高领双耳罐为主，双大耳罐的颈、耳尚不发达，器型较粗矮者居多，高领双耳罐折肩以下多饰篮纹。其夹砂陶中夹砂红褐陶的比例下降，夹砂灰陶或内灰外红陶的比例上升，胎厚多在0.4～0.9厘米之间，烧成温度较高，多素面，少数饰粗绳纹且带有烟炱，有的器表抹光，有的器底有席纹，器型以侈口瓮、粗陶双耳罐、侈口盆多见，瓮的口沿附加窄而薄的泥条后抹平或压捏成堆纹，颈肩部的堆纹细而扁薄。

通过对陶器的初步观察，认为本次发掘的柳湾遗址属于铜石并用时代晚期的遗存。这一时期，齐家文化已从甘肃东部扩展至青海东部，并与当地的马家窑文化马厂类型接触和融合。该遗址集中体现了马厂类型三、四期与齐家文化早、中期在时间上的并存和空间上的交叉关系。虽然由于晚期对早期遗存的破坏会造成晚期遗迹单位存在早期遗物，但在地层和大多数遗迹单位中大量共存着两种烧造技术和画工不同的陶片，反映了两种文化在时间上的共时性。此次柳湾遗址的发掘，丰富了柳湾古代文化内涵，特别对认识马厂类型和齐家文化的关系提供了新的依据。

（本文原载于《再现文明——青海省基本建设考古重要发现》，
文物出版社，2013年，第46-50页）

同德宗日新石器时代遗址

陈洪海
青海省文化厅文物处

发掘时间：1994—1995年

宗日遗址位于西宁市西南340公里处，发掘面积775平方米，清理墓葬180余座，出土陶、石、骨器8000余件及大量陶片和动物骨骼。

墓葬为竖穴土坑墓，少量墓穴较宽，底部分高低不同的左右两部分，一侧置尸骨，另一侧置随葬品，或随葬品与尸骨同放一侧。葬具有木椁、木棺、石棺三种。木椁使用较多，少量木椁有底板和顶盖，一般长2米、宽1米左右。木椁外多以黄土和沙砾填成二层台。有的侧为生土二层台，木棺都有底板和顶盖。石棺由青石灰板构成，四面紧立在墓穴壁上，有底垫和顶盖。墓式多为单人葬，个别为二人合葬，以仰身直肢、俯身直肢葬为主，也有侧身屈肢葬。对尸骨的二次扰乱比较普遍，少量墓葬将木椁与尸骨一起烧化。

发现的灰坑，造型规整，以圆形袋状最普遍，一般口径1.5米，底径2米，深约1～2米，底面平坦。发现的居址，墙面和地面已被破坏，但柱洞较多，其直径15～55厘米，深浅不一，不少底部以石板或石块充当柱础，个别柱洞还留存有朽木。据此分析当时的村落应在第四台地前沿部位。

出土物中，石器主要有打制石斧、盘状器、细石器及磨制石刀、石斧等，还有相当数量的石珠、绿松石等装饰品。骨器有针、锥、镶嵌细石器的骨刀、三齿骨叉及骨臂饰、珠、笄、坠等。陶器有瓮、壶、罐、盆、钵、杯等。彩陶纹饰有两类，一类在泥质橙色红底上施黑彩，有漩涡纹、网纹、圆点、弧线纹等，图案呈现出浓厚的马家窑类型特征和较明显的半山类型特征；另一类在泥质乳白色底上施紫红彩，多绘横行连续折线，有8～12道不等，另有段斜线、十字、方格纹等，是宗日遗址的新发现。

另外，还有典型的齐家文化陶器，如泥质红陶双大耳罐、高颈罐及瓮棺葬具等。

宗日遗址是黄河上游经大规模发掘的最西边的一处马家窑文化遗址，这里的乳白色陶上绘紫红彩的瓮、壶、罐、钵等陶器，具有典型的地方特色。另在157号墓葬中出土的一件舞蹈纹彩陶盆，精心绘制两组舞蹈人像，每组13人，比1973年大通县上孙家寨出土的舞蹈纹盆更为美观，是又一件艺术珍宝。

（本文原载于《中国考古学年鉴》1996年，第247-248页）

【第三章　宁夏】

宁夏固原店河齐家文化墓葬清理简报

宁夏文物考古研究所

1965年5月，宁夏博物馆在固原文化馆的协助下，于固原县河川乡店河村清理了六座齐家文化墓葬。这些墓都是当地群众在平田整地时发现的。墓地位于河川乡店河村西北约0.5公里的山坡地上，一条名为店子河的小河，由西向东从坡地南面流经，由于长期水土流蚀，坡地较陡，东面临沟，墓地高出现在河床约120米。六座墓中M1～M3保存较好，现简报如下。

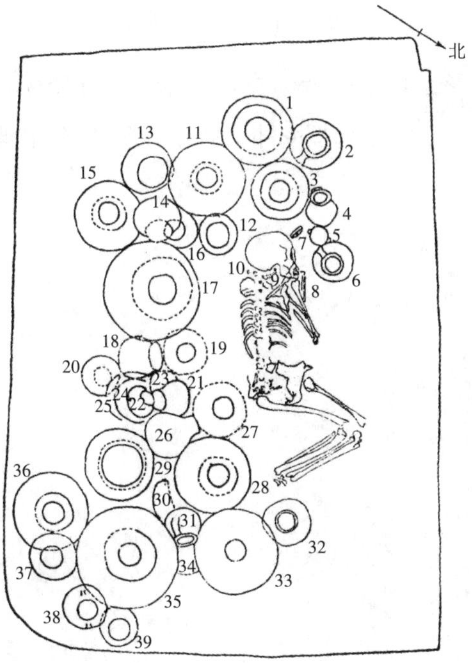

1、3. 陶罐　2、6. 单耳罐　4. 陶瓶　5. 双耳罐　7. 纺轮　8. 骨片　9. 串珠　10. 绿松石饰
11～30、32～37、39. 陶罐　21、31、38. 双耳罐

图一　M1平面图

一、墓葬形制

M1墓口在农耕土层下，墓坑长方形，长2.80米、宽1.45米、深0.50米。单人葬，侧身屈肢，上、下肢屈折较甚，方向240°。在头部、背侧及足下放置陶纺轮1件、陶器36件，另在颈部有串珠、绿松石饰各1件、齿槽骨片40余枚（图一，图二：M1）。

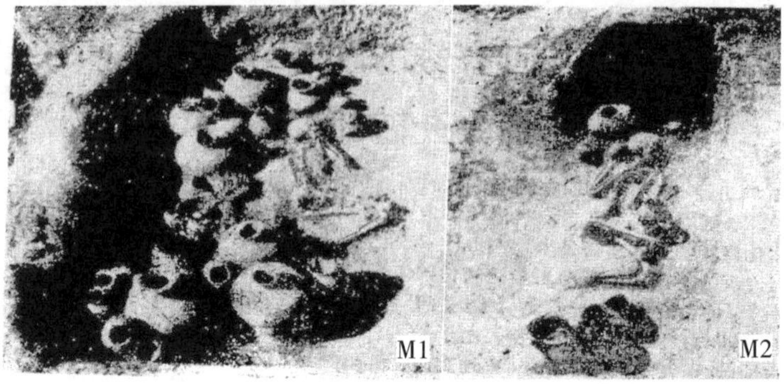

图二　M1与M2现场图

M2墓坑也为长方形，长2.10米、宽0.95米、深0.55米。单人侧身屈肢葬，方向203°，头的上方及足下放置陶器9件，颈部及胸前有串珠、绿松石饰和骨片等（图二：M2，图三）。

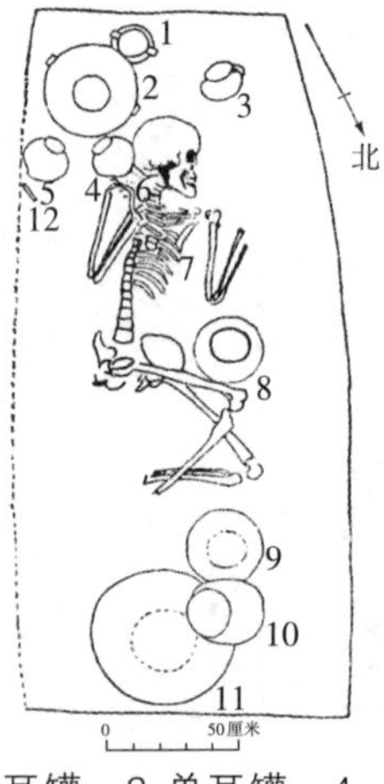

1、2. 双耳罐　3. 单耳罐　4～5. 陶罐
6. 串珠　7. 绿松石饰　8～11. 陶罐
12. 骨片

图三　M2平面图

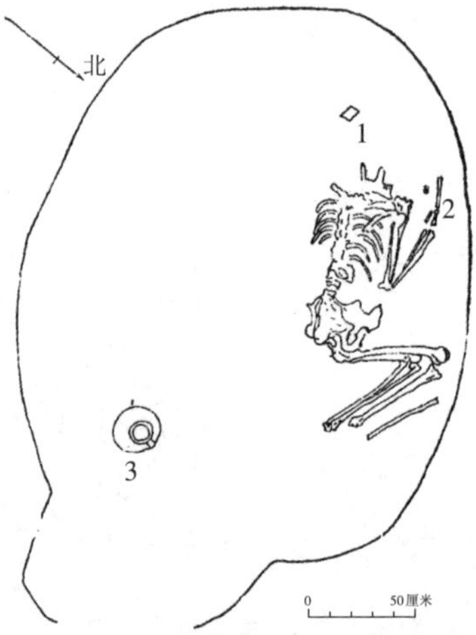

1. 石磅　2. 石斧　3. 单耳罐

图四　M3平面图

M3墓坑为椭圆形，东壁开一短墓道，连同墓道长2.30米、宽1.70米、深0.70米，单人屈肢葬，骨架保存尚好，头骨只剩下颌骨，方向252°。随葬品甚少。除填土中（距墓底0.53米）有一夹砂陶罐外，只在头端随葬石锛和石斧各1件（图四）。

二、随葬器物

共出土随葬品52件，分石器、陶器、骨器三类，以陶器为最多。

石器 4件，有斧、磅和绿松石饰三种。

斧 1件（M3：2）磨制，长方形，长约13厘米，刃部有磨损痕。

磅 1件（M3：1）。长方形，通体磨光，单面刃，长5厘米、宽.32厘米（图七：1）。

绿松石饰 2件。M2：7，外形为一束腰、两面内凹的圆形陶器，在其一面周围粘有17枚小的薄平绿松石，径2.8厘米、高1.3厘米（图七：2，图八：7）。M1：10，形状相同，出土时绿松石与陶器已分离。

陶器 46件，有瓶、双耳罐、单耳罐、罐、纺轮。

瓶 1件（M1：4）。细泥红陶质，鋬状单耳，耳上端与唇缘平齐，饰两行圆点纹，鼓腹，器表素面，打磨光亮。口径9厘米、高13.4厘米、底径7.2厘米（图五：4）。

双耳罐 5件，均泥质红陶。M2：1，扁平耳，侈口高颈，鼓腹，平底，近底部饰横向篮纹，口径8.6厘米、高11.9厘米、底径5.2厘米（图五：2）。M2：2，口缘已残，宽圆肩，肩腹之间有双小耳，腹内收，小凹底，肩部彩绘，均匀地绘出六个圆圈，内填方格纹，下部为一圈带纹和波浪纹。残高1.96厘米、底径8厘米（图六）

单耳罐 8件。均夹砂红陶质，外表红褐色，有烟炱痕迹，饰横向绳纹、竖划纹或篮纹。M2：3，侈口，鼓腹，平底，满饰横向绳纹，在其上饰竖行划纹，口径7.8厘米、高9.2厘米、底径5厘米（图五：3）。M1：22，口外侈，长颈，圆腹，口沿下和近底处饰横向篮纹，肩腹饰绳纹和划纹，口径9.2厘米、高16.6厘米、底径8厘米（图五：7）。

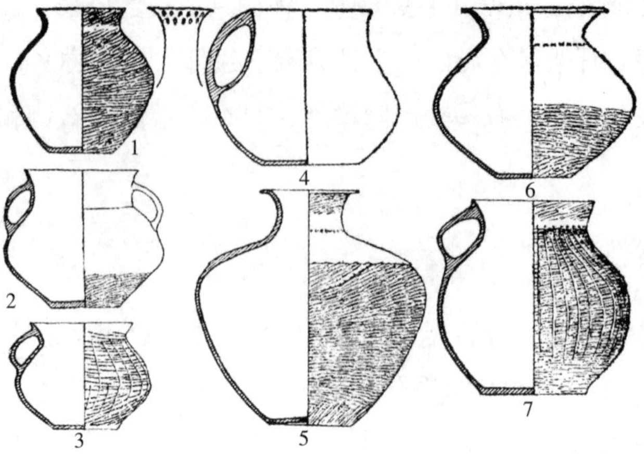

1.Ⅰ式罐(M1:32)　2.双耳罐(M2:1)　3、7.单耳罐(M2:3 M1:22)　4.瓶(M1:4)　5.Ⅲ式罐(M1:28)　6.Ⅱ式罐(M1:1)

图五(1、5、6为1/8,余为1/4)

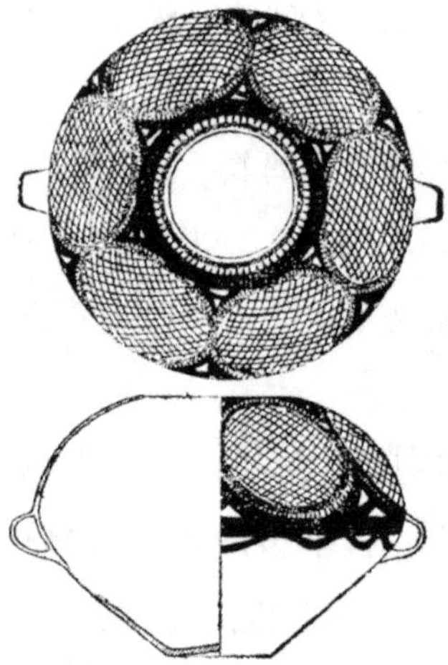

图六　双耳罐(M2:2,约1/7)

罐　33件，可分三式。

Ⅰ式：夹砂红陶。口外侈，圆腹，器身满饰横绳纹，外表有烟炱痕迹。M1:32，口径13.2厘米、高24.8厘米、底径9.6厘米（图五：1）

Ⅱ式：数量多。泥质红陶。宽沿侈口，鼓腹，平底。腹部饰横向篮纹。M1:1，颈部饰一周锥刺纹，肩部素面，腹饰横向篮纹，口径22.4厘米、高29.2厘米、底径11.2厘米（图五：6）

Ⅲ式：数量也多。泥质红陶。由于这类罐器形大，颈和腹皆分别制作，然后粘接而成，肩部内壁留有明显的粘接痕迹。M1：28，小口外侈，长颈，广肩，深腹，素面，底内凹，沿下饰横向篮纹，颈部有一周锥刺纹，腹部饰横向篮纹，篮纹之上另加附加堆纹，口径14.4厘米、高40厘米、底径12.3厘米（图五：5）

纺轮 1件（M1：7）。泥质红陶。圆饼形，中心厚、边缘薄，无纹饰。径7.4厘米、孔径1.7厘米（图七：3）。

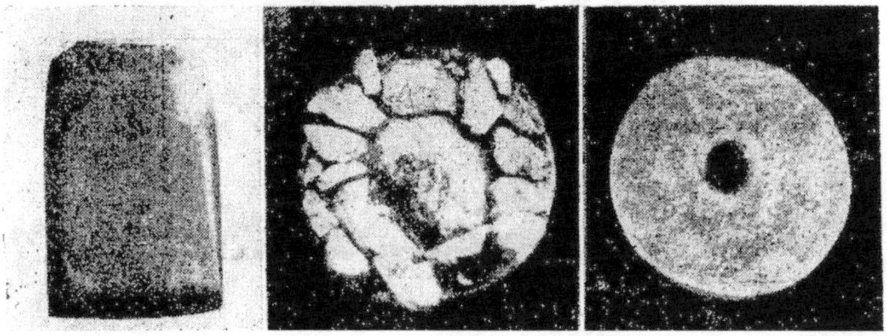

1.石磅 2.绿松石饰 3.纺轮

图七 随葬器物

骨器有齿槽骨片和骨珠两类。

齿槽骨片 45枚，均出于M1、M2。用薄长骨片制成，两面平整，长方形，长1.7～2.1厘米不等，在长边的一侧或两侧刻齿槽，齿槽数目少者2个，多者6个（图八：1～6）。

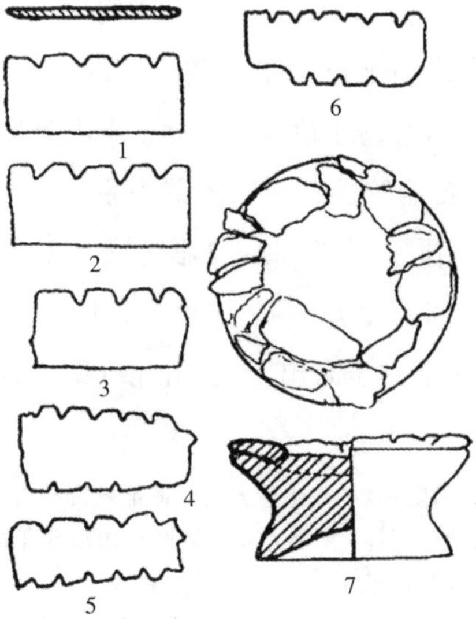

1～6.骨片 7.绿松石饰

图八 随葬器物

骨珠 1000千余枚，出土时呈串状，分布在M1、M2人骨的颈部，径0.2～0.37厘米，孔径0.1～0.15厘米（图九）。

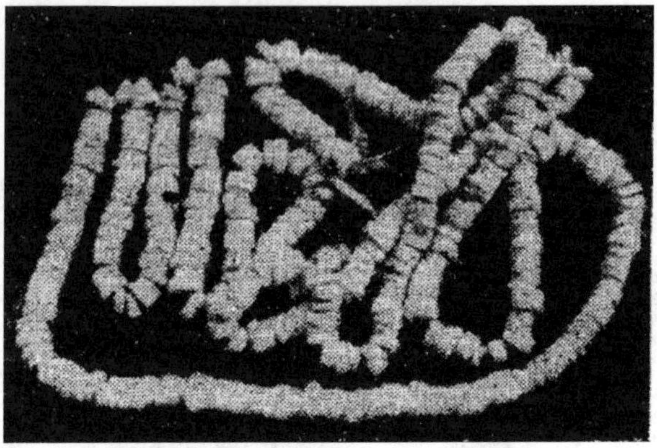

图九 串珠

三、小结

这次清理的墓葬虽然只有六座，而且只有三座较为完整，但据近年来的调查和发掘工作证明，这类遗存在宁夏南部的固原、海原、西吉、隆德等县和甘肃的东部地区却有广泛的分布，因而具有一定的代表性。

墓葬全为单身屈肢葬，与甘肃永靖大何庄、秦魏家、青海乐都柳湾齐家文化墓地以仰身直肢为主的葬式显然不同[①]；也没有大何庄、秦魏家、柳湾墓地出现的合葬墓。相反，却和甘肃广河地巴坪半山类型墓地全为单身侧卧屈肢的葬式相同[②]。因此，就葬式而言，店河墓地较多地接近于半山类型。

店河墓地的随葬品，石器较少，而以陶器为主。其中少量随葬品和地巴坪、柳湾半山类型墓葬所出者相同。店河M2：2彩陶罐，无论器形和彩绘花纹都和广河地巴坪半山类型的M37：4彩陶瓮相同[③]。此外，店河墓地所出齿槽骨片，在青海柳湾半山、马厂类型的墓葬中也有出土[④]。由此可见，店河墓地具有一些半山类

①中国社会科学院考古研究所甘肃队：《甘肃永靖大何庄遗址发掘报告》，载《考古学报》1974年第2期；《甘肃永靖秦魏家齐家文化墓地》，载《考古学报》1975年第2期；青海省文物处考古队、中国社会科学院考古研究所：《青海柳湾》。

②甘肃省博物馆文物队：《广河地巴坪半山类型墓地》，载《考古学报》1978年第2期。

③甘肃省博物馆文物队：《广河地巴坪半山类型墓地》，载《考古学报》1978年第2期，图版一一：5。

④见《青海柳湾》，图版三七：1～18；图版六六：1、6、10。

型的因素。

但是，店河墓地却又明显不同于地巴坪和柳湾的半山类型墓葬。地巴坪所出陶器，以彩陶为主，数量占陶器总数的百分之九十以上①。青海柳湾半山类型墓葬的彩陶也占全部陶器的三分之二②；而店河墓地的彩陶则数量极少。店河墓地的其他陶器，也不见于地巴坪、柳湾的半山类型墓葬。从而，店河墓地明显区别于半山类型。

店河墓地的陶器，显示了和齐家文化较多的相似性。常见的双大耳罐、单耳罐等器形，和青海柳湾、甘肃秦魏家等齐家文化墓地所出的十分相近，如店河M2：1双大耳罐，和柳湾Ⅱ3式775：2双大耳罐相同③；店河M1：4单耳罐和秦魏家Ⅲ式M115：2单耳罐相似④。店河M2：3单耳罐和武威皇娘娘台M15：1器形相同，只是纹饰有别而已⑤。

但是，店河墓地中的很大一部分陶器，却具有本地区所独有的明显特点。如泥质红陶大口鼓腹罐（如M1：1）、小口平肩深腹罐（如M1：28）、夹砂红陶圆腹罐（如M1：32）等，为甘、青地区齐家文化所不见，却为宁夏南部和甘肃东部这类遗存所常见。

综上所述，店河墓地具有少量的半山类型因素，而陶器则更多地显示出和齐家文化的相同性。尽管部分陶器具有本地区明显的特点，但就总体来说，仍应属齐家文化。把店河墓地看成是齐家文化的一个类型是比较适宜的，“应代表齐家文化在宁夏和陇东地区的一个地方类型”⑥。

由于店河墓地比甘、青地区的齐家文化具有较多的半山类型因素，其年代可能比甘、青地区的齐家文化为早，这对探讨齐家文化的起源将有一定的启发意义。

照相董宏征，绘图高雷、边文娟，执笔钟侃。

（本文原载于《考古》1987年第8期，第673-677页）

①甘肃省博物馆文物队：《广河地巴坪半山类型墓地》，载《考古学报》1978年第2期。

②青海省文物管理处考古队、中国社会科学院考古研究所：《青海柳湾》（上），文物出版社，1984年，第32页。

③青海省文物管理处考古队、中国社会科学院考古研究所：《青海柳湾》（下），文物出版社，1984年，图版一八一：5。

④中国社会科学院考古研究所甘肃队：《甘肃永靖秦魏家齐家文化墓地》图十五：9。

⑤甘肃博物馆：《武威皇娘娘台遗址第四次发掘》，载《考古学报》1978年第4期，图版一二：10。

⑥陈显、洪方：《陇东镇原常山下层遗存浅析》，载《考古》1982年第4期。

隆德页河子新石器时代遗址发掘报告

北京大学考古实习队　固原博物馆

页河子遗址位于宁夏回族自治区，隆德县城西南约20公里渝河北岸的二级台地上，渝河自山脚下蜿蜒北去，流入葫芦河（图一）。沿渝河北岸有发育良好的二级阶地，大多有新石器时代遗址分布。页河子遗址于1984年进行文物普查时发现，为了搞清宁夏南部地区新石器时代文化的面貌和序列，1986年北京大学考古系和固原博物馆对该遗址进行了发掘，发掘区位于遗址的南部，共分3个区，其中第一区位于断崖上水渠西侧的第二级梯田上，第二、三区分别位于水渠东侧的第二、一级梯田上。共发掘5米×5米的探方14个，5米×10米的探方1个，发掘总面积400平方米。参加发掘和整理工作的有王辉、杨明、耿志强等，并得到隆德县文化馆的大力协助。此次发掘发现房屋1座，残破的白灰面2处，灰坑93个。

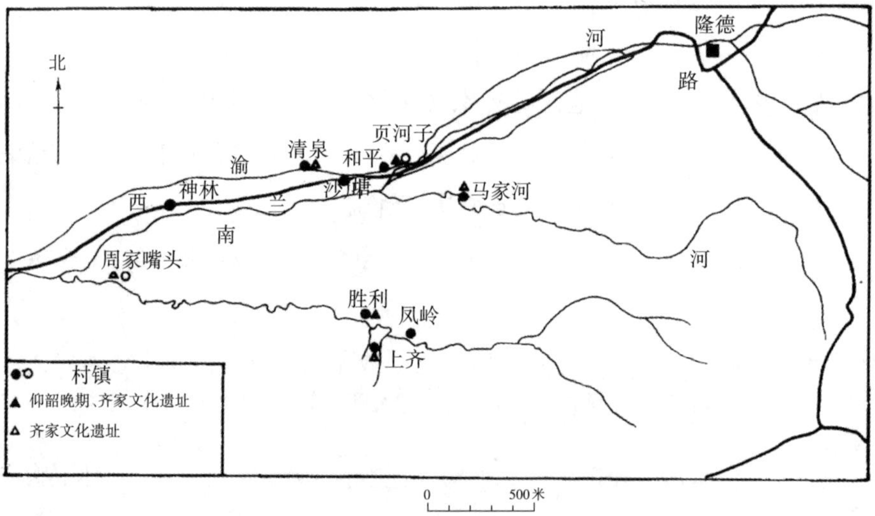

图一　页河子遗址

一、地层堆积

页河子遗址的地层堆积比较单纯，除少数探方上层有汉代扰坑及汉代的陶罐和弩机外，均为新石器时代的遗存，明显可分为两大期，这两大期在T105之内有一组叠压关系，H125和H126出土遗物均为仰韶文化晚期的遗物，以平沿尖底瓶、敛口钵、罐、缸为代表（图六），叠压在H125和H126之上的第⑤层及以上诸层的出土物均为龙山时代的遗物。以T105南壁为代表。

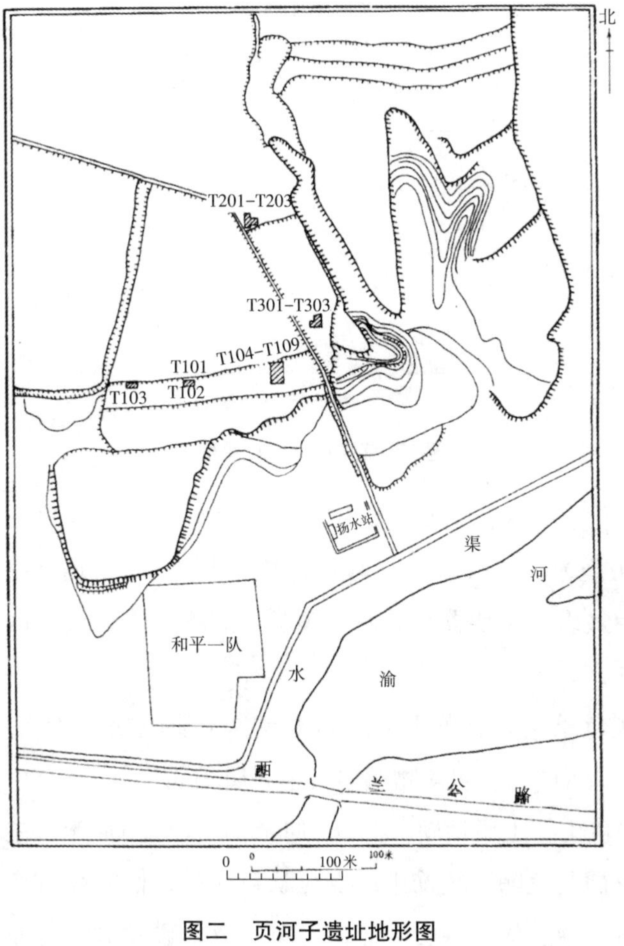

图二　页河子遗址地形图

第①层：耕土层，土质松软，厚10～25厘米，包含物有近代瓦片、瓷片等。

第②层：扰土层，褐色，土质松软。深25厘米，厚20～30厘米，包含物主要有瓷片及新石器时代的陶片。

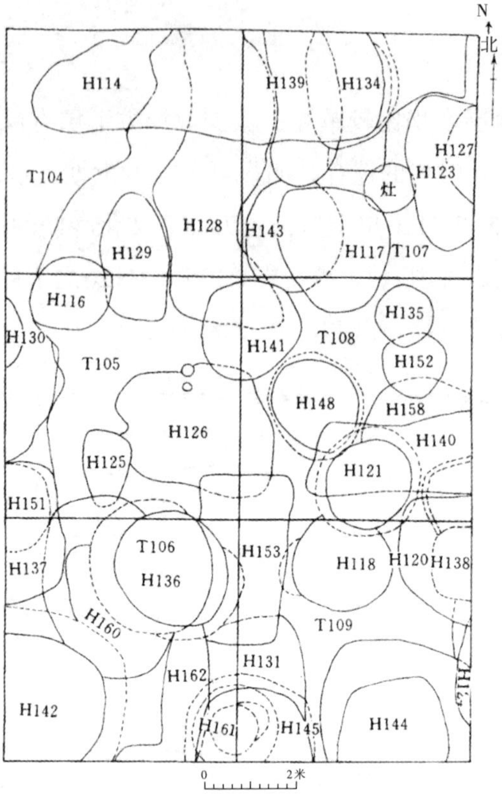

图三　T104～T109平面图

第③层：文化层，灰色土。土质松软，包含物丰富，H137开口于此层。深50厘米，厚50～70厘米。包含物主要为泥质和夹砂的橘黄及橘红色陶，纹饰以麦粒状绳纹和篮纹为最多，主要器物有高领喇叭口肩罐、侈口夹砂深腹罐，另外还有陶环和兽骨等物。

第④层：灰色土夹杂有黄土斑点和木炭，土质疏松，H151开口于此层，深100厘米，厚16～65厘米。包含物基本与第③层相同。

第⑤层：褐色土，土质稍硬。深160厘米，厚0～55厘米。主要包含物为泥质和夹砂的橘红及橘黄色陶，纹饰中以麦粒状粗绳纹和横篮纹占绝大多数，主要器形有高领喇叭口肩罐、侈口深腹夹砂罐、单、双耳罐及篮纹盆等，另有少量的平口沿尖底瓶、宽沿盆及彩陶出土，H125和H126开口于此层。打破生土。包含物主要为泥质或夹砂的橘红和橘黄色陶，纹饰以索状绳纹和线纹为主，附加堆纹也占有一定的比例。主要器形有敛口或直口的钵（部分钵口内侧有泥棱），折沿罐、平口沿尖底瓶以及瓮、缸等遗物。

二、龙山时代遗存

龙山时代遗存均在第一、三区。

(一)遗迹

龙山时代遗存中发现硬土面房屋1座，白灰面残迹2处，灰坑81个。

1.房屋

F301位于T303内，开口于第⑦层。以381剖线为准，方向为360°形状为不规则之圆角长方形，半地穴式，直壁，居住面为硬土面，地面平整坚硬，硬土厚7～10厘米，中间有厚0.5厘米、直径60厘米的烧土面，应为灶台毁弃后的残迹。门道为长方形斜坡状，位于北墙偏东侧，长110厘米，宽45厘米。房屋东西长240厘米，南北宽233厘米，深40厘米，面积约5平方米左右，F301未发现柱洞，建筑结构不清。内填以褐色土，包含物较少（图四，图五）。

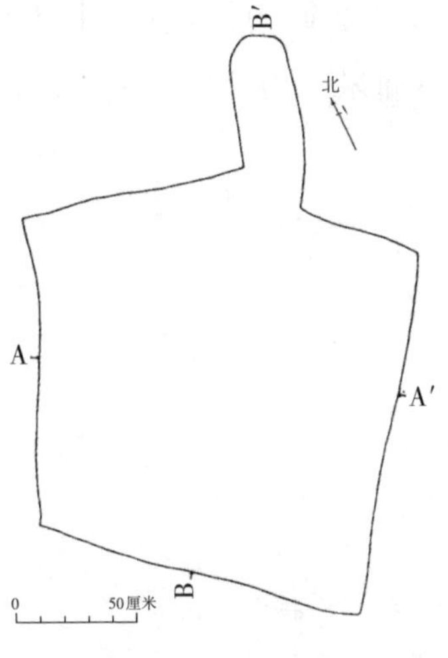

图四 F301平面图

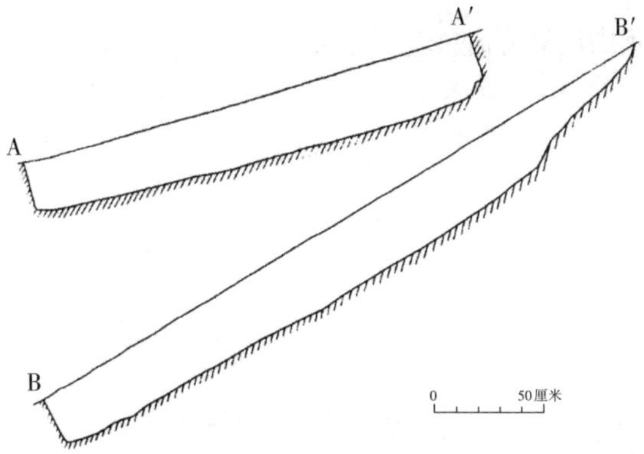

图五 F301剖面图

2.灰坑

坑口有圆形、椭圆形、长方形及不规则形者，坑壁有斜直壁及直壁者，底多为平底，少数为坡底，以袋状一壁有小龛的圆形灰坑最具特色。

H136位于T106东北，开口在第③层，坑口呈圆形，直径240厘米，坑壁西部为斜直壁，东壁有一小龛，龛底距灰坑底部35厘米，高211厘米，深225厘米。灰坑底为平底，深225厘米。坑内填土中有大量腐朽的谷物，包含物主要有高领折肩罐、花边罐、侈口夹砂深腹罐及兽骨、骨针、石刀等物（图六，图七）。

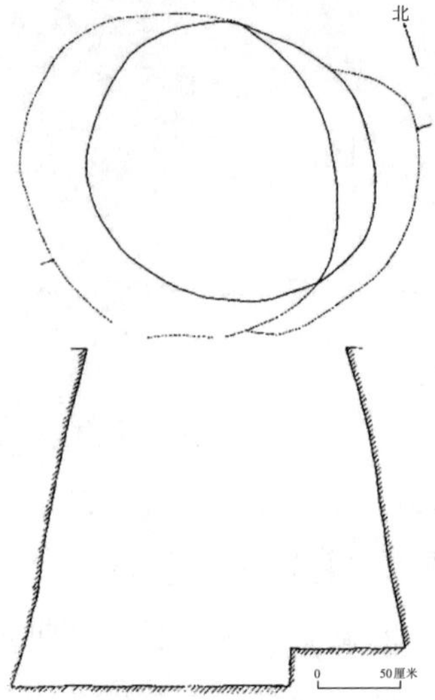

图六、图七 H136平、剖面图

H153位于T109西部，开口在第③层，方向北，坑口呈圆角长方形，长315厘米，宽200厘米，直壁；底由南向北倾斜，深45～65厘米。内填以黄色土，包含物龙山时代的遗物（图八）。

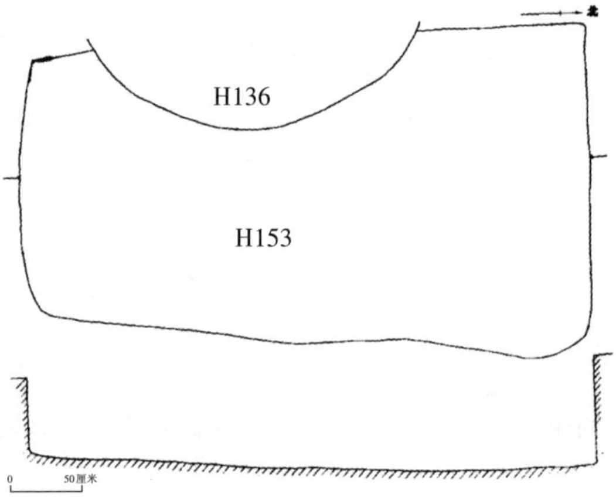

图八 H153平、剖面图

H143位于T107西南，开口于⑤层下。坑口呈圆形，形状规整，直径210厘米，直壁，底由东向西倾斜，深50～60厘米。内填以褐色土，包含物均为龙山时代遗物（图九）。

H148位于T108西南，开口在第④层。坑口为圆形，直径180厘米，斜直壁呈袋状，平底。底径225厘米，深135厘米。内填以黑褐色土，包含物主要有高领折肩罐、夹砂侈口深腹罐以及石铲、纺轮、兽骨等（图一〇）。

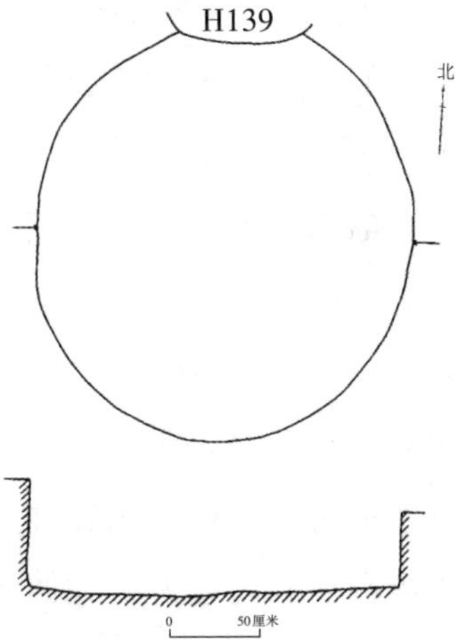

图九　H143平、剖面图

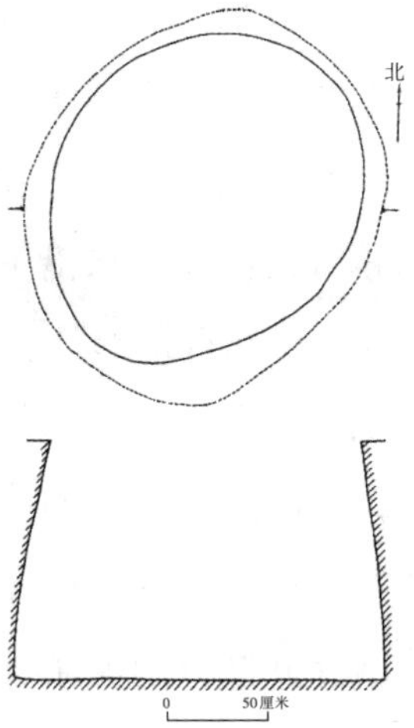

图一〇　H148平、剖面图

H304位于T303中部，开口在第④层。坑口呈不规则圆形，最大径231厘米，直壁，平底，深60厘米。内填以灰黄色土，包含物主要有兽骨及骨凿、骨镞等物(图一一)。

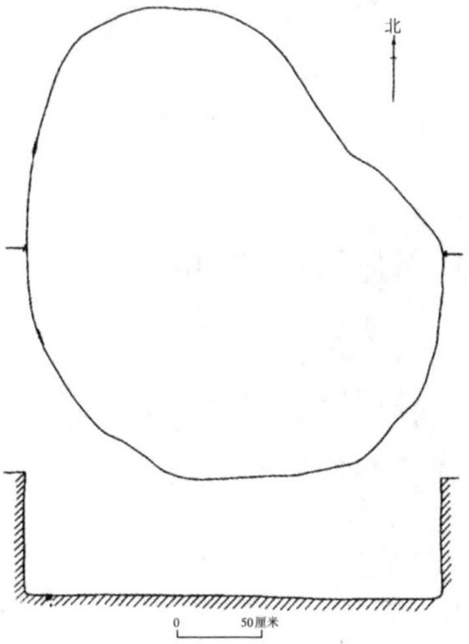

图一一　H304平、剖面图

（二）遗物

陶容器以夹砂和泥质的橘红及橘黄色陶占绝大多数，有少量的泥质灰陶及夹砂灰褐陶。以磨光和素面为大宗，其次为篮纹和麦粒状绳纹，另外有一定数量的附加堆纹和少量刻划纹，方格纹极少，有极少量的彩陶。器类中以平底器为最多，三足器次之，圈足器不多见，带耳器占有一定的比例。主要器形有高领折肩罐、夹砂侈口深腹罐、花边高领折肩罐占全部陶器的30%左右。均泥质，绝大多数为橘红和橘黄色陶，有少量为灰陶。肩部皆磨光或素面，腹多饰篮纹，极少量腹饰方格纹。部分高领折肩罐口沿下贴一周泥条，器内肩部残留有接制之痕迹，并抹泥加固。少量者腹部有桥形耳。分三型。

罐、带耳罐、盆及鬲、斝等，占全部陶器总数的98%左右。

高领折肩罐占全部陶器的30%左右。均泥质，绝大多数为桔橘红和桔橘黄色陶，有少量为灰陶。肩部皆磨光或素面，腹多饰篮纹，极少量腹饰方格纹。部分高领折肩罐口沿下贴一周泥条，器内肩部残留有接制之痕迹，并抹泥加固。少量者腹部有桥形耳。分三型。

A型：无沿，分二亚型。

Aa型：方唇或斜方唇，分二式。

Ⅰ式：5件。曲颈。H144：4，口径16.8厘米、残高11.2厘米（图二四：1）。

Ⅱ式：7件。直领稍曲。H148：5，颈上部贴一周泥条并饰斜篮纹。口径24厘米、残高8厘米（图一二：2）。

Ab型：圆唇或尖圆唇，分三式。

Ⅰ式：7件。曲颈。H144：3，颈上部饰横篮纹。口径18厘米、残高8.8厘米（图一二：3）。

Ⅱ式：斜直领稍内曲，斜圆肩。T 108③：11，口径20厘米、残高20厘米（图一二：5）。

Ⅲ式：9件。斜直领，斜圆肩，斜直腹，颈腹间有明显折棱。T303⑤：34，底径72厘米、残高45.2厘米。腹饰竖斜篮纹（图一二：7）。T303⑤：32，口径21厘米、残高18厘米（图一二：6）。

B型：斜折沿，分三式。

Ⅰ式：17件。曲颈，溜肩，斜弧腹，整体形态矮胖。H161：2，外斜折沿，尖唇，颈上部饰横篮纹，腹饰斜篮纹和横篮纹。口径20厘米、底径15.8、高40.8厘米（图一二：13）。H144：13，窄平沿，尖唇，颈上部饰斜篮纹，颈饰一周附加堆纹。灰色。口径22厘米、残高20厘米（图一二：4）。

Ⅱ式：19件。斜直领稍内曲，斜圆肩。H142：7，外斜折沿，尖唇，灰色，沿下饰附加堆纹一周。口径18厘米、残高7.2厘米（图一二：8）。T 109③：7，平折沿，方唇。口径16厘米、高10厘米（图一二：10）。

Ⅲ式：11件。仰斜折沿，直领，斜圆肩，斜直腹，颈腹间有折棱。T301②：3，尖圆唇，颈稍曲，溜肩，颈上部饰斜篮纹，腹亦饰斜篮纹。口径19.2厘米、残高20厘米（图一二：11）。

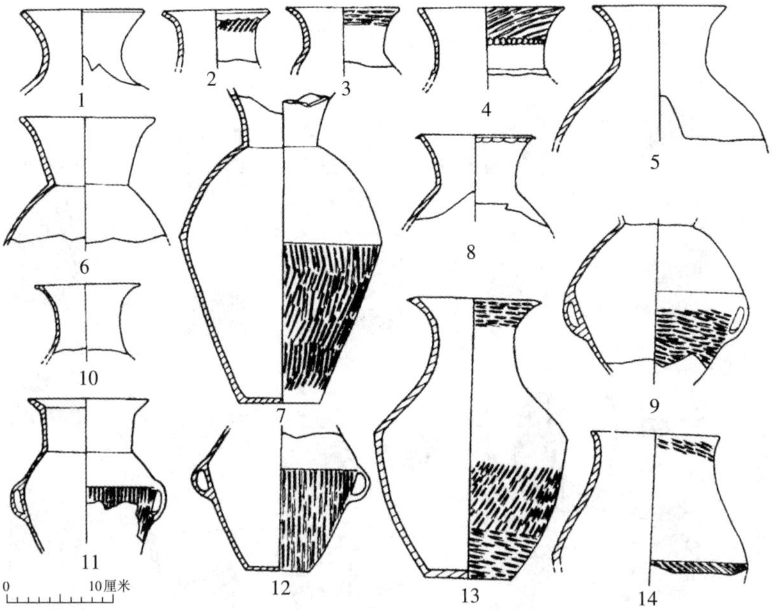

1.Aa Ⅰ式(H144：4) 2.Aa Ⅱ 式(H148：5) 3.Ab Ⅰ式(H144,3) 4、13.B Ⅰ式(H161：2、H 144：13) 5.Ab Ⅱ式(T108③：11) 6、7.Ab Ⅲ式(T303⑤：32、34) 8、10.B Ⅱ式(H142：7、T109③：7) 9、12.罐腹(T109⑥：15、H307：16) 11.B Ⅲ式(T301②：8) 14.C型(T301②：3)

图一二 高领折肩罐

C型：1件，T301②：3，尖圆唇，颈稍曲，溜肩，颈上部饰斜篮纹，腹亦饰斜篮纹。口径19.2厘米、残高20厘米（图一二：14）。

另外，还发现有部分腹饰桥形双耳的高领折肩罐。T109⑥：15，圆肩，斜弧腹，腹饰横斜篮纹。残高20厘米（图一二：9）。H307：16，圆肩，斜弧腹，腹饰竖篮纹。底径9.2厘米、残高20厘米（图一二：12）。

夹砂侈口深腹罐 约占全部陶器总数的50%～66%。多为橘红或橘黄色，有少量为褐色或灰色。颈上部多饰以横篮纹，腹饰麦粒状粗绳纹，印痕杂乱，少量腹饰以索状绳纹，极少量饰以方格纹。平底。分二型。

A型：颈上部饰附加堆纹，分三亚型。

Aa型：尖唇或尖圆唇，高领。分四式。

1式：23件。曲颈，鼓腹，整体形态矮胖。H138：1，灰褐色。口径12厘米、底径9.8厘米、高20厘米（图一三：3）。H161：3，灰褐色，施粗绳纹。口径13.4厘米、底径10.2厘米、高19.6厘米（一三：4）。T105④：11，饰粗绳纹，腹上部饰刻划纹，其上再施附加堆纹。口径20厘米、残高11.2厘米（图一三：2）。H144：7，饰粗绳纹。口径21厘米、残高9.2厘米（图一三：1）。

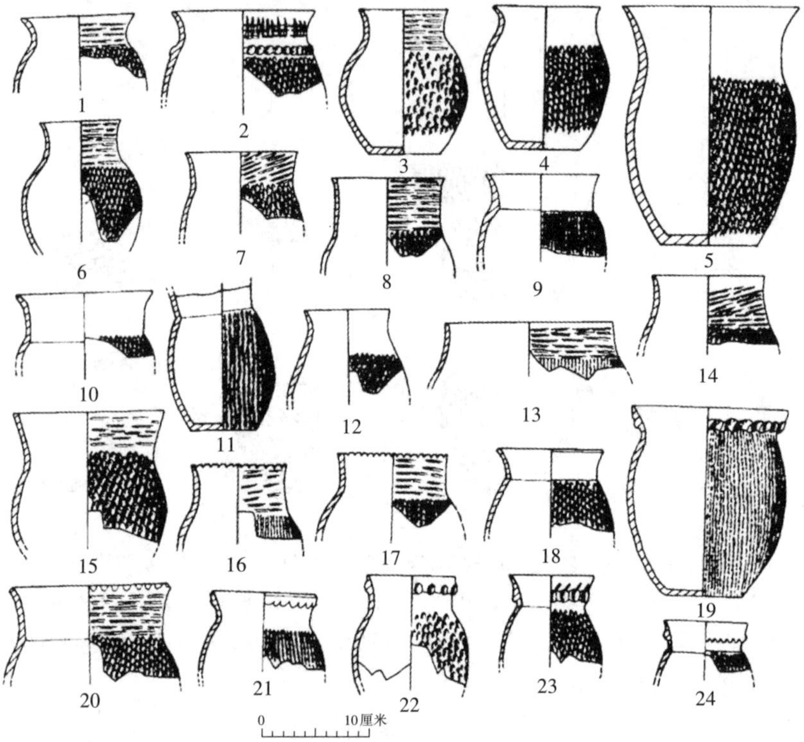

1～4.AaⅠ式(H144:7、T105④:11、H138:1、H161:3)　5、6.AaⅡ式(H148:12、T109④10)　7、8.Aa Ⅱ式(H142:13、H136:14)　9～11.Aa Ⅳ式(T303⑤25、H106:19.H106:21)　12.Ab Ⅰ式(H145:5)　13、14.Ab Ⅰ式(H319:5、H142:3)　15、17.AaⅠ式(T109⑤:13、T109⑤:12)　16.Ab Ⅲ式(T301④:8)　18、20.AcⅡ式(T303⑤:13、T103③:11)　19.BaⅠ式(H153:10)　21.Ba式(H311:25)　22.BaⅡ式(T106②:2)　23.24.Ba Ⅳ式(H304:9、T303②:3)

图一三　夹砂侈口深腹罐

Ⅱ式：23件。曲领，瘦弧腹。H148：12，粗绳纹。口径24.8厘米、底径15.6厘米、高32.8厘米（图一三：5）。T109④：10，腹部饰粗绳纹，灰褐色。口径12厘米、残高16厘米（图一三：6）。

Ⅲ式：26件。直领或斜直领，瘦弧腹。H136：14，灰褐色。口径16厘米、残高10.4厘米（图一三：8）。H142：13，口径16厘米、残高9厘米（图一三：7）。

Ⅳ式：5件。斜直领，口内侧颈腹间有折棱，瘦弧腹，整体形态瘦高。H106：21，灰褐色，腹部饰绳纹。底径9.4厘米、残高18.6厘米（图一三：11）。丁303⑤：25，口径16厘米、残高10.8厘米（图一三：9）。H 106：19，U径20厘米、残高8.8厘米（图一三：10）。

Ab型：尖唇或尖圆唇，颈较短。分三式。

Ⅰ式：5件。颈稍曲，溜肩，弧腹。H145：5，颈部绳纹被抹。口径12厘米、残高12厘米（图一三：12）。

Ⅱ式：4件。直口稍侈，斜直领，鼓腹H319：5，口径24厘米、残高8厘米（图一三：13）。H 142：3，灰色，溜肩，颈上部饰斜篮纹和横篮纹。口径16厘米、残高9.2厘米（图一三：14）。

Ⅲ式：4件。直领稍斜，弧腹。T301④：8，唇外缘呈锯齿状，颈部横篮纹被抹，腹部饰细绳纹。口径13厘米、残高10厘米（图一三：16）。

Ac型：方唇或斜方唇，部分唇缘呈锯齿状，分二式。

Ⅰ式：7件。斜直领，圆鼓腹，体形矮胖。T109⑥：13，腹部饰粗绳纹。口径24厘米、残高18厘米（图一三：15）。T109⑤：12，灰褐色，唇外缘呈锯凿状。口径16厘米、残高10厘米（图一三：17）。

Ⅱ式：17件。斜直领，口内侧颈腹间有折棱，体形较瘦长。T303⑤：13，口径16厘米、残高11.2厘米（图一三：18）。T103③：11，颈部横篮纹被抹。口径12厘米、残高6.4厘米（图一三：20）。

B型：颈上部饰一周附加堆纹，分三亚型。

Ba型：附加堆纹上再饰以刻划纹或窝纹，分四式。

Ⅰ式：16件。曲颈较短，弧腹，形体矮胖。H153：10，尖唇。口径21.8厘米、底径10.6厘米、高25.8厘米（图一三：19）。

Ⅱ式：11件。斜直领，弧腹。T106②：尖唇。口径15.2厘米、残高10.4厘米（图一三：22）。

Ⅲ式：5件。斜直领，弧腹。整体形态略显瘦长。H311：25，灰褐色，尖唇。口径13厘米、残高14厘米（图一三：21）。

Ⅳ式：2件。斜直领较高，瘦弧腹，整体形态瘦长。H30419，尖唇。口径12

厘米、残高12厘米（图一三：23）。T303②：3，尖唇。口径12厘米、残高6.8厘米（图一三：24）。

Bb型：口外侧贴泥条一周，分二式。

I式：14件。曲颈，弧腹。T108④：11，圆方唇，灰褐色。口径12厘米、残高6.6厘米（图一四：2）。

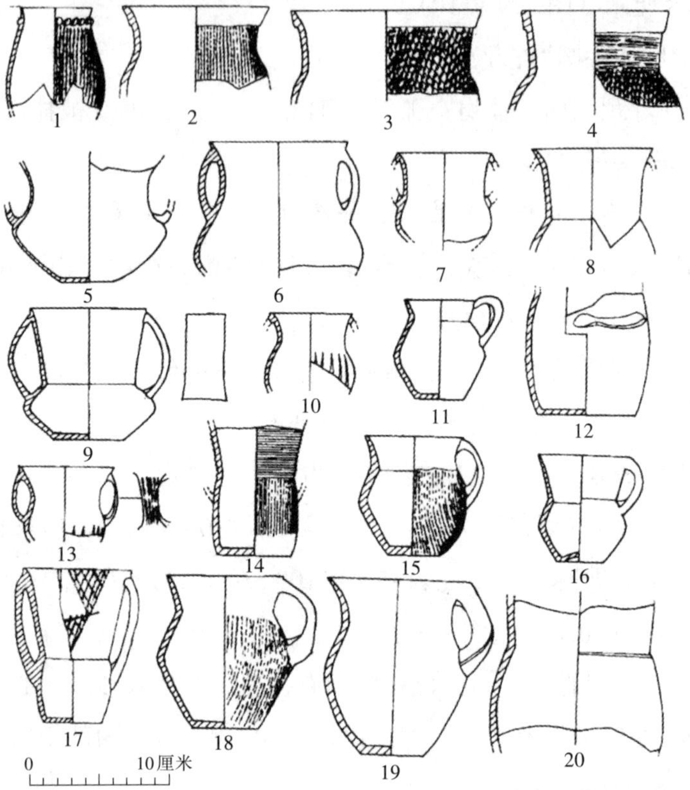

1.Bc夹砂侈口深腹罐(H308:9)　2.BbⅠ式夹砂侈口深腹罐(T108④:11)　3、4.BbⅡ式夹砂侈口深腹罐(H136:17、H307:9)　5、6AⅠ式泥质双耳罐(H128:13、12)　7.AⅡ式泥质双耳罐(H136:22)　8、9AⅢ式泥质双耳罐(T302③:12、T303③:29)　10、13.C泥质双耳罐(T301③:38)　11.AⅡ式泥质单耳罐(H308:11)　15、18.C型泥质单耳罐(T303③:19、T303⑤:23)　16.AⅡ式泥质单耳罐(0:5)　19.AⅠ式泥质单耳罐(T109③:11)

图一四　陶罐

Ⅱ式：2件。直领稍斜，领较高，弧腹。H136：17，方唇。口径22厘米、残高8厘米（图一四：3）。H307：9，圆方唇。口径16厘米、残高6.6厘米（图二六：4）。

Bc型：2件，H308：9，曲颈较短，弧腹下垂，绳纹，圆唇。口径12厘米、残高10厘米（图一四：1）。

泥质双耳罐 多为橘红或橘黄色陶，占全部陶器总数的3%左右，一般形体较小，平底。分四型。

A型：皆橘红或橘黄陶，素面或磨光。侈口，肩部至颈上部间有扁平的桥形耳。分三式。

Ⅰ式：5件。曲颈，溜肩或肩稍内凹，斜直腹，腹较扁。T128：12，口径10.8厘米、残高10厘米（图一四：6）。H128 ：13，底径4厘米、残高10厘米（图一四：5）。

Ⅱ式：10件。斜直领稍内曲，圆肩，弧腹。H136 ：22，口径8厘米、残高6厘米（图一四：7）。

Ⅲ式：3件。斜直领较高，颈腹间有折棱，斜圆肩，斜直腹，腹较扁。T301③：29，口径9.6厘米、底径5.6厘米、高10.4厘米（图一四：9）。T301③：12，口径10厘米、残高7.6厘米（图一四：8）。

B型：5件。皆泥质橘黄或橘红陶，薄胎，制做精致。斜直领，高领，瘦弧腹，整体形态瘦长，颈腹间有明显的折棱。H311 ： 26，尖唇，颈上部饰以红彩，由3个三角形内填网格纹组成一组图案。口径8厘米、底径5厘米、高12.2厘米（图一四：17）。H301 ：5，底径4厘米、残高5厘米（图一四：12）。H106 ：29，残高5.8厘米（图一四：20）。

C型：8件。刻划纹双耳罐。皆橘黄色，腹上部饰刻划纹，颈腹间有对称之桥形双耳。H301③：38，侈口，曲颈，鼓腹，尖唇。口径7厘米、残高6厘米（图一四：10）。H139：4，耳上饰竖篮纹。口径8厘米、残高5.4厘米（图一四：13）。

D型：4件。皆灰陶。颈部饰弦纹，腹饰绳纹。斜直领较高，直腹稍弧，形体瘦长。H308：11，底径6.2厘米、残高10厘米（图一四：14）。

泥质单耳罐 皆平底，分三型。

A型：多为橘黄或橘红色，有少量者为灰陶。皆素面或磨光。陶胎较厚，口与颈上部之间有桥状耳，耳与口平齐。分三式。

Ⅰ式：4件。曲颈，鼓腹。T109③：11，耳呈麻花状，灰色，尖唇。口径12厘米、底径5.2厘米、高14厘米（图一四：19）。

Ⅱ式：8件。斜直颈，斜圆肩，斜直腹。H160 ：13，灰色，尖唇。口径6厘米、底径4厘米、高11.8厘米（图一四：11）。

Ⅲ式：3件。斜直领较高，颈肩之间有折棱，斜圆肩，凹圜底，斜直腹，形体较瘦长。0：5，尖唇。口径7.4厘米、底径4厘米、高8.4厘米（图一四：16）。

B型：3件。皆为泥质灰陶，磨光。斜直领，鼓腹，口与腹上部间有桥形单耳，耳高于口。T102①B：6，尖唇。口径6厘米、残高4.5厘米（图一五：1）。

C型：2件。橘黄色，斜直领，颈腹间有折棱，圆腹。腹饰索状绳纹。T303③：19，尖唇。口径8厘米、底径4厘米、高9.4厘米（图一四：15）。T303⑤：23，尖唇。口径9.8厘米、底径5.4厘米、高12.2厘米（图一四：18）。

夹砂单耳罐　占全部陶器总数的3%左右。多为橘红色或橘黄色，有少量灰色及灰褐色者。口和颈上部之间有一桥形耳，耳一般与口平齐。腹一般饰麦粒状或索状粗绳纹，素面极少，部分在颈上部饰以横篮纹。皆侈口，平底。分二型。

A型：尖唇，分三式。

Ⅰ式：10件。曲颈，弧腹。H161：1，灰褐色。口径14厘米、残高6.6厘米（图一五：2）。

Ⅱ式：12件。斜直领稍曲，鼓腹。H136：23，素面。口径12厘米、残高10厘米（图一五：3）。T303⑥：6，口径12厘米、残高8厘米（图一五：5）。

Ⅲ式：6件。斜直领，颈腹间有折棱，圆腹。T303⑤：8，灰色。口径10厘米、残高12厘米（图一五：4）。

B型：方唇或斜方唇，耳多饰附加堆纹、泥饼及绳纹，部分在耳根部有戳印或窝纹。分二式。

Ⅰ式：10件。曲颈，弧腹。H136：6，口径24厘米、残高14厘米（图一五：6）。H136：30，唇外缘呈锯齿状，腹饰交错刻划纹。残高6.5厘米（图一五：8）。

Ⅱ式：4件。斜直颈，弧腹，颈腹间有折棱。T303③：8，口径11厘米、残高8厘米（图一五：7）。

夹砂双耳罐　2件。T303⑤：12，橘黄色，方唇，直口，子母口，直腹，体呈筒状。制法为先制成直口，然后在口内贴泥条而成子母口。腹上部有对称之桥形耳，耳饰篮纹。腹上部饰刻划纹，腹饰麦粒状粗绳纹。口径13厘米、残高6厘米（图一五：13）。T301④：16，黑色，侈口，尖唇，曲颈较长，溜肩，斜直腹较扁。颈上部至肩部之间有对称的桥形耳。颈上部至底饰横篮纹，篮纹印痕较浅。口径10.4厘米、底径5.2厘米、高12.6厘米（图一五：12）。

筒形双耳杯　3件。T303⑥：12，橘红色，口稍侈，圆方唇，斜直腹稍弧，腹部有对称之桥形耳。平底。腹饰麦粒状粗绳纹。口径12厘米、底径8厘米、高

16厘米（图一五：17）。H106：22，灰黑色，侈口，颈微曲，斜腹稍弧，腹上部至口有对称的桥形耳。腹饰麦粒状粗绳纹，平底。口径13.2厘米、底径9.6厘米、高14厘米（图一五：14）。

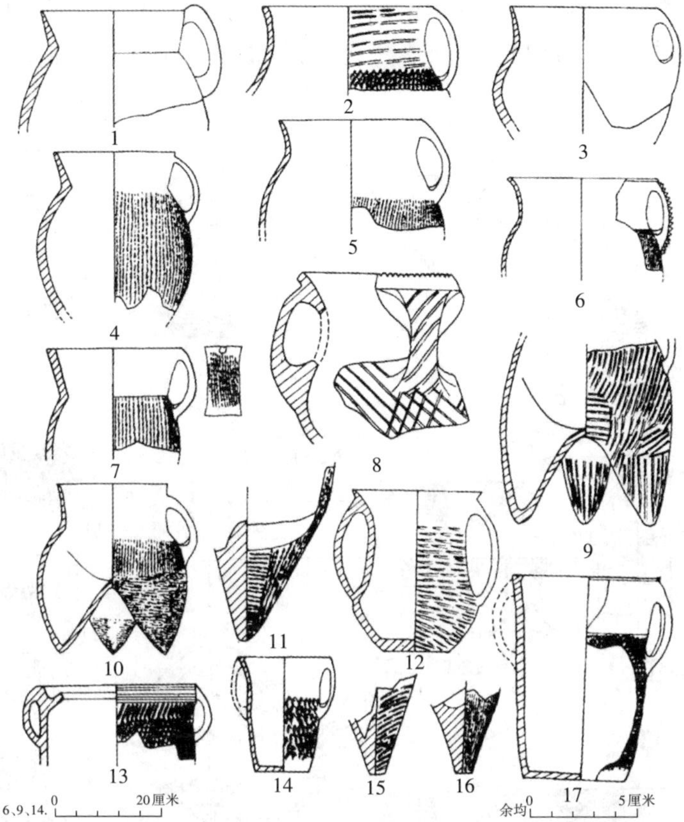

1.B型泥质单耳罐(T102①B：6) 2.AⅠ式夹砂单耳罐(H161：1) 3、5.AⅡ式夹砂单耳罐(H136：23、T303⑥：6) 4.AⅢ式夹砂单耳罐(T303⑤：8) 6、8.BⅠ式夹砂单耳罐(H136：6、30) 7.BⅡ式夹砂单耳罐(T303③：8) 9、10.鬲(T302②：6、T103⑥：27) 11、15、16.鬲足(T106②：5、T107②：12、T103②：3) 12、13夹砂双耳罐(T301④：16、T303⑤：12) 14、17.筒形双耳杯(H106：22、T303⑥：12)

图一五 陶器

鬲 2件。皆为夹砂陶，灰褐色T103⑥：27，侈口，尖唇，斜直领，颈到腹上部间有一桥形耳，袋足肥大，弧裆较高。足饰绳纹，印痕较浅。口径9厘米、通高13.2厘米（图一五：10）。T302②：6，弧裆较高，大袋足，一侧有一桥形耳。通体饰篮纹。残高28厘米（图一五：9）。

鬲足 皆为灰褐色或橘红色。其制法为先做成一泥球，然后在其上覆泥做成。

斝 皆夹砂橘红或橘黄色陶，分二型。

A型：6件。腹上部有对称的桥形耳或鋬手，耳饰附加堆纹，耳根部饰刻划纹或窝纹。T303：30，直口，方唇，斜直腹。沿外侧饰一周附加堆纹，其上再饰以刻划纹，腹饰由泥条组成的菱形纹。口径23.2厘米、残高11.2厘米（图一六：1）。T109④：18，灰色，敛口，直腹稍内收，素面。口径16厘米、残高14厘米（图一六：9）。T108⑤：3，侈口，斜平沿，尖唇，曲腹。口径24厘米、残高6厘米（图一六：2）。

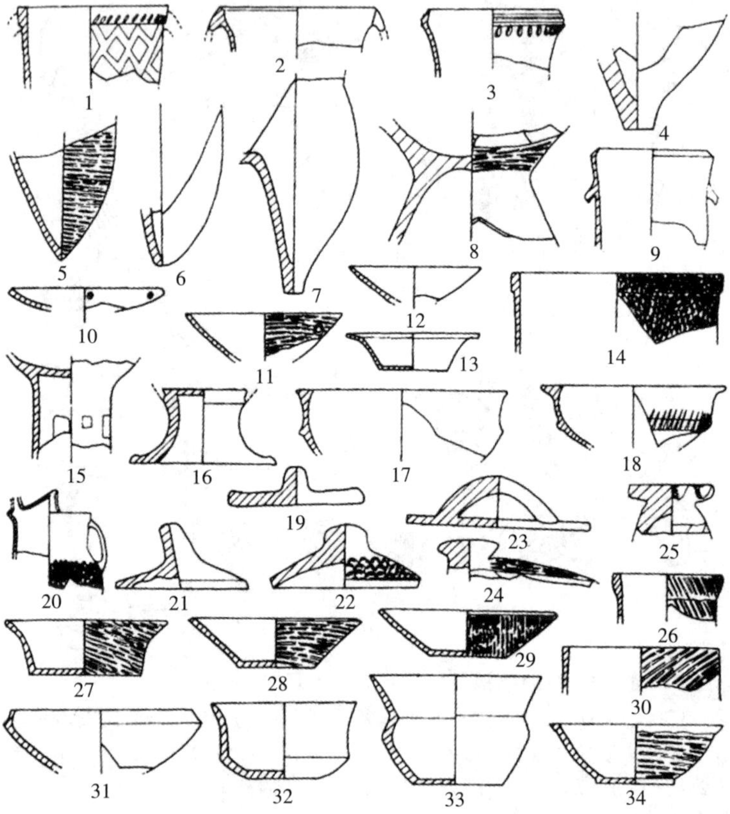

1、2、9.A型斝(T303⑤：30、T108：3、T109④：18)　3.B型斝(T303④：10)　4～7.斝足(T102④：15、H136：26、T109③：2、T303⑧：15)　8.圈足盘(H146：5)　10.Ⅰ式豆(T109④：12)　11、12.Ⅱ式豆(T303⑧：14、T105③：8)　13.C型盆(H311：11)　14、26、30.直口缸(T108④：8、T303⑤：21、H161：6)　15、16豆柄(T103④：16、T302②：14)　17、18.B型盆(H311：19、H154：2)　19、21、22.A型器盖(T103③：3、T303⑤：33、H106：20)　20.盉(T303③：15)　23.B型器盖(H136：28)　24.D型器盖(T09⑥：18)　25.C型器盖(H136：24)　27.AⅠ式盆(T108④：12)　28.Ⅲ式盆(H150：14)　29.Ⅱ式盆(H136：27)　31.Ⅲ式豆盘(T301②：11)　32.折腹盆(H303：4)　33.有肩盆(0：1)　34.碗(T109⑥：16)(1～3、14、17、18、20、26～34.1/8，4.1/10，余1/4)

图一六　陶器

B型：2件。无耳。T303④：10，直口，曲腹，尖唇，口外侧饰三周弦纹，腹上部饰窝纹一周。口径20厘米、残高9.2厘米（图一六：3）。T109③：14，敛口，斜方唇，束颈。颈饰附加堆纹一周，颈下部饰绳纹。残高7厘米（图一七：1）。

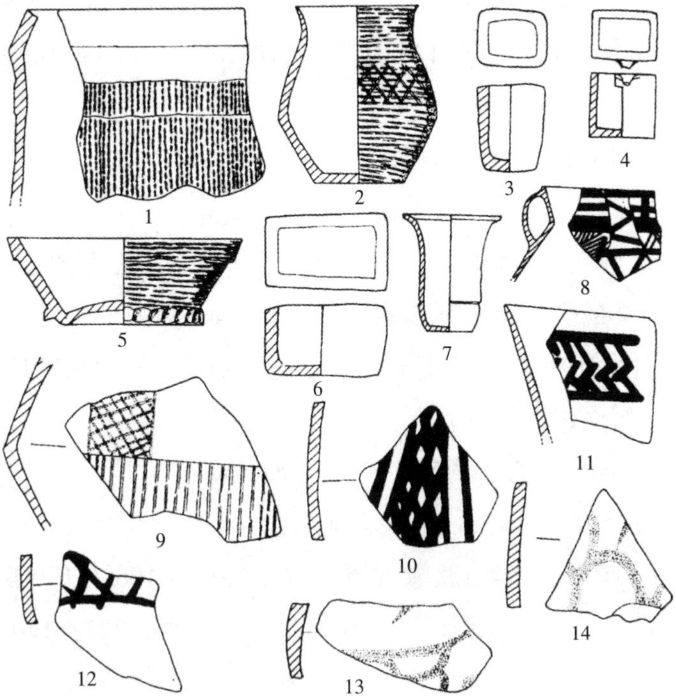

1.B型斝（T109③：14） 2.刻划纹罐（H120：11） 3、4、6.小盒（T108④：14、T109③：17、T108⑦：13） 5.盘（H307：12） 7.尊（H308：10） 8～14.彩陶（H140：4、H311：32、H308：12、H106：26、H311：31、T105③：17、H142：19）（7.1/8，2、4、5、8.1/4，余1/2）

图一七 陶器

斝足采用模制法制成，皆橘红或橘黄陶。足呈空袋状，分二型。

A型：4件。无实足根。H136：26，饰横篮纹。残高10厘米（图一六：5）。T109③：2，素面。残高11厘米（图一六：6）。

B型：4件。有实足根。T102④：15，袋足肥大，足根为圆柱状。灰色，素面。残高8厘米（图一六：4）。T 303⑧：15，足根为圆柱状。素面。残高15.6厘米（图一六：7）。

盉 3件。皆夹砂橘黄陶。T303③：15，半封口，管状流，斜直领，鼓腹，腹上部至颈部有桥形单耳。腹饰麦粒状粗绳纹。残高14厘米（图一六：20）。

豆盘皆泥质。多为灰色，有少量橘红色者。以素面者居多，少量饰篮纹。皆侈口。分三式。

Ⅰ式件。T109④：12，斜方唇，弧腹，浅盘。盘上部残留有两个残破后修补之孔。口径24厘米、残高2.8厘米（图一六：10）。

Ⅱ式：2件。T105③：8，尖圆唇，斜弧腹，盘稍深。口径20厘米、残高4.8厘米（图一六：12）。T 303⑧：14，腹饰横篮纹，尖唇。口径16厘米、残高6厘米（图一六：11）。

Ⅲ式：3件。T301②：11，方唇，沿外侧有一周凹槽，斜弧腹，盘较深。口径28厘米、残高8.8厘米（图一六：31）。

豆柄 2件。皆泥质。T103④：16，橘红色，直柄，上有镂孔。残高6.6厘米（图一六：15）。T302②：14，喇叭口状，灰色，素面。残高6.4厘米（图一六：16）。

圈足盘 2件。H146：5，砂质陶，橘红色，盘为弧腹，喇叭状圈足。盘饰横篮纹。残高8厘 米（图一六：8）。

器盖 皆泥质陶，多为橘黄色或灰色。分四型。

A型：柱状捉手T303⑤：33，体呈倒置的漏斗状，平沿，斜方唇，捉手呈斜圆柱状。口径8.2厘米、高4.6厘米（图一六：21）。H106：20，覆钵状，方唇，饰麦粒状粗绳纹。口径11.6厘米、高4.4 厘米（图一六：22）。T103③：3，盖呈泥饼状，素面。直径8.2厘米、高2.8厘米（图一六：19）。

B型：1件。H136 ：28，盖为泥饼状，捉手为半环状。直径14厘米、高4厘米（图一六：23）。

C型：4件。 H136 ：24，覆钵状，捉手为假圈足状，捉手外缘按有窝纹。残高3.6厘米（图一六：25）。

D型：4件。T109⑥：18，覆钵状，饰篮纹，捉手为蘑菇状。残高6厘米（图一六：24）。

盆 皆泥质橘红色或橘黄色，有少量灰色。一般为斜方唇。分三型。

A型：侈口，腹饰篮纹。分三式。

Ⅰ式：5件。弧腹内曲。T108④：12，圆方唇。口径24.8厘米、底径11.8厘米、高8厘米（图一六：27）。

Ⅱ式：7件。斜直腹H136：27，斜方唇。口径26.4厘米，底径口、高7.2厘米（图一六：29）。

Ⅲ式：1件。斜腹稍弧，腹较浅。H150 ：14，斜方唇。口径27.2厘米、底径

15.2厘米、高6.8厘米（图一六：28）。

B型：8件。敛口，宽平沿，弧腹较深，腹中部有突棱。H311：19，尖圆唇，素面。口径32厘米、残高9.6厘米（图一六：17）。H154：2，圆唇，腹饰刻划纹。口径28厘米、残高10厘米（图一六：18）。

C型：1件。H311：11，侈口，方唇，仰斜折沿，斜直腹。口径20.2厘米、底径8.4厘米（图一六：13）。

折腹盆 3件。皆灰色，素面或磨光。H303：4，侈口，尖唇，曲颈，斜弧腹，平底。口径11.2厘米、底径4.8厘米、高5.4厘米（图一六：32）。

有肩盆 1件。0：1，泥质灰陶，素面，侈口，斜直领较高，尖唇，斜圆肩，斜直腹，平底。口径13.4厘米、底径6.8厘米、高8厘米（图一六：33）。

碗 2件。皆泥质橘黄陶。侈口，平沿，尖唇，斜弧腹，假圈足，平底9沿外侧贴一周泥条，通体饰横篮纹。T109⑥：16，口径26.4厘米、底径12厘米、高8.8厘米（图一六：34）。

直口缸 5件。皆为夹砂陶，绝大多数为灰色，少量者为橘黄色。多通体饰麦粒状粗绳纹，少量者为素面或饰篮纹，口沿外皆饰一周附加堆纹。直腹或斜直腹，方唇，形体较大。T108④：8，口径32厘米、残高10厘米（图一六：14）。H161：6，口径24厘米、残高6厘米（图一六：30）。T303⑤：21，口径16厘米、残高6.6厘米（图一六：26）。

尊 2件。皆泥质橘红色陶，素面。H308：10，侈口，仰斜折沿，方唇，斜直腹稍弧，腹较深，腹下部有凹槽一周，平底。口径16.8厘米、底径9.6厘米、高18厘米（图一七:）。

刻划纹罐 1件。H120：11，灰褐陶。侈口，尖唇，斜直领，溜肩，斜直腹，平底。通体饰横篮纹，肩部饰由刻划组成的方格纹。口径10.2厘米、底径7.8厘米、高14厘米（图一七：2）。

盘 1件。H307：12，泥质橘红色。侈口，方唇，斜直腹，凹圜底，假圈足。口外侧贴泥条一周，足饰附加堆纹一周，通体饰篮纹。系一高圈足器破损后，圈足边被重新磨平后再次使用。口径18.6厘米、底径13.2厘米、高7.4厘米（图一七：5）。

小盒 3件。皆泥质灰陶，素面。直口，平底。T109③：17，口呈长方形，方唇，体呈方形，口外侧有一单鋬手。口径2.7厘米、高2.5厘米（图一七：4）。

T108④：14，呈圆角方形，斜直腹，体呈不规则长方形。口径3厘米、高3.3厘米（图一七：3）。T108⑦：13，口呈梯形，直腹。高2.8厘米（图一七：6）。

彩陶片 皆为泥质橘红或橘黄色陶，未发现有施陶衣者。多为红彩，少量为黑彩，色彩较淡。以几何形纹为主，笔道草率。H311：32，红彩，施于高领折肩罐上（图一七：9）。H106：26，施于高领双耳罐颈上部，黑彩折线纹（图一七：11）。H140：4，施于单耳罐上，红褐彩。余皆不辨器形，主要花纹有圆圈状纹和网纹（图一七：8、10、12、13、14）。

2.生产工具

质地有陶、石、骨、角4类。以骨器居多。

陶纺轮 6件。皆泥质陶。圆饼状者1件，H313：1，橘红色。直径7.5厘米、厚0.9厘米（图一八：1）。圆丘状者5件。H118：5，橘红色。直径6厘米（图一八：2）。

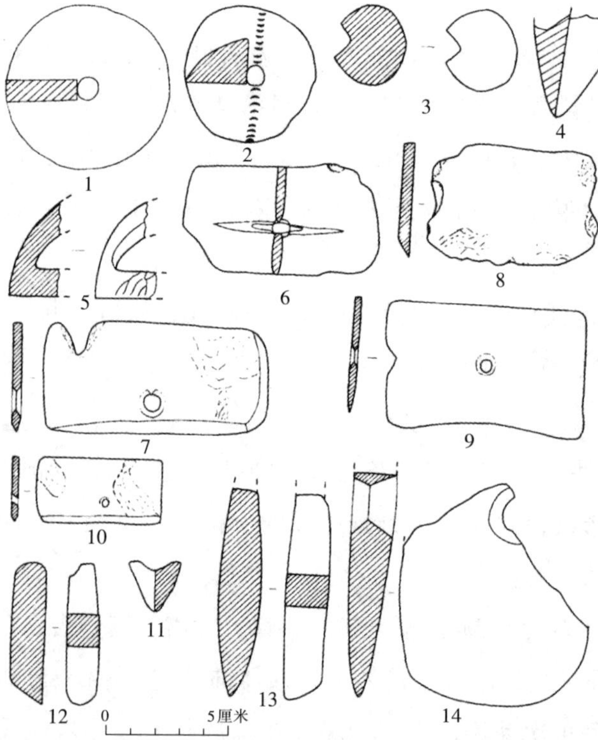

1、2. 陶纺轮(H313：1、H118：53) 3. 陶球(T103④：1) 4. 陶模(H311：20) 5. 陶垫(H303⑧：20) 6、7、9、10.A型石刀(H311：5、4、H145：1、T105④：3) 8.B型石刀(T102②：3) 11.陶支座(T105④：1) 12、13.(石凿T102②：4、H308：2) 14.石铲(H106：5)

图一八 陶、石器

陶垫 2件。均泥质橘黄陶。T303⑧：20，残高4厘米、残长2.7厘米（图一八：5）。

陶球 1件。T103④：1，泥质红陶。直径3.5厘米（图一八：3）。

陶支座 1件。T105④：1，泥质橘红色，馒头状，底内凹。底径2.3厘米、高2.2厘米（图一八：11）

陶模 1件。H311：20，夹砂橘黄陶，系斝足模型。残高9.6厘米（图一八：4）。

石刀 扁平长方形或方形，弧刃。分二型。

A型：14件。皆在近刃部穿孔，一般采用两面钻法，双面刃。H311：4，两侧有刃，背稍弧，磨制光滑。长10.4厘米、宽4.8厘米、厚0.4厘米（图一八：7）。T105④：3，直背。长11.4厘米、宽9.6厘米、厚0.6厘米（图一八：10）。H145：1，直背，弧刃内凹。长8.8厘米、宽5.5厘米、厚0.3厘米（图一八：9），H311：5，采用磨制法穿孔。长9厘米、宽4.5厘米、厚0.5厘米（图一八：6）。

B型：2件。T102②：3，方形，直背，弧刃，双面刃，表面残留有许多打制之痕迹，磨制粗糙。长7.5厘米、宽5厘米、厚0.5厘米（图一八：8）。

柳叶形石镞 3件。T304：6，灰绿色。铤身分界明显。长5.6厘米（图一九：9）。

扁三角形石镞 3件。H307：3，无铤，灰绿色。长3厘米、厚0.1厘米（图一九：4）。

四棱形石镞 1件。H304：5，灰绿色，短铤，铤身起脊，截面呈菱形。长5.9厘米（图一九：3）

石铲 1件。H106：5，黑色，弧刃，双面刃。中部穿一孔，采用两面钻法。残长9厘米、厚2厘米（图一八：14）。

石凿 4件。皆磨制。T102②：4，黑色，长条状，单面刃。长6.1厘米、厚1.5厘米、宽1.5厘米（图一八：12）。H308：2，黑色，长条状，双面刃。残长9.8厘米、宽1.9厘米、厚1.4厘米（图一八：13）。

石斧 6件。皆磨制。部分石斧残留有琢制之痕，其制法为先打，后琢，再磨光。T102②：2，黑色，长方形，双面刃，体扁平。长11.8厘米、宽5厘米、厚3.6厘米（图一九：5）。H108：1，黑色，长方形，截面为厚长方形。长17.8厘米、宽4.9厘米、厚5.8厘米（图一九：1）。

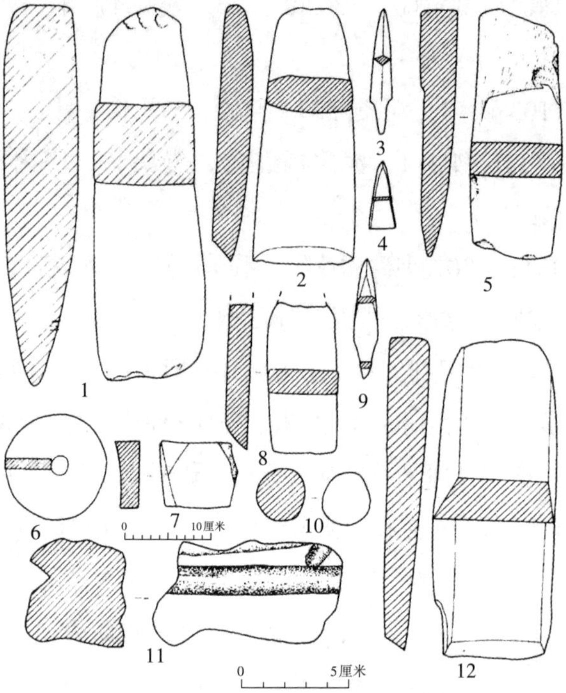

1、5.石斧(H108:1、T102②:2) 2、12.石锛(T103⑥:2、T103⑥:10) 3、4、9.镞(H304:5、H307:3、H304:6) 6.纺轮(H136:3) 7、11.砺石(T103:2、T103⑥:28) 8.玉锛(T103⑥:3) 10.石球(T301⑧:1)

图一九 石器

石锛 4件。其制法为先将石料劈开，然后再磨制。锛的一面极光滑平整，磨制精致。均为扁平长方形，直刃，单面刃。T103⑥：10，灰白色。长13.9厘米、宽6厘米、厚2厘米（图一九：12）。T103 ⑥：2，黑色。长12厘米、宽5厘米、厚7.5厘米（图一九：2）。

玉锛 1件。T103⑥，3，墨绿色，扁平长方形，直刃，单锋。残长6.7厘米、宽3厘米、厚1.1厘米（图一九：8）。

石球 1件。T301⑧：1，白色。直径2.4厘米（图一九：10）。

石纺轮 2件。H136 ：3，灰黑色，圆饼状。直径5厘米、厚0.5厘米（图一九:）。

砺石 2件。T103④：2，砂岩，红褐色，正面被磨下凹。长13.2厘米、宽12厘米、厚4厘米（图一九：7）。T103⑥：28，红褐色砂岩，正面被磨出一道凹槽。残长9厘米、厚5.5厘米（图一九：11）。

骨镞 磨制精致，分八型。

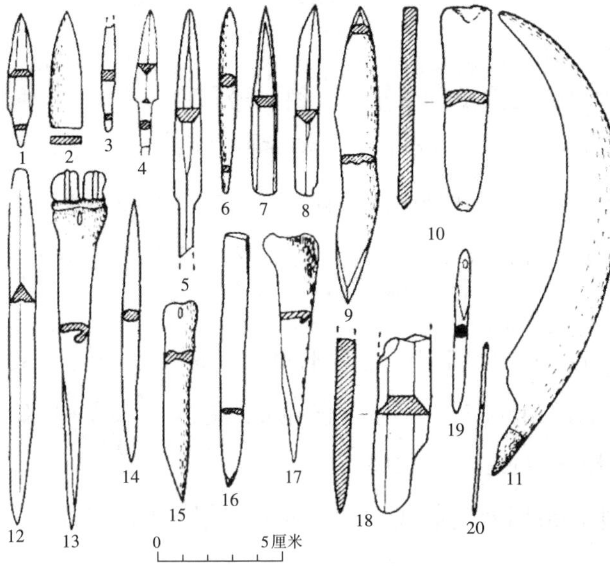

1～8.镞（T103③:5、T102④:7、H304:3、T102④:1、H127:1、T109⑤:1、T102③:2、4） 9.镞半成品（T102③:6） 10、18.凿（T303⑦:3、H106:1） 11.鹿角器（T302②:8） 12、13、14、15、17.锥（T103③:7、T303④:5、H302:1、T301⑥:2、T108④:1） 16.匕（H140:3） 19、20.针（H116:1、H304:7）

图二〇 骨器

A型件。柳叶形，短铤。T103③：5，长5.3厘米（图二〇：1）。

B型：6件。扁三角形，无铤。T102④：7，长4.6厘米（图二〇：2）。

C型：3件。圆锥形，铤不明显。T109⑤：1，长7.4厘米（图二〇：6）。

D型：1件。四棱形，铤较长。H304：3，残长4.1厘米（图二〇：3）。

E型：8件。三棱形，铤较长，镞身中部截面呈五边形。H127：1，残长10厘米（图二〇：5）。

F型：1件。磨制极光滑，铤较长呈圆柱形。T102④：1，残长5.6厘米（图二〇：4）o

G型：3件。三棱形，无铤。T102③：4，残长7.5厘米（图二〇：8）。

H型：1件。T102③：2，四棱形，无铤。残长7.5厘米（图二〇：7）。

骨镞半成品2件。T102③：6，系用动物肢骨经劈裂后磨成，磨制光滑，棱状，中部微内凹。长12厘米（图二〇：9）。骨锥均以动物肢骨经劈裂后磨成，一般都留有骨腔。分三型。

A型：9件9上端残留有明显的骨臼，下端磨制成尖。T108④：1，长9.3厘米（图二〇：17）。T303④：5，长14.5厘米（图二〇：13）。T301 ⑥：2，长8厘米（图二〇：15）。

B型件。T103③：7，长14.5厘米（图二〇：12）。

C型：1件。H302：1，两端有尖，截面呈圆形。长10.6厘米（图二〇：14）。

骨凿　4件。采用动物肢骨磨制而成。H106：1，长条形，弧刃，双面刃，残长7厘米（图二〇：18）。T303⑦：3，长条形，弧刃，双面刃。长7厘米（图二〇：10）。

骨匕　1件。T140：3，系用动物肢骨磨制而成。长10.2厘米（图二〇：16）。

骨针　6件。T304：7，磨制。直径0.2厘米、长7厘米（图二〇：20）。H116：1，长6.7厘米（图二〇：19）。

鹿角器　2件。系用鹿角制成，尖端磨制光滑。T302②：8，长18.2厘米（图二〇：11）。

3.装饰品

质地有陶质、骨质、石质、牙质、蚌质5种，以笄和陶环为最多。

陶环　皆磨光灰陶或黑陶。截面呈五边形者10件，均残。H104：2（图二一：15）。

圆角长方形者1件，T301③：33（图二一：12）。

截面为三角形者5件，T105③：1（图二一：13）。环直径约4～5.5厘米。

陶笄皆泥质磨光灰陶或黑陶笄帽呈圆形者10件，T301⑤：1，残长6.5厘米（图二一：5）。笄帽为半圆形或半月形者7件，T103③：2，残长6.9厘米（图二一：3）。

骨笄　2件。T311：2，笄帽残，扁长条状杆。残长17厘米（图二一：1）。H106：7，体稍弯曲，长柄，头部为三杈状。长17.2厘米、厚0.3厘米（图二一：2）。

长条形骨饰　1件。H312：1，系用动物肢骨磨制而成，两端穿孔。表面饰以由小窝组成的横线和折线纹。长7.8厘米、残宽1.9厘米（图二一：4）。

圆方形骨饰　1件。H144：1，中部有一孔。宽3.2厘米、厚2.25厘米（图二一：6）。

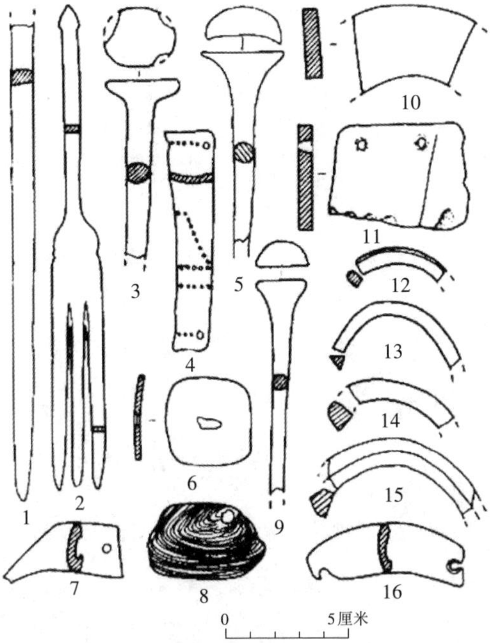

1、2.骨笄(H311:2、H106:7) 3、5.陶笄(T103:2 、T301⑤:1) 4.骨饰(H312:1) 6.圆角方形骨牌(H144:1) 7、16.牙饰(H307:1、T108⑤:1) 8.蚌壳(H145:2) 9.石笄(T301④:2) 10.玉璧(H153:11) 11.石饰(T103:1) 12～15.环(T301:22、T105③:1、T105②:1、H140:2)

图二一 装饰品

石环 1件。T105②：1，白色，截面呈圆角长方形（图二一：14）。

石笄 1件。T301④：2，灰绿色，笄帽为半圆形。残长7.5厘米（图二一：9）。

石饰 1件。T103⑥：1，白色，不规则梯形，上穿两孔，采用单面钻孔法。残长6厘米、残宽3.8厘米、厚0.5厘米（图二一：11）。

玉璧 2件。T153：11，绿色，已残。孔径约5厘米（图二一：10）。

牙饰 2件。T108⑤：2，两端穿孔。长6厘米、宽1.7厘米（图二一：16）。H307：1，一端穿孔。长4.5厘米、宽1.4厘米（图二一：7）。

蚌饰 5件。顶端穿一孔。H145：2，宽2.5厘米（图二一：8）。

4.卜骨

2件。系用牛肩胛骨制成，无钻凿，只有灼，灼痕一般呈圆形或椭圆形，两面均有。T103②：8，长24.5厘米（图二二：1）。T102④：13，长27.5厘米（图二二：2）。

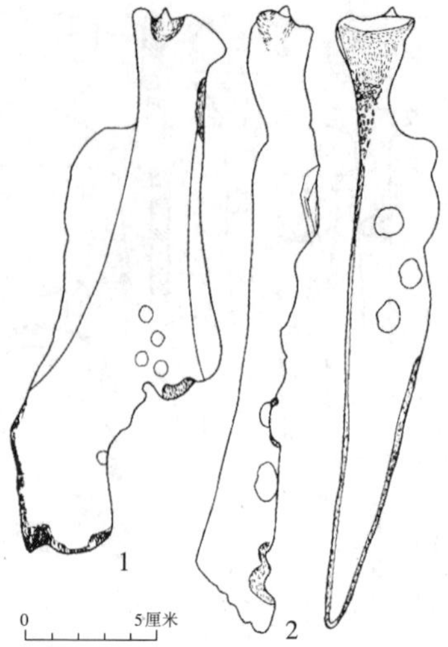

1.T103②:8　2.T102④:13

图二二　卜骨

在本遗址的发掘中，还出土有极少量的仰韶文化早中期的陶片。有弦纹罐和窄唇卷沿彩陶盆，彩陶均为泥质砖红色，黑彩，花纹为弧线三角和圆点纹（图二三：1～7）。

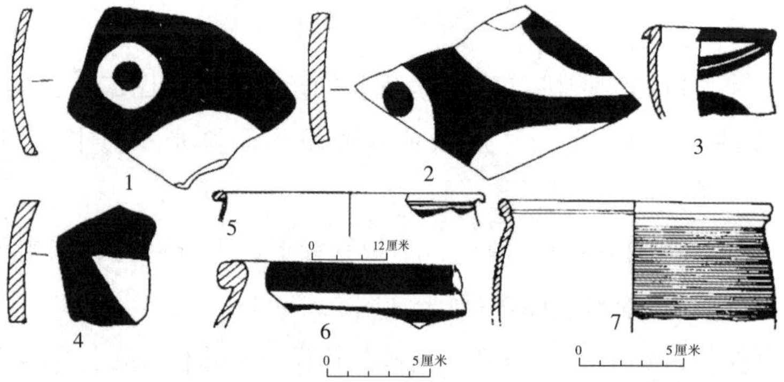

1～6.彩陶(T203⑨:3、T203⑤:37、T203⑦:48、T301⑤:17、H212:22、H128:17)　7.弦纹罐(T102①:2)

图二三　彩陶

四、分期

通过以上的分型分式，已找出了每一类陶器演进的逻辑序列，再将各类器物回归于各自所出的地层和单位之中，将出土器物型式绝大多数相同的单位予以合并，对页河子遗址仰韶文化晚期各单位就可得出分型分式表，可将仰韶文化晚期各单位划分成三个地层组。

第一组 为H209和H210、H211及T203⑨～⑥诸单位。这一地层组所出土的主要陶器组合的BI盆，AaⅠ、BaⅠ钵，AaⅠ、AbⅠ、BaⅠ、BbⅠ、CⅠ、CⅡ、EⅠ、FⅠ夹砂罐，BⅠ泥质罐和AⅠ瓮缸类等。

第二组 包括Ⅰ区⑦～⑤层及H204、H207、H212诸单位。这一地层组出土的主要陶器组合为Aa、AbⅠ、AbⅠ、BⅠ盆，AaⅠ、Ab、BaⅠ、BaⅠ、BbⅠ、BbⅡ、BbⅡ钵，AaⅠ、AaⅡ、AbⅠ、AbⅡ、BaI、BaⅡ、BbⅠ、BbⅡ、CⅠ、CⅡ、D、EⅡ、FⅡ、G型夹砂罐，AⅠ、BⅠ、BⅡ泥质罐，AⅠ、AⅡ及BbⅠ瓮缸、AaⅠ、AbⅠ、B型尖底瓶等。

第三组 包括Ⅰ区④～②层、H206、H208、H203、H202、H201诸单位，主要陶器组合为Aa、AbⅢ、BⅡ盆，AaⅠ、AaⅡ、Ab、BaⅠ、BaⅡ、BbⅢ钵，AaⅡ、AbⅡ、AbⅢ缸，BaⅡ、BbⅢ、CⅢ、EⅡ、FⅡ夹砂罐，AⅡ，BⅡ泥质罐AⅡ、AⅢ、Ba、BbⅡ瓮缸类及AaⅡ、AbⅡ及B型尖底瓶。

不同地层组尽管出土器类和器形大多相同，同型器物在每一地层组中却有着式别的变化。

三个地层组出土的器物既有紧密联系，又有发展和变化，其中在二、三组之间发生了较大的变化，因此可将仰韶文化晚期遗存分为二期三段，分别以三个地层组代表一、二、三期段，其中一、二段为一期，第三段为二期。

同理，页河子遗址龙山时代遗存也可以划分成三个地层组，各组地层都包含了一组陶器，同型之器物在各地层组之间有着明显的发展和变化，其中在第二、三组之间变化较明显。因此，页河子龙山时代遗存也可分为二期三段，以第一、二组地层代表一、二段，第三组地层代表第三段，第一、二段为第一期，第三段为第二期。

五、结语

页河子遗址仰韶晚期遗存与陇东地区已发现的仰韶晚期遗存的性质基本相同。和大地湾第九区①及半坡晚期遗存②相比较，三者均以橘红或橘黄色陶为主，纹饰

①郎树德等：《甘肃秦安大地湾第九发掘区发掘简报》，载《文物》1983年第11期。

② 中国科学院考古研究所、陕西省西安半坡博物馆编著：《西安半坡》，文物出版社，1963年9月。

以绳纹和线纹居多，附加堆纹也占有较大的比例，篮纹较少。器物组合均为盆、钵、罐、瓮、缸类及尖底瓶。三者有形制相同或接近的卷沿或折沿有肩盆、斜直壁浅腹盆、敛口大平底钵、腹饰鸡冠状鋬手的夹砂折沿罐及敛口平沿泥质罐、平沿尖底瓶和器盖等。在瓮缸类和罐口沿内侧均有抹泥加厚的作风，鸡冠耳盛行。大地湾第九区和页河子仰韶晚期遗存的彩陶同样以变体鸟纹、弧线纹、弧线三角和网格纹为主，其时代基本相同。

页河子龙山时代遗存第二期二段相对年代当于秦魏家[①]和皇娘娘台遗址[②]的年代相同，并且文化性质亦相同，页河子遗址T303⑤：34高领折肩罐与秦魏家M89的同类器和皇娘娘台M38：1相同，H311：26与秦魏家89：1双大耳罐相同，T303⑤：23与秦魏家M89：2双大耳罐相同，H311：11与秦魏家M38：7盆相同，H106：20与秦魏家H40：3器盖接近，尊形器和皇娘娘台所出的相同。而且二者同以橘黄和橘红色陶为主，绳纹中也常见麦粒状粗绳纹，主要器类亦相同。因此二者当属于同一文化——齐家文化。页河子遗址龙山时代二期一段的年代当稍早于秦魏家和皇娘娘台遗址。

陇东地区齐家文化遗址经发掘的镇原常[③]、固原店河[④]、西吉兴隆[⑤]、固原海家湾[⑥]、灵台桥村[⑦]、海原菜园子遗址[⑧]，结合这些遗址的发掘资料看，页河子龙山时代遗存与上述遗址的面貌接近，特别是与常山下层、海原菜园子遗存有密切的关系，后者应该是前者的前身，是齐家文化的源头之一。但是随着文化的变迁，陇东地区的齐家文化越来越受到中原地区，特别是客省庄文化的影响[⑨]，而与河湟地区的齐家文化的面貌有一定的区别，河湟地区的齐家文化更多地受到马家窑文

①中国科学院考古研究所甘肃工作队：《永靖秦魏家齐家文化墓地》，载《考古学报》1975年第2期。

②甘肃省博物馆：《武威皇娘娘台遗址第四次发掘》，载《考古学报》1978年第4期。

③中国社会科学院考古研究所泾渭工作队：《陇东镇原常山遗址发掘简报》，载《考古》1981年第3期。

④钟侃等：《宁夏西吉兴隆镇的齐家文化遗址》，载《考古》1964年第5期。

⑤宁夏回族自治区展览馆：《宁夏固原海家湾齐家文化墓葬》，载《考古》1973年第5期。

⑥甘肃省博物馆考古队：《甘肃灵台桥村遗址试掘简报》，载《考古与文物》1980年第3期。

⑦宁夏文物考古研究所：《宁夏海原县菜园村遗址切刀把墓地》，载《考古学报》1989年第4期。宁夏文物考古研究所、中国历史博物馆考古部：《宁夏海原县菜园村遗址墓地发掘简报》，载《文物》1988年第9期。

⑧中国社会科学院考古研究所编著：《武功发掘报告》，文物出版社，1988年6月。中国科学院考古研究所编著：《沣西发掘报告》，文物出版社，1963年3月。

⑨器形及器类统计表中器类数量与文中不符，乃由于文中数量系指挑选出的标本数，而统计表中之数量不仅包括标本，而且包括非标本及仅可辨别器形者，故后者数量小于前者。

化的影响，东部双耳器较少，而三足器稍多。陇东地区的齐家文化也影响到客省庄文化，在关中西部发现的客省庄文化遗存中，其双耳罐、刻划纹三耳罐及高领折肩罐等类器物应是受到陇东地区齐家文化影响的产物。

在本次发掘中，在龙山时代遗存中每个单位几乎都出土有仰韶文化晚期的陶片，可见龙山时代遗存对早期遗存破坏比较严重。另外，还出土有少量的庙底沟类型的彩陶，在发掘中还发现有大量的动物骨骼以及已经炭化的竹子。

在页河子遗址的发掘，发掘资料的整理和发掘报告的编写过程中，都得到李仰松先生的指导，特此致谢。

执笔者　王　辉　杨　明　耿志强

[本文原载于《考古学研究(三)》,科学出版社,1997年,第158-195页]

宁夏西吉县兴隆镇的齐家文化遗址

钟　侃　张心智

1960年夏天，宁夏博物馆筹备处在西吉县兴隆镇发现了一处齐家文化遗址。现将调查所得的材料整理如下：

遗址位于兴隆镇西北约1.5公里。遗址的西部紧靠渭水支流的葫芦河，西北还有烂泥河和一条不知名小河注入葫芦河，遗址即位于三河汇合处的三角台地上（图一）。

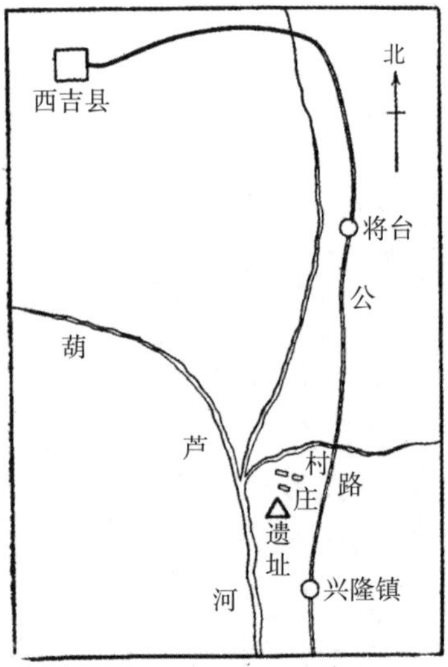

图一　宁夏西吉县兴隆镇遗址

遗址的面积很大，略呈长方形，东西长900米、南北宽1200米。西北部被现在的村庄压着，地势较高，中部地势较低。

地表为黄土。遗址北部的断崖上，发现有灰层，厚2.5米。在灰层中采集有石斧、石刀、石锛和陶片。在南部的一处断崖上，发现齐家文化墓葬两座（编号M1和M2）。在附近的地表暴露有许多人的骨骼和齐家文化陶片。这里当为墓葬密集的地区。

现将二座墓葬介绍如下：

1号墓 为长方形竖穴土圹墓，墓口距今地表1.4米。长2.1米，因墓已被破坏，宽度不明。骨架头向东，面朝上，为仰身直肢葬。随葬陶器两件：一件系放置在足部的长颈双耳罐，为细泥红陶，颈以下饰横篮纹，表面光亮。高11厘米、口径9.2厘米、底径4.5厘米、耳宽2.6、壁厚0.2厘米（图二：1）。另一件系放置在腰部的夹砂红陶鬲（图二：6）。

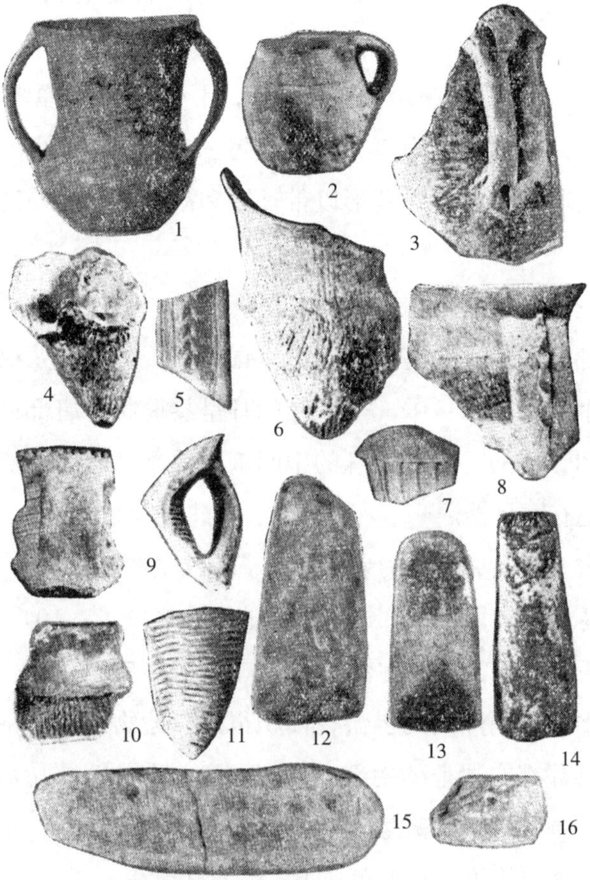

1.双干罐 2.单耳罐 3、8、9.罐 4、6、10.鬲 5、7.器耳 11.尖底瓶 12～14.石斧 15、16.石刀（1、6.M1，2、4.M2，余均采集）

图二 陶、石器

2号墓 亦为长方形竖穴土圹墓。长2.2米，因遭破坏，宽度不明。葬式亦为仰身直肢。在足部随葬一夹砂红陶的单耳罐（图二：2），罐耳和外口沿有烟熏的黑痕，高9.4厘米、口径7.5厘米、底径7.3厘米、耳宽3.5厘米。此外还有一件夹砂灰陶鬲足（图二：4）。

遗址地表采集的遗物，石器有斧、锛、刀；陶器多为碎片。

石斧　10件。多为矽质石灰岩和砂岩，而以矽质石灰岩为主。有两种，一种是打制，仅刃部磨光，横断面是扁圆形（图二：12）；一种是通体磨光，横断面四边形（图二：13、14）。

石刀　5件。为板岩。一件单孔，孔系由两面对穿，对称凸刃。两面经过磨光。长25厘米、孔径0.5厘米（图二：15）。其他四件都为长方形，单孔或双孔，两面磨制，平刃（图二：16）。

锛　1件。矽质石灰岩，磨制。扁平方形，平刃。宽5.3厘米。

地面采集陶片以夹砂红陶为多，泥质红陶、夹砂灰陶都少见。纹饰以绳纹最多，篮纹次之。大部皆为手制。器形以带耳罐和鬲为多，此外还有圈足器、尖底器、瓶、饰品等。

夹砂红陶一般都羼和有较粗的砂粒，呈红褐色，陶质疏松。器形主要是带耳罐和鬲。耳一般都宽而扁平。有的罐口沿呈锯齿状，颈部饰弦纹，肩部以下饰竖绳纹，耳和唇缘平齐（图二：9）。个别罐的耳呈卷筒状，肩部饰横向篮纹，在耳的上端有钻窝（图二：3）。有的罐耳的中间饰竖泥条（图二，8）。鬲有空足、实足的两种。此外还有圈足器。

泥质红陶采集一件似尖底瓶的残片，饰横篮纹（图二：11）。

夹砂灰陶有鬲，颈较短，肩部饰细而深的绳纹（图二：10）。

细泥红陶有两件残片，都似陶器的耳（图二：5、7）。

遗址位于渭水支流葫芦河的上游，面积很大，遗物亦很丰富，是一个值得注意的地点。两座墓葬都在遗址的南部，似有一定关系。随葬品都是生活用具，而不见生产工具。长颈双耳罐为齐家文化所常见。这里的陶器，颈、肩部一般都不是光面，而饰有绳纹或篮纹。石刀单孔为多，双孔者少。

宁夏南部，特别是邻近甘肃东部的西吉、隆德等县，齐家文化遗存是很丰富的，这里也是今后探索齐家文化时应注意的地区。

附记：

最近隆德县文化馆给宁夏博物馆筹备处送来该县上齐家出土的一批陶器。

这批陶器是1963年4月、5月间隆德西南约20公里的上齐家的社员在一个紧靠河边的坡地上挖出的。据说一起出土的，还有人骨架。陶器计有壶、瓶、碗各1件，罐2件，均完整，此外还有空心鬲足1件。

泥质红陶双耳壶 1件。小口，唇部已残。圆腹，腹部有两小耳，平底。肩部光面，腹饰篮纹。口径9.5厘米、高27.5厘米、底径10厘米。

细泥红陶单耳瓶 1件。侈口，长颈，腹较浅，板状耳，平底。除颈部一圈和耳上端有一行指甲纹外，均打磨光亮。口颈8.1厘米、高13.5厘米、底径6.5厘米。

泥质红陶单耳罐 1件。侈口，高肩，板状耳，平底。肩部饰细绳纹、斜向划纹，腹部饰粗绳纹。口径7.4厘米、高10.5厘米、底颈4.3厘米。口沿外有烟熏的痕迹。

夹砂红陶单耳罐 1件。红褐色，含粗砂。侈口，圆腹，板状耳，平底。口沿外面饰一圈泥条，颈部不具纹饰，肩以下饰粗绳纹。口颈9.5厘米、高13.3厘米、底颈8厘米。器外表有烟熏的痕迹。

泥质红陶碗 1件。口沿有四个对称的乳状耳，平底。素面。口颈10.2厘米、高5厘米、底颈6厘米。

根据陶器的器形，我们认为是齐家文化遗物。同时一起出土的还有人骨架，它们应是齐家文化墓葬的随葬品。

（本文原载于《考古》1964年第5期，第232–233、244页）

固原县河川河谷新石器时代至汉代遗址

董居安　孙昌盛
宁夏博物馆考古部

调查时间：1972年冬

河川河谷位于固原县东山——黄峁山东麓，西距县城约20公里。1972年修筑兰（兰州）宜（宜川）公路发现古遗址10余处，依次为西塬畔、店子河、黑鹰壕、荀堡、小后山等，涉及新石器时代晚期、周和汉代三个时代。

荀堡遗址位于河川乡政府东约5公里的荀堡村，面积约4500（300×15）平方米。残存新石器时期的居址5座，大小窖穴和灰坑8个，墓葬5座。其中窑洞式的居址很具特色，大都凿于阶地之上，背依山坡，面临河流。居室平面基本呈圆角方形，有“凸”字形和“吕”字形两种。

出土的新石器时代遗物有陶器、石器两类。陶器主要是夹砂陶，泥质陶较少。泥质陶以红陶为主，灰陶、褐陶次之；多素面和篮纹，个别有刻划纹。夹砂陶以红褐陶为主，多饰篮纹、戳印纹和绳纹。器类有小口瓮、侈口罐、直口罐、单耳罐、双耳罐、碗、豆、器盖等。制法以手制为主，大型器物用慢轮修整、石器只有石刀1件。汉代遗物均为泥质灰陶，器形有灶、罐、釜、盆、磨石。除灶装饰较繁冗外，其他均素面。

店子河遗址位于河川乡西约10公里。遗址已支离破碎，残存面积近10000平方米。出土的新石器时代遗物较少，文化面貌与荀堡基本一致，器类较简单，只有陶罐。周代青铜器较丰富，均为实用器，可分为工具、装饰品和车马器三类。工具只有刀；装饰品较多，共16件，有圆形牌饰、扣形饰、方形牌饰、铃形饰、管状饰、联珠状饰和鹿形饰，车马器只有车辕饰1件。汉代钱币发现3枚，有2枚“五株”和1枚“半两”。

西源畔遗址位于固原县城南郊，残存面积约5000平方米。遗存有新石器时代和汉代两个阶段。前者遗物较少，只有陶罐和少量陶器残片，其特点与荀堡一致。

同时发现汉代墓葬2座和破碎陶片。

苟堡、店子河、西塬畔等古文化遗址，均处于背风、向阳、傍水的河谷台地上，是先民生存的良好环境。新石器时期陶器所反映的文化面貌与齐家文化、“菜园遗存”有很大的相似性，但未见彩陶，其时代应在新石器时代晚期。店子河出土的青铜器具有浓厚的北方少数民族特色。属于鄂尔多斯式青铜器，可能与义渠戎有关，其时代大致在东周时期。

（本文原载于《中国考古学年鉴》1992年，252–253页）

固原市柳沟新石器时代遗址

王晓阳
宁夏文物考古研究所

发掘时间：2009年5—6月

遗址位于固原市开城镇柳沟村村南侧的山梁上，早年曾经平整土地，山梁现成阶梯状，遗址遭到严重的破坏。遗址中心位置地理坐标为北纬35°57′54.0″即东经106°14′16.2″，海拔1882米。为配合西气东输二线工程，宁夏文物考古研究所在2008年9月对工程沿线文物进行了详细调查，2009年进行了抢救性发掘。本次共清理发掘窑洞居址1座，灰坑12个。遗迹单位直接开口于近现代层下。窑室内部和外部之间有一台阶。在窑洞内发现有灶址1处，柱洞6个，灰洞1个。灶址位于窑洞西侧墙壁上，是在窑壁上直接掏挖而成，内侧火烧、烟熏痕迹明显。柱洞经解剖后发现是先挖一洞，栽上木柱，然后在周围填充泥土，用于加固。窑壁上发现有少量的白灰皮，窑室内部发现有少量的陶片。在窑室外侧有3个灰坑，应属于窑室的附属设施。在一个灰坑内发现有较多的陶片和粮食遗存痕迹。灰坑形制多为圆形袋状灰坑，少量为不规则状。本次清理发掘因时间和发掘面积有限，出土遗物较少，仅出土有少量的陶翠、陶罐、双耳罐、陶盆、陶刀和石斧等。根据窑洞居址类型以及出土遗物来看，遗址整体年代应为龙山时代晚期。

（本文原载于《中国考古学年鉴》2010年，454-456页）

固原县苋麻湾新石器时代遗址

余 军 孙昌盛

宁夏文物考古研究所

发掘时间：1992年8—9月

遗址坐落在固原县蒿店乡苋麻湾庙台子台地上。1989年调查宝（鸡）中（卫）铁路沿线古文化遗存时发现。遗址北有颉河，东南濒苋麻沟水，高出河流25米左右，总面积近3万平方米。今年揭露面积154平方米，清理灰坑、房址各2座。

遗址文化堆积2米多厚，遗物有陶器（残片，完整器物极少）、石器及禽畜骨骼。经初步分类统计，陶片中以红陶为主，灰褐陶次之；陶质以泥质陶为主，夹砂陶次之。可辨器形有罐、鬲、碗、盆、缸、瓮、斝、壶、匜、钵、甑及器盖、陶垫等。纹饰以篮纹、戳印纹、绳纹及素面为主，另有附加堆纹、刻划纹、弦纹、蜂窝纹、乳钉纹等。石器有磨制的单孔石刀、石锌、石斧、石球及砺石等。从地层和器形分析，苋麻湾遗存可分早晚两期，早期以三足器、袋足器等为主要特征，晚期以平底器为主要特征。

两座房址呈袋穴形，形制、大小基本一致。F2坑口距地表深0.40米。方向70°。房子平面呈圆角长方形，东西宽3米，南北长3.8米，竖穴深1.3米。墙壁外弧，自上而下向外扩，上口小于居住面。室内居住面均用白灰面抹平，厚约0.03米。居住面中部有一圆形火塘，直径1米，底于居住面0.02米，塘底的黄土已烧成0.05米厚的暗红色硬面。火塘东、南两侧，各有一个柱洞，柱洞为圆形、平底，口径0.4米，底径0.25米，深0.5米。灶处居室西北角。房子北侧伸出一条门道，宽1米左右，长1.2米，门道下有一椭圆形平面，底于居住面0.25米。

苋麻湾遗址的文化内涵同宁夏南部山区其他新石器时代遗址的文化面貌有显著差别。其中袋穴形房址在这一地区首次发现，但与陇东和陕西北部、中部的一些新石器晚期遗址有相似之陶器中的折肩敛口贯耳罐很有特色，而袋足器则明显受到客省庄二期文化的影响，喇叭口罐、双耳罐又同齐家文化有一定联系。

（本文原载于《中国考古学年鉴》1992年，第251页）